가난한 심령으로 드리는
기적 대표기도문

가난한 심령으로 드리는
기적대표기도문

2012년 03월 20일 초판 1쇄 인쇄
2023년 09월 15일 초판 7쇄 발행

지은이 | 노진향
펴낸이 | 황성연
펴낸곳 | 도서출판 청우
등 록 | 제 2001-000055호
주문처 | 하늘물류센타
주 소 | 경기도 파주시 광탄면 혜음로883번길 39-32
전 화 | 031-947-7777
팩 스 | 0505-365-0691

ISBN 978-89-94846-08-8 03230

저작권법에 의하여 한국내에서 보호받는 저작물이므로
무단전제와 무단복제를 금합니다.

잘못되거나 파손된 책은 구입하신 서점에서 교환하여 드립니다.

책 값은 뒤표지에 있습니다.

가난한 심령으로 드리는

대표 기도문

노진향 지음

청우

머리글

신앙생활이란 믿음으로 시작해서 믿음으로 살다가 믿음으로 내 삶을 완성하는 끊임없는 믿음의 행진입니다. 이 행진을 하는 동안 우리는 우리를 둘러싼 여러 가지 인생의 문제들에 부딪칩니다. 살을 도려내는 듯한 아픔이 있기도 하고, 가슴을 후벼 파는 고통이 발생하기도 합니다. 때로는 생을 접고 싶은 좌절을 맛볼 때도 있습니다. 그리고 백방으로 노력해도 안되는 것이 있습니다. 따라서 그리스도인의 삶이 아름다운 것만은 아닙니다. 또한 우리는 인생을 이따금씩 그저 그런 것이라고 생각하기도 합니다.

그러나 우리는 하나님과의 깊은 교제의 통로인 기도를 통해서 그저 그런 삶의 불모지를 위대한 약속의 삶으로, 희망의 삶으로, 창조의 삶으로 변화시켜야 합니다. 우리의 눈이 열려 나와 함께하시는 주님을 바라보고, 우리의 귀가 열려 지금도 나에게 말씀하시는 그 음성을 들을 수 있다면, 그리고 그분의 뜻을 따라 살 수만 있다면 우리의 인생은 더 이상 황무지가 아닙니다. 험준한 인생 계곡에 젖과 꿀이 흘러내리는 기적을 창조하는 삶을 살 수 있습니다.

독자의 사랑에 힘입어 또 한 권의 대표기도문을 내놓습니다. 저의 책이 나올 때마다 많은 관심을 갖고 사랑해 주신 독자 분들께 감사의 말씀을 드리며 하나님께 영광을 돌립니다. 졸작이지만 사랑을 주시기에 용기를 내서 또 한 권의 대표기도문을 집필해 보았습니다. 폭넓은 대표기도를 준비하시는 분들께 조금이나마 도움이 되었으면 하는 소망을 갖습니다. 이 책의 특징은 교회력에 맞추어서 52주 대표기도를 엮었다는 것입니다. 사계절과 국가공공기념일도 52주 안에 포함시켰습니다. 그리고 주제별이나 헌신예배도 52주 안에 적절하게 안배시켜서 참고하실 수 있도록 하였습니다. 그리고 기타 기도문도 참고하실 수 있도록 다양하게 수록해 놓았습니다. 이 책을 참고로 하여 하나님의 뜻을 담아내는 멋진 기도문을 만들어 보시고 실제적으로 적용해 보실 수 있기를 바랍니다. 혹 잘못된 표현이 발견되면 너그럽게 보아주시고, 적합한 표현으로 교정하셔서 사용하실 수 있기를 바랍니다. 그리고 조금은 번거로우실지라도 제게도 꼭 알려주시면 저를 아끼고 사랑하는 마음인 줄 알고 감사함으로 받아들이겠습니다.

  끝으로 연약한 종을 위하여 기도로 협력해 주신 교우들, 사랑하는 아내와 어머니에게 감사를 드리며 이 책의 출판에 온 정성을 쏟으신 출판사 사장님께 진심으로 감사드립니다.

반달마을에서 저자 노진향

차례 | C·O·N·T·E·N·T·S |

4 머리글

18 1부 대표기도 하는 법

33 2부 교회력에 맞춘 대표기도문

1월 | 첫째 주
- **34** 주일 낮(1)- 신년주일에 맞춤(절기)
- **36** 주일 낮(2)- 제직임명과 공동의회에 맞춤(행사)
- **38** 주일 오후- 제직헌신예배에 맞춤(헌신)
- **40** 수요 예배- 교회의 역할과 사명에 맞춤(주제별)

1월 | 둘째 주
- **42** 주일 낮(1)- 주현절, 빛의 자녀에 맞춤(교회력)
- **44** 주일 낮(2)- 새해 표어와 목표에 맞춤(주제별)
- **46** 주일 오후- 성별과 열매 맺는 삶에 맞춤(주제별)
- **48** 수요 예배- 교육부서 겨울 행사에 맞춤(행사)

1월 | 셋째 주
- **50** 주일 낮(1)- 주현절 후 두 번째 주일, 빛을 비추는 삶에 맞춤(교회력)
- **52** 주일 낮(2)- 고통 받는 이웃에 맞춤(주제별)
- **54** 주일 오후- 건강한 예배 생활에 맞춤(주제별)
- **56** 수요 예배- 보호자 되시는 하나님께 맞춤(주제별)

1월 | 넷째 주
- **58** 주일 낮(1)- 주현절 후 세 번째 주일, 청지기의 사명 감당에 맞춤(교회력)
- **60** 주일 낮(2)- 전천후 신앙생활에 맞춤(주제별)
- **62** 주일 오후- 부요케 하는 신앙생활에 맞춤(주제별)
- **64** 수요 예배- 제자의 사명에 맞춤(주제별)

1월 | 다섯째 주

66 주일 낮(1)- 주현절 후 네 번째 주일, 새 각오와 결심에 맞춤(교회력)
68 주일 낮(2)- 조국의 통일에 맞춤(주제별)
70 주일 오후- 고통 받는 교우들과 교육부서에 맞춤(주제별)
72 수요 예배- 헌신의 삶에 맞춤(주제별)

2월 | 첫째 주

74 주일 낮(1)- 주현절 후 다섯 번째 주일, 설에 맞춤(명절)
76 주일 낮(2)- 설날, 신앙인의 본분을 지키는 일에 맞춤(명절)
78 주일 오후- 자족하는 삶에 맞춤(주제별)
80 수요 예배- 설날, 새 결심에 맞춤(주제별)

2월 | 둘째 주

82 주일낮(1)- 주현절 후 여섯 번째 주일, 영적 승리에 맞춤(교회력)
84 주일낮(2)- 치유와 교사 단기 대학에 맞춤(행사)
86 주일오후- 성전 사랑에 맞춤(주제별)
88 수요예배- 경제 회복에 맞춤(주제별)

2월 | 셋째 주

90 주일낮(1)- 주현절 후 일곱 번째 주일, 불꽃신앙에 맞춤(교회력)
92 주일낮(2)- 섬김의 욕구를 충족시키는 삶에 맞춤(주제별)
94 주일오후- 남전도회 헌신 예배에 맞춤(헌신)
96 수요예배- 기뻐하는 신앙생활에 맞춤(주제별)

2월 | 넷째 주

98 주일낮(1)- 산상변모일, 변화된 삶에 맞춤(교회력)
100 주일낮(2)- 주님의 고난에 동참하는 삶에 맞춤(사순절)
102 주일오후- 교회의 정체성과 영성 회복에 맞춤(주제별)
104 수요예배- 참회 수요일, 회개에 맞춤(교회력)

3월 | 첫째 주

106 주일낮(1)- 사순절 첫 번째 주일, 사순절에 맞춤(교회력)
108 주일낮(2)- 삼일절 기념 주일에 맞춤(국가기념일)
110 주일오후- 교회의 사명과 사순절에 맞춤(주제별)
112 수요예배- 새 봄에 맞춤(계절)

3월 | 둘째 주
114 주일 낮(1)- 사순절 두 번째 주일, 사순절 동참에 맞춤(교회력)
116 주일 낮(2)- 십자가의 사람으로 거듭남에 맞춤(주제별)
118 주일 오후- 선교 헌신 예배에 맞춤(헌신)
120 수요 예배- 영혼 구원에 맞춤(주제별)

3월 | 셋째 주
122 주일 낮(1)- 사순절 세 번째 주일, 고난의 흔적에 맞춤(교회력)
124 주일 낮(2)- 사순절과 기상의 날에 맞춤(공공기념일)
126 주일 오후- 사순절, 깊이 있는 기도에 맞춤(주제별)
128 수요 예배- 십자가의 사랑에 맞춤(주제별)

3월 | 넷째 주
130 주일 낮(1)- 사순절 네 번째 주일, 생기 있는 신앙에 맞춤(교회력)
132 주일 낮(2)- 주님의 흔적을 남기는 신앙에 맞춤(주제별)
134 주일 오후- 복종하는 삶에 맞춤(주제별)
136 수요 예배- 자기 부인에 맞춤(주제별)

4월 | 첫째 주
138 주일 낮(1)- 사순절 다섯 번째 주일, 한계를 뛰어넘는 신앙에 맞춤(교회력)
140 주일 낮(2)- 눈물의 기도에 맞춤(주제별)
142 주일 오후- 여전도회 헌신예배에 맞춤(헌신)
144 수요 예배- 주님을 본받는 삶에 맞춤(주제별)

4월 | 둘째 주
146 주일 낮(1)- 종려주일에 맞춤(교회력)
148 주일 낮(2)- 평화의 왕, 성례, 성찬식에 맞춤(예식)
150 주일 오후- 수난주간에 맞춤(주제별)
152 수요 예배- 십자가의 삶에 맞춤(주제별)

4월 | 셋째 주
154 주일 낮(1)- 부활주일에 맞춤(교회력)
156 주일 낮(2)- 부활의 소망과 증거에 맞춤(주제별)
158 주일 오후- 부활의 확신에 맞춤(주제별)
160 수요 예배- 부활의 증인에 맞춤(주제별)

4월 | 넷째 주

162 주일 낮(1)- 부활절 두 번째 주일, 믿음의 덕과 대심방에 맞춤(교회력)
164 주일 낮(2)- 사명에 붙들린 삶에 맞춤(주제별)
166 주일 오후- 목자이신 하나님께 맞춤(주제별)
168 수요 예배- 생명 꽃이 만발한 교회에 맞춤(주제별)

4월 | 다섯째 주

170 주일 낮(1)- 부활절 세 번째 주일, 부활신앙에 맞춤(교회력)
172 주일 낮(2)- 거룩한 삶에 맞춤(주제별)
174 주일 오후- 주일 성수와 대심방에 맞춤(주제별)
176 수요 예배- 받은 은혜에 감사하는 삶에 맞춤(주제별)

5월 | 첫째 주

178 주일 낮(1)- 부활절 네 번째 주일, 어린이 주일에 맞춤(절기)
180 주일 낮(2)- 부모의 역할에 맞춤(주제별)
182 주일 오후- 고통 받고 있는 어린이에 맞춤(주제별)
184 수요 예배- 행함이 있는 믿음 생활에 맞춤(주제별)

5월 | 둘째 주

186 주일 낮(1)- 부활절 다섯 번째 주일, 어버이 주일에 맞춤(절기)
188 주일 낮(2)- 부모 공경에 맞춤(주제별)
190 주일 오후- 찬양대 헌신예배에 맞춤(헌신)
192 수요 예배- 사랑의 회복에 맞춤(주제별)

5월 | 셋째 주

194 주일 낮(1)- 부활절 여섯 번째 주일, 스승의 날에 맞춤(공공기념일)
196 주일 낮(2)- 가정과 성년의 날에 맞춤(공공기념일)
198 주일 오후- 열심 있는 신앙생활에 맞춤(주제별)
200 수요 예배- 하나님 나라의 확장에 맞춤(주제별)

5월 | 넷째 주

202 주일 낮(1)- 부활절 일곱 번째 주일, 가정의 회복에 맞춤(교회력)
204 주일 낮(2)- 주님의 은혜를 잊지 않는 가정에 맞춤(주제별)
206 주일 오후- 주님만을 의지하는 삶에 맞춤(주제별)
208 수요 예배- 복 받는 가정에 맞춤(주제별)

6월 | 첫째 주

210 주일 낮(1)- 성령강림주일에 맞춤(절기)
212 주일 낮(2)- 성령강림과 현충일에 맞춤(국가기념일)
214 주일 오후- 연합구역(속회) 헌신예배에 맞춤(헌신)
216 수요 예배- 성령의 충만과 조국의 아픔에 맞춤(주제별)

6월 | 둘째 주

218 주일 낮(1)- 삼위일체 주일에 맞춤(교회력)
220 주일 낮(2)- 영성 회복에 맞춤(주제별)
222 주일 오후- 교회 봉사와 조국의 평화에 맞춤(주제별)
224 수요 예배- 교우를 위한 기도에 맞춤(주제별)

6월 | 셋째 주

226 주일 낮(1)- 오순절 후 두 번째 주일, 조국의 쓰라린 아픔에 맞춤(교회력)
228 주일 낮(2)- 화합과 일치에 맞춤(주제별)
230 주일 오후- 견고한 믿음 생활에 맞춤(주제별)
232 수요 예배- 사랑을 이루는 삶에 맞춤(주제별)

6월 | 넷째 주

234 주일 낮(1)- 오순절 후 세 번째 주일, 6.25 상기주일에 맞춤(국가기념일)
236 주일 낮(2)- 충만한 신앙생활과 회복된 조국에 맞춤(주제별)
238 주일 오후- 변화된 신앙생활에 맞춤(주제별)
240 수요 예배- 열매 맺는 신앙생활과 교우의 고통에 맞춤(주제별)

7월 | 첫째 주

242 주일 낮(1)- 오순절 후 네 번째 주일, 맥추감사주일에 맞춤(절기)
244 주일 낮(2)- 감사의 신앙에 맞춤(주제별)
246 주일 오후- 열매 맺는 청지기 역할에 맞춤(주제별)
248 수요 예배- 영적인 민감함에 맞춤(주제별)

7월 | 둘째 주

250 주일 낮(1)- 오순절 후 다섯 번째 주일, 자신을 살피는 예배에 맞춤(절기)
252 주일 낮(2)- 신앙의 나태함을 이기는 것에 맞춤(주제별)
254 주일 오후- 교사헌신예배에 맞춤(헌신)
256 수요 예배- 여름철 신앙 관리에 맞춤(주제별)

7월 | 셋째 주

258 주일 낮(1)- 오순절후 여섯 번째 주일, 제헌절에 맞춤(국가기념일)
260 주일 낮(2)- 영적무장과 여름행사에 맞춤(행사)
262 주일 오후- 신앙의 성숙과 여름행사에 맞춤(행사)
264 수요 예배- 뜨거운 신앙과 여름성경학교에 맞춤(행사)

7월 | 넷째 주

266 주일 낮(1)- 오순절 후 일곱 번째 주일, 휴가와 휴식에 맞춤(교회력)
268 주일 낮(2)- 흔들림 없는 신앙생활에 맞춤(주제별)
270 주일 오후- 교역자의 건강과 성도의 건강에 맞춤(주제별)
272 수요 예배- 변함없는 믿음과 소망을 주는 교회에 맞춤(주제별)

7월 | 다섯째 주

274 주일 낮(1)- 오순절 후 여덟 번째 주일, 영적인 부요함에 맞춤(절기)
276 주일 낮(2)- 봉사의 즐거움과 교육부서의 여름행사에 맞춤(주제별)
278 주일 오후- 성숙한 신앙생활에 맞춤(주제별)
280 수요 예배- 교육부서 수련회에 맞춤(주제별)

8월 | 첫째 주

282 주일 낮(1)- 오순절 후 아홉 번째 주일, 영적인 위기에 맞춤(교회력)
284 주일 낮(2)- 삶 속에서의 예배에 맞춤(주제별)
286 주일 오후- 요동치 않는 신앙생활에 맞춤(주제별)
288 수요 예배- 성도의 위로와 신앙의 회복에 맞춤(주제별)

8월 | 둘째 주

290 주일 낮(1)- 오순절 후 열 번째 주일, 광복절 기념 주일에 맞춤(국가기념일)
292 주일 낮(2)- 광복절 감사 주일에 맞춤(국가기념일)
294 주일 오후- 청년부 헌신예배에 맞춤(헌신)
296 수요 예배- 교회와 수재민에게 맞춤(주제별)

8월 | 셋째 주

298 주일 낮(1)- 오순절 후 열한 번째 주일, 신앙의 열매에 맞춤(교회력)
300 주일 낮(2)- 여문 결실을 맺는 신앙에 맞춤(주제별)
302 주일 오후- 전도에 맞춤(주제별)
304 수요 예배- 타협하지 않는 신앙에 맞춤(주제별)

8월 | 넷째 주

306 주일 낮(1)- 오순절 후 열두 번째 주일, 주님을 높이는 삶에 맞춤(교회력)
308 주일 낮(2)- 열심을 내는 신앙생활에 맞춤(주제별)
310 주일 오후- 교회의 각 기관과 부서에 맞춤(주제별)
312 수요 예배- 열심의 회복에 맞춤(주제별)

9월 | 첫째 주

314 주일 낮(1)- 오순절 후 열세 번째 주일, 열매 맺는 가을에 맞춤(계절)
316 주일 낮(2)- 영적 열매의 풍성함에 맞춤(주제별)
318 주일 오후- 중고등부 헌신예배에 맞춤(헌신)
320 수요 예배- 마귀를 대적함에 맞춤(주제별)

9월 | 둘째 주

322 주일 낮(1)- 오순절 후 열네 번째 주일, 추계 대심방에 맞춤(행사)
324 주일 낮(2)- 주님의 섭리와 추계 대심방에 맞춤(행사)
326 주일 오후- 심령의 부흥에 맞춤(주제별)
328 수요 예배- 합당한 열매를 맺는 것에 맞춤(주제별)

9월 | 셋째 주

330 주일 낮(1)- 오순절후 열다섯 번째 주일, 교회의 정체성에 맞춤(교회력)
332 주일 낮(2)- 열매 맺는 직분 감당에 맞춤(주제별)
334 주일 오후- 교회 봉사와 경제 회복에 맞춤(주제별)
336 수요 예배- 별세 신앙에 맞춤(주제별)

9월 | 넷째 주

338 주일 낮(1)- 오순절후 열여섯 번째 주일, 성품의 변화에 맞춤(교회력)
340 주일 낮(2)- 깨끗한 신앙생활에 맞춤(주제별)
342 주일 오후- 탐스러운 영적 열매를 맺음에 맞춤(주제별)
344 수요 예배- 교회의 사명과 용서에 맞춤(주제별)

10월 | 첫째 주

346 주일 낮(1)- 오순절후 열일곱 번째 주일, 국군의 날에 맞춤(국가기념일)
348 주일 낮(2)- 군 선교에 맞춤(주제별)
350 주일 오후- 노인의 날과 노인 공경에 맞춤(공공기념일)
352 수요 예배- 열매 맺는 구역(속회) 모임에 맞춤(주제별)

10월 | 둘째 주

354 주일 낮(1)- 오순절 후 열여덟 번째 주일, 추석 명절에 맞춤(명절)
356 주일 낮(2)- 추석 명절과 귀성길에 오른 성도에 맞춤(주제별)
358 주일 오후- 시름에 잠겨 있는 이웃에 맞춤(주제별)
360 수요 예배- 신앙의 초신자에 맞춤(주제별)

10월 | 셋째 주

362 주일 낮(1)- 오순절 후 열아홉 번째 주일, 사회 문제에 맞춤(교회력)
364 주일 낮(2)- 겸손의 열매를 맺는 신앙생활에 맞춤(주제별)
366 주일 오후- 신앙의 빛을 밝게 비추는 신앙생활에 맞춤(주제별)
368 수요 예배- 믿음의 언어, 천국의 소망에 맞춤(주제별)

10월 | 넷째 주

370 주일 낮(1)- 오순절 후 스무 번째 주일, 영적 권세에 맞춤(주제별)
372 주일 낮(2)- 뜨거운 신앙에 맞춤(주제별)
374 주일 오후- 경제 회복과 회개 운동에 맞춤(주제별)
376 수요 예배- 강한 영성에 맞춤(주제별)

10월 | 다섯째 주

378 주일 낮(1)- 오순절 후 스물한 번째 주일, 종교개혁주일에 맞춤(절기)
380 주일 낮(2)- 종교개혁주일과 개혁신앙에 맞춤(절기)
382 주일 오후- 자기 십자가를 지는 신앙에 맞춤(주제별)
384 수요 예배- 뚜렷한 믿음의 열매에 맞춤(주제별)

11월 | 첫째 주

386 주일 낮(1)- 오순절 후 스물두 번째 주일, 감사의 열매를 맺음에 맞춤(교회력)
388 주일낮(2)- 사랑의 열매에 맞춤(주제별)
390 주일오후- 수험생들에게 맞춤(주제별)
392 수요예배- 힘든 가정과 넘치는 감사에 맞춤(주제별)

11월 | 둘째 주

394 주일 낮(1)- 오순절 후 스물세 번째 주일, 감사 생활의 회복에 맞춤((절기)
396 주일 낮(2)- 감사의 생활로 마지막 때를 준비하는 삶에 맞춤(주제별)
398 주일 오후- 넉넉해지는 마음에 맞춤(주제별)
400 수요 예배- 주님께 최선을 다하는 삶에 맞춤(주제별)

11월 | 셋째 주
402 주일 낮(1)- 오순절 후 스물네 번째 주일, 추수감사절에 맞춤(절기)
404 주일 낮(2)- 영혼의 추수와 감사를 잃어버린 자들에게 맞춤(주제별)
406 주일 오후- 감사의 사람으로 쓰임 받는 것에 맞춤(주제별)
408 수요 예배- 겨울 준비와 기관총회에 맞춤(계절)

11월 | 넷째 주
410 주일 낮(1)- 대림절, 다시 오실 주님을 대망함에 맞춤(교회력)
412 주일 낮(2)- 주님의 통치하심에 맞춤(주제별)
414 주일 오후- 지체의 하나 됨과 주님의 은총에 맞춤(주제별)
416 수요 예배- 주님께 더욱 가까이 함에 맞춤(주제별)

12월 | 첫째 주
418 주일 낮(1)- 대림절 두 번째 주일, 재림신앙에 맞춤(교회력)
420 주일 낮(2)- 마지막 달, 감사의 결실에 맞춤(주제별)
422 주일 오후- 성탄의 계절에 맞춤(계절)
424 수요 예배- 주님을 위한 적극적인 신앙생활에 맞춤(주제별)

12월 | 둘째 주
426 주일 낮(1)- 대림절 세 번째 주일, 성서주일에 맞춤(절기)
428 주일 낮(2)- 말씀이 기준이 되는 삶에 맞춤(주제별)
430 주일 오후- 말씀의 삶과 연말 준비에 맞춤(계절)
432 수요 예배- 말씀 사역의 동참에 맞춤(주제별)

12월 | 셋째 주
434 주일 낮(1)- 대림절 네 번째 주일, 성탄 준비에 맞춤(교회력)
436 주일 낮(2)- 지난날의 회개와 성탄 준비에 맞춤(주제별)
438 주일 오후- 성탄의 의미와 새해 준비에 맞춤(주제별)
440 수요 예배- 성탄의 정신과 한 해의 마무리에 맞춤(주제별)

12월 | 넷째 주
442 주일 낮(1)- 성탄절 주일에 맞춤(교회력)
444 주일 낮(2)- 성탄절에 맞춤(절기)
446 주일 오후- 한 해의 정리에 맞춤(계절)
448 수요 예배- 송구영신예배에 맞춤(행사)

451 3부 주제별에 맞춘 대표기도문

특별행사에 맞춘 대표기도문

- 453 교회 설립(창립) 기념주일
- 454 총동원전도주일
- 455 특별새벽기도회
- 456 부흥회
- 458 전교인 수련회
- 459 전교인 체육대회
- 460 전교인 야외예배
- 461 성찬예배
- 462 입당예배
- 463 헌당예배

회의와 모임에 맞춘 대표기도문

- 465 공동의회(예, 결산)
- 466 공동의회(직원선출)
- 467 제직회
- 468 월례회
- 469 기관총회
- 470 구역(속회) 모임
- 471 교사 모임
- 472 성가대(찬양대) 모임
- 473 남전도(선교)회 모임
- 474 여전도(선교)회 모임
- 475 성경공부 모임
- 476 기도 모임
- 477 전도 모임
- 478 봉사 모임
- 479 입시생을 위한 기도 모임
- 480 식사 모임

심방에 맞춘 대표기도문

- 482 새신자(초신자)
- 483 새신자(기신자)
- 484 이사(장막을 줄인 이사)
- 485 이사(장막을 넓힌 이사)
- 486 입주
- 487 사업(출발)
- 488 사업(경영)
- 489 사업(실패)
- 490 개업
- 491 잉태
- 492 힘든 잉태
- 493 출산
- 494 신혼가정
- 495 면회(교도소)

496 면회(군)
497 병원
498 일반적인 수술
499 갑작스런 수술
500 장기 입원
502 불치병
503 죽음(사고)
504 불화

505 결별
506 이혼
507 나태
508 재난
509 고난
510 시험
511 핍박

가정기도문

513 가정예배
514 하루를 시작하기 전에
515 식사 기도
515 가정의 화목을 위하여
516 부모님을 위하여
517 고부간의 갈등을 위하여
518 편찮으신 부모님을 위하여
518 홀로 계신 부모님을 위하여
519 일하는 남편을 위하여
520 살림하는 아내를 위하여
521 자녀를 위하여
522 아픈 자녀를 위하여
523 방황하는 자녀를 위하여
523 수술하는 자녀를 위하여

524 시험을 준비 중인 자녀를 위하여
525 졸업한 자녀를 위하여
525 믿음이 약한 자녀를 위하여
526 장애를 갖고 있는 자녀를 위하여
527 해외에 나간 자녀를 위하여
528 군 생활 중인 자녀를 위하여
529 취직을 원하는 자녀를 위하여
530 결혼한 자녀를 위하여
531 해산한 자녀를 위하
531 시험이 찾아왔을 때
532 억울한 일을 당했을 때
533 물질의 손해가 발생했을 때
534 안 좋은 일이 반복될 때
535 이사했을 때

영적 성장을 위한 기도문

537 열심이 식어졌을 때
538 기도가 힘들어질 때
539 말씀 묵상을 하고 싶을 때
540 성령 충만을 원할 때
540 직분 감당을 잘하고 싶을 때
541 깊은 기도를 하고 싶을 때
542 새벽기도를 하고 싶을 때
543 헌신하고 싶을 때
544 유혹이 밀려올 때
545 전도하기를 원할 때
546 축복을 원할 때
546 헌금 생활을 바로 하고 싶을 때
547 충성하고 싶을 때

타인을 위한 기도문

549 목사님을 위하여
550 어려운 교우를 위하여
551 낙심한 교우를 위하여
552 흔들리는 교우를 위하여
553 교회를 떠난 교우를 위하여
554 홀로 된 아이들을 위하여
555 불신 이웃을 위하여
556 근로자를 위하여
556 초신자를 위하여
557 몸이 아픈 교우를 위하여

가정예식 대표기도문

559 생일(돌)
560 생일(어른)
561 수연(회갑)
562 고희(칠순)
563 임종의 자리에서(1)
564 임종의 자리에서(2)
565 장례식장에서(어린이)
566 장례식장에서(어른)
567 입관식
567 발인식
568 하관식
569 화장
570 추도식

헌금 대표기도문

571 헌금기도(1)
572 헌금기도(2)
573 헌금기도(3)
574 헌금기도(4)
574 헌금기도(5)

1

가난한 마음으로 교회력에 맞춘
대표기도 하는법

여호와여 내가 만민 중에서 주께 감사하고 열방 중에서 주를 찬양하오리니
대저 주의 인자하심이 하늘 위에 광대하시며 주의 진실은 궁창에 미치나이다
하나님이여 주는 하늘 위에 높이 들리시며
주의 영광이 온 세계 위에 높으시기를 원하나이다
(시편 108:3~5)

대표기도 하는 법

대표기도란 무엇인가?

목회가 권위적인 목회 방향으로 흐르고 있던 과거에는 목회자의 위상 때문에 예배나 예식 및 모임에 관한 모든 것을 목회자가 직접 담당하고 주관하였으나, 오늘날에는 목회자의 일방적인 주도보다는 교회의 예배나 모임 등에서 행해지는 모든 순서에 대표기도 순서를 맡김으로 과거에 비하여 평신도를 참여시키는 방향으로 흘러가고 있습니다. 또한 모임의 성격도 다양화됨으로 평신도가 회중이나 모인 사람을 대표하여 기도하는 경우가 과거에 비하여 많아졌습니다. 기도의 성격도 공중 예배의 경우 과거에는 목회 기도의 성격을 띠고 있었기 때문에 교회와 주님의 양 떼들을 위하여 드리는 중재적 기도로써 목사가 직접 기도했지만 지금은 회중 가운데 한 사람이 대표하여 기도하는 형식으로 바뀌어짐으로써 기도의 성격 또한 감사와 회개와 간구와 설교자를 위한 기도, 예배나 모임의 참여자를 위한 기도로 바뀐 것을 보게 됩니다. 기도의 형식과 성격이 어떻게 바뀌어졌든지 기도의 본질은 변함이 없습니다.

그렇다면 우리는 대표기도를 어떻게 이해하고 있는 것이 바람직할까요?

첫째, 대표기도는 회중 한 사람이 회중 전체를 대표하여 하나님께 드리는 기도이기 때문에 회중 모두가 기도의 주체자라는 것을 잊지 말아야 합니다.

둘째, 대표기도는 한 사람이 기도를 하겠지만 회중을 대표하여 기도하는 것이니만큼 공동체의 관심과 문제를 파악할 수 있어야 하고, 기도의 성격과 내용상 개인에 관계된 기도 내용으로 흘러가지 않도록 주의해야만 합니다.

셋째, 회중 전체로 하여금 예배에 집중하도록 인도하며 기도의 방향을 제시해 줄 수 있어야 합니다. 개인 또는 교회가 감당해야만 할 책임감에 대하여 자각할 수 있도록 해야 하고, 관심을 가질 수 있도록 기도의 방향을 제시할 수 있어야 합니다.

넷째, 대표기도는 회중 전체를 대표하여 기도하고, 공동체 전체의 입장을 대변하는 마음으로 기도하기 때문에 중보기도의 형태를 띤 기도라고 볼 수 있습니다.

대표기도와 개인기도의 차이점은 무엇인가?

대표기도란 많은 사람 중에 한 명이 회중을 대표로 하여 하나님께 간구하는 것으로 1) 내용을 분명하게 하고, 2) 공감대를 형성하며, 3) 모든 사람이 알아들을 수 있는 소리로 발음이 분명해야 하며, 4) 시간을 적절하게 사용하여야 합니다. 그러나 개인기도는 자신과 하나님과의 기도로서 시간에 대해 제한이 없고 모습이나 내용의 한계성 등에도 구애받지 않습니다.

대표기도는 어떻게 드리는가?

하나님께 드리는 모든 기도의 형태가 그렇듯이 대표기도의 형태도 찬양과 감사, 죄에 대한 고백, 회중 전체의 염원과 소망을 담은 간구, 기도를 들어주실 것에 대한 신뢰와 확신, 예수님의 이름으로 아멘 하며 끝을 맺습니다. 이것을 자세히 구분하여 살펴보면 다음과 같습니다.

1. 찬양과 감사

대표기도도 개인기도와 마찬가지로 먼저 하나님께 대한 찬양과 감사로 시작됩니다. 그 이유는 온 우주 만물의 창조주가 되시고, 죽을 수밖에 없는 죄인인 우리를 구속하여 주시며, 거룩한 자녀로 삼아 주시고, 지금도 우리와 함께 하시는 주님의 은혜와 사랑을 찬양하고 감사하며 영광 돌리는 것이 지극히 당연한 것이기 때문입니다. 예수님께서 제자들에게 가르쳐 주신 주기도문을 봐도 하나님께 대한 찬양과 영광이 서두에 나와 있습니다. 따라서 하나님의 은혜와 사랑에 감사하며 그 이름을 높이는 기도가 우선 되어야만 합니다.

2. 회개와 고백

하나님께 무엇을 기도하기 전에 먼저 선행되어야 할 것은 하나님과의 관계를 바르게 확립하는 것입니다. 그 중에서도 제일 중요한 것이 죄에 대한 고백과 회개입니다. 허물 많고 죄 많은 우리가 거룩하신 하나님 앞에 서 있으면서 죄에 대한 깨달음이 없고서야 우리가 어찌 하나님의 사랑과 용서와 십자가의 그 크신 은혜를 깨닫고 있는 새 생명을 얻은 주님의 자녀라고 말할 수 있겠습니까? 우리는 "하나님이 구하시는 제사는 상한 심령이라 하나님이여 상하고 통회하는 마음을 주께서 멸시치 아니하시리이다."(시 51:17) 라고 고백한 시편 기자의 회개에 귀를 기울여야만 합니다. 회개와 참회가 이루어지지 않고는 하나님과의 정당한 관계를 회복하기란 매우 불가능한 일입니다.

3. 간구

간구는 말 그대로 원하는 바를 하나님께 아뢰고 도움을 구하는 것입니다. 기도의 형식이 대표성을 띠고 있는 만큼 간구하는 내용도 개인의 소망이나 염원이 아니라 회중 전체의 염원과 소망에 초점을 맞춰야 할 것입니다. 예컨대 성도들의 영육 간에 강건함을 위해, 교회의 부흥과 성장을 위해, 나라의 안녕을 위해, 가정과 어려움을 당하는 이웃을 위해, 질병을 앓고 있는 교우들을 위해, 목회자를 위해, 교회 직분자와 기관을 위한 것들에 간구의 초점을 맞춰야만 합니다. 그리고 무엇보다 중요한 것은 이기적인 간구가 아니라 하나님께서 기뻐하시는 것을 구해야 한다는 것입니다.

4. 예수님의 이름으로

우리는 거룩하신 하나님 앞에 결코 나아갈 수 없는 죄인이지만 예수 그리스도의 보혈의 공로로 하나님의 은혜의 보좌 앞으로 나아가게 되는 특권을 갖게 되었습니다. 예수님께서 우리의 중보자가 되지 않으셨더라면 우리는 결코 하나님 앞에 설 수 없는 존재들입니다. 그러므로 예수님이 우리와 하나님 사이에 가로막혀 있던 죄악의 담을 허시고 우리의 중보자가 되셨기 때문에 예수님의 이름으로 기도해야만 예수님께서 기도의 영이신 성령을 통하여 우리의 연약함을 도와주시고, 하나님 앞에 우리가 드리는 기도가 상달될 수 있도록 이끌어 주십니다. 따라서 예수님의 이름은 우리의 기도가 상달되는 조건입니다. 성경에 보면 예수님께서도 자신의 이름으로 구할 것을 친히 말씀하셨습니다.

"내 이름으로 아버지께 무엇을 구하든지 다 받게 하려 함이니라"(요 15:16)

"지금까지는 너희가 내 이름으로 아무것도 구하지 아니하였으나 구하라 그리하면 받으리니 너희 기쁨이 충만하리라"(요 16: 24)

5. 아멘

"아멘"의 뜻은 "그렇게 될지어다"입니다. 복음서에는 "진실로"라고 자주 번역됩니다. "아멘"이란 믿음과 소원의 표현입니다. 우리의 강한 열망을 표현하며 하나님의 권능과 진실하심에 대한 우리의 확신을 표현하는 신앙고백이 "아멘"입니다. 따라서 우리가 기도할 때 응답의 풍성함을 확신하고 기대하며 "아멘" 할 때 하나님께서는 우리의 기도에 응답하여 주실 것입니다.

대표기도는 누가 하는가?

앞에서도 말했듯이 공적 기도, 특히 낮 예배는 목회기도라 하여 목사가 했습니다. 그러나 오늘날은 평신도의 대표자인 장로가 하는 것이 보통이고, 그리고 때에 따라서는 안수집사 또는 권사가 할 수도 있습니다. 그리고 낮 예배 외 다른 공적 예배나 기도회 같은 경우는 교회에서 직분과 직책을 맡은 자들이 할 수 있고, 직분을 받지 않은 평신도라 할지라도 모임의 성격상 대표 기도를 할 수 있다면 모인 사람을 대표하여 기도를 해도 상관은 없습니다. 그러나 가정예배, 장례, 결혼 같은 예배와 예식의 경우는 교회 지도자의 위치에 있는 사람이 하는 것이 좋으며, 그 가정의 형편과 사정을 밝게 알고 있는 사람으로 하여금 기도하게 함이 바람직합니다.

대표기도는 어떻게 준비해야 하는가?

교회의 공식 예배의 경우 사전에 대표기도를 준비할 수 있도록 한달 전, 또는 한 주 전에 주보에 대표기도 담당자를 기재합니다. 따라서 자신이 대표기도 담당자라는 것을 알고 그때부터 준비하면 되겠지만 자신이 언제라도 대표기도 할 수 있다는 것을 생각할 때 항상 대표 기도를 준비하는 습관을 갖는 것이 바람직하고, 무엇보다도 기도생활을 꾸준히 지속해 나가는 것이 대표기도를 막힘 없이 은혜롭게 잘할 수 있는 비결입니다.

대표기도를 잘하기 위하여 준비해야 할 사항과 주의해야 할 사항들을 몇 가지 적어 보겠습니다.

1. 준비점
1) 기도 제목의 방향과 핵심을 잘 맞추고 있는가?
2) 기도의 내용으로 소망을 줄 수 있는가?
3) 기도의 내용으로 관심을 불러일으킬 수 있는가?
4) 기도의 내용이 성서적 근거를 두고 있는가?
5) 성령님을 의지하고 준비된 기도인가?
6) 몸가짐을 단정히 준비하였는가?
7) 목사님이 설교하실 설교 제목과 어느 정도 조화를 이루고 있는가?

2. 주의점
1) 기도 제목은 무엇인가?
2) 예배의 성격은 무엇인가?
3) 기도 회중의 구성원은 누구인가?
4) 기도의 모임 장소는 어디인가?
5) 절기 또는 특별행사, 교회행사는 없는가?
6) 계절과 환경을 의식하고 있는가?
7) 형식에 치우치거나 감정에 치우친 기도는 아닌가?

대표기도 시 버려야 할 악습관

1) 길지 않아야 합니다.

대표기도를 할 때 길게 하면 믿음이 좋아 보이는 것같이 생각하기 쉬우나 대표기도가 길어지면 예배 시간의 전체적인 조화가 깨어지기 쉽고, 회중이 지루해지고, 설교 시간을 침범하기 쉽습니다.

2) 탄원과 원망과 원성이 섞여 있으면 안됩니다.

대표기도 시간을 이용하여 교회에 대한 불만과 불평을 늘어놓는 경우가 종종 있는데 이것은 하나님께로 향하여 있는 성도들의 마음을 막아 버릴 뿐만 아니라 자신도 하나님 앞에 범죄하는 행위나 다름없습니다.

3) 개인기도로 착각하지 말아야 합니다.

대표 기도를 하기는 하되 기도의 내용을 보면 회중을 대표하는 기도라기보다 개인기도와 관련된 제목들을 가지고 기도를 하는 경우가 있습니다. 따라서 자신이 기도하는 내용이 대표 기도의 성격을 띠고 있는지 아니면 개인기도로 치우치고 있는지 잘 분별하여 기도할 수 있어야 합니다.

4) 설교 식으로 하지 말아야 합니다.

오늘날 대표기도를 하는 사람들을 보면 하나님에 대한 설교인지, 혹은 광고인지, 기도인지를 분간할 수 없이 기도하는 경우가 있습니다. 이 같은 기도는 성도들을 지루하게 만들고 따분하게 만들므로 대표기도 하는 자는 각별히 주의해야 합니다.

5) 상투적인 용어를 쓰지 말아야 합니다.

호칭의 남발이나, 앞뒤의 연결성이 결여된 반복이나, 의미 없이 인용하는 성경이나 인물 등은 기도를 맥없이 만드는 요인이 됩니다.

6) 가성을 사용하지 말아야 합니다.

기도생활을 많이 하고 영적으로 충만하다는 것을 드러내 보이려고 일부러 쇳소리 같은 가성을 내며 기도하는 경우가 있는데 이것은 아직도 대표기도의 성격을 파악하고 있지 못한 무지한 행동에 불과할 따름입니다.

7) 어려운 문자를 쓰지 말아야 합니다.

될 수 있으면 온 회중이 쉽게 알아들을 수 있는 평범한 언어를 구사하는 것이 대표 기도자의 바람직한 태도라고 볼 수 있습니다.

8) 격한 어조로 기도하지 않는 것이 좋습니다.

대표 기도를 하는 사람 가운데 시종 우는 듯한 음성으로 기도하는 사람도 있고, 웅변조로 기도하는 사람도 있습니다. 예배에 참석한 사람들 가운데는 사업이 잘되고, 승진하고, 기쁘고, 즐겁고, 밝은 마음으로 예배에 참석한 사람들도 있고, 반대로 괴로움과 슬픔과 좌절 가운데 잠겨 있는 사람도 있기 때문에 처음부터 끝까지 격한 어조로 기도하는 일은 삼가해야만 합니다.

9) 축복이란 말은 사용하지 않는 것이 좋습니다.

축복은 한 사람이 다른 사람을 위해서 하나님께 복을 달라고 기도하는 것이고(즉 목사가 하나님께 기도하여 성도들에게 복을 비는 것은 축복이다) 복은 친히 하나님께서 내려 주시는 것입니다. 그러므로 기도 가운데 하나님께 축복하여 달라는 말은 대표기도 하는 자가 하지 않는 것이 좋습니다.

10) 기도의 습관적인 잘못된 말버릇은 고쳐야 합니다.

사람마다 그 사람에게 독특한 말버릇이 있어서 어떤 사람은 "에…" "그런데…" "그리고…" 이렇듯 기도하는 데에도 좋지 못한 말버릇이 섞여 나오는 경우가 많이 있습니다. 이를테면 "아버지 하나님"이라는 말은 하나님을 아버지로 고백하고 부르는 매우 은혜로운 말이지만 말끝마다 "아버지 하나님"을 연발하는 이런 기도 습관은 결코 바람직하지 않습니다. 또한 "주여…"하면서 한숨을 내쉬듯 하는 버릇은 듣는 이로 하여금 짜증스러움을 유발시킬 수 있으므로 은혜로운 기도가 되기 위해서는 이런 습관적인 말버릇은 고치는 것이 좋습니다.

11) 개인적이기 보다는 일반화시킨 대명사를 사용하는 것이 좋습니다.

예) 제가 → 저희가, 내가 → 우리가

12) 하나님 또는 예수님에 대하여 "당신"이라는 단어는 사용하지 않는 것이 좋습니다.

"당신"이라는 말이 상대방을 향한 극존칭이기는 하나, 하나님을 향해서 "당신"이라고 부르는 것은 좋은 언어적 습관이라고는 볼 수 없습니다. 그리고 하나님을 향하여 "당신"이라는 단어를 사용하면 하나님을 격하시키는 것이 되고 무례함을 범하는 것이 될 수도 있습니다.

13) 자랑하듯이 기도하지 말아야 합니다.

기도는 어디까지나 기도 그 자체에서 벗어나서는 안됩니다. 어떤 경우에 보면 기도 시간이 성경암송 시간인 듯 착각하게 되는 경우도 있습니다. 신구약 성경의 여러 구절들을 언급하면서 모든 성경을 훤히 알고 있는 것처럼 자랑하는 듯한 인상을 주는 경우가 있는데 기도 시간에 여러 성경 구절들을 자주 인용하여 성경 해석을 하는 식으로 기도하는 것은 좋지 못한 습관입니다.

14) 대표 기도를 할 때 "지금은 처음 시간" 이라는 말을 하지 말아야 합니다.

예배의 시작을 알리는 종이 울리면 예배는 시작된 것입니다. 그 후에 사회자가 기도를 하고, 찬송을 부르고, 성시를 교독하고, 사도신경으로 신앙고백을 한 뒤에 또 찬송을 부르고 나서 대표 기도자가 나와 대표 기도를 하는데 대개의 대표 기도자들은 자기의 기도하는 그 시간이 예배가 시작되는 첫 시간으로 착각을 하는 경우가 있습니다. 그래서 "지금은 처음 시간이오니 마치는 시간까지"라고 기도합니다. 이것은 대단히 잘못된 것이고 "예배의 시종을 주님께 의탁한다" 거나 또는 "예배가 이미 시작되었다"는 식으로 말을 바꿔야만 합니다.

15) 기도의 성격을 잘 알아야 합니다.

주일 낮 예배인지, 오후 예배인지, 구역 예배인지, 식사 감사 기도인지 기도의 성격을 잘 알아야 하고 거기에 맞는 기도를 드려야 할 것입니다. 어떤 이는 설교 후의 기도를 하면서 이제 예배를 시작하는 것 같은 착각을 일으키게 만들기도 하며, 식사기도를 하면서 예배기도 하듯이 길게 하는 경우도 있습니다.

16) 중언부언하지 말아야 합니다.

중언부언은 "바타르 게네테" 라는 말인데 이것은 히브리어의 "파트파트"라는 단어에서 비롯된 것입니다. 이 단어의 뜻은 어린아이들이 어른에게서 말을 배울 때 그 뜻도 알지 못하고 부모를 따라 발음하는 데서 이 단어가 생겨났습니다. 따라서 중언부언이란 말은 마음에도 없는 단어의 기계적인 반복이며 마음의 간절함 없이 길기만 하고 말만 많은 나열일 뿐입니다.

17) 발음이 정확해야만 합니다.

자신은 이해할 수 있으되 청중이 알아들을 수 없다면 이보다 더 답답한 것은 없습니다. 청중을 대표하여 하나님께 드리는 기도이므로 청중이 대표기도에 참여할 수 있도록 유도하는 것이 대표로 기도하는 자의 기도자세입니다.

교회력 일람표(Chart)

번호	명칭	기간과 의미	전례색
1	강림절(대림절) Advent	11월 30일에 가장 가까운 주일에 시작하여 성탄절 전까지 4주간이고, 예수그리스도의 오심을 기쁨으로 기억하며 재림을 소망하는 절기이다.	보라
2	성탄절 ChristMas Tide	12월 25일부터 1월 5일까지이고, 예수 그리스도의 탄생과 성육신을 축하하는 절기이다.	흰색
3	현현절(주현절) Epiph-ani	1월 6일부터 성회수요일 까지이고, 처음에는 그리스도의 세례를 기념하다가 후에는 그리스도께서 이방인에게 나타나심을 기념하기위하여 절기를 지켰다.	흰색
4	성회수요일 Ash Wednesday	부활주일 전날로부터 평일만 거꾸로 계산하여 40일째 되는 수요일이고, 사순절이 시작되는 첫 번째 날로 고난과 부활에 대한 준비일이다	보라
5	사순절 Lent	성회수요일 부터 부활절 전날까지 평일만 40일이고, 예수 그리스도의 고난을 기억하며 금식과 자기회개의 기회를 삼기도 하고 구제와 사회봉사를 강화하여 신앙훈련의 기간으로 삼기도 한다.	흰색
6	수난주간 Passion Week	사순절의 마지막한 주간이며, 부활절 전주인 종려주일부터 시작하여 부활절 전날까지이다. 예수님의입성, 죽음, 장사되기까지의 사건들을 기념한다.	보라 (빨강)

번호	명칭	기간과 의미	전례색
7	종려주일 Palm Sunday	수난주간의 첫날(주일)이고, 예루살렘의 입성을 기념하는 주일이다.	보라 (빨강)
8	수난일 Good Friday	수난(고난)주간의 6일째날이고 예수님의 죽으심을 기념한다.	보라 (흑색)
9	부활주일 Easter day	수난일 후 첫주일이고, 예수님의 부활하심을 기념하는 주일이다.	흰색
10	부활절 Easter	부활주일 부터 6주간이고 부활의 주님안에서 기쁨을 누리는 기간이다.	흰색
11	성령강림절 Whitsunday	부활주일 후 일곱번째 주일이고, 성령의 강림하심을 기념하는 주간이다.	빨강
12	오순절 Pentacost	성령강림절 후 9월 마지막 주일까지이고, 성령강림 후 그 역사를 기념하는 기간이다.	녹색
13	왕국절 Kingdom	10월 첫주부터 대강절(대림절)전까지이고 그리스도인들의 사회적 책임을 깨닫게하는 절기이다.	녹색

2

교회력과 월력에 맞춘
주일예배, 수요예배
대표기도문

나의 힘이 되신 여호와여 내가 주를 사랑하나이다
여호와는 나의 반석이시요 나의 요새시요 나를 건지시는 자시요 나의 하나님이시요
나의 피할 바위시요 나의 방패시요 나의 구원의 뿔이시요 나의 산성이시로다
내가 찬송 받으실 여호와께 아뢰리니 내 원수들에게서 구원을 얻으리로다
(시편 18:1~3)

1월 첫째 주 — 주일 낮 예배(1)
〈신년주일에 맞춤〉

> 나의 힘이 되신 여호와여 내가 주를 사랑하나이다 여호와는 나의 반석이시요 나의 요새시요 나를 건지시는 자시요 나의 하나님이시요 나의 피할 바위시요 나의 방패시요 나의 구원의… (시편 18편 1-3절)

저희 인생의 창조자가 되시고 모든 날의 주관자이신 하나님.

저희에게 새해를 허락하시고, 새해 첫 주일을 맞이하여 거룩한 예배자로 부르심을 받게 하시니 감사합니다. 주의 궁정에서의 한 날이 세상에서의 천 날보다 더욱 낫다는 것을 알기에 육욕을 억제하고 주님의 품속으로 뛰어든 저희들을 기쁘게 받아 주시기를 원합니다.

새해를 맞이하였지만 저희 영혼 곳곳에는 회개해야만 할 것들이 너무나 많이 자리 잡고 있음을 깨닫습니다. 이 시간, 마음을 쏟아 다시 한번 회개하기를 원하오니 사죄의 은총을 덧입게 하여 주옵소서.

올해에도 저희들은 어김없이 저희 자신과 가정, 자녀 그리고 생업과 사업을 위한 각오와 결심을 새롭게 한 것이 있습니다. 주님의 뜻을 담아내기 위하여 노력은 했지만 세운 여러 가지 계획들이 주님의 뜻을 핑계 삼는 것이 되지 않도록 모든 각오와 결심에 성령의 기름을 부어 주옵소서.

특별히 주님의 말씀만 좇아 살 수 있는 한 해가 되기를 원합니다. 믿음의 선진들처럼 주님이 명령하시면 떠나고, 주님의 뜻이 아니면 멈추어 서는 주님과 동행하는 삶이 되게 하여 주옵소서.

주님의 몸 된 교회를 위하여도 죽도록 충성하는 일꾼이 되기를 원합니다. 예배 때마다 내 앉은 자리만 따뜻하게 데워 놓는 것으로 끝나는 신자의 모습이 되지 않게 하시고, 하나님께서 감동하실 수 있는 일들을 능히 해낼 수 있는 복된 일꾼이 되게 하여 주시옵소서.

이웃을 위하여도 이웃을 부요케 하는 하나님의 사람으로 쓰임 받기를 원합니다. 저희가 가고, 있는 곳에 궁핍한 자의 그릇을 빌어 주는 일들이 넘쳐나게 하여 주시고, 주님의 모습이 저희들을 통하여 보여질 수 있게 하여 주옵소서.

오늘도 단 위에 서신 목사님을 주님의 능력으로 굳게 붙드시고, 새해 첫 주에 강론하시는 주의 말씀이 새로운 한 해를 출발하는 저희 모두에게 소망하던 말씀이 되게 하여 주옵소서.

찬양대에서 하나님께 올리기 위하여 정성껏 준비한 찬양을 기뻐 받으시기를 원합니다. 찬양대가 드리는 찬양을 통해서도 주님의 음성을 듣게 하옵소서.

주의 전에서 이름 없이 빛도 없이 봉사하는 봉사자들의 마음도 살피시고 위로하여 주셔서 언제나 샘솟는 기쁨이 그 심령에 가득 넘치게 하옵소서. 예배의 시종을 주님께 의탁하오며 저희의 드리는 예배를 기뻐 받으시는 예수 그리스도의 이름으로 기도합니다. 아멘

기억해 두세요

신년 주일은 기독교의 정식 절기는 아닙니다. 그러나 해가 바뀔 때마다 새 희망으로 새 출발하는 것은 커다란 의미가 있습니다. 굳이 성경에서 그 의미를 찾아본다면 느헤미야가 종교 사회 개혁을 개시한 후에, 이미 채용되어 있던 제사 문서에 기록된 음력을 사용하면서 신년일이 공식적으로 정해졌습니다.(레23:24-25, 민 29:1-6) 유대교 신년일은 양각 나팔을 부는 것이 특별의식으로 되어 있습니다.

기도가이드 하나님의 뜻에 전적으로 바쳐진 마음의 상태와 그분께 순종하기를 깊이 갈망하는 마음이 그분이 받으시는 기도의 조건입니다.

1월 첫째 주

주일 낮 예배(2)
〈제직임명과 공동의회(사무총회)에 맞춤〉

내가 여호와를 항상 내 앞에 모심이여 그가 내 우편에 계시므로 내가 요동치 아니하리로다 주께서 생명의 길로 내게 보이시리니 주의 앞에는 기쁨이 충만하고 주의 우편에는 영원한 즐거움이 있나이다. (시편 16편8절, 11절)

소망의 하나님,

새해 첫 주를 맞이하여 오직 하나님께만 소망을 둔 저희들이 여기에 모였습니다. 새해의 들뜬 분위기 속에서도 예배 중심의 삶을 잃지 않고 주님께로 달려 나올 수 있게 하시니 얼마나 감사한지요. 이 마음, 이 자세가 한 해를 마무리 짓기까지 흔들리지 않게 도와주실 것을 믿습니다.

지난해를 보내고 새해 첫 주를 시작하지만 아직도 죄의 고백을 숨긴 부분이 많이 있음을 고백합니다. 이 시간 자백하지 못한 죄를 다시금 주님 앞에 고백하오니 사죄의 은총을 허락하여 주옵소서.

오늘은 특별히 주님의 몸 된 교회를 위하여 저희 모두가 새로운 일꾼들로 세움을 받습니다. 그 어떤 직분과 직책이 주어지든 인간적인 잣대를 들이대지 않게 하시고, 주님이 주신 직분임을 깨달아 '아멘' 으로 받게 하여 주옵소서.

하나님의 거룩한 직분과 직책을 맡은 자로서 청지기직의 사명을 잘 감당할 수 있기를 원합니다. 저희의 바라는 모든 일들이 주님이 원하시는 일보다 앞서지 않게 하여 주시고, 받은 직분과 직책 그 이상으로 주님의 몸 된 교회를 위하여 죽도록 충성할 수 있는 선한 일꾼이 되게 하여 주옵소서. 그리하여 올 한 해를 결산할 때 주님께 악하고 게으른 종으로 책망 받는 모습이 아니라, 착하고 충성된 종의 모습으로 칭찬을 들을 수 있는 저희 모두가 되게 하여 주옵소서.

또한 오늘은 공동의회(사무총회)가 있습니다. 한 해를 결산하고 새해의 예산을 세우는 일이오니 입교인 모두가 주님의 몸 된 교회를 사랑하는 마음으로 적극 참여할 수 있도록 이끌어 주시고, 교회를 든든히 세우는 일에 마음과 지혜를 모을 수 있는 저희 모두가 되게 하여 주옵소서.

오늘도 말씀을 강론하시는 목사님을 성령의 능력으로 붙드셔서 듣는 자 모두가 하나님의 임재하심을 느끼게 하시고 세미한 주님의 음성을 듣는 시간이 되게 하여 주옵소서.

찬양대의 찬양을 기뻐 받으시기를 원합니다. 저들이 드리는 찬양이 자신의 신앙고백이 되게 하시고, 주님께 드리는 영광의 도구가 되게 하옵소서.

예배를 위하여 기쁨으로 수종드는 손길들이 있습니다. 우리 주님이 피곤치 않도록 도와주시고, 수종드는 저들의 수고를 주님이 기억하고 계심을 잊지 않게 하옵소서.

예배의 시종을 주님께 의탁하오며 길과 진리가 되시는 예수 그리스도의 이름으로 기도합니다. 아멘

기억해 두세요

교회는 연말이나 연초에 제직을 임명하고, 교회 재정의 결산과 예산을 집행합니다. 이 의결 기관을 장로교회에서는 예,결산을 위한 공동의회라고 하고, 감리교회, 성결교회, 기타 교단에서는 사무총회라고 말하기도 합니다.

✵ **기도가이드** 기도는 하나님의 뜻을 바꾸는 것이 아니라 하나님의 뜻에 대한 나의 자세를 바꾸는 것입니다.

1월 첫째 주 | 주일 오후 찬양 예배
〈제직헌신예배에 맞춤〉

네가 죽도록 충성하라 그리하면 내가 생명의 면류관을 네게 주리라.(계시록 2장 10절)
맡은 자에게 구할 것은 충성이니라.(고린도전서 4장 2절)

온 누리에 자비를 주시어 새로움으로 거듭나게 해주신 하나님, 주님 앞에 새해 첫 주일, 첫 찬양예배를 드리게 됨을 감사드립니다. 올 한 해도 저희 모두가 예배를 사랑하게 하시고, 하나님을 가까이 하는 주의 백성이 되게 하옵소서. 언제나 주님의 은총 속에 사는 것을 더 없는 기쁨과 행복으로 여길 수 있게 하옵소서.

자비로우신 하나님, 저희들이 늘 성전을 찾아 나오지만 주님 앞에 깨끗하지 못함을 깨닫습니다. 성결의 삶을 살지 못하고 죄에 넘어지는 저희들, 지금 이 시간에도 주님 앞에 보여드릴 것은 죄 지은 모습밖에 없습니다. 크신 긍휼을 베풀어 주셔서 용서하여 주시고 죄 사함의 은총이 있게 하여 주옵소서.

은혜로우신 하나님, 이 시간은 특별히 강사 목사님을 모시고 제직 헌신 예배로 주님 영광 돌립니다. 주님께 무가치하고 무자격한 저희들이 주님의 몸 된 교회를 위하여 영광된 직분과 직책을 받았사오니 얼마나 감격할 일이요, 감사할 일입니까? 마지못해 형식이나 때우기 식으로 드리는 헌신 예배가 되지 않게 하시고, 마음과 영혼을 쏟아 드릴 수 있는 헌신 예배가 되게 하옵소서.

또한 새롭게 받은 직분과 직책에 대하여 서운함이나, 불만이나, 부담이 없기를 원합니다. 주님의 몸 된 교회를 든든히 세우기 위하여 역할과 필요에 따라 주님이 맡겨주신 것이오니 감사와 기쁨으로 잘 감당할 수 있게 하시고, 넘치는 봉사와 헌신이 주님을 향하게 하옵소서.

주님께 자신을 드리면 드릴수록, 자신을 깨뜨리면 깨뜨릴수록, 샘솟는 기쁨이 더욱 심령 가득히 흘러넘치게 하시고, 주님을 위하여 닳아 없어지는 삶이, 인생 최고의 만족과 축복이게 하옵소서.

이 시간, 본 교회의 제직 헌신 예배를 위하여 먼 길을 달려오신 강사 목사님을 기억하시기를 원합니다. 피곤치 않게 주님의 강하신 손으로 붙들어 주시고, 들려주시는 말씀을 저희 모두는 주님의 음성으로 듣게 하옵소서. 섬기시는 교회에도 주님의 귀한 은혜의 역사가 항상 있기를 원합니다.

본 교회를 담임하고 계신 목사님께도 언제나 놀라운 능력으로 함께 하셔서 주님의 몸 된 교회를 세우고, 양 무리들을 이끌기에 조금도 부족함 없게 하옵소서.

이 시간 헌신 예배를 위하여 준비한 모든 손길들 위에 함께하시고, 맡은 순서 자들을 주님의 권능의 손으로 붙드실 것을 믿습니다. 예배의 시종을 주님께 의탁하오며 예수 그리스도의 이름으로 기도합니다.

> ✱ **기도가이드** 하나님께서는 주님의 말씀을 따라 간구하는 사람들이면 누구에게나 똑같이 응답해 주십니다.

1월 첫째 주 — 수요 예배(기도회)
〈교회의 역할과 사명에 맞춤〉

새 노래로 여호와께 노래하라 온 땅이여 여호와께 노래할지어다 여호와께 노래하며 그 이름을 송축하며 그 구원을 날마다 선포할지어다…(시편 96편 1 - 3절)

사랑과 은혜가 충만하신 하나님 아버지,

새해 첫 수요일을 맞이하여 주님의 전으로 발걸음을 옮길 수 있도록 이끄신 주님의 은혜와 사랑에 감사드립니다. 언제나 하나님을 가까이 하기에 힘쓸 수 있는 저희 모두가 되게 하시고, 늘 주님의 이끌림을 받는 삶이 되게 하옵소서.

오늘, 저희들이 이 복된 자리로 이끌림을 받았지만 깨끗하지 못한 모습밖에는 보여드릴 것이 없어 참으로 부끄럽습니다. 저희들의 허물과 잘못을 겸손히 주님의 보좌 앞에 내려놓습니다. 생명 싸개로 싸매시고, 만만의 강수 같은 주님의 긍휼하심을 덧입게 하여 주옵소서.

주님, 새해를 맞이하여 특별히 주님의 몸 된 교회를 위하여 기도하기를 원합니다. 지금까지 주님의 섭리 가운데 ○○ 교회를 든든히 세워 주시고 부흥시켜 주심을 감사드립니다. 주님 오시는 그 날까지 날마다 성장과 부흥이 멈추지 않는 교회가 되게 하여 주시고 주님의 뜻을 이루어 드리는 교회가 되게 하여 주옵소서. 교회가 성장하는 만큼, 교회적 사명도 잘 감당하기를 원합니다. 때를 얻든지 못 얻든지 복음 전파에 힘쓰는 교회가 되게 하시고, 어려운 이웃을 헤아림으로 이웃을 부요케 하는 교회가 되게 하여 주옵소서. '땅 끝까지 이르러 내 증인이 되라' 고 분부하셨으니, 세계를 향하여 선교하는 일에도 힘쓰는 교회가 되기를 원합니다. 저희 모두가 주님께 몸을 드려 참여할 수는 없을지라도 물질을 깨뜨려 선교하는 일에 동참할 수 있는 열심이 있게 하여 주옵소서. 우리 교회에서 직접 선교사를 파송하는 은혜도 있기를 원합니다. 특히 미전도 종족에게 선교사를 파송하는 교회로 쓰임 받게 하옵소서.

주님, 올해도 당회로부터 제직회, 모든 기관이 든든히 서 가기를 원합니다. 하나님을 기쁘시게 하는 일에 최선을 다하는 모든 기관이 되게 하시고, 특별히 기관장들에게 믿음과 지혜를 더하여 주셔서 맡겨진 사명을 잘 감당하게 하여 주옵소서.

오늘도 단 위에 목사님을 세우심을 감사합니다. 우리 주님이 목사님의 건강을 책임져 주시고, 해를 당하는 일이 없도록 늘 지켜 주옵소서. 특별히 저희 양 무리들을 푸른 풀밭, 잔잔한 물가로 인도하기에 조금도 부족함이 없도록 능력의 오른손으로 붙들어 주옵소서. 내조하시는 사모님에게도 가슴앓이 하는 일이 없도록 은혜 위에 은혜를 더하여 주옵소서.

예배의 시종을 주님께 의탁하오며 저희들을 늘 생명의 길로 이끄시는 예수 그리스도의 이름으로 기도합니다. 아멘

> **기도가이드** 믿음을 갖고 기도하려면 하나님의 응답을 부인하는 모든 장애물들을 없애야 합니다.

1월 둘째 주 | 주일 낮 예배(1)
〈주현절, 빛의 자녀에 맞춤〉

내 영혼아 여호와를 송축하라 내 속에 있는 것들아 다 그 성호를 송축하라 내 영혼아 여호와를 송축하며 그 모든 은택을 잊지 말지어다…(시편 103편 1, 2, 5절)

생명이요 빛이신 주님,

　새해 첫 주일을 맞는 저희들에게 빛으로 나타나신 우리 주님의 현현하심을 찬송하며 영광을 돌립니다. 우리 주님이 빛으로 오셔서 저희를 빛 가운데로 인도해 주시지 아니하셨다면 저희들은 영원토록 어두운 죄악 길에서 방황하다가 지옥 가는 인생이 되었을 것입니다. 그러나 이제는 빛이신 주님을 따라 어둠의 자녀가 아닌 빛의 자녀로 산다는 것이 얼마나 큰 축복이며 영광된 일인지요. 항상 하나님께 감사할 수 있는 저희 모두가 되게 하옵소서.

　그러나 지금 이 순간 저희 자신을 돌아보니 아직도 어두운 죄악 길에서 길들여진 죄악의 요소들이 꿈틀거리고 있음을 깨닫습니다. 주님의 강하신 빛으로 저희 심령을 비추셔서 모든 죄악의 요소들이 소멸되는 은총이 있게 하옵소서.

　길 되신 주님, 올 한 해도 저희 모두가 주님의 빛을 받은 자로 '일어나 빛을 발하는 삶'이 되기를 원합니다. 주님이 가시는 곳마다 어둠의 세력이 물러가고 빛의 역사가 있었듯이, 저희들이 가는 곳에 주님의 빛이 저희들을 통하여 비취는 역사가 있게 하여 주옵소서. 특별히 아직도 빛이신 주님을 만나지 못하여 어둠 가운데 방황하는 영혼들을 기억하시기를 원합니다. 저들도 하루 속히 빛이신 주님을 만날 수 있는 은총을 내려 주셔서 빛의 자녀로 빛이신 주님을 찬양하며 살 수 있게 하여 주옵소서. 그리고 빛의 자녀로 택함을 받았으면서도 여전히 어두운 곳에서 서성이는 영혼들이 있습니다. 어둠을 미워하고 빛을 사랑할 수 있는 은혜를 베푸셔서 더 이상 죄악의 삶으로 자신의 삶을 낭비하는 일이 없게 하여 주옵소서.

그리고 이 기쁜 날, 이 좋은 날, 부득불 참석하지 못한 교우들을 살피시고 헤아려 주시기를 원합니다. 특별히 질병으로 인하여 교회에 오지 못한 교우의 마음을 살피셔서 그 마음의 안타까움을 위로하여 주시고, 주님이 항상 곁에 계심을 느끼게 하옵소서.

오늘도 말씀을 강론하시는 목사님을 능력의 장중에 붙드시고, 주님의 권세 있는 말씀을 선포케 하셔서 이 자리에 참석한 모두에게 놀라운 변화가 있게 하옵소서. 찬양으로 영광 돌리는 찬양대의 찬송을 받으시고, 모든 영광 주님께 돌리오며 예수 그리스도의 이름으로 기도합니다. 아멘

기억해 두세요

주현절은 또 다른 말로 현현절이라고도 불립니다. 말 그대로 주님의 현현하심을 일컫습니다. 기간은 매년 1월 6일부터 성회(참회) 수요일(2월 말정도)까지입니다. 처음에는 그리스도의 세례를 기념하다가 후에는 그리스도께서 이방인에게 나타나심을 기념하여 지켰습니다.

기도가이드 하나님의 뜻을 발견하고 그 뜻대로 살려는 노력으로 기도를 드려야 합니다.

1월 둘째 주 주일 낮 예배(2)
〈새해 표어와 목표에 맞춤〉

푯대를 향하여 그리스도 예수 안에서 하나님이 위에서 부르신 부름의 상을 위하여 좇아가노라.(빌립보서 3장 14절)

역사를 섭리하시고 주장하시는 하나님 아버지,

저희들에게 생명을 연장시켜 주셔서 다사다난했던 한 해를 보내고 희망찬 새해를 다시금 맞게 하시니 진심으로 감사합니다. 이 시간, 저희들을 사랑하시는 주님의 사랑을 온몸으로 느끼며 예배할 수 있게 하시니 주님의 이끄심에 감사 감격할 뿐이옵니다.

자비로우신 하나님 아버지, 주님의 은혜와 사랑을 마주하고 있으니 저희 자신의 한없는 부끄러움을 감출 수 없나이다. 그 짧은 한 주간 동안도 주님의 자녀답게 살지 못하고, 주님을 앞세우지 못한 삶을 살았던 저희들이었습니다. 정욕에 이끌려 살았던 저희들이었습니다. 주님 앞에 내놓을 것은 죄로 얼룩진 심령밖에 없나이다. 용서하여 주옵소서. 주님의 넓으신 사랑으로 품어 주시고 새롭게 하시는 주님의 긍휼을 덧입게 하옵소서. 온전한 주님의 자녀로 이끌어 주옵소서.

은혜로우신 하나님 아버지, 저희 교회가 새해를 맞이하여 좀 더 주님의 뜻을 이룰 수 있는 교회가 되기를 소망하며 표어를 새롭게 정하였습니다. 목표를 새롭게 세웠습니다. 주님이 귀하게 쓰시는 목사님이 마음을 쏟아 기도하시며 정하신 표어와 목표입니다. 그대로 이루어지는 놀라운 은혜를 부어 주옵소서. 이 교회에 권속이 된 저희들도 새롭게 정해진 표어를 따라 움직일 수 있는 한 해가 되게 하여 주시고, 새롭게 정해진 목표를 이루어 내기 위하여 주님의 도우심을 구하며 최선을 다할 수 있게 하옵소서. 맡은 바 직분과 직책을 잘 감당할 수 있게 하여 주시고, 저희 모두에게 주님이 도우시고, 응답하실 수밖에 없는 일들이 넘쳐나게 하옵소서.

사단이 더욱 극성을 부릴 것이지만 깨어 기도하는 자는 결코 미혹에 넘어지지 않을 것을 믿습니다. 사단의 강력한 진을 파하는 그리스도의 좋은 군사로 사용하실 것을 믿습니다. 늘 주님께 무릎 꿇음이 습관이 되게 하옵소서.

오늘도 단 위에 서신 목사님을 기억하시기를 원합니다. 영적인 부담을 안고 기도하시며 준비하신 말씀, 저희 모두가 아멘으로 받게 하시고 주님께 영광 돌리게 하옵소서. 주님의 몸 된 교회를 위하여 드러내지 않고 일하는 숨은 봉사자들이 있습니다. 주님이 친히 위로하시고 칭찬하여 주옵소서. 언제나 샘솟는 기쁨이 그 마음에 흘러넘치게 하옵소서.

정성으로 준비한 찬양대의 찬양을 기쁘게 받으실 것을 믿사옵고 예수 그리스도의 이름으로 기도합니다. **아멘**

> **기도가이드** 마음을 담아 정성을 다하여 믿음으로 간구하는 기도는 결코 실패하지 않습니다.

1월 둘째 주 — 주일 오후 찬양 예배
⟨성별과 열매 맺는 삶에 맞춤⟩

> 오직 여호와를 앙망하는 자는 새 힘을 얻으리니 독수리의 날개치며 올라감 같을 것이요 달음박질 하여도 피곤치 아니하겠고 걸어가도 피곤치 아니하리로다. (이사야 40장 31절)

창조주 하나님!

빛으로 세상에 오신 예수 그리스도의 이름을 찬양합니다.

어둠 속에서 방황하던 저희들을 빛으로 인도하여 주셔서 구원 받은 하나님의 자녀로 생명의 길을 가게 하신 것을 생각할 때, 한없으신 주님의 은혜와 사랑에 감복할 뿐입니다. 일평생 살아가는 동안 그 사랑 앞에 부끄럼 없는 삶이 되게 하여 주옵소서.

주님, 택함을 받은 주님의 백성이지만 여전히 죄로부터 자유롭지 못한 저희 자신을 봅니다. 주님의 전에서는 천국 백성이 되다가도 세상 속에서는 여전히 정욕에 이끌리어 세속의 습관을 좇아 살아가는 저희들입니다. 주님은 '내가 거룩하니 너희도 거룩하라'고 말씀하셨는데 저희는 저희에게 주어진 삶에 거룩함을 심지 못했습니다. 주님의 의를 심지 못했습니다. 용서하여 주옵소서. 세상에 너무 쉽게 동화되어 살아가는 저희를 불쌍히 여기시옵소서.

주님, 거룩하게 사는 것이 불편한 것이 되지 않기를 원합니다. 세상 사람들과 살지만 세상에 동화되지 않는 성별의 삶이 귀찮은 것이 되지 않기를 원합니다. 저희 심령을 늘 새롭게 하시고 성령 충만하게 하여 주셔서 이 땅 위에서 천국을 보여주는 삶이 되게 하여 주옵소서.

주님, 새해를 출발하며 주님 앞에 서원하였던 각오와 결심들이 있습니다. 그것이 쉬 무너지지 않도록 도와주시기를 원합니다. 숨 쉴 틈 없는 생활의 연속이라 할지라도 주님의 겸손과 주님의 희생을 바라보며 마음을 추스를 수 있게 하시고, 십자가의 오래 참으심으로 승리를 보여주셨던 주님의 인내로 승리의 열매를 맺을 수 있는 한 해가 되게 하여 주옵소서. 틈이 보일 때마다 기도와 영적인 아교로 벌어진 틈을 메우게 하시고, 언제나 '믿음의 주요 온전케 하시는 예수님'을 바라보는 한 해가 되게 하옵소서.

오늘도 주님이 세우신 사랑하는 목사님을 붙드시기 원합니다. 성도들에게 받은 상처와 아픔, 주님이 친히 위로하여 주시고, 영적으로 어두운 저희들을 하늘의 진리로 밝게 열어 주실 수 있는 목사님이 되게 하여 주옵소서.

특별히 주님의 몸 된 교회에서 목사님의 목회를 돕고 계신 부교역자 분들을 기억하여 주옵소서. 언제나 주어진 위치에서 주어진 사명을 잘 감당하며 목사님의 손과 발이 되기에 조금도 부족함이 없게 하여 주시고, 어렵고 힘들 때마다 주님의 십자가를 바라보며 위로받게 하여 주옵소서.

예배의 시종을 주님께 의탁합니다. 이 시간, 주의 성령께서 친히 저희들 가운데 운행하셔서 예배에서 멀어지지 않게 하실 것을 믿사옵고 생명이신 예수 그리스도의 이름으로 기도합니다. 아멘

※ 기도가이드 기도는 우리의 힘만으로 되는 것이 아니라 성령의 도우심을 입어야 합니다.

1월 둘째 주

수요 예배(기도회)
〈교육부서 겨울 행사에 맞춤〉

너희는 유혹의 욕심을 따라 썩어져 가는 구습을 좇는 옛 사람을 벗어 버리고 오직 심령으로 새롭게 되어 하나님을 따라 의와 진리의 거룩함으로 지으심을 받은 새사람을 입으라.(에베소서 4장 22 - 24절)

사랑이 풍성하신 하나님!

주님의 한없으신 사랑으로 인하여 새로운 한 해를 선물로 받고, 믿음으로 달려갈 수 있게 하시니 감사합니다. 올 한 해 어디에 있든지, 무엇을 하든지 믿음의 사람으로 그 본분을 잊지 않게 하여 주시고, 믿음을 견고하게 세워가는 주의 사람이 되게 하여 주옵소서.

이제는 주님을 믿는다고 하여 아무나 나올 수 없는 이 자리에 저희를 불러 주심을 감사합니다. 항상 이 복된 자리를 사단에게 내어 주지 않고 주님의 은혜를 좇아 사는 저희 모두가 되게 하여 주옵소서.

주님, 참으로 연약한 저희들 아시지요? 주님의 강권하심으로 육신의 일을 잠시 놓고 이 자리에 왔지만 허물투성이인 저희의 모습을 주님께 그대로 드릴 수 없음을 깨닫습니다. 알고 지은 죄, 모르고 지은 죄 주님께서 다 아시오니 너른 가슴으로 품어 주시고 용서의 은총을 베풀어 주옵소서.

주님, 지금 교회에서는 겨울 행사가 진행 중에 있습니다. 쌀쌀한 겨울입니다. 겨울 행사에 참여한 어린 학생들과 청년들, 건강에 이상 신호가 오지 않도록 붙들어 주시고, 진행을 책임 맡은 교역자님과 교사분들도 피곤치 않도록 도와주옵소서. 개학과 개강을 하기 전에 이번 기회를 통하여 말씀으로 재충전할 수 있게 하시고, 영적인 하나님의 사람으로 새롭게 변화되는 계기가 되게 하여 주옵소서. 어지러운 세상 문화 앞에서 동화되어 가는 것이 아니라, 세상 문화 속에 하나님의 뜻을 심어 갈 수 있는 학생들과 청년들이 되게 하여 주옵소서. 청년의 때에 창조주 하나님을 기억하는 것이 저들의 삶을 지배하게 하여 주옵소서.

주님, 시대가 어두울수록 주님의 은혜를 더욱 사모하는 저희 모두가 되기를 원합니다. 은혜의 자리를 가볍게 여기는 것이 습관이 되지 않게 하시고, 힘써서 하나님을 찾을 수 있는 저희 모두가 되게 하여 주옵소서. 은혜 없는 강퍅한 심령으로는 주님의 뜻을 담아낼 수 없사오니 주님을 늘 가까이하는 저희 모두가 되게 하여 주옵소서.

오늘도 단 위에 세우신 목사님을 기억하시고 생명의 말씀, 진리의 말씀을 전하시기에 조금도 부족함이 없도록 권능을 더하여 주옵소서.

지금도 살아 계셔서 믿는 자들과 함께하시는 예수 그리스도의 이름으로 기도합니다. 아멘

> ❋ **기도가이드** 강한 믿음은 강한 기도를 강조합니다.

1월 셋째 주 주일 낮 예배(1)
〈주현절 후 두 번째 주일, 빛을 비추는 삶에 맞춤〉

> **태초에** 말씀이 계시니라 이 말씀이 하나님과 함께 계셨으니 이 말씀은 곧 하나님이시니라. 그가 태초에 하나님과 함께 계셨고 만물이 그로 말미암아 지은 바 되었으니 …. (요한복음 1장 1 – 4절)

영원하신 하나님,

태초로부터 우리의 모든 것을 비추어 주신 성자 예수 그리스도를 이 땅에 보내셔서 빛이 되게 하여 주신 은총에 감사드립니다. 오늘 주현절 후 두 번째 주일을 맞이하여, 이 뜻 깊은 시간에 생명의 빛이 되신 주님을 뜨겁게 찬양합니다. 영광 받으옵소서.

빛 되신 주님,

저희들은 한 주간도 어둠 속에서 죄와 더불어 괴로워하며 살았습니다. 빛이신 주님을 따르겠다는 저희의 결심과 다짐은 모두 허사로 돌아가고 말았습니다. 주여, 빛이 비치면 어둠이 설 곳을 잃고 자취를 감추는 것처럼, 저희 심령에 빛이신 주님의 강림하심으로 저희의 죄악이 깨끗이 소멸되게 하옵소서. 빛이신 주님을 믿으면 빛의 자녀가 되고, 어둠이 다시 찾아오지 못함을 깨닫습니다. 이제 이 시간에, 저희 모두가 빛으로 살아갈 것을 다시 한번 다짐하며 무너진 결심을 주님의 말씀으로 다시 세우는 시간이 되게 하옵소서.

은혜의 주님,

"이같이 너희 빛을 사람 앞에 비취게 하여 저희로 너희 착한 행실을 보고 하늘에 계신 너희 아버지께 영광을 돌리게 하라"(마 5:16)고 말씀하신 것을 기억합니다. 만나고 접하는 모든 사람에게 빛의 자녀로서 그 역할을 잘 감당할 수 있는 저희 모두가 되게 하시고, 부지중에라도 주님의 빛을 가리우는 죄악을 저지르지 않게 하옵소서. 어디를 가든지, 무엇을 하든지 빛이신 주님을 드러낼 수 있는 삶이 되게 하여 주시고, 어둠에 처한 자들을 빛이신 주님께로 인도할 수 있는 사명을 잘 감당하게 하옵소서. 저희들을 통하여 온누리에 빛이신 주님이 충만해지는 역사가 있게 하옵소서.

능력의 주님,

오늘도 말씀으로 빛이신 주님을 증거하시기 위하여 단 위에 서시는 목사님을 기억하옵소서. 성령의 이끌림을 받아 어둔 심령을 밝게 비추는 말씀을 증거하실 수 있도록 도와주옵소서.

지금도 교회 곳곳에서 몸을 아끼지 않고 봉사하는 손길들이 있습니다. 저들의 수고를 하늘나라의 상급으로 채워 주실 것을 믿습니다.

찬양을 준비한 찬양대를 기억하시고, 주님께 천사도 흠모할 수 있는 찬양을 올리게 하옵소서. 예배의 시종을 주님께 의탁하오며 빛이신 예수 그리스도의 이름으로 기도합니다. 아멘

> ✸ **기도가이드** 하나님께서 기뻐하시는 기도는, 기도의 내용이 아니라 기도하는 자의 중심과 준비입니다.

1월 셋째 주 주일 낮 예배(2)
〈고통 받는 이웃에게 맞춤〉

사람이 등불을 켜서 말 아래 두지 아니하고 등경 위에 두나니 이러므로 집안 모든 사람에게 비취느니라 이 같이 너희 빛을 사람 앞에 비취게 하여 저희로 너희 착한 행실을 보고…(마태복음 5장 15,16절)

은혜로우신 하나님 아버지!

죄에 빠진 저희들을 부르셔서 구원의 확신을 주시고 진리의 말씀을 따라 살 수 있게 하시니 감사합니다. 오늘 이 복되고 즐거운 날 믿음의 권속들이 한자리에 모여 신령과 진정으로 예배하기를 원합니다. 주님의 교회에 나와 예배드리는 일이 인생에 가장 복된 것임을 깨닫는 저희 모두가 되게 하여 주옵소서.

자비로우신 주님,

저희들은 주님 앞에 설 때마다 늘 죄인임을 깨닫습니다. 헤아릴 수 없는 주님의 은혜 가운데 살면서도, 원망과 불평으로 날마다의 삶을 허비하는 경우가 얼마나 많았습니까? 이렇게 형식적인 믿음을 가지고 주님과 마주하고 있다고 생각하니 참으로 부끄러워 얼굴을 들지 못하겠나이다. 못난 저희의 모습, 주님의 자비에 호소하오니 용서하여 주옵소서.

사랑이 많으신 주님,

특별히 어려운 이웃을 위하여 기도하기를 원합니다. 그 어느 때보다도 더욱 추위를 느낄 수밖에 없는 가난한 이웃들을 기억하옵소서. 양식이 풍부한 이때에 아직도 굶주린 배를 움켜쥐고 하루하루를 힘겹게 살아가는 이웃들이 있습니다. 그들에게 주님의 따뜻한 손길을 내밀 수 있는 저희 모두가 되게 하여 주옵소서. 저희의 헤아리는 손길이 있음으로 인하여 이 추운 겨울이 더욱 따뜻해지게 하시고, 뼛속까지 파고드는 저들의 시린 고통이 훈훈함으로 녹아지게 하옵소서. "너희의 헤아리는 그 헤아림으로 너희도 헤아림을 도로 받을 것이라"(눅 6:38) 말씀하셨사오니, 주님 주신 새로운 삶을 사는 동안 헤아릴 줄 아는 것이 저희의 습관이 되게 하옵소서. 교회에 출석하고 있는 성도 중에도 물질로 인하여 어렵고 힘든 교우가 있습니다. 그들의 고통을 어루만지고 헤아릴 수 있는 교회가 되게 하시고, 그들의 아픔에 동참할 수 있는 저희 모두가 되게 하옵소서. 특히 독거 노인들을 기억하시기를 원합니다. 고독한 말년을 보내고 있는 그들에게 친구가 되어 줄 수 있는 교회가 되게 하옵소서.

주여!

십자가에서 물과 피를 다 쏟으시기까지 자신을 내어 주신 주님의 사랑이, 저희 모두가 반드시 닮아야 할 모습임을 잊지 않게 하옵소서. 교회가 있음으로 인하여 이웃이 부요케 되고, 저희가 있음으로 인하여 이웃에 웃음이 떠나지 않게 하옵소서. 이웃에게 떡과 물질만 베푸는 것이 아니라 생명의 떡이신 주님을 소개할 수 있는 저희 모두가 되게 하시고, 그들을 주님 앞으로 인도할 수 있는 영적 추수꾼이 되게 하여 주옵소서.

오늘도 생명의 말씀을 들고 단 위에 서신 목사님을 기억하시고, 말씀의 권세로 붙드셔서 듣는 자 모두가 변화되고 새 힘을 얻게 하여 주옵소서. 정성껏 찬양대의 찬양을 기쁘게 받으시고, 저들의 입술에 언제나 주님을 찬송하는 노래가 머물게 하여 주옵소서. 예배의 시종을 주님께 의탁하오며 예수 그리스도의 이름으로 기도합니다. **아멘**

> ✱ **기도가이드** 하나님은 기도자의 마음이 고통 중에 있는 자에게 전달되기를 원하십니다. 왜냐하면 하나님의 마음도 거기에 계시기 때문입니다.

1월 셋째 주 주일 오후 찬양 예배
〈건강한 예배 생활에 맞춤〉

너희는 여호와를 만날 만한 때에 찾으라. 가까이 계실 때에 그를 부르라.(이사야 55장 6절)
아버지께 참으로 예배하는 자들은 신령과 진정으로 예배할 때가 오나니 곧 이때라….(요한복음 4장 23절)

언제나 저희의 예배를 기뻐 받으시기를 즐겨하시는 하나님!

오늘 주님이 주신 복된 날 온전한 성수주일로 주님 앞에 드릴 수 있도록 이끄신 은혜 감사드립니다. 아침의 예배도 받으신 하나님, 저녁(오후)에 드리는 찬양 예배도 기쁘게 받아 주옵소서. 이처럼 예배를 놓치지 않고 주님께 예배드리는 일이 저희에게 가장 복되고 풍성한 삶인 줄 믿습니다. 늘 모이기에 힘쓰는 저희 모두가 되게 하여 주옵소서.

주님, 참으로 짧은 시간이지만 저희들은 늘 죄로부터 자유롭지 못하다는 것을 깨닫습니다. 그 짧은 시간에도 마음으로 입술로 지은 죄가 있습니다. 용서하여 주시고 주님께 기쁨으로 예배드릴 수 있게 하옵소서.

주님, 시대가 흘러가면서 주님께 드리는 예배가 점점 더 약화되고 있다는 느낌을 지울 수 없습니다. 예배가 점점 더 성도들로부터 외면을 당하고 있는 것 같습니다. 매 예배마다 하나님의 임재하심을 느끼며, 은혜로 풍성했던 그 감격의 자리가 이제는 점점 더 화석화되어 가고 있음을 절감합니다. 무엇보다도 올해는 저희 모두가 무너져 가고 있는 예배를 회복할 수 있는 한 해가 되게 하여 주옵소서. 저희가 복 받고 형통하는 길은 예배를 얼마나 사랑하느냐에 달려 있음을 깨닫게 하시고, 예배에 뜨거운 불을 지필 수 있는 저희 모두가 되게 하여 주옵소서. 예배자가 없는 예배의 빈자리를 주님이 보시면서 얼마나 안타까워하시며 눈물 흘리시겠습니까? 예루살렘을 보시며 통곡하셨던 우리 주님이 지금의 예배를 보시면서도 통곡하실 것이라는 생각을 할 때 영적인 부담을 느끼지 않을 수 없습니다.

어떤 예배든지 주님이 슬퍼하시고 싫어하시는 예배가 되지 않도록 최선을 다하는 저희 모두가 되게 하여 주옵소서. 저희 모두가 예배의 자리를 사단에게 내어 주지 않도록 도와주옵소서. 말씀을 사모하는 예배가 되게 하시고, 뜨거운 기도가 있는 예배가 되게 하시고, 성령의 교통하심을 강하게 느끼는 예배가 될 수 있게 하옵소서. 올 한 해 저희 모두는 예배를 선포하고 예배를 누리는 자들이 되기를 원합니다.

오늘도 영적인 부담을 안고 단 위에 서신 목사님을 기억하옵소서. 미약한 숫자로 인하여 흔들림이 없게 하시고, 권세 있는 말씀을 증거하실 수 있도록 도와주옵소서. 예배의 시종을 주님께 의탁하오며 예수 그리스도의 이름으로 기도합니다. 아멘

> 기도가이드 기도에 대하여 소홀히 하는 것은 하나님께 죄를 범하는 것입니다.

1월 셋째 주

수요 예배(기도회)
〈보호자 되시는 하나님께 맞춤〉

> 여호와는 너를 지키시는 자라 여호와께서 네 우편에서 네 그늘이 되시나니 낮의 해가 너를 상치 아니하며 밤의 달도 너를 해치 아니하리로다 여호와께서 너를 지켜 모든 환난을…. (시편 121편 5-8절)

언제나 성전을 가까이 할 수 있도록 이끄시는 하나님!

오늘도 바쁜 하루의 일과를 마치고 고단한 육신을 이끌고 주님의 전으로 달려 나왔습니다. 사단은 집에서 쉬라고 속삭이지만, 예배 생활을 잃으면 전부를 잃은 것이기에 강권하시는 성령의 음성을 좇아 주님이 기뻐하시는 자리에 지친 몸을 의탁합니다. 저희의 올리는 찬양과 예배를 받으시옵소서.

사랑의 주님!

하루도 죄 짓지 아니하고는 살 수 없는 저희들이지만 지금 이 순간 우리 주님은 저희들의 죄를 보는 것이 아니라 저희들의 중심을 보고 계신 줄 믿습니다. 상한 심령을 기뻐 받으시는 주님 품에 저희의 몸을 던지오니 너른 가슴으로 품어 주시고 긍휼을 베풀어 주옵소서.

지키시는 하나님!

험한 세상 가운데서 주님의 돌보심이 없이는 일 분 일 초도 살아갈 수 없는 저희들입니다. 세상 곳곳에 저희들의 영혼과 생명을 위협하는 일들이 얼마나 많습니까? 어느 한 곳도 안전한 곳이 없고, 어느 한 곳도 마음 놓을 곳이 없나이다. 언제나 그러하셨듯이, 저희의 마음을 세상 유혹에 걸려 넘어지지 않도록 붙들어 주옵소서. 그 어떤 유혹 앞에서도 저희의 영혼을 사단에게 파는 일이 없도록 주의 영으로 날마다 새롭게 하옵소서. 모든 환난을 면케 하여 주시고, 피할 길을 주사 해를 당치 않게 하옵소서. 극한 생명의 위협이 있을지라도 불꽃 같은 눈동자로 살피시고 건지시는 주님의 손길을 언제나 체험하게 하옵소서.

가정과 생업을 붙드시기를 원합니다. 직장과 사업도 붙드시기를 원합니다. 오직 주님만이 저희의 영혼을 만족케 하시고, 형통케 하심을 매 순간마다 경험하게 하옵소서. 어찌 보면 지옥같이 느껴지는 이 세상에서 주님의 함께하심으로 천국같은 삶을 누리는 저희 모두가 되게 하옵소서.

오늘도 지친 영혼들에게 새 힘을 주시기 위하여 말씀을 들고 단 위에 서시는 목사님을 기억하여 주옵소서. 성령의 두루마기를 입혀 주셔서 듣는 저희 모두가 영혼이 소생하는 기쁨을 누리게 하옵소서.

예배를 놓친 교우들의 마음을 살피시기 원합니다. 오고 싶어도 올 수 없는 안타까운 교우에게는 위로를 더하시고, 고의적으로 주님을 멀리한 교우에게는 주님이 도적같이 오심을 깨닫게 하옵소서.

이 시간, 성령의 위로하심이 저희 가운데 넘치게 하실 것을 믿사옵고 예배의 시종을 주님께 의탁하오며 예수 그리스도의 이름으로 기도합니다. 아멘

> **기도가이드** 믿음이 강해지고 성장하려면 늘 주님 앞에 엎드리는 기도 생활이 필요합니다.

1월 넷째 주 주일 낮 예배(1)
〈주현절 후 세 번째 주일, 청지기의 사명 감당에 맞춤〉

나의 영혼아 잠잠히 하나님만 바라라 대저 나의 소망이 저로 좇아 나는도다 오직 저만 나의 반석이시요 구원이시요 나의 산성이시니 내가 요동치 아니하리로다…〈시편 62편 5 - 7절〉

은혜로우신 하나님,

인자와 긍휼로 신실한 백성을 보호하고 계시는 주님의 사랑에 감격합니다. 그 은혜에 힘입어 주님께 예배하는 자리를 찾았사오니 저희의 드리는 예배를 기쁘게 받으시옵소서. 세상에 속한 교만을 모두 벗어 버리고 오직 믿음만으로 주님을 기쁘시게 하는 주의 백성이 되기를 원합니다. 찬양과 영광을 받으옵소서.

주님, 한 주간도 영생을 생각지 못하고 눈앞에 보이는 이익만을 추구하며 살아왔습니다. 저희의 어두운 눈은 이미 하나님의 나라를 바라볼 시력을 잃고 욕심에 찌든 근시안이 되고 말았습니다. 어떻게 치유받아야 할지 알 수 없는 상태에 이르게 된 모습이 한없이 부끄러울 뿐입니다. 주님께 엎드려 용서를 구합니다. 긍휼을 베풀어 주옵소서. 세상 이익에 눈먼 인생이 되게 하여 주시고, 오직 하나님 나라를 바라보는 영적인 눈이 활짝 열려지게 하여 주옵소서. 하늘의 진리를 붙들고 살게 하옵소서.

주님, 올 한 해도 이 땅에 사는 동안 주님이 맡겨 주신 청지기의 사명을 잘 감당하기를 원합니다. 교회에서는 맡겨 주신 직분과 직책에 최선을 다하는 충성스런 종이 되게 하시고, 가정에서는 남편과 아내로, 부모로, 믿음의 가정을 세우는 일에 최선을 다하는 저희 모두가 되게 하여 주옵소서. 사회생활에서도 그리스도인으로서 해야 할 역할과 책임이 무엇인지를 분명히 깨달아 무엇을 하든지 주님의 의를 드러내고, 주님의 뜻을 담아낼 수 있는 선한 청지기가 되게 하여 주옵소서. 물질에 있어서도 청지기의 사명을 잘 감당하기를 원합니다. 내 것이 아니라 하나님의 것임을 분명히 깨닫게 하셔서 내 것처럼 사용하지 말게 하시고, 주님의 선하시고 기뻐하시는 뜻대로 선용할 수 있는 저희 모두가 되게 하여 주옵소서. 올 한 해를 결산할 때에 주님께 악하고 게으른 종이라는 책망을 듣기보다, 착하고 충성된 종이라는 칭찬을 듣게 하여 주시고, 더욱 축복하시기를 원하시는 주님의 은혜를 받아 누릴 수 있는 저희 모두가 되게 하여 주옵소서.

지금 이 시간에 고통 속에서 주님의 전을 찾아 나온 성도들이 있습니다. 그들의 고통을 헤아려 주셔서 싸매시고, 치유하시는 주님의 은총을 경험하게 하옵소서.

오늘도 말씀을 들고 서시는 목사님을 주님의 능력의 오른손으로 붙드시기를 원합니다. 그 입술에 권세를 더하셔서 생명의 말씀을 전하시기에 조금도 부족함이 없게 하옵소서.

예배를 돕는 손길들을 기억하시고, 주님께 정성껏 준비하여 드리는 찬양대의 찬양도 기쁘게 받아 주옵소서. 예배의 시종을 주님께 의탁하오며 예수 그리스도의 이름으로 기도합니다. 아멘

> **기도가이드** 기도를 배우는 가장 좋은 방법 중의 하나는 다른 사람들의 좋은 기도문을 읽고 묵상하는 것입니다.

1월 넷째 주

주일 낮 예배(2)
〈전천후 신앙생활에 맞춤〉

관제와 같이 벌써 내가 부음이 되고 나의 떠날 기약이 가까웠도다 내가 선한 싸움을 싸우고 나의 달려갈 길을 마치고 믿음을 지켰으니 이제 후로는 나를 위하여 의의 면류관이…. (디모데후서 4장 6 – 8절)

언제나 저희들과 함께하시는 하나님 아버지,

죄와 허물로 소망 없이 살아오던 저희들을 구원해 주시고, 주님께 예배하는 거룩한 길을 갈 수 있도록 인도하시니 감사합니다. 오늘도 죄의 유혹을 피하여 주님 전으로 달려 나왔사오니 하늘의 신령한 은혜를 체험하는 복된 시간이 되게 하옵소서.

주님, 오늘도 허물어진 결심을 안고 이 자리에 나왔습니다. 늘 약하여 넘어지는 저희들을 불쌍히 여기시고, 입술과 행위로 지은 모든 죄를 용서하여 주옵소서. 이 시간 주님께 예배하고 이 자리를 떠날 때 죄 사함의 은총을 받고, 약속으로 주신 주님의 귀한 말씀을 붙들고 돌아가게 하옵소서.

주님, 추운 겨울이라서 그런지 저희들의 신앙이 매우 움츠려 있음을 깨닫습니다. 계절을 타는 신앙인이 되지 않기를 원합니다. 꽁꽁 얼어붙은 세계 속에서도 주님의 사랑은 불꽃처럼 타오름을 잊지 않게 하시고 언제나 변함없는 모습으로 빛 되신 주님을 따를 수 있는 전천후 신앙인이 되게 하여 주옵소서. 혹한이 몰려와 살을 더욱 에이게 만든다 할지라도, 주님을 만나는 그 복된 자리를 외면치 않게 하시고, 더욱 깨어 부르짖을 수 있는 저희 모두가 되게 하여 주옵소서. 주님이 분부하신 명령은 계절을 타지 않음을 깨닫습니다. 영혼을 구원하는 일에 최선을 다하게 하시고, 이웃을 생명의 양식으로 부요케 할 수 있는 저희 모두가 되게 하여 주옵소서. 저희의 게으름으로 인하여 반드시 천국 가야 할 영혼이 지옥 가는 일 없게 하시고, 지옥 가서는 안 될 영혼이 구원의 기회를 잃어버리는 일이 없게 하옵소서.

언제나 흠뻑 젖은 땀에서 배어나오는 땀 냄새를, 주님께 향기로 드릴 수 있는 저희 모두가 되게 하여 주옵소서. 언제나 주님을 위하여 열심히 뛰는 한 해가 되기를 원합니다.

지금 이 시간 주님의 도움의 손길이 절박한 교우들이 있습니다. 그 중심을 살피셔서 원망으로 이어지지 않게 하시고, 넘어지거나 실족함이 없게 하옵소서.

오늘도 주님이 목사님을 단 위에 세우셨사오니, 목사님을 통하여 주님이 말씀하시고자 하는 음성이 저희 모두에게 들려지게 하옵소서.

찬양대의 찬양을 기억하시고, 입술의 찬양이 아닌 영혼의 찬양으로 받으실 것을 믿습니다. 주님의 몸 된 교회를 위하여 마음을 드려 충성하는 모든 손길들 위에 넘치는 은혜를 부어 주실 것을 믿사옵고, 예배의 시종을 주님께 의탁하오며 예수 그리스도의 이름으로 기도합니다.

🌟 **기도가이드** 하나님은 말을 많이 하는 기도보다 마음을 쏟는 기도에 관심을 갖고 계십니다.

1월 넷째 주 주일 오후 찬양 예배
〈부요케 하는 신앙생활에 맞춤〉

하나님이여 우리가 주의 전 가운데서 주의 인자하심을 생각하나이다. 하나님이여 주의 이름과 같이 찬송도 땅 끝까지 미쳤으며 오른손에는 정의가 충만하였나이다. (시편 48편 9 - 10절)

은혜로우신 하나님 아버지,

이 저녁(오후)에도 저희를 불러 주셔서 주님께 찬양할 수 있는 은혜의 시간을 허락하여 주시니 감사합니다. 항상 하나님의 자녀 된 본분을 잊지 아니하고 예배의 자리로 부름을 받을 수 있게 하신 것, 주님의 전적인 은혜와 사랑임을 깨닫습니다. 이 시간, 저희들의 모습이 미천할지라도 찬양과 영광을 홀로 받아 주옵소서.

주님, 저희들의 못난 모습 아시지요? 참으로 부끄러운 죄인입니다. 주님이 주신 소중한 날들을 주님의 뜻대로 살지 못하고 주님이 미워하시는 것들로 허비한 저희들입니다. 끝없이 일어나는 죄의 본성을 이기지 못하고 맥없이 넘어지는 저희들을 불쌍히 여기시고 용서의 은총을 베풀어 주옵소서.

주님, 올 한 해는 저희 모두가 부요한 신앙생활이 되기를 원합니다. 주님께 헌신하고 충성하는 일에 부요함이 넘치게 하시고, 주님의 몸 된 교회를 위하여 봉사하는 일에도 부요함이 넘치게 하옵소서. 어려운 이웃을 구제하는 일에도 부요함이 넘치게 하시고, 선교하는 일에도 부요함이 넘치게 하시기를 원합니다.

주님을 대면하는 기도의 자리도 항상 부요할 수 있게 하시고, 영혼을 구원하는 전도의 현장도 항상 부요할 수 있는 저희 모두가 되게 하여 주옵소서. 어려운 이웃과, 힘든 교우를 돌아보는 일에도 부요함이 넘치게 하시고, 마음 아파 괴로워하는 이들에게도 아픔을 함께 나눌 수 있는 부요함이 있게 하옵소서. 질병으로 고통 받는 자들에게는 소망을 심어 줄 수 있는 부요함이 있게 하시고, 낙심한 자들에게는 용기를 심어 줄 수 있는 부요함이 있게 하여 주옵소서.

주님의 몸 된 교회의 부서와 기관들이 저희들로 인하여 날마다 부요케 되는 역사가 일어나기를 원합니다. 교회도 저희들로 인하여 날마다 부요케 하는 교회로 소문나기를 원합니다. 올 한 해, 저희 모두가 부요케 하는 일에 혼신을 다하게 하옵소서. '부요케 하는 도구'가 되는 것이 주님 앞에 내어 놓는 강렬한 기도 제목이 되게 하옵소서.

오늘도 목사님이 주님의 말씀을 증거하십니다. 피곤치 않도록 하늘의 천군 천사를 동원시켜 주옵소서. 말씀으로 저희 심령이 부요케 되는 이 시간이 되게 하옵소서.

예배의 시종을 주님께 의탁하오며 저희를 언제나 부요한 길로 인도하시는 예수 그리스도의 이름으로 기도합니다. 아멘

> **기도가이드** 하나님은 자기의 모든 것을 깨뜨릴 줄 아는 자에게 서둘러 응답해 주십니다.

1월 넷째 주

수요 예배(기도회)
〈제자의 사명에 맞춤〉

너희 안에 이 마음을 품으라 곧 그리스도 예수의 마음이니 그는 근본 하나님의 본체시나 하나님과 동등됨을 취할 것으로 여기지 아니하시고…빌립보서 2장 5 – 8절)

자비로우신 하나님 아버지,

저희의 무가치한 인생을 복되게 하셔서 천사도 흠모하는 주의 백성으로 살게 하시니 감사합니다. 항상 주님의 한량없는 은혜와 사랑을 잊지 않게 하시고, 그 사랑 앞에 저희의 모든 것을 아낌없이 깨뜨릴 수 있는 삶이 되게 하옵소서.

그러나 주님 앞에 설 때마다 저희들이 얼마나 미련한 존재인지를 깨닫지 않을 수 없습니다. 육신의 일에 얽매여 그토록 바삐 움직이는 저희의 모습을 지켜보시며 우리 주님은 얼마나 속상하시고 안타까우셨겠습니까? 주여! 늘 육신의 굴레를 벗어나지 못하는 나약한 저희들의 믿음을 꾸짖어 주옵소서. 너무나 쉽게 주님의 은혜를 망각하는 저희들을 매질하여 주옵소서.

주님, 저희들을 주님의 제자로 부르셨사오니 세상일에 너무 집착하지 않게 하시고, 쟁기를 잡고 뒤를 돌아보는 어리석음이 없게 하옵소서. 인생의 모든 문제는 주님께 맡기고 죽기까지 순종하셨던 십자가의 희생을 본받아 그 뒤를 따라갈 수 있는 저희 모두가 되게 하여 주옵소서. 어렵고 힘들지라도 주님의 뜻을 이루어 내는 것이 저희의 기쁨이 되게 하시고, 주님의 간절한 소원을 이루어 드리는 것이 저희의 행복이 되게 하옵소서. 누구나 주저하는 일일지라도 주님이 뜻하신 일이라면 망설임이 없게 하시고, 누구나 피하고 싶은 일일지라도 주님의 마음을 담아낼 수 있는 일이라면 기꺼이 몸을 던질 수 있는 저희 모두가 되게 하여 주옵소서. 주님께서 높임을 받는 일이라면 피곤함을 모르게 하시고, 주님의 영광을 나타내는 일이라면 핍박이나 고난 받는 것도 즐거워할 수 있는 저희 모두가 되게 하옵소서. 주님의 마음이 저희의 마음이 되게 하시고, 주님의 관심이 저희의 관심이 되게 하옵소서. 제자의 삶이 주님께 온전히 드려지는 저희 모두가 되기를 원합니다.

주님, 오늘도 말씀을 전하시는 목사님을 권능의 오른손으로 붙드시고, 저희 모두가 말씀 앞에서 새롭게 변화되고 새 힘을 얻는 시간이 되게 하옵소서.

목사님의 목회를 돕고 계신 부교역자 분들께도 늘 은혜로 함께하여 주셔서 교회를 위한 수고와 애씀이 언제나 풍성한 열매로 이어지게 하옵소서.

예배의 시종을 주님께 의탁합니다. 저희들 모두가 주님이 기뻐하시는 예배자가 되게 하실 것을 믿사옵고 예수 그리스도의 이름으로 기도합니다. 아멘

> **기도가이드** 진정한 기도의 사람은 하나님의 뜻을 살필 줄 아는 것이 습관화되어 있고, 그 뜻을 이루기 위하여 자신의 마음을 쏟아 냅니다.

1월 다섯째 주 주일 낮 예배(1)
〈주현절 후 네 번째 주일, 새 각오와 결심에 맞춤〉

> 여호와의 사랑이 끝이 없고 그 자비하심이 가실 줄 모르도다. 그 사랑 그 자비하심에 아침마다 새롭고 그 진실하심이 그지없도다. 우리 모두 살아온 길을 돌이켜 보고 여호와께 돌아갈지어다. (예레미야애가 3장 22,23,40절)

저희의 드리는 예배를 기뻐 받으시는 하나님 아버지,

죄인들을 불러 주셔서 거룩한 예배에 동참할 수 있도록 이끌어 주시니 감사합니다. 저희들은 항상 주님의 사랑을 빗겨갈 수 없는 존재들임을 깨닫습니다. 그 사랑 앞에 감격하여 가난한 마음으로 예배드리오니 상한 심령을 받아 주옵소서.

은혜의 주님,

새해 소망 가운데 첫 달을 보람 있게 보내도록 이끄심을 감사드립니다. 그러나 여전히 저희들이 주님 앞에 내놓을 것은 부끄러운 죄밖에는 없습니다. 주님께 칭찬받고, 상급받기 어려운 행동을 하며 살았음을 고백합니다. 늘 육신의 생각에 이끌려서 주님의 뜻과는 동떨어진 생활을 하는 저희들입니다. 회개하오니 넓으신 긍휼로 품어 주시고 용서하여 주옵소서.

주님, 이 시간 저희 모두가 지난 한 달을 되돌아보기를 원합니다. 새해를 맞이한 기쁨과 소망이 지금은 어떤 모습을 하고 있는지 되짚어 보지 않을 수 없나이다. 넘치던 새해의 각오와 다짐이 지금은 어떤 모양으로 저희 마음에 남아 있는지 되짚어 보지 않을 수 없나이다. 새해 벽두에 마음의 각오와 결심을 기도의 띠로 꽁꽁 묶어 주님의 제단에 바쳤건만 다시 원점으로 돌아간 것은 아닌지요? 산산이 부서져 이 바람 저 바람에 날리고 있는 것은 아닌지요?

주여!

늘 원점 인생이 되는 연약한 저희들을 불쌍히 여겨 주옵소서. 이 시간 저희들을 주님의 강하신 팔로 다시 한번 다잡아 주셔서 새 일을 행하며 살기에 부족함이 없도록 이끌어 주시기를 원합니다. 좀 더 새로운 각오와 결심으로 믿음과 소망과 사랑이 넘치는 생활을 가꿀 수 있는 저희 모두가 되게 하여 주옵소서. 주님의 몸 된 교회를 위하여 좀 더 성실한 일꾼이 되기로 결심하고 다짐한 그 마음이 한 해의 결실로 영글게 하옵소서. 생활 속에서 소금과 빛으로서의 삶을 살기로 다짐한 그 중심이 주님께 안겨 드릴 기쁨이 되게 하옵소서. 주님 이 시간 다시 한번 새로운 결단 속에서 드려지는 예배가 되게 하옵소서.

오늘도 생명의 말씀을 들고 단 위에 서신 목사님을 기억하옵소서. 무지한 양들을 주님의 사람으로 세우시기 위하여 주님께 불철주야 희생의 관제를 드리는 그 마음을 붙드시고, 언제나 새 권능으로 옷 입혀 주시기를 원합니다. 이 시간 전하시는 주의 말씀이 어두운 저희의 영혼을 밝히기에 조금도 부족함이 없게 하옵소서.

교회를 위하여 소리 없이 충성하는 권속들을 기억하시고, 저들 마음에 언제나 소리 없이 채우시는 주님의 은혜가 가득 넘치게 하옵소서. 찬양대의 찬양을 받으시고 찬송하는 기쁨이 저들에게서 떠나지 않도록 붙들어 주옵소서.

예배의 시종을 주님께 의탁하오며 언제나 긍휼로 품으시는 예수 그리스도의 이름으로 기도합니다. 아멘

> **기도가이드** 하나님은 당신에게 모리아 산과 같은, 압복 강 나루터와 같은, 갈멜산과 같은 기도의 현장을 원하십니다.

1월 다섯째 주 주일 낮 예배(2)
〈조국의 통일에 맞춤〉

하나님이여 우리가 주의 전 가운데서 주의 인자하심을 생각하나이다 하나님이여 주의 이름과 같이 찬송도 땅 끝까지 미쳤으며 오른손에는 정의가 충만하였나이다. (시편 48편 9 - 10절)

살아 계신 하나님,

인생에게 행하신 그 기이하고도 놀라우신 일을 인하여 찬송과 영광을 돌립니다. 사모하는 자를 만족케 하시고 주린 영혼에게 좋은 것으로 채워 주시는 주님의 그 크신 은혜와 사랑을 생각할 때 감사, 감격할 뿐이옵니다. 주님의 일방적 은총 속에 사는 저희들, 언제나 주님을 경외하는 삶이 되게 하여 주옵소서.

긍휼이 풍성하신 하나님,

오늘도 거룩한 주일을 맞이하여 주님께 예배하기 위하여 이 자리를 찾았지만 여전히 허물진 모습으로, 죄에 젖은 모습으로 주님의 전을 찾았음을 고백하지 않을 수 없나이다. 깨끗지 못한 저희 인생들을 긍휼히 여기시고 회개하는 심령마다 다시 한번 사죄의 은총을 베풀어 주옵소서. 허물 많은 모습으로 주님의 전을 찾았지만 새롭게 하시는 주님의 은총 속에 주님께 영광 돌리는 성공의 예배가 되게 하옵소서.

오직 한 분이신 하나님,

추운 겨울만큼이나 이 나라 이 민족은 아직도 분단이라는 시린 아픔을 안고 있습니다. 저희들은 반세기가 넘도록 분단된 조국이 다시 하나로 통일될 수 있기를 소원하며 기다려 왔습니다. 조금씩 희망은 보이고 있지만 아직도 이데올로기의 장벽과, 목전의 정치적 이해 관계는 골이 깊기만 합니다. 주님, 이제껏 조국의 통일을 위하여 눈물 뿌려 기도한 종들의 울부짖음을 기억하시고 어서 속히 이 민족의 통일을 앞당겨 주시옵소서. 국민의 혈세를 더 이상 군비 증강에 쏟는 일이 없게 하시고, 고통 받는 자들을 헤아리고 도와주는 일에 쓰여질 수 있게 하옵소서. 아직도 전쟁의 가능성이 높은 국가 중에 하나입니다. 이제 다시는 이 강산 이 강토에 아벨과 같은 억울한 피가 쏟아지지 않도록 막아주시고 영원한 평화가 아침 이슬같이 내려지는 민족이 되게 하여 주옵소서. 아직도 이산의 아픔과 설움을 안고 사는 국민들이 얼마나 많습니까? 사랑하는 사람을 만나지 못하는 아픔이야말로 가장 견디기 힘든 아픔인 줄 압니다. 이제는 이 민족에 이와 같은 아픔이 자리잡지 않도록 어서 속히 통일의 축복을 허락하여 주옵소서. 주님의 자녀인 저희들도 선조들의 기도를 이어 받아 나라의 안타까움을 위하여 끝까지 기도하게 하시고, 나라를 사랑하는 마음이 더욱 가슴에 사무치게 하여 주옵소서.

오늘도 주의 전을 찾은 성도들 가운데 상처받고 마음 아파하는 성도들이 있을 줄 압니다. 질병으로 고통 받는 성도들이 있을 줄 압니다. 주님이 부어 주시는 위로와 치료하심을 경험할 수 있는 복된 시간이 되게 하옵소서.

말씀을 들고 서시는 목사님을 기억하시고, 주님의 능력을 칠 배나 더하여 주셔서 생명의 말씀을 전하시기에 조금도 부족함이 없게 하여 주옵소서.

주님께 올리는 찬양대의 찬양을 받으시고, 영광중 화답하실 것을 믿사옵고, 예배의 시종을 주님께 의탁하오며 예수 그리스도의 이름으로 기도합니다. 아멘

기도가이드 하나님의 응답을 받는 기도의 사람은 그 인생 가운데 눈물 뿌려 간구하는 기도의 제단을 세워 놓고 삽니다.

1월 다섯째 주 주일 오후 찬양 예배
〈고통 받는 교우들과 교육부서에 맞춤〉

믿음으로 말미암아 그리스도께서 너희 마음에 계시게 하옵시고 너희가 사랑 가운데서 뿌리가 박히고 터가 굳어져서 능히 모든 성도와 함께 지식에 넘치는 그리스도의 사랑을 알아…(에베소서 3장 17 - 19절)

지극히 높으신 하나님 아버지,
저희로 하여금 그리스도의 십자가를 통하여 생명과 구원을 얻을 수 있는 수많은 무리 중에 들게 하시고 영광과 존귀와 찬송을 이 시간도 주님께 드릴 수 있게 하시니 감사합니다. 언제나 저희들이 영원한 생명을 주신 주님께 합당한 감사와 영광을 돌리는 삶이 되게 하옵소서.

금년도 벌써 한 달이 저물어 가고 있습니다. 지난 한 달의 귀한 시간, 그 많은 날들을 돌이켜 볼 때 불신앙적인 저희들의 삶이 주님의 은혜와 사랑을 값없이 취급하였음을 고백하지 않을 수 없나이다. 저희를 약함에서 구하여 주시고 죄악 된 일을 되풀이하지 않도록 도와주시옵소서.

자비로우신 주님,
저희들 가운데 생업의 문제로, 질병으로, 가족의 문제로, 부모의 문제로, 진학의 문제로 염려하며 괴로워하는 교우들이 있습니다. 그 형편과 처지를 헤아려 주시고 위로와 평안을 허락하여 주옵소서. 저희의 모든 일들, 모든 문제들을 주님께서 권고해 주심으로 이 모든 일들이 아름답고, 형통하고 유익하도록 해주시고 하나님께 영광이 되게 하여 주옵소서.

특별히 주의 사랑하는 청년들을 기억하시고, 도덕적으로 영적으로 죽은 청년, 병든 청년이 많은 이때에 늘 영적으로 살아 있음으로 어두운 이 시대를 밝히고, 잠자는 이 시대를 깨우는 새벽이슬 같은 청년들이 되게 하옵소서.

　사랑하는 중고등부 학생들도 기억하옵소서. 감수성이 예민한 때에 곁길로 빠지지 않게 하시고, 주의 교양과 훈계로 잘 양육받아 이 민족과 교회의 미래를 밝힐 수 있는 등불이 되게 하옵소서. 유, 초등부 학생들도 기억하셔서 주 안에서 건강하게 자라게 하시고, 어릴 때부터 말씀 위에 굳게 서서 믿음으로 잘 양육받으며 자랄 수 있게 하시고, 때 묻지 않은 어린 심령에 사단이 둥지를 틀지 않도록 주의 성령께서 날마다 지켜 주옵소서.

　본 교회에서 수고하고 계신 교역자님들의 사역을 기억하시고 그들의 사역을 복되게 하시고 영광스럽게 하시옵소서.

　이 시간 말씀을 강론하시는 목사님을 기억하셔서 축복의 말씀을 전하실 때에 저희 모두가 큰 은혜와 축복을 체험하는 시간이 되게 하옵소서.

　올 한 해 저희 모두 하나님이 기뻐하시는 축복의 길을 걷게 하시고, 축복의 열매를 맺을 수 있게 하옵소서.

　예배의 시종을 주님께 의탁합니다. 이 시간 성령께서 친히 저희들 가운데 운행하심을 피부 깊숙이 경험하게 하옵소서. 저희를 죄악 가운데서 구원하여 주신 예수 그리스도의 이름으로 기도합니다. 아멘

> **기도가이드** 우리가 기도하는 내용이 구체적인 것이라면 하나님의 응답하심도 구체적입니다.

1월 다섯째 주

수요 예배(기도회)
〈헌신의 삶에 맞춤〉

내가 진실로 진실로 너희에게 이르노니 한 알의 밀이 땅에 떨어져 죽지 아니하면 한 알 그대로 있고 죽으면 많은 열매를 맺느니라 자기 생명을 사랑하는 자는 잃어버릴 것이요…(요한복음 12장 24, 25절)

사랑의 하나님,

바쁜 하루 일과를 마친 후 휴식의 자리로 돌아가지 않고 주님께 영광 돌리는 은혜의 복된 자리로 나올 수 있게 하시니 감사합니다. 천사도 흠모하는 이 복된 자리를 늘 놓치지 않는 삶이 되게 하여 주옵소서.

주님, 오늘 저희들이 이 자리로 달려 나왔지만 여전히 저희 모습은 허물어진 모습이요, 죄에 젖어 있는 모습입니다. 지난 삼 일 동안도 주님의 은혜를 저버리는 일들이 얼마나 많았는지 모릅니다. 알면서도 그렇게 살았던 저희들입니다. 완악한 저희들을 피 묻은 주님의 손으로 잡아 주셔서 죄 사함의 은총이 있게 하시고, 깨끗함을 얻게 하여 주옵소서. 주님께 드려지는 예배에 형식보다 마음이 묻어 있게 하시고, 습관보다 간절함이 묻어있게 하여 주옵소서.

주님. 주님은 한 알의 밀알이 땅에 떨어져 죽어야 많은 열매를 낼 수 있다고 말씀하셨는데 참으로 밀알 되기가 힘들고 어렵습니다. 주님의 말씀과 능력은 저희 곁에 쉼 없는데 헌신과 희생은 항상 잠을 자고 있습니다.

주님, 이제는 주님 앞에서 저희의 찌꺼기 같은 시간을 그만 드리게 하옵소서. 찌꺼기 같은 재물을 그만 바치게 하옵소서. 찌꺼기 같은 정성을 그만 드리게 하옵소서. 찌꺼기 같은 믿음을 보이게 하옵소서. 주님 앞에서는 입이 열 개라도 핑계치 않는 믿음이 되게 하여 주시고, 몸이 열 개라도 이유를 달지 않는 신앙이 되게 하여 주옵소서. 언제나 주님을 위하여 일할 수 있는 믿음이 되게 하여 주시고, 주님을 위하여 떨 수 있는 믿음이 되게 하여 주옵소서. 늘 주님의 몸 된 교회가 부흥할 수 있는 밑거름이 되는 저희 모두가 되게 하여 주옵소서. 헌신할 일꾼을 애타게 찾으시는 이때에 주님이 겪으신 고난의 자리에 몸을 던질 수 있는 저희 모두가 되게 하여 주옵소서. 인격적이고 교양 있는 성도의 모습을 추구하기보다 주님을 위하여 닳아서 없어지는 성도의 모습을 추구할 수 있는 저희 모두가 되게 하여 주옵소서.

한 달이 지난 지금 이 시간 날마다 주님을 본받아 살겠노라는 각오와 다짐이 있게 하옵소서.

오늘도 말씀을 강해하시는 목사님을 붙드시고, 그 손에 말씀의 검을 들려 주셔서 저희 심령 골수를 쪼개는 능력의 말씀이 되게 하옵소서.

예배의 시종을 주님께 의탁하오며 예수 그리스도의 이름으로 기도합니다. 아멘

> **기도가이드** 마음을 쏟고 영혼을 쏟는 헌신이 묻어 있지 않은 기도는 하나님께 잡스런 언어에 지나지 않습니다.

2월 첫째 주

주일 낮 예배(1)
〈주현절 후 다섯 번째 주일, 설날에 맞춤〉

여호와여 내가 만민 중에서 주께 감사하고 열방 중에서 주를 찬양하오리니 대저 주의 인자하심이 하늘 위에 광대하시며 주의 진실은 궁창에 미치나이다…. (시편 108편 3 - 5절)

성삼위 하나님,

 2월 첫 주에 드리는 저희의 예배를 받으시옵소서. 완전하신 하나님께서 저희의 영혼을 소성케 하셨으니 영광과 존귀를 드려 찬양합니다. 구원의 그리스도 예수님께서 빛으로 임하시어 온 세상을 밝게 비추고 계시니 저희 모두가 기쁨으로 충만합니다. 그리고 이 예배에 임하신 성령님께서 저희의 입술과 마음을 이끄시어 하나님께서 받으실 만한 말과 묵상을 하게 하시오니 무한한 감사를 드립니다. 그러나 한 주간도 저희들은 저희 인생이 온통 저희 것인 양 생각하며 마음대로 즐기고 함부로 생활해 왔음을 솔직히 시인하지 않을 수 없나이다. 저희가 알지 못하는 수 만 가지 죄가 저희 속에서 꿈틀거리고 있음을 깨닫습니다. 죄 짓는 일에 대하여 늘 관대한 저희들을 불쌍히 여겨 주시고, 저희 연약함을 용서하여 주옵소서. 주님께 대한 찬양과 감사함을 영원히 그치지 않는 삶이 되게 하여 주옵소서.

 주님, 이번 주간에 저희 모두는 민족의 거대 명절인 설날을 맞이하게 됩니다. 벌써부터 고향을 찾을 생각으로, 또는 보고 싶은 사람을 만날 생각으로 마음이 설레이고 있음을 느낍니다. 주님, 세속의 풍속을 기다리면서도 이토록 마음의 설레임을 감추지 못하는 저희들인데, 거룩한 주일, 주님께 예배하는 이 복된 날을 기다리는 저희의 모습은 너무나 무감각한 모습을 하고 있는 것은 아닌지요? 주여! 주일을 기다림도, 또 주일을 맞이함도 늘 저희의 마음에 설레임으로 다가오게 하여 주옵소서. 세상 풍속보다 못한 주님의 날을 만들지 않게 하시고, 주일이 얼마나 소중하고 복된 날인지를 늘 인식하며 살아갈 수 있는 저희 모두가 되게 하여 주옵소서.

저희들은 명절의 위험성을 너무나 잘 알고 있습니다. 자칫 잘못하면 사단이 쳐놓은 덫에 걸려 넘어지기 쉬운 때가 명절이 아닙니까? 주의 성령께서 저희를 강하게 붙들어 주셔서 우상의 행사에 동참하는 일이 없게 하시고, 죄 짓는 일이 없게 하옵소서. 명절을 온전히 하나님께 봉헌할 수 있는 저희 모두가 되게 하여 주옵소서. 믿지 않는 가족이나 친척들에게는 구원자이신 주님을 소개할 수 있는 계기가 되게 하여 주시고, 복되고 유익한 언어로 마음껏 축복할 수 있는 날이 되게 하여 주옵소서. 고향을 찾지 못하는 심령들을 위로하시고, 고향보다 주님의 전을 지키는 성도가 더욱 복된 하나님의 사람임을 느끼게 하여 주옵소서. 주여! 저희 모두는 천국 가는 그 날까지 주님께 예배하는 이 날을 최대 명절로 삼게 하옵소서.

오늘도 주님의 말씀을 대언하시는 목사님을 기억하시고, 갈대와 같이 흔들리는 저희들의 심령에 요동치 않는 반석의 말씀을 심어 주시기에 조금도 부족함이 없게 하옵소서. 찬양대의 찬양을 기억하시고, 천사가 부르는 그 어떤 찬양보다도 주님의 보좌를 아름답게 할 수 있는 찬양이 되게 하옵소서.

예배의 시종을 주님께 의탁합니다. 주의 성령께서 친히 이 자리에 운행하시옵소서. 오직 영광만 받으실 예수 그리스도의 이름으로 기도합니다. 아멘

> **기도가이드** 당신은 지금 무엇을 붙들고 기도하십니까? 내가 관심 있는 기도 제목이라고 하여 하나님도 관심 있게 귀 기울여 들으시는 것은 아닙니다.

2월 첫째 주 — 주일 낮 예배(2)
〈설날, 신앙인의 본분을 지키는 일에 맞춤〉

할렐루야 하나님께 찬양함이 선함이여 찬송함이 아름답고 마땅하도다 여호와께서 예루살렘을 세우시며 이스라엘의 흩어진 자를 모으시며 상심한 자를 고치시며 저희 상처를 싸매시는도다. (시편 147편 1 – 3절)

은혜가 풍성하신 하나님,

무용지물인 인생을 버려 두지 아니하시고 주님의 백성으로 불러 주셔서 빛과 진리 가운데로 인도하여 주시니 감사합니다. 성부, 성자, 성령 하나님의 거룩하신 이름이 영광을 받으시옵소서.

벌써 한 달이 지나고 새로운 한 달을 맞이하게 되었나이다. 오직 주님께 온 맘과 정성을 다하여 섬기기로 작정하였지만, 저희의 연약함으로 인하여 다시금 주님과 멀어지고 있는 저희의 모습을 깨닫지 않을 수 없나이다. 저희 약함을 주님께 내려놓사오니 용서하여 주시고 다시금 믿음을 굳게 세워 주시옵소서. 오늘도 주님 앞에 메고 나온 온갖 근심과 절망의 멍에들을 풀어 주셔서 가볍게 하시고, 힘에 겨워 감당치 못해 스스로 포기하는 어려운 문제들도 주님의 손길을 통하여 풀리는 역사가 있게 하옵소서.

주님, 특히 이번 주간에는 저희들의 믿음이 시험받게 될 일이 있습니다. 국가적으로 지키는 설 명절을 맞이하여 저희의 믿음이 중심을 잃을까 염려되오니 이 시간, 각 사람의 믿음을 강화시켜 주셔서 세상 풍속에 넘어짐이 없게 하여 주옵소서. 신앙인의 자리와 본분을 지키지 못하여 불신자들에게 비웃음을 당하는 일이 없게 하시고, 저희의 부끄러운 행동으로 인하여 주님이 능욕을 당하고, 교회가 욕을 먹는 일이 발생하지 않도록 인도하여 주옵소서. 명절의 빔을 누리는 자들에게 예수 그리스도의 은총도 받을 수 있는 기회를 제공할 수 있게 하시고, 우상을 섬기는 것보다 유일하신 하나님만을 섬기는 것이 인생 본분임을 깨닫게 해주는 복된 계기가 되게 하옵소서. 떨어져 있던 가족이나 일가친척을 만날 때 행여 말의 실수로 인하여 상대방의 감정을 상하게 하는 일들이 없게 하시고, 오히려 서먹서먹한 마음이나 언 가슴을 녹일 수 있는 사랑의 메신저가 되게 하옵소서.

주님, 명절이 되어도 교회를 비울 수 없는 교역자분들을 기억하시고, 이분들이 계시기에 저희들이 아름다운 믿음의 사람으로 세워져 가고 있음을 잊지 않게 하옵소서. 또한 명절이 되어도 고향 땅을 밟을 수 없는 실향민들을 기억하시고, 저들의 오랜 숙원이 이루어질 수 있도록 축복하여 주옵소서. 또한 명절이 되면 홀로 쓸쓸히 명절을 보내는 이웃들이 있습니다. 수심으로 가득 찬 저들의 명절을 밝게 만들어 줄 수 있는 저희들이 되게 하여 주옵소서.

오늘도 주님의 복된 말씀을 들고 단 위에 서시는 목사님을 기억하시고, 그 어느 때보다도 능력 있는 말씀을 선포하실 수 있도록 도와주옵소서. 예배의 시종을 주님께 의탁합니다. 주의 성령께서 친히 이 자리에 운행하실 것을 믿사옵고 거룩하신 예수 그리스도의 이름으로 기도합니다. 아멘

> **기도가이드** 하나님은 단지 입술에서 고백되어지는 기도보다는 마음을 담아 드리는 진실한 기도에 응답을 보이십니다.

2월 첫째 주 — 주일 오후 찬양 예배
⟨자족하는 삶에 맞춤⟩

> 내가 비천에 처할 줄도 알고 풍부에 처할 줄도 알아 모든 일에 배부르며 배고픔과 풍부와 궁핍에도 일체의 비결을 배웠노라 내게 능력 주시는 자 안에서 내가 모든 것을 할 수 있느니라.(빌립보서 4장 12, 13절)

언제나 변치 않는 사랑으로 저희를 지키시는 하나님 아버지,
끝없이 저희를 격려하시고 위로하시는 하나님이심을 믿습니다. 오늘도 주님의 음성을 듣고 다시금 이 저녁(오후)에 주님의 전으로 모였나이다. 언제나 예배하기를 힘쓸 수 있도록 주의 성령께서 도와주심을 감사합니다. 이 자리에 모인 저희들에게 언제나 강같이 흘러넘치는 주의 은혜를 경험하게 하옵소서.

은혜의 주님, 주님께서는 저희가 구하고 바라는 그 이상의 것을 항상 주시기를 기뻐하시는 하나님이심을 믿습니다. 때를 따라 저희의 쓸 것을 미리 채우시며 필요한 양식을 끊임없이 내려 주시는 하나님이심을 믿습니다. 주님의 무한하신 은혜와 사랑을 무엇으로 갚을 수 있겠습니까? 늘 구원의 잔을 높이 들고 주님의 이름을 높이 부르며 그 높은 이름을 찬양하는 저희 모두가 되게 하여 주옵소서.

주님, 불의한 방법을 동원해서라도 소유욕을 끝없이 채우기를 원하는 이때에 저희들은 주님의 섭리에 감사하며 자족하는 삶을 살 수 있게 하옵소서. 저희들의 삶이 여느 사람의 사는 모습과 별반 차이점이 없다면 저희가 어떻게 이 땅 위에 주님의 뜻이 이루어지기를 소망하며 주님의 영광을 드러낼 수 있겠사오리까?

세상 사람들은 더 많이 소유하고 더 높이 올라가는 것을 추구할지라도, 저희들은 더 많이 베풀고 더욱 낮아지는 것을 추구할 수 있는 삶을 살게 하옵소서. 저희는 이 땅 위에 사는 동안 나그네가 아닙니까?

나그네는 오직 주님의 섭리에 감사하며 풍부에 처할 줄도, 가난에 처할 줄도 알며 사는 것인 줄 깨닫습니다. 보리떡 다섯 개와 물고기 두 마리를 가지고도 아버지께 끝없는 감사의 기도를 올리셨던 그 감사의 모범을, 저희들도 삶에서 적용하며 살게 하여 주옵소서. 잘 사는 것은 소유의 많고 적음에 있는 것이 아니라 주어진 것을 어떻게 선용하며 주님을 기쁘시게 할 수 있는가에 그 비밀이 있음을 깨닫습니다. 주님을 위하여 저희의 소유한 것이 이 땅 위에 아름답게 뿌려지게 하시고, 선한 열매를 풍성히 맺을 수 있도록 도와주옵소서. 정욕과 욕심이 꿈틀거릴 때마다 말씀으로 잠재워 주시고 성령의 검으로 수술하여 주옵소서.

주여! 주님의 사신 생애를 본받기를 원합니다. 그 욕구를 채우기를 원합니다. 저희 모두를 주님의 제자 되게 하옵소서.

오늘 이 시간에도 저희를 그 풍성한 말씀의 강가로 인도하시기 위하여 말씀을 들고 서시는 주의 사자 목사님을 붙드시고 말씀 속에서 자족의 삶을 사셨던 주님을 다시 한번 만나게 하옵소서.

예배의 시종을 주님께 의탁하오며 예수 그리스도의 이름으로 기도합니다. 아멘.

기도가이드 우리가 하나님께 드리는 기도 중에 가장 중요한 기도는 자신을 이기기 위한 기도입니다.

2월 첫째 주 — 수요 예배(기도회)
〈설날, 새 결심에 맞춤〉

> 그런즉 누구든지 그리스도 안에 있으면 새로운 피조물이라 이전 것은 지나갔으니 보라 새것이 되었도다 우리가 하나님과 함께 일하는 자로서 너희를 권하노니…(고린도후서 5장 17절, 6장 1절)

희망찬 새해를 또 한 번 허락하신 하나님,

이 시간 주님 앞에 나와 베푸신 은혜와 은총을 생각하며 예배를 드릴 수 있게 하시니 감사합니다. 또한 이 민족에게 더욱 큰 은혜를 베푸셔서 새해를 두 번 맞게 하시니 감사합니다.

저희들은 설이라는 민족 명절을 통하여 저희들에게 새롭게 주신 한 해를 다시 보게 됩니다. 이것도 주님이 주신 복이라면 얼마나 귀한 복입니까? 저희가 너무나 약하여 늘 넘어지고 실패하는 인생임을 아시고, 흐트러진 새해의 각오와 결심을 다시 추스르고 출발할 수 있도록 하시기 위하여 설 명절을 주신 줄 믿습니다.

이 날을 세속의 풍속을 좇는 데 허비하지 않게 하시고, 다시 새로운 한 해를 주신 하나님께 감사하며 작심삼일이었던 새해의 결심을 다시 한번 다부지게 결심할 수 있는 복된 날이 되게 하여 주옵소서.

주님을 믿지 않는 사람들은 이 날을 단지 우상을 섬기고, 먹고 마시며 즐기는 일에 허비하겠지만 저희들은 주님 안에서 결심한 새로운 각오를 다시 한번 확고히 세우고 주님의 뜻과 능력을 구할 수 있는 날이 되게 하여 주옵소서. 주님의 새 사람으로 주님이 원하시는 새 일을 이루어 내는 것이 저희들의 인생 목표가 되게 하시고, 속절없이 바뀌는 세상의 기준에 대하여 미련을 버리지 못하는 저희들이 되지 않게 하여 주옵소서.

주님, 저희들의 삶이 예수 철학을 확고하게 세운 삶이길 원합니다.

돈만 있고 철학이 없는 이 시대에 예수 철학을 가지고 땅에 속한 자들을 하늘에 속한 자로 변화시킬 수 있는 주의 백성이 되게 하여 주시고, 땅만 보고 좌절하고 한숨짓던 인생들을 십자가의 권능으로 구해 낼 수 있는 역사가 저희들을 통하여 나타나게 하옵소서.

명절이 되어도 갈 곳이 없어 실의 속에 잠긴 주의 백성들을 위로하여 주시고, 저희의 친구가 되어 주시고 넉넉히 품어 주실 주님의 품이 있음을 잊지 말게 하여 주옵소서.

오늘도 주님의 말씀을 듣고 단 위에 서시는 목사님을 기억하시고, 저희 모두가 생명의 강가에서 뛰놀고 은혜의 바다에 눕는 위로를 얻게 하옵소서.

예배의 시종을 주님께 의탁하오며 언제나 새롭게 하시는 예수 그리스도의 이름으로 기도합니다. **아멘**

> ✽ **기도가이드** 기도에도 철학이 담겨 있어야 합니다. 그 철학은 예수 그리스도의 십자가의 도입니다.

2월 둘째 주 주일 낮 예배(1)
〈주현절 후 여섯 번째 주일, 영적 승리에 맞춤〉

여호와여 내가 주를 높일 것은 주께서 나를 끌어내사 내 대적으로 나를 인하여 기뻐하지 못하게 하심이니이다. 여호와 내 하나님이여 내가 주께 부르짖으매 나를 고치셨나이다….(시편 30편 1 - 4절)

존귀하신 하나님,

지난 이레 동안 저희를 지켜 주시고 주님과 약속한 시간에 예배드릴 수 있도록 인도하여 주심을 감사드립니다. 영이신 하나님께 드리는 이 예배가 영적인 것이 되도록 신령과 진정을 다하기를 원합니다. 육신의 것들이 깨끗이 소멸되게 하시고, 습관에 따라 형식적으로 드리는 일이 되지 않게 해 주옵소서. 오직 예배를 받으실 하나님 아버지와, 예배를 드리는 저희들만 있게 하옵소서.

주님, 지난 한 주간도 사단의 교묘한 유혹에 빠져 하나님의 말씀을 잊어버렸던 적도 많았습니다. 죄악이 저희를 사로잡았고, 그때마다 주님이 계시지 않는 것처럼 마음대로 행동했습니다. 주여! 저희들에게 실망하셨지요? 주님께 간절히 바라오니 주님 곁에서 저희를 떠나 보내지 마옵소서. 입이 열 개라도 드릴 말씀이 없지만 주님의 자비와 은혜에 기대어 용서를 구할 뿐입니다. 불쌍히 여겨 주옵소서.

주님, 사단 마귀가 우는 사자와 같이 삼킬 자를 찾기 위하여 몸부림치고 있는 이때에 미혹되지 않기 위하여 늘 영적 충만을 사모할 수 있는 저희들이 되게 하여 주옵소서. 주일 예배를 한번 드리는 것으로 영적인 생활이 유지될 수 있을 것이라 자만하지 않게 하여 주시고, 모든 예배와 기도 생활에 충실할 수 있는 저희들이 되게 하여 주옵소서. 사단의 목표는 성도의 마음에 자기의 왕국을 우뚝 세우려고 하는 것이 아닙니까? 바울이 세운 그 많은 교회가 지금은 흔적조차 남지 않은 것을 생각할 때 오늘날 저희도 영적으로 강하게 무장하지 않으면 사단의 밥이 될 수 있다는 것을 잊지 않게 하여 주옵소서. 저희가 미혹에 이끌리는 삶을 살면 주님이 조롱을 당하실 것입니다. 주님이 멸시를 당하실 것입니다. 주님의 교회가 무너지고, 주님이 능욕을 받게 될 것입니다. 생각만 해도 너무나 끔찍한 일이온대, 영적으로 너무 여유부리는 저희의 모습이 되지 않게 하여 주옵소서. 엎드려 기도하는 자만이 영적으로 승리할 줄 믿습니다. 항상 깨어 기도할 수 있는 저희 모두가 되게 하시고, 성령 충만을 사모하게 하옵소서.

오늘도 예배를 돕는 아름다운 손길들이 있습니다. 저들의 손길을 받으시고 샘솟는 기쁨으로 채워 주시옵소서.

말씀을 들고 서시는 목사님을 기억하시고, 전하시는 말씀에 영적 권세가 충만하게 하옵소서.

저희들이 주님의 은혜를 간절히 사모하는 마음으로 예배 순서 순서마다 참여할 때에 놀라우신 주님의 은혜를 경험하게 하옵소서.

예배의 시종을 주님께 의탁하오며 예수 그리스도의 이름으로 기도합니다. 아멘

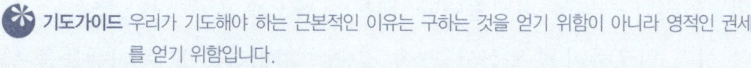 **기도가이드** 우리가 기도해야 하는 근본적인 이유는 구하는 것을 얻기 위함이 아니라 영적인 권세를 얻기 위함입니다.

2월 둘째 주 — 주일 낮 예배(2)
〈치유와 교사 단기 대학에 맞춤〉

> 우리가 사방으로 우겨 쌈을 당하여도 싸이지 아니하며 답답한 일을 당하여도 낙심하지 아니하며 핍박을 받아도 버린 바 되지 아니하며 거꾸러뜨림을 당하여도 망하지 아니하고…(고린도후서 4장 8 – 10절)

높이 들린 보좌에 앉으신 하나님,

주님의 거룩하신 성호를 찬양합니다. 수많은 사람들 가운데 저희를 부르사 주님의 보좌 앞에 서게 하시니 감사합니다. 저희들이 이 놀라운 특권과 축복을 누리고 있사오니 언제나 감격하는 마음으로 주님의 성호를 찬양하게 하옵소서.

그러나 지난 한 주간의 삶을 되돌아보니 세상에 동요되어 살았던 흔적들이 너무도 많음을 고백하지 않을 수 없나이다. 감사할 겨를도 없이 숨 가쁜 생활이 진행되다 보니, 죄가 영혼 깊숙이 스며드는 것도 잊고 살았나이다. 죄가 왕 노릇하기 전 주님 앞에 고백하오니 크신 은총으로 용서하여 주옵소서. 더 이상 죄의 시녀가 되어 성령을 거역하는 삶이 되지 않도록 말씀으로 사로잡아 주시고, 주님을 나타내는 증거의 삶이 되게 하여 주옵소서.

저희의 마음의 소원을 아시는 주님,

오늘도 저희의 형편과 처지를 되돌아보며 안타까운 마음으로 간구합니다. 험난한 세상을 살면서 피할 길 없는 상처와 아픔을 많이 겪고 있습니다. 인생들의 죄 짐을 홀로 지시고, 골고다 십자가에 피 흘려 돌아가신 주님을 생각하면 지금 겪고 있는 상처와 아픔이 사치스러운 것 같아 부끄럽기 한량없지만 어머니 품속에 있는 갓난아이 같은 저희들인지라 주님을 의지합니다. 넓으신 품으로 감싸 안아 주시고, 상한 심령 위로하여 주옵소서. 뼛속 깊숙이 자리잡은 모든 아픔들을 성령의 불로 녹여 주셔서 주님을 의뢰하는 인생이 얼마나 복된 인생인지를 깨닫게 하옵소서. 세상에서는 눌릴 수밖에 없는 삶이었지만 주님 안에서는 누리는 삶이 되기를 원합니다. 이끌어 주시옵소서.

주님, 교사 단기 대학이 이번 주에 개강합니다. 강의를 준비한 강사분들에게 영성과 지혜를 더하여 주셔서 교사들에게 단지 지식과 방법만 전달하는 것이 아니라 영성을 깨워 줄 수 있는 계기가 되게 하여 주옵소서. 교사 단기 대학을 통하여 배우고 익힌 것, 교육 현장에서 잘 적용할 수 있게 하시고, 아이들이 존경하고 싶고 배우고 싶고, 본받고 싶은 교사들이 될 수 있도록 함께하여 주옵소서.

오늘도 주의 말씀을 듣고 서시는 목사님을 기억하시고 증거하실 말씀에 성령을 기름 붓듯 부어 주셔서 위로가 필요한 자에게는 위로의 말씀으로, 치료가 필요한 자에게는 치료의 말씀으로, 문제 해결을 원하는 자에게는 모든 문제를 풀 수 있는 지혜의 말씀으로 선포되어지게 하옵소서.

힘을 다하여 예배를 돕는 위원들을 기억하시고, 수종들 때마다 하늘의 신령한 은혜를 맛보게 하옵소서. 찬양대의 찬양을 기쁘게 받으시고, 예배의 시종을 주님께 의탁하오며 예수 그리스도의 이름으로 기도합니다. 아멘

기도가이드 하나님은 우리가 필요한 모든 것을 채워 주시는 분이지만 기도를 통해서, 간구하는 것만큼 우리의 필요를 채워 주십니다.

2월 둘째 주

주일 오후 찬양 예배
〈성전 사랑에 맞춤〉

> 만군의 여호와여 주의 장막이 어찌 그리 사랑스러운지요 내 영혼이 여호와의 궁정을 사모하여 쇠약함이여 내 마음과 육체가 생존하시는 하나님께 부르짖나이다 ….(시편 84편 1,2,4절)

만복의 근원이 되시는 하나님 아버지,

허물과 죄로 죽었던 저희들에게 예수 그리스도로 말미암아 영원한 생명을 얻게 하시고, 앞서간 성도들과 함께 하늘의 기업을 누릴 수 있는 귀한 축복을 주심을 감사합니다. 전적인 주님의 은혜로 된 것이오니 오직 하나님께만 찬송하며 영광을 돌릴 수 있는 저희 모두가 되게 하여 주옵소서.

주님, 오전 예배를 주님 앞에 드리고, 또다시 오후에 주님의 전을 찾아 나와 찬양 예배로 드리게 하시니 감사합니다. 따스한 손길로 이끄시는 주님의 사랑을 느낍니다. 지금 이 시간도 주님의 사랑과 주님의 섭리를 뼛속 깊숙이 느끼게 하옵소서.

주님, 죄 많은 저희들 아닙니까? 주님 앞에서 깨끗하다 할 자가 누구이겠습니까? 성결치 못한 저희들을 용서하여 주시고, 죄에 묻히는 삶이 되지 않도록 인도하여 주옵소서.

이 시간은 특별히, 성전의 빈자리를 놓고 기도합니다. 늘 피부로 느끼는 것은 주님께 드리는 예배가 쓸쓸해지고 있다는 것입니다. 예배에 참여하지 못한 권속들이 어디서 무엇을 하며, 예배의 시간을 허비하고 있는지 모르겠지만 그들이 있는 자리가 세상 풍속을 좇는 자리가 되지 않기를 원합니다. 자기의 실속만을 챙기는 자리가 되지 않기를 원합니다. 사단에게 마음을 내주는 자리가 되지 않기를 원합니다. 사단의 올무에 걸려 넘어지는 자리가 되지 않기를 원합니다. 주님의 은혜를 거역하는 자리가 되지 않기를 원합니다. 갑자기 주님의 전이 그리워지는 마음이 저들의 심령 속에 채워지게 하여 주옵소서.

주님, 저희 모두에게 언제나 성전을 사랑하는 마음을 주시옵소서. '주의 궁정에서의 한 날이 다른 곳에서의 천 날보다 낫다'(시 84:10)는 시편 기자의 고백이 저희 고백이 되게 하시고, 하나님의 전에 영원히 거하기를 소원했던 다윗의 소원이(시 23:6) 저희 모두의 소원이 되게 하여 주옵소서. 언제나 힘써서 성전의 뜰을 밟을 수 있는 저희 모두가 되게 하여 주시고, 차갑게 식어지는 예배의 자리를 뜨겁게 달굴 수 있는 저희 모두가 되게 하여 주옵소서. 저희들의 힘든 삶이 주님의 전을 가까이 함으로 독수리 날개 치듯 새 힘을 얻게 하옵소서. 언제나 성전 신앙으로 주님 앞에 설 수 있는 저희 모두가 되기를 원합니다.

이 시간도 예배드릴 때 끝없이 속삭이시는 주님의 음성을 듣기 원합니다.

말씀을 듣고 서시는 목사님을 기억하시고, 말씀을 전하실 때 성전을 더욱 사랑하는 마음이 저희 심령 깊은 곳에서 솟아나오게 하여 주옵소서.

예배의 시종을 주님께 의탁하옵고, 이 시간 저희를 이 복된 예배의 자리로 이끄신 예수 그리스도의 이름으로 기도합니다. 아멘

> **❋ 기도가이드** 하나님은 우리가 어디서든지 기도하면 들어주시지만 특별히 성전에서 기도하는 자에게 응답하시기를 즐거워하십니다. 성전은 하나님이 그 이름을 두신 곳이기 때문입니다.

2월 둘째 주

수요 예배(기도회)
〈경제 회복에 맞춤〉

너희는 마음에 근심하지 말라 하나님을 믿으니 또 나를 믿으라. (요한복음 14장 1절)

만복의 근원이 되시는 하나님 아버지,

삼 일 동안도 주님의 은혜 가운데 살게 하시다가 주님의 전으로 달려 나와서 예배할 수 있게 하시니 감사합니다. 부족한 정성으로 주님의 전을 찾았을지라도 저희의 영혼을 주님의 넓으신 품에 안기게 하실 것을 믿습니다.

이 시간, 저희들이 드리는 예배 속에 어줍잖은 몸짓이, 덜 여문 생각이 들었다 할지라도 주님을 향한 그 마음을 살피시고 흠향하여 주옵소서.

이 시간, 먼저 주님의 용서가 필요함을 깨닫습니다. 육욕을 채우는 것으로 낙을 삼았던 저희들입니다. 은근슬쩍 악인의 모습을 용납하고 죄짓는 일에 발을 담그던 저희들이었습니다. 용서로 저희를 보듬어 주옵소서.

주님, 어려운 경제를 피부로 느끼다보니 삶이 힘겨운 것이 사실입니다. 믿음으로 사는 저희들은 물질로 인하여 마음을 빼앗기지 말아야 하지만, 힘든 현실 앞에서 밀려오는 경제적 부담을 느끼지 않을 수 없나이다. 오늘도 저희의 영혼은 삶에 찌들어 메마를 대로 메말라가고 있습니다. 좌절하고 한숨짓지 않을 수 없나이다.

사랑이 많으신 주님,

풀어 주옵소서. 외면하지 마옵소서. 요행을 바라지 않고 성실을 심으며, 땀 흘린 만큼의 열매를 얻기 원하는 저희의 소박한 삶이 꽁꽁 얼어붙지 않게 하여 주옵소서. 주님의 몸 된 교회도 저희의 물질을 깨뜨릴 일들이 얼마나 많습니까? 교회에 올 때마다 눈치 보거나 핑계치 않고 마음껏 깨뜨릴 수 있도록 어려운 생활을 만져 주시옵소서. 회복시켜 주옵소서.

정부에서는 앞으로 나아질 것이라고 하지만 이제 저희들은 그 말을 신뢰할 수 없나이다. 국가나 민족의 흥망성쇠나 개인의 생사화복도, 모든 것이 주님의 손 끝에 달려 있음을 깨닫습니다. 주님이 닫으시면 열 자가 없고, 주님이 여시면 닫을 자가 없음을 깨닫습니다. 오직 주님의 주권에 달려 있음을 믿사오니 이 나라와 저희를 긍휼히 여기사 어려운 경제를 회복시켜 주옵소서. 더 이상 빈궁한 모습으로, 궁색한 변명으로 주님이 맡기신 일들을 외면치 않도록 도와주옵소서. 주님을 위하여 기쁜 마음으로 속 시원히 충성할 수 있도록 이끌어 주옵소서. 저희들은 오직 주님의 능력만을 바라봅니다.

오늘도 사랑하는 목사님이 주님의 말씀을 들고 단 위에 서십니다. 피곤치 않도록 도와주시고, 저희 모두가 새 힘을 얻을 수 있는 능력의 말씀이 되게 하여 주옵소서.

예배의 시종을 주님께 맡깁니다. 늘 주님께 드리는 예배 속에서 주님의 음성을 듣게 하실 것을 믿사옵고 예수 그리스도의 이름으로 기도합니다. **아멘**

> **기도가이드** 하나님이 기뻐하시는 기도는 화려한 말솜씨를 동반한 기도가 아니라 가난한 마음으로 주님의 긍휼을 바라보는 기도입니다.

2월 셋째 주 주일 낮 예배(1)
〈주현절 후 일곱 번째 주일, 불꽃 신앙에 맞춤〉

내 영혼아 네가 어찌하여 낙망하며 어찌하여 내 속에서 불안하여 하는고 너는 하나님을 바라라 그 얼굴의 도우심을 인하여 내가 오히려 찬송하리로다. (시편 42편 5절)

자비하신 하나님,

아직 날씨가 풀리지 않아 찬바람 가득한 대지를 밟고 주님의 전을 찾았습니다. 머지않아 주님의 은총 속에 온 땅에 가득할 신록의 천지를 기다리며 소망을 잃지 않고 살아갑니다. 지금은 저희 영혼이 곤고하여 상처받고 낙심되며 불안하지만, 곧 하나님께서 주실 능력과 자비에 힘입어 회복될 그날을 바라봅니다. 오늘 저희가 드리는 예배가 회복의 은총으로 가득한 시간이 되게 하여 주옵소서.

사랑의 하나님,

지난 한 주간도 저희들은 주님이 주신 그 소중한 삶 속에서 위선과 욕심을 내세운 적이 많았습니다. 현실과 타협하며 은근슬쩍 죄짓는 자리에 동참하기도 했습니다. 이 시간 고백하오니 저희들의 믿음 없음을 꾸짖어 주시고 용서의 은총을 허락하여 주옵소서.

주님, 아직도 모든 만물이 꽁꽁 얼어붙은 겨울이지만 저희들은 신앙의 겨울이 없게 하여 주옵소서. 동면을 취한 짐승들처럼 잠에 취한 신앙인이 되지 말게 하시고, 추우면 추울수록 신앙의 불을 더욱 강하게 붙이는 저희 모두가 되게 하옵소서. 항상 깨어서 기도하게 하시고, 성령 충만을 사모하게 하여 주옵소서. 추운 겨울이지만 주님께 드리는 예배만큼은 항상 뜨겁게 하시고, 저희에게 맡겨진 일에는 열정적으로 일할 수 있는 저희 모두가 되게 하여 주옵소서. 교회 기관과 부서에도 주님을 향한 열기가 식지 않게 하여 주시고, 모든 모임에도 뜨거운 성령의 불길이 항상 지펴지게 하옵소서. 이 뜨거움, 이 열정이 저희 가정과 삶의 현장 속으로도 이어지게 하셔서 어디에나 매서운 삭풍이 물러가고 뜨거운 주님의 사랑이 열매로 나타나는 역사가 있게 하여 주옵소서. 이 나라의 꽁꽁 얼어붙은 경제도, 꽁꽁 얼어붙은 사람의 마음도 예수 불꽃으로 녹아지는 역사가 있게 하여 주옵소서. 이 땅을 살아가는 동안 주님을 위한 불꽃 인생이 되게 하시고, 불꽃처럼 타오르는 주님의 사람으로 쓰임 받게 하옵소서.

오늘도 주님의 말씀을 선포하실 목사님을 성령의 두루마기를 입혀 주셔서 저희들의 심령에 불같은 주님의 말씀을 던지게 하옵소서.

주님의 몸 된 교회에 숨은 봉사자들이 있습니다. 저들의 마음을 기억하시고, 언제나 주님의 뜻을 담아낼 수 있는 복된 심령이 되게 하옵소서.

찬양대를 기억하시고, 천사도 흠모하는 찬양을 주님께 올릴 수 있도록 도우실 것을 믿습니다.

예배의 시종을 주님께 의탁하오며 예수 그리스도의 이름으로 기도합니다. **아멘**

> ✱ **기도가이드** 불붙는 신앙에 불붙는 기도가 있고, 불붙는 기도에 불을 붙이시는 주님의 응답이 있습니다.

2월 셋째 주 — 주일 낮 예배(2)
〈섬김의 욕구를 충족시키는 삶에 맞춤〉

마음을 같이하여 같은 사랑을 가지고 뜻을 합하며 한 마음을 품어 아무 일에든지 다툼이나 허영으로 하지 말고 오직 겸손한 마음으로 각각 자기보다 남을 낫게 여기고…(빌립보서 2장 2 – 4절)

긍휼이 풍성하신 하나님,

저희들의 삶을 복되게 하여 주셔서 주님의 전에 나올 수 있도록 인도하여 주신 은혜를 감사드립니다. 세상에는 평화가 없고 슬픔과 고통이 만연되어 있사오나 오직 주님의 은혜로 이 모든 어려움을 헤쳐나갈 수 있도록 인도하여 주시니 감사합니다. 아침 이슬 같고 풀의 꽃과 같은 연약한 저희들이 주님이 주시는 지혜와 힘을 얻어서 독수리처럼 영원을 지향하게 하시고 강한 믿음으로 살아가게 하옵소서.

죄인들을 위하여 낮고 천한 자리에 찾아오신 주님,

주님은 섬김과 섬기는 삶의 본이 되셨사오나 저희는 스스로를 높이고 섬김을 받는 일을 좋아했습니다. 자신을 내세우고 대접받는 일을 좋아했습니다. 저희의 이 못난 모습을 용서하여 주옵소서.

주님, 저희들이 이 땅에서 주님이 허락하신 연수를 다하기까지 섬김을 실천하는 삶이 되게 하여 주옵소서. 말씀을 많이 아는 것이 좋은 믿음이 아니라 한 말씀이라도 그 말씀을 실천하는 것이 좋은 믿음임을 깨닫습니다. 지식의 욕구를 충족시키는 것이 교회가 아니라 섬김의 욕구를 충족시키는 것이 교회임을 깨닫습니다. 배우고 깨닫는 것에만 집착하는 것이 아니라 섬기는 일에 마음을 쏟을 수 있는 저희 모두가 되게 하여 주옵소서. 더 많이 섬기는 것이 신앙의 습관이 되게 하여 주시고, 더 많이 섬기는 것이 신앙의 목표가 되게 하여 주옵소서. 섬김이 있어야 교회가 바로 설 수 있음을 깨닫게 하시고, 섬김이 있어야 저희의 믿음이 온전케 됨을 깨닫게 하옵소서. 섬김으로써 아름다운 공동체를 가꾸게 하시고 섬김으로써 신앙의 성숙을 이루어 갈 수 있는 저희 모두가 되게 하여 주옵소서. 섬김으로써 주님을 닮아가고 섬김으로써 곳곳에 주님의 흔적을 남길 수 있는 저희 모두가 되게 하옵소서.

오늘도 말씀을 들고 서시는 목사님을 기억하옵소서. 주님의 몸 된 교회와 성도들을 위하여 밤낮으로 수고하고 계시오니 주님께서 친히 격려하여 주시고 위로하여 주옵소서. 건강을 잃지 않도록 늘 붙들어 주시고, 힘들고 피곤한 사역이 아니라 즐겁고 행복한 사역이 될 수 있도록 함께하실 것을 믿습니다.

찬양대가 찬양으로 주님께 영광 돌리기 위하여 정성껏 준비했습니다. 아름다운 화음만큼이나 언제나 조화를 잃지 않는 찬양대가 되게 하여 주시고, 최상급의 찬양을 주님께 올릴 수 있는 찬양대원들이 되게 하여 주옵소서.

이 시간, 마음을 담아 정성껏 예배하는 자들을 말씀으로 만나 주시고, 위로와 치유가 필요한 자에게 놀라운 은혜로 함께하실 것을 믿습니다.

예배의 시종을 주님께 의탁하오며 저희를 죄에서 구원하여 주신 예수 그리스도의 이름으로 기도합니다. 아멘.

> **기도가이드** 기도의 열매는 내 욕구를 충족시키기는 것으로 보여지는 것이 아니라 주님을 닮아가는 모습 속에서 보여집니다.

2월 셋째 주 주일 오후 찬양 예배
〈남전도회 헌신 예배에 맞춤〉

네가 진리의 말씀을 옳게 분변하며 부끄러울 것이 없는 일꾼으로 인정된 자로 자신을 하나님 앞에 드리기를 힘쓰라. (디모데후서 2장 15절)

높이 들린 보좌에 앉으신 하나님 아버지,

주님의 거룩하신 성호를 찬양합니다. 생명을 내어던지시면서까지 저희에게 사랑을 쏟아 부으신 주님의 사랑을 생각할 때 감사 감복할 뿐이옵니다. 오늘 이 시간은 특별히 남전도회 헌신 예배로 주님께 영광 돌립니다. 기쁘게 받으시옵소서.

주님, 저희가 지금 이 시간에 헌신 예배를 드리기에 앞서 과연 얼마나 헌신이 묻어 있는 삶을 살아왔는지 되짚어 보지 않을 수 없나이다. 입술은 드리면서도 마음은 드리지 못한 저희들은 아니었는지요? 물질을 드리면서도 시간은 드리지 못했던 저희들은 아니었는지요? 주님의 뜻보다는 기분에 따라 움직였던 저희들은 아니었는지요? 의무와 사명을 앞세우기 보다는 육신의 일을 앞세우는 저희들은 아니었는지요?

주님, 먼저 주님 앞에 회개하기를 원합니다. 용서하여 주옵소서. 이제 이후로는 저희 남전도회가 말로만의 헌신이 아니라 항상 저희의 모든 것을 드릴 수 있는 헌신이 되기를 원합니다. 주님의 몸 된 선한 청지기의 역할을 잘 감당할 수 있기를 원합니다. 쉬운 일보다 어려운 일에 앞장설 수 있는 저희 모두가 되기를 원합니다. 편한 일보다 궂은 일에 익숙해질 수 있는 저희 모두가 되기를 원합니다. 주님이 어떤 모양으로 쓰시든 가장 쓰시기에 편한 헌신의 도구가 되게 하여 주옵소서. 이웃과 직장, 사업장에서도 소금과 빛의 사명을 잘 감당할 수 있는 회원들이 되게 하시고, 가정에서도 존경받고 칭찬 듣는 믿음의 가장

이 되게 하여 주옵소서. 언제나 주님을 위하여 헌신하는 일이 저희의 본업이 되게 하시고 천직이 되게 하여 주옵소서.

남전도회를 이끌어가는 회장님 이하 임, 역원들에게도 축복하셔서 맡은 바 본분을 잘 감당할 수 있도록 이끌어 주시기 원합니다. 무엇을 하기에 앞서 항상 엎드리는 것이 먼저이게 하시고, 사람의 생각과 주님의 뜻을 잘 구별할 줄 아는 지혜가 충만하게 하여 주옵소서. 더욱 성장하는 남전도회, 더욱 부흥하는 남전도회로 만들 수 있는 임, 역원들이 되게 하여 주옵소서.

남전도회가 세운 계획들이 있습니다. 그 모든 계획들이 하나도 땅에 떨어지지 않기를 원합니다. 사단에게 도적질당하지 않기를 원합니다. 선한 열매를 주님 앞에 드릴 수 있도록 인도하여 주옵소서.

이 시간 능력의 말씀, 축복의 말씀을 증거하시기 위하여 단 위에 서실 강사 목사님을 성령의 능력으로 붙들어 주시고, 남전도회 회원은 물론 이 자리에 참석한 성도들 모두가 주님의 말씀으로 새롭게 거듭나는 축복의 시간이 되게 하여 주옵소서.

순서를 맡은 자마다 실수하지 않도록 주의 성령께서 도와주시고, 남전도회 회원들 모두가 준비하여 드리는 특송도 기쁘게 받아 주시옵소서.

예배의 시종을 주님께 의탁하오며 예수 그리스도의 이름으로 기도합니다. **아멘**

> ✻ **기도가이드** 우리가 어떤 행동을 하든지 기도하면 하나님께서 무조건 용서하실 것이라는 생각은 우리의 교만입니다.

2월 셋째 주 수요 예배(기도회)
〈기뻐하는 신앙생활에 맞춤〉

만일 너희 믿음의 제물과 봉사 위에 내가 나를 관제로 드릴지라도 나는 기뻐하고 너희 무리와 함께 기뻐하리니 이와 같이 너희도 기뻐하고 나와 함께 기뻐하라.(빌립보서 2장 17,18절)

살아 계신 하나님 아버지,

혼탁한 세상에서 지난 삼 일간도 보호하시고 인도하여 주신 것을 감사드립니다. 일 분 일 초도 주님의 간섭하심과 돌보심이 없이는 살아갈 수 없는 저희들임을 깨닫기에 오늘도 주님의 따뜻한 가슴에 기대길 원하여 주께서 핏 값으로 세우신 교회로 달려 나왔습니다. 하루의 일과로 엉클어진 저희의 모습이지만 주님을 향한 저희들의 마음을 기쁘게 받아 주시옵소서. 세속에 물든 탐심과 더러움을 이기지 못하여 믿음으로 살지 못했던 저희의 못난 모습도 용서하여 주옵소서.

주님, 저희 모두가 주님의 말씀대로 항상 기쁨을 잃지 않는 삶이 되기를 원합니다. 무엇을 하든지, 무슨 일을 만나든지 항상 기뻐할 수 있는 삶이 되게 하옵소서. 사단은 환경을 이용하여 기쁨을 빼앗고 원망과 불평을 심어 주려고 하지만, 그 같은 사단의 꾐을 기쁨으로 물리칠 수 있는 저희 모두가 되게 하여 주옵소서. 가는 곳마다, 만나는 사람마다 불평을 입에 달고 사는 세상입니다. 이 같이 불평이 만연되어 있는 세상을 기쁨으로 기경할 수 있는 저희 모두가 되게 하여 주시고, 저희들이 있는 곳에는 언제나 기쁨의 꽃이 만발해지는 축복이 있게 하여 주옵소서.

주님의 몸 된 교회에서도 저희가 무슨 일을 하든지 기쁨으로 봉사할 수 있게 하시고, 기쁨이 넘치는 교회로 든든히 세워 갈 수 있는 저희 모두가 되게 하여 주옵소서. 저희 모두가 서로를 격려하고 칭찬함으로 기쁨이 풍성해지는 신앙생활을 할 수 있게 하시고, 이 땅 위에서 천국의 기쁨을 누릴 수 있는 삶이 되게 하옵소서. 교회와 가정, 직장과 일터 모든 곳에 기쁨의 꽃망울을 터트릴 수 있는 신앙생활이 되게 하옵소서.

오늘도 주님의 말씀을 들고 강단에 서시는 목사님을 기억하옵소서. 저희들을 주의 바른 자녀로 양육하시느라 불철주야 기도하시며 애쓰시고 계시오니 힘들고 어려울 때마다 주님이 힘껏 도와주시고, 속상하고 괴로운 일이 있을 때마다 그 마음을 위로하여 주옵소서. 지금 이 시간 목사님이 준비하신 말씀을 증거하실 때 저희들이 그 말씀 속에서 다시 한번 목자의 사랑을 느끼고 그 수고를 기억할 수 있는 은혜의 시간이 되게 하옵소서.

주님의 몸 된 교회를 위하여 몸을 아끼지 않고 충성하는 성도들이 있습니다. 언제나 새 힘을 주시는 주님을 만날 수 있게 하시고, 주님의 일을 하면 할수록 풍성한 기쁨으로 채워 주시는 주님의 은혜를 경험하게 하옵소서.

예배의 시종을 주님께 의탁하오며 연약한 죄인 예수 그리스도의 이름으로 기도합니다. **아멘**

> **기도가이드** 하나님께 기쁨으로 드리는 기도가 많아진다면 그것이 삶에 기적을 일으키는 신앙생활입니다.

2월 넷째 주 — 주일 낮 예배(1)
〈산상변모주일, 변화된 삶에 맞춤〉

> 예수께서 또 일러 가라사대 나는 세상의 빛이니 나를 따르는 자는 어두움에 다니지 아니하고 생명의 빛을 얻으리라 너희가 내 말에 거하면 내 제자가 되고 진리를 알지니…(요한복음 8장 12,31하-32절)

전능하신 하나님,

장래에 있을 그리스도의 영광을 보여 주신 은혜로운 주일을 맞이하게 되어 감사와 기쁨에 넘치나이다. 그리스도께서 산상에 올라 변모하시고 영광을 드러내셨사오니, 오늘 저희도 말씀과 찬미 중에 그 영광에 참여하게 하여 주옵소서. 뿐만 아니라 이 변모는 그리스도께서 받으실 고난의 증거이며, 고난에 순종하심으로 구원의 완성을 이루시는 뜻이 있음을 깨닫습니다. 이제 저희도 또한 십자가의 고난을 새기게 하여 주옵소서.

주님, 한 주간의 삶을 돌아볼 때 죄만 짓고 있는 저희들을 꾸짖지 아니하시고 기다려 주시는 주님의 사랑에 감격하지 않을 수 없나이다. 저희들이 회개하며 돌아오기를 늘 기다리시는 주님의 은혜와 사랑 앞에 엎드려 지은 죄 회개하며 용서를 구하오니 긍휼을 베풀어 주옵소서.

주님, 저희들도 변화된 모습을 보여 주신 주님의 모습을 본받아 변화된 삶을 살기를 소원합니다. 주일을 지키고 교회 다니는 것으로만 애써 위안을 삼으며 신앙의 만족을 얻고자 할 것이 아니라 주님의 자녀로서 변화에 초점을 두고 신앙생활 할 수 있는 저희 모두가 되게 하여 주시옵소서. 저희가 온전한 주의 사람으로 변화되기를 끝없이 추구하지 않는다면 저희가 어찌 진정한 그리스도인이라 말할 수 있겠습니까? 어디에서나 누구를 만나든지 예수 믿는 사람임을 숨기지 아니하고 당당하게 밝힐 수 있어야 하지 않겠습니까? 무슨 일을 하든지 저희가 몸담고 있는 곳을 변화시킬 수 있는 그리스도의 사람이 되어야 하지 않겠습니까? 아무런 변화도 없고 신앙의 연수만 더해 가는 저희들이 되지 말게 하시고, 자신의 내적 변화와 외적 변화를 위하여 마음을 쏟을 수 있는 저희 모두가 되게 하여 주옵소서. 이 땅을 살아가는 동안 성화되어 가는 구원의 서정을 잘 보여 줄 수 있는 그리스도인이 되게 하시고, 주님의 얼굴을 보여 주고 주님의 영광을 드러낼 수 있는 삶이 되게 하여 주옵소서. 주님의 몸 된 교회에도 날마다 변화되어 가는 모습이 있기를 원합니다. 주님을 가장 닮은 모습의 교회로, 주님의 마음을 가장 잘 담아낼 수 있는 교회로, 주님의 영광을 가장 잘 드러낼 수 있는 교회가 되기 위하여 끊임없이 기도하고 마음을 쏟을 수 있는 저희 모두가 되게 하여 주옵소서.

오늘도 무딘 저희 심령에 변화를 주시기 위하여 말씀을 들고 서시는 목사님을 기억하시고, 주의 오른팔로 강하게 붙드셔서 불 같은 주님의 말씀을 쏟아내게 하시고, 저희의 심령이 새롭게 되는 역사가 있게 하여 주옵소서. 찬양대가 주님께 찬양을 드리기 위하여 정성껏 찬양을 준비했습니다. 드려지는 찬양에 저들의 고백이 묻어 있게 하시고, 변화된 모습으로 찬양을 드리기에 힘쓸 수 있는 찬양대원들이 되게 하여 주옵소서. 예배의 시종을 주님께 의탁하오며 예수 그리스도의 이름으로 기도합니다. 아멘.

기억해 두세요

개신교에서는 주님의 산상변모주일을 보통 사순절이 시작되기 바로 전 주일에 지킵니다. 이 주일은 그리스도께서 온 세상에 자신을 드러내신 것을 경축하는 절기인 주현절기에서 주님의 수난을 기억하는 사순절기로 변화되는 지점 역할을 합니다.

기도가이드 그리스도의 사람으로의 변화는 우리의 영원한 기도 제목입니다.

2월 넷째 주 — 주일 낮 예배(2)
〈주님의 고난에 동참하는 삶에 맞춤〉

내가 너희 중에서 예수 그리스도와 그의 십자가에 못 박히신 것 외에는 아무것도 알지 아니하기로 작정하였음이라. (고린도전서 2장 2절)

전능하신 하나님,

　오늘도 주님의 날을 잊지 아니하고 주님의 전에 나와 예배할 수 있는 복된 인생이 되게 하시니 감사합니다. 어둠 속에서 부패해 가던 저희를 사랑하셔서 주님의 백성들이 둘러선 자리에 참여시켜 주심을 생각할 때 주님의 한량없는 은혜에 오직 감격할 뿐이옵니다. 이 시간 사랑의 빛을 저희 마음 구석구석까지 비춰주시고 주님께 예배하는 기쁨과 즐거움이 최상에 달하는 복된 시간이 되게 하여 주옵소서.

　주님, 오늘도 저희들이 주님께 예배하면서 죄로 물든 심령을 보며 두렵고 떨리는 마음을 감출 수 없나이다. 자신의 힘만을 의지하고 이 세상이 주는 기쁨과 안전만을 찾으며 살았던 저희의 무지함을 용서하여 주옵소서. 때때로 불같이 노하며 혈기를 부리던 순간들도 있었습니다. 이유 없이 이웃과 형제들을 미워하고 헐뜯던 일도 있었습니다. 주님을 온전히 의지하지 못하고 주님 앞에 무례히 행하며 교만한 날들을 보낸 것을 회개하오니 긍휼을 베푸셔서 용서하여 주옵소서.

　주님, 오늘은 주님께서 변모하신 산상변모주일입니다. 주님께서 왜 산상에서 변화되셔야 했는지를 깊이 깨닫게 하셔서 그 의미를 삶에 적용할 수 있는 저희 모두가 되게 하여 주옵소서. 주님께서 산상에서 변모하신 것은 고난 받으실 증거이며, 고난에 순종하심으로 구원의 완성을 이루시는 뜻이 있음을 깨닫습니다. 이제 저희도 고난 받으시는 자리를 외면치 않으시고 기꺼이 순종하신 주님의 그 순종하심을 본받을 수 있기를 원합니다. 교회는 주님이 남기신 고난이 있음을 깨닫습니다. 골고다의 언덕이 있음을 깨닫습니다. 사도 바울과 같이 주님의 몸 된 교회와 지체로 엮으신 성도들을 위하여 받는 괴로움을 기뻐할 수 있는 저희 모두가 되게 하여 주옵소서. 고상하고 귀족 같은 신앙생활이 아니라 그리스도의 남은 고난을 주님의 몸 된 교회를 위하여 저희의 육체에 채울 수 있는 신앙생활이 되게 하여 주옵소서.(골 1:24) 주님이 남기신 고난에 참여함으로 주님을 본받게 하시고, 고난을 체험함으로 주님을 닮아 가게 하옵소서. 언제나 죽기까지 순종하셨던 주님의 순종을 본받아 더 많이 순종의 욕구를 충족시킬 수 있는 저희 모두가 되게 하여 주옵소서. 순종이 묻어 있는 저희의 신앙생활로 곳곳에 주님의 구원의 십자가가 우뚝 세워지게 하옵소서.

오늘도 주님의 말씀을 들고 서시는 목사님을 기억하시고, 약속이 담겨있는 주님의 말씀을 증거하실 때 저희 영혼 깊숙이 파고드는 주님의 사랑을 깨닫게 하옵소서.

예배를 돕는 손길들을 기억하시고, 그 마음과 그 정성이 주님을 감동케 하기에 부족함이 없게 하옵소서.

예배의 시종을 주님께 의탁하오며 예수 그리스도의 이름으로 기도합니다. **아멘**

> ✱ **기도가이드** 깊은 기도를 경험하기 위해서는 주님을 인하여 받는 괴로움을 기뻐할 줄 알아야 합니다.

2월 넷째 주 주일 오후 찬양 예배
〈교회의 정체성과 영성 회복에 맞춤〉

내가 마게도냐로 갈 때에 너를 권하여 에베소에 머물라 한 것은 어떤 사람들을 명하여 다른 교훈을 가르치지 말며 신화와 끝없는 족보에 착념치 말게 하려 함이라…(디모데전서 1장 3,4절)

사랑이 많으신 하나님 아버지,

저희에게 베푸신 주님의 그 크신 은혜와 사랑을 깨달으며 감사와 찬송을 드립니다. 이 세상은 험하고 저희들은 약하지만 늘 주님을 의지함으로 새 힘을 얻게 하시니 감사합니다.

그러나 주님을 의지하는 가운데서도 저희들은 길 잃고 헤맬 때가 많았습니다. 갈 길을 몰라 방황할 때도 많았습니다. 이 시간 회개하오니 십자가의 보혈로 깨끗하게 사하여 주시고, 용서하여 주옵소서. 항상 십자가의 그늘 아래서 쉴 수 있는 은총을 허락하여 주옵소서.

주님께 간구합니다. 주님을 뵈올 때마다 앵무새처럼 되풀이하는 기도 제목이지만 주님의 몸 된 교회를 위한 간구를 멈출 수 없사오니 들어주시옵소서.

주님, 주님의 몸 된 교회가 진리의 빛을 강하게 비출 수 있는 교회가 되기를 원합니다. 세속의 이념과 타협하는 일이 없게 하시고, 세상 문화를 받아들이는 일도 없게 하옵소서. 오직 교회로서의 정체성을 바로 세워 세상의 혼잡한 문화를 기경해 나갈 수 있는 진리의 제단이 되게 하옵소서. 주님의 교회에 성도의 아름다운 교제가 항상 있어야 하지만 우정과 영성을 혼동치 않게 하여 주시고, 친교와 사랑을 혼동치 않게 하여 주옵소서.

요즘 교회 내에 세상 문화와 섞인 것들이 얼마나 많습니까? 전도라는 그럴싸한 명분 하에 주님의 몸 된 교회가 세상 문화와 타협하고 혼합을 이루어 가는 것을 볼 때 주님의 피로 사신 교회를 사단에게 내주는 것 같아 심히 두렵고 안타까운 마음을 지울 길 없나이다. 하나님의 영적인 영역은 세상의 그 어떤 것으로도 조화를 이룰 수 없다는 것을 깨닫게 하셔서 교회 내에 세상 문화가 스며드는 것을 철저히 배격하고 막아 낼 수 있는 저희 모두가 되게 하여 주옵소서. 영적인 것과 세속적인 것을 정확히 구분할 수 있는 영안이 있게 하시고, 진리와 비 진리를 구분할 줄 아는 영성이 있게 하여 주옵소서. 사단의 전술 전략 가운데 주님의 몸 된 교회를 영적으로 약화시키고, 교회 안에 자기의 왕국을 우뚝 세우려고 하는 계략도 있음을 분명히 깨닫게 하셔서 사단의 덫에 걸려 넘어지는 교회가 되지 않기 위하여 믿음을 강화할 수 있는 저희 모두가 되게 하여 주옵소서. 교회의 생명은 주님의 말씀에 있음을 깨닫습니다. 주님의 말씀 위에 든든히 세워지는 교회가 될 수 있도록 지체 된 저희들이 최선을 다하게 하여 주옵소서. 문화를 평계 삼아 접근해 오는 사단의 계략으로부터 주님의 교회를 든든히 지킬 수 있는 영적 지킴이가 되게 하여 주옵소서. 그리하여 이 시대에 교회로서의 정체성을 회복하고 그 역할과 사명을 잘 감당할 수 있는 교회가 되게 하여 주옵소서.

오늘도 주님의 말씀을 들고 단 위에 서시는 목사님을 기억하시고, 저희들의 심령에 불같이 임하는 주님의 말씀을 선포하실 수 있도록 도우실 것을 믿습니다. 예배의 시종을 주님께 의탁하오며 말씀으로 교회를 세우시는 예수 그리스도의 이름으로 기도합니다. 아멘

> ✸ **기도가이드** 우리의 기도의 목적은 하나님께로부터 사단의 전술 전략을 미리 제공받아 사단의 계교를 무력화시키는 데 있습니다.

2월 넷째 주 — 수요 예배(기도회)
〈참회 수요일, 회개에 맞춤〉

하나님이여 주의 인자를 좇아 나를 긍휼히 여기시며 주의 많은 자비를 좇아 내 죄과를 도말하소서 나의 죄악을 말갛게 씻기시며 나의 죄를 깨끗이 제하소서…(시편 51편 1 - 3절)

용서의 하나님 아버지,

사순절 기간을 저희에게 다시 허락하여 주셔서 회개함으로 주님 앞에 나와 은총을 회복할 수 있도록 기회 주심을 감사드립니다. 오늘부터 시작되는 사십 일 간의 첫날 예배를 드리오니 죄와 허물로 죽었던 저희를 구원하시고 살리시옵소서.

주님, 참회 수요일, 주님을 거역하며 살았던 저희 자신을 바라보며 참회하기를 원합니다. 지은 죄로 인하여 슬퍼하기를 원합니다. 옛 성도들처럼 재를 찍어 바르고 그 위에 엎드려 회개하지는 못할지라도 가슴을 찢고 마음을 찢어 회개하기를 원합니다. 저희의 심령에 회개의 영을 부어 주시옵소서.

사랑의 감정에 익숙해지기보다는 오히려 미움의 감정에 길들여졌던 저희들입니다. 섬기는 일에 익숙해지기보다는 도리어 섬김을 받으려는데 마음을 쏟았던 저희들입니다. 순종하기보다는 불순종이 습관화되어있던 저희들입니다. 충성하기보다는 핑계 대기를 좋아했던 저희들입니다. 은혜를 따라 살기보다는 욕심을 따라 살기를 좋아했던 저희들입니다. 이해하기보다는 이해 받기에만 열중했던 저희들입니다. 형제의 티는 볼 줄 알면서도 자신의 들보는 보지 못했던 저희들입니다. 교회와 예배를 멀리하고, 세속의 욕구를 채우는 데 마음을 쏟았던 저희들입니다. 기도와 전도와 봉사의 자리를 귀찮아하고 입술의 고백만 드렸던 저희들입니다.

주여 !용서하여 주옵소서. 주님의 사랑이 누구를 위한 사랑이었는지, 주님의 섬김이 누구를 위한 섬김이셨는지, 주님의 희생이 누구를 위한 희생이셨는지 철저히 깨닫는 은혜를 부어 주시옵소서. 이제껏 저희들은 주님의 그 한없으신 은혜와 사랑을 교만과 자만으로, 핑계와 무관심으로, 육신의 정욕과 이생의 안목으로 덮어씌우기를 좋아했는데, 사순절을 맞이하기에 앞서 죄악 된 자신을 철저히 돌아보며 주님 앞에 회개의 열매를 드릴 수 있게 하여 주시고, 회개하는 심령으로 주님의 고난 받으심에 동참할 수 있는 사순절 기간이 되게 하여 주옵소서. 형식적으로 보내는 사순절이 아니라 저희의 회개가 넘치는 사순절이 되기를 원합니다.

오늘도 주님의 말씀을 증거하실 목사님을 기억하시고, 무디고 악하여진 저희 심령을 변화시킬 수 있는 능력의 말씀이 되게 하옵소서.

예배의 시종을 주님께 의탁하오며 예수 그리스도의 이름으로 기도합니다. 아멘

기억해 두세요

참회의 수요일은 사순절이 시작되는 수요일이다. 이 날을 다른 말로 재의 수요일이라고도 한다. 재는 고대 이스라엘로부터 인간의 죄악의 번짐과 인간의 죽음의 필연성에 대해 강력하게 기억나게 하는 상징으로 사용되어 왔다. 교회의 예배 전통에서의 재는 죄를 자백할 때의 슬픔과 탄식의 상징으로 사용된다. 그리고 예수님의 생애 가운데 수난과 죽으심이라는 깊은 어두움의 순간이 다가오고 있음을 보여 주는 상징으로 사용되기 때문에 사순절을 시작하면서 재의 수요일이라고 불린다.

기도가이드 하나님이 구하시는 제사는 상한 심령입니다. 하나님은 회개하는 심령을 멸시치 아니하십니다.

3월 첫째 주 주일 낮 예배(1)
〈사순절 첫 번째 주일, 사순절에 맞춤〉

아무든지 나를 따라오려거든 자기를 부인하고 자기 십자가를 지고 나를 좇을 것이니라 누구든지 제 목숨을 구원코자 하면 잃을 것이요 누구든지 나를 위하여 제 목숨을 잃으면….(마태복음 16장 24, 25절)

은혜가 풍성하신 하나님 아버지,

아름다운 봄날을 저희에게 주시고 따사로운 햇살로 어루만지시는 주님의 손길 아래 무릎을 꿇습니다. 어둔 밤이 지나면 밝은 아침이 오듯, 추운 겨울을 보낸 저희의 가슴에 회복의 봄기운이 넘쳐나고 있습니다. 이 좋은 계절에 성전으로 부르셔서 천지를 주관하시는 하나님을 찬양하게 하시니 감사합니다. 영광을 홀로 받으시옵소서. 오늘은 사순절 첫 번째 주일입니다. 구원의 약속으로 새겨지는 십자가를 바라보며 더욱 경건한 예배를 드리는 날이 되게 하여 주옵소서.

주님, 십자가를 지신 주님을 생각한다 하면서도 환경에 시달리고 세상에 쫓기며 땅을 보는 것으로 낙을 삼았던 저희들입니다. 용서로 보듬어 주시고 긍휼로 덮어 주시옵소서.

주님, 사순절의 기간을 저희들을 위하여 고난을 받으신 주님을 생각하며 기도와 묵상 속에 보내기를 원합니다. 유혹과 욕심에 태연해질 수 있게 도와주시고 고요히 광야에서 묵상하시는 주님께 찾아와 시험했던 마귀가 저희를 찾아올지라도 흔들리지 않게 도와주시옵소서. 그 달콤한 유혹을 견디지 못하고 탄식할 때 주님께서 힘이 되어 주셔서, 그 어떤 세상의 권세보다도 주님을 모시고 사는 것이 가장 복된 일임을 깨닫게 하여 주옵소서.

기도와 묵상 속에 고난 받으신 주님의 모습이 저희 심령 깊숙이 파고 들게 하시고, 피 묻은 십자가를 생각할 때마다 저희의 죄를 철저히 돌아보며 회개할 수 있는 은혜가 있게 하옵소서. 사순절 기간 동안 고난 받으신 주님을 더 많이 기억함으로 그 고난의 흔적이 저희들에게도 남을 수 있게 하시고, 십자가를 지고 주님을 따라가는 모습이 저희의 삶 가운데서 주님께 보여지게 하여 주옵소서. 더 많은 낮아짐을 경험할 수 있게 하시고, 더 많은 순종을 경험할 수 있게 하시고, 더 많은 희생과 헌신을 경험할 수 있게 하옵소서. 더 많이 깨뜨리게 하시고, 더 많이 섬기게 하옵소서.

오늘도 복음을 들고 단 위에 서시는 목사님을 기억하시고, 보혈의 능력으로 덧입혀 주셔서 저희 모두에게 뼛속 깊숙이 파고드는 십자가의 사랑을 증거하게 하시옵소서.

예배가 이미 시작되었습니다. 찬양대 위에도 함께하시고, 저들 심령, 심령 속에도 구속의 주님이 왕 노릇 하시기를 원합니다. 예배의 시종을 주님께 의탁하오며 예수 그리스도의 이름으로 기도합니다. **아멘**

기억해 두세요

사순절은 부활절을 위한 신앙의 성장과 회개를 통한 영적 준비의 시기이며, 교회력 중에서 주님의 수난과 죽음에 초점이 맞추어지는 때이다. 이 절기는 특별한 회개일인 속죄일(Ash Wednesday:재의 수요일)에서 시작되어 성 금요일(Good Friday)의 슬픔과 비극 가운데 끝이

기도가이드 더 많이 기도할수록 주님의 피 묻은 십자가가 확실하게 보이고, 그 십자가가 나를 위한 것임을 깨닫게 됩니다.

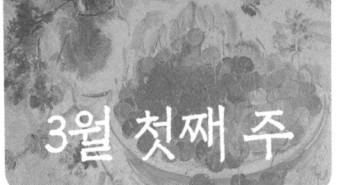

3월 첫째 주
주일 예배(2)
〈3.1절 기념 주일에 맞춤〉

우리가 주를 의지하여 우리 대적을 누르고 우리를 치려 일어나는 자를 주의 이름으로 밟으리이다 나는 내 활을 의지하지 아니할 것이라 내 칼도 나를 구원치 못하리이다.(시편 44편 5,6절)

나라의 흥망성쇠를 주관하시는 하나님,
이 민족에게 평화와 자유를 주시니 감사합니다. 이 나라의 역사 속에서 고난과 어둠의 고비마다 지키시고 보호하여 주심을 감사드립니다. 때로는 주님의 채찍이 아프기도 했지만 때로는 주님의 질책이 무섭기도 했지만 모두가 주님의 사랑임을 깨닫습니다. 변함없는 그 사랑이 지금도 저희를 지키시고 계심을 깨닫습니다. 나라의 역사와 개인의 삶이 모두 주님께 달렸기에 오늘도 머리 조아려 주님의 긍휼을 바랍니다. 부족하고 나약하지만, 주님 앞에 서기에 부끄럽지만, 오늘도 크신 사랑으로 보듬어 주시옵소서.

주님, 하나님께서 이스라엘 백성에게 각종 절기를 지키게 하신 것은 압제와 고통, 헐벗음과 굶주림가운데서 구원하신 하나님의 은혜를 대대로 잊지 않게 하시기 위한 것임을 깨닫습니다. 이와 같이 저희도 결코 이 날을 잊지 않게 하여 주옵소서. 36년간 일제의 침략으로 자유를 잃고 인권을 유린당하면서 고통의 삶을 살아왔던 과거 이 민족의 아픔을 잊지 않게 하여 주시고, 폭력과 압제 앞에 민족의 해방과 자유를 위하여, 자유의 깃발을 높이 쳐들고 총칼의 위협 앞에서도 무폭력 무저항으로 만세 운동을 일으켰던 선조들의 용기를 잊지 않게 하옵소서. 민족의 주권을 회복하기 위하여 투쟁하다 쓰러져간 독립투사들과 순교자들도 잊지 않게 하여 주옵소서. 대한민국이 주권을 보장받은, 지금의 자유 민주주의 국가가 되기까지 선조들의 목숨을 버린 희생과 순교가 있었음을 결코 잊지 않는 저희 모두가 되게 하옵소서. 지금 이 민족이 누리는 자유와 평등 속에는 선조들의 희생이 혈관이 되어 흐르고 있다는 것을 잊지 않는 저희 모두가 되게 하여 주옵소서.

그러나 안타깝게도 아직도 이 나라는 남과 북으로 갈라져 있습니다. 이 나라에 진정한 자유와 평화가 오기를 기도합니다. 이 나라가 통일이 되지 않는 한 진정한 자유와, 평화와, 안식은 있을 수 없음을 깨닫습니다. 주님의 모든 백성이 이 뼈아픈 조국의 현실을 보며 더욱 기도하게 하시고, 남북이 하나 되는 통일의 꿈을 잃지 않도록 도와주시옵소서.

이 시간도 귀한 말씀을 성령의 인도하심에 따라 준비하셔서 단위에 서신 목사님을 능력과 권능의 오른팔로 붙들어 주셔서 힘 있게 증거하시는 그 말씀이 광야에서 외치는 자의 소리가 되게 하시며, 강퍅한 자의 심령을 쇳물처럼 녹이는 능력의 말씀이 되게 하옵소서.

기쁘고 감격스런 예배를 드리기 위하여 몸을 드려 수종드는 손길들을 기억하시고, 수고가 많아질수록 기쁨도 많아지게 하옵소서.

찬양대의 찬양도 받아주시고, 입술의 찬양이 아닌 마음의 찬양이 되게 하옵소서.

지금도 이 민족과 동행하시고, 이 민족을 복되게 하시기를 소원하시는 예수 그리스도의 이름으로 기도합니다. **아멘**

> **기도가이드** 더 많이 기도할수록 주님의 피 묻은 십자가가 확실하게 보이고, 그 십자가가 나를 위한 것임을 깨닫게 됩니다.

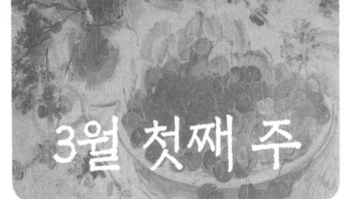

3월 첫째 주 | 주일 오후 찬양 예배
〈교회의 사명과 사순절에 맞춤〉

너희가 전에는 어두움이더니 이제는 주 안에서 빛이라 빛의 자녀들처럼 행하라 빛의 열매는 모든 착함과 의로움과 진실함에 있느니라 주께 기쁘시게 할 것이 무엇인가 시험하여 보라.(에베소서 5장 8 - 10절)

사랑의 하나님,

이 시간 저희 모두가 주님 앞에 나와 기쁨으로 찬양하며 예배할 수 있게 하시니 감사합니다. 주님의 은혜가 온 세상에 가득함을 찬양하며 선포할 수 있는 저희 모두가 되게 하여 주옵소서. 세상은 어지럽고 어수선하지만 이리도 세월은 흘러 봄기운이 완연합니다. 겨우내 얼고 닫힌 만물들이 고개를 들고 살아있음을 선포합니다. 이제 저희들의 신앙도 기지개를 켜고 일어나게 하옵소서. 닫힌 문을 열고 주님을 바라보게 하옵소서.

살아 계신 하나님,

주님 앞에 설 때마다 저희들은 늘 죄인임을 깨닫습니다. 뻔히 죄인 줄 알면서도 죄를 짓는 저희들이었습니다. 죄의 유혹 앞에 늘 무방비 상태로 살아가고 있는 저희들입니다. 죄에 물들지 않기 위하여 몸부림치는 모습은 지극히 미약했습니다. 영혼으로 파고드는 죄의 요소들을 전혀 방어할 생각을 하지 않고 살았습니다. 용서하여 주옵소서. 겨울의 차가운 날씨를 몰아내듯 저희 심령 속에 꽁꽁 얼어 있는 죄악의 요소들을 끄집어내어 주시고 훈훈한 성령의 전으로 데워 주시옵소서.

주님, 주님의 고귀한 피로 세우신 교회를 위하여 간구합니다. 곳곳에 죄악이 관영한 이때에 주님이 세우신 교회가 더욱 참 빛을 비출 수 있는 진리의 등대가 되게 하여 주옵소서. 또한 세상의 여러 가지 고민과 근심에 지쳐 있는 영혼들에게 위로와 안식을 줄 수 있는 교회가 되게 하여 주옵소서. 원치 않는 질병으로 고통당하는 영혼들에게 치유를 경험케 하는 교회가 되게 하여 주옵소서.

주님, 사순절 기간입니다. 그 동안 잊고 있었던 주님의 십자가의 사랑이 가슴 깊숙이 파고들게 하시고, 그 사랑 앞에 어떻게 반응해야 하는지를 깊이 깨닫고 실천할 수 있는 기간이 되게 하여 주옵소서. 철저한 회개가 있게 하시고, 철저한 용서가 있게 하시고, 철저한 섬김이 있게 하옵소서. 이 기간만큼이라도 나를 잃고 내 것을 잃어도, 그리고 내 뜻을 잃어도 주님의 나라와 의가 드러나기를 소원하며 마음을 쏟을 수 있는 저희 모두가 되게 하옵소서.

오늘도 생명의 말씀, 구원의 진리를 들고 단 위에 서시는 목사님을 기억하시옵소서. 저희들을 천국의 사람으로 키우시기 위하여 전 생애를 쏟고 계시오니 주님이 언제나 벗이 되어 주시고 큰 능력으로 채워 주시옵소서.

예배의 시종을 주님께 의탁하오며 저희를 죄에서 구원하신 예수 그리스도의 이름으로 기도합니다. 아멘.

> **기도가이드** 인생은 가만히 두어도 저절로 병이 들지만 날마다 기도하면 영혼은 병들지 않습니다.

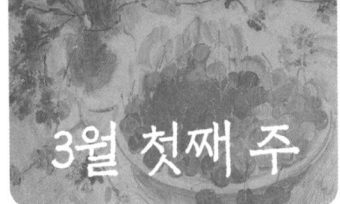

3월 첫째 주

수요 예배(기도회)
〈새 봄에 맞춤〉

여호와 우리 주여 주의 이름이 온 땅에 어찌 그리 아름다운지요 주의 영광을 하늘 위에 두셨나이다 사람이 무엇이관대 주께서 저를 생각하시며 인자가 무엇이관대…(시편 8편 1, 4, 5절)

모든 계절을 통하여 저희들에게 기쁨을 주시고 은혜를 베푸시는 하나님,

이 시간도 저희들에게 한량없는 은혜를 베풀어 주셔서 주님 앞에 나와 예배할 수 있게 하시니 감사합니다. 계절이 바뀐 이때에 저희들의 모든 것이 새로운 모습으로 변화되는 시간이 되게 하시고, 변화되는 방향이 소망이 넘치는 모습이 되게 하여 주옵소서.

자비로우신 하나님 아버지,

지난 삼 일 간도 저희들은 죄로부터 자유로울 수 없었음을 고백합니다. 성령의 열매를 맺기보다는 죄악의 열매를 맺은 것밖에는 보이지 않습니다. 회개하오니 용서하여 주시고 죄를 이길 수 있는 능력을 주시옵소서.

주님, 이제 3월입니다. 엄동설한이 지나고 봄이 왔습니다. 바싹 마른 고목에 따사로운 햇살이 내리는 봄입니다. 마른 나무 가지 마디에 연두빛 고운 새싹이 손을 내밀듯 저희들의 고목 같은 심령에도 성령님의 따뜻한 꽃바람이 일어나게 하옵소서. 미움으로 응어리진 마음들이 사랑으로 꽃피게 하시고, 형제의 실수와 잘못을 용납 못하는 굳은 마음들이 부드러운 마음으로 변화되게 하옵소서. 골짜기처럼 어둡고 협소한 마음들이 바다같이 넓고 꽃밭에 내리는 햇살처럼 밝고 찬란하게 하옵소서.

이 봄을 맞이하여 기도합니다. 씨를 심는 농부들에게 축복하셔서 그들의 수고가 가을에는 많은 결실로 나타나게 하옵소서. FTA로 인하여 농촌의 현실이 더욱 어려워졌습니다. 이 나라의 농촌을 불쌍히 여기시고 땅에서 정직한 열매를 얻고자 하는 농부의 마음에 희망이 있게 하옵소서.

3월을 맞으면서 학생들이 새 학년으로 올라갑니다. 새로운 친구들과 잘 사귀고 열심히 공부할 수 있게 하시고 모든 학생들이 나라의 미래를 밝히는 희망들이 되게 하여 주옵소서.

사순절 기간입니다. 그 어느 때보다도 주님의 피 묻은 십자가를 기억하게 하시고, 그 십자가의 사랑을 실천할 수 있는 기간이 되게 하옵소서.

오늘도 생명의 말씀을 증거하시기 위하여 단 위에 세우신 목사님을 기억하시고, 말씀을 전하실 때 피곤치 않도록 성령의 능력으로 붙들어 주옵소서.

이미 예배가 시작되었습니다. 마치는 시간까지 주의 성령께서 저희 가운데 친히 운행하실 것을 믿사옵고 예수 그리스도의 이름으로 기도합니다. **아멘**

> **기도가이드** 기도는 우리의 믿음과 신앙에 새순과 같은 것입니다. 기도가 없으면 우리의 믿음은 생명 없는 고목과 같이 되어 버립니다.

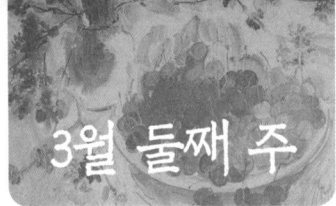

3월 둘째 주 주일 예배(1)
〈사순절 두 번째 주일, 사순절 동참에 맞춤〉

여호와를 두려워하는 너희여 그를 찬송할지어다 야곱의 모든 자손이여 그에게 영광을 돌릴지어다 너희 이스라엘 모든 자손이여 그를 경외할지어다 그는 곤고한 자의 곤고를 멸시….(시편 22편 23 - 24절)

거룩하신 하나님,

오늘 이 날만큼이라도 세상의 속된 것들과 짝하지 아니하고 주님을 섬기기 원하는 마음으로 주님의 전을 찾을 수 있게 하시니 감사드립니다. 이 시간 저희의 마음과 정신이 온통 주님의 성결로 채워지기를 원합니다. 십자가를 지고 골고다 언덕을 오르시는 주님을 따라 저희도 제 몫의 십자가를 지고 잠잠히 걸어갈 수 있는 주의 종들이 되게 하옵소서. 그것이 오직 하나밖에 없는 구원의 길임을 깨닫고 가시 면류관을 쓰신 주님을 바라보게 하옵소서.

주님, 사순절의 하루하루를 보내면서 허물 많은 저희의 모습을 발견합니다. 주님의 고난에 참여하는 시간이 너무도 적음을 고백합니다. 봄이 무르익는 산야로 나가서 즐거움을 누리고, 꽃향기 속에서 상춘곡을 부르는 데 정신이 팔려 있으면서도 영적 훈련의 기회는 이리저리 핑계하며 기피하는 저희의 모습은 아닌지요? 거짓으로 경건한 체하며 살아가는 저희의 모습을 보시고 주님은 얼마나 아파하시겠습니까? 주님을 기만하는 것이 습관화되어 있는 저희들을 용서하여 주옵소서.

이번 사순절 기간 동안 주님의 십자가를 생각할 때마다 새로운 감동과 믿음으로 주님을 본받게 하시고, 고난도 기쁨으로 여기며 생활할 수 있는 저희 모두가 되게 하여 주옵소서. 예루살렘을 보시며 통곡하시던 주님의 모습을 생각하며, 죄악에 찢기고 있는 이 민족을 보며 가슴 아파할 수 있는 저희 모두가 되게 하여 주옵소서. 영혼을 사랑하사 죽기까지 사랑하신 주님의 사랑을 본받아 작은 사랑이라도 실천할 수 있는 저희 모두가 되게 하여 주옵소서.

주님의 몸 된 교회 안에서는 저마다 가슴을 찢는 회개의 자리가 넘쳐나기를 원합니다. 주님의 고난을 생각하며 금식도 할 수 있게 하시고, 주님의 고난을 체험하는 일에 참여할 수 있는 저희 모두가 되게 하여 주옵소서. 그러므로 저희의 구원이 어떻게 이루어졌는지를 뼛속 깊숙이 깨닫는 기간이 되게 하옵소서. 세속의 패턴들이 믿음의 패턴으로 바뀌어질 수 있게 하시고, 육신의 시각이 영적인 시각으로 변화되는 계기가 되게 하옵소서.

오늘도 십자가의 피 묻은 복음을 전하시기 위하여 단 위에 서시는 목사님을 기억하시고 붙들어 주셔서 말씀을 듣는 자 모두가 다시 한번 주님의 사랑을 체험하고 믿음의 걸음을 옮길 수 있게 하여 주옵소서.

찬양대가 준비한 찬양을 기억하시기를 원합니다. 주님께 영광의 찬양을 드릴 수 있도록 이끌어 주옵소서.

이미 예배가 시작되었습니다. 주의 성령께서 저희들 가운데 운행하셔서 저희의 약함을 도와주실 것을 믿사옵고 예수 그리스도의 이름으로 기도합니다. **아멘**

> ✹ **기도가이드** 깊이 있는 기도에 하나님의 능력이 깃듭니다.

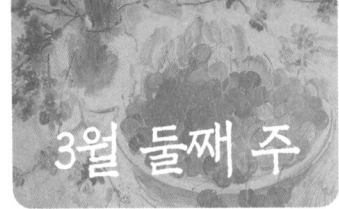

3월 둘째 주

주일 예배(2)
〈십자가의 사람으로 거듭남에 맞춤〉

> 그러나 내게는 우리 주 예수 그리스도의 십자가 외에 결코 자랑할 것이 없으니 그리스도로 말미암아 세상이 나를 대하여 십자가에 못박히고 내가 또한 세상을 대하여 그러하니라. (갈라디아서 6장 14절)

사랑의 하나님,

온 천지에 봄의 기운이 약동하는 이때에 주님의 십자가의 공로로 인하여 저희 심령도 훈훈해지며 밝아지게 되오니 참 감사합니다. 주님의 십자가의 공로가 없으셨더라면 저희가 어떻게 구원 받은 하나님의 백성이 될 수 있었겠습니까? 저희의 구원은 오직 주님의 은혜로 된 것임을 믿습니다. 이 시간 정성을 다하여 예배할 수 있는 저희 모두가 되게 하여 주옵소서.

주님, 주님의 십자가를 바라보면 저희가 겪고 있는 아픔들이 얼마나 보잘것 없는 것인지를 깨닫습니다. 저희들이 당하고 있는 아픔들은 모두가 다 주님의 뜻을 온전히 순종하지 못한 데서 비롯된 것들이 아닙니까? 주님 안에 거하며 주님과 함께 동행하는 생활을 하지 못함으로 겪을 수밖에 없는 저희를 불쌍히 여기시고 회개하오니 용서하여 주옵소서.

주님, 이번 사순절 기간에 저희 모두가 십자가의 사람으로 거듭나는 계기가 되게 하여 주옵소서. 단지 주님의 고난과 십자가를 조용히 묵상하며 음미하는 것으로만 끝나지 않게 하시고, 십자가의 삶을 사는 데 익숙해질 수 있는 계기가 되게 하여 주옵소서. 죽기까지 순종을 드리셨던 주님의 순종하심이 저희의 삶에도 회복되기를 원합니다. 물과 피를 다 쏟으시기 까지 희생하셨던 주님의 희생이 저희에게도 나타나기를 원합니다. 진액을 쥐어짜 내는 기도를 드리셨던 주님의 기도를 저희도 본받기를 원합니다. 제자들의 발을 씻기셨던 주님의 섬김이 저희에게도 익숙해지기를 원합니다. 주님 앞에 더 많이 깨뜨리고, 더 많이 부서지고, 더 많이 드려지는 저희의 모습이 되게 하여 주옵소서. 십자가의 삶을 살수록 그 속에 감추어진 고난의 신비를 체험할 수 있게 하시고, 주님이 선명하게 보여지는 은혜를 체험하게 하옵소서. 주님의 몸 된 교회도 주님의 피 묻은 십자가가 우뚝 세워진 교회로 세워 갈 수 있는 저희 모두가 되게 하여 주옵소서.

이 시간, 십자가의 사람으로 거듭나기를 다짐하며 예배하기를 원하는 저희 심령에 영원토록 지워지지 않는 십자가의 낙인을 새겨 주시고, 목사님이 전하시는 말씀을 통해서도 다시 한번 주님의 십자가의 사랑을 체험할 수 있는 복된 시간이 되게 하여 주옵소서.

예배를 위하여 수고하는 손길들이 그 수고가 많아질 때마다 십자가의 길을 걸어가신 주님이 더욱 심령 깊숙이 각인되게 하시고, 수종 드는 일이야말로 가장 축복되고 영광된 직분임을 깨닫게 하옵소서.

예배의 시종을 주님께 의탁합니다. 하늘의 천군 천사를 동원시켜 주셔서 주님께 드리는 예배가 사단에게 빼앗기지 않게 하옵소서. 예수 그리스도의 이름으로 기도합니다. 아멘.

기도가이드 하늘의 천군 천사를 동원시킬 수 있는 것은 오직 기도밖에는 없습니다.

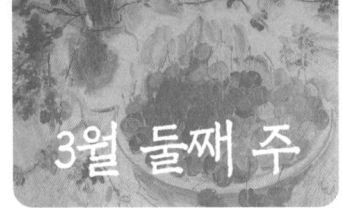

3월 둘째 주 주일 오후 찬양 예배
〈선교 헌신 예배에 맞춤〉

그러므로 너희는 가서 모든 족속으로 제자를 삼아 아버지와 아들과 성령의 이름으로 세례를 주고 내가 너희에게 분부한 모든 것을 가르쳐 지키게 하라…(마태복음 28장 19, 20절)

구원의 하나님,

환한 불꽃처럼 이 땅을 밝히시려 임재하신 주님의 놀라운 권능을 찬송합니다. 더욱이 사망 길에 빠진 저희를 건져 내셔서 생명의 자리로 옮겨 주시고, 하늘 영광을 바라보며 기쁜 마음으로 살아갈 수 있도록 택하여 주신 은혜와 사랑을 감사드립니다. 이 시간 주님께 영광의 찬송을 올리고자 다시 모였사오니 저희의 찬송과 예배를 기쁘게 받아 주시옵소서.

주님, 주님의 고난과 환희를 나타내는 사순절 기간이지만 이 시간에는 특별히 선교헌신예배로 주님께 영광을 돌립니다. 황무지 같은 이 땅에 복음의 씨앗을 뿌려 주시고, 구원의 방주 역할을 하는 교회를 세우셔서 지금도 구원의 역사를 이루어 가시는 주님의 은혜와 은총을 생각할 때 저희들은 축복의 백성임을 다시 한번 깨닫습니다. 더 나아가 세계 곳곳에 선교사를 파송하고 복음을 수출하는 민족으로 세우셨으니 이 민족에게 향하신 주님의 뜻과 섭리가 실로 경이로움을 다시 한번 깨닫습니다. 주님 오시는 그 날까지 선교의 사명을 잘 감당할 수 있는 저희 모두가 되게 하여 주시고, 선교하는 교회로 세워 갈 수 있는 저희 모두가 되게 하여 주시옵소서. 단지 약간의 선교 헌금을 드리는 것으로만 선교에 대한 의무를 다한 것으로 생각지 않게 하여 주시고, 어렵고 힘든 선교지에서 고생하는 선교사들을 위하여 눈물의 기도를 쉬지 않는 저희 모두가 되게 하여 주옵소서.

주님, 아직도 이 땅에 주님의 나라가 온전히 이루어지지 않았음을 깨닫습니다. 아직도 곳곳에 죄악의 그늘 속에서 허덕이며 살아가는 영혼들이 얼마나 많습니까? 주님을 모른 채 방황하는 영혼들이 얼마나 많습니까? 사단에게 매여 우상에게 절하고, 우상을 받들며 사는 인생들이 얼마나 많습니까? 그 영혼들을 사랑하고 불쌍히 여기는 마음이 저희의 마음에 가득 넘치게 하시고, 주님의 마음을 품고 생명이신 주님을 증거할 수 있는 저희 모두가 되게 하여 주옵소서. 그리하여 이 지역이 복음화되고 이 나라 곳곳은 물론 저 북한 땅에도 곳곳에 교회가 다시 세워지는 축복을 누리게 하여 주옵소서.

특별히 한국의 농어촌 교회들과 낙도 오지에 있는 교회들을 기억하시기 원합니다. 물질 때문에 어려움을 겪고 있는 교회들이 많은 줄 압니다. 이 땅에 주님이 세우신 몸 된 교회이오니 차별을 두지 않고 섬길 수 있는 마음이 저희에게 있게 하여 주옵소서. 물질로 후원하는 데 인색함이 없게 하시고, 외로움과 고독함 속에서도 초라한 교회를 묵묵히 지키고 있는 목회자분들을 위하여 기도의 후원을 아끼지 않는 저희 모두가 되게 하여 주옵소서.

오늘도 선교를 주제로 말씀을 선포하시는 강사 목사님을 성령의 능력으로 붙드시고 섬기시는 교회에도 동일한 역사가 있게 하여 주옵소서.

예배의 순서를 맡은 선교 위원들을 성령께서 붙들어 주셔서 은혜 가운데 진행할 있도록 도와주시옵소서. 선교의 주관자가 되시고, 지금도 땅 끝까지 이르러 복음 전하기를 소원하시는 예수 그리스도의 이름으로 기도합니다. **아멘**

> **기도가이드** 기도 속에는 선교의 의미가 담겨 있습니다. 왜냐하면 깊은 기도를 경험하게 되면 영혼 구원을 향한 하나님의 열심을 만날 수 있기 때문입니다.

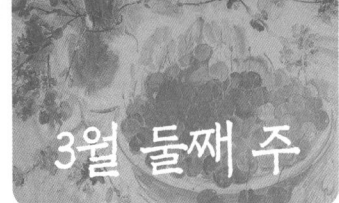

수요 예배(기도회)
〈영혼 구원에 맞춤〉

때가 이르리니 사람이 바른 교훈을 받지 아니하며 귀가 가려워서 자기의 사욕을 좇을 스승을 많이 두고 또 그 귀를 진리에서 돌이켜 허탄한 이야기를 좇으리라 그러나 너는 모든 일에 근신하여….(디모데후서 4장 3 – 5절)

저희를 생명으로 초대하신 하나님,

내리쬐는 따사로운 햇빛이 마냥 감미로운 봄입니다. 겨우내 움츠렸던 삼라만상이 기지개를 켜고 곳곳마다 연두 빛 작은 새싹들이 고개를 쳐들고 있습니다. 곳곳마다 생명의 냄새가 진동함을 느낍니다. 저희들도 생명으로 초대하신 주님을 더욱 찬양할 수 있는 주의 백성이 되게 하옵소서.

주님, 이처럼 자연은 주님 앞에서 정직하고, 그 사명을 다하고 있는데 새 생명의 은총을 누리고 있는 저희들은 사명에 눈먼 인생이었음을 깨닫습니다. 주님이 하늘 보좌를 버리시고 이 땅에 성육신하신 이유도, 고난과 죽음의 십자가를 마다하지 않으신 이유도 영혼을 구원하시기 위함이셨는데, 그 사랑을 먼저 받은 저희들은 아무것도 하지 않으려고 했고, 아무 데도 가지 않으려고 했습니다. 그저 자신의 신앙의 자리만 지키는 것으로 새 생명의 길을 가고 있었던 저희들입니다. 고백하오니 게으른 저희들을 꾸짖어 주시고 용서하여 주옵소서.

주님, 이제 생명이 약동하는 봄을 맞이하여 영혼 구원에 힘쓰는 저희가 되게 하여 주옵소서. 바쁜 일상생활로 인하여 먼 곳은 가지 못한다 할지라도 가까운 곳에 있는 불신 영혼들을 주님 앞으로 인도할 수 있는 저희 모두가 되게 하여 주옵소서. 전도를 쉬고 있으면 이것은 분명히 주님의 명령을 거역하는 것임을 깨닫습니다. 고의적으로 사명의 자리를 피하는 악하고 게으른 종임을 깨닫습니다. 먼저 구원 받고 새 생명의 은총을 누리고 있는 저희들이, 천하보다 영혼을 사랑하시는 주님의 마음을 헤아릴 줄 알게 하셔서 영혼 구원에 힘쓰는 삶을 살게 하여 주옵소서. 때를 얻든지 못 얻든지 항상 전도에 힘쓰게 하시고, 영혼 구원을 위하여 늘 기도할 수 있는 저희 모두가 되게 하여 주옵소서.

그리하여 날마다 주님의 몸 된 교회는 새 생명 축제의 현장이 될 수 있게 하시고, 사망에서 건짐을 받은 자의 참회가 하늘 보좌를 물들이게 하시고, 새 생명 얻은 자의 새 노래가 하늘 보좌에 울려 퍼지게 하옵소서. 복음을 전하다 핍박을 받는다 할지라도 주님의 피 묻은 십자가를 바라보며 위로를 얻게 하시고, 하늘의 상급을 바라보며 끝까지 복음 전도에 마음을 쏟을 수 있는 저희 모두가 되게 하여 주옵소서.

오늘도 말씀을 증거하시는 목사님을 기억하시고, 성령의 능력을 덧입혀 주셔서 잠자는 저희의 영혼을 깨우고, 게으른 저희의 영혼을 기경하는 말씀이 되게 하옵소서.

오늘도 이 자리에 나오지 못한 영혼들을 불쌍히 여기시고, 생명의 자리를 놓치지 않는 저들이 되게 하여 주옵소서. 예배의 시종을 주님께 의탁하옵고 거룩하신 예수 그리스도의 이름으로 기도합니다. **아멘**

> **기도가이드** 전도는 주님의 지상 명령입니다. 주님은 당신의 자녀들이 영적 현장에서 승리한 결과를 기도를 통하여 보고 받고 축복하시기를 원하십니다.

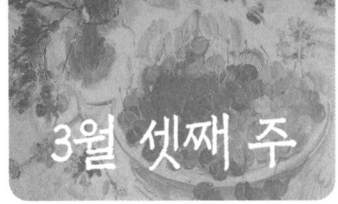

주일 예배(1)
〈사순절 세 번째 주일, 고난의 흔적에 맞춤〉

내가 그리스도와 함께 십자가에 못 박혔나니 그런즉 이제는 내가 산 것이 아니요 오직 내 안에 그리스도께서 사신 것이라…(갈라디아서 2장 20절)

성부 하나님,

　죄 많은 저희들을 사랑하셔서 독생자 예수 그리스도를 이 땅에 보내 주심을 감사드리며 경배합니다. 저희의 드리는 예배를 받아 주시옵소서. 아무 죄도 없으신 몸으로 인류의 죄를 대신해 돌아가신 십자가 앞에 무릎을 꿇습니다. 저희의 예배를 받아 주시옵소서.

　주님, 이 시간 먼저 주님께 지은 죄를 회개합니다. 부정한 입술로 지은 죄가 있습니다. 혀를 제어하지 못하고 형제의 마음을 아프게 했습니다. 회개하오니 용서하여 주옵소서. 손과 발로 지은 죄가 있습니다. 그릇된 행동인 줄 알면서도 육신의 정욕을 다스리지 못했던 저희들입니다. 회개하오니 용서하여 주옵소서. 마음으로 지은 죄는 그보다 더욱 큽니다. 주님을 마음 중심에 모시지 못했고, 그 자리에 세상의 거짓된 것을 놓아 두었던 저희들입니다. 악함을 회개하오니 용서하여 주옵소서.

　주님, 오늘로 벌써 사순절 세 번째 주일로 맞습니다. 주님께서 고난 당하시고 십자가를 지신 것은 오직 저희의 구원을 위하심이었는데, 저희들은 그 놀라운 주님의 은혜를 입은 자로 어떤 마음가짐으로 사순절 기간에 동참하고 있는지 자문해 보지 않을 수 없습니다. 주님의 고난에 동참하는 것은 마음뿐이고 여전히 다른 것에 관심을 갖고 마음을 쏟고 있는 것은 아닌지요?

　주여! 원하옵건대 이 기간만큼이라도 세속의 풍속에 젖어 사는 저희의 못난 모습을 꺾고 고난의 주님을 느껴 보는 삶이 되게 하여 주시기를 원합니다. 왜 주님이 그토록 고난을 받으셔야 했는지, 왜 주님이 그토록 멸시와 천대를 받으셔야 했는지를 뼛속 깊숙이 느껴 보는 삶이 되게 하여 주옵소서. 그 어느 때보다도 가슴을 찢는 회개가 있게 하시고, 깊이 있는 기도가 주님의 보좌 앞에 드려질 수 있게 하여 주옵소서. 할 수만 있으면 주님처럼 사랑을 쏟고, 몸을 깨뜨리는 데 저희 자신을 드릴 수 있게 하시고, 부활의 아침에 좀 더 고난의 흔적이 많아진 모습으로 부활하신 주님을 뵈올 수 있는 저희 모두가 되게 하여 주옵소서.

오늘도 예배를 인도하시며, 말씀을 전하실 목사님을 십자가의 능력으로 붙드시고, 말씀을 듣는 저희 모두가 주님의 그 십자가의 사랑을 다시 한번 체험하는 시간이 되게 하여 주옵소서.

예배를 위하여 수종 드는 손길들이 있습니다. 안내위원으로, 헌금위원으로, 주차위원으로, 찬양대로 수고하는 손길들을 기억하시고 조건 없이 충성하는 그 마음이 항상 주님께 아름다운 향기로 기억되게 하옵소서.

예배의 시종을 주님께 의탁하오며 예수 그리스도의 이름으로 기도합니다. **아멘**

> **기도가이드** 눈물의 제단이 없이는 응답의 제단도 없습니다.

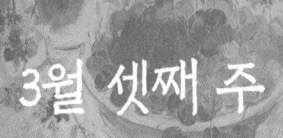

주일 예배(2)
〈사순절과 기상의 날에 맞춤〉

여호와의 교훈은 정직하여 마음을 기쁘게 하고 여호와의 계명은 순결하여 눈을 밝게 하도다 여호와를 경외하는 도는 정결하여 영원까지 이르고 여호와의 규례는 확실하여 다 의로우니…(시편 19편 8 - 10절)

말씀을 통하여 맺으신 약속이 일점일획도 어긋남이 없음을 보며 그 신실하심에 머리 숙여 감사드립니다. 약속하신 메시아 예수 그리스도를 이 땅에 보내시고, 구속의 사역을 완성하심으로 말미암아 저희가 생명을 얻게 되었음을 감사합니다. 이 은혜에 감사하는 저희들이 오늘도 찬송과 기도로 주님을 경배하오니 받아 주시옵소서.

미쁘시고 의로우신 주님,

저희는 주님의 이 은혜를 망각하고 심히 근심하며 낙심하기도 하고, 하나님의 심판이 있다는 사실조차 잊고 마음대로 행할 때가 너무 많습니다. 주님의 피 묻은 십자가 앞에 진정으로 회개하오니 저희를 용서하여 주시고, 크신 은혜를 베풀어 주옵소서.

주님, 사순절 기간입니다. 저희 모두가 십자가를 향한 사랑에 불타기를 원합니다. 고난의 삶 가운데서도 기도 생활을 멈추지 않으셨던 주님의 깊은 기도를 본받기 원합니다. 수치와 모욕을 당하시면서도 끝까지 분노를 쏟지 않으셨던 그 인자하심을 본받기 원합니다. 오직 십자가의 사랑을 이루시기 위하여 모진 고통과 멸시를 감내하셨던 십자가의 길이 저희 모두에게도 있기를 원합니다. 주님의 피 묻은 십자가를 자랑하고 십자가의 정신으로 살았던 초대교회 성도들의 신앙이 저희에게도 있게 하여 주옵소서.

주님, 요즘 전 세계 곳곳에는 이상 기온 현상으로 인한 자연 재해가 빈번히 일어나고 있습니다. 이로 인하여 많은 사람들이 생명을 잃기도 하며 삶의 터전을 잃는 것을 생각할 때 안타깝고 두려운 마음이 앞서지만, 이 모든 것은 저희들이 주님이 주신 축복의 땅을 청지기로서 잘못 관리한 대가인 것을 깨닫습니다. 세계 곳곳에서 일어나는 자연재해를 통하여 인간의 교만을 심판하시는 주님의 손길을 느낄 수 있는 저희 모두가 되게 하여 주시고, 자연을 통하여 주신 주님의 은총을 함부로 다루지 않는 저희 모두가 되게 하여 주옵소서. 더 이상 나라와 나라가 문명의 도구를 이용하여 주님이 주신 아름다운 자연을 해치는 일이 없게 하시고, 교만한 지식을 이용하여 바벨탑을 쌓는 일이 없게 하여 주옵소서. 세계 만국을 다스리시는 주님 앞에 겸손히 엎드릴 줄 아는 세계 만민이 되게 하여 주옵소서.

오늘도 말씀을 들고 단 위에 서시는 목사님을 기억하시고, 은혜의 말씀 생명의 말씀을 전하실 수 있도록 도우실 것을 믿습니다.

예배를 돕는 모든 손길들과 찬양대를 기억하셔서 저들이 수고한 모든 것이 하늘나라의 상급이 되게 하여 주옵소서. 예배의 시종을 주님께 의탁하옵고 예수 그리스도의 이름으로 기도합니다. 아멘

> **기도가이드** 기도의 응답에 대한 주님의 음성은 성전 안에서만 들을 수 있는 것이 아니라 자연을 통해서도 들을 수 있습니다.

3월 셋째 주 주일 오후 찬양 예배
〈사순절, 깊이 있는 기도에 맞춤〉

이때에 예수께서 기도하시러 산으로 가사 밤이 맞도록 하나님께 기도하시고 (누가복음 6장 12절)

할렐루야!

살아 계신 주님의 온전한 활동을 찬양합니다. 역경과 어둠 속에서도 어김없이 생동하는 새봄을 허락하시고 움트는 생명의 기쁨을 누릴 수 있게 하심을 진심으로 감사드립니다. 온 땅이 새 생명의 축복을 누리고 있는 이때에 저희들도 새 생명을 허락하신 주님께 찬양과 영광을 돌리고자 이 시간에 모였습니다. 마음을 담아 드리는 저희의 예배를 기쁘게 받아 주시옵소서.

사랑의 주님,

자신을 날마다 죽이는 삶을 살고자 하여도 죄 앞에서 자주 넘어지는 저희들입니다. 하루하루 은혜의 열매를 맺으며 살아야 하는데, 열매로 맺혀지는 것은 오히려 죄악의 열매들입니다. 주님의 자녀이면서도 죄에 종노릇하는 저희의 연약함을 불쌍히 여기시고 엎드려 회개하오니 용서하여 주옵소서.

주님, 지금 교회는 주님의 고난을 생각하는 사순절 기간을 보내고 있습니다. 저희들이 주님의 고난의 흔적을 좇아가면서 마지막 피 한 방울까지도 아낌없이 쏟으셨던 주님의 사랑을 본받아 그 희생의 사랑으로 이웃을 부요케 할 수 있는 신앙을 만들어 갈 수 있도록 이끌어 주시옵소서. 이 기간만큼이라도 세속적인 배부름을 좇지 않게 하여 주시고, 탐욕을 목말라하는 저희들이 되지 않게 하여 주옵소서.

주님,

그동안 저희들이 기도생활에 얼마나 게을렀습니까? 이 기간에 식어진 기도를 회복할 수 있는 저희 모두가 되게 하여 주옵소서. 주님처럼 깊이 있는 기도를 회복할 수 있는 저희 모두가 되게 하여 주시고, 기도하지 않고는 하루도 살 수 없는 갈급함이 저희 심령에 사무치게 하여 주옵소서. 지금 이 시대야말로 깨어 기도할 수밖에 없는 상황임을 깨닫습니다. 죄악의 물결이 넘실거리는 이때가 아닙니까? 타락한 언어와 타락한 문화가 극에 달해 있는 시대가 아닙니까? 이 땅에 죄악이 관영함을 보고서도 영적인 감각을 상실한 저희 모습이 되지 말게 하시고, 예루살렘을 보시며 눈물을 흘리셨던 주님의 안타까움을 가슴에 품고 주님의 보좌 앞에 엎드릴 수 있는 저희 모두가 되게 하여 주옵소서. 깊이 있는 기도가 항상 주님께 드려질 수 있기를 소원합니다. 사순절 기간에 기도를 회복하게 하여 주옵소서.

오늘도 영적으로 게을러진 저희 심령에 불같은 하나님의 말씀을 던지시고자 단 위에 서시는 목사님을 기억하시고 아직도 얼어붙어 있는 저희의 신앙에 불을 지피는 말씀이 되게 하여 주옵소서.

예배의 시종을 주님께 의탁합니다. 성령의 역사가 있게 하여 주옵소서. 예수 그리스도의 이름으로 기도합니다. 아멘

> **기도가이드** 성경에 하나님께 쓰임 받은 인물들은 한결같이 깊이 있는 기도의 세계를 사랑하던 자들이었습니다.

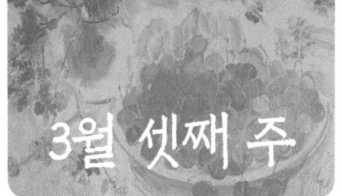

3월 셋째 주 | 수요 예배(기도회)
〈십자가의 사랑에 맞춤〉

아버지께서는 모든 충만으로 예수 안에 거하게 하시고 그의 십자가의 피로 화평을 이루사 만물 곧 땅에 있는 것들이나 하늘에 있는 것들을 그로 말미암아 자기와 화목케 되기를 기뻐하심이라. (골로새서 1장 19, 20절)

은혜와 사랑의 주님,

저희 죄를 위하여 고난을 당하신 주님의 십자가 앞에 달려 나와 예배드리게 하시니 감사드립니다. 저희를 구원하시기 위하여 하늘의 영광스러운 보좌를 버리시고 이 낮고 슬픔 많은 세상에 오셔서 머리 둘 곳조차 없는 생애를 사시고 피 흘리시기까지 고난 받으신 것을 생각할 때, 이렇게 정해진 시간에만 주님 전에 나와 주님의 고난 받으심에 참여한다고 하니 얄팍한 저희의 모습이 참으로 부끄럽기만 합니다.

주님 보시기에 부끄러운 모습들만 갖고 있는 저희들, 사순절 기간을 보내면서 산산이 깨어지고 부서지게 하셔서 진실이 묻어 있는 신앙생활을 할 수 있게 하여 주옵소서.

사순절 기간 동안 무엇보다도 주님의 십자가를 깊게 경험하기를 원합니다. 하나님의 사랑이 얼마나 크고 놀라운지를 주님의 십자가를 통하여 다시 한번 발견하게 하시고, 그 사랑 앞에 굴복하는 삶을 살 수 있는 저희 모두가 되게 하여 주옵소서. 주님의 피 묻은 십자가를 생각할 때마다 이제껏 세속적인 안락을 추구하며 주님의 십자가마저도 세상 영화를 유지시키고자 하는 데 이용하려고 했던 사악함을 철저히 뉘우치게 하시고, 더 이상 주님의 은혜를 은 삼십에 팔아 버리는 삶이 되지 않도록 이끌어 주옵소서.

주님의 몸 된 교회도 건물만 그럴 듯하고 십자가를 상실한 교회가 되지 않기를 원합니다. 구석구석마다 피 묻은 십자가의 정신과 복음이 깊게 스며들게 하셔서 교회를 찾는 모든 심령들이 주님의 피 묻은 십자가의 사랑을 만나고 그 십자가의 사랑을 경험할 수 있게 하여 주옵소서.

주님, 여전히 이 시대는 주님의 십자가의 사랑이 절실히 필요한 시대임을 깨닫습니다. 곳곳마다 울음과 탄식이 떠나지 않고 있고, 고통과 괴로움에 허덕이고 있는 자들이 너무나 많습니다. 이 사순절 기간을 맞이하여 십자가의 사랑을 가지고 그들을 찾아갈 수 있게 하시고, 그들을 주님의 사랑 앞으로 인도해 낼 수 있는 저희 모두가 될 수 있게 하옵소서. 십자가의 사랑은 저희가 평생 높이 들고 가야 할 깃발과 같은 것임을 깨닫습니다. 어디든지 십자가의 사랑이 전해질 수 있도록 높이 들고 나아가게 하여 주옵소서.

오늘도 십자가의 사랑이 듬뿍 담겨 있는 주님의 말씀을 가지고 단위에 서시는 목사님을 기억하시고, 전하시는 그 말씀 속에서 저희 모두가 그 크신 주님의 십자가의 사랑을 다시 한번 깨닫게 하옵소서.

예배가 이미 시작되었습니다. 마치는 시간까지 성령께서 친히 이 자리에 운행하심을 믿사옵고 예수 그리스도의 이름으로 기도합니다.

기도가이드 주님의 십자가의 사랑을 깨달은 자는 영혼을 구원해 내기 위한 기도 무릎을 결단코 쉬지 않습니다.

주일 예배(1)
〈사순절 네 번째 주일, 생기 있는 신앙에 맞춤〉

여호와께서 대적의 손에서 저희를 구속하사 동서남북 각 지방에서부터 모으셨도다 미련한 자는 저희 범과와 죄악의 연고로 곤란을 당하매 저희 혼이 각종 식물을 싫어하여…(시편 107편 2, 3, 17 - 20절)

자비로우신 하나님 아버지,

저희로 하여금 예수 그리스도의 십자가를 통하여 영원한 생명과 구원을 얻은 그 영광스러운 무리 중에 들게 하셔서 주님께서 즐겨 받으시는 예배가 허락된 은총의 장소에서 찬양과 경배를 드릴 수 있게 하시니 감사합니다. 주님께 예배할 수 있는 이 시간이 저희에게는 말할 수 없는 특권이요 행복임을 깨닫습니다. 저희의 드리는 예배를 홀로 영광 받아 주옵소서.

주님, 지난 한 주간도 저희들은 주님의 몸 된 교회를 벗어나기 무섭게 죄의 유혹으로 빨려 들어가는 삶을 살았습니다. 저희들의 언행은 선하고 의로운 것이 하나도 없었고, 머리는 병들었고 마음은 피곤하였으며 발바닥에서 머리까지 성한 곳이 하나도 없었나이다. 수많은 불법을 저지르고도 주님의 피 묻은 십자가를 마주하니 뻔뻔한 저희의 태도가 너무나 수치스러움을 깨닫습니다. 한없이 못난 저희들을 불쌍히 여기시고 회개하는 심령에 긍휼을 베풀어 주옵소서.

주님, 이제 3월도 마지막 주일을 맞이했습니다. 만물이 더욱 생기를 발하고 있음을 깨닫습니다. 저희의 신앙도 습관을 좇아 교회의 문턱만 밟는 모습이 되지 말게 하시고 생기 있는 신앙으로 주님을 만날 수 있게 하여 주옵소서. 사랑과 기쁨의 싹을 더욱 움돋게 할 수 있는 생기 있는 신앙이 되게 하시고, 기도와 전도의 싹을 더욱 움돋게 할 수 있는 생기 있는 신앙이 되게 하옵소서.

주님, 사순절의 절기가 계속되고 있습니다. 주님의 고난을 조용히 묵상하는 사순절의 절기에 주님께서 저희의 죄를 위하여 십자가의 고난을 당하시기 전 사십 일의 그 기간을 저희도 조금이라도 경험함으로써 부활의 아침을 기쁨과 승리로 맞이할 수 있게 하옵소서. 모든 성도들이 경건한 생활로 사순절을 보낼 수 있게 하옵소서. 이 땅에 오셔서 저희의 처지와 경험 가운데 들어오신 주님, 수고와 배고픔과 목마름과 고통을 아셨고 기쁨과 슬픔을 경험하셨으며 저희와 같이 인생의 위기를 당하여 많은 유혹을 받으셨던 것을 기억합니다. 이사야 선지자는 주님께서 우리의 질고를 지고 우리의 슬픔을 당하셨고 찔리고 상하시고 채찍에 맞으셨으며 멸시를 받고 간고를 많이 겪으셨다고 하였습니다. 곤욕을 당하고 마치 도수장으로 끌려가는 어린양과 같았다고 하였습니다. 이와 같은 저희를 구속하시기 위한 주님의 고난을 묵상하며 바로 깨달으며 은혜를 알게 하옵소서.

오늘도 말씀을 전하실 목사님을 붙드시고, 피곤치 않도록 도와주시옵소서. 예배를 돕는 손길들에게도 크신 은혜로 함께하여 주옵소서. 예배의 시종을 주님께 의탁하오며 예수 그리스도의 이름으로 기도합니다. 아멘.

기도가이드 그리스도인이 피울 수 있는 꽃 중에 기도의 꽃보다 아름다운 것은 없습니다.

3월 넷째 주 주일 예배(2)
〈주님의 흔적을 남기는 신앙에 맞춤〉

이후로는 누구든지 나를 괴롭게 말라 내가 내 몸에 예수의 흔적을 가졌노라.(갈라디아서 6장 17절)

사랑과 생명이 되신 주님,

주님의 고난 받으심을 잊지 않게 하시려고 만물이 약동하는 봄날에 사순절을 지킬 수 있도록 인도하여 주신 은혜를 감사드립니다. 이 예배를 통하여 사랑과 감사와 헌신과 구원의 기쁨이 나타나게 하시고, 십자가로 구속하신 주님의 은혜가 저희 영혼을 덮게 하여 주옵소서.

자비로우신 주님,

주님을 본받아 사노라 하면서도 아직도 저희에게는 죄에 결박된 삶의 흔적들이 너무도 많음을 고백합니다. 차마 주님의 이름을 부르기도 부끄럽사오니 크신 은총을 베푸사 저희의 죄를 사하여 주시고 용서하여 주옵소서.

주님, 지금은 주님의 고난의 행적을 좇는 사순절입니다. 저희 모두가 이 기간에 주님의 흔적을 소유할 수 있는 은혜가 있게 하여 주옵소서. 주님처럼 사랑할 수 없는 사람도 사랑할 수 있게 하시고, 원수도 용서할 수 있는 주님의 흔적을 소유할 수 있게 하옵소서. 소외되고 가난한 자의 벗이 되어 줄 수 있는 주님의 흔적이 있게 하시고, 천하고 보잘것없는 사람까지도 섬길 수 있는 주님의 흔적이 있게 하여 주옵소서. 습관적인 기도로 영혼의 호흡을 할 줄 아는 주님의 흔적이 있게 하시고, 습관적인 전도로 영혼을 귀하게 볼 줄 아는 주님의 흔적이 있게 하여 주옵소서. 고통과 핍박을 피하지 않는 주님의 흔적이 있게 하시고, 희생의 자리로 기꺼이 나아갈 수 있는 주님의 흔적이 있게 하여 주옵소서. 이번 사순절을 통하여 저희 모두가 주님의 흔적을 소유한 사람으로 거듭나게 하옵소서.

주님의 몸 된 교회에도 곳곳마다 주님의 흔적이 넘쳐나는 교회가 되기를 원합니다. 주님의 보혈의 능력이 날마다 체험되어지는 교회가 되게 하시고, 주님의 피 묻은 십자가를 통한 구원의 역사가 날마다 이루어지는 교회가 되게 하여 주옵소서. 날마다 주님의 흔적을 좇아 행하기를 즐거워하는 교회가 되게 하여 주옵소서.

오늘도 준비하신 말씀을 선포하시기 위하여 단 위에 서신 목사님을 기억하시고, 성령의 두루마기를 입혀 주셔서 능력 있는 말씀을 증거하실 수 있도록 도와주시옵소서. 말씀을 듣는 저희 모두는 아멘으로 받게 하시고, 주님의 음성으로 듣게 하옵소서.

예배를 수종 드는 손길들이 있습니다. 언제나 성령 충만함을 주셔서 언제나 기쁨으로 감당할 수 있게 하여 주옵소서.

예배의 시종을 주님께 의탁하옵고, 날마다 함께하시는 예수그리스도의 이름으로 기도합니다. **아멘**

> ✱ **기도가이드** 주님의 흔적을 많이 갖는 것이 우리의 기도 목적이 되어야 합니다.

3월 넷째 주 주일 오후 찬양 예배
〈복종하는 삶에 맞춤〉

오히려 자기를 비어 종의 형체를 가져 사람들과 같이 되었고 사람의 모양으로 나타나셨으매 자기를 낮추시고 죽기까지 복종하셨으니 곧 십자가의 죽으심이라. (빌립보서 2장 7, 8절)

영광 받으시기에 합당하신 주님,
이 시간에도 약하고 부족한 저희를 부르셔서 주님의 한없으신 구속의 은총을 경험하게 하시니 감사합니다. 더욱 더 구속의 약동을 느끼는 3월의 봄을 보내게 하여 주시고, 주님의 피 묻은 십자가를 바라보며 참회의 고백이 넘쳐나는 삶을 이어가게 하여 주옵소서.

주님, 저희들은 주님의 십자가를 바라보며 사노라 하면서도 작은 유혹에도 쉽게 흔들리며 살았음을 고백합니다. 아직도 저희 심령에서 죄가 왕 노릇함을 깨닫습니다. 회개하오니 용서하여 주시고 정결한 새 사람으로 변화되게 하여 주옵소서.

주님, 주님이 십자가에서 죽으시기까지 복종하는 삶을 사셨사오니 저희들도 주님의 말씀에 복종하는 삶을 살게 하옵소서. 어디에 있든지 무슨 일을 하든지 주님께 드려지는 복종이 있음으로 인하여 그곳에서 주님의 말씀이 이루어지는 축복을 경험하게 하옵소서. 주님께 드려지는 복종이 없음으로 인하여 저희들의 삶이 고통과 아픔의 현장으로 바뀌는 것을 봅니다. 질시와 반목의 현장으로 바뀌는 것을 봅니다. 주님의 몸 된 교회도 주님께 드려지는 복종이 결여되어 있기에 온갖 어지러운 일들이 발생하는 것 아닙니까?

주님, 이제 저희 모두는 복종의 사람이 되게 하여 주옵소서. 주님의 뜻이 라면 이유를 달지 않게 하시고, 주님이 영광 받으시는 일이라면 기꺼이 복종의 자리로 나아갈 수 있는 저희 모두가 되게 하여 주옵소서. 주님의 몸 된 교회에 복종으로 자신을 깨뜨리는 자가 많아진다면 분명히 주님을 닮아가는 교회가 될 줄을 믿습니다. 세상에서 빛과 소금의 역할을 감당하는 교회가 될 줄을 믿습니다. 십자가의 사랑이 온 땅에 흘러넘치게 하는 교회가 될 줄을 믿습니다. 죄악에 허덕이는 영혼을 구원해 내는 구명선이 될 것을 믿습니다. 주여! 저희 모두가 자신을 주님 앞에 복종의 사람으로 드려지게 하옵소서. 복종에 부요한 자가 되게 하시고, 복종의 욕구를 채우는 것에 목말라하는 저희 모두가 되게 하옵소서. 저희의 온전한 복종으로 죽기까지 복종하신 주님의 십자가가 저희의 심령에 세워진 것을 느낄 수 있게 하옵소서. 주님 나라가 이 땅 위에 이루어지는 것을 보게 하옵소서.

오늘도 생명의 말씀을 들고 단 위에 서시는 목사님을 기억하시옵소서. 십자가의 복음, 구원의 복음을 힘 있게 전하실 수 있도록 성령의 능력으로 붙드시옵소서.

이미 예배가 시작되었습니다. 마치는 시간까지 홀로 영광 받으실 것을 믿사옵고 예수 그리스도의 이름으로 기도합니다. **아멘**

> **기도가이드** 우리가 주님께 쏟아 내는 기도는 말씀에 대한 복종으로 그 열매가 확실해집니다.

3월 넷째 주 수요 예배(기도회)
〈자기 부인에 맞춤〉

이에 예수께서 제자들에게 이르시되 아무든지 나를 따라오려거든 자기를 부인하고 자기 십자가를 지고 나를 좇을 것이니라 누구든지 제 목숨을 구원코자 하면 잃을 것이요…. (마태복음 16장 24, 25절)

전능하신 하나님 아버지,

저희 죄인들을 살리시려고 독생자를 아끼지 않으시고 내어 주신 하나님께 감사한 마음으로 머리를 숙였습니다. 지난 삼 일 동안도 주님의 은혜로 저희를 이끄심을 믿습니다. 부르심 받들어 주님의 전을 찾아 나왔사오니 저희를 기다리신 주님의 사랑을 다시 한번 가슴으로 느끼는 이 시간이 되게 하여 주옵소서.

삼 일간의 짧은 삶이었지만 세상의 유혹 앞에 힘없이 넘어졌음을 고백합니다. 주님의 십자가의 그 사랑을 기억하지 못하고 살았던 삶이었음을 고백합니다. 바람 앞에 놓인 등불처럼 자주 흔들렸던 저희의 모습이었음을 고백합니다. 부끄러운 모습을 주님 앞에 쏟아놓습니다. 불쌍히 여기시고 용서하여 주옵소서.

주님, 아직도 저희들이 주님의 피 묻은 십자가 앞에서 시퍼렇게 살아 있음을 깨닫습니다. 주님의 그 놀라우신 희생 앞에서 저희의 모습은 여전히 교만으로 젖어 있음을 깨닫습니다. 주님을 좇는 삶은 자기를 부인하고 자기 십자가를 지는 것인데, 저희들은 그와 같은 삶을 사는 것과는 너무나 거리가 멀었고 여전히 자기를 내세우는 것에만 익숙해 있음을 깨닫습니다.

주님, 이번 사순절 기간을 맞이하여 무엇보다도 자기를 부인하는 일에 익숙해질 수 있게 하옵소서. 자기 자신을 이기는 것이 주님을 닮아가는 것임을 믿사오니 무엇보다 마음을 잘 다스릴 수 있는 저희 모두가 되게 하여 주옵소서. 성령의 열매는 절제라 하였사오니 육체의 정욕을 억제할 수 있게 하시고, 성령을 거스르는 말과 행동과 음식을 금할 수 있게 하옵소서. 검소한 생활에 익숙해질 수 있게 하시고, 저희의 가진 모든 것을 주님의 나라와 의를 위하여 보람 있게 쓸 수 있는 믿음이 있게 하옵소서.

욕을 당해도 참을 수 있게 하시고, 오해를 받아도 자기 변명을 앞세우지 않게 하옵소서. 무슨 일을 하든지 자기 의를 앞세우지 않게 하시고, 모든 공은 오직 주님께만 돌릴 수 있게 하옵소서. 저희의 삶 전 영역에서 자기 부인이 넘쳐남으로 주님을 닮아가고 주님의 뜻을 이룰 수 있게 하옵소서. 자기를 부인하며 사는 것이 주님의 사람으로 잘 사는 것임을 깨닫는 저희 모두가 되게 하옵소서.

오늘도 목사님이 말씀을 준비하셨습니다. 철부지 양들을 보살피고 양육하시느라 어려움이 많사오니 주께서 날마다 새 힘과 새 능력을 공급하여 주옵소서.

예배가 이미 시작되었습니다. 마치는 시간까지 주님만이 홀로 영광 받으실 것을 믿사옵고 예수 그리스도의 이름으로 기도합니다. **아멘**

> ✳ **기도가이드** 우리가 자기를 부인하는 삶을 살 수 있다면 우리는 보다 더 깊은 기도의 세계를 경험하게 될 것입니다.

4월 첫째 주

주일 예배(1)
〈사순절 다섯 번째 주일, 한계를 뛰어넘는 신앙에 맞춤〉

주의 입의 모든 규례를 나의 입술로 선포하였으며 내가 모든 재물을 즐거워함같이 주의 증거의 도를 즐거워하였나이다. 내가 주의 법도를 묵상하며 주의 도에 주의하며….(시편 119편 13 – 16절)

인생들을 긍휼히 여기시는 하나님,
저희들의 허물을 사하시고 주의 거룩한 백성으로 삼아 주셔서 주님의 전으로 나올 수 있게 하시니 감사합니다. 오늘도 저희의 드리는 예배에 저희들의 마음이 묻어 있게 하셔서 정성이 묻어 있는 예배가 되게 하옵소서.

주님, 4월의 문턱에서 세상 사람들은 부드러운 봄바람에 취하여 살겠지만 저희들은 주님의 고난과 죽으심을 기억합니다. 저희의 죄악을 위하여 주님께서 그 모진 고통과 흉악한 십자가를 짊어지신 것을 생각할 때 그 은혜와 사랑에 감사 감복할 뿐이옵니다.

주님, 변하지 않는 세상 앞에서 자주 넘어지는 저희들입니다. 죽음의 한계도 뛰어넘으신 주님을 기억하며 이번 사순절 기간에 저희들도 한계를 뛰어넘는 신앙으로 주님께 더 가까이 나아갈 수 있게 하옵소서. 그 어떤 문제를 만나든지 실족하여 넘어짐이 없게 하시고 문제의 한계를 잘 뛰어넘을 수 있는 신앙이 되게 하옵소서. 뜻하지 않은 질병이 찾아와도 절망하는 것이 아니라 그 질병의 한계를 뛰어넘을 수 있게 하시고, 시험이 닥쳐와도 낙심하는 것이 아니라 그 시험의 한계를 뛰어넘을 수 있는 신앙이 되게 하옵소서. 유혹이 찾아와도 걸려 넘어지는 것이 아니라 그 유혹의 상황을 잘 뛰어넘을 수 있게 하시고, 근심하는 일이 생겼을 때에도 침착함과 냉정함으로 그 근심을 평안으로 바꿀 수 있는 신앙이 되게 하옵소서. 모든 악조건의 환경을 뛰어넘어 주님을 더욱 가까이 따르고, 주님께 더욱 순종하며, 주님을 더욱 충실히 섬길 수 있는 저희 모두가 되게 하옵소서.

때를 따라 은혜 베푸시기를 즐겨하시는 주님,

오늘 저희가 드리는 예배에 마음과 정성이 묻어 있기를 원합니다. 주님께 드리는 찬송, 주님께 드리는 기도, 주님께 드리는 봉헌에 저희의 마음과 정성이 묻어 있게 하시고, 측량할 수 없는 주님의 은혜를 다시 한번 경험하는 복된 자리가 되게 하여 주옵소서.

오늘도 주님의 몸 된 교회를 위하여 봉사의 아름다운 손길로 마음을 쏟는 손길들이 있습니다. 주님의 교회와 믿음의 교우를 섬기는 일, 언제나 기쁨으로 감당할 수 있게 하시고, 주님께 드리는 봉사가 많아질수록 때를 따라 채우시는 주님의 은혜도 많아지게 하여 주옵소서.

오늘도 말씀을 들고 서시는 목사님을 기억하시고, 능력의 오른손으로 붙드셔서 생명의 말씀, 권세 있는 말씀을 전하시기에 조금도 피곤치 않게 하여 주옵소서.

예배를 돕는 예배 위원들과 찬양대에도 함께하실 것을 믿습니다. 예배의 시종을 주님께 의탁하오며 예수 그리스도의 이름으로 기도합니다. 아멘

> **기도가이드** 우리의 환경은 더 나아지지 않습니다. 그러나 기도로 우리 자신이 변할 수 있다면 우리의 환경은 분명히 달라질 것입니다.

4월 첫째 주 주일 예배(2)
〈눈물의 기도에 맞춤〉

예수께서 돌이켜 그들을 향하여 가라사대 예루살렘의 딸들아 나를 위하여 울지 말고 너희와 너희 자녀를 위하여 울라.(누가복음 23장 28절)

십자가의 사랑을 보여 주신 주님,

사순절을 맞이하여 사십 일 동안 계속하여 무릎 꿇고 회개하는 기회를 주시니 감사합니다. 오만하고 자고하였던 마음이 하나씩 깨져가는 것을 경험하옵니다. 주님의 피 묻은 십자가를 바라볼 때마다 새로운 감동과 기쁨으로 인하여 변화되어 가는 자신을 깨닫습니다. 영원토록 십자가의 은혜 안에 거하는 삶이 되게 하여 주옵소서.

사랑의 주님,

저희들이 주님의 놀라운 십자가 사랑과 구속하신 은혜를 경험했음에도 불구하고 아직도 저희는 옛 사람의 구습을 따라 썩어져 가는 세상을 좇아 살려고 하는 욕구가 여전히 사라지지 않고 꿈틀거리고 있음을 깨닫습니다. 이처럼 세상의 유혹 앞에 힘없이 빨려 들어가는 저희 연약함을 주님 앞에 내려놓사오니 불쌍히 여기시고 주님의 크신 능력으로 붙들어 주시옵소서.

주님, 지금도 하늘 보좌 우편에서 연약한 저희들을 위하여 말할 수 없는 탄식함으로 중보의 기도를 쉬지 않고 계시는 주님을 생각해 보며 저희가 이 땅에 있는 동안 주님의 무엇을 닮아야 하는지를 다시 한 번 깨닫습니다. 저희 모두가 주님의 눈물의 기도를 본받게 하옵소서.

주님, 지금은 울어야 할 때가 아닙니까? 어둠을 향해 질주하고 있는 세상을 보며 탄식하며 눈물의 기도를 쉬지 않아야 할 때임을 깨닫습니다. 차츰 전도의 문이 막혀지는 현실을 보며 탄식하며 울어야 할 때임을 깨닫습니다. 차츰 교회가 영적인 힘을 잃어 가고 있는 것을 보며 주님의 보좌 앞으로 울며 나아가야 할 때임을 깨닫습니다. 차츰 영적으로 무감각해지는 저희 자신의 모습을 보며 영혼을 쏟아 내는 눈물의 기도를 쉬지 말아야 할 때임을 깨닫습니다.

주여! 울게 하옵소서. 육신의 소망에만 마음을 두고 채워도 채워도 채워지지 않는 욕망의 빈 잔을 채우기 위하여 울지 말게 하시고 어두운 영적 현실을 직시하여 깨어 있지 못했던 것을 안타까워하며 주님께 눈물을 쏟을 수 있는 저희 모두가 되게 하여 주옵소서. 나라가 어렵고 힘든 것도 그 옛날 강산마다 메아리쳤던 그 간곡한 부르짖음이 사라졌기 때문인 줄 믿습니다. 이제는 부르짖게 하옵소서. 눈물의 기도를 회복하게 하옵소서. 모든 것을 끌어안고 내 탓으로 여기며 중보의 기도를 쉬지 않게 하옵소서. 저희의 눈물의 기도가 하늘을 적시고 땅을 적셔서 곳곳마다 주님의 은혜의 강물 되어 흐르게 하옵소서. 이번 사순절 기간을 통하여 눈물을 회복할 수 있는 저희 모두가 되게 하옵소서.

오늘도 주님의 말씀을 들고 서시는 목사님을 기억하시고, 저희 모두를 말씀으로 배부른 인생으로 이끄시기 위하여 마음을 쏟고 계시오니 피곤치 않도록 주의 능력으로 항상 붙들어 주시옵소서.

찬양대의 찬양을 기억하셔서 정성껏 준비한 그 찬양이 주님의 보좌 앞에 울려 퍼지게 하옵소서. 예배의 시종을 주님께 의탁하오며 예수 그리스도의 이름으로 기도합니다. **아멘**

> ❋ **기도가이드** 주님의 보좌 앞에 드려지는 우리의 눈물의 기도야말로 주님의 마음을 살필 줄 아는 성숙된 기도의 모습입니다.

4월 첫째 주

주일 오후 찬양 예배
〈여전도회 헌신 예배에 맞춤〉

또 백성과 및 그를 위하여 가슴을 치며 슬피 우는 여자의 큰 무리가 따라오는지라.(누가복음 23장 27절)

언제나 가까이 계시며 지극한 사랑으로 보호하고 돌보시는 주님,

저희를 위하여 목숨까지 버리신 그 크신 사랑을 받을 자격이 없음에도 불구하고 조금도 꾸짖지 아니하시고 다시금 저희를 불러 주신 주님의 은혜에 감사하며 찬양을 드립니다. 저희를 받아 주시옵소서.

주님 앞에 참으로 부끄러운 저희들이지만 죄를 자백하기만 하면 용서해 주시는 주님의 긍휼을 의지하여 고백합니다. 저희의 지은 죄를 용서하여 주옵소서.

주님, 지금 저희들은 사순절 절기와 함께하고 있습니다. 이 기간에 주님의 십자가의 속죄하심이 얼마나 위대하고 놀라운 것인지 영혼 깊숙이 경험할 수 있게 하시고, 저희도 십자가의 길을 걸어갈 수 있는 믿음이 되게 하여 주옵소서.

사랑의 주님,

오늘은 특별히 여전도회 헌신 예배로 주님께 영광 돌립니다. 골고다 언덕까지 눈물을 흘리며 피 묻은 십자가의 길을 따라갔던 여인들의 믿음을 생각하며 저희들도 그와 같은 믿음이 되기를 소원합니다. 겁 많고 두려움 많은 저희 여전도회 회원이 아니라 생명의 위협 앞에 서도 개의치 않고 주님의 십자가를 앞세울 수 있는 믿음이 되게 하여 주옵소서. 담대함을 얻기 위하여 언제나 엎드려 기도할 수 있는 저희 여전도회 회원들이 되게 하시고, 새 힘을 얻기 위하여 주님의 말씀을 묵상하는 일에 열심을 다할 수 있는 저희 여전도회 회원들이 되게 하

여 주옵소서.

주님, 주님의 사랑을 본받아 교회를 사랑으로 섬기게 하시고, 힘든 일 궂은 일은 서로가 먼저 할 수 있는 여전도회 회원들이 되게 하여 주옵소서. 가정에서도 아름답고 신실한 여성이 되게 하셔서 남편으로부터 사랑받는 아내이게 하시고, 자녀들에게는 존경받는 인자한 어머니가 되게 하여 주옵소서. 이웃들에게는 섬세한 부분까지 마음을 쏟을 수 있는 사랑을 실천하게 하시고, 주님을 높이는 일에는 물불을 가리지 않는 저희 여전도회 회원들이 되게 하여 주옵소서.

주님, 가정에 주님을 모르는 식구들로 인하여 가슴앓이 하는 회원들도 있습니다. 주님께서 그 마음을 살피시고 그 기도를 기억하셔서 구원 받지 못한 식구들에게 천국의 문을 열어 주옵소서.

여전도회 임, 역원들을 기억하시옵소서. 맡겨진 일에 개인의 경험과 실력을 앞세우기보다 주님의 능력으로 감당할 수 있도록 늘 기도할 수 있는 임, 역원이 되게 하옵소서. 준비한 사업도 주님의 뜻대로 잘 이루어질 수 있도록 도우실 것을 믿습니다.

오늘 이 저녁에 주님의 말씀을 대언하시는 목사님을 기억하시고, 헌신을 다짐하는 여전도회 모든 성도들에게 주님의 십자가의 희생을 경험할 수 있는 말씀이 되게 하옵소서. 예배의 시종을 주님께 의탁합니다. 성령님이 예배의 순서를 맡은 회원들을 강하게 붙드실 것을 믿사옵고 예수 그리스도의 이름으로 기도합니다. 아멘

> **기도가이드** 기도의 응답은 전심으로 기도하는 열정에 사로잡힐 때만 하나님의 능력이 깃들게 되어 있습니다.

4월 첫째 주 — 수요 예배(기도회)
〈주님을 본받는 삶에 맞춤〉

사랑은 여기 있으니 우리가 하나님을 사랑한 것이 아니요 오직 하나님이 우리를 사랑하사 우리 죄를 위하여 화목제로 그 아들을 보내셨음이라. (요한일서 4장 10절)

고난의 십자가를 지시기 위하여 이 땅에 오셔서 십자가 위에서 피 흘리시고 죄인들을 죽음의 자리에서 구원하여 주신 주님, 이 시간 저희들이 주님의 그 크신 은혜와 사랑을 기억하며 예배에 참여할 수 있게 하시니 감사드립니다. 이 시간 저희를 위하여 고난 받으신 주님의 은혜에 감격하여 다시 한번 마음을 쏟을 수 있는 예배가 있게 하시고, 그 사랑 앞에 저희의 영혼을 깨뜨릴 수 있는 예배가 되게 하여 주옵소서.

사랑의 주님,

저희들이 구속의 은혜를 받은 자들이면서도 주님이 노여워하시는 것들만 일삼으며 방만하게 살았던 삶을 고백하지 않을 수 없나이다. 주님이 구하시는 제사는 상한 심령이요, 상하고 통회하는 자들을 멸시치 아니하신다고 말씀하셨사오니 저희의 허물을 사하여 주시고 용서하여 주옵소서. 이 시간 주님 안에 있는 생명의 성령의 법이 저희를 죄와 사망의 법에서 해방시키시는 은총을 경험하게 하옵소서.

주님, 이 시간 저희 모두가 십자가를 향한 사랑에 더욱 더 불타기를 원합니다. 고난의 삶 가운데서도 기도 생활을 멈추지 않으셨던 주님의 깊은 기도를 본받기를 원합니다. 핍박 속에서도 끝까지 섬김의 삶을 실천하셨던 그 낮아지심을 본받기를 원합니다. 수치와 모욕을 당하면서도 끝까지 분노를 쏟지 않으셨던 주님의 그 인자하심을 본받기를 원합니다. 오직 십자가의 사랑을 이루시기 위하여 모진 고통과 멸시를 감내하셨던 십자가의 길이 이 자리를 찾은 저희에게도 있게 하여 주옵소서.

주님, 온 땅에 생명이 움트는 따사로운 봄날입니다. 주님께서 창조하신 이 아름다운 봄날을 보며 저희들도 신앙의 새 봄을 가꾸는 믿음이 되게 하시고, 모든 사람들을 주님의 사랑으로 따뜻하게 할 수 있는 믿음들이 되게 하여 주옵소서. 또한 자신의 죄를 뉘우치고 새로운 삶을 다짐하는 강도에게도, 질병과 투쟁하며 몸부림치는 환자에게도, 끼니를 잇지 못해 허덕이는 걸인에게도, 가정과 사회로부터 냉대와 멸시를 받는 부랑아에게도 주님의 따사로운 사랑을 전할 수 있는 저희 모두가 되게 하여 주옵소서.

주님, 저희들은 이 시간에도 주님의 말씀에 귀를 기울입니다. 말씀을 증거 하시는 목사님을 성령의 능력으로 강하게 붙들어 주시고, 주님의 말씀을 듣는 저희 모두가 새 힘과 새 능력으로 충만해지는 시간이 되게 하셔서 생기 있는 믿음으로 천국 건설에 앞장서는 일꾼들이 되게 하여 주옵소서.

이미 예배가 시작되었습니다. 알파와 오메가가 되시고, 처음과 나중이 되시며, 언제나 변함이 없으신 주님을 의지하오며 예수 그리스도의 이름으로 기도합니다. **아멘**

> **기도가이드** 모호한 기도는 모호하게 응답받게 되어 있고 구체적인 기도는 구체적으로 응답받게 되어 있습니다.

4월 둘째 주

주일 예배(1)
〈종려주일에 맞춤〉

시온의 딸아 크게 기뻐할지어다 예루살렘의 딸아 즐거이 부를지어다 보라 네 왕이 네게 임하나니 그는 공의로우며 구원을 베풀며 겸손하여서 나귀를 타나니 나귀의 작은 것 곧 나귀새끼니라. (스가랴 9장 9절)

사랑의 주님,

온 대지가 생명의 기운으로 찬란합니다. 온 땅이 온화한 바람으로 넘실대고 있습니다. 이때 우리 주님은 죄 많은 저희들을 구원하시기 위해 골고다로 오르셨음을 기억합니다. 온 몸은 땀방울 핏방울로 얼룩지고 한 가슴 배신과 저주를 안고 쓰러지고 또 쓰러지며 오르신 주님, 그것이 뉘 때문이었습니까? 바로 저희들의 죄 때문이 아닙니까? 오늘 저희들이 누리는 평안을 위해 주님은 그리도 아프셨건만, 저희들은 그 축복을 모르고 살고 있으니 이 얼마나 어리석은 죄인들입니까?

오늘 종려주일을 맞으면서 그지없는 주님의 사랑에 다시금 머리 조아립니다. 이 시간, 주의 성령께서 강하게 역사하셔서 나의 나 됨이 주님의 사랑 때문임을 뼛속 깊숙이 깨닫게 하옵소서.

주님, 이제 저희도 주님의 은혜와 사랑을 입은 자로 고난의 유익을 바라보는 삶이 되게 하옵소서. 섬김의 삶을 실천해야 하기에 고난이 주어진다면, 십자가에 달리시기까지 철저히 섬기기를 원하셨던 주님처럼 저희들도 끊임없는 낮아짐으로 고난의 유익을 좇아갈 수 있게 하옵소서. 사랑의 삶을 살아야 하기에 고난이 따른다면, 하늘 보좌를 버리시고 이 땅에 오셔서 온몸으로 죄인들을 품으신 주님처럼 저희들도 품을 수 없는 사람을 품으며 고난의 유익을 바라보게 하옵소서. 헌신의 삶을 살아야 하기에 마실 수밖에 없는 고난의 잔이 있다면, 죽음의 쓴 잔까지도 마다 않으시고 기꺼이 마셨던 주님처럼 저희도 날마다 자신을 죽이는 쓴 잔을 기꺼이 마실 수 있게 하옵소서.

주님의 은혜와 사랑을 받는 것만이 유익이 아니라, 기도의 응답을 받는 것만이 유익이 아니라, 축복을 받는 것만이 유익이 아니라 구원받은 주의 백성들에게는 고난도 유익임을 알고 그 고난을 누리는 삶이 되게 하옵소서. 이 땅에서 주님이 주신 연수대로 믿음의 길을 걸어가는 동안 고난의 욕구를 육체에 채우는 것에 익숙해지게 하시고, 달려갈 길을 마치고 천성 문에 이를 때에 고난의 길을 달려온 저희를 두 손 벌려 끌어안으시고 온 몸으로 품으시는 주님의 위로를 듬뿍 받을 수 있게 하옵소서.

이제 오늘 이후로 한 주간 동안 저희들이 주님께서 그 혹독한 고난을 받으신 고난주간을 맞게 됩니다. 한 주간만큼이라도 육체의 소욕을 죽이고 주님의 고난 받으심에 적극 참여할 수 있게 하셔서 그 영광된 부활의 새 아침을 기쁨으로 맞이할 수 있게 하옵소서.

오늘도 생명의 말씀을 전하시는 목사님을 십자가의 능력으로 붙들어 주시고, 전하시는 말씀을 통하여 왜 주님께서 고난 받으셔야 했는지, 가슴 저미도록 깨닫는 시간이 되게 하옵소서.

예배의 시종을 주님께 의탁하오며 교회를 사랑하며 충성하는 성도들에게도 흡족한 기쁨을 허락하실 것을 믿사옵고 예수 그리스도의 이름으로 기도합니다. 아멘

> **기억해 두세요**
> 수난주간의 첫날(주일)을 종려주일로 지키는데 예수 그리스도께서 고난 받으시고 십자가에서 죽으시기 위하여 예루살렘에 입성하시는 것을 기념하기 위함입니다.

> **기도가이드** 주님은 고난의 길을 가시기 위하여 피를 쏟는 기도로 자신을 준비하셨습니다.

4월 둘째 주 — 주일 예배(2)
〈평화의 왕, 성례, 성찬식에 맞춤〉

이는 선지자로 하신 말씀을 이루려 하심이라 일렀으되 시온 딸에게 이르기를 네 왕이 네게 임하나니 그는 겸손하여 나귀, 곧 멍에 메는 짐승의 새끼를 탔도다 하라 하였느니라.(마태복음 21장 4, 5절)

겸손과 섬기심으로 이 땅에 평화를 가져오신 주님,

주님께서 온 인류에게 평화를 주시기 위하여 이천 년 전 예루살렘에 입성하시며 찬송과 영광을 받으시던 그 주님을 오늘 저희가 여기에서도 맞아들일 수 있게 하시니 감사합니다. 오늘 저희도 종려주일을 맞이하여 평화의 왕으로 오신 주님을 영접하고 환영하되 정성을 다하여 종려나무가지를 꺾어 흔드는 심정으로 주님을 영접하게 하옵소서.

주님이 나귀를 타고 예루살렘에 입성하신 것은 진정한 승리가 힘의 정복에 의한 것이 아니라 겸손과 봉사로 이 세상을 섬기는 것임을 알리시기 위함임을 믿습니다. 그런데 저희는 섬김을 받으려 하고 귀족같이 대접 받으려고 하는데만 힘썼던 것은 아니었는지 되돌아봅니다. 진정으로 섬김의 삶을 살지 못한 저희를 꾸짖어 주시고, 주님처럼 끊임없이 낮아질 수 있는 주님의 백성이 되게 하여 주옵소서.

주님의 피로 사신 교회도 주님을 본받아 섬김의 공동체가 되게 하시고, 진정으로 주님을 닮아갈 수 있는 교회가 되게 하여 주옵소서. 또한 이웃에게 십자가의 사랑을 보여줌으로써 주님의 나라가 얼마나 아름다운지를 보여줄 수 있는 교회가 되게 하여 주옵소서. 또한 오늘 오후부터 주님께서 고난의 쓴 잔을 받으신 고난주간이 시작됩니다. 호산나를 외치며 주님을 찬양하던 무리들이 결국 주님을 십자가에 못박은 배반자들이 되었듯이, 오늘 저희들도 주님의 고난에 고개를 돌려

침묵하며 슬그머니 피하는 자들이 되지 않게 하여 주옵소서. 골고다로 향하시는 십자가의 길을 눈물 흘리며 따라간 여인들처럼 오늘 저희들에게도 그와 같은 믿음의 용기가 있게 하여 주옵소서. 고난주간에는 주님 앞에서 그 어떤 그럴듯한 이유로도 핑계치 않게 하여 주옵소서. 그동안 십자가의 길을 가겠노라고 수없이 작정하며 다짐하기만 하였는데 이제는 단 한번이라도 주님의 고난에 참여할 수 있는 결단이 있게 하여 주옵소서.

주님, 오늘은 성례식과 성찬식이 있습니다. 입교, 학습, 세례를 받는 성도들을 기억하시고, 하나님의 백성으로 인정받는 귀한 예식이오니 엄숙하고 경건한 마음으로 이 예식에 참예할 수 있도록 성령님께서 역사하여 주옵소서. 성찬 예식에도 참예하는 자들을 기억하셔서 십자가에서 살을 찢으시고 물과 피를 흘리신 주님의 한없는 은혜를 기억하며 주님의 죽으심을 기념할 수 있게 하옵소서. 떡과 잔을 함부로 받지 않게 하시고, 회개의 고백을 드리며 떡과 잔을 받게 하옵소서.

이 예배를 통하여 저희를 받아 주시고 저희의 영혼에 소성함을 주실 것을 믿습니다. 오늘 말씀을 증거하시는 목사님을 주님의 크신 능력으로 붙드셔서, 고난의 종으로 예루살렘에 입성하시고 십자가의 고난을 받으신 그 주님을 저희 모두가 심령 깊숙이 느끼는 시간이 되게 하여 주옵소서.

저희 가운데 운행하셔서 저희의 약함을 도우실 것을 믿사옵고 예수 그리스도의 이름으로 기도합니다. 아멘.

> **기도가이드** 우리의 기도에는 보응의 기도 내용보다 평화의 내용을 많이 담아서 주님의 보좌 앞에 쏟아놓을 수 있어야 합니다.

4월 둘째 주 — 주일 오후 찬양 예배
〈수난주간에 맞춤〉

그가 찔림은 우리의 허물을 인함이요 그가 상함은 우리의 죄악을 인함이라 그가 징계를 받음으로 우리가 평화를 누리고 그가 채찍에 맞음으로 우리가 나음을 입었도다…(이사야 53장 5, 6절)

구원의 주님,

주님의 수난으로 저희가 새 생명을 얻게 됨을 감사드립니다. 주님께서 고난의 쓴 잔을 받지 않으셨더라면 저희들은 여전히 죄의 종노릇 하며 마귀의 자식으로 살았을 것이지만, 저희 대신 주님이 질고를 지시고 징벌을 받으시고 찔림과 상함을 받으셨기에 저희가 나음을 입었고 죄 사함을 받고 구원을 받은 축복의 자녀로 살게 되었음을 믿나이다. 십자가에 달리셨던 주님을 기억하고 주님의 그 위대하신 사랑 앞에 늘 감격하며 주님을 사모하는 저희들이 되게 하여 주옵소서.

오늘부터 주님께서 고난의 쓴 잔을 받으신 고난주간이 시작됩니다. 호산나를 외치며 주님을 찬양하던 무리들이 결국 주님을 십자가에 못박은 배신자들이 되었듯이, 오늘 저희들도 주님을 찬양하던 입술로 주님을 부인하고 저주하는 일이 생길까 두렵습니다.

주님, 저희 속에 있는 죄악의 쓴 뿌리들을 제거시켜 주시고 주님을 위해 아낌없이 향유를 부은 마리아처럼 온 맘과 온 정성을 다하여 주님을 찬양하게 하시고, 주님의 피 묻은 십자가를 사랑하며 주님께서 받으셨던 그 고난의 쓴 잔을 저희도 받을 수 있게 하옵소서. 이번 한 주간이 저희들에게는 슬픔의 주간인 것을 깨닫습니다. 한 주간만이라도 주님의 고난 받으심에 동참하는 마음으로 말을 아끼게 하시고, 불평과 원망의 언어를 입술에 담지 않게 하옵소서. 꼭 하고 싶은 것이 있을지라도 절제할 수 있게 하시고, 먹고 싶은 음식이 있을지라도 절제할 수 있게 하옵소서. 분노할 일이 있어도 참을 수 있게 하시고, 기쁘고 즐거운 일이 있을지라도 고난 받으신 주님을 생각하며 자제할 수 있게 하옵소서. 꼭 가고 싶은 곳이 있을지라도 주님의 몸 된 교회를 가까이 하는 일 외에는 함부로 발걸음을 옮기지 않게 하여 주시고, 오직 험한 십자가를 지신 주님만을 깊이 생각하며 보낼 수 있는 한 주간이 되게 하여 주옵소서. 고난주간을 맞이하여 특별히 금식을 하는 성도들이 있습니다. 굳건한 믿음으로 채워 주셔서 육욕을 잘 이기게 하시고, 주님의 험한 십자가를 바라보며 고난의 유익을 누릴 수 있도록 인도하여 주옵소서.

오늘 이 시간에도 주님의 피 묻은 십자가 앞에 아픔을 안고 나온 성도들이 있습니다. 보혈의 능력으로 치료하여 주셔서 주님의 십자가만이 구원의 능력이 됨을 찬양하게 하옵소서.

말씀을 증거하시는 목사님을 기억하시고 저희 모두가 십자가의 능력을 다시 한번 체험하고, 험한 십자가를 굳게 붙들 수 있는 말씀이 되게 하여 주옵소서.

예배의 시종을 주님께 의탁하오며 예수 그리스도의 이름으로 기도합니다. 아멘

> **기억해 두세요**
> 고난주간은 수난주간이라고도 하며 사순절의 마지막 한 주간을 가리킵니다. 예수님의 입성, 죽음, 장사되기까지의 사건들을 기념합니다.

> ✺ **기도가이드** 주님의 피 묻은 십자가를 붙드는 것이 우리의 능력이요, 그 뜻을 담아내는 것이 우리의 기도입니다.

4월 둘째 주 — 수요 예배(기도회)
〈십자가의 삶에 맞춤〉

> 믿음의 주요 또 온전케 하시는 이인 예수를 바라보자 저는 그 앞에 있는 즐거움을 위하여 십자가를 참으사 부끄러움을 개의치 아니하시더니 하나님 보좌 우편에 앉으셨느니라. (히브리서 12장 2절)

사랑의 주님,

저희를 위해 고난 받으신 주님의 대속을 생각하며 주님 앞에 머리 숙입니다. 저 험한 십자가에 저희들이 달렸어야 했는데 주님께서 저희들 대신 그 치욕스런 고난을 받으셨으니 저희들의 죄가 너무 무겁고 더러운 것임을 깨닫습니다.

주님, 죄 없으신 주님을 십자가의 고통으로 밀어 넣은 이 못난 죄인들을 용서하여 주옵소서. 주님이 십자가를 지시고 골고다 언덕으로 오르실 때 눈물로 따라간 여인들을 생각합니다. 십자가를 지신 주님을 보며 모두 피하거나 구경을 하였지만 그 어떤 위협과 오해를 받을지도 모를 상황에서도 주님을 외면하지 않았던 여인들의 모습을 생각하며, 오늘 저희들의 믿음은 너무도 형편없음을 깨닫습니다.

주여! 그동안 주님의 한없는 사랑을 입은 저희가 주님이 아닌 다른 것을 사랑하며 살았음을 수치스럽게 생각하며 고백합니다. 주님을 십자가에 못 박은 세상과 손을 잡고, 주님의 고난을 구경하듯 살아온 저희의 모습을 돌아보며 참회하오니 용서하여 주옵소서. 이제 다시는 주님의 고난에 침묵하는 자가 되지 않기를 원합니다. 십자가의 험한 자리를 지키지 못했던 제자들의 냉담함이 오늘 저희의 모습이 되지 않기를 원합니다. 저희를 위해 이 세상에 오셔서 종으로 가장 낮은 자리까지 내려가시고 생명까지 주신 주님을 생명 바쳐 사랑할 수 있는 저희 모두가 되게 하여 주옵소서.

주님, 이 고난주간에 주님을 철저히 배우게 하옵소서. 나귀를 타시고 예루살렘에 올라가신 주님의 겸손, 자기의 뜻보다 아버지의 뜻이 이루어지기를 원하시고, 섬김을 받기보다 철저히 섬김의 생애를 사셨던 주님, 만민의 죄를 담당하고 희생의 제물이 되신 주님의 사랑을 상기하며 저희 또한 그와 같은 삶이 될 수 있기를 다짐하는 기간이 되게 하여 주옵소서.

오직 구속받은 은총에 힘입어 주님을 본받게 하시고, 이웃을 위하여 겸손한 사랑을 주며 주님의 피 묻은 복음을 힘껏 전할 수 있는 저희 모두가 되게 하여 주옵소서. 오늘도 저희에게 십자가의 찢기심과 피 흘리심으로 말씀을 전하고 계시는 주님을 발견합니다. 주님의 피 묻은 십자가를 생각하며 더 쓰라린 아픔을 느낄 수 있는 이 밤이 되게 하여 주옵소서.

오늘도 십자가의 그 놀라운 사랑을 담아내기 위하여 말씀을 준비하신 목사님을 기억하시고, 말씀을 듣는 저희 모두가 다시 한번 주님처럼 잘 죽기 위하여 잘 살아야겠다는 다짐을 할 수 있게 하옵소서.

예배의 시종을 주님께 맡깁니다. 생명을 주시기 위하여 찢기신 그 상처를 어루만지며 메이는 마음으로 주님을 부르길 원하오며 예수 그리스도의 이름으로 기도합니다. 아멘

> **기도가이드** 우리는 우리의 원하는 바를 하나님께 구하는 것이 아니라 우리 주변에서 필요한 것을 하나님께 구할 수 있어야 합니다.

4월 셋째 주 — 주일 예배(1)
〈부활주일에 맞춤〉

천사가 여자들에게 일러 가로되 너희는 무서워 말라 십자가에 못 박히신 예수를 너희가 찾는 줄을 내가 아노라 그가 여기 계시지 않고 그의 말씀하시던 대로 살아나셨느니라…(마태복음 28장 5, 6절)

생명의 하나님,

온 땅에 가득한 부활의 기쁨 속에 다시 사신 주님을 찬양합니다. 부활하신 주님을 구주로 믿는 저희들이 이 거룩한 성전에 모여 찬송하며 예배를 드립니다. 이 시간 저희 모두가 환희에 찬 감정을 가지고 소망에 찬 눈망울로 주님이 부활하신 이 아침을 찬양하게 하옵소서.

주님, 주님 앞에 부끄러운 심정으로 고백합니다. 과연 저희들이 부활 신앙이 있는지 되돌아보지 않을 수 없나이다. 사람이 한 번 죽으면 죽음으로 끝나는 것이 아니라 다시 부활하는 것이 주님의 보여주신 부활 사건인데, 저희들은 이 사실을 믿지 못하고 부활할 수 없을 것으로 생각하며 살아온 것은 아닌지요. 수많은 사람들이 목도하고 증거한 주님의 부활까지도 확실히 믿는 마음이 없었던 것은 아닌지요. 저희의 믿음이 제대로 자라지 못한 까닭이 바로 거기 있음을 깨닫습니다. 주여, 부활 신앙이 확실하지 못한 믿음을 솔직히 고백하오니 용서하여 주옵소서. 이제는 부활의 확신으로 말미암아 굳게 세워지는 믿음이 되길 원합니다. 부활의 확신으로 말미암아 모든 문제를 해결하기를 원합니다. 부활의 증거자로 나서기를 원합니다. 저희 심령에 부활의 소망을 가득 채워 주시옵소서.

자비로우신 주님,

주님의 부활의 터 위에 세우신 교회도 부활하신 주님의 권능을 온 세상에 증거할 수 있기를 원합니다. 죽음과 질병과 공포와 절망으로 살아가는 심령들을 부활의 주님을 모시고 찾아가서 위로해 주고, 사망 권세를 깨뜨려 주는 교회가 되게 하시고, 저들이 교회의 문턱을 두드렸을 때에도 부활의 주님을 뵈옵고 새로운 소망과 기쁨이 넘칠 수 있게 하옵소서.

이 민족 이 백성도 부활의 주님을 만나게 하시고, 부활의 주님을 바라볼 수 있는 눈을 열어 주시기를 원합니다. 이 백성이 부활의 신앙으로 바로 설 때 하나가 될 수 있다는 것을 깨닫게 하시고, 신실한 일꾼들이 넘쳐나고 정직이 강같이 흐르는 민족이 될 수 있다는 것을 깨닫게 하시옵소서. 이 땅의 백성들이 진정으로 주님을 의지함으로 주님의 복을 받아 누리는 삶을 살게 하옵소서.

교회에 세우신 각 기관과, 모든 직분을 맡은 자들도 부활의 산 신앙을 갖고 능력 있게 움직이기를 원합니다. 맡은 자들에게 구할 것은 충성밖에 없음을 더욱 깨닫게 하옵소서.

오늘도 부활의 복된 소식을 대언하시기 위하여 단 위에 세우신 목사님을 기억하시고 권세 있는 말씀으로 저희의 잠자는 신앙을 다시 깨울 수 있는 말씀이 되게 하옵소서. 찬양으로 부활의 주님을 높이는 찬양대와 예배를 위해 수종 드는 모든 손길들에게 크신 은혜와 복으로 채워 주시옵소서.

예배의 시종을 주님께 의탁하오며 저희들에게 산 소망이 되시는 예수 그리스도의 이름으로 기도합니다. 아멘

기억해 두세요

부활절은 기독교 축일 중에서 가장 오래 된 것이며 교회력에서 다른 축일의 근원이 됩니다. 다른 축일과 절기가 해마다 바뀌어지는 것은 부활절의 날짜에 따라 정해지고 있기 때문입니다. 이 주간의 첫 날에 예수 그리스도께서 죽은 자 중에서 다시 살아나셨기 때문에 이 절기는 기독교의 절정이라고 할 수 있습니다. 동방교회에서는 부활절이 교회력의 시작이 됩니다.

기도가이드 당신의 기도에 부활 신앙을 실어 보십시오. 그리하면 당신의 기도는 분명히 부활의 산 소망이 넘치는 살아있는 기도가 될 것입니다.

4월 셋째 주

주일 예배(2)
〈부활의 소망과 증거에 맞춤〉

그러나 이제 그리스도께서 죽은 자 가운데서 다시 살아 잠자는 자들의 첫 열매가 되셨도다 사망이 사람으로 말미암았으니 죽은 자의 부활도 사람으로 말미암는도다.(고린도전서 15장 20,21절)

할렐루야!

이 아침에 부활하신 주님을 찬양합니다. 온 맘과 정성을 모아 부활하신 주님을 찬양합니다. 하늘 보좌를 여시고 저희의 찬양을 받으시옵소서. 이 시간 그 어느 때 보다도 생동감이 넘치는 예배를 드리기 원합니다. 주님께서 무덤을 깨뜨리시고 그 승리하신 그 승리를 힘입어 감격 속에서 힘찬 예배를 주님께 드릴 수 있게 하옵소서.

주님, 주님께서 사망 권세를 깨뜨리시고 부활하신 이 기쁘고 영광스러운 날임에도 불구하고 저희의 죄악된 것들을 숨길 수 없음을 깨닫습니다. 이제껏 주님의 부활하심에 확신을 갖지 못하여 널리 증거하지 못했던 저희들의 연약한 믿음을 고백하오니 용서하여 주옵소서. 이제는 저희가 부활의 주님을 의지하여 새 힘을 얻고 약한 데서 강하게 되며 악을 이기며 의를 행하며 약속을 받으며 주님을 널리 증거하는 삶이 되게 하여 주옵소서.

주님, 새로 돌아온 부활절로 말미암아 저희 마음속에 그리스도의 평안과 소망의 불길을 더하여 주시기를 원합니다. 저희로 하여금 영원한 생명을 더욱 굳게 잡고 영원하고 고상한 가치들을 튼튼히 잡게 도와주시옵소서. 또한 저희의 수고가 주 안에서 헛되지 않음을 알아서 주님의 몸 된 교회를 더욱 사랑하고 봉사하며 충성할 수 있게 하시고, 견고하여 흔들리지 아니하고 열심을 품고 주를 섬기게 하옵소서. 또한 구하옵기는 무지와 편견과 불신과 미신에 젖어 있는 이 민족이 생명의 예수 그리스도를 믿고 부활의 소망, 영생의 소망 가운데 살아가는 축복된 백성이 되게 하옵소서. 이북에도 하루속히 복음의 물결이 강물같이 흘러들어가 구원의 역사가 강하게 일어나게 하시고, 부활의 주님을 찬양하고 산 소망이 넘치는 축복을 누리게 하옵소서.

주님, 이 시간, 다시 사신 부활의 주님을 찬양하며 주님 앞에 드리는 이 예배에 부활의 영광으로 채워 주실 것을 믿습니다. 드리는 찬송과 기도, 봉헌 예물 이 모든 것이 부활의 주님을 더욱 높이는 도구가 되게 하여 주옵소서. 특히 학습, 세례 및 성찬식의 이 거룩한 예식 위에 주님의 축복을 구합니다. 오늘의 이 모든 순서 하나하나에 은혜가 풍성하고 감사와 기쁨이 넘치기를 원합니다. 역사하여 주옵소서.

오늘도 부활의 기쁜 소식을 증거하시기 위하여 단 위에 서시는 목사님을 기억하시고 성령께서 친히 붙들어 주옵소서. 저희 모두가 부활과 구원과 소망이 넘치는 시간이 되게 하옵소서.

찬양으로 영광의 주님을 높이는 찬양대와 예배를 위해 수고하는 손길들 위에도 넘치는 은혜로 함께하실 것을 믿사옵고, 예배의 시종을 주님께 의탁하오며 예수 그리스도의 이름으로 기도합니다. **아멘**

> **기도가이드** 주님께서 우리에게 부활의 소망을 주셨듯이, 우리도 주님께 기도를 통하여 자녀의 기쁨을 안겨 드릴 수 있어야 합니다.

4월 셋째 주 주일 오후 찬양 예배
〈부활의 확신에 맞춤〉

찬송하리로다 우리 주 예수 그리스도의 아버지 하나님이 그 많으신 긍휼대로 예수 그리스도의 죽은 자 가운데서 부활하심으로 말미암아 우리를 거듭나게 하사 산 소망이 있게 하시며…(베드로전서 1장 3, 4절)

부활의 주님,

오늘 저희에게 기쁨과 영광의 부활의 날을 주시니 그 은혜를 감사드립니다. 주님의 부활의 승리를 통해서 저희들에게도 부활의 생명이 주어졌사오니, 이 귀한 은혜와 은총을 누리며 소망으로 살아가는 저희의 삶이 되게 하옵소서. 하오나 돌아보면 부활의 주님이 저희와 함께 계심에도 불구하고 믿음으로 살지 못했던 저희들입니다. 사소한 일에도 쉽게 평안을 잃어 버렸고, 작은 문제 앞에서도 쉽게 두려움을 느끼는 저희의 모습이었습니다. 믿음이 부족한 저희를 불쌍히 여겨 주시고, 용서하여 주옵소서.

주님, 어떤 어려움이 부딪쳐 오든지 부활의 믿음으로 살아가는 저희들이 되게 하옵소서. 이제는 부활의 확신을 가지고 모든 의심과 두려움을 떨쳐 버리고 부활의 증거자로 살아갈 수 있는 담대함이 있게 하여 주옵소서. 주님의 몸 된 교회도 부활하신 주님의 권능을 온 세상에 증거할 수 있는 교회가 되게 하시고, 죽음과 질병과 공포와 절망으로 살아가는 심령들에게 위로와 새로운 소망과 용기를 주는 교회가 되게 하여 주옵소서.

주님, 특별히 이 시간을 통하여 간구하옵는 것은 어려움에 처한 성도들에게 부활의 소망을 허락해 주시기를 원합니다. 저희들 중에 무거운 질병의 고통을 안고 고통당하는 성도들이 있사오니 부활하신 주님을 바라보며 시달리는 병마로부터 승리할 수 있게 하여 주시고, "나는 부활이요 생명이니 나를 믿는 자는 죽어도 살겠고 무릇 살아서 믿는 자는 영원히 죽지 아니하리라"는 말씀을 굳게 붙들게 하여 주옵소서. 믿음이 흔들리는 성도에게는 부활하신 주님을 영접함으로써 새 힘을 얻게 하여 주시고, 온갖 문제로 시달리는 성도에게는 사망 권세를 깨뜨리시고 부활하신 주님을 바라보며 모든 어려움을 극복할 수 있는 용기를 갖게 하옵소서.

주님, 만물이 새 생명으로 활기를 띠고 있는 계절입니다. 주님께 선택받은 특권을 소홀히 하지 않게 하시고, 살아 움직이는 생동감 있는 신앙으로 주님을 기쁘시게 할 수 있는 저희 모두가 되게 하옵소서.

오늘도 단 위에 세우신 목사님을 기억하시고 크신 권능을 허락하여 주셔서 생명의 말씀을 전하시기에 조금도 부족함이 없게 하옵소서.

예배의 시종을 주님께 의탁합니다. 성 삼위 하나님께서 저희의 드리는 예배를 영광중에 받으실 것을 믿사옵고 예수 그리스도의 이름으로 기도합니다. 아멘.

기도가이드 주님의 부활하심은 우리가 하나님께 담대하게 나아갈 수 있는 증거가 됩니다.

4월 셋째 주

수요 예배(기도회)
〈부활의 증인에 맞춤〉

예수는 우리 범죄함을 위하여 내어줌이 되고 또한 우리를 의롭다 하심을 위하여 살아나셨느니라. (로마서 4장 25절)

할렐루야 전능하신 하나님 아버지,

지난 삼 일간도 사망 권세를 이기신 주님의 부활하심을 기뻐하며 찬송하는 삶을 살게 하여 주시다가 이 시간 주님 앞에 기쁨으로 나와 예배드릴 수 있도록 인도하여 주심을 감사드립니다. 주님의 전을 늘 가까이 할 수 있는 저희의 삶이 되게 하여 주옵소서.

주님, 계절이 바뀌었습니다. 하늘과 온 땅이 푸르름을 노래하고 있습니다. 살랑대는 봄바람은 저희들의 마음을 더욱 들뜨게 합니다. 이는 바람 저편에 부활하신 주님의 사랑이 담겨 있음을 깨닫는 저희 모두가 되게 하여 주옵소서.

주님, 이 봄의 계절에 저희들에게 주님의 부활하심을 기억할 수 있도록 하신 것은 더욱 힘써서 부활의 주님을 증언하고 나타내는 삶을 살라는 주님의 뜻이 이 계절 속에 담겨 있는 줄 믿습니다. 도망쳤던 제자들이 부활하신 주님을 만난 이후로 그 기쁨의 좋은 소식을 전하기에 주저하지 않았듯이 저희들도 주님을 담대하게 증거할 수 있는 삶이 되게 하여 주옵소서. 주님의 부활을 담대하게 증거할 수 있는 종으로 쓰임받기 위하여 성령 충만을 사모하며 간구할 수 있는 저희 모두가 되게 하시고, 이 땅에서 저희의 생명이 다하는 그 날까지 부활의 증인으로서의 삶을 살기에 날마다 힘쓸 수 있는 저희 모두가 되게 하여 주옵소서.

어렵고 힘들다고 하여 증인의 자리를 회피하지 않게 하시고, 바쁘고 피곤하다고 하여 증인의 사명을 게을리하지 않는 저희 모두가 되게 하여 주옵소서.

　주님이 부활하셨기에 저희들이 가장 복된 자들임을 깨닫습니다. 주님의 부활이 없으셨더라면 저희같이 불쌍한 자들이 또 어디에 있겠습니까? 때를 얻든지 못 얻든지 복된 자의 의무를 다할 수 있는 저희 모두가 되게 하여 주시고 살아 계신 주님을 온 땅 위에 담아낼 수 있는 저희 모두가 되게 하여 주옵소서. 가정과 생업도 부활의 기쁨으로 충만하게 채워진 소망의 터전이 되기를 원합니다. 언제나 부활의 기쁨을 나눌 수 있는 소망의 가정이 되게 하시고, 땀 흘려 일하는 곳도 살아 계신 주님을 증거할 수 있는 은총의 장소가 되게 하여 주옵소서.

　오늘도 사랑하는 목사님을 붙들어 주옵소서. 주님의 몸 된 교회와 맡겨진 양들을 위하여 불철주야 기도하시며 마음을 쏟고 계시오니, 피곤치 않도록 늘 새 힘과 새 능력을 더하여 주옵소서. 목사님이 준비하신 말씀을 통하여 주님의 음성을 듣습니다. 건성으로 듣는 일이 없도록 저희의 마음을 활짝 열어 주옵소서.

　예배의 시종을 주님께 의탁하오며 예수 그리스도의 이름으로 기도합니다. **아멘**

> **기도가이드** 주님의 부활을 증거할 수 있는 신앙이라면 주님과 함께 고난 받는 것도 즐거워할 줄 아는 사람입니다.

4월 넷째 주 주일 예배(1)
〈부활절 두 번째 주일, 믿음의 덕과 대심방에 맞춤〉

> 그리스도께서 만일 다시 살지 못하셨으면 우리의 전파하는 것도 헛것이요 또 너희 믿음도 헛것이며 또 우리가 하나님의 거짓 증인으로 발견되리니…. (고린도전서 15장 14,15절)

만유의 주 우리 주 하나님 아버지,

아름다운 4월의 하늘을 부활의 기쁨으로 가득 채우신 은총을 찬송합니다. 그 하늘 아래 살아 있는 모든 것들이 주님의 부활을 노래하고 있습니다. 지난 겨울에 죽었다가 다시 살아난 나무와 풀들도 부활의 경험을 세상에 알리고 있습니다. 오늘 주님의 거룩한 집에 모인 저희 모두는 주님의 부활을 믿고 영생을 확신하는 주님의 자녀들입니다. 부활의 소망이 가득한 예배가 되게 하여 주옵소서.

주님, 오늘도 저희들은 주님께 숨긴 죄들이 너무 많음을 고백합니다. 주님께서는 저희 죄들을 속속들이 알고 계시지만 저희는 부끄러워 숨기려고만 애쓰는 모습입니다. 주님은 회개하는 자의 은신처가 되어 주시고, 회개하면 용서하여 주시는 줄 확실히 믿습니다. 주님 앞에서는 죄를 더 이상 감출 수 없음을 깨닫고 입술을 열어 고백하게 하시며 다시는 죄를 범치 않는 길로 인도하여 주옵소서.

주님, 이제 저희가 이 땅을 살아가는 동안 주님의 부활에 참예한 자들로 믿음의 덕을 세우며 살아갈 수 있게 하옵소서. 주님의 몸 된 교회의 유익을 위하여 맡은 직분에 최선을 다하게 하시고, 주어진 사명에 충성을 다할 수 있는 저희 모두가 되게 하여 주옵소서. 무슨 일을 하든지 신앙의 본연의 모습을 상실하지 않게 하시고, 주님이 기뻐하시는 방향으로만 좇아갈 수 있는 저희의 믿음이 되게 하여 주옵소서. 섬기는 일이라면 힘든 일 궂은 일 가리지 않게 하시고, 주님을 섬기듯 기쁨으로 감당할 수 있게 하여 주옵소서. 부름 받은 주님의 백성으로서 저희가 늘 아끼지 말아야 할 수고가 무엇인지를 깨닫게 하셔서 믿음의 덕을 나타내는 일에 깊은 신앙심을 보여줄 수 있는 저희 모두가 되게 하여 주옵소서.

주님, 이제 이번 주부터 춘계 대심방이 시작됩니다. 대심방을 준비하신 목사님을 붙들어 주시고 심방이 끝날 때까지 피곤치 않도록 주의 성령께서 함께하여 주옵소서. 가정마다 준비하신 축복의 말씀을 전하실 때에 그 가정에 꼭 필요한 말씀이 되게 하시고, 치유와 위로와 평안과 새 힘을 얻는 축복의 현장이 되게 하여 주옵소서. 대심방에 참여하는 심방대원들도 기억하셔서 기쁨과 즐거운 마음으로 감당할 수 있게 하시고, 지루하거나 피곤함이 없도록 성령님이 이끌어 주옵소서.

오늘 예배를 위하여 쓰임 받는 손길들을 기억하시고, 주님께 늘 쓰임 받을 수 있는 손길들이 되게 하여 주옵소서. 말씀을 증거하시는 목사님을 붙드셔서 능력의 말씀을 선포하실 수 있도록 도우실 것을 믿습니다.

예배의 시종을 주님께 의탁하오며 예수 그리스도의 이름으로 기도합니다. **아멘**

> ✳ **기도가이드** 우리가 이 땅을 살아가는 동안 믿음의 덕을 세우는 것이야말로 기도의 불쏘시개입니다.

4월 넷째 주 주일 예배(2)
〈사명에 붙들린 삶에 맞춤〉

형제들아 무엇에든지 참되며 무엇에든지 경건하며 무엇에든지 옳으며 무엇에든지 사랑할 만하며 무엇에든지 칭찬할 만하며 무슨 덕이 있든지 무슨 기림이 있든지 이것들을 생각하라. (빌립보서 4장 8절)

사랑의 하나님 아버지,

어렵고 힘든 나날들이지만 부활의 승리를 통하여 힘을 주시니 감사합니다. 오늘도 사망 권세를 이기시고 부활하심으로 영원한 승리를 주신 주님께 경배하기 위해서 나왔습니다. 하염없이 다가오는 유혹의 깃발들을 이리 저리 비틀거리며 피하느라고 지치고 지친 몸으로 나왔습니다. 참으로 큰 능력으로 덮으시고 저희의 드리는 예배를 홀로 영광 받아 주시옵소서.

부활의 주님,

사실 저희들은 너무도 먼 길이기에 너무도 힘겨운 길이기에 그렇게도 많은 땀방울과 무수히도 많은 상처들을 안고 가야만 하셨던 골고다의 길을 우두커니 지켜봐야만 했던 죄인들입니다. 용서하여 주시고, 이제 주님의 십자가를 지켜만 보는 자들이 아니라 주님과 함께 지고 가는 십자가의 군병들이 되게 하여 주옵소서.

주님, 주님께서 저희들에게 맡기신 사명이 무엇인지를 저희는 너무도 잘 알고 있습니다. 주님을 떠나 먼 길로 가려던 베드로를 다시 찾아 가셔서 상심한 마음을 위로해 주시고, 사랑으로 덮으시며 사명을 다시 맡겨 주셨던 주님, 오늘 저희들에게도 그렇게 찾아오시는 주님이심을 깨닫습니다. 저희들이 주님의 주신 사명을 얼마나 많이 팽개치며 살았는지 모릅니다. 그러나 너무도 못난 저희들을 포기하지 않으시고 끝까지 찾아오셔서 사명을 감당할 수 있도록 이끄시는 주님의 사랑을 생각할 때, 오로지 감복할 뿐이옵니다.

주여! 저희들에게 귀한 사명을 맡기셨사오니 이제는 어리석은 곳으로 발걸음을 돌리는 미련한 자들이 되지 말게 하여 주옵소서. 말 못하는 자연들도 저마다 제 사명을 잘 감당하며 주님의 은총을 노래하고 있는데, 말할 수 없는 주님의 은총을 누리고 있는 저희들이 자연 앞에서 부끄러운 존재가 되지 않기를 원합니다. 주님, 저희 모두가 사명의 자리에 있는 것을 기뻐할 수 있게 하시고, 사명으로 몸을 드리고 시간을 드리고 물질을 드릴 수 있는 것을 즐거움으로 삼을 수 있는 저희 모두가 되게 하여 주옵소서. 이 땅을 살아가는 동안 주님이 주신 사명에 붙들려 살 수만 있다면 그것이 최고로 축복된 삶을 사는 것임을 깨닫는 저희 모두가 되게 하여 주옵소서. 주님의 몸 된 교회에도 사명자들이 넘쳐나기를 원합니다. 어두운 이 시대에 복음의 빛을 밝힐 수 있는 주의 일꾼들이 되게 하여 주옵소서.

오늘도 사랑하는 목사님, 주님의 거룩한 말씀을 들고 단 위에 서십니다. 주의 성령께서 피곤을 물리쳐 주시고, 능력의 말씀을 전하실 수 있도록 도와주시옵소서.

예배 위원들과 찬양대를 기억하시고, 주님이 계신 곳 하늘에서 흠향하시는 손길들, 흠향하시는 찬양이 되게 하여 주옵소서.

예배의 시종을 주님께 의탁하오며 예수 그리스도의 이름으로 기도합니다. **아멘**

> ✻ **기도가이드** 주님은 사명의 길을 걷는 자에게 여호수아에게 응답하셨던 기도의 응답으로 함께하십니다.

4월 넷째 주 주일 오후 찬양 예배
〈목자이신 하나님께 맞춤〉

여호와는 나의 목자시니 내가 부족함이 없으리로다 그가 나를 푸른 초장에 누이시며 쉴만한 물가로 인도하시는도다 내 영혼을 소생시키고 자기 이름을 위하여 의의 길로 인도하시는도다. (시편 23편 1 - 3절)

우주만물을 섭리하시는 하나님,
 태고의 신비와 만물의 소생을 신호하는 계절입니다. 한껏 생기를 자랑하는 들녘의 푸른빛과 이름 모를 들꽃들이 살아있음을 노래하고 있습니다. 생명의 자리로 이끄시는 주님의 은혜에 이끌려 주님을 찬양하기 위하여 이 자리에 모였습니다. 저희의 드리는 찬양과 경배를 받으시고 다시 한번 넓으신 은혜로 보듬어 주시옵소서.
 주님, 주님의 뜻을 거스르지 않으려고 노력을 했지만, 무수히 또 죄와 친구하며 살았음을 고백합니다. 한낱 미세한 먼지 같은 죄도 이기지 못하는 약한 믿음을 가진 저희들을 넓으신 주님의 사랑으로 보듬어 주시고, 긍휼을 베푸사 주님의 용서의 은총을 경험하게 하옵소서.
 주님, 한치 앞을 내다볼 수 없는 것이 저희의 인생임을 깨닫습니다. 양과 같이 방향 감각이 없는 것이 저희의 모습임을 깨닫습니다. 따라서 목자가 없이는 한 순간도 살아갈 수 없는 것이 저희 인생임을 알고, 영원한 목자이신 주님을 의지하며 살아갈 수 있는 저희 모두가 되게 하여 주옵소서. 주님을 목자로 모시고 사는 자는 비록 양과 같이 무력하더라도 조금도 부족한 것이 있을 수 없음을 깨닫습니다. 맹수들의 위협을 당한다 할지라도 두려워할 필요가 없음을 깨닫습니다. 사망의 음침한 골짜기를 지난다 할지라도 조금도 염려할 필요가 없음을 깨닫습니다. 다른 음성에 미혹되어 길 잃지 않게 하시고 목자이신 주님의 음성만을 듣고 좇아갈 수 있는 저희의 삶이 되게 하여 주옵소서. 주님께서는 저희를 분명히 푸른 초장으로 인도하실 것을 믿습니다. 쉴 만한 물가로 인도하실 것을 믿습니다. 그늘진 곳 진정한 안식을 누릴 수 있는 곳으로 인도하실 것을 믿습니다. 목자이신 주님이 계시기에 그것으로 행복을 누릴 수 있는 저희 모두가 되게 하여 주옵소서.

오늘도 방향 감각이 없는 저희를 이곳으로 인도하신 것은 목자이신 주님의 이끄심 때문인 것을 믿습니다. 마르지 않은 하늘의 신령한 꼴을 먹이시기 위하여 저희를 부르셨사오니, 그 꼴을 먹고 배부름을 경험하는 저희 모두가 되게 하여 주옵소서. 주님이 세우신 이 교회의 영원한 목자는 주님이심을 믿습니다. 주님이 목자로 계신 이 은혜의 울타리를 벗어나지 않는 저희의 삶이 되게 하여 주옵소서.

사랑하는 목사님을 기억하시옵소서. 밤낮으로 저희를 위하여 눈물로 기도하고 계시오니 목사님의 수고를 기억하고 그 마음을 살필 줄 아는 저희 모두가 되게 하여 주옵소서.

오늘도 저희의 드리는 예배를 열납하시고, 만족케 하실 것을 믿사옵고 예수 그리스도의 이름으로 기도합니다. 아멘

> **기도가이드** 목자는 양을 알고 양은 목자의 음성을 듣습니다. 우리의 목자이신 주님은 양 같은 우리의 음성에 항상 귀 기울이고 계십니다.

4월 넷째 주

수요 예배(기도회)
〈생명 꽃이 만발한 교회에 맞춤〉

내가 진실로 진실로 너희에게 이르노니 내 말을 듣고 또 나 보내신 이를 믿는 자는 영생을 얻었고 심판에 이르지 아니하나니 사망에서 생명으로 옮겼느니라. (요한복음 5장 24절)

빛이요 구원이신 하나님,

든든한 주님의 사랑에 기대어 살다가 수요 기도회를 맞이하여 더 큰 사랑을 받으려고 주님 전에 나왔습니다. 저희의 영혼을 받아 주시고 넓으신 품으로 품어 주시옵소서.

주님, 삼 일간의 삶이었지만 세상 유혹에 자주 흔들렸던 저희들이었습니다. 죄악을 따라 갚지 아니하시는 주님의 사랑을 생각하며 나약함에 빠졌던 저희의 모습을 내려놓사오니 긍휼을 거두지 마시고 용서의 은총을 베풀어 주옵소서.

주님, 온 땅이 주님의 은혜를 입고 새 생명의 기쁨을 한껏 노래하고 있습니다. 산과 들녘에 푸른 빛깔을 드러낸 이름 모를 잡초까지도 주님의 은총을 노래하고 생명의 축제를 즐기고 있는 것 같습니다. 오늘 저희들도 매일 새롭게 새 생명을 주신 주님을 찬양하고 영광 돌릴 수 있는 삶이 되게 하여 주옵소서. 주님의 몸 된 교회는 무엇보다도 새 생명이 잉태되고 새 생명의 기쁨을 노래할 수 있는 곳이 되어야 할 줄로 믿습니다. 새 생명의 축제가 날마다 있는 곳이 되어야 할 줄로 믿습니다. 날마다 새순이 돋고 새 줄기가 뻗어 나가는 것을 보며 다 함께 즐거움을 나눌 수 있는 교회가 되어야 할 줄로 믿습니다.

주님, 저희 모두가 주님의 몸 된 교회를 새 생명 축제의 현장으로 만들기 위하여 새 생명을 잉태하는 일에 마음을 쏟을 수 있는 신앙생활이 되게 하여 주옵소서. 자신이 구원 받은 것에만 만족하며 그 구원을 지키기 위한 수단으로 교회를 찾는 저희가 되지 말게 하시고, 생명의 꽃이 만발한 교회로 가꿀 수 있는 저희 모두가 되게 하여 주옵소서. 새 생명을 위하여 날마다 전도하게 하시고, 이웃을 향하여 구원의 손길을 내밀 수 있는 저희 모두가 되게 하여 주옵소서. 생명의 역사가 날마다 일어나는 교회가 될 때, 그것이 이 땅에 교회를 통하여 당신의 몸을 남기신 주님의 뜻을 이루어 가는 것인 줄 믿습니다. 저희 모두가 생명 꽃이 만발한 교회로 만들기 위하여 주님처럼 모든 것을 쏟을 수 있는 믿음이 되게 하여 주옵소서.

주님, 오늘도 생명의 말씀을 전하시고자 단 위에 서시는 목사님을 기억하시고, 성령의 두루마기를 입혀 주셔서 듣는 자 모두가 생명으로 이끄시는 주님의 은혜를 다시 한번 깨닫는 시간이 되게 하옵소서.

예배의 시종을 주님께 의탁합니다. 계신 곳 하늘에서 홀로 영광 받으실 것을 믿사옵고 예수 그리스도의 이름으로 기도합니다. 아멘

> ✺ **기도가이드** 새 생명을 잉태하는 것은 주님의 소원입니다. 우리가 주님께 드리는 기도에 영혼 구원을 가장 우선순위에 놓을 수 있다면 그 기도에는 반드시 주님의 응답이 깃들게 되어 있습니다.

4월 다섯째 주 주일 예배(1)
〈부활절 세 번째 주일, 부활신앙에 맞춤〉

존귀와 위엄이 그 앞에 있으며 능력과 아름다움이 그 성소에 있도다 만방의 족속들아 영광과 권능을 여호와께 돌릴지어다 여호와의 이름에 합당한 영광을 그에게 돌릴지어다…. (시편 96편 6 - 8절)

복의 근원이신 하나님 아버지,

4월의 마지막 주일에 신령과 진정으로 드리는 이 예배를 받아 주시옵소서. 부활의 기쁨을 저희에게 주시고, 맑고 푸른 하늘 아래 평안을 누리며 살게 하신 주님의 은혜에 감사를 드립니다. 저희의 참된 소망은 오직 주님께 있음을 알게 하셔서 다가오는 날들도 더욱 큰 부활 신앙으로 살게 하여 주옵소서.

사랑의 주님,

아직도 저희들은 부활의 달을 보내고 있습니다. 이토록 의미 있는 계절에도 부활의 소망을 갖지 못하고 물질과 건강에 지나친 걱정을 하며 살았습니다. 부활의 복된 소식을 전하기는커녕 말씀을 가까이 하고 묵상할 기회도 얻지 못했습니다. 형제 사랑 대신 미움과 분노로 많은 시간을 보냈으며 세상의 소금이 되지 못한 채 오히려 썩어 가고 있었습니다. 주님, 기분 내키는 대로 살아온 저희들이 회개할 수 있는 이 은혜의 자리까지 놓치지 않음을 천만다행으로 생각하며 감사하나이다. 저희의 지은 죄를 고백하오니 용서하여 주옵소서.

주님, 이제는 부활 신앙에서 흔들리지 않기를 원합니다. 신앙을 지키기 위하여 어렵고 힘든 일이 발생한다 할지라도 너무 쉽게 신앙의 자리를 사단에게 내주지 않게 하시고, 부활의 소망을 주신 주님을 바라보며 넉넉히 이기게 하여 주옵소서. 고난 앞에서도 주눅 든 인생이 되지 않기를 원합니다. 믿는 사람에게는 당연히 고난이 따른다는 것을 생각하여 고난 앞에서도 평안을 잃지 않는 저희의 삶이 되게 하여 주옵소서. 주님을 향한 그 열정 하나로 환란과 핍박 가운데서도 복음을 전하며 담대한 삶을 살았던 사도 바울같이 저희들도 주님을 위해 최선을 다하는 복된 삶이 되게 하여 주옵소서.

주님의 몸 된 교회도 주님의 영광스런 부활을 잃지 않는 교회가 되기를 원합니다. 부활의 기쁨에 참예하는 주의 백성들이 많아지게 하시고, 부활의 기쁨을 온누리에 전할 수 있는 교회가 되게 하여 주옵소서. 교회를 찾는 영혼들마다 바로 곁에 계신 부활의 주님을 느낄 수 있는 교회가 되게 하시고, 영생의 복을 누리기에 조금도 부족함이 없는 교회가 되게 하여 주옵소서.

주님, 아직도 이 세상에는 삶에 지쳐서 눈물 흘리는 영혼들이 많습니다. 빛과 소금의 사명을 가지고 찾아갈 수 있는 교회가 되게 하시고, 그들의 눈물을 닦아 주고 평안을 심어 줄 수 있는 교회가 되게 하여 주옵소서.

오늘도 사랑하는 목사님, 부활의 기쁨이 희미해져 가는 저희들에게 소망의 말씀을 전하시고자 단 위에 서십니다. 새 소망이 넘치는 말씀으로 저희들의 나태한 심령을 기경할 수 있게 하여 주옵소서.

오늘도 주님의 교회와 예배를 위해서 몸을 드려 충성하는 손길들을 기억하시고 심는 대로 거두는 축복으로 함께하여 주옵소서.

예배의 시종을 주님께 의탁하오며 예수 그리스도의 이름으로 기도합니다. **아멘**

> **기도가이드** 우리가 주님께 드리는 기도에는 주님께서 죽은 자도 살리신다는 부활의 확신이 묻어 있어야 합니다. 그리하면 살아있는 기도의 응답을 경험하게 될 것입니다.

4월 다섯째 주 주일 예배(2)
〈거룩한 삶에 맞춤〉

고린도에 있는 하나님의 교회 곧 그리스도 예수 안에서 거룩하여지고 성도라 부르심을 받은 자들과 또 각처에서 우리의 주 곧 저희와 …은혜와 평강이 있기를 원하노라.(고린도전서 1장 2,3절)

사랑의 주 하나님,

저희들에게 안식의 복을 허락하여 주셔서 거룩한 날, 주님의 품으로 인도되어 참된 안식을 누리게 하심을 감사드립니다. 저희에게 생명의 안식을 베푸신 하나님의 은혜를 감사하며 찬양과 영광을 드립니다. 기쁘게 받으시옵소서.

주님, 저희가 주님의 거룩한 안식으로 초대를 받았지만 무자격한 저희 자신의 모습을 발견합니다. 세상에 보냄을 받아 주님의 백성으로 살면서 썩어지면 없어질 무가치한 것에 마음을 쏟고 살았음을 고백합니다. 왜 그리도 저희는 세상에 대한 미련을 버리지 못하는지 모르겠습니다. 주님 전에서 머물 때 입술로 고백하고 마음으로 다짐한 모든 것들이 실생활에서는 아무런 열매를 맺지 못하고 있습니다. 어느새 주님 없이도 살 것 같은 교만함에 치우칠 때가 한두 번이 아닙니다. 오늘 이 시간, 도저히 주님의 긍휼을 바랄 수 없는 오만한 저희들이지만 주님의 십자가의 사랑을 의지하여 간구하오니 넓으신 가슴으로 품으시고 용서하여 주옵소서.

주님, 어지럽고 혼탁한 이 세상에 거룩함을 심을 수 있는 주님의 자녀로 살게 하여 주옵소서. 세상 풍조에 이리 휩쓸리고 저리 휩쓸리는 삶이 아니라 주님의 의를 심을 수 있는 저희의 삶이 되기를 원합니다.

조금은 힘들고 불편할지라도, 조금은 손해 보는 일이 발생한다 할지라도 신자의 삶을 감추지 않는 저희의 모습이 되게 하시고, 주님께서 기뻐하시는 삶을 좇아갈 수 있는 저희 모두가 되게 하여 주옵소서. 어떤 일을 하든지 그 일에 믿음의 고백을 심을 수 있게 하시고, 어떤 상황에 있든지 주님의 밝은 빛을 드러내기 위하여 마음을 쏟을 수 있는 저희 모두가 되게 하여 주옵소서. 그리하여 저희들로 하여금 거짓과 불의가 가득한 세상이 조금씩 바뀌어 감을 경험할 수 있게 하시고, 세상을 변화시킬 수 있는 주님의 사람으로 쓰임 받게 하여 주옵소서. 주님의 전을 찾을 때마다 거룩한 믿음의 보고가 예배와 함께 드려지게 하시고, 믿음의 자녀들에게 성실히 이행하시는 주님의 약속 또한 받아 누릴 수 있는 저희 모두가 되게 하여 주옵소서.

오늘도 주님의 귀한 말씀을 대언하시기 위하여 단 위에 서신 목사님을 기억하시고 주님의 능력의 오른손으로 붙드셔서 권세 있는 진리의 말씀을 전하시기에 조금도 부족함이 없게 하여 주옵소서.

주님의 몸 된 교회를 위하여 충성을 다하는 아름다운 손길들이 있습니다. 언제나 저들의 정성을 받으시고, 복에 복을 더하여 주옵소서.

예배의 시종을 주님께 의탁하오며 따스한 봄날의 포근함같이 저희를 품으시는 예수 그리스도의 이름으로 기도합니다. **아멘**

> **기도가이드** 우리의 삶에는 하나님의 거룩함이 묻어 있어야 합니다. 이 일을 위하여 주님께 무릎 꿇을 수 있어야 합니다.

4월 다섯째 주 주일 오후 찬양 예배
〈주일 성수와 대심방에 맞춤〉

> 안식일을 기억하여 거룩히 지키라 엿새 동안은 네 모든 일을 행할 것이나 제 칠일은 너의 하나님 여호와의 안식일인즉 너나 네 아들이나 네 딸이나 네 남종이나 네 여종이나 … (출애굽기 20장 8 - 10절)

존귀와 영광을 받으시기에 합당하신 하나님 아버지,

이 시간 모든 만물과 함께 어린 양 되신 예수 그리스도께 찬양을 올려드립니다. 부활의 기쁨을 얻은 저희들이 영원히 거듭할 일은 존귀하신 주님을 찬미하는 것임을 깨닫습니다. 이 예배가 하나님 나라의 경배를 실현하는 모범이 되게 하시고, 주님과 천사들과 예배드리는 저희 가운데 은혜로운 화답이 울려 퍼지는 자리가 되게 하여 주옵소서.

주님, 저희들이 육신적으로 살아온 삶 속에 많은 죄악이 묻어 있음을 깨닫습니다. 택함을 받은 믿음의 자녀답게 죄를 이기지 못한 저희의 부끄러움을 주님께 내려놓으며 고백하오니 주님의 긍휼로 덮어 주시고 용서하여 주옵소서.

주님, 이 복된 자리에 참여한 성도들이 매우 적습니다. 저희 온 교우에게 주일을 온전히 지킬 수 있는 믿음을 더하여 주시기 원합니다. 주일만큼은 육신의 모든 일을 접고 주님의 몸 된 교회를 위하여 더욱 충성하고 봉사하는 날이 되게 하시고, 주일만큼이라도 맡은 바 직분을 잘 감당할 수 있는 주의 백성들이 되게 하여 주옵소서. 휴일이라는 이유로 세상적인 오락이나 풍속을 좇지 않게 하시며, 바쁘고 피곤하다는 이유로 주일성수를 소홀히 하는 일이 없게 하옵소서. 무슨 일이 있어도 주님께 하루를 온전히 헌신할 수 있는 주의 백성이 되게 하옵소서. 또한 주님께 예배하되 습관적인 예배가 되지 말게 하시고, 주의 궁정에서의 한 날이 다른 곳에서의 천 날보다 낫다는 마음으로 드릴 수

있는 예배가 되게 하옵소서.

　주님, 아직도 춘계 대심방이 계속되고 있습니다. 가정마다 심방하시는 목사님이 많이 힘드신 줄 압니다. 지치지 않도록 새 힘을 공급하여 주시고, 가정마다 축복의 말씀을 심고 복을 빌기에 부족함이 없도록 새 능력으로 채워 주시옵소서. 심방대원들에게도 동일한 은혜로 함께하시고, 심방하시는 목사님께 부담을 드리는 일 없게 하시고, 말과 행실로도 덕을 끼칠 수 있는 심방대원들이 되게 하여 주옵소서. 이번 춘계 대심방이 은혜로운 심방으로 마무리 될 수 있도록 인도하실 것을 믿습니다.

　오늘도 주님의 말씀을 들고 단 위에 서시는 목사님을 기억하시고, 육신적으로 매우 고단하신 가운데 있사오니 능력의 오른팔로 붙들어 주옵소서.

　이 시간 신앙적으로 시험 든 자 있으면 말씀을 통하여 치유 받게 하시고, 질병으로 고통당하는 자 또한 말씀을 통하여 치료하시는 주님의 손길을 체험케 하옵소서.

　예배의 시종을 주님께 의탁합니다. 언제나 저희를 은혜의 자리로 부르시는 예수 그리스도의 이름으로 기도합니다. **아멘**

> **기도가이드** 주님을 기쁘시게 하는 데 마음을 쏟아 보십시오. 그리하면 당신의 기도에 기쁨을 더하실 것입니다.

4월 다섯째 주

수요 예배(기도회)
〈받은 은혜에 감사하는 삶에 맞춤〉

여호와께 감사하라 그는 선하시며 그 인자하심이 영원함이로다 모든 신에 뛰어나신 하나님께 감사하라 그 인자하심이 영원함이로다 모든 주에 뛰어나신 주께 감사하라…(시편 136편 1 - 3절)

전능하신 하나님 아버지,

오늘도 저희를 예배의 자리로 부르심을 감사드립니다. 부족한 모습 이대로 주님의 전을 찾아왔지만 저희의 드리는 예배를 기쁘게 받으시고 복 주실 것을 믿습니다. 이 시간 어설픈 마음이지만, 어눌한 몸짓이지만, 어설픈 찬양이지만, 주님을 향한 저희들의 작은 마음을 받아 주시옵소서. 이 시간 예배할 때에 저희의 엉클어진 마음이 정돈되게 하시고, 닫힌 마음이 열려지게 하시고, 어눌한 저희의 몸짓이 활짝 펴져서 은혜의 주님을 찬양할 수 있게 하여 주옵소서.

주님, 삼 일간의 짧은 삶이었지만 죄를 몸에 담는 일이 많았음을 고백합니다. 생활 가운데 부딪치는 일들을 통하여 알게 모르게 육신과 마음으로 지은 죄를 내려놓사오니 덜 여문 믿음으로 살았던 저희를 긍휼히 여기시고 용서하여 주옵소서.

주님, 항상 받은 은혜에 감사하며 사는 저희 모두가 되게 하여 주옵소서. 저희들의 삶을 곰곰이 살펴보면 감사하는 삶보다 원망과 불평을 늘어놓으며 살 때가 얼마나 많습니까? 모든 신에 뛰어나신 하나님께 감사하라(시136:2)고 하신 주님의 말씀을 기억하여 언제나 감사의 삶으로 주님을 높일 수 있는 저희 모두가 되게 하여 주옵소서. 그리고 주님께 감사해야 할 일이 무엇인지를 늘 깨달아 알 수 있는 저희가 되게 하시고, 감사할 수 없는 상황 속에서도 주님의 섭리하심과 예정하심을 찬양할 수 있는 저희의 믿음이 되게 하여 주옵소서.

악인의 특징은 하나님을 알되 하나님으로 영화롭게도 아니하며 감사치도 아니한다고 했는데(롬 1:21) 저희가 그 중 한 사람이 되지 않게 하시고, 이제껏 주님께서 베푸신 은혜와 복을 헤아려 보며 감사의 고백을 드릴 수 있게 하옵소서. 감사하는 자에게 언제나 우리 주 예수 그리스도로 말미암아 승리케 하실 것을 믿습니다.

주님, 새싹들이 빠끔히 고개를 쳐든 봄입니다. 여기저기서 생명을 노래하고 있습니다. 저희들도 영혼을 구원하고 생명을 건지는 일에 열심을 품게 하여 주옵소서. 만족과 기쁨을 줄 것 같지만 이내 실망을 안겨 주는 세상일에 너무 집착하지 말게 하시고, 합력하여 선을 이루시는 주님의 섭리를 바라보며 주님의 제자임을 세상에 알릴 수 있는 삶이 되게 하여 주옵소서.

오늘도 주님의 손을 굳게 잡기를 원하는 주의 백성들을 기억하시고, 외면치 아니하시고 손 내미시는 주님의 따사로운 손길을 체험하고 돌아가는 은총이 있게 하여 주옵소서.

예배의 시종을 주님께 의탁합니다. 이 저녁에도 사랑하는 목사님, 말씀을 준비하여 단 위에 서십니다. 놀라운 은혜로 함께하실 것을 믿습니다. 예수 그리스도의 이름으로 기도합니다. 아멘

기도가이드 감사는 기도의 응답을 믿고 미리 선포하는 은혜의 도구입니다. 온전히 감사할 수 있다면 우리는 응답의 삶을 누리고 있는 것입니다.

5월 첫째 주 — 주일 예배(1)
〈부활절 네 번째 주일, 어린이 주일에 맞춤〉

가라사대 진실로 너희에게 이르노니 너희가 돌이켜 어린아이들과 같이 되지 아니하면 결단코 천국에 들어가지 못하리라 그러므로 누구든지 이 어린아이와 같이… (마태복음 18장 3, 4절)

사랑의 하나님,

어린이 주일과 함께 5월에 내리시는 하늘의 은총을 받게 하시니 감사합니다. 양 무리와 같이 순백한 어린이들에게 복을 내려 주시고 그들이 드리는 예배를 받아 주시옵소서. 오늘 어린이 주일을 맞이하여 어린아이와 같이 순수하고 겸손한 마음으로 예배드리기 원합니다. 저희들 위에 임재하셔서 찬양과 경배를 받으시옵소서.

주님, 어린아이와 같이 순수한 마음을 잃어버린 저희를 불쌍히 여기시기를 원합니다. 마음에 가득한 욕심과 의심이 저희를 압박하고 있나이다. 어린아이들에게 물려주고 싶지 않은 유산을 자녀들 앞에서 드러낸 잘못을 고백하나이다. 불신앙과 헛된 욕심을 부지불식간에 자녀들에게 전하고 있었습니다. 자녀들이 믿음 없는 부모를 닮을까 두려운 심정입니다. 주님, 저희를 용서하시고 순결한 신앙으로 변화시켜 주옵소서.

주님, 주일학교 학생들이 어릴 때부터 교회를 알게 하시고 주의 성전을 가까이 할 수 있는 은혜를 주심을 감사드립니다. 어릴 때부터 주의 교양과 훈계를 잘 받게 하셔서 믿음의 사람으로 잘 성장할 수 있도록 도와주시옵소서.

나이가 들고 학년이 높아질수록 예배의 경건함을 알아 가게 하시고 구원의 확신을 가질 수 있도록 도와주시옵소서. 특별히 어릴 때부터 하나님을 의지하는 법을 철저히 익히게 하시고, 주님의 약속의 말씀을 좇아갈 수 있는 아이들이 되게 하여 주옵소서. 불의가 가득한 이 세상입니다. 하나님의 공의를 심을 수 있는 인물들이 되게 하시고, 칠흙같이 어두운 이 세상입니다. 밝게 비추는 등불과 같은 인물들이 되게 하여 주옵소서.

주님, 교회에 속한 어린이들뿐만 아니라 이 민족 이 세계 속에 있는 어린아이들을 기억하시고 특별히 주님을 모르는 아이들에게 진리의 빛, 구원의 빛을 비추셔서 주님의 사랑을 받는 아이로 자랄 수 있는 축복을 허락하여 주옵소서. 오늘 어린이 주일로 기념하여 드리는 이 예배가 단순히 기념으로만 끝나지 않게 하시고, 그동안 아이들에게 무관심했던 것을 회개하며 오늘만큼이라도 순수한 마음으로 아이를 축복할 수 있는 저희 부모들이 되게 하여 주옵소서.

오늘도 말씀을 전하시는 목사님을 성령의 능력으로 붙드시고, 저희 모두가 말씀을 듣는 가운데 천국의 새싹들 앞에서 어떻게 행해야만 할 것인가를 깊이 깨닫는 시간이 되게 하여 주옵소서.

찬양대와 예배를 돕는 모든 손길들 위에 함께하시고, 어린이를 천국 백성의 기준으로 삼으신 예수 그리스도의 이름으로 기도합니다. 아멘

기억해 두세요

국가적으로 어린이날을 공휴일로 정한 나라는 전 세계에서 일본과 우리나라 두 나라뿐인 것으로 알고 있습니다. 교회에서도 어린이날을 전후하여 어린이 주일을 지키고 있는데 어린이 주일은 다른 말로 꽃주일이라고도 합니다. 어린이 주일은 여러 해 동안 프로테스탄트 교회학교 달력에서 널리 준수되어 오고 있고, 한국에서는 5월 첫째 주일(미국에서는 보통 6월 둘째 주일)에 지키며 이 날은 교회 생활에서 특별히 어린이의 중요성을 강조하는 시간으로 되어 왔습니다. 어린이 주일을 꽃주일이라고 한 것은 과거 교회들은 어린이 주일날, 들과 숲에서 가져온 꽃들로 교회를 아름답게 장식하였는데 여기서 '꽃주일' 이라는 말이 생겨났습니다.

기도가이드 어린아이와 같은 마음을 가지고 기도한다면 천국의 기쁨을 누릴 수 있습니다.

5월 첫째 주 주일 예배(2)
〈부모의 역할에 맞춤〉

사람들이 예수의 만져 주심을 바라고 어린아이들을 데리고 오매 제자들이 꾸짖거늘 예수께서 보시고 분히 여겨 이르시되 어린아이들의 내게 오는 것을 용납하고 금하지 말라…(마가복음 10장 13, 14절)

온 땅을 더욱 생기 있게 하시는 하나님,
　계절의 여왕이라는 5월의 첫 주일을 맞았습니다. 주님의 그 광대하심을 무엇으로 다 말할 수 있겠습니까? 연약하고 부족한 저희들이지만 주님의 사랑을 믿고 주님의 전에 엎드립니다. 저희의 드리는 예배를 받아 주시옵소서. 오늘은 특별히 어린이 주일입니다. 이 시간 저희 모두가 어린아이같이 순백색의 마음으로 예배할 수 있게 하시고, 어린아이 같은 순수한 믿음으로 주님께 영광 돌릴 수 있는 시간이 되게 하여 주옵소서.
　사랑의 하나님,
　어린아이들과 같이 되지 아니하면 천국에 들어가지 못할 것이라고 말씀하신 주님의 말씀을 심령에 새겨 봅니다. 천국 백성과 사뭇 멀어진 저희들이었습니다. 저희의 마음은 온갖 사욕으로 가득 차 있어 순진하고 깨끗한 어린이 마음같이 되지를 못했습니다. 눈은 남의 눈치를 살피기에 익숙해 있었고, 말과 행동도 거칠고 자유분방했습니다. 저희들의 못난 모습을 불쌍히 여기시고 긍휼을 베풀어 주옵소서. 이제는 주님이 보시기에 흉측스런 모습을 뒤로하고 어린아이들같이 천국에 합당한 삶을 살아갈 수 있는 저희 모두가 되게 하여 주옵소서.
　주님, 먼저 자녀들을 양육하고 있는 부모를 위해서 기도합니다. 자녀들은 부모의 뒷모습을 보고 배운다는 말이 있사오니 자녀들에게 신앙의 본을 잘 보일 수 있는 부모들이 되게 하여 주옵소서. 주일을 잘 지킴으로 주일은 주님의 날이라는 것을 심어 줄 수 있는 부모가 되게 하시고, 예배의 모범을 잘 보임으로 하나님께 예배하는 것이 얼마나 소중한 것인지를 보여줄 수 있는 부모들이 되게 하여 주옵소서. 주님의 말씀에 순종하는 모범도 잘 보일 수 있게 하여 주셔서 주님의 말씀을 의지하는 법을 가르쳐 줄 수 있는 부모가 되게 하여 주옵소서. 기도의 모범도 잘 보일 수 있게 하여 주셔서 나중에 자녀들이 어려움을 만났을 때 주님께 무릎 꿇을 줄 아는 자녀들이 될 수 있게 하옵소서. 주님의 몸 된 교회를 위한 봉사의 모범도 잘 보일 수 있게 하셔서 자녀들이 부모의 뒷모습을 보고 교회를 사랑하는 법을 익힐 수 있게 하옵소서. 좋지 못한 환경은 자녀들에게 부정적인 영향을 심어 줄 수밖에 없다는 것을 기억합니다. 아무리 어렵고 힘든 환경이라 할지라도 긍정적이고 좋은 영향력을 심어 줄 수 있는 부모가 되게 하여 주옵소서.

주님, 꽃과 같은 아름다운 아이들입니다. 주님을 섬기는 아이들, 주님의 축복을 듬뿍 받으며 자랄 수 있도록 이끄실 것을 믿습니다.

오늘도 주님의 말씀을 증거하시는 목사님을 기억하시고, 저희 모두가 어린아이 같은 마음으로 주님의 말씀을 받게 하옵소서.

예배의 시종을 주님께 의탁하오며 예수 그리스도의 이름으로 기도합니다. 아멘.

기도가이드 부모는 신앙의 유산을 자녀들에게 물려주기 위하여 끊임없이 기도의 무릎을 꿇을 수 있어야 합니다. 자녀가 잘못 되면 주님께서는 그 책임을 부모 된 우리에게 반드시 물으실 것입니다.

5월 첫째 주 | 주일 오후 찬양 예배
〈고통 받고 있는 어린이에 맞춤〉

그 거룩한 처소에 계신 하나님은 고아의 아버지시며 과부의 재판장이시라.(시편 68편 5절)

사랑의 주님,

주님이 세우신 귀한 가정마다 어린 생명들이 태어나게 하시고, 건강하게 자랄 수 있도록 인도하여 주시니 감사합니다. 오늘은 특별히 어린아이들을 지극히 사랑하시는 주님의 사랑을 본받아 티 없이 맑고 깨끗한 어린 생명들을 생각하며 꽃주일로 지켰습니다. 주님 나라의 미래요, 이 민족의 미래인 어린 심령들을 위하여 늘 기도할 수 있는 저희 모두가 되게 하여 주옵소서.

오늘 이 저녁(오후)에도 저희를 부르셔서 주님께 찬양할 수 있는 은혜를 내려 주시니 감사합니다. 언제나 주님께 부름 받는 삶을 소중하게 여길 줄 아는 저희 모두가 되게 하시고, 주님을 늘 가까이 하기에 힘쓸 수 있는 저희 모두가 되게 하여 주옵소서. 주님은 저희에게 십자가의 사랑으로 구원을 베푸시고, 지금도 사랑을 쏟아 붓고 계시는데 저희가 그 사랑 앞에서 무엇으로 핑계 삼을 수 있겠습니까? 주님의 전을 가까이 하고 예배하기를 힘쓰는 이 복된 삶을 항상 누리며 살 수 있는 저희 모두가 되게 하여 주옵소서.

주님, 오늘은 어린이 주일로 지키고 있습니다. 이 땅에 살고 있는 모든 어린이들을 축복하시기를 원합니다. 특별히 가난한 나라에서 인권을 유린당하며 사는 아이들을 기억하셔서 더 이상 아이들이 생계의 수단이나 전쟁의 도구로 이용되는 일이 없게 하여 주옵소서. 세계 곳곳에 굶주림에 죽어가는 아이들도 많습니다. 저희가 예배드리는 이 순간도 굶주림으로 지친 아이들이 생명의 마지막 끈을 놓지 않으려고 안간힘을 쓰고 있을 것입니다. 더욱 안타까운 것은 구원받은 하나님의 자녀가 될 수 있음에도 불구하고 그 기회를 놓치고 있다는 것입니다. 주님, 저희 모두가 세계는 한 가족임을 깨닫게 하셔서 주님의 마음으로 저들을 끌어안을 수 있는 사랑이 있게 하시고, 선한사마리아인의 역할을 감당할 수 있는 복된 손길들이 되게 하옵소서.

그리고 부모가 없거나 부모의 사랑을 받지 못하고 있는 어린아이들이 있습니다. 저들을 주님의 사랑으로 끌어안을 수 있는 교회가 되게 하시고, 병들고 불구가 되고 정신이 박약한 어린아이들에게도 차별을 두지 않는 교회가 되게 하여 주옵소서. 그리고 하나님을 경외하는 아이들이 아름다운 믿음의 사람으로 성장할 수 있도록 도와주시고, 교회를 위하여, 민족을 위하여, 그리고 세계를 위하여 귀하게 쓰임 받을 수 있는 그릇들이 되게 하여 주옵소서. 교회에서 어린아이들의 신앙교육을 전담하고 있는 교육 부서를 기억하시고 모든 지도자와 교사들에게 놀라운 영성과 하늘의 지혜를 부어 주셔서 백지와 같은 어린 심령 속에 주님 나라를 세워 가기에 조금도 부족함이 없게 하여 주옵소서.

이 시간도 주님의 말씀을 듣고 단 위에 서신 목사님을 기억하시고, 말씀을 듣는 저희 모두가 주님께서 바라시는 자녀의 모습이 무엇인지를 깊이 깨닫는 시간이 되게 하옵소서.

이미 예배가 시작되었습니다. 이 전에서 예배하는 저희들 가운데 성령께서 친히 운행하실 것을 믿사옵고 예수 그리스도의 이름으로 기도합니다. 아멘.

> **기도가이드** 주님은 지금도 고통 받는 자들에게 눈을 떼지 않고 계시며, 그들의 고통에 당신의 사랑하는 백성들이 동참할 수 있기를 기도하고 계십니다.

5월 첫째 주 — 수요 예배(기도회)
〈행함이 있는 믿음 생활에 맞춤〉

영혼 없는 믿음이 죽은 것같이 행함이 없는 믿음은 죽은 것이니라. (야고보서 2장 26절)

사랑의 주님,

주님이 주신 은총으로 온 세상에 생명 있는 것마다 왕성하게 움직이고 활동하는 아름다운 계절입니다. 1년 중 가장 아름다운 계절인 5월을 맞이하여 모든 식물들이 꽃봉오리를 터뜨려서 아름다운 꽃을 피우고 향기를 내뿜듯이 저희들도 더욱 생명력이 넘치는 믿음의 꽃을 피워서 주님의 향기를 뿜어낼 수 있는 삶을 살게 하여 주옵소서.

은혜의 주님,

푸르고 울창한 숲들도 가까이 접하고 보면 죽어서 쓰러져 있는 나무들을 볼 수 있습니다. 이와 같이 저희들 자신을 볼 때 살아있는 믿음의 모습을 보인 것이 아니라 죽은 믿음 그대로였음을 고백하지 않을 수 없나이다. 행함이 없는 믿음은 죽은 믿음이라는 야고보 선생의 말대로 저희의 믿음에는 행함이 결여되어 있기 때문에 죽은 믿음이었음을 솔직히 고백합니다. 주여! 긍휼을 베푸셔서 한없는 사랑으로 용서하여 주시고, 주님의 향기를 발하고 주님을 나타낼 수 있는 믿음이 되게 하여 주옵소서.

주님, 말씀을 많이 아는 것이 믿음이 아니라 한 말씀이라도 실천하는 것이 믿음임을 깨닫습니다. 말씀을 듣는 것에만 익숙해지고 길들여지는 저희의 모습이 아니라 주신 말씀을 삶 속에 심기에 늘 마음을 쏟을 수 있는 저희 모두가 되게 하여 주옵소서. 주님을 위하여 일하기에 얼마나 좋은 계절입니까? 주님을 위하여 뛰기에 얼마나 좋은 계절입니까? 주님이 주신 이 좋은 계절에 영적인 게으름을 보이지 않게 하시고 헛된 것을 좇느라 시간을 낭비하는 일이 없게 하여 주옵소서. 사람들이 거부할지라도 생활 현장에서 전도하기에 힘쓰게 하시고, 듣든지 아니 듣든지 복음을 전하기에 힘쓸 수 있는 저희 모두가 되게 하여 주옵소서. 주님, 더 많이 사랑하기를 원합니다. 손해가 주어진다 할지라도 무조건적으로 품을 수 있게 하셔서 십자가의 그 사랑을 보여줄 수 있는 저희 모두가 되게 하여 주옵소서. 주님, 더 많이 기도하기를 원합니다. 주님 앞에 무릎 꿇는 것이 저희의 좋은 습관이 되게 하시고, 기도로 마음을 다스리고 기도를 통하여 날마다 주님의 음성을 들을 수 있는 저희 모두가 되게 하여 주옵소서. 주님, 더 많이 봉사할 수 있기를 원합니다. 주님의 몸 된 교회를 위하여 영혼까지 지칠 수 있는 봉사가 소원이 되게 하시고, 또 그렇게 자신을 깨뜨릴 수 있는 저희 모두가 되게 하여 주옵소서. 주님, 행함이 있는 믿음으로 살아 계신 주님을 나타낼 수 있기를 원합니다. 행함이 있는 믿음으로 주님을 높이고 주님의 몸 된 교회를 든든히 세워 갈 수 있기를 원합니다. 함께하여 주옵소서.

 오늘도 저희들에게 주님의 말씀을 대언하시는 목사님을 기억하시고, 능력의 말씀을 선포하실 수 있도록 성령의 두루마기를 입혀 주옵소서.

 이미 예배가 시작되었습니다. 마치는 시간까지 주님만이 홀로 영광 받으실 것을 믿사옵고 예수 그리스도의 이름으로 기도합니다. 아멘

> **기도가이드** 행함이 있는 믿음 생활을 하면 우리의 기도는 엄청난 탄력을 받습니다.

5월 둘째 주

주일 예배(1)
〈부활절 다섯 번째 주일, 어버이 주일에 맞춤〉

너는 너의 하나님 여호와의 명한 대로 네 부모를 공경하라 그리하면 너의 하나님 여호와가 네게 준 땅에서 네가 생명이 길고 복을 누리리라.(신명기 5장 16절)

만백성의 아버지가 되시는 여호와 하나님,

어버이 주일에 아버지의 이름을 부르며 사모하는 마음을 바칠 수 있게 하시니 감사합니다. 엄하시고도 자애로우신 아버지의 사랑으로 오늘까지 저희의 영혼이 풍성하였으며, 저희를 낳고 길러 주신 가정의 부모님으로 말미암아 건강과 기쁨이 넘쳤나이다. 부활절 기간에 맞이하는 뜻 깊은 어버이 주일에 하늘과 땅의 모든 영광이 하나님께 있기를 원합니다. 찬양과 경배를 받으시옵소서.

주님, 돌이켜 보건대, 저희는 하나님의 자녀라 칭함을 받으면서도 하나님을 아버지로 바르게 섬기지 못했던 죄인들임을 고백합니다. 또한 육신을 낳고 길러 주신 어버이가 계시지만 효도하며 받드는 일에 무척이나 인색했던 불효자들임을 고백합니다. 주님의 명하신 축복과 생명의 법을 제대로 지키지 못한 죄인들이오니 꾸짖어 주시고 어버이 주일을 맞이하여 참다운 자녀의 모습을 되찾을 수 있는 저희 모두가 되게 하여 주옵소서.

주님, 자녀들이 잘되기를 간절히 원하면서 밤낮으로 고생하며 살아오신 부모님들을 기억하셔서 주님의 넘치는 위로로 가득 채워 주시기를 원합니다. 때로는 저희들이 그릇된 길로 가는 것을 보면서 가슴 아파하시고, 저희가 병들었을 때 용기와 희망을 주시던 부모님의 그 깊은 사랑을 저희가 어찌 다 헤아릴 수 있겠습니까? 주님께서는 무조건적인 아가페 사랑으로 죄 많은 저희를 품으셨으니, 자식을 위한 부모님들의 내리 사랑이 얼마나 큰지를 너무나 잘 아실 것이라 믿습니다. 자녀에 대한 그 헌신적인 사랑에 축복으로 보상하여 주시고, 세상에서는 찾을 수 없는 놀라운 영혼의 평화를 채워 주시옵소서.

주님, 세상이 얼마나 험악한지 낳아 주시고 길러 주신 부모를 함부로 대하는 자식들이 많나이다. 부모를 업신여기고 능멸하는 패륜적인 행위가 이 땅위에 만연되고 있사오니, 이 같은 악을 보시고 참지 마시기를 원합니다. 부모를 욕되게 하는 자마다 일벌백계(一罰百戒) 다스려 주셔서 더 이상 부모를 업신여김이 이 땅 위에 존재치 않게 하여 주옵소서. 주님, 이제 저희는 부모를 공경하는 마지막 세대가 될 것이요, 자식으로부터 버림을 받는 첫 세대가 될 것입니다. 하나님을 아버지로 섬기며 사는 저희들만큼이라도 부모 공경에 대한 주님의 명령을 철저히 지키게 하셔서 효가 살아있는 기독교 정신을 자녀들에게 거룩한 유산으로 물려줄 수 있게 하여 주옵소서.

오늘도 단 위에 서시는 목사님을 능력의 오른팔로 붙드시고 자녀를 위하여 고생하신 부모님께는 위로의 말씀이 되게 하시고, 부모를 모시는 자녀들에게는 부모 공경의 축복을 깨닫는 말씀이 되게 하여 주옵소서. 예배의 시종을 주님께 의탁하오며 저희의 영원한 중보자가 되시는 예수 그리스도의 이름으로 기도합니다. **아멘**

기억해 두세요

어머니날 운동은 '어머니날의 어머니'라고 불리게 된 쟈비스 부인(Mrs. Ann M. Jarvis)에게서부터 시작되었습니다. 한국에서는 1930년 6월 15일 가정단에 의해 최초로 어머니 주일이 실시되었으며, 그 후 한국 교회가 어머니 주일을 지켰고, 이후 어머니날이 어버이날로 바뀌면서 교회에서도 어버이 주일로 명칭을 바꾸어서 지키고 있습니다.

✱ **기도가이드** 우리가 아무리 헌신적인 기도의 사람이 된다 할지라도 어머니의 무릎기도는 따라갈 수 없습니다.

5월 둘째 주 — 주일 예배(2)
〈부모 공경에 맞춤〉

> 그런즉 너는 알라 오직 네 하나님 여호와는 하나님이시요 신실하신 하나님이시라 그를 사랑하고 그 계명을 지키는 자에게는 천대까지 그 언약을 이행하시며 베푸시리라. (신명기 7장 9절)

한없는 영광중에 우주를 다스리시는 하나님 아버지, 세상의 모든 것을 소유하시고 지배하시고 섭리하시는 전능하신 하나님께 찬송과 영광과 존귀를 돌립니다. 이 시간 저희의 드리는 예배를 영광중에 받으시고 넓고 크신 주님의 사랑을 가슴 깊이 깨닫는 시간이 되게 하옵소서. 오늘은 특별히 어버이 주일로 주님 앞에 드립니다. 이 시간 저희들이 어버이의 그 큰 사랑을 다시 한번 뼛속 깊숙이 깨달으며 예배드리기 원하오니 함께하여 주옵소서.

은혜로우신 주님, 자나 깨나 저희들을 믿음과 사랑으로 돌보신 어버이가 계셔서 저희들이 이렇게 신앙을 유지하며 살 수 있게 되었으니 얼마나 감사한 일이옵니까? 하지만 저희들은 부모님의 마음을 헤아리며 공경하고 순종하기 보다는 자신의 정당성만을 주장하며 부모님의 마음을 아프게 해 드린 적이 너무나 많았습니다. 또한 주님의 자녀로서 절대적인 보호 가운데 살면서도 죄의 길을 벗어나지 못하고 주님을 근심시켜 드린 적이 너무도 많았습니다. 이제껏 주님의 마음을 근심시켜 드리고 부모님의 마음을 안타깝게 해드렸던 모든 잘못됨을 고백하며 회개하오니 용서하여 주옵소서.

자비로우신 주님, 이제껏 저희들을 위해 모든 것을 희생한 어버이들에게 평강을 주시고, 늙음에서 오는 외로움, 서러움, 쓸쓸함, 섭섭함 등 이 모든 것들이 사라지게 하옵소서. 외로운 분들과, 허약한 분들과, 가난한 분들을 위로하여 주시고 힘을 더하여 주시며, 이 땅에 계시는 동안 끝까지 훌륭한 믿음의 어버이로서 모범을 보여줄 수 있게 하옵소서. 저희들 모두 주님을 본받아 정성스런 효행으로 어버이를 섬기는 가정 생활을 할 수 있게 하시고, 낳아 주시고, 길러 주신 그 크신 은덕을 잊지 않도록 도와주시옵소서. 주님을 섬기는 마음으로 육신의 부모님께 효도하기를 힘쓰는 저희들이 되게 하시고, 특별히 자녀 없이 사시는 분들까지도 공경할 수 있는 넓은 효성을 주시기를 원합니다.

주님, 이 시간도 세상에서 자녀에게 버림 받고 쓸쓸하게 생을 마감하는 분들이 계십니다. 세상의 빛과 소금이 되라고 하신 주님의 명령에 따라 이 분들을 돌보아 줌으로써 세상 사람들에게도 덕을 끼치게 하옵소서. 저희 교회가 몸을 찢으신 주님의 사랑을 본받아 그 사랑을 나타내기에 최선을 다할 수 있는 복된 교회가 되게 하옵소서.

오늘도 주님의 복된 말씀을 증거하시기 위하여 단 위에 세우신 목사님을 능력의 오른손으로 붙드시고, 그 말씀을 듣는 저희 모두가 항상 마음속에 되새기며 생활의 동력과 효의 동력으로 삼을 수 있는 축복의 말씀이 되게 하옵소서.

찬양으로 주님께 영광 돌리기를 원하는 찬양대를 기억하시고, 그 입술에 주님을 향한 복된 찬양이 늘 떠나지 않게 하옵소서. 교회를 위하여 알게 모르게 수고하는 손길들을 기억하시고 저들의 수고를 통해서 주님이 더욱 높임을 받으시는 일들이 많아지게 하옵소서. 예배를 돕는 예배 위원들도 기억하셔서 성막에서 제사를 돕던 레위인들처럼 예배를 도울 수 있는 기쁨이 넘쳐나게 하여 주옵소서. 예배의 시종을 주님께 의탁합니다. 저희 모두에게 하늘의 신령한 은혜가 넘쳐나게 하실 것을 믿사옵고, 하나님께 효를 다하신 예수 그리스도의 이름으로 기도합니다, 아멘.

> **기도가이드** 우리가 이 땅에서 잘되고 복 받는 비결은 부모를 공경하기 위해서 늘 기도하며 실천하는 것입니다.

5월 둘째 주 | 주일 오후 찬양 예배
〈찬양대 헌신예배에 맞춤〉

할렐루야 우리 하나님께 찬양함이 선함이여 찬송함이 아름답고 마땅하도다. (시편 147편 1절)

사랑의 하나님 아버지,

오늘 이 시간도 주님께 몸과 마음을 드려 예배할 수 있게 하시니 감사드립니다. 사계절 중에 가장 아름다운 계절인 5월에 자녀와 부모와 가정을 기억할 수 있는 주일을 주심을 감사드립니다. 어린이 주일을 맞이하여 자녀들에게 믿음의 본을 보이지 못하고 바르게 키우지 못한 것을 회개하며 믿음으로 바르게 키울 것을 다짐했습니다. 또한 오늘 어버이 주일을 맞이하여 부모를 바로 공경하지 못했던 것을 회개하며 부모 공경에 대한 주님의 계명을 잘 지키며 살 것을 다짐했습니다. 이 모든 다짐이 헛되지 않도록 주의 성령께서 도와주시옵소서.

주님, 오늘은 특별히 찬양대 헌신예배로 주님께 영광 돌립니다. 모든 찬양 대원들이 뜻을 같이하여 주님께 헌신과 충성을 다짐하는 이 예배를 받아 주시옵소서. 이 시간 헌신예배를 드리면서 주님께서 저희에게 찬양할 수 있는 귀한 사명을 맡기신 것을 감사하게 하시고, 찬양의 도구로 쓰임 받는 것을 기뻐하며 맡겨 주신 달란트대로 힘써서 봉사할 수 있는 저희 모두가 되게 하여 주옵소서.

주님, 매주 저희가 준비하여 주님께 올리는 찬양이 단지 입술의 찬양이 되지 않기를 원합니다. 구속받은 은총의 감격이 묻어 있게 하시고, 특별한 은사를 받은 데 대한 기쁨과 감격을 가지고 찬양할 수 있게 하옵소서. 성근 정성으로 찬양하는 모습이 없기를 원합니다. 정성을 다하여 주님께 감사하는 마음으로 찬양할 수 있게 하여 주시고, 때로는 듣는 이들의 영혼도 감동시킬 수 있는 찬양이 되게 하여 주옵소서. 주님께서는 항상 향기로운 제물과 같은 찬양이 되기를 원합니다. 실력과 은사가 있다고 하여 연습을 가볍게 여기는 교만함이 없게 하시고, 가식적인 찬양이 되지 않기 위하여 훈련을 소중히 여길 줄 아는 찬양대원들이 되게 하여 주옵소서. 또한 경건에 이르는 신앙 훈련도 게을리하지 않기를 원합니다. 아무리 천사가 흠모하는 화음을 낸들 무슨 소용이 있겠습니까? 찬양하는 자의 믿음이 묻어 있지 않으면 주님께는 잡음이 될 수밖에 없음을 깨닫습니다. 항상 성실한 예배가 있게 하시고, 성실한 기도 생활이 뒷받침되게 하옵소서.

찬양대 대장님과 지휘자, 반주자에게 더욱 뛰어난 재능과 지혜와 건강을 주셔서 귀한 직분을 감당하는 데 어려움이 없게 하시고, 모든 찬양대원들도 주님께 헌신을 드리는 데 부족함이 없도록 이끌어 주옵소서.

이 시간 말씀을 듣고 단 위에 서시는 강사 목사님을 기억하시고, 성령의 능력으로 붙들어 주셔서 온 성도의 심령에 천국의 은혜가 가득 채워지는 시간이 되게 하옵소서. 예배의 순서를 맡은 임원들에게도 함께하셔서 실수하지 않도록 도우실 것을 믿습니다. 예배의 시종을 주님께 의탁하오며 예수 그리스도의 이름으로 기도합니다. 아멘

> **기도가이드** 시편 기자의 기도는 항상 찬양이 묻어 있는 기도였습니다. 우리의 기도에도 찬양의 날개를 달 수 있다면 분명히 주님의 능력이 깃들게 될 것입니다.

수요 예배(기도회)
〈사랑의 회복에 맞춤〉

> 사랑은 여기 있으니 우리가 하나님을 사랑한 것이 아니요 오직 하나님이 우리를 사랑하사 우리 죄를 위하여 화목제로 그 아들을 보내셨음이니라…(요한1서 4장 10, 11절)

오늘도 성령으로 함께하신 하나님,

푸르름을 맘껏 머금은 산야가 더욱 생동감을 더하는 때입니다. 주님의 체취가 그리워 오늘도 주님의 전을 찾았습니다. 저희들도 이 신록의 청초함처럼 주님의 생명력으로 넘쳐날 수 있게 하여 주옵소서.

주님, 5월은 가정의 달입니다. 싱싱하게 피어오르는 들녘의 나뭇가지 이파리들처럼 저희의 사랑 또한 들끓어 오르게 하여 주옵소서. 부모님을 향한 사랑과 아이들을 향한 사랑이 온 가정 위에 들끓어 오르게 하시고, 사랑의 꽃이 만발한 가정을 회복하게 하여 주옵소서. 교회도 주님이 세우신 또 하나의 가정이 아닙니까? 택함을 받은 주의 성도들이 사랑이란 이름으로 주님께 예배드릴 수 있게 하시고, 사랑이란 이름으로 풍성한 교제를 나눌 수 있게 하여 주옵소서. 사랑하는 것 외에는 다른 것을 생각하지 말게 하시고, 사랑하는 것 외에는 다른 것을 마음에 담지 말게 하여 주옵소서. 교회나 가정이나 사랑의 공동체를 만들어 갈 수 있는 저희 모두가 되게 하시고, 주님이 보시기에 심히 좋은 가정과 교회를 세워 갈 수 있는 저희 모두가 되게 하여 주옵소서.

주님, 사랑 없는 까닭에 아파하는 일들이 얼마나 많고, 실망하는 일들이 얼마나 많습니까? 지금도 저희의 주변에는 사랑에 목말라하고 사랑에 굶주려 있는 사람들이 너무나 많음을 깨닫습니다. 저희들의 구원을 십자가의 사랑으로 완성하신 주님을 기억하며, 그 사랑 받은 자로 사랑 베풀기에 힘쓸 수 있는 저희 모두가 되게 하여 주옵소서. 사랑 없어 냉랭하고 아픔과 실망이 많은 이 세상을 사랑이 충만한 세상으로 변화시켜 갈 수 있는 저희 모두가 되게 하여 주옵소서. 특별히 주님의 사랑으로 온 세상 가운데 사랑의 향기를 진동시킬 수 있는 저희 모두가 되게 하여 주옵소서. 그리하여 이 땅 위에 주님의 나라가 이루어지는 것을 누릴 수 있는 삶이 되게 하옵소서.

오늘도 주님의 말씀을 준비하여 단 위에 서신 목사님을 기억하시고 저희 모두가 식어진 사랑을 회복하고, 식어진 가슴에 불이 붙는 능력의 말씀을 전하게 하옵소서.

담임 목사님을 보필하며 교회에 속한 믿음의 권속들을 위하여 수고하시는 부교역자분들을 기억하시고 교회를 섬기며, 맡겨진 양무리들을 위하여 사역을 감당할 때에 피곤하거나 고단치 않도록 성령의 능력으로 붙들어 주옵소서.

예배의 시종을 주님께 의탁합니다. 주님이 보시기에 심히 좋은 예배가 되도록 성령님께서 도우실 것을 믿사옵고 예수 그리스도의 이름으로 기도합니다. **아멘**

✻ 기도가이드 깊은 기도의 세계를 경험한 자는 사랑을 무시하고 기도에 몰입하지 않습니다.

5월 셋째 주 주일 예배(1)
〈부활절 여섯 번째 주일, 스승의 날에 맞춤〉

그리스도 안에서 일만 스승이 있으되 아비는 많지 아니하니 그리스도 예수 안에서 복음으로써 내가 너희를 낳았음이라 그러므로 내가 너희에게 권하노니 너희는 나를 본받는 자 되라. (고린도전서 4장 15,16절)

저희들을 빛으로 인도하여 주신 주님,

주님의 따사로운 빛을 온 누리에 가득하게 하신 주님, 자연의 아름다움을 인하여 감사와 찬양을 드립니다. 온 누리에 향하신 주님의 은총이 충만하듯이 저희의 심령을 주님의 그 크신 사랑의 은총으로 충만하게 채워 주시옵소서.

오늘도 주님의 전을 찾아 나왔지만 주님 보시기에 심히 부끄러운 것으로 가득 차 있는 저희의 모습을 발견합니다. 주님의 말씀대로 살지 못하고 교만만 가득했던 저희들입니다. 복음을 전하지도 못했고 기도도 하지 않은 채 또다시 주일을 맞이하여 주님의 전을 찾은 저희들입니다. 추하고 더러운 저희의 몸과 마음을 주님 앞에 내려놓사오니 불쌍히 여기시고 용서의 은총을 내려 주옵소서. 이제 부활절 기간이 깊어져 가고 예수님의 승천이 다가온 이 날에 주님을 소리 높여 찬양할 수 있는 저희 모두가 되게 하여 주옵소서.

주님, 교회력으로는 오늘이 부활절 여섯 번째 주일이지만, 또한 5월을 가정의 달로 지키고 있습니다. 하나님께서 맺어 주시고 복을 내려 주신 가정을 선한 청지기로 잘 관리할 수 있는 저희 모두가 되게 하여 주옵소서. 온 집이 여호와께 제단을 쌓고 하나님만을 경배했던 엘가나의 가정같이 가정 예배를 통하여 늘 주님을 찬양할 수 있는 가정이 되게 하시고, 자녀들에게 주님의 말씀을 청종하고 하나님을 경외하는 법을 가르칠 수 있는 저희 모두가 되게 하여 주옵소서. 또한 온 가정이 죄악으로부터 성결케 되었던 욥의 가정처럼 저희 모든 가족들이 죄로 물드는 일이 없게 하시고, 죄악을 멀리하며 주님만을 사모하고 가까이 하는 가정이 되게 하여 주옵소서. 또한 온 집으로 더불어 하나님을 경외하며 많은 백성을 구제했던 고넬료의 가정처럼 우상을 숭배하지 않게 하시며 이웃을 위해 봉사하는 즐거움이 넘치는 가정들이 되게 하여 주옵소서.

주님, 이번 주에는 스승의 날이 있습니다. 세월이 흐를수록 교권이 허물어지고 있는 이때에 가르치고 지도하는 스승을 진심으로 존경할 수 있는 자녀들이 되게 하시고, 스승의 가르침을 무시하거나 업신여기는 방만한 태도가 없게 하여 주옵소서. 또한 최고의 좋은 스승은 주님밖에 없음을 깨달아 신앙적으로 지도하는 분들의 신앙 교육을 잘 받을 수 있는 자녀들이 되게 하여 주옵소서. 주님, 부모 또한 자녀에게는 스승의 역할이 있음을 깨닫게 하셔서 그 역할을 잘 감당할 수 있는 부모들이 되게 하여 주옵소서. 하루 앞을 알지 못하는 현실 속에서 저들의 장래가 주님이 비추시는 빛으로 인도되게 하여 주옵소서.

오늘도 교회에서 영적인 스승의 역할을 감당하고 계신 목사님을 기억하시고, 부족한 저희들을 위하여 모든 것을 쏟아 붓는 삶을 살고 계시오니 언제나 큰 능력으로 붙들어 주옵소서.

예배를 위하여 수고하는 손길들을 기억하시고, 넘치는 은혜로 이끄실 것을 믿습니다.

예배의 시종을 주님께 의탁하오며 예수 그리스도의 이름으로 기도합니다. **아멘**

> **기도가이드** 하나님은 가정 예배를 드리는 가정을 더욱 복되게 하십니다. 가정을 하나님께 예배하는 거룩한 처소로 만들 수 있다면 이미 그 가정에 주님의 나라가 실현된 것입니다.

5월 셋째 주 주일 예배(2)
〈가정과 성년의 날에 맞춤〉

일의 결국을 다 들었으니 하나님을 경외하고 그 명령을 지킬지어다 이것이 사람의 본분이니라. (전도서 12장 13절)

저희 인생의 길라잡이가 되시는 하나님,
　이 세상에 영광과 존귀를 돌려 드릴 이가 주님밖에 누가 또 있겠습니까? 주님께 영광과 존귀를 돌려 드립니다. 받으시옵소서.
　주님, 대지는 온갖 생명의 용솟음의 상징으로 푸르지만, 세상은 역시 어두움이었습니다. 힘들고 어렵게 살았지만 주님이 아니었다면 헤쳐 나올 수 없는 밤이었습니다. 세상의 갖은 위험과 환난 가운데서도 저희를 지켜 주셨음을 진심으로 감사드립니다. 이 시간 주님만이 높임을 받으옵소서.
　주님, 저희들이 택함을 받은 주님의 백성이면서도 사는 것은 세상 사람들과 별반 차이점이 없었음을 고백합니다. 구별된 삶을 살지 못하고 항상 휩쓸려 가는 연약한 믿음을 불쌍히 여겨 주시고, 지은 죄 주님 앞에 고백하오니 크신 은총으로 용서하여 주옵소서.
　주님, 지금 이 자리를 찾은 자 중에 소망을 잃은 심령도 있을 것입니다. 답답한 가슴을 안고 온 심령도 있을 것입니다. 질병으로 고통을 안고 온 심령들도 있을 것입니다. 지친 몸과 병든 몸을 주님께 기대기를 원하오니 넓은 날개로 품으시고 따뜻한 손으로 잡아 주시옵소서. 소망을 잃은 자에게는 희망이 되어 주시고, 답답한 자에게는 시원한 생수가 되어 주시며, 치료의 손길을 원하는 자에게는 고침을 주시옵소서. 다들 천하보다 귀한 생명들 아닙니까? 주님 안에서 생채기 난 마음이 따뜻해지게 하시고 피곤한 육신과 병든 몸, 참 안식을 얻게 하여 주옵

소서.

주님, 특별히 5월은 가정의 달입니다. 저희 가정에 언제나 화목을 주시고, 불화로 인하여 가정이 무너지는 일이 없게 하여 주옵소서. 서로가 이해하며 양보하게 하시고 평강이 넘치는 가정이 되게 하여 주옵소서. 세속에 물드는 일 없게 하시고, 경건함을 잃지 않는 가정이 되게 하여 주옵소서. 믿지 않는 가정과 비교해 볼 때 구별된 삶이 있게 하시고 언제나 찬송과 기도가 끊이지 않는 가정이 되게 하여 주옵소서.

주님, 이번 주에는 성년의 날이 있습니다. 성년이 되는 자녀들을 기억하여 주옵소서. 어렸을 때 행하던 모든 일들을 벗어 버리고 성년으로서의 책임과 의무를 잘 감당할 수 있게 하여 주옵소서. 기성세대가 남긴 잘못된 것들이 있습니다. 그것을 또다시 답습하거나 되풀이하는 일이 없게 하시고, 인생의 목적을 바로 정하여 달려갈 수 있는 청년들이 되게 하여 주옵소서. 어두운 세상입니다. 건전치 못한 문화가 판을 치고 있는 세상입니다. 현실을 올바로 직시할 수 있는 판단력을 주셔서 악에 물들지 않게 하시고, 헛된 속임수에 넘어가지 않게 하여 주옵소서. 특별히 청년의 때에 주님을 섬기는 귀한 청년들, 언제나 창조주 하나님을 기억하는 삶이 되게 하여 주옵소서.

이 시간도 주님의 말씀을 들고 단 위에 서시는 목사님을 기억하시고, 예배 인도와 말씀을 전하시기에 조금도 피곤치 않도록 도와주시옵소서. 찬양대와 예배를 돕는 손길들도 기억하시고, 주님을 위한 찬양과 봉사가 항상 기쁘고 즐거운 것이 되게 하여 주옵소서.

예배의 시종을 주님께 의탁합니다. 홀로 영광을 받으실 것을 믿사옵고 예수 그리스도의 이름으로 기도합니다. **아멘**

> **기도가이드** 가정을 위하여 늘 기도하십시오. 우리의 가정에 항상 하나님의 형상을 담아낼 수 있어야 합니다.

주일 오후 찬양 예배
〈열심 있는 신앙생활에 맞춤〉

형제를 사랑하여 서로 우애하고 존경하기를 서로 먼저 하며 부지런하여 게으르지 말고 열심을 품고 주를 섬기라. (로마서 12장 10, 11절)

사랑의 하나님,
　손잡아 주시기를 원하시는 주님의 손길을 따라 이 저녁(오후)에도 주님의 전을 찾았습니다. 겨우 겨우 나아가는 신앙의 발걸음이라 할지라도 주님을 잊지 않는 삶을 살게 하여 주시니 감사합니다. 마음을 다하여 기쁨으로 찬양과 경배를 드리기 원하오니 저희들을 미쁘게 보시고 받아 주시옵소서.
　주님, 이 시간 저희의 모습은 은혜 받기에 준비된 그릇이 아님을 깨닫습니다. 저희의 몸과 영혼이 얼마나 많은 추악한 것들로 인하여 더럽혀져 있는지 모릅니다. 자신의 죄에 대하여 늘 관대한 저희들을 보시며 우리 주님은 얼마나 실망하셨겠습니까? 그래도 저희들을 붙드신 그 손을 놓지 않으시고 끝까지 이끌어 주시니 그 크신 은혜에 감복할 뿐이옵니다. 철부지 같은 저희들, 주님께 잘못을 고백하오니 용서하여 주옵소서.
　주님, 저희가 예배를 위하여 주님의 전을 찾았사오니 이 시간만큼은 저희가 예배에 집중할 수 있도록 도와주시기를 원합니다. 주님이 받으시는 예배를 드릴 수 있도록 저희에게 예배의 능력을 부어 주시옵소서. 찬양을 하더라도 기쁨과 감격에 젖은 찬양을 주님의 보좌 앞에 올리게 하시고, 기도를 하더라도 마음을 쏟고 영혼을 쏟을 수 있는 기도를 주님 앞에 쏟아낼 수 있는 저희 모두가 되게 하여 주옵소서. 이 예배를 통하여 생각과 인격이 주님을 닮아 갈 수 있게 하시고, 강단을 통하여 선포되어지는 생명의 말씀이 이 힘든 세상에서 이길 힘과 능력이 되게 하옵소서.

　주님, 이 좋은 계절에 저희 모두가 주님을 위하여 열심을 낼 수 있기를 원합니다. 주님과 같이 온유하고 겸손한 모습으로 주어진 일에 최선을 다하는 모습이 저희에게 넘치게 하옵소서. 언제라도 일할 수 없는 날이 올 수 있다는 것을 기억하여 일할 수 있는 기회가 있을 때 그 기회를 놓치지 않고 열심을 낼 수 있는 저희들이 되게 하옵소서. 주님의 몸 된 교회를 섬기는 일에 언제나 앞장서게 하시고, 서로 간에 잘 받들어 섬길 수 있는 아름다운 모습이 넘치게 하여 주옵소서. 피차 종노릇 하는 데 마음을 쏟게 하시고, 주님만이 높임을 받을 수 있는 복된 일들을 만들어 갈 수 있는 저희 모두가 되게 하여 주옵소서. 일을 많이 한다고 하여 우쭐댐이 없게 하시고, 핍박이 있다고 하여 좌절하지 않는 저희 모두가 되게 하여 주옵소서. 세상에서는 보잘것없는 저희들일지라도 주님 앞에서는 꼭 필요한 사람으로 쓰임 받는 저희 모두가 되게 하여 주옵소서. 부족함과 능력의 한계가 있을 때 엎드려 기도하게 하시고, 겸손을 위장한 교만이 파고들 때 넘어질까 조심할 수 있는 저희 모두가 되게 하여 주옵소서. 주님, 열심을 다하는 신앙생활을 하기를 원합니다.

　오늘도 주님의 복된 말씀을 들고 단 위에 서신 목사님을 기억하시고, 권세 있는 주님을 증거하실 수 있도록 도우실 것을 믿습니다.

　이미 예배가 시작되었습니다. 마치는 시간까지 주의 성령께서 함께 하실 것을 믿사옵고 예수 그리스도의 이름으로 기도합니다. 아멘

> **기도가이드** 주님을 위하여 열심을 다하는 모습이야말로 기도하는 사람이 갖추고 있는 가장 복된 모습입니다.

수요 예배(기도회)
〈하나님 나라의 확장에 맞춤〉

천국은 마치 사람이 자기 밭에 갖다 심은 겨자씨 한 알 같으니 이는 모든 씨보다 작은 것이로되 자란 후에는 나물보다 커서 나무가 되매 공중의 새들이 와서 그 가지에 깃들이느니라. (마태복음 13장 31,32절)

인생을 바른 길로 인도하시는 주님,

저희들을 주님의 자녀들로 택하여 주셔서 경건한 신앙의 길로 나아가게 하여 주시니 감사합니다. 모든 생명 있는 것들이 향기를 발하고 성숙을 위하여 발돋움하고 있는 이때에 저희들의 신앙도 더욱 발돋움할 수 있는 신앙이 되게 하여 주옵소서. 능력 주시는 자 안에서 무엇이든지 할 수 있다는 신앙을 소유할 수 있게 하시고, 그 신앙 속에서 힘 있게 전진할 수 있는 저희들이 되게 하여 주옵소서.

주님, 삼 일의 짧은 삶이었지만 온갖 죄로 얼룩져 있는 저희들의 모습임을 깨닫습니다. 단 한 번도 죄를 이기지 못한 저희들입니다. 내 뜻대로, 내 고집대로 행하며 신앙의 위기의식도 느끼지 못한 채 살았습니다. 이런 저희들이 주님의 전에 나올 수 있게 된 것은 전적인 주님의 사랑과 성령님의 인도하심임을 다시 한번 깨닫습니다. 주님, 못난 저희들을 용서하여 주시고 주님의 긍휼로 품어 주시옵소서.

주님, 밭에 심기운 겨자씨 한 알이 모든 것보다 작은 것이로되 자란 후에는 나물보다 커서 나무가 되매 공중의 새들이 와서 그 가지에 와서 깃들인다는 주님의 말씀을 되새겨 봅니다. 저희의 삶 가운데 심기운 천국의 씨앗도 날마다 자라고 무성해지게 하시고, 천국의 복음을 힘 있게 전할 수 있는 저희들이 되게 하여 주옵소서. 천국의 지경이 확장되는 것이야말로 우리 주님께서 가장 소원하시는 것이 아닙니까? 그 주님의 간절한 소원을 이루어 드릴 수 있는 철든 신앙인이 되게 하시고, 주님의 덕만 보고 사는 저희의 인생이 아니라 이제는 주님께서 저희들의 덕을 볼 수 있는 삶을 살 수 있게 하옵소서. 때를 얻든지 못 얻든지 오직 복음 전도에 힘쓰게 하시고, 가는 곳마다 천국의 씨앗을 심을 수 있는 저희들이 되게 하여 주옵소서. 사단은 지금도 자기의 영역을 빼앗기지 않기 위하여 온갖 열심을 다 내고 있습니다. 이러한 때에 사단에게 하나님의 나라를 내주는 불행한 일이 없게 하시고, 사단의 영역을 빼앗는 영적 군사로 쓰임 받게 하여 주옵소서.

주님, 오늘도 주님의 전을 찾은 성도들 가운데 상처 입은 영혼들이 있습니까? 온유하신 손길로 싸매어 주시고, 믿음이 적은 성도들이 있습니까? 믿음을 강화시켜 주옵소서. 병으로 고통 받는 성도가 있습니까? 주님의 피 묻은 손으로 안수하여 주셔서 깨끗함을 얻게 하여 주옵소서.

주님의 말씀을 대언하시는 목사님을 기억하시기를 원합니다. 말씀을 준비하는 것이 얼마나 어려운 일입니까? 목사님께 날마다 놀라운 지혜를 부어 주시고, 말씀을 쪼갤 수 있는 권세와 능력을 더하여 주옵소서.

예배의 시종을 주님께 의탁합니다. 주님의 나라가 이루어지기를 소망하시는 예수 그리스도의 이름으로 기도합니다. **아멘**

> **기도가이드** 주님의 최대 관심은 이 땅 위에 당신의 나라가 온전히 서는 것입니다. 그러하기에 먼저 그 나라와 그 의를 구하는 것은 기도자가 구해야만 할 최우선의 기도 제목입니다.

5월 넷째 주 — 주일 예배(1)
〈부활절 일곱 번째 주일, 가정의 회복에 맞춤〉

> 내가 주의 신을 떠나 어디로 가며 주의 앞에서 어디로 피하리이까 내가 하늘에 올라갈지라도 거기 계시며 음부에 내 자리를 펼지라도 거기 계시니이다. (시편 139편 7,8절)

생명의 하나님,

부활 생명을 저희에게 주셔서 새 삶을 살게 하여 주신 은혜를 감사합니다. 죄로 인하여 죽은 옛사람 대신에 저희를 새롭게 살리셨으니 저희의 생명은 주님의 것입니다. 이제 5월이 다 가고 부활절 기간이 대단원에 이른 주일에 생명의 주인이 되시는 주님께 나아와 예배하기를 원합니다. 경건한 마음을 가지고 정성을 다하여 예배할 수 있도록 도와주시옵소서.

주님, 용서하여 주옵소서. 저희들은 주님의 말씀을 듣기만 했지, 그 말씀대로 살지 못했습니다. 저희들은 주님의 몸 된 교회를 드나들기만 했지 섬기지를 못했습니다. 저희들은 가정을 이루기만 했지 화목한 방초동산을 만드는 데에는 정성을 다하지 못했습니다. 그렇게 이 아름다운 계절인 5월을 보냈습니다. 주님, 용서하여 주옵소서. 이제는 저희들에게 이와 같은 모습이 습관적으로 반복되지 않도록 도와주시고, 주님의 뜻을 담아낼 수 있는 복된 삶이 되게 하여 주옵소서.

소망이 되시는 주님,

가정의 달을 보내면서 다시 한번 가정을 위하여 기도하기를 원합니다. 주님께서 친히 세우신 가정들을 굳게 붙들어 주옵소서. 요즘 가정이 무너지고 깨지는 일들이 얼마나 많이 발생하고 있습니까? 주님이 세우신 가정들도 흔들리고 있는 가정들이 너무나 많습니다. 말세에 사탄의 공격은 가정을 향하고 있음을 깨닫습니다. 이 사단의 공격으로부터 가정을 지킬 수 있는 길은 예배와 기도밖에 없는 줄 아오니, 가정에 사탄이 틈타지 못하도록 가정 예배를 힘써서 드릴 수 있게 하시고, 매일 기도로 주님께 가정을 봉헌하기에 힘쓸 수 있는 저희 모두가 되게 하여 주옵소서. 또한 이 혼란스럽고 앞길을 분변치 못하는 세대 속에서도 말씀의 등불을 꺼뜨리지 아니함으로 옳고 그릇됨을 잘 분별할 수 있게 하시고, 구원의 길을 잘 걸어갈 수 있는 복된 가정들이 되게 하여 주옵소서. 어렵고 힘들어도 평안을 잃지 않게 하여 주시고, 언제나 주님이 채우시는 기쁨과 소망이 가득 넘치는 가정들이 되게 하여 주옵소서.

주님, 이 사회도 경제 침체로 인하여 많은 아픔들이 발생하고 있사오니 혼란스러운 이 사회를 불쌍히 여겨 주시기를 원합니다. 가뭄에 단비가 내리듯 주님의 자비와 은총으로 함께하셔서 봄날의 꽃과 같이 생기가 가득한 사회가 될 수 있게 하여 주옵소서. 주님의 몸 된 교회도 가정과 사회가 안고 있는 아픔에 대하여 외면하지 않기를 원합니다. 소돔과 고모라를 놓고 주님을 찾았던 아브라함처럼, 희망을 잃어 가는 가정과 사회를 놓고 마음을 쏟는 기도가 있게 하시고, 온몸으로 껴안는 사랑이 있게 하여 주옵소서.

오늘도 신령한 만나를 준비하신 목사님을 성령의 능력으로 붙드시고, 귀 기울여 주님의 말씀 듣기를 사모하는 심령마다 주님의 세미한 음성을 들을 수 있게 하여 주옵소서.

예배의 시종을 주님께 의탁하오며 예수 그리스도의 이름으로 기도합니다. 아멘.

> **기도가이드** 우리 주님은 매일 기도를 통하여 가정을 주님 앞에 봉헌하기를 원하십니다.

5월 넷째 주

주일 예배(2)
〈주님의 은혜를 잊지 않는 가정에 맞춤〉

우리 주 하나님이여 영광과 존귀와 능력을 받으시는 것이 합당하오니 주께서 만물을 지으신지라 만물이 주의 뜻대로 있었고 또 지으심을 받았나이다. (계시록 4장 11절)

사랑이 풍성하신 하나님,

온 우주 만물을 주관하시는 주님의 솜씨가 더욱 빛나는 계절에 주님의 은총으로 새롭게 빚으신 주의 백성들이 한자리에 모여 예배할 수 있게 하시니 감사드립니다. 주님의 은총 속에 만물이 더욱 생명 있음을 찬양하는 것을 보며, 저희들도 주님을 찬양할 수 있는 거룩한 백성으로 부름 받은 것을 다시 한번 감사드립니다. 오늘 저희가 드리는 예배를 기쁘게 받으시고, 아침 이슬 같은 은혜로 화답하여 주옵소서.

주님, 이 시간 세상 풍파에 이리 쏠리고 저리 헤매다가 주님의 품이 그리워 찾아 나온 저희들입니다. 죄 많은 인생들이지만 주님의 넓으신 사랑으로 모르는 과오까지 용서하심을 믿고 머리 숙였사오니 넓으신 품으로 품어주시고 긍휼을 베풀어 주옵소서. 주님을 믿는 믿음이 행복임을 깨닫습니다. 주님을 기억하는 삶이 더할 나위 없는 즐거움인 것을 깨닫습니다. 언제나 주님 안에서만 행복을 찾아내고 즐거움을 얻을 수 있는 저희 모두가 되게 하옵소서.

주님, 이 아름다운 계절에 가정의 소중함을 깊이 인식시켜 주시기 위해서 5월 한 달을 가정을 꼼꼼히 돌아볼 수 있는 기회로 이끌어 주심을 감사드립니다. 주님께서 세워 주신 복된 가정, 주님께서 호주가 되시기에 더욱 안전함을 깨닫습니다. 언제나 축복의 가정으로 이끌어 주시고 복에 복을 더하여 주실 것을 믿습니다. 간구하옵기는 주님이 택하여 주신 가정마다 주님의 은혜를 잊지 아니하고 항상 기억하는 가정들이 되게 하여 주옵소서. 예배와 기도로 하루를 시작하는 가정들이 되게 하시고, 받은 은혜에 감사할 줄 아는 가정들이 되게 하여 주옵소서. 고난이 온다 하여도 주님의 사랑을 의심치 않게 하시고, 질병이 찾아온다 하여도 질병을 걸머지신 주님을 인하여 흔들림이 없게 하여 주옵소서. 고통 중에 거할지라도 그 고통의 자리에 주님이 함께 계심을 믿고 감사의 찬송을 잊지 않는 가정들이 되게 하시고, 언제나 가정마다 향하신 주님의 깊으신 뜻을 분별할 줄 아는 믿음이 굳세게 하여 주옵소서. 잘 되는 것도 주님의 축복이지만 안 되는 것도 주님의 사랑임을 깨닫게 하시고, 행여나 불평과 원망으로 천국같이 가꾸어 가시는 가정을 뒤흔드는 일이 없게 하여 주옵소서.

주님, 참으로 있어서는 안 될 일이지만 빈부의 격차가 심해지고 있습니다. 물질로 인한 온갖 혜택을 누리는 가정이 있는가 하면 한 끼의 양식을 위하여 근심을 해야 하는 가정들도 있습니다. 시간이 흐르면 흐를수록 빈부의 격차가 심해지고 있사오니, 이로 인하여 아름다운 인간관계가 파괴되고, 사회의 질서가 흔들리는 일이 없도록 회복의 은혜를 베풀어 주옵소서.

오늘도 말씀을 들고 단 위에 서시는 목사님을 기억하시고, 주님의 몸 된 교회를 위하여 충성을 다해 일하는 일꾼들도 기억하여 주옵소서. 예배의 시종을 주님께 의탁하오며 예수 그리스도의 이름으로 기도합니다. **아멘**

> **기도가이드** 우리의 가정은 주님의 축복의 장소입니다. 그것을 깨닫고 누리기 위해서는 기도를 잊지 말아야 합니다. 왜냐하면 기도를 통하여 우리는 주님의 음성을 들을 수 있기 때문입니다.

주일 오후 찬양 예배
〈주님만을 의지하는 삶에 맞춤〉

나의 힘이 되신 여호와여 내가 주를 사랑하나이다 여호와는 나의 반석이시요 나의 요새시요 나를 건지시는 자시요 나의 하나님이시요 나의 피할 바위시요 나의 방패시요 …. (시편 18편 1,2절)

찬양과 경배를 받으시기에 합당하신 주님,

언제 어디서나 늘 저희와 함께하심을 감사드립니다. 슬플 때나, 기쁠 때나, 일할 때나, 쉴 때에도 함께하시고 주님의 선하신 뜻대로 이끌어 주심을 감사드립니다. 오늘 이 시간에 저희들이 주님께 찬양하며 예배할 수 있는 것도 주님께서 이끌어 주셨기에 가능한 것임을 깨닫습니다. 언제나 주님의 은혜를 맛보아 아는 저희의 삶이 되게 하옵소서.

주님, 저희들은 주님의 전을 찾을 때마다 먼저 저희 자신을 돌아봅니다. 죄가 묻어 있는 채로 주님께 예배할 수 없기에, 주님께 불의 병기를 드릴 수 없기에 저희 자신을 돌아봅니다. 저희 자신을 가만히 돌아보면 죄의 무서움을 모르고 죄를 먹고 마시는 일에 주저하지 않았음을 깨닫습니다. 주님께서 미워하시는 것들로 가득 차 있는 저희 심령을 발견합니다. 또 염치없이 주님 앞에 내려놓고 죄 사함의 은총을 입기를 원합니다. 미련한 저희를 불쌍히 여겨 주시고 용서하여 주옵소서. 죄에 오염되기 쉬운 저희의 심령을 강하게 붙들어 주셔서 죄 짓는 삶에 익숙해지지 말게 하시고, 주님의 은혜와 사랑을 담아낼 수 있는 복된 삶이 되게 하여 주옵소서.

주님, 시대가 어려울수록 주님만 의지하는 삶이 되게 하여 주옵소서. 여호와께 피함이 사람을 신뢰함보다 나으며, 여호와께 피함이 방백들을 신뢰함보다 낫다(시 118:8,9)고 했사오니 사람을 의지하다가 낙심하는 일 없게 하시고, 의인의 요동함을 영영히 허락지 아니하시는 주님만을 의지하는 저희 모두가 되게 하여 주옵소서. 또한 가진 재물을 의지하지 않기를 원합니다. 있다가도 없어지는 재물에 마음을 빼앗겨서 물질이 우상이 되는 일이 없게 하시고, 오직 모든 경영을 이루시는 주님만을 의지하는 저희 모두가 되게 하옵소서. 잘못된 풍습에도 빠져들지 않기를 원합니다. 입이 있어도 말하지 못하고 눈이 있어도 보지 못하며 귀가 있어도 듣지 못하는 우상을 의지하는 일이 없게 하시고, 눈에 보이는 것이 없고 귀에는 들리는 것이 없고 손에는 잡히는 것이 없다 할지라도 지금도 살아 계셔서 우주를 지배하시고 섭리하시는 주님만을 의지하는 저희 모두가 되게 하옵소서. 입으로는 주님만을 의지한다고 하면서도 실생활에서는 주님을 잊고 사는 경우가 많사오니 그때마다 깨닫는 은혜를 주셔서 항상 주님을 의지하며 사는 모습이 되게 하여 주옵소서.

주님, 지금은 주님의 긍휼히 여기심과 은혜의 단비가 절실히 요구되는 때입니다. 상처 입고 괴로워하는 심령들이 너무나 많고, 미래에 대한 소망을 잃어버린 채 어두운 곳을 헤매는 영혼들도 많사오니 이 사회가 안고 있는 고통을 주님의 손길로 만져 주시옵소서.

저희들을 위하여 불철주야 기도하시며 애쓰시는 목사님을 기억하시고 목양에 어려움이 없도록 순풍으로 이끌어 주시기를 원합니다.

주님께 몸을 드려 수고하는 봉사자들도 기억하시고, 주 안에서의 수고가 결코 헛되지 않음을 기억하고 더욱 봉사의 꽃을 피울 수 있게 하여 주옵소서.

이미 예배가 시작되었습니다. 마치는 시간까지 주님만이 홀로 영광 받으실 것을 믿사옵고 예수 그리스도의 이름으로 기도합니다. 아멘

> **기도가이드** 우리의 기도의 본질은 주님을 신뢰하는 것입니다. 주님을 신뢰하는 마음으로 드리는 기도에는 많은 말을 쏟아내지 않아도 속히 응답을 주십니다.

5월 넷째 주

수요 예배(기도회)
〈복 받는 가정에 맞춤〉

가라사대 내가 반드시 너를 복 주고 복 주며 너를 번성케 하고 번성케 하리라 하셨더니 저가 이같이 오래 참아 약속을 받았느니라. (히브리서 6장 14, 15절)

저희들의 지친 손을 잡아 주시기를 원하시는 주님,

지난 삼 일간도 헛된 영광으로 가득한 세상 속에서 살다가 주님의 전으로 달려 나왔습니다. 주님을 의지하고픈 그 욕심 하나로 주님의 전을 찾았사오니 저희의 영혼을 받아 주시고 하늘의 신령한 은혜로 채워 주시옵소서.

주님, 삼 일의 짧은 기간이었지만 온갖 허무한 손놀림으로 분주하기만 했던 저희들이었습니다. 삶 속에 주님의 뜻을 담아내기 위하여 마음을 쏟기 보다는 육욕을 좇아 분주히 움직였던 삶이었음을 고백하오니 부끄러운 저희를 크신 사랑으로 감싸시고 용서하여 주옵소서.

주님, 주님 앞에 참으로 부끄러운 저희들이지만 이제 마지막으로 가정의 달을 보내면서 복의 근원이신 하나님께 가정의 복을 위하여 간구하기를 원합니다. 복 받기를 사모하는 가정 위에 넘치는 은총을 허락하여 주옵소서.

주님의 말씀에 순종할 때에 천대까지 은혜를 베푸신다고 약속하셨사오니, 말씀에 순종하는 가정들이 되게 하셔서 그 약속을 성실히 이행하시는 주님을 만나는 가정들이 되게 하여 주옵소서. 먹고 마시며 수고하는 가운데 심령의 기쁨을 누릴 수 있게 하시고, 분복을 받아 수고함으로 즐거워할 수 있는 가정들이 되게 하여 주옵소서.

주님, 무엇보다도 영혼이 잘되고 강건한 복을 허락하여 주시기를 원합니다. 만군의 하나님이 함께 계시매 점점 강성해 갔던 다윗과도 같이(삼하5:10) 임마누엘의 하나님이, 주님이 택하신 가정마다 동행하시므로 날마다 번성케 되는 복이 있게 하여 주옵소서. 또한 건강의 복도 허락하여 주시기를 원합니다. 모든 질병이 가정에 틈타지 못하도록 성령의 화염검으로 막아 주시고, 건강한 육체로 주님을 잘 섬길 수 있는 복된 가정들이 되게 하여 주옵소서. 또한 주님 주신 육신을 불의의 병기로 사용하는 일이 없기를 원합니다. 항상 하나님의 영광을 위하여 의의 병기로 사용될 수 있는 가정들이 되게 하여 주옵소서. 자녀들에게도 축복하여 주셔서 허탄한 길을 좇지 않게 하시고 주님의 계명을 사랑하여 그 율례와 법을 좇아 살게 하여 주옵소서. 가정마다 경영하는 사업장과 일터에도 항상 하늘의 신령한 것과 땅의 기름진 것으로 채우시는 주님의 은혜가 있기를 원합니다. 주님께 땀 흘려 수고한 대가를 정직한 마음을 담아 영광 돌릴 수 있도록 함께하여 주옵소서.

오늘도 주님의 말씀을 강론하시는 목사님을 기억하시고, 저희 모두가 주님의 말씀을 경청할 때에 복의 근원이 되시는 주님을 다시 한번 만나는 복된 시간이 되게 하옵소서.

이미 예배가 시작되었습니다. 저희를 행복한 삶으로 이끄시는 예수 그리스도의 이름으로 기도합니다. 아멘

기도가이드 주님은 우리에게 복 주시기를 원하십니다. 그러나 구하지 않는 자에게는 복을 내려 주시지 않습니다.

6월 첫째 주 — 주일 예배(1)
〈성령강림주일에 맞춤〉

주의 성령이 내게 임하셨으니 이는 가난한 자에게 복음을 전하게 하시려고 내게 기름을 부으시고 나를 보내사 포로된 자에게 자유를 눈 먼 자에게 다시 보게 함을 전파하며 …. (누가복음 4장 18,19절)

은혜의 하나님,

약속하신 성령님을 이 땅에 보내 주신 성령강림주일을 맞이하였습니다. 진리의 성령님께서 임재하신 가운데 거룩한 예배를 드리기 원하오니 저희들 가운데 함께하시기를 원합니다. 머리 숙여 경배하오니 영광 받아 주옵소서.

주님, 하루가 지나면 부끄러운 고백이 또다시 쌓여도 날이 밝으면 다시 새 힘이 솟아나는 것은 저희를 떠나지 아니하시는 성령께서 임재하시기 때문임을 믿습니다. 자주 절망하며 영원히 허물을 떨쳐 버릴 수 없는 저희들을 용서하여 주시고, 성령의 충만함을 얻게 하여 주옵소서. 오늘도 무미건조한 삶이 아픔이다 못해 슬픔인 모습으로 주님의 전을 찾았사오니 성령의 강한 빛을 비추셔서 참 인생의 길과 목표를 발견하게 하시고 살아가는 것이 신이 나고, 일하는 것이 행복스럽게 하여 주옵소서.

저희가 미혹의 영에 이끌려 탐욕스럽고 방자하기 그지없을 때 고요히 찾아오신 성령님의 도우심으로 멸망에서 벗어났음을 깨닫습니다. 실패와 낙망으로 인하여 마음 둘 곳을 잃었을 때 위로의 영으로 오셔서 새 힘을 주신 성령의 역사를 지금도 확신합니다. 간절히 사모하며 기다리는 마음에 불꽃으로 뜨겁게 내리신 강렬한 힘의 성령께서 저희에게 친히 오심을 믿습니다. 지금 이 순간도 은혜의 성령님을 갈망하오니 저희의 심령을 충만케 하여 주옵소서. 성령의 충만함으로 심령이 새로워지게 하시고, 주님의 능력으로 강건하여지고 담대해질 수 있게 하여 주시옵소서. 성령의 충만함으로 주님의 뜻을 온전히 분별하게 하시고, 세상의 악한 권세를 이기는 선한 싸움의 승리자로 삼아 주시옵소서.

주님, 또다시 간구하옵는 것은 저희 교회가 더더욱 성령 충만한 교회가 되기를 원합니다. 일찍이 이곳에 주님의 몸 된 교회를 세워 주셔서 성령의 권능을 세상에 쏟아 놓는 능력의 제단이 되게 하셨사오니 날마다 진리의 빛을 밝게 비출 수 있는 생명의 제단이 되게 하시옵소서.

오늘도 성령강림주일을 맞이하여 말씀을 전하여 주실 목사님을 기억하시고 성령을 기름 붓듯 부어 주셔서 선포하시는 말씀이 능력의 말씀이 되게 하시고, 심령 골수를 쪼개는 불의 말씀이 되게 하여 주옵소서.

주님의 몸 된 교회를 위하여 몸을 드려 충성하는 일꾼들도 기억하셔서 주님 앞에 몸과 물질을 깨뜨려 충성을 다할 때마다 성령의 함께 하심을 날마다 체험하는 삶이 되게 하옵소서.

예배의 시종을 주님께 의탁합니다. 성령께서 친히 저희들 가운데 운행하심을 믿사옵고 예수 그리스도의 이름으로 기도합니다. **아멘**

기억해 두세요

성령강림절은 오순절에 이루어졌기 때문에 원래는 오순절 성령강림절이라고 불리우기도 합니다. 유대인에게는 유월절로부터 7주 후에 오는 칠칠절(출 34:22, 신 16:10, 레 23:15:-22)이었습니다. 이것은 율법의 선포와 이스라엘의 건국을 의미합니다. 마찬가지로 그리스도인들은 성령을 받고 새 이스라엘을 세운 날로써 오순절을 축하합니다. 오순절은 부활 주일 후 일곱 번째 주일로 50일째 되는 날입니다.

기도가이드 우리가 주님께 언제나 부르짖어야 할 기도의 제목은 성령의 충만을 위한 기도입니다.

6월 첫째 주

주일 예배(2)
〈성령강림과 현충일에 맞춤〉

명절 끝날 곧 큰 날에 예수께서 서서 외쳐 가라사대 누구든지 목마르거든 내게로 와서 마시라 나를 믿는 자는 성령에 이름과 같이 그 배에서 생수의 강이 흘러나리라 하시니라.(요한복음 7장 37, 38절)

거룩하신 하나님,

성령을 통하여 교회 위에 역사하시고 섭리하신 은총을 찬양 드립니다. 이 땅에 피로 사신 주님의 몸 된 교회가 처음 세워질 때 내려 주셨던 그 성령님이 지금 이 시간에도 역사하심을 믿습니다. 지금 이 시간에도 저희들 가운데 운행하심을 믿습니다. 보혜사 성령께서 저희를 이끌고 계심을 믿습니다. 언제나 떠나지 마시고 길이길이 함께하옵소서.

주님, 주의 성령께서 함께하심에도 불구하고 저희들은 주의 영을 거역하는 삶을 산 적이 많았습니다. 성령이 충만한 사람이기보다는 죄로 충만해진 삶을 살았음을 고백하지 않을 수 없나이다. 늘 성령님을 근심케 했던 저희들의 모습을 주님 앞에 고백하오니 용서하여 주시고, 주님의 보혈로 깨끗하게 씻어 주시옵소서. 주님, 죄에 오염되기 쉽고 죄에 넘어지기 쉬운 저희의 심령을 강하게 붙들어 주시기 원합니다. 성령의 열매는 맺지 못할지언정 성령님을 근심케 하는 삶은 되지 않게 하여 주옵소서. 저희 속에 죄가 왕 노릇 하지 않도록 육체의 소욕을 성령의 불로 지져 주시고, 죄 짓는 자리에 가지 않도록 성령의 화염검으로 막아 주시옵소서.

주님, 이 땅에 살아가는 동안 성령의 사람으로 살기를 원합니다. 성령의 인도하심 속에서 주님의 거룩하신 뜻을 이루어 갈 수 있는 복된 삶이 되게 하여 주시고, 성령께서 감동을 주시는 대로 주님을 위하여 힘써서 일할 수 있는 저희 모두가 되게 하여 주옵소서. 저희의 생각과 계획도 주의 성령께서 철저히 간섭하여 주셔서 저희들의 전 생활 영역이 성령의 역사의 현장이 될 수 있게 하여 주옵소서.

주님, 저희가 6월을 맞으면 잊지 못할 민족의 아픔이 있습니다. 지난날 조국이 풍전등화에 놓여 있을 때 몸을 아끼지 않고 조국의 평화와 자신의 몸을 맞바꾼 순국한 선열들의 고귀한 희생을 잊을 수 없습니다. 나라에서는 조국을 위하여 목숨을 바친 순국한 선열들의 숭고한 정신을 기리기 위하여 현충일로 지키고 있지만, 저희들도 그 희생을 잊지 않고 그들이 목숨을 바쳐 사랑한 이 나라를 위하여 기도할 수 있는 주의 성도들이 되게 하여 주옵소서. 나라가 없으면 교회도 존재치 못함을 깨닫습니다. 내 나라를 무시하거나 멸시하는 모습이 저희에게는 없게 하시고, 주님이 주시는 평화로 이 강산 이 강토가 온통 덮여질 때까지 피 묻은 십자가의 사랑을 가지고 기도하게 하옵소서.

오늘도 저희들이 주님을 간절히 사모하는 마음으로 기도하고 예배드리며 주님의 귀한 말씀을 들을 때에 저희들 가운데 내주하시는 주님의 숨결을 강하게 느끼게 하시고, 주님께서 부어 주시는 성령의 충만이 넘치는 시간이 되게 하여 주옵소서.

말씀을 전하시는 목사님도 성령의 권능에 사로잡히게 하시고, 말씀을 귀 기울여 듣는 모든 성도들도 주님이 교회들에게 하시는 말씀을 듣는 시간이 되게 하옵소서.

예배의 시종을 주님께 의탁합니다. 예배를 돕는 모든 손길들에게 성령의 위로하심이 있게 하시고, 찬양을 드리는 찬양대도 성령의 화음을 낼 수 있게 하여 주옵소서. 예수 그리스도의 이름으로 기도합니다. 아멘

> **기도가이드** 우리는 우리의 기도 제목에서 나라를 위한 기도를 빼놓지 말아야 합니다.

5월 다섯째 주 주일 오후 찬양 예배
〈구역(속회) 연합 헌신예배에 맞춤〉

또 비유로 말씀하시되 천국은 마치 여자가 가루 서 말 속에 갖다 넣어 전부 부풀게 한 누룩과 같으니라. (마태복음 13장 33절)

사랑의 주님,

오늘 주일을 성령강림주일로 지키게 하시고 이 저녁(오후)에 다시 모여 주님께 경배와 찬양을 드릴 수 있게 하시니 감사합니다. 항상 성령의 내주하심 가운데 성령의 사람으로 살아갈 수 있는 저희 모두가 되게 하여 주옵소서.

주님, 오늘은 특별히 6월의 푸른 계절을 맞이하여 돋아나는 새순같이 부흥하는 구역(속회)이 될 것을 다짐하며 구역 연합 헌신예배로 주님께 영광을 돌립니다. 저희를 구원하여 주시고 천국 백성으로 삼아 주신 것도 너무나 감격할 일이온데, 교회의 혈관과 같은 구역(속회)을 돌볼 수 있는 직책을 맡겨 주시니 그 크신 은혜에 말문이 막힐 뿐이옵니다. 저희에게 하나님 나라의 확장을 위한 천국의 귀한 직책을 맡겨 주셨사오니 죽도록 충성할 수 있는 일꾼들이 되게 하여 주옵소서. 혹 저희들의 부족함과 연약함 때문에 상처 받는 구역 식구들이 없게 하시고, 저희들에게 맡겨 주신 구역 식구들을 영적으로 잘 이끌어 주고 잘 섬길 수 있는 구역장들이 되게 하여 주옵소서. 언제나 구역장으로서 신앙의 본을 보일 수 있게 하시고, 잘못된 말과 행동으로 말미암아 구역식구들을 실족케 하는 일이 없게 하여 주옵소서. 어렵고 힘든 구역 식구들에게는 따뜻한 위로와 용기를 줄 수 있는 구역장들이 되게 하시고, 고통 중에 고민하고 있는 구역식구들에게는 친절한 상담자가 되어 줄 수 있는 구역장들이 되게 하옵소서. 질병 중에 있는 구역 식구들에게는 완쾌를 위하여 함께 기도할 수 있는 구역장들이 되게 하시고, 기쁜 일이 생긴 구역 식구들에게는 내 일처럼 함께 기뻐하며 축하해 줄 수 있는 구역장들이 되게 하여 주옵소서.

주님, 구역들이 순번을 정하여 가정마다 예배를 드릴 때 가정 천국이 이루어지는 축복을 받게 하시고, 믿지 않는 식구들에게는 구원의 문이 열리는 역사가 있게 하여 주옵소서. 구역은 현장 속에 있는 작은 교회임을 깨닫습니다. 가정마다 교회를 든든히 세워 갈 수 있는 구역장들이 되게 하시고, 구역을 통한 전도의 문이 활짝 열려짐으로써 교회가 부흥하는 역사가 있게 하여 주옵소서. 권위를 앞세우기보다 겸손을 앞세우는 구역장들이 되게 하시고, 대접받기보다 힘써서 대접하는 일에 마음을 쏟을 수 있는 구역장들이 되게 하여 주옵소서. 주님의 몸 된 교회가 성장하는 데 일익을 담당하는 구역장들이 되기를 원합니다.

이 시간에 생명의 말씀을 전하실 강사 목사님을 성령이 능력으로 함께 하셔서 말씀을 듣는 저희 모두가 다시 한번 헌신을 새롭게 다짐하는 복된 시간이 되게 하옵소서. 강사 목사님이 섬기시는 교회도 저희 교회와 동일한 은혜로 함께하셔서 날마다 주님의 역사를 더하는 교회가 되게 하여 주옵소서.

오늘 예배의 순서를 맡은 자들에게도 함께하셔서 실수함이 없게 하시고, 헌신이 묻어 있는 예배를 주관할 수 있도록 도와주시옵소서.

오늘도 저희가 드리는 헌신을 기뻐하시는 예수 그리스도의 이름으로 기도합니다. 아멘.

기도가이드 구역(속회)은 교회 공동체의 핏줄과 같은 곳입니다. 구역(속회)의 부흥이 이루어지면 교회의 부흥은 자연적으로 이루어집니다. 교회 부흥을 위하여 기도하기를 원한다면 구역(속회)의 부흥을 위한 기도를 잊어서는 안 됩니다.

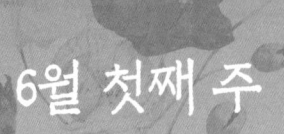

6월 첫째 주 수요 예배(기도회)
〈성령의 충만과 조국의 아픔에 맞춤〉

오직 성령이 너희에게 임하시면 너희가 권능을 받고 예루살렘과 온 유대와 사마리아와 땅 끝까지 이르러 내 증인이 되리라 하시니라.(사도행전 1장 8절)

은혜로우신 주님,

온 대지에 피어오르는 푸르름의 역사는 나무들만의 이야기가 아님을 깨닫습니다. 실망과 좌절로 앞을 보지 못한 제자들이 다락방에 도란도란 둘러앉았을 때 괄괄하고 드센 바람 소리로, 혀같이 갈라지는 불꽃으로 다가와 힘과 능력을 부여하셨던 성령의 역사가 있었음을 깨닫습니다.

지금도 여전히 함께하시는 주님,

이 시간도 너무 힘든 세상사에 시달리다 지치고, 경쟁하는 사회의 일원으로 이리저리 휩쓸리다 주님의 전을 찾은 저희들을 안타까이 여기셔서 강한 성령의 능력에 사로잡히게 하여 주옵소서. 그리하여 초대교회가 그랬듯이 저희들도 성령 충만한 삶을 살게 하여 주옵소서. 성령님을 거스르는 죄를 짓지 않게 하시고, 성령님을 근심케 하지 않는 삶을 살아갈 수 있게 하옵소서. 과거로부터 쓰임을 받았던 사람들은 성령의 감동을 받는 사람들이었음을 저희는 압니다. 오늘 저희들에게도 성령의 감동하심과 인도하심의 은혜를 허락하여 주셔서 주님의 능력 있는 증인이 되게 하시고, 이 땅 위에 천국의 지경을 확장시켜 나갈 수 있는 천국의 일꾼이 되게 하여 주옵소서.

주님, 6월이 되면 저희들은 이 민족의 아픔을 생각지 않을 수 없습니다. 아직까지도 전쟁의 아픔과 사랑하는 아들을 잃은 그때의 아픔을 잊지 못하여 깊은 시름에 잠겨 있는 유족들이 있습니다. 사랑하는 조국을 위하여 목숨을 던진 순국자들과 그 가족들을 기억하시고 과거보다 나아진 조국의 모습을 보며 위로를 얻을 수 있게 하여 주옵소서.

주님, 전쟁 중에 나라를 위해 목숨을 바친 순국자들의 피가 결코 헛되지 않게 하옵소서. 이제는 이 땅에 다시금 젊은이들이 전쟁터로 향하는 일이 없게 하시고, 전쟁으로 인하여 젊은 피를 흘리는 일이 없게 하여 주옵소서.

주님, 아직도 이 나라는 온전한 평화가 이루어지지 않고 있습니다. 전쟁이 휴전 중에 있으며 남과 북이 갈라져 있는 상태입니다. 주님의 몸 된 교회도 이 땅에 온전한 평화가 오기까지 이 민족을 위하여 끊임없이 기도하기를 원합니다. 하나님의 온전한 다스리심을 받고 구원의 복음이 편만해 질 때까지 눈물 뿌려 기도할 수 있는 주의 백성들이 되게 하여 주옵소서.

오늘도 주님의 말씀을 듣고 서신 목사님을 기억하시고, 성령의 능력으로 붙들어 주셔서 권세 있는 주님의 말씀을 증거하실 수 있도록 도와주시옵소서.

예배의 시종을 주님께 의탁합니다. 주의 성령께서 저희들 가운데 친히 강림하심을 믿사옵고 예수 그리스도의 이름으로 기도합니다.

> **기도가이드** 성령 충만을 위하여 간구하십시오. 성령이 충만해야 세상 가운데서 주님의 뜻을 담아 낼 수 있는 주님의 사람으로 쓰임 받을 수 있습니다.

6월 둘째 주

주일 예배(1)
〈삼위일체 주일에 맞춤〉

예수께서 하나님의 아들이심을 믿는 자가 아니면 세상을 이기는 자가 누구뇨 이는 물과 피로 임하신 자니 곧 예수 그리스도시라 물로만 아니요 물과 피로 임하셨고…〈요한1서 5장 5 - 8절〉

온 세상을 창조하신 성부 하나님,

그 위대하신 은총을 찬송합니다. 영원히 피조물들의 예배를 받으실 아버지시오니 영광 가운데 계시며 만유의 주님이 되시옵소서. 인생들을 구원하기 위해 세상에 오신 성자 예수님, 죄인들을 위해 몸 버리신 그 사랑 앞에 감사를 그칠 수 없나이다. 심판의 주님으로 오셔서 하나님의 나라로 인도하여 주옵소서. 영화로우신 성령님, 귀한 은사를 저희에게 채우셔서 능력의 삶을 살아가게 하옵소서.

주님, 혹 저희들이 하나님을 먼 곳에 계신 무서운 존재로만 생각을 하고 있었습니까? 이러한 저희의 잘못된 생각이 있었다면 고치게 하여 주옵소서. 또한 예수님의 은혜를 얻고 사랑을 전혀 드리지 못한 이기적인 태도가 있었다면 바꾸게 하시고, 성령님의 역사를 신비한 행위로만 돌려 버리려 했던 무지함이 있었다면 용서하여 주옵소서. 삼위일체이신 주님을 바로 알고 진리와 함께 진정으로 기뻐하는 주의 자녀가 되게 하여 주옵소서.

주님, 삼위일체의 하나님께서 저희의 마음과 가정, 교회, 삶의 현장, 분단된 조국, 상한 이 세상에 오시기를 바라오니 충만히 임하시기를 원합니다. 저희의 마음이 괴로워 신음할 때 저희의 손을 붙잡으셔서 일으켜 주옵소서. 질병으로 쓰러져 있을 때 능력으로 치료하여 주옵소서. 지쳐 있을 때 새 힘을 얻게 하셔서 생활의 활기를 찾게 하여 주옵소서.

저희의 가정 속에는 주님의 따뜻하고도 감싸시는 사랑이 넘쳐나게 하옵소서. 무거운 짐을 내려 주시고 쉼을 허락하시는 주님의 자비로운 손길을 느끼게 하여 주옵소서. 화목과 평안이 샘솟는 가정이 되게 하여 주시고 교제의 즐거움 속에 서로를 위하고 용납하는 화목이 넘쳐나는 가정이 되게 하옵소서.

주님의 교회는 삼위일체이신 하나님의 축복으로 말미암아 날마다 말씀으로 새롭게 되는 교회가 되게 하시고, 성령의 뜨거움과 은사의 충만함이 역사하는 교회가 되게 하여 주옵소서. 기도를 잊은 자에게 기도의 불을 붙이는 교회가 되게 하시고, 소망을 잃은 자에게 소망을 주고, 찬양을 잃은 자에게 찬양의 기쁨을 되살려 줄 수 있는 교회가 되게 하여 주옵소서. 무엇보다도 마귀의 권세 아래 놓여 있는 영혼들을 주님의 능력의 나라로 옮겨 놓을 수 있는 구명선이 되게 하여 주옵소서.

오늘도 주님의 몸 된 교회를 위하여 충성하고 봉사하는 일꾼들이 있습니다. 섬기는 봉사가 기쁨과 즐거움이 되게 하셔서 주님의 큰 능력을 받는 통로가 되게 하여 주옵소서.

예배를 집례하시는 목사님을 기억하시고 주님의 말씀을 선포하실 때 저희 모두가 삼위일체이신 하나님을 온몸으로 체험하는 역사가 있게 하여 주옵소서.

예배의 시종을 주님께 의탁합니다. 성삼위 하나님께서 영광 받으실 것을 믿사옵고 예수 그리스도의 이름으로 기도합니다. 아멘

기억해 두세요

삼위일체 주일은 성부와 성자와 성령 하나님이 한 분이시며 그 하나님이 지금도 우리와 함께 하시는 하나님이심을 기념하는 주일입니다.

✱ **기도가이드** 성령님은 우리의 기도를 도우시고, 예수님은 우리의 기도를 변호하시며, 하나님은 그 기도에 응답을 주십니다.

주일 예배(2)
〈영성 회복에 맞춤〉

그러하나 진리의 성령이 오시면 그가 너희를 모든 진리 가운데로 인도하시리니 그가 자의로 말하지 않고 오직 듣는 것을 말하시며 장래 일을 너희에게 알리시리라. (요한복음 16장 13절)

사랑의 주님,
　나른한 더위가 저희가 느끼지 못하는 순간 한 발자국 한 발자국 대지를 덮어 오는 초여름입니다. 소쩍새들도 여윈 초저녁부터 먼동이 붉어오는 갓밝이까지 구성진 가락으로 드세게 울고 있습니다. 또 개구리는 왜 그리 떠들썩하게 요란을 떠는지요? 저희 잠든 영혼을 깨우기 위함이 아닌지요? 주님, 자연으로 다가오는 여러 소리들을 접하며 정작 주님의 음성은 듣지 못하고 있는 것은 아닌지 저희 자신을 점검해 봅니다. 이제껏 주님의 음성을 듣지 못하는 삶을 살아왔다면 이 시간 회개할 수 있게 하시고, 주님의 음성을 바로 들을 수 있는 길로 나아갈 수 있는 저희 모두가 되게 하여 주옵소서. 육신의 소욕에 사로잡혀 영적 비만에 걸려 있는 저희의 모습이 되지 않기를 원합니다. 성령의 강한 빛을 비추셔서 미련해진 영혼을 다시 깨울 수 있게 하시고, 성령의 가득한 외침에 마음의 찔림을 받을 수 있는 저희의 모습이 되게 하여 주옵소서.
　주님, 이 시간 저희들이 주님의 전을 찾았지만 왜 이 자리에 왔는지 영적인 무감각증에 걸려 있는 것은 아닌지요? 그냥 왔다가 한 시간 주님께 예배하는 것으로 끝나지 않게 하시고, 점점 무디어져 가는 자신의 영적 현 주소를 바라보며 마음을 찢는 회개와 성령의 충만을 간구할 수 있는 저희 모두가 되게 하여 주옵소서. 이 자리는 주님께 단지 예배만 드리는 자리가 아니라 우리의 영이 주님의 말씀으로 인하여 새롭게 재창조되는 자리임을 알게 하시고, 목사님의 성령 가득한 외침에, 영적 변화를 위하여 가슴을 칠 수 있는 저희 모두가 되게 하여 주옵소서. 항상 주님의 전을 찾을 때마다 회개의 영이 소용돌이치게 하시고, 주님의 말씀에 저희의 미래가 달려 있음을 깨닫는 은혜가 있게 하여 주옵소서.

주님, 이 민족의 아픔을 아시지요? 아직도 이 민족은 두 동강이로 갈라진 채 회복되지 못하고 있습니다. 성령의 권능으로 함께하셔서 잘못된 정권이 무너지고, 잘못된 사상이 무너짐으로 속히 남북이 통일되게 하시고, 이 한반도 전체가 주님의 구원의 복을 누릴 수 있는 축복받은 나라가 되게 하여 주옵소서.

오늘도 주님의 말씀을 선포하시는 목사님을 성령의 능력으로 붙드시기를 원합니다. 아무나 갈 수 없는 그 길을 오직 주님의 피 묻은 십자가만 바라보고 걷고 계시오니 주의 성령께서 늘 동행하여 주셔서 기쁨의 사역이 되게 하여 주옵소서.

예배를 돕는 모든 손길들도 기억하시고, 수고한 대로 성령님의 위로도 넘치게 하여 주옵소서. 찬양대의 찬양을 기억하시고, 주님께 늘 영광의 찬양을 드릴 수 있도록 도와주시옵소서.

예배의 시종을 주님께 의탁하오며 저희의 영을 새롭게 하시는 예수 그리스도의 이름으로 기도합니다. 아멘

> **기도가이드** 사단이 우리의 영혼을 노리고 있기 때문에 우리의 영혼을 십자가 앞에 두기 위하여 기도로 끊임없이 제련시켜야 합니다.

6월 둘째 주 — 주일 오후 찬양 예배
〈교회 봉사와 조국의 평화에 맞춤〉

> 옳다 인정함을 받는 자는 자기를 칭찬하는 자가 아니요 오직 주께서 칭찬하시는 자니라.
> (고린도후서 10장 18절)

거룩하신 하나님,

삼위일체 하나님께 영광을 돌립니다. 창조와 구속과 계속적인 역사로 저희와 함께하시는 주님, 이 부족한 피조물들이 드리는 예배와 찬미를 받아 주시옵소서. 이 예배가 향기가 넘치는 산 제사가 되어 하나님이 기뻐 받으시는 헌신이 되게 하시고, 예비하신 은혜를 넘치도록 받는 복된 시간이 되게 하여 주옵소서. 주님의 이름으로 모인 이 공동체에 크신 영광을 나타내시옵소서.

주님, 지난 한 주간을 돌이켜 보건대 저희는 주님이 주신 생명의 감사함을 잊은 채 숨 쉬며 생각하고 행동하였음을 고백하지 않을 수 없나이다. 저희 속에는 생명의 기쁨보다 죽음의 냄새가, 날로 새로워져야 할 영혼보다 시들고 죽어 가고 있는 것들이 가득 차 있었습니다. 생명은 죽음과 함께할 수 없음을 깨닫사오니 저희를 긍휼히 여기사 용서하여 주옵소서. 이제 주님의 영원한 기운을 저희에게 허락하사 저희로 죽어가는 것들로부터 결별하게 하여 주옵소서.

주님, 삼위 하나님께서 지금도 일하고 계시기에 저희가 구원받은 주님의 백성으로 살아감을 믿습니다. 주님의 사랑만 받고, 은혜만 받으며 아무것도 하지 않는 어리석은 주의 백성이 되지 말게 하시고, 주님의 온전하신 뜻이 무엇인지 분별하여 지혜롭게 봉사할 수 있는 주의 백성이 되게 하여 주옵소서.

주님의 교회에 해야만 할 일들이 얼마나 많습니까? 믿음의 분량에 따라 주님의 선하신 뜻을 이루어 드릴 수 있는 주의 백성이 되게 하시고, 넘치는 봉사로 주님을 닮아 갈 수 있는 저희 모두가 되게 하여 주옵소서.

주님, 주님의 몸 된 교회에서 저희들이 맡은 직분과 직책이 있습니다. 각자 받은 은사대로 주님이 맡겨 주신 직분인 줄 아오니 맡은 바 직분을 잘 감당하여 이 좋은 계절에 주님의 교회를 더욱 아름답고 풍성하게 세울 수 있는 저희 모두가 되게 하여 주옵소서. 아침 이슬 같고 풀의 꽃과 같은 연약한 저희들이지만 주님을 위하여 열심히 일하는 자에게 강건함의 복을 허락하실 것을 믿습니다.

주님, 6월이면 이 민족은 과거의 아픔을 기억하지 않을 수 없습니다. 수많은 젊은이들이 전쟁에서 목숨을 잃었고, 남과 북이 갈라지면서 수많은 가족들이 이산의 아픔을 겪어야 하는 슬픔이 생겨났습니다. 더 이상 이 민족이 피 흘리는 아픔을 겪지 않게 하시고, 어서 속히 통일이 되어 한 많은 삶을 살아온 이산의 슬픔이 속 시원히 풀어지는 역사가 있게 하여 주옵소서. 주님의 몸 된 교회들도 이 민족 위에 온전한 평화가 있기까지 눈물 뿌려 기도하는 것을 쉬지 않게 하옵소서.

오늘도 생명의 말씀을 듣고 단 위에 서신 목사님을 기억하시고 능력의 말씀을 증거하실 수 있도록 붙드시옵소서. 예배의 시종을 주님께 의탁합니다. 주님만이 홀로 영광을 받으실 것을 믿사옵고 예수 그리스도의 이름으로 기도합니다. 아멘

> **기도가이드** 주님은 열심히 봉사하는 손길들을 통하여 당신의 능력을 나타내기 원하십니다.

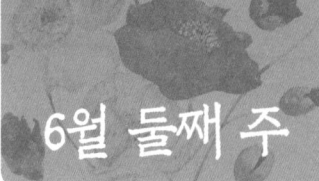

수요 예배(기도회)
〈교우를 위한 기도에 맞춤〉

> 너희는 이 세대를 본받지 말고 오직 마음을 새롭게 함으로 변화를 받아 하나님의 선하시고 기뻐하시고 온전하신 뜻이 무엇인지 분별하도록 하라. (로마서 12장 2절)

교회에 머리가 되시는 주님,

저희들의 삶을 복되게 하여 주셔서 주님의 전에 나올 수 있도록 인도하여 주신 은혜를 감사드립니다. 피곤한 육신을 생각하면 집에서 쉬고 싶은 마음 간절하지만 영혼이 잘되고 범사가 잘되는 삶으로 이끄시는 주님의 손길에 붙들려 이 자리를 찾았습니다. 이 시간에 저희가 드리는 기도를 받으시고, 저희가 올리는 찬양을 받으시옵소서.

주님, 참으로 죄를 이길 수 없는 저희들입니다. 먼지같은 작은 죄 앞에서도 맥없이 넘어지는 연약한 저희들입니다. 죄 짐을 지고서 이 자리를 찾았사오니 넓으신 주님의 가슴으로 품으시고 용서하여 주옵소서.

주님, 세상은 날로 악해져만 가고 있고 성도를 유혹하는 사탄의 무리는 갈수록 극성을 부리고 있습니다. 악한 마귀가 우는 사자와 같이 두루 다니며 삼킬 자를 찾는 이때에 근신하며 깨어 있도록 도와주시고, 마귀를 능히 대적할 수 있도록 하나님의 전신갑주를 입혀 주시기를 원합니다. 죄를 짓고 싶어하는 충동을 이길 수 있는 강한 의지력과 성령의 충만을 허락하여 주시고, 유혹과 시험을 말씀으로 물리칠 수 있도록 강한 믿음을 허락하여 주옵소서.

주님, 교우들 중에 출산한 가정이 있습니까? 태의 열매는 그의 상급이라고 하였사오니 신앙 안에서 잘 키울 수 있도록 이끌어 주옵소서. 생일을 맞은 교우가 있습니까? 지금까지 지켜 주신 하나님을 찬양하며 남은 생애 더욱 주님만을 위하여 살아갈 수 있도록 이끌어 주옵소서. 이사 온 가정이 있습니까? 낯선 환경이지만 교회를 통하여 잘 적응할 수 있게 하시고, 변함없이 주님의 뜻을 좇아갈 수 있는 가정이 되게 하여 주옵소서. 가정불화와 신앙이 나태한 교우가 있습니까? 가정의 화목을 위해서 기도하게 하시고, 주님께서 제일 싫어하시는 것이 게으름이란 것을 잊지 말게 하여 주옵소서. 질병으로 고통 받는 교우가 있습니까? 만병의 의원이신 주님을 의지하게 하시고, 치료하시는 주님의 손길을 체험케 하여 주옵소서. 수술이 잡혀 있는 교우가 있습니까? 주님께서 의사의 손길을 붙들어 주셔서 실수하지 않게 하여 주시고, 속히 완쾌될 수 있도록 도와주시옵소서.

주님, 오늘도 일일이 간구하지 못한 것까지도 주님이 기억하시고, 주님의 뜻에 맞게 응답이 있게 하여 주옵소서. 오늘도 목사님이 말씀을 증거하십니다. 주의 성령께서 붙들어 주셔서 은혜 충만한 말씀이 되게 하여 주옵소서.

예배의 시종을 주님께 의탁하오며 예수 그리스도의 이름으로 기도합니다. 아멘

기도가이드 남을 위한 기도야말로 주님의 마음을 가장 잘 살피는 기도입니다.

6월 셋째 주

주일 예배(1)
〈오순절 후 두 번째 주일, 조국의 쓰라린 아픔에 맞춤〉

> 여호와의 도모는 영영히 서고 그 심사는 대대에 이르리로다 여호와로 자기 하나님을 삼는 나라 곧 하나님의 기업으로 빼신 바 된 백성은 복이 있도다…. (시편 33편 11, 12, 22절)

사랑과 자비의 하나님,

오늘 저희들이 주의 성전에 모여 찬미와 감사로 예배를 드립니다. 저희들에게 성령님을 보내서서 영광을 받으시고 저희 심령을 성결케 하여 주옵소서. 세상의 날씨에 뜨거움을 느끼기보다 불길 같은 성령님의 임재로 뜨겁게 느끼게 하시고 세상의 어떤 도움으로 기뻐하기보다 주의 전에서 저희의 예배를 받으시는 주님의 사랑으로 기뻐할 수 있게 하옵소서.

주님, 지난 한 주간의 삶을 돌이켜 봅니다. 주님을 의지하기보다 세상 가운데서 믿고 의지하는 대상을 찾으려 했던 저희였습니다. 주님을 사랑하기보다 물질에 더 애착을 갖고 움직였던 저희였습니다. 주님의 도우심을 바라보기보다 세속적인 것에 기대를 걸었던 저희였습니다. 이 시간 보혜사 성령께서 세속에 물들어 있는 저희 심령을 훈계하시고 일깨워 주셔서 다시는 세상에 끌려 사는 비굴한 모습이 없게 하여 주옵소서. 이 시간 저희가 성령 안에서 기도하고 찬송하며 말씀을 사모할 때에 은혜 받게 하시며, 새로운 인격을 갖추고 새 사람으로 새 날을 살아갈 수 있게 하여 주옵소서. 또한 성령님의 인도하심 속에서 저희의 신앙도 살찌게 하시고 주님의 거룩하신 뜻을 이루어 드릴 수 있는 복된 삶이 되게 하옵소서. 저희의 생각과 계획도 미리 아시는 성령께서 철저하게 이끌어 주시고 주관하여 주시옵기를 원합니다. 저희들의 전 생활 영역이 성령의 인도하심을 따라 사는 권세 있는 삶이 되게 하여 주옵소서.

주님, 6월이 되면 지난 이 민족의 쓰라린 아픔을 되새겨 보지 않을 수 없나이다. 이데올로기의 갈등 때문에 내 동포 내 형제끼리 비극적인 전쟁을 치러야 했던 아픔과, 그로 인하여 아직까지도 지척에 둔 고향 땅을 가 보지도 못하고 두고 온 형제 부모를 만나지 못하는 분단의 고통이 계속되고 있사오니 이제는 이 땅에서 전쟁이 그치게 하시고, 평화의 나라가 될 수 있도록 은총을 베풀어 주옵소서. 남과 북이 서로 하나가 되어 하나의 조국을 사랑할 수 있게 하시고, 한 국기를 바라보며 애국가를 열창할 수 있는 감격의 그날이 있게 하여 주옵소서. 헤어진 아픔을 겪고 있는 이산가족들도 꿈에도 그리워하던 고향 땅을 자유롭게 밟을 수 있는 그 날이 있게 하여 주옵소서. 그토록 보고 싶어 한이 되었던 부모 형제를 다시 만나 서로의 그리움을 씻고 한 많은 삶을 씻을 수 있는 그날이 있게 하여 주옵소서. 이제 다시는 6.25와 같은 동족상잔의 비극이 이 비좁은 땅에서 일어나지 않게 하여 주옵소서.

지금도 북한에서 신음하고 있는 동포들을 기억하시고 저들 중에도 주님을 의지하고 신앙을 지키는 주의 사랑하는 백성들이 있는 줄 믿사오니 저들의 애끓는 기도의 소원이 속히 이루어지게 하시고, 자유국가에서 한껏 주님을 높이며 영광 돌릴 수 있도록 은총을 베풀어 주옵소서.

오늘도 말씀을 전하시는 목사님을 기억하시고 성령의 능력으로 함께 하셔서 선포하시는 말씀마다 성령 충만한 은혜의 말씀이 되게 하시고 그 말씀을 듣는 저희 모두가 주님의 은혜를 경험하게 하여 주옵소서.

예배의 시종을 주님께 의탁하오며 예수 그리스도의 이름으로 기도합니다. 아멘.

기도가이드 참된 응답은 나의 소원 나의 간구가 아니라 하나님의 뜻이 내 안에서 이루어지는 것입니다.

6월 셋째 주

주일 예배(2)
〈화합과 일치에 맞춤〉

자랑하는 자는 이것으로 자랑할지니 곧 명철하여 나를 아는 것과 나 여호와는 인애와 공평과 정직을 땅에 행하는 자인 줄 깨닫는 것이라 나는 이 일을 기뻐하노라 여호와의 말이니라. (예레미야 9장 24절)

거룩하신 하나님,

산천이 푸르름을 더해 가는 축복의 계절 6월에 주님의 사랑과 축복을 온몸에 담고 주님 앞에 엎드리게 하심을 감사드립니다. 이른 봄에 심은 씨앗들이 어느덧 제 모습을 갖추며 성장을 더해 가는데 저희의 신앙도 성장을 거듭할 수 있는 모습이 되게 하여 주옵소서.

사랑의 주님,

주님 앞에 예배드리면서 지난 한 주간의 삶을 돌이켜 봅니다. 이유 없이 남을 미워할 때도 있었고 비방할 때도 있었습니다. 자신의 뜻대로 되지 않는다고 하여 주님을 원망할 때도 있었습니다. 위선과 거짓 속에서 지낼 때도 있었고, 감정을 다스리지 못하여 불신앙의 말을 마구 쏟아낼 때도 있었습니다. 주님께 감사하기보다는 불만을 가득 품을 때가 많았습니다. 신앙을 앞세우기보다는 주위 환경에 이끌림을 받을 때가 많았습니다. 주님, 이 시간 주님의 십자가의 보혈의 공로를 의지하여 회개하오니 넓으신 주님의 품으로 품어 주시고 용서하여 주옵소서.

자비로우신 주님,

생명 있는 것들이 향기를 발하고 성숙을 향하여 발돋움하고 있는 이때에 저희들의 신앙도 더욱 발돋움할 수 있게 하여 주시고 성숙을 위하여 더욱 힘차게 전진할 수 있는 믿음이 되게 하여 주옵소서. 바쁘다는 핑계로 주님의 전을 멀리하는 모습이 없게 하시고, 예배와 기도와 전도에 늘 힘쓸 수 있는 저희 모두가 되게 하여 주옵소서.

주님, 이 민족을 구원하시기를 원합니다. 하찮은 이데올로기로 인하여 엄청난 아픔을 겪어야만 했던 이 민족이온데 아직도 이 민족은 사상적인 문제로 논쟁을 벌일 때가 많습니다. 한 피 받은 한 형제일진대 말하는 것이 다르고 생각하는 것이 다르다고 하여 서로를 원수처럼 대하는 일이 없게 하시고, 서로의 다름을 인정할 줄 알고 포용할 줄 아는 너그러운 사회가 될 수 있도록 평안을 더하여 주옵소서. 주님의 백성이 한자리에 모인 교회에서도 서로를 미워하고 다투는 일들이 빈번히 발생하고 있사오니 주님의 십자가의 사랑이 무엇인지를 깨닫게 하셔서, 그 십자가 앞에서 부끄러운 신앙생활을 하지 않게 하여 주옵소서. 서로 사랑하기를 힘쓰게 하시고, 서로 용납하기를 힘쓰게 하시고, 서로를 세워 주기에 힘쓸 수 있는 주의 백성들이 되기를 원합니다. 저희 모두가 왜 하나님께서 이 민족에게 6월의 아픔을 주셨는지를 기억하게 하셔서 다시는 서로를 질시하는 일이 없게 하여 주옵소서.

오늘도 주님이 쓰시는 귀한 목사님을 단 위에 세우셨사오니 크신 능력으로 붙드시고 권세 있는 주님의 말씀을 증거하실 수 있도록 붙드시옵소서.

예배를 돕는 모든 손길들 위에 함께하셔서 예배를 위하여 쓰임 받는 축복의 삶을 늘 누릴 수 있게 하여 주옵소서. 예배의 시종을 주님께 의탁하오며 소망의 주, 평화의 주가 되시는 예수 그리스도의 이름으로 기도합니다. **아멘**

> ✱ **기도가이드** 하나님 우선주의, 하나님 제일주의, 하나님 중심주의를 생활 속에서 실천할 때 기도의 응답은 속히 옵니다.

6월 셋째 주 주일 오후 찬양 예배
〈견고한 믿음 생활에 맞춤〉

오직 나의 의인은 믿음으로 말미암아 살리라 또한 뒤로 물러가면 내 마음이 저를 기뻐하지 아니하리라. (히브리서 10장 38절)

살아 계신 하나님,
　자연이 아름다움과 성장을 더해 가는 이 계절에 저희를 이 전으로 불러 주셔서 주님을 향하여 마음의 문을 열고 주님의 음성에 귀 기울일 수 있도록 사랑을 베푸시니 감사드립니다. 이 저녁(오후)에도 주님을 찾았습니다. 오늘도 성수주일 한 주님의 백성들을 칭찬하시고 위로하여 주실 것을 믿습니다. 주님 앞에 서는 그 날까지 저희들의 이 좋은 모습이 변하지 않도록 도와주시옵소서. 그러나 이 복된 자리에 참여치 못한 주님의 사랑하는 백성들이 있습니다. 주님의 구속의 은혜를 값없이 취급하는 저들이 되지 말게 하시고, 주님을 높이고 주님을 인정하는 것이 저들의 삶을 지배할 수 있게 하여 주옵소서. 부득불 이 자리에 참여치 못한 안타까운 성도들도 있사오니 주님께서 그 심령을 찾아가셔서 위로하여 주시고 용기와 힘을 더하여 주옵소서.
　주님, 저희의 믿음의 불완전함을 돌아봅니다. 한 주간의 삶 동안에도 거듭 되풀이되는 죄악 된 습관을 멀리하지 못했습니다. 견고한 믿음 위에 서기를 원하였지만 그것은 마음뿐일 뿐 부딪히는 일마다 쉽게 넘어지는 저희들입니다. 행여 저희의 삶에 창수는 나는 것은 아닌지 염려하며 이 순간까지도 믿음 없는 생활을 반복해 왔던 저희들입니다.
　주님, 간구합니다. 저희의 믿음을 견고히 세워 주시기를 원합니다. 주님의 반석 위에 세워진 믿음이 되게 하여 주시고, 세상을 넉넉히 이겨 갈 수 있는 믿음이 되게 하여 주옵소서. 무슨 일이 있어도 세상과 타협하지 않는 믿음이 되게 하여 주시고, 그 어떤 사단의 유혹 앞에서도 쉽게 흔들리지 않는 믿음이 되게 하여 주옵소서. 모든 염려를 주님께 다 맡길 수 있는 믿음이 되게 하여 주시고, 의인은 일곱 번 넘어질지라도 다시 일으켜 주시는 주님이 계시다는 것을 굳게 믿고 넘어지는 것을 두려워하지 않는 믿음이 되게 하여 주옵소서. 아무리 우리 자신에게 도움이 되고 유익이 되는 것이라 할지라도 신앙적인 것이 아니면 단호히 뿌리칠 수 있는 믿음이 되게 하여 주시고, 손해가 발생한다 할지라도 주님이 기뻐하시는 것이라면 기꺼이 헌신을 드릴 수 있는 믿음이 되게 하여 주옵소서.

사랑의 주님,

반목과 대립, 미움과 질시(嫉視)가 피어오르던 6월의 중동에 서있습니다. 이 미움이 그치리라곤 미처 생각지 못했던 시절이 어제였습니다. 그러나 오늘은 얼었던 가슴을 녹게 하시고 찌들었던 미움이 삭아들게 하시며 그리움으로 사랑을 노래하게 하심을 감사드립니다. 이제, 세월만큼이나 멀었던 사랑을, 그리움을, 이해를, 부풀어 오른 사랑으로 덮게 하옵소서.

오늘도 주님의 말씀을 증거하시는 목사님을 주님의 능력의 오른손으로 붙드셔서 권세 있는 말씀을 증거하실 수 있도록 함께하실 것을 믿습니다.

이미 예배가 시작되었습니다. 마치는 시간까지 주님만이 홀로 영광 받으실 것을 믿사옵고 예수 그리스도의 이름으로 기도합니다. **아멘**

> **기도가이드** 우리가 기도하는 것은 이미 주님이 약속하신 것을 받아 누리기 위함입니다.

6월 셋째 주

수요 예배(기도회)
〈사랑을 이루는 삶에 맞춤〉

내가 사람의 방언과 천사의 말을 할지라도 사랑이 없으면 소리 나는 구리와 울리는 꽹과리가 되고, 사랑은 언제까지든지 떨어지지 아니하나 예언도 폐하고 방언도 그치고 지식도 폐하리라.(고린도전서 13장 1, 8절)

고마우신 하나님 아버지,

지난 삼 일도 저희를 주님의 날개 아래 품어 주셨다가 수요 기도회를 맞이하여 주님의 전을 찾을 수 있도록 발걸음을 인도하심을 감사드립니다. 오늘도 주님의 전에 나와 엎드리니 주님의 사랑과 은혜가 없이는 살 수 없는 종들임을 다시 한번 깨닫게 됩니다. 늘 넘치는 주님의 사랑을 받고 사는 인생임을 깨닫습니다. 부족하고 못난 저희를 즐겨 품으시는 주님을 경배하오니 영광을 받으시옵소서.

그러나 저희들의 삶을 돌이켜 보면 주님의 사랑을 받고 주님의 사랑 안에 있으면서도 그 사랑을 실천하기에 왜 그다지도 인색했는지 모릅니다. 그러면 안 되는 줄 알면서도 늘 미움에 이끌려 다니기를 좋아했습니다. 판단과 질투의 화신으로 변해 있을 때가 많았습니다. 이런 저희를 우리 주님이 보시며 얼마나 안타까워하셨겠습니까?

주님, 저희의 심령에 성령의 충만함을 허락하여 주셔서 사랑의 능력을 힘입게 하여 주옵소서. 믿음과 소망과 사랑 중에 제일은 사랑이라고 말씀하였사오니 사랑을 이룰수 있는 삶이 되게 하여 주옵소서. 사랑 없는 까닭에 슬픔이 가득한 세상입니다. 사랑 없는 까닭에 실망이 가득한 세상입니다. 사랑 없는 까닭에 미움과 분노가 가득한 세상입니다. 이 세상에 사랑의 씨앗을 심어 갈 수 있는 저희 모두가 되게 하시고, 사랑의 꽃을 피우고 사랑의 결실을 맺을 수 있는 저희 모두가 되게 하여 주옵소서. 주님의 몸 된 교회는 주님의 십자가의 사랑으로 세워진 곳임을 믿습니다. 주님의 사랑을 닮으라고 교회를 세우신 것을 믿습니다. 저희 모두가 주님의 몸 된 교회를 통하여 사랑의 욕구를 충족시켜 나갈 수 있게 하시고, 그 사랑으로 주님의 뜻을 이루어 갈 수 있게 하옵소서.

주님, 6월이면 저희는 사랑하는 조국의 아픔을 생각지 않을 수 없습니다. 이제는 이 나라 이 민족 위에 피비린내 나는 전쟁이 없게 하시고, 동족을 향하여 총부리를 겨누는 일이 없게 하여 주옵소서. 우리가 서로 사랑해야할 단일 민족입니다. 어서 속히 사랑으로 민족 통일이 이루어지게 하여 주시고, 삼천리 반도 금수강산에 주님 주신 평화가 가득 넘치는 축복의 나라가 되게 하여 주옵소서.

오늘도 생명의 말씀을 전하시는 목사님을 성령의 능력으로 붙드셔서 저희 모두가 말씀의 시냇가를 걷는 기쁨이 있게 하여 주옵소서.

주님의 몸 된 교회를 위하여 사랑으로 봉사하며 섬기는 손길들이 있습니다. 저들의 충성과 헌신을 통해서 주님의 몸 된 교회가 사랑이 더욱 넘치는 아름다운 교회가 되게 하여 주옵소서.

이미 예배가 시작되었습니다. 마치는 시간까지 함께하실 것을 믿사옵고 예수 그리스도의 이름으로 기도합니다. **아멘**

> **기도가이드** 주님의 겟세마네 기도가 우리를 향한 사랑으로 완성되었듯이 우리의 기도는 사랑으로 완성됩니다.

6월 넷째 주 — 주일 예배(1)
〈오순절 후 세 번째 주일, 6.25 상기주일에 맞춤〉

여호와는 또 압제를 당하는 자의 산성이시요 환난 때의 산성이시로다 여호와여 주의 이름을 아는 자는 주를 의지하오리니 이는 주를 찾는 자들을 버리지 아니하심이니이다…(시편 9편 9 – 11절)

은혜로우신 주님,

성령강림의 기쁨이 강물처럼 흘러넘치는 지금, 다시 한번 그 은혜에 감격하며 주님의 전을 찾아 예배할 수 있게 하시니 감사합니다. 오늘도 저희들은 성령의 능력에 힘입어 주님께 예배드리기 원하오니 이 자리에 강림하셔서 저희의 연약함을 도와주시옵소서.

주님, 6월의 마지막 주일을 보내며 주님께 기도합니다. 나라와 겨레를 사랑하지 못했던 잘못을 용서하여 주옵소서. 주님께서 사랑하시고 인애를 베푸신 이 나라를 오히려 저희들이 업신여기는 죄를 범했습니다. 작고 약한 나라라고 스스로 비하했으며, 소망이 없다고 말하며 절망에 빠지기도 했습니다. 그러나 주님께서 이 땅에 복음을 심으시고 세계의 교회로 자라게 하셨으며, 장래 온 세상을 움직일 중심 국가로 성장시켜 주셨음을 생각할 때 저희들이 어찌 그 같은 주님의 은총을 은폐시킬 수 있겠사오리까? 이 민족, 이 교회에 향하신 주님의 경륜과 섭리를 늘 깨달아 알 수 있는 저희 모두가 되게 하여 주옵소서.

주님, 바람 앞에 등불같이 위태롭던 이 작은 나라를 반만년이 지나도록 돌보시고, 복음의 보루로 든든히 서게 하심을 감사드립니다. 지난 세기에 있었던 동족상잔의 전쟁이 다시는 이 땅 위에 되풀이 되는 일이 없게 하시고, 주님이 주시는 평화를 노래할 수 있는 나라가 되게 하여 주시옵소서. 아직도 남과 북이 대치 국면 상태로 있으면서 국가적인 아픔은 물론 개인적인 아픔도 겪고 있사오니 어서 속히 이 민족 위에 통일의 은총과 축복을 내려 주시기를 원합니다. 주님께서 구원하실 사랑하는 백성들이 저 북한 땅에도 있사오니 그들도 주님의 놀라운 사랑을 느끼며 구원의 주님을 찬송할 수 있도록 은총을 베풀어 주옵소서.

주님의 사랑을 듬뿍 받은 남한의 교회들, 이 민족 위에 주님의 온전한 구원과 평화가 이루어지기까지 마음을 쏟는 눈물의 기도를 잊지 않게 하여 주시고, 복음의 빚을 진 자로서 증인의 사명을 게을리하지 않는 주의 백성들이 되게 하여 주옵소서.

이제는 6월의 이 아픔이 평화 통일의 기틀이 되게 하실 것을 믿습니다. 남북이 모두 하나님을 섬기는 축복의 나라가 되게 하실 것을 믿습니다. 온 땅 곳곳에 복음을 심을 수 있는 선교의 나라가 되게 하실 것을 믿습니다.

오늘도 말씀을 전하시는 목사님을 성령의 능력으로 붙드셔서 상한 심령이 위로받고, 병든 심령이 치료함을 받으며, 고통 받고 있는 심령이 시원케 되는 역사가 있게 하여 주옵소서.

주님의 몸 된 교회를 한결같은 마음으로 섬기는 직분들을 기억하시고 몸과 물질을 깨뜨려 충성을 다할 때마다 넘치는 주님의 은혜를 경험하게 하여 주옵소서.

예배를 돕는 손길들과 찬양대 위에도 함께하셔서 주님께 쓰임 받는 기쁨이 날마다 샘솟게 하여 주옵소서.

예배의 시종을 주님께 의탁하오며 예수 그리스도의 이름으로 기도합니다. **아멘**

> ✱ **기도가이드** 우리의 기도는 때때로 믿음을 토하는 출구이기보다 불신과 절망을 표출하는 출구일 수가 있습니다.

6월 넷째 주

주일 예배(2)
〈충만한 신앙생활과 회복된 조국에 맞춤〉

여호와는 그 경외하는 자 곧 그 인자하심을 바라는 자를 살피사 저희 영혼을 사망에서 건지시며 저희를 기근 시에 살게 하시는도다.(시편 33편 18, 19절)

사랑의 하나님 아버지,

어느덧 금년도 반년이 흘러가고 있습니다. 들녘에는 곡식들이 푸르름을 띠며 왕성하게 자라고 있고, 산천에는 신록이 우거져 마치 성장을 경쟁하는 듯 비쳐지고 있습니다. 농부들의 땀방울이 풍요로운 가을을 약속하는 듯하며 단비를 촉촉이 받아 먹는 대지는 더욱 신록을 우거지게 하기에, 이러한 자연의 푸르름이 하나님의 은혜를 연상케 하오니 감사하지 않을 수 없나이다. 이 시간 주님의 사랑과 축복을 온 몸에 담고 주님 앞에 예배드리게 하시니 다시 한번 감사합니다. 이른 봄에 심은 씨앗들이 어느덧 제 모습을 갖추며 성장을 더해 가듯 저희들의 신앙도 성장을 거듭할 수 있도록 도와주시옵소서.

사랑의 하나님,

예배를 드리기에 앞서 지난 한 주간의 삶을 돌이켜 봅니다. 저희는 주님을 닮아 가는 삶을 살아야 함에도 불구하고 주위의 환경에 이끌림을 받을 때가 많았습니다. 주님의 향기를 드러내며 살아야 하는 삶이어야 함에도 불구하고 오히려 악취를 풍기는 삶을 살았음을 부인할 수 없나이다. 사사로운 감정을 이기지 못했고, 거짓과 위선을 이기지 못했습니다. 주님의 뜻보다 저희의 생각과 고집을 앞세우는 삶을 살았습니다. 오! 주님, 이 시간 주님의 긍휼을 바라보며 회개하오니 주님의 보혈의 피로 씻어 주시고, 용서하여 주옵소서.

주님, 모든 생명 있는 것들이 왕성한 성장을 드러내고 있는 이때에 저희도 주님의 뜻을 이루는 일에 왕성해질 수 있게 하여 주옵소서. 예배의 충만, 찬양의 충만이 있게 하여 주옵소서. 기도의 충만, 전도의 충만이 있게 하여 주옵소서. 사랑의 충만, 섬김의 충만이 있게 하여 주옵소서. 봉사의 충만, 헌신의 충만이 있게 하여 주옵소서. 주의 이름의 영광을 위하여 주님이 남기신 흔적에 충만해질 수 있는 저희 모두가 되게 하여 주시고, 주님의 몸 된 교회를 주님의 충만으로 채울 수 있는 저희 모두가 되게 하여 주옵소서.

주님, 사랑하는 이 민족이 6월을 맞이하면 결코 잊을 수 없는 뼈아픈 상처가 생각나지만 이제는 더 이상 이 땅 위에서 삶과 죽음의 통곡 소리가 들리지 않게 하실 것을 믿습니다. 화합의 나라로 이끄시고 평화의 나라로 이끄실 것을 믿습니다. 전쟁의 사기를 드높이는 군가가 변하여 통일을 축하하는 노래가 되게 하실 것을 믿습니다. 전쟁 무기가 변하여 땅을 일구는 보습이 되게 하실 것을 믿습니다. 영광의 주님을 찬양하고 주님을 높이는 제사장 나라가 되게 하실 것을 믿습니다. 그날이 오기까지 기도로 주님의 전을 진동케 할 수 있는 저희 모두가 되게 하여 주옵소서.

오늘도 말씀을 듣고 단 위에 서신 목사님께 말씀의 권세를 더하여 주셔서 힘 있고 권세 있는 말씀, 치료와 안식을 선포하는 말씀이 되게 하여 주옵소서.

예배를 위하여 수종 드는 손길들을 기억하시고, 저들의 넘치는 봉사에 주님의 넘치는 위로와 축복이 항상 깃들게 하여 주옵소서.

예배의 시종을 주님께 의탁합니다. 주의 성령께서 이 자리에 친히 운행하심을 믿사옵고 예수 그리스도의 이름으로 기도합니다. 아멘

기도가이드 기도의 충만함에 하나님의 응답과 능력의 충만함이 깃드는 법입니다.

6월 넷째 주 — 주일 오후 찬양 예배
〈변화된 신앙생활에 맞춤〉

너희는 먼저 그의 나라와 그의 의를 구하라 그리하면 이 모든 것을 너희에게 더하시리라.
(마태복음 6장 33절)

저희를 찾으시는 여호와 하나님,
주님의 찾으심이 계시기에 이 저녁(오후)에도 주님이 계신 이 전으로 발걸음을 옮겼습니다. 이 자리를 찾은 저희들을 인하여 기뻐하시고 즐거워하시옵소서. 몸과 마음을 드려 주님을 찬양합니다. 영광중에 저희들 가운데 임재하시옵소서.

주님, 약하디 약한 저희들 아닙니까? 기우뚱거리는 신앙으로 늘 주님을 근심케 해 드렸던 저희들임을 깨닫습니다. 주님 앞에 잘못한 것을 앞세우면 감히 이 자리를 찾을 수 없지만 어린아이 같은 저희들을 꾸짖지 아니하시고 품어 주시는 주님의 사랑이 너무나 크기에 주님 품에 안기길 원합니다. 넓으신 주의 품으로 안아 주시고 다독여 주시며 저마다 지은 죄를 용서하여 주옵소서.

주님, 지금까지는 제 자신을 우선으로 생각하고 주님의 일은 그 다음으로 여기는 신앙생활을 해 왔지만 이제는 모든 일을 할 때에 주님을 제일로 삼는 삶을 살 수 있기를 원합니다. 어린아이같이 투정만 부리는 철부지 신앙을 벗어나서 주님의 영광만을 생각하며 살아갈 수 있는 저희의 삶이 되게 하여 주옵소서. 주님을 위해서 충성을 하되 불평이 없게 하시고, 교회를 위해서 봉사를 하되 교만을 앞세우지 않게 하여 주옵소서. 혹 저희 보다 열심을 보이는 성도가 있다면 시기하지 않게 하시고, 겸손한 마음으로 응원해 주고 그 열심을 본받을 수 있게 하여 주옵소서. 바쁘다는 핑계로 자주 예배에 빠지는 일도 없기를 원합니다. 피곤하다는 이유로 기도 생활을 멀리하지 않기를 원합니다. 어렵다는 이유로 물질로 범죄하지 않기를 원합니다. 도와주시옵소서. 무엇보다도 하나님의 말씀에 순종하여 좌로나 우로나 치우치지 않게 하시고, 목사님의 말씀에 순종케 하사 목자를 떠나 방황하는 길 잃은 양이 되지 않게 하여 주옵소서.

주님, 주님 오시는 그날까지 정결한 처녀로서(고후 11:2) 흠이 없는 신앙의 길을 가기를 원합니다. 베드로와 같이 순간적으로라도 주님을 부인하는 일이 없게 하시고, 가룟 유다와 같이 주님을 배반하는 일이 없게 하여 주옵소서. 신앙생활을 하되 말씀에 근거하지 않는 합리적인 사고방식의 지배를 받지 않게 하시고, 비록 이해가 되지 않는 일이 있을지라도 믿음으로 승리하는 성도가 되게 하여 주옵소서.

오늘도 주님의 말씀을 들고 단 위에 서신 목사님을 기억하시고 말씀을 들을 때에 저희의 느슨해진 신앙이 뜨거운 신앙으로 변화되는 역사가 있게 하여 주옵소서.

예배의 시종을 주님께 의탁하오며 예수 그리스도의 이름으로 기도합니다. 아멘.

> **기도가이드** 우리는 주님이 기뻐하시는 신앙을 만들어 가기 위하여 끊임없이 자신을 살피며 기도할 수 있어야 합니다.

수요 예배(기도회)
〈열매 맺는 신앙생활과 교우의 고통에 맞춤〉

주여 내 입술을 열어 주소서 내 입이 주를 찬송하여 전파하리이다.(시편 51편 15절)

저희 인생을 주장하시고 이끌어 가시는 주님,

저희를 험한 세상에 버려두지 아니하시고 주님의 전으로 인도하여 주셔서 주님의 은혜를 사모할 수 있게 하여 주시니 감사드립니다. 사람이 떡으로만 사는 것이 아니라 하나님의 말씀이 있어야 사는 것인 줄 알기에 오늘도 주님의 말씀을 갈망합니다. 저희의 드리는 예배를 받으시고 저희의 심령을 진리의 말씀으로 가득 채워 주시옵소서.

사랑의 주님,

삼 일의 짧은 기간이었지만 죄 앞에서 힘없이 넘어졌던 저희들입니다. 죄를 이기고 주님의 뜻을 심는 삶을 살아야 함에도 불구하고 저희는 그와 같은 삶을 살지를 못했습니다. 주님의 백성이면서도 늘 죄짓는 일에 익숙한 저희들을 불쌍히 여겨 주옵소서. 죄짓지 않기를 소망합니다. 주님의 뜻대로 살기를 소망합니다. 도와주시옵소서.

주님, 이제 6월 한 달도 다 지나가고 있습니다. 새해를 맞으며 좀 더 잘 해보겠노라고 다짐하며 각오한 일들이 엊그제 같은데 벌써 반년의 세월이 흘러 버렸습니다. 하지만 저희의 신앙을 돌아보니 잎만 무성했을 뿐 열매 맺은 것이 별로 없음을 깨닫습니다. 반년의 시간이 더 남은 것을 감사하게 여기며 저희 모두가 열매 맺는 신앙생활에 힘쓸 수 있게 하시고, 주님께 큰 영광 돌리는 삶이 될 수 있도록 이끌어 주시옵소서. 주님께 충성을 다하지 못했다면 더욱 충성할 수 있게 하여 주시고, 주님께 헌신하지 못했다면 더욱 헌신할 수 있는 저희 모두가 되게 하여 주옵소서.

　주님, 이 전을 찾은 교우들 가운데 여러 가지 힘든 상황에 놓여 있는 교우들이 있을 줄 압니다. 생활고로 시달리는 교우들도 있을 것입니다. 물질의 고통을 받는 교우들도 있을 것입니다. 어려운 문제 앞에서 낙심하고 있는 교우들도 있을 줄 압니다. 질병의 고통을 안고 신음하고 있는 교우들도 있을 줄 압니다. 주님의 능력의 손으로 만져 주셔서 고통에서 놓임을 받게 하여 주시고, 주님께 영광 돌릴 수 있게 하여 주옵소서.

　주님, 이 사회가 여러 가지 문제로 어수선합니다. 어서 속히 안정을 찾을 수 있도록 도와주시옵소서. 특히 위정자들을 붙들어 주셔서 국민을 생각하는 마음이 저들에게 넘쳐나게 하시고, 나라를 생각하는 마음이 저들에게 넘쳐나게 하여 주옵소서. 이제 국민들은 정치인들을 믿지 않고 있습니다. 국민에게 사랑받고 인정받을 수 있는 정치가 무엇인지를 모르고 있지는 않을 것인데 그것을 좇을 수 있는 정치인들이 되게 하여 주옵소서.

　오늘도 말씀을 전하시는 목사님을 기억하시고 성령의 능력으로 붙드시옵소서. 이미 예배가 시작되었습니다. 마치는 시간까지 주님만이 홀로 영광 받으실 것을 믿사옵고 예수 그리스도의 이름으로 기도합니다. **아멘**

> **기도가이드** 기도가 응답되지 않습니까? 무응답도 응답이고 하나님의 뜻일 수 있습니다.

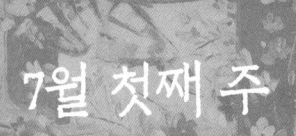

주일 예배(1)
〈오순절 후 네 번째 주일, 맥추감사주일에 맞춤〉

네 하나님 여호와 앞에 칠칠절을 지키되 네 하나님 여호와께서 네게 복을 주신 대로 네 힘을 헤아려 자원하는 예물을 드리고, (신명기 16장 10절)

저희의 예배를 받으시는 하나님,

오순절이 지나고 네 번째 맞는 주일, 무더위가 시작되는 7월의 첫 주일에 왔습니다. 갑자기 몰려온 더위에 게으름을 부리지 않도록 저희를 인도하셔서 주님의 전에 나오게 하심을 감사드립니다. 한 해의 절반이 지나는 이 시점에서 하나님께서 주신 은혜가 얼마나 많은지를 생각하게 하시고, 남은 날들을 성결함과 부지런함으로 예배드리며 살아가는 주의 자녀들이 되게 하옵소서. 특별히 오늘은 때를 따라 은혜의 단비를 내려 주시는 주님의 은혜와 사랑을 찬양하며 맥추감사주일로 주님께 영광을 돌립니다. 저희에게 맥추기를 허락하셔서 맥추감사주일로 지킬 수 있도록 은총을 베푸시니 감사드립니다. 이 시간 저희들이 맥추감사주일로 지키면서 형식적인 물질만 드리는 것이 아니라 저희의 온 맘을 다 바쳐 주님을 기쁘시게 하는 은혜의 시간이 되게 하여 주옵소서. 또한 주님의 자녀로서 손색이 없도록 주님을 따르며 주님을 위해서만 살겠노라고 결단하는 귀한 시간이 되게 하여 주옵소서. 정성을 모아 주님께 감사 예물을 드립니다. 기쁘게 받아 주시고 마음을 담아 정성껏 드린 손길마다 넘치는 은혜로 축복하여 주옵소서.

이 기쁜 맥추감사주일에 마음에 근심과 고통이 있어 주님께 감사드리지 못하는 성도들도 있을 줄 압니다. 긍휼이 풍성하신 우리 주님께서 상한 심령을 위로하여 주시고, 넘치는 평안을 채워 주시옵소서. 아울러 주님을 의뢰하는 자는 주님이 반드시 책임져 믿음을 가질 수 있게 하시고, 모든 것을 주님께 내어 맡기고 주님만 의지하며 감사함으로 살아갈 수 있는 신앙인들이 되게 하여 주옵소서.

주님, 이 시간 주님께 물질로 감사하고 싶어도 경제적인 어려움으로 주님 앞에 빈손으로 나온 성도들도 있을 줄 압니다. 중심을 보시는 우리 주님께서 그 심령을 어루만져 주셔서 마음에 주님이 채우시는 위로가 넘치게 하시고 주님을 향한 기쁨이 샘솟게 하여 주옵소서.

오늘도 이 시간 말씀을 선포하시는 목사님을 기억하시고 성령의 능력으로 붙들어 주셔서 힘 있고 권세 있는 말씀만 증거하게 하시고 목마른 영혼마다 생수가 되는 은혜의 말씀이 되게 하옵소서.

찬양으로 영광 돌리는 찬양대를 기억하시고, 입술의 찬양이 아닌 중심의 찬양이 될 수 있도록 이끄실 것을 믿습니다. 특별히 주님의 전을 위하여 몸과 마음을 깨뜨리는 교우들을 기억하시고 저들의 수고와 헌신 위에 주님의 교회가 더욱 든든히 서 가는 복이 있게 하여 주옵소서.

예배의 시종을 주님께 의탁합니다. 주님이 베풀어 주신 은혜에 비하면 이 시간 저희들이 드리는 감사가 너무도 부족함을 깨닫습니다. 그러나 크신 사랑으로 받아 주실 것을 믿사옵고 예수 그리스도의 이름으로 기도합니다. 아멘.

기억해 두세요

이스라엘의 3대 절기 중 맥추절은 두 번째 절기이기도 합니다. 유월절로부터 시작되는 절기 주기의 종결로 간주되는 절기가 맥추절입니다. 이 절기의 다른 명칭은 칠칠절 혹은 초실절이라고도 불리워집니다. 신약교회에 있어서 아버지의 약속하신 성령을 기다리는 성도들에게 강림하는 역사가 오순절이었는데 이 날이 바로 칠칠절 그 다음날이었으며 칠칠절이 바로 맥추절입니다. 오늘날 한국 교회들은 성령강림절과 맥추절을 따로 구분하여 지키고 있는데 아마도 한국 교회가 지키고 있는 맥추절은 추수감사절과 같은 차원에서 지킨다고 보는 것이 정확할 것입니다.

기도가이드 감사하십시오. 감사 속에 기도 응답의 비밀이 숨어 있습니다.

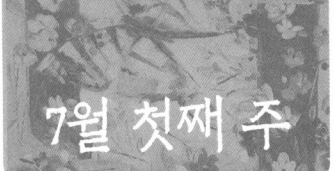

7월 첫째 주 주일 예배(2)
〈감사의 신앙에 맞춤〉

오라 우리가 여호와께 노래하며 우리 구원의 반석을 향하여 즐거이 부르자 우리가 감사함으로 그 앞에 나아가며 시로 그를 향하여 즐거이 부르자.(시편 95편 1, 2절)

전능하신 하나님 아버지,

어둠 속에 있던 저희들에게 진리의 빛을 밝혀 주셔서 바른 길을 갈 수 있도록 인도하신 하나님께 찬양과 영광을 돌립니다. 기쁘게 받아 주시옵소서. 오늘은 특별히 지금까지 인도하여 주신 주님의 은혜를 감사하며 맥추감사주일로 지킵니다. 이 예배의 영광을 받으실 분은 오직 주님 한 분뿐이오니 홀로 영광을 받으시기를 원합니다.

주님, 지난 6개월이 살같이 빠르게 지나갔습니다. 주님이 보시기에 좋은 것보다 허물 많은 세월이었음을 고백합니다. 주님께 감사해야 함에도 불구하고 원망과 불평으로 일관했던 저희들입니다. 주님께 영광 돌려야 함에도 불구하고 그 영광을 늘 가로챘던 저희들이었습니다. 용서하여 주옵소서.

주님, 이제는 저희에게 원망하고 불평하는 어리석음이 없게 하여 주옵소서. 원망과 불평을 일삼은 이스라엘 백성들의 모습을 저희는 본받지 않기를 원합니다. 주님께 감사하는 일을 잊어버린 아홉 명의 한센병자의 모습을 저희는 닮지 않기를 원합니다. 주님의 은혜에 늘 감사의 고백을 드릴 수 있는 저희 모두가 되게 하여 주옵소서. 지금까지 생명을 연장시켜 주신 주님께 감사할 수 있게 하옵소서. 질병과 재난 가운데서도 잘 헤쳐 나갈 수 있도록 인도하신 주님께 감사할 수 있게 하옵소서. 무능한 저희들이지만 주님의 일을 맡겨 주신 것에 감사할 수 있는 저희 모두가 되게 하여 주옵소서. 조건적 감사만이 아니라 한 걸음 더 나아가 무조건적 감사를 표현할 수 있는 저희 모두가 되게 하여 주옵소서. 즐겁고 기쁠 때도 감사하게 하시고, 어렵고 힘들어도 감사할 수 있게 하옵소서. 모든 것 다 얻어도 감사하게 하시고, 모든 것 다 잃어도 감사할 수 있게 하옵소서. 저희의 살아가는 삶의 모습이 언제나 감사가 될 수 있게 하옵소서.

주님, 오늘 주님의 전을 찾아 나온 성도들 가운데 감사를 잃어버린 성도들이 있습니까? 이 시간 주님께 감사의 예배를 드릴 때 감사하는 일들을 찾는 믿음으로 회복되게 하시고, 감사를 누릴 수 있는 삶을 살아갈 수 있게 하여 주옵소서. 절대적인 감사의 생활 속에서 절대적인 은혜를 누리며 사는 저희 모두의 삶이 되게 하여 주옵소서.

주님, 오늘 맥추감사절을 맞이하여 물질의 감사 또한 있기를 원합니다. 주님 보시기에 인색한 손길이 되지 말게 하시고, 주님께 마음을 담아 정성껏 감사를 드릴 수 있는 저희 모두가 되게 하여 주옵소서. 혹 준비되지 않은 마음으로 왔을지라도 마음의 감동이 있게 하셔서 넘치는 감사로 주님의 이름을 부를 수 있게 하옵소서.

오늘도 변함없이 주님의 말씀을 들고 단 위에 서시는 목사님을 기억하시고 성령의 능력으로 무장시켜 주셔서, 그 입술을 통하여 증거되는 주님의 말씀이 저희 심령 골수를 쪼개고도 남는 말씀이 되게 하여 주옵소서.

예배를 돕는 모든 손길들과 찬양대 위에도 함께하실 것을 믿사옵고, 예배의 시종을 주님께 의탁하오며 예수 그리스도의 이름으로 기도합니다. 아멘.

> **기도가이드** 감사는 축복의 원료요, 감사는 믿음의 온도계요, 감사는 복을 부르는 호출 신호임을 잊지 마십시오.

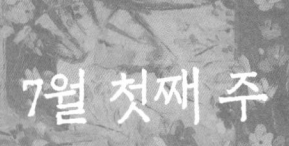

7월 첫째 주 — 주일 오후 찬양 예배
〈열매 맺는 청지기 역할에 맞춤〉

각각 은사를 받은 대로 하나님의 각양 은혜를 맡은 선한 청지기같이 서로 봉사하라. (베드로전서 4장 10절)

찬송 속에 거하시는 하나님,

오로지 주님의 섭리하심을 찬양합니다. 무더위가 함성 되어 외치지만, 장마철의 장대비와 태풍이 몰아치지만, 저희에게 주 계신 전을 주시고 구원을 알게 하셔서 기쁨의 노래로 주님의 성호를 높일 수 있게 하시니 감사합니다. 땅은 땅대로 물은 물대로 그들의 수고로움이 풍요를 낼 수 없다는 것을 알기에 겸손히 머리 조아릴 수밖에 없습니다. 삶의 윤택과 양식의 풍요를 거두는 심정으로 감사의 단을 주님께 드리기 원합니다. 주님의 보좌에 향기 나는 제물이 되게 하옵소서.

주님, 지나간 6개월을 회고하니 하나에서 열까지 모든 것이 주님의 사랑과 자비의 결과임을 깨닫습니다. 하지만 저희들은 주님의 뜻대로 살지 못하고 주님의 마음을 아프게 해 드린 경우가 너무나 많았음을 고백하지 않을 수 없나이다. 허물 많고 죄 많은 저희의 마음을 주님 앞에 내려놓사오니 은총을 베풀어 주셔서 용서하여 주옵소서.

주님, 금년도 이제 반년이 흘러갔습니다. 하늘나라의 영광스런 직분을 받아 최선을 다한다고는 했지만 그에 따른 합당한 열매가 없는 것 같아 참으로 부끄럽습니다. 그러나 지나간 시간들을 되돌아보며 부족함만을 곱씹고 주저앉아 있을 것이 아니라, 연말에 풍성한 열매를 한광주리 가득 담아 주님께 드릴 수 있도록 최선을 다할 수 있는 저희 모두가 되게 하여 주옵소서. 부끄러울 것이 없는 일꾼으로 인정된 자로 저희 자신을 하나님 앞에 힘써서 드릴 수 있게 하시고, 주님만을 바라보며 죽도록 충성할 수 있는 저희 모두가 되게 하여 주옵소서. 각기 주님께 받은 은사가 있사오니 선한 청지기로서 받은 은사를 잘 활용할 수 있는 저희 모두가 되게 하여 주옵소서.

주님, 장마철이 되면 해마다 홍수로 인하여 많은 피해가 발생하고 있습니다. 애써 땀 흘려 가꾼 농작물이 물에 잠기는가 하면 가옥이 침수되고 인명피해까지 발생하고 있습니다. 주님, 올해는 이런 일들이 없기를 소망합니다. 적당량의 비를 내려 주셔서 자연을 주관하시는 주님의 손길을 느끼며 감사할 수 있도록 은총을 내려 주옵소서.

주님, 오늘 이 자리에 나온 성도들 가운데 온갖 고통에 시달리며 기쁨과 평안을 잃은 성도가 있습니까? 위로의 주님께서 그 심령을 만져 주셔서 안식과 평안을 얻게 하여 주옵소서. 신앙의 새 힘을 얻고자 하는 성도에게는 새 능력을 공급받을 수 있는 축복의 시간이 되게 하시고, 문제의 해결을 얻고자 하는 성도에게는 모든 문제에 말없이 개입하셔서 시원케 하시는 주님의 손길을 느끼게 하옵소서.

오늘도 주의 말씀을 듣고 단 위에 서시는 목사님을 기억하시고, 언제나 주님의 큰 능력으로 채워 주셔서 목회의 사역을 잘 감당할 수 있게 하여 주옵소서. 또한 오늘 전하시는 말씀 속에서 주님의 음성을 듣는 저희 모두가 되게 하여 주옵소서.

예배의 시종을 주님께 의탁하오며 거룩하신 예수 그리스도의 이름으로 기도합니다. 아멘.

> **기도가이드** 기도는 하나님께서 우리에게 말씀을 들려주시고 또 우리에게 하나님의 뜻을 나타내시는 기회를 제공하는 것입니다.

7월 첫째 주 — 수요 예배(기도회)
〈영적인 민감함에 맞춤〉

하나님이 우리를 구원하사 거룩하신 부르심으로 부르심은 우리의 행위대로 하심이 아니요 오직 자기 뜻과 영원한 때 전부터 그리스도 예수 안에서 우리에게 주신 은혜대로 하심이라. (디모데후서 1장 9절)

사랑의 하나님,

저희를 만민 중에 택하여 주셔서 선택받은 주님의 백성으로 살게 하신 은혜를 감사드립니다. 또한 어렵고 힘든 삶 속에서도 주님을 늘 의지하며 믿음으로 이겨 나갈 수 있도록 이끄심을 감사드립니다. 저희들이 이 시간에 주님의 전을 찾게 된 것도 주님의 전적인 사랑과 은총 때문임을 믿습니다. 찬양과 기도를 드립니다. 홀로 영광 받으시옵소서.

주님, 저희는 늘 죄를 이기지 못하여 죄를 짓고 난 후 후회를 합니다. 얼마나 못난 저희들입니까? 죄 앞에서 너무나 쉽게 무너지는 저희의 신앙이 참으로 우둔하고 연약함을 깨닫습니다. 오늘도 죄지은 심령으로 주님의 전을 찾았사오니 추한 저희 심령을 긍휼히 여기시고 용서의 은총을 베풀어 주옵소서.

주님, 무엇보다도 저희 모두가 영적으로 민감한 삶을 살기를 원합니다. 주님의 뜻을 밝힐 수 있는 영적인 능력을 허락하여 주옵소서. 죄를 멀리하며 세속에 물들지 않는 거룩한 삶을 살 수 있게 하여 주시고, 주님의 향기를 발할 수 있게 하여 주시며 주님의 성품을 닮아 갈 수 있는 삶이 되게 하여 주옵소서. 현실을 바로 볼 수 있는 통찰력을 주시고, 매사에 적극적이며 미래를 내다볼 수 있는 예지를 갖게 하여 주옵소서. 지나친 편견과 선입관에 사로잡히지 않게 하여 주시고, 저희들 자신만을 생각하는 이기주의적인 사고방식에 매여 있지 않게 하여 주옵소서. 대인 관계에 있어서도 융통성이 있기를 원합니다. 원수를 맺거나 불화하는 일이 없게 하시며, 서로가 양보할 줄 아는 너그러운 마음이 있게 하여 주옵소서. 의롭지 못한 일과 타협하지 않게 하시고, 진정 주님이 원하시는 일이라면 그 어떤 고난이라도 감수할 수 있는 담대한 믿음이 있게 하여 주옵소서.

주님, 저희 교회에 세움을 받은 직분자들을 기억하시기를 원합니다. 무더운 여름이라고 하여 맡은 바 직분을 소홀히 하지 않게 하여 주시고, 힘 주시고 능력 주시는 주님을 바라보면서 죽도록 충성할 수 있는 직분자들이 되게 하여 주옵소서. 직분자라고 하면서도 평신도보다도 못한 신앙생활을 하지 않게 하시고, 겸손한 마음으로 주의 사업을 위해 마음을 쏟을 수 있는 직분자들이 되게 하여 주옵소서. 계절을 타지 않는 믿음, 계절을 타지 않는 충성을 주님께 보일 수 있는 직분자들이 되게 하여 주옵소서.

주님, 오늘도 사랑하는 목사님, 말씀을 들고 단 위에 서십니다. 능력의 오른 손으로 붙드시고, 저희 모두가 큰 은혜 받는 시간이 되게 하여 주옵소서.

이미 예배가 시작되었습니다. 마치는 시간까지 주님 홀로 영광 받으실 것을 믿사옵고 예수 그리스도의 이름으로 기도합니다. 아멘.

> **기도가이드** 기도는 단순히 사람의 호소라기보다는 성령의 감동으로 우리 마음에 역사하시는 하나님의 뜻에 복종하는 것입니다.

주일 예배(1)
〈오순절 후 다섯 번째 주일, 자신을 살피는 예배에 맞춤〉

여호와께서 내게 주신 모든 은혜를 무엇으로 보답할꼬 내가 구원의 잔을 들고 여호와의 이름을 부르며 여호와의 모든 백성 앞에서 나의 서원을 여호와께 갚으리로다.(시편 116편 12 - 14절)

신실하신 하나님.

찬송과 기도로 주님께 경배합니다. 태초부터 지금까지 한 번도 어김없이 언약을 지키신 주님께서 주일에 복을 주시겠다는 말씀을 기억합니다. 오늘 주일을 지키며 예배드리는 저희들에게 그 신실하신 약속이 이루어질 줄 믿습니다. 이 예배 시간을 통하여 주님을 사모하는 저희들의 눈을 밝히셔서 진리를 찾게 하시고, 마음을 열어 하나님 나라의 영광을 누리게 하옵소서.

주님, 저희를 불쌍히 여기시기를 원합니다. 죄로 인하여 어둠 속에 떨어져 헤맬 때가 많았습니다. 마음이 추해져서 주님을 뵐 수 없었고, 마귀의 손짓만 눈앞에 어른거릴 때가 많았습니다. 한 주간을 그렇게 살았습니다. 주님, 저희를 불쌍히 여기시옵소서. 죄로 물든 저희의 마음을 다시 한번 주님의 보혈로 씻기시고 새사람이 되게 하여 주옵소서.

주님, 이 시간 주님께 예배하면서 저희 자신을 돌아보기를 원합니다. 주님께 용서를 구하면서도 정작 저희는 용서하지 않는 마음으로 이 자리에 앉아 있는 것은 아닙니까? 주님의 긍휼을 구하면서도 정작 저희는 남을 헤아리기에 인색했던 마음으로 이 자리에 앉아 있는 것은 아닙니까? 주님께 도움을 구하면서도 정작 저희는 남을 돕기에 인색했던 마음으로 이 자리에 앉아 있는 것은 아닙니까? 주님, 아무리 용서할 수 없는 것이라 할지라도 주님의 용서하심을 바라는 저희들이라면 먼저 용서의 마음을 품고 주님을 바라볼 수 있는 저희들이 되게 하옵소서. 주님의 긍휼하심을 덧입기 원한다면 남을 헤아리기에 인색했던 마음을 내려놓으며 주님을 찾을 수 있는 저희들이 되게 하여 주옵소서. 주님의 도우심을 바라는 저희들이라면 남을 돕기에 인색했던 마음을 먼저 내려놓으며 주님을 의지할 수 있는 저희들이 되게 하여 주옵소서.

주님, 이제 무더운 여름입니다. 신앙의 적신호가 켜지기 쉬운 계절 아닙니까? 나태한 믿음이 되지 않기 위하여 더욱 힘써서 기도하고, 더욱 힘써서 봉사할 수 있는 저희 모두가 되게 하여 주옵소서. 교육기관이 여름행사를 준비하고 있습니다. 주님께서 행사를 주관하는 성도들의 머리가 되셔서 주님을 찬양하며 주님의 영광을 높이 드러낼 수 있는 복된 행사가 되게 하여 주옵소서.

오늘도 말씀을 들고 단 위에 서시는 목사님을 기억하시고, 피곤치 않도록 성령의 능력으로 붙드시기를 원합니다. 전하시는 말씀에 저희 모두가 주님의 놀라우신 은혜를 다시 한번 경험하는 시간이 되게 하여 주옵소서.

예배를 위하여 수종 드는 손길들이 있습니다. 주님의 은혜로 늘 채워 주셔서 기쁨으로 섬길 수 있게 하여 주옵소서. 찬양대도 기억하셔서 주님이 흠향하시는 기쁨의 찬송을 올릴 수 있게 하여 주옵소서.

예배의 시종을 주님께 의탁하오며 예수 그리스도의 이름으로 기도합니다. 아멘.

> **기도가이드** 우리가 기도할 때 응답을 가져오는 것은 기도할 때의 실제적인 말이 아니라 우리의 마음 상태입니다.

7월 둘째 주 — 주일 예배(2)
〈신앙의 나태함을 이기는 것에 맞춤〉

나 곧 내 영혼이 여호와를 기다리며 내가 그 말씀을 바라는도다 파수꾼이 아침을 기다림보다 내 영혼이 주를 더 기다리나니 참으로 파수꾼의 아침을 기다림보다 더하도다. (시편 130편 5,6절)

사랑이 많으신 주님,

세상의 유혹이 만연하고 더운 날씨가 주님을 만나 뵙는 길을 가로막았사오나 이것을 이기게 하신 것을 감사드립니다. 오늘도 저희는 구원의 잔을 들고 은혜의 하나님을, 귀한 이름인 여호와를 소리 높여 부르기를 원합니다. 저희가 드리는 예배를 받아 주시옵소서.

자비하신 주님,

저희는 지난 한 주간도 주님께서 은혜로 인도하시는 사랑을 망각하고 삶의 여러 가지 모습 속에서 흔들림이 많았습니다. 주님의 백성으로서 밝히 드러날 수 있는 신앙의 모습을 찾아보기 어려운 삶을 살았습니다. 저희들의 못난 모습을 회개하오니 용서하여 주옵소서.

정직한 자의 노래가 되시는 주님,

무더위의 높이가 교만을 더하는 한여름의 폭염이 모든 이의 삶을 흐트러뜨리고 있습니다. 저희들의 신앙생활도 느슨해질까 염려됩니다. 신앙의 나태함과 무기력함이 찾아오지 않도록 정신을 차리고 믿음의 길을 달려갈 수 있는 저희 모두가 되게 하여 주옵소서. 한여름의 유혹을 견디기 힘들 때마다 십자가에 달리신 주님을 바라보며 이길 수 있게 하시고, 경건 생활이 흐트러질 때마다 언제나 기도의 자리를 잊지 않으셨던 주님의 모습을 좇아갈 수 있게 하여 주옵소서. 무더운 여름이 되면 교회에 저희의 손길이 더욱 필요하다는 것을 깨닫습니다. 저희의 손길이 필요한 곳이라면 주님을 섬기는 마음으로 더욱 힘써서 봉사할 수 있게 하여 주시고, 수고의 기쁨을 함께 나눌 수 있는 저희 모두가 되게 하여 주옵소서.

주님, 오늘도 육신의 정욕과 이생의 안목을 이기지 못하여 이 자리에 나오지 못한 성도들이 있습니다. 연약한 믿음을 불쌍히 여기시고 주님을 사랑하고 사모할 수 있는 마음을 허락하여 주시옵소서. 지금 어디에 있든지 주님을 아주 떠나 있는 모습이 되지 않기를 소원합니다. 죄악된 것들을 마음에 심으며 즐거워하는 자리가 되지 않기를 소망합니다. 주님을 떠나 있는 생활 자체가 불행임을 깨닫게 하셔서 힘써서 주님의 전을 찾을 수 있는 성도들이 되게 하여 주옵소서. 부득불 예배에 참석하지 못한 성도들도 기억하여 주옵소서. 우리 주님이 그들이 있는 곳으로 찾아가 주셔서 상한 마음을 위로하여 주시고 기쁨을 더하여 주옵소서.

오늘도 주님의 말씀을 듣고 단 위에 서시는 목사님을 기억하시고 생명의 말씀을 전하실 수 있도록 도우실 것을 믿습니다. 예배를 돕는 손길들 위에도 함께하셔서 봉사할 때마다 기쁨이 샘솟게 하여 주옵소서.

예배의 시종을 주님께 의탁합니다. 홀로 영광 받으실 것을 믿사옵고 예수 그리스도의 이름으로 기도합니다. **아멘**

> **기도가이드** 우리의 목표가 하나님의 영광만을 위하는 데 매여 있다면 하나님은 기도에 응답해 주실 것입니다.

주일 오후 찬양 예배
〈교사 헌신예배에 맞춤〉

그가 혹은 사도로, 혹은 선지자로, 혹은 복음 전하는 자로, 혹은 목사와 교사로 주셨으니 이는 성도를 온전케 하며 봉사의 일을 하게 하며 그리스도의 몸을 세우려 하심이라.(에베소서 4장 11,12절)

고마우신 하나님 아버지,

항상 주님의 전을 찾아 예배할 수 있도록 이끄심을 감사드립니다. 이 저녁(오후)에도 주님의 전을 찾았사오니 주님께 진실이 묻어 있는 예배를 드릴 수 있게 하여 주시고 마음을 다하여 주님을 찬양할 수 있는 저희 모두가 되게 하여 주옵소서. 오늘은 특별히 여름행사를 앞두고 교사 헌신예배로 주님께 영광 돌립니다. 교사들이 한자리에 모여 헌신을 다짐하며 드리는 예배에 함께하시기를 원합니다.

주님, 먼저, 교사의 직분을 충실히 감당하지 못했음을 고백합니다. 어린 생명들에게 교사로서의 본을 보이지 못할 때가 많았습니다. 성실하게 준비하여 지도하지 못할 때도 많았고, 아이들보다 더 게으름을 피울 때도 많았습니다. 맡겨진 아이들에게 많은 관심을 쏟지도 못했고, 아이들의 형편을 제대로 살핀 적도 없었습니다. 이와 같은 저희들이 감히 이 자리에 나와서 아무렇지도 않은 듯 헌신예배를 드린다고 생각하니 너무나 부끄러워 얼굴을 들지 못하겠나이다. 주님, 무익한 교사였음을 다시 한번 깨닫습니다. 저희의 죄를 고백하오니 불쌍히 여기사 용서하여 주옵소서.

주님, 주님께서 저희들에게 맡겨 주신 어린 양떼들을 자원하는 마음으로 성실히 보살필 수 있게 하시고, 어린 생명들이 주님께로 가는 길을 막고 있는 저희들이 되지 않도록 이끌어 주시옵소서. 부지중에라도 말과 행동을 실수하여 어린 아이들이 상처받는 일이 없게 하여 주시고, 어린 생명들에게 언제나 신앙의 모범을 잘 보일 수 있는 교사들이 되게 하여 주옵소서. 아이들을 위하여 늘 엎드릴 수 있는 교사들이 되기를 원합니다. 교사 자신의 영성이 뒷받침되지 않으면 아이들을 잘못 지도할 수 있다는 것을 깨달아 늘 주님을 의뢰할 수 있는 교사들이 되게 하여 주옵소서. 아이들을 주의 말씀으로 지도하는 것인 만큼 말씀을 늘 가까이 할 수 있는 교사들이 되게 하여 주시고, 단지 성경 지식을 전수하는 교사이기보다는 주님의 사랑을 느낄 수 있도록 지도할 수 있는 교사들이 되게 하여 주옵소서. 특별히 어렵고 힘든 환경 속에서도 교사의 직분을 감당하고자 최선을 다하는 교사들이 있나이다. 주의 성령께서 늘 위로하여 주시고 은혜를 더하여 주셔서 힘들지라도 보람 있는 일이 되게 하여 주옵소서. 또한 지도 교역자님을 위하여 부장님과 지도 교사들이 한마음 한 뜻이 되어 주님이 맡기신 어린 생명들을 잘 지도할 수 있게 하여 주시고 부흥하는 교육부서가 될 수 있도록 이끌어 주옵소서.

이 자리에 함께 머리 숙인 모든 성도들도 영적인 교육의 중요성을 깨달아 온 성도들이 혼연일치가 되어서 자녀들의 신앙 교육에 최선을 다할 수 있게 하여 주옵소서.

오늘도 말씀을 들고 단 위에 서시는 강사 목사님을 기억하시고, 성령의 능력으로 붙드셔서 선포하시는 말씀을 통하여 모든 교사들이 영적으로 큰 깨달음을 얻고 사명에 충실한 교사로 결단하는 시간이 되게 하여 주옵소서.

예배의 순서를 맡은 분들도 성령님께서 붙드실 것을 믿습니다. 예배의 시종을 주님께 의탁하오며 예수 그리스도의 이름으로 기도합니다. 아멘.

기도가이드 우리의 기도에 응답이 없다면 그 원인은 우리 자신에게 있습니다.

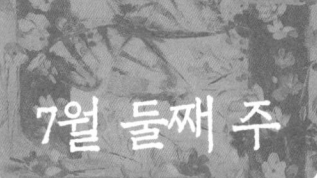

7월 둘째 주 — 수요 예배(기도회)
〈여름철 신앙 관리에 맞춤〉

이같이 너희 빛을 사람 앞에 비취게 하여 저희로 너희 착한 행실을 보고 하늘에 계신 너희 아버지께 영광을 돌리게 하라. (마태복음 5장 16절)

사랑이 풍성하신 하나님 아버지,

지난 삼 일 동안도 저희들을 은혜의 빛으로 인도하여 주시다가 다시 주님의 교회로 불러 모아주셔서 주님께 예배할 수 있게 하여 주시고, 찬송과 기도와 말씀으로 주님과 교제할 수 있도록 이끌어 주시니 감사합니다. 저희들이 주님의 부르심을 받아 이 자리에 나오게 되었사오니 주님과의 깊은 교제가 이루어질 수 있는 복된 시간이 되게 하여 주옵소서. 그러나 주님, 저희들이 이 자리를 찾을 때마다 마음 한구석에 늘 안타까움으로 자리잡는 것이 있습니다. 그것은 이 교회에 속한 주의 백성들이 한자리에 모이지 못하여 텅 빈 자리가 너무 많이 있음을 보기 때문입니다. 저희의 마음도 이처럼 안타까운데 우리 주님의 마음은 얼마나 안타깝고 속상하시겠습니까? 주님을 만나는 시간만큼이라도 세속에 마음을 빼앗겨 주님의 마음을 아프게 해 드리는 성도가 없게 하시고, 이 땅 위에 사는 동안 주님 주신 구원을 이루기 위하여 경건에 이르는 연습을 게을리 하지 않는 주의 백성들이 되게 하여 주옵소서.

주님, 오늘 이 자리에 나온 저희들도 많은 죄가 있습니다. 알고 지은 죄 모르고 지은 죄가 너무 많사오니 악하고 추한 것들을 주님께 낱낱이 고백하지 않아도 회개하기를 원하는 심령에게 죄 씻음의 은총을 허락하여 주옵소서.

주님, 무더운 여름입니다. 주님을 믿는 성도들도 엉뚱한 것에 마음을 빼앗기고 분주해지기 쉬운 때입니다. 언제나 신앙인이라는 것을 잊지 않게 하여 주셔서 신앙의 흐트러짐이 없게 하여 주시고, 한결같은 믿음으로 주님을 기쁘시게 해 드릴 수 있는 주의 백성들이 되게 하여 주옵소서. 유혹의 손길이 뻗친다 하여도 단호히 거절할 수 있는 결단이 있게 하시고, 신앙인으로서 믿음의 틈을 보이지 않는 주의 백성이 되게 하여 주옵소서. 혹 우리가 부끄러움을 당하면 주님과 주님의 몸 된 교회가 업신여김을 받는다는 사실을 마음에 새길 수 있게 하셔서 모든 일에 주님을 모신 맘으로 행할 수 있는 저희 모두가 되게 하여 주옵소서.

주님, 짧은 시간일지라도 오늘도 주님의 은혜를 체험하기를 원합니다. 주님의 만져 주심을 원하는 심령마다 찾아오셔서 곁에 계시는 주님을 느낄 수 있게 하여 주옵소서.

말씀을 전하시는 목사님을 기억하옵소서, 여러 가지로 힘들고 고달픈 일이 많은 줄 아오나 주님이 늘 위로하여 주시고 힘 주실 것을 믿습니다. 철부지 같은 신앙인들로 인하여 마음에 받는 상처가 없게 하여 주시고, 혹 상처가 있을지라도 주님의 피 묻은 십자가를 바라보며 이길 수 있도록 이끄시옵소서.

이미 예배가 시작되었습니다. 마치는 시간까지 주님만이 영광을 받으실 것을 믿사옵고 예수 그리스도의 이름으로 기도합니다. **아멘**

기도가이드 기도하는 것도 하나님의 거룩한 사역임을 기억해야 합니다.

7월 셋째 주

주일 예배(1)
〈오순절 후 여섯 번째 주일, 제헌절에 맞춤〉

땅과 거기 충만한 것과 세계와 그 중에 거하는 자가 다 여호와의 것이로다 여호와께서 그 터를 바다 위에 세우심이여 강들 위에 건설하셨도다. (시편 24편 1, 2절)

공의의 하나님,

온 세상에 흐르는 하나님의 의가 강물처럼 출렁이는 때를 맞았습니다. 이 나라 백성들이 하나님의 법을 본받아 헌법을 이루었던 뜻있는 날을 앞두고 거룩한 주일에 하나님의 전을 찾았습니다. 주님의 법을 잘 배우고 활용함으로써 공의가 살아 숨 쉬는 세상이 되게 하시며 누구나 법을 잘 지켜 질서 있는 나라를 이루게 하여 주옵소서. 믿음의 사람들이 먼저 준법의 모범이 되게 하시며 이 예배가 하나님의 의를 드러내는 은혜와 질서의 자리가 되게 하여 주옵소서.

주님, 우리 주님께서는 불의를 용납지 아니하심을 알면서도 올바르지 못한 생활에 젖어 있었던 저희들입니다. 주님의 사랑이 크심을 핑계 삼아 함부로 죄악을 범하고, 사랑으로 덮어 주시기를 요구했던 염치없는 사람이 바로 저희들입니다. 용서하여 주옵소서. 남의 허물을 덮어 주고 사랑을 베푼 기억은 아득히 희미해져 버리고 말았습니다. 불의에 젖어 벗어날 길 없는 삶 속에서 오직 주님의 용서만을 바라며 여기까지 왔습니다. 불쌍히 여겨 주옵소서.

주님, 헌법이 제정된 제헌절을 앞두고 먼저 헌법을 수호하는 사법기관과 법조인들을 위하여 기도합니다. 법은 그 나라 국민의 안녕과 질서를 위한 것임을 잊지 않게 하셔서 국민을 위한 법을 잘 세워 가며 실천할 수 있는 사법 기관과 법조인들이 되게 하여 주옵소서. 모든 국민들이 악법으로 인한 고통을 겪지 않도록 법을 잘 적용할 수 있는 사법기관과 법조인들이 되게 하시고, 법보다 중요한 것은 인권임을 잊지 않게 하여 주옵소서. 주님, 권세 있는 자들에게는 법이 적용되지 않는 안타까움도 있습니다. 누구나 법 앞에서는 동등함을 보여 줄 수 있는 사법기관과 법조인들이 되게 하시고, 동등한 법 앞에서 누구나 보호받고 백성 된 권리와 주권을 누릴 수 있도록 깨우치고 인도할 수 있는 법조계가 되게 하여 주옵소서. 또한 국민의 한 사람으로서 법을 무시하는 삶이 되지 않기를 원합니다. 매사에 법을 잘 지킬 수 있는 국민의 한 사람이 되게 하시고, 준법 정신으로 나라를 잘 세워 갈 수 있는 저희 모두가 되게 하여 주옵소서. 법조계에도 믿음의 사람들을 많이 세우신 것을 감사합니다. 그들이 법을 통해서도 하나님의 공의가 실현될 수 있도록 힘쓸 수 있게 하시고, 법 위에 하나님의 통치와 말씀이 있음을 잊지 않게 하여 주옵소서.

교회 안에도 교회의 법이 있사오니 이 법을 잘 지킬 수 있는 저희 모두가 되게 하시고, 믿음의 사람으로 교회의 질서를 무시하지 않고 잘 세우는 일에 쓰임 받게 하여 주옵소서.

오늘도 주님의 말씀을 선포하시는 목사님을 기억하시고 주의 능력으로 충만케 하셔서 말씀을 듣는 저희 모두가 다시 한번 공의의 하나님을 만날 수 있는 복된 시간이 되게 하여 주옵소서.

예배를 위하여 수종 드는 손길들을 기억하시고, 수고와 애씀이 있을 때마다 하늘의 기쁨으로 채워 주실 것을 믿습니다. 찬양대의 찬양도 기쁨으로 화답하실 것을 믿사옵고, 예배의 시종을 주님께 의탁하오며 예수 그리스도의 이름으로 기도합니다. **아멘**

> **기도가이드** 우리는 나라의 법 위에 하나님의 공의로우심이 덧입혀질 수 있도록 힘써서 기도해야 합니다.

7월 셋째 주

주일 예배(2)
〈영적무장과 여름행사에 맞춤〉

할렐루야 여호와의 이름을 찬송하라 여호와의 종들아 찬송하라 여호와의 집 우리 하나님의 전정에 섰는 너희여 여호와를 찬송하라 여호와는 선하시며 그 이름이 아름다우니….(시편 135편 1 – 3절)

사랑이 많으신 하나님 아버지,

주님의 은혜와 사랑 가운데 저희들을 다시금 불러 주시니 진심으로 감사드립니다. 이 시간 주님의 부름을 받고 나왔사오니 저희의 영혼을 기쁘게 받아 주실 것을 믿습니다. 마음을 다하여 주님께 예배할 때에 계신 곳 하늘에서 영광을 받으시고 저희들 가운데 임재하여 주옵소서.

주님, 주님 뜻대로 살려고 하지만 너무나 자주 넘어지는 저희들입니다. 세상이 주는 육신의 이익 앞에서 신앙인의 모습을 애써 감추려고 했던 저희들이었습니다. 주님의 말씀만을 따르리라 각오하고 또 다짐하지만 왜 그리 힘없이 자주 넘어지는지 모르겠습니다. 그래서 저희들은 어찌할 수 없는 죄인인가 봅니다. 약하고 추한 저희들을 긍휼히 여기시고 용서하여 주옵소서. 주님의 넓은 가슴으로 안아 주시옵소서.

주님, 무더운 여름이 시작되었습니다. 더운 날씨로 인하여 마음의 평안을 잃어버리기 쉽고, 나태해지기 쉬운 계절입니다. 사단 마귀는 이런 기회를 절대 놓치지 않는다는 사실을 기억하여 영적인 게으름에 빠지지 않도록 깨어 있을 수 있는 저희 모두가 되게 하여 주옵소서. 날씨를 탓하며 주님의 자녀 된 본분을 망각하지 않게 하여 주시고, 각자에게 맡겨진 신앙의 본분을 잘 지켜 행할 수 있는 저희 모두가 되게 하여 주옵소서. 기도의 자리 봉사의 자리를 힘써서 찾을 수 있게 하여 주시고, 한결같은 모습으로 주님을 기쁘시게 할 수 있는 저희 모두가 되게 하여 주옵소서.

주님, 교육부서의 여름행사가 시작되었습니다. 무더운 여름에 이루어지는 것이라서 건강을 잃을까 염려되오니 여름행사를 맡은 지도자와 교사들에게 힘을 더하여 주시고, 건강을 잃지 않도록 붙들어 주옵소서. 특히 안전사고가 발생하지 않도록 모든 위험에서 막아 주시고 보호하여 주옵소서. 저희들도 도울 일이 있으면 힘써서 도울 수 있게 하여 주시고, 봉사의 손길이 필요한 곳에 수고를 아끼지 않는 저희 모두가 되게 하여 주옵소서. 합력하여 선을 이루시는 주님의 뜻을 좇아갈 수 있는 저희 모두가 되게 하실 것을 믿습니다.

주님, 오늘 이 자리에 나온 성도들 가운데 말 못할 어려움에 놓여 있는 성도들이 있습니까? 괴로움에 밤잠을 이루지 못하며 고통에 시달리는 성도들이 있습니까? 육신의 질병으로 인하여 절망하는 성도들이 있습니까? 긍휼히 여기시는 주님의 사랑과 은혜를 경험하게 하여 주옵소서.

오늘도 말씀을 들고 단 위에 서시는 목사님을 기억하시고 생명의 말씀, 축복의 말씀, 치료의 말씀을 전하실 수 있도록 성령의 능력으로 붙드실 것을 믿습니다.

예배를 위하여 봉사하는 손길들 위에도 함께하셔서 기쁨과 즐거움으로 감당하는 가운데 하늘의 위로를 맛보는 은혜가 있게 하여 주옵소서.

예배의 시종을 주님께 의탁합니다. 홀로 영광 받으실 것을 믿사옵고 예수 그리스도의 이름으로 기도합니다. **아멘**

> 🌼 **기도가이드** 사단은 우리의 허점을 노리고 있다는 사실을 기억하여 영적인 허점이 보이지 않도록 기도해야 합니다.

7월 셋째 주 — 주일 오후 찬양 예배
〈신앙의 성숙과 여름행사에 맞춤〉

너는 마음을 강하게 하고 담대히 하라 그들을 두려워 말라 그들 앞에서 떨지 말라 이는 네 하나님 여호와 그가 너와 함께하실 것임이라 반드시 너를 떠나지 아니하시며 버리지 아니하시리라…(신명기 31장 6절)

은혜가 풍성하신 하나님,

오늘 이 저녁(오후)에도 저희를 부르셔서 주님께 찬양과 경배를 드릴 수 있게 하여 주시니 감사합니다. 인생 본분이 주님을 가까이 하는 것이요, 주님을 영화롭게 하는 것임을 깨닫습니다. 저희 모두가 일생을 다하도록 주님을 늘 가까이 할 수 있게 하여 주시고, 주님을 인하여 즐거워하고 행복해할 수 있는 삶이 되게 하여 주옵소서.

주님, 이 시간 예배드리면서 주님의 깊으신 뜻을 실천하지 못하는 저희의 모습을 돌아봅니다. 주님의 뜻과는 전혀 상관없는 일들을 하면서도 저희들은 너무나 당당했고, 너무나 교만했습니다. 죄를 지으면서도 자신에게 너무나 관대했습니다. 이런 저희의 모습을 주님이 보시며 얼마나 웃으셨겠습니까? 주님, 이 시간 주님의 용서만을 구합니다. 죄짓는 삶에 익숙해진 저희를 변화시켜 주시고 정결케 하여 주옵소서. 주님의 사람으로, 성령의 사람으로 살아가기에 조금도 부족함이 없도록 변화시켜 주시옵소서.

세상의 시달림 속에서 저희의 신앙 자세가 흐트러질 때가 많습니다. 그러할 때 현실에 대하여 불만을 토하고 불평을 하지 않게 하여 주시고, 오히려 그러한 시달림과 어려움 속에서 하나님의 깊으신 뜻을 깨달을 수 있는 기회가 되게 하여 주옵소서. 더욱 신앙의 성숙을 기할 수 있는 기회로 삼는 저희 모두가 되기를 원합니다. 저희가 어려움 속에서 시달리게 되더라도 영육 간에 성장할 수 있는 믿음이 되게 하여 주시고, 시험이 있을지라도 시험 속에 계신 주님의 손길과 사랑을 느낄 수 있는 저희 모두가 되게 하여 주옵소서.

주님, 무더운 여름입니다. 신앙의 적신호가 켜지지 않도록 신앙의 자리를 힘써서 지킬 수 있는 저희 모두가 되게 하여 주시고, 이런 때일수록 신앙인의 의무와 책임을 잘 감당할 수 있는 저희 모두가 되게 하여 주옵소서. 여름행사가 시작되었습니다. 그동안 알찬 여름행사를 위하여 기도하며 준비한 교역자님과 교사들의 수고를 기억하셔서 좋은 열매를 맺게 하여 주시고, 성령이 뜨겁게 역사하는 여름행사가 될 수 있게 하여 주옵소서. 지키시는 우리 주님께서 안전사고가 발생하지 않도록 보호하여 주시고, 주님께 감사하며 영광 돌릴 수 있는 은혜로운 여름행사가 될 수 있게 하여 주옵소서.

주님, 오늘도 슬픔을 안고 나온 성도들이 있습니까? 위로하여 주옵소서. 질병을 안고 나온 성도들이 있습니까? 주님이 친히 안수하여 주셔서 치료의 은혜를 누리게 하여 주옵소서.

이 시간에도 말씀을 준비하여 단 위에 서신 목사님을 기억하시고 성령의 능력으로 붙드셔서 말씀을 전하시기에 조금도 피곤치 않게 하여 주시고, 듣는 자 모두가 역동하시는 주님의 말씀을 체험케 하여 주옵소서.

이미 예배가 시작되었습니다. 마치는 시간까지 주님 홀로 영광 받으실 것을 믿사옵고 예수 그리스도의 이름으로 기도합니다. 아멘.

※ 기도가이드 우리의 영적 생활과 그 열매는 항상 기도의 실제에 비례합니다.

7월 셋째 주

수요 예배(기도회)
〈뜨거운 신앙과 여름성경학교에 맞춤〉

우리 영혼이 여호와를 바람이여 저는 우리의 도움과 방패시로다 우리의 마음이 저를 즐거워함이여 우리가 그 성호를 의지한 연고로다 여호와여 우리가 주께 바라는 대로…(시편 33편 20 - 22절)

저희를 감싸시고 사랑하시는 하나님 아버지,
무더운 날씨 속에서도 저희들이 해야 할 일들을 할 수 있게 하시고, 이 시간 주님의 전을 찾아 나와 예배할 수 있게 하여 주시니 감사드립니다. 이 더위에도 지쳐 쓰러지지 않는 힘을 더하여 주셔서 은혜의 자리를 찾을 수 있게 하여 주시니 얼마나 감사한지요. 육적인 강건함뿐만 아니라 영적인 강건함도 채우시는 하나님이심을 믿습니다. 이 시간도 주의 은혜로 역사하실 것을 믿습니다.

주님, 믿음의 사람으로 주님의 뜻을 좇아 살려고 몸부림쳤지만 어느새 죄가 저희 심령으로 파고들어와 죄에 끌려갈 때가 많았습니다. 죄 앞에 쉽게 넘어져 있는 저희 자신을 볼 때 얼마나 실망스럽던지요. 늘 저희의 모습은 이와 같은 삶의 굴레를 벗어나지 못하고 있습니다. 주님, 이 시간 죄를 이기지 못하는 연약한 믿음을 고백하오니 용서하여 주시고, 죄를 물리칠 수 있는 믿음이 될 수 있도록 능력을 더하여 주옵소서. 죄를 이기며 담대한 믿음으로 살아갈 수 있는 천국의 백성이 될 수 있도록 도와주시옵소서.

주님, 무덥고 뜨거운 여름이지만 뜨거운 신앙으로 주님을 섬길 수 있기를 원합니다. 저희들에게 여름의 계절을 허락하신 것은 주님을 향한 뜨거운 신앙을 잃지 말 것을 교훈하시기 위함임을 깨닫습니다. 피곤할지라도, 지칠지라도 주님을 향한 뜨거움이 식지 않게 하여 주시고, 계절을 떠나서 아름다운 은혜의 열매를 맺는 저희 모두가 되게 하여 주옵소서. 길바닥에 뿌린 씨앗은 공중의 새가 날아와서 먹어 버린다 할지라도 저희의 마음은 혹은 백 배, 혹은 육십 배, 혹은 삼십 배의 결실을 맺을 수 있는 옥토의 마음이 되게 하여 주시고, 복음의 씨앗을 뿌릴 때마다 풍성한 결실을 맺는 자랑스런 신앙인이 되게 하여 주옵소서.

주님, 무더운 여름이지만 하절기를 맞이하여 교육부서에서 여름행사를 준비하며 진행하고 있습니다. 특별히 여름성경학교를 개강한 주일학교를 기억하시고, 성경학교를 통하여 어린이들과 선생님들이 하나가 되며, 말씀을 통하여 예수 그리스도를 배우는 귀한 시간이 되게 하여 주옵소서. 매년 하고 있는 여름행사라고 하여 틀에 박힌 행사가 되지 말게 하시고 어린 심령들을 통하여 천국의 지경이 확장되어지는 축복의 행사가 되게 하여 주옵소서. 여름행사를 위하여 도움의 손길을 주는 성도들도 있습니다. 어린 심령들은 사랑을 먹고 크는 존재들임을 기억하여서 아이들을 지극히 사랑하는 마음으로 봉사할 수 있게 하여 주시고, 섬김과 봉사를 통하여 천국의 기쁨을 누릴 수 있게 하여 주옵소서.

오늘도 말씀을 전하시는 목사님을 기억하시고 저희들에게 꼭 필요한 말씀, 영의 양식이 되는 말씀을 증거하실 수 있도록 붙드시옵소서.

이미 예배가 시작되었습니다. 마치는 시간까지 주님만이 홀로 영광 받으실 것을 믿사옵고 예수 그리스도의 이름으로 기도합니다. 아멘

> **기도가이드** 하나님이 쓰시는 사람은 성령의 사람이고 끊임없이 기도하는 사람입니다.

7월 넷째 주

주일 예배(1)
〈오순절 후 일곱 번째 주일, 휴가와 휴식에 맞춤〉

여호와의 산에 오를 자 누구며 그 거룩한 곳에 설 자가 누군고 곧 손이 깨끗하며 마음이 청결하며 뜻을 허탄한 데 두지 아니하며 거짓 맹세치 아니하는 자로다 ….(시편 24편 3 - 6절)

찬송을 받으실 하나님 아버지,

창조하신 모든 피조물을 지키시고 기르시는 은혜를 찬송합니다. 무더위 속에서도 저희들을 평온케 하시고 건강을 잃지 않도록 돌보아 주심을 감사드립니다. 무더운 여름이지만 생기 넘치는 예배를 주님께 드리기 원합니다. 찬양과 영광을 받으시옵소서.

주님, 속된 생각으로만 가득 채워져 있는 저희의 마음을 주님께 아룁니다. 지난 한 주간 동안 주님의 은혜에 감사하는 시간이 너무도 적었습니다. 휴가 계획에만 마음과 정신을 빼앗겼고 짜증과 불만으로 하루하루를 보내기 일쑤였습니다. 저희의 심령이 세상의 조건을 넘지 못하고 영적 훈련들을 거부하기도 했습니다. 용서하여 주시고 세상의 것들을 이겨 낼 수 있는 영적인 힘을 내려 주시옵소서.

주님, 무더운 여름철을 맞이하여 영적인 안일함과 나태함에 빠질 수 있음을 깨닫습니다. 그 어느 때보다도 삶의 우선순위를 분명히 해야 할 때임을 잊지 말게 하시고, 허탄한 것에 마음을 빼앗기지 않도록 저희의 마음을 주의 영으로 충만케 하여 주옵소서. 저희는 이 세상 그 어느 곳에도 진정한 휴식이 없다는 것을 깨닫습니다. 잠시의 휴식을 위하여 영적인 귀한 자리를 내주지 않게 하여 주시고, 주님이 주시는 참된 안식과 휴식을 누릴 수 있는 저희 모두가 되게 하여 주시옵소서. 주님, 휴식은 있으되 마음의 평안이 없으면 그것은 진정한 휴식이 될 수 없음을 깨닫습니다. 세상이 주는 휴식은 쉴 수는 있어도 평안은 얻을 수 없다는 것을 저희가 아오니 잠시의 휴식에 마음이 흔들리는 저희들이 되지 말게 하여 주옵소서. 영원한 평안을 허락하시는 주님을 갈망하는 저희 모두가 되게 하여 주시고, 주님 안에서 진정한 자유를 얻을 수 있는 저희 모두가 되게 하여 주옵소서.

주님, 무더운 여름철을 맞이하여 교육부서의 여름행사가 있습니다. 이 행사를 위하여 정성을 다하여 준비한 손길들을 기억하시고 저들의 수고가 헛되지 않도록 열매 맺는 길로 인도하여 주옵소서. 특별히 육체를 강건케 하여 주셔서 잠시의 피곤은 있을지라도 건강을 잃어버리는 지경에까지 이르지 않도록 보호하시고 이끄실 것을 믿습니다. 온 성도들이 교육부서의 여름행사를 위하여 기도로 뒷받침할 수 있게 하여 주시고, 물질과 육체의 봉사로도 사랑을 보여 줄 수 있는 저희 모두가 되게 하여 주옵소서.

오늘도 주님의 말씀을 듣고 단 위에 서시는 목사님을 기억하시고 성령의 능력으로 붙드시기를 원합니다. 목양과 말씀 준비에 온 힘을 쏟고 계시오니 건강을 잃지 않도록 붙들어 주옵소서. 이 시간, 목사님의 입술을 통하여 선포되어지는 말씀에 새 힘을 얻는 저희 모두가 되게 하여 주시고, 주님이 채우시는 참된 평화가 충만한 시간이 되게 하여 주옵소서.

예배의 시종을 주님께 의탁합니다. 예배를 돕는 손길들과 찬양대 위에도 주님의 임재하심을 경험케 하실 것을 믿사옵고 예수 그리스도의 이름으로 기도합니다. 아멘.

기도가이드 우리가 진정한 휴식과 안식을 얻을 수 있는 곳은 주님의 품속밖에는 없습니다.

7월 넷째 주 주일 예배(2)
〈흔들림 없는 신앙생활에 맞춤〉

그러므로 형제들아 우리가 예수의 피를 힘입어 성소에 들어갈 담력을 얻었나니 그 길은 우리를 위하여 휘장 가운데로 열어 놓으신 새롭고 산 길이요 휘장은 곧 저의 육체니라.(히브리서 10장 19, 20절)

고마우신 하나님 아버지,

오늘도 저희들이 주님께 예배하는 이 날을 잊지 아니하고 주님의 전으로 달려 나올 수 있도록 이끌어 주시니 감사합니다. 세상 사람들은 잠시의 휴식을 얻기 위하여 마음을 쏟고 있는 이때에 주님의 사랑을 입은 저희들은 흐트러짐 없는 모습으로 주님께 예배할 수 있게 하여 주시니 주님의 전적인 은총을 다시 한번 깨닫습니다. 마음을 다하여 예배하기를 원하오니 저희가 드리는 예배를 기쁘게 받아 주시옵소서.

주님, 주님의 선택 받은 백성으로 열심히 산다고는 하지만 여전히 저희들의 생각과 행위 속에는 죄 된 요소들이 많음을 고백합니다. 교만할 때도 많았고, 분을 참지 못할 때도 많았습니다. 남을 미워할 때도 많았고 비방을 일삼을 때도 많았습니다. 선택받은 거룩한 백성의 모습하고는 전혀 어울리지 않는 행동을 할 때가 많았음을 고백하오니 못난 저희를 불쌍히 여기시고 용서하여 주옵소서.

주님, 명절을 앞두고 있는 만큼이나 저희의 마음을 들뜨게 만드는 계절입니다. 이 자리에 앉아 있는 저희들이지만, 저희들 가운데는 이미 다른 곳에 마음을 두고 다른 곳을 생각하고 있는 성도들도 있을 것이라 짐작해 봅니다. 자칫 잘못하면 영적인 패턴이 흔들리기 쉽고, 영적인 무감각증에 빠지기 쉬운 이때에 저희의 중심이 믿음에서 흔들리지 않도록 붙들어 주시기를 원합니다. 주님을 등지고 미혹에 빠지지 않게 하여 주시고, 방종의 생활로 흐르지 않도록 이끌어 주시옵소서. 마음을 잘 다스릴 수 있도록 성령의 충만함을 허락하여 주시고, 절제의 열매를 맺음으로 주님의 마음을 흡족하게 해 드릴 수 있는 저희 모두가 되게 하여 주시옵소서. 유혹 앞에서 신앙의 흐트러짐을 보이지 않게 하시고, 믿음의 중심을 잘 잡고 주님이 기뻐하시는 길로 걸어갈 수 있는 이 계절이 되게 하여 주옵소서. 자신의 만족을 위하여 마음을 쏟기보다는 이웃의 만족을 위하여 자신을 깨뜨릴 수 있는 계절이 되게 하여 주옵소서. 선한 일과 의로운 일이 저희의 손길을 통하여 심겨지는 계절이 되게 하여 주옵소서.

주님, 여름행사를 진행하고 있는 교육부서를 기억하시고, 은혜롭고 성령이 충만한 여름행사가 될 수 있도록 이끄실 것을 믿습니다.

오늘도 말씀을 증거하시는 목사님을 기억하시고 성령의 능력으로 붙들어 주셔서 저희의 심령 골수를 쪼개는 능력의 말씀이 되게 하여 주옵소서.

예배를 돕는 손길들과 이름 없이 빛도 없이 봉사하는 손길들을 기억하시고, 저들의 마음을 천국의 부요함으로 채우실 것을 믿습니다.

예배의 시종을 주님께 의탁하오며 주님의 보혈의 공로를 의지하여 예수 그리스도의 이름으로 기도합니다. 아멘

> **기도가이드** 성령님은 방법을 통해서 역사하시지 않고 기도를 통해서 역사하십니다.

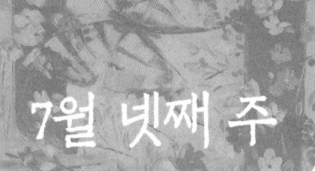

7월 넷째 주 주일 오후 찬양 예배
〈교역자의 건강과 성도의 건강에 맞춤〉

피곤한 자에게는 능력을 주시며 무능한 자에게는 힘을 더하시나니 소년이라도 피곤하며 곤비하며 장정이라도 넘어지며 자빠지되 오직 여호와를 앙망하는 자는 새 힘을 얻으리니…(이사야 40장 29 - 31절)

전능하신 하나님 아버지,

오늘도 주님의 은혜와 사랑 가운데 주일 성수를 할 수 있도록 이끌어 주시니 감사합니다. 다른 무엇보다도 주일 성수를 잘 하게 된 것을 주님이 주시는 귀한 축복으로 삼을 수 있는 저희 모두가 되게 하여 주옵소서. 많아 보이던 낮 예배의 인원이 지금은 초라하기 그지없지만 삶의 중심을 온전히 주님께 두기를 원하는 저희의 심령을 감찰하셔서 저희가 드리는 찬양 예배를 기쁘게 받아 주시옵소서.

주님, 저희들이 이 자리에 나왔지만 사실은 주님의 은혜에 이끌려 살기보다는 죄의 종노릇할 때가 너무나 많습니다. "이러면 안 되는데" 하면서도 죄가 저희를 끌고 가는 것을 느낄 때가 많습니다. 죄 앞에서 싸워 볼 용기도 갖지 못한 채 쉽게 무너지는 저희의 모습을 보며 성령님께서 얼마나 근심하셨겠습니까? 주님, 저희들에게 죄를 이길 수 있는 믿음을 주시옵소서. 죄를 물리칠 수 있는 능력을 허락하여 주옵소서. 주님의 사람으로 의를 심으며 살아갈 수 있는 복된 종들이 되게 하여 주옵소서.

주님, 무더운 여름 날씨를 탓하며 영적인 게으름에 빠지지 않기를 원합니다. 무더운 날씨를 틈타서 은밀히 다가오는 사단의 유혹에 미혹됨이 없게 하시고, 부지런함으로 주님을 더욱 힘써서 섬길 수 있는 저희 모두가 되게 하여 주옵소서. 무엇보다도 건강을 잃기 쉬운 계절입니다. 믿음 안에서 건강 관리를 잘 할 수 있는 저희 모두가 될 수 있게 하시고, 몸을 함부로 사용하여 신앙생활에 리듬이 깨지지 않도록 이끌어 주옵소서. 특별히 본 교회를 위하여 수고하시는 목사님과 교역자분들의 건강을 붙드시기를 원합니다. 여름행사로 인하여 육신은 피곤할지라도 건강에 적신호가 생기지 않도록 성령의 능력으로 붙들어 주시고, 새 힘을 주시는 주님의 손길이 항상 함께하고 계심을 느낄 수 있게 하여 주옵소서. 또한 여름행사를 위하여 힘쓰고 애쓰는 성도들이 있습니다. 힘들거나 지치지 않도록 도와주시고, 육신은 피곤할지라도 영혼은 새로워지는 주의 은혜를 경험할 수 있게 하여 주옵소서. 또한 충성하기 힘든 계절일수록 더욱 충성할 수 있는 저희 모두가 되게 하여 주시고, 영적으로 더욱 발돋움할 수 있는 은혜의 계절이 되게 하여 주옵소서.

오늘도 모든 성도들이 말씀으로 새롭게 변화되고 새 힘을 얻기를 소망하며 말씀을 준비하신 목사님을 기억하시고, 주님의 강하신 오른팔로 붙들어 주시옵소서. 예배드리는 저희 모두가 성령으로 충만하여지며 믿음에 믿음이 더하여지는 시간이 되게 하실 것을 믿습니다. 은혜와 평안을 경험하는 시간이 되게 하실 것을 믿습니다.

예배의 시종을 주님께 의탁하오며 언제나 항상 함께하시는 예수 그리스도의 이름으로 기도합니다. 아멘.

> **기도가이드** 우리가 다른 사람을 위하여 기도하는 것만큼 하나님은 우리의 문제에 관심을 갖고 계십니다.

7월 넷째 주

수요 예배(기도회)
〈변함없는 믿음과 소망을 주는 교회에 맞춤〉

너희 목마른 자들아 물로 나아오라 돈 없는 자도 오라 너희는 와서 사 먹되 돈 없이, 값없이 와서 포도주와 젖을 사라.(이사야 55장 1절)

사랑이 풍성하신 하나님 아버지,

오늘도 주님의 이름으로 이 전에 불러 주시고 주님께 예배하며 주님의 귀한 말씀을 듣도록 축복하신 은혜에 감사와 찬송과 영광을 돌립니다. 성령의 인도하심을 따라 주님의 자녀 된 본분을 다할 수 있는 저희 모두가 되게 하여 주옵소서.

주님, 짧은 삼 일의 기간이었지만 저희는 마음과 뜻과 정성을 다하여 주님을 사랑하지 못하였고, 주님께서 저희를 사랑하신 것같이 서로 사랑하지 못했음을 겸손히 고백합니다. 주님의 생명이 저희 영혼에 내재하지만 저희 욕망이 주님의 뜻을 거스렸습니다. 저희를 긍휼히 여기사 용서하여 주시고, 회개하는 심령을 주님의 사랑으로 품어 주시옵소서.

주님, 무더운 여름입니다. 가만히 있어도 지치고 짜증이 나는 계절입니다. 마음을 잘 다스릴 수 있도록 도와주시고, 변함없이 주님께 충성을 다할 수 있는 저희 모두가 되게 하여 주옵소서. 작렬하는 뜨거운 태양처럼 늘 주님을 뜨겁게 사모할 수 있는 저희 모두가 되게 하시고, 맡은 직분에 충성을 다할 수 있는 저희 모두가 되게 하여 주옵소서. 더위 속에 쏟아지는 한줄기 소나기처럼 주님을 시원케 해 드릴 수 있는 저희 모두가 되게 하여 주시고, 누구나 쉽게 열매 맺기 어려운 때에 주님이 기뻐하시는 귀한 열매를 맺어 갈 수 있는 저희 모두가 되게 하여 주옵소서.

주님, 주님의 몸 된 교회를 기억하시옵소서. 주님의 크신 뜻과 계획이 계셔서 이곳에 교회를 세우신 줄 믿습니다. 이 교회를 통하여 이 지역이 복음화되게 하시고, 주님의 뜨거운 사랑을 나타낼 수 있는 교회가 되게 하여 주옵소서. 삶의 소망을 잃은 자는 이 교회를 통하여 삶의 소망이 넘쳐나게 하시고, 인생의 평안이 없는 자는 이 교회를 통하여 주님이 채우시는 참된 평안을 얻게 하시며, 고달픈 삶을 살아가는 자는 이 교회를 통하여 참 안식의 은총을 경험하게 하여 주옵소서. 병든 자와 상처받은 자는 이 교회를 통하여 그 병이 치료되고, 그 상처의 싸매임을 받으며, 새로운 힘을 얻을 수 있도록 역사하여 주옵소서.

주님, 교육부서에서 여름행사를 진행 중에 있습니다. 여름성경학교와 수련회에 함께하여 주셔서 귀한 열매를 맺고 주님께 큰 영광 돌리는 여름행사가 될 수 있도록 인도하여 주옵소서. 진행을 맡고 있는 교역자와 교사들을 기억하시고 피곤치 않도록 성령의 능력을 채우시옵소서.

오늘도 말씀을 전하시는 목사님을 기억하시고, 능력의 말씀을 전하실 수 있도록 성령의 두루마기를 입혀 주옵소서.

이미 예배가 시작되었습니다. 마치는 시간까지 주님만이 홀로 영광 받으실 것을 믿사옵고 예수 그리스도의 이름으로 기도합니다. **아멘**

> **기도가이드** 믿음으로 사는 대표적인 모습은 기도 생활에서 발견할 수 있습니다.

7월 다섯째 주 주일 예배(1)
〈오순절 후 여덟 번째 주일, 영적인 부요함에 맞춤〉

내가 그를 나의 성산으로 인도하여 기도하는 내 집에서 그들을 기쁘게 할 것이며 그들의 번제와 희생은 나의 단에서 기꺼이 받게 되리니 이는 내 집은 만민의 기도하는 집이라…. (이사야 56장 7절)

거룩하신 하나님,

오늘도 주일을 맞이하여 주님의 전에 나와 예배할 수 있게 하시니 감사합니다. 무더위와 폭염에 지친 사람들이 시원한 산이나 바다를 찾으려고 하는 이날, 주님의 백성 된 저희는 주님의 전을 찾아 시원케 하시는 생명의 말씀을 사모하며 주님을 찬양할 수 있게 하시니 감사드립니다. 이 시간 세상의 일과 비교할 수 없는 거룩한 은총이 이 자리를 덮으실 것을 믿습니다. 성령님이 이 성전을 가득 덮으실 것을 믿습니다.

주님, 많은 사람들이 휴가를 얻어 산과 바다로 떠나는 기간입니다. 마음을 평안히 하고 주님과 더불어 이 여름을 보낼 수 있도록 도와주시옵소서. 짜증을 거두게 하시고 불만을 누그러뜨려 주셔서 주님의 자녀로서 자세가 흐트러지지 않도록 이끌어 주옵소서. 지난 한 주일 동안 사소한 일에 화를 내며 불쾌하고 불만스러운 생활을 했던 저희들입니다. 잘못을 고백하오니 게으르고 용렬한 저희를 용서하시고 옳은 행실을 갖게 하여 주옵소서.

주님, 영적 감각이 둔해지고 영적 생활이 힘들어지는 계절입니다. 무엇보다도 예배와 멀어지는 계절이 될 수 있다는 사실을 직감합니다. 무더운 여름철을 맞이하여 저희 모두가 예배와 멀어지는 삶이 되지 않도록 이끌어 주옵소서. 마지못해 억지로 예배의 자리를 찾는 모습이 없게 하여 주시고, 예배에 대한 감격을 상실한 채 예배의 자리만 채우는 모습도 없게 하여 주옵소서.

주님, 영적인 리듬이 깨지지 않도록 도와주시기를 원합니다. 한번 깨진 영적인 리듬은 다시 회복하기가 무척이나 힘들다는 것을 깨닫게 하셔서 영적인 적신호가 생기지 않도록 주님을 가까이 할 수 있는 저희 모두가 되게 하여 주옵소서. 여름철이라고 하여 날씨를 핑계 삼아 영적인 부요함을 누리는 자리를 피하지 않게 하여 주시고, 기도와 전도와 봉사에 마음을 쏟을 수 있는 저희 모두가 되게 하여 주옵소서.

주님, 불쾌지수가 높음으로 인하여 마음을 다스리기 힘든 계절입니다. 주의 성령께서 저희의 마음을 온전히 주장하여 주셔서 감정을 잘 다스릴 수 있게 하여 주시고, 평안을 잃지 않는 삶이 되게 하여 주옵소서.

주님, 교육부서의 여름행사가 진행 중에 있습니다. 성령께서 도와주셔서 놀라운 변화를 일으킬 수 있는 은혜로운 여름행사가 될 수 있게 하여 주옵소서.

오늘도 주님의 말씀을 전하시는 목사님을 성령의 능력으로 붙드셔서 권세 있는 주님의 말씀을 전할 수 있게 하여 주시고, 말씀을 사모하는 저희 모두가 큰 은혜를 받는 시간이 되게 하여 주옵소서.

예배를 돕는 손길들을 기억하시고, 저들의 수고 위에 넘치는 위로로 채워 주실 것을 믿습니다. 찬양대의 찬양을 기억하셔서 기쁨의 찬양을 드릴 수 있도록 도우실 것을 믿습니다.

예배의 시종을 주님께 의탁하오며 예수 그리스도의 이름으로 기도합니다. 아멘.

✱ **기도가이드** 믿음의 기도만큼 하나님께서 기뻐 받으시는 것은 없습니다.

7월 다섯째 주 — 주일 예배(2)
〈봉사의 즐거움과 교육부서의 여름행사에 맞춤〉

여호와여 주의 도로 내게 가르치소서 내가 주의 진리에 행하오리니 일심으로 주의 이름을 경외하게 하소서. (시편 86편 11절)

자비로우신 주님,
 더위와 피곤에 지친 인생들을 간과치 아니하시고 주님을 만날 수 있는 은혜의 자리로 이끌어 주심을 감사드립니다. 주님의 은총을 입어 이 자리에 나왔사오니 저희의 예배를 받으시고 영광을 받으시옵소서.
 주님, 성령의 충만함 속에 살지 못함으로 육신에 이끌리고 세상에 이끌려 살았던 지난날을 주님 앞에 고백합니다. 성령 충만하지 못함이 영적 실패인 것을 알면서도 성령 충만을 간구하지 못하고 살았던 저희들을 용서하여 주옵소서. 이 시간, 주의 성령으로 충만케 하사 이제는 육의 사람이 아니라 영의 사람으로 살게 하시고, 예수 사람이라는 것을 나타낼 수 있는 저희들이 되게 하여 주옵소서.
 주님, 유혹의 물결이 넘실대며 춤을 추고 있는 계절입니다. 육신의 만족과 즐거움을 위하여 좇아가다가 영적인 자리를 잃어버리는 저희의 모습이 되지 않게 하시고, 주의 백성으로서 마땅히 행할 바를 행치 않는 저희의 모습이 되지 말게 하여 주옵소서. 잠시의 즐거움을 좇아가다가 영원한 것을 잃어버릴 수도 있음을 깨닫게 하셔서 언제나 주님과의 동행을 사모하며 살아갈 수 있는 저희 모두가 되게 하여 주옵소서.
 주님, 교회에 봉사의 손길이 더욱 필요한 계절입니다. 주님이 기뻐하실 것을 생각하며 그 기쁨을 좇아갈 수 있는 저희 모두가 되게 하여 주시고, 도움이 필요한 곳에 기꺼이 손을 내밀 수 있는 저희 모두가 되게 하옵소서. 잠시의 더위를 식히는 자리보다 주님의 영광을 위하여 땀 흘리는 봉사를 즐거워할 수 있는 저희 모두가 되기를 원합니다. 힘이 닿는 데까지 봉사하게 하셔서 주님께 영광을 돌려 드릴 수 있는 저희 모두가 되게 하여 주옵소서. 여름행사를 진행 중인 교육부서 위에도 함께하시기를 원합니다. 기도로 계획하며 정성껏 준비한 프로그램들이 하나도 땅에 떨어지지 않게 하시고 아름다운 열매를 맺을 수 있도록 도와주시옵소서. 행여 목표로 삼았던 결과가 주어지지 않았다 할지라도 낙심하거나 실망치 않게 하여 주시고, 결과는 주님께 맡기고 최선을 다한 것으로 감사할 수 있게 하옵소서. 진행자들과 뜻을 함께한 모든 손길들의 건강을 붙들어 주시고, 피곤치 않도록 성령의 능력을 덧입혀 주시옵소서. 모든 성도들이 교회의 여름철 행사를 위하여 기도로 참여할 수 있게 하시고, 합력하여 선을 이루는 주님의 뜻을 좇을 수 있게 하여 주옵소서.

 오늘도 말씀을 들고 단 위에 서시는 목사님을 기억하시고 성령의 능력으로 붙드셔서, 말씀을 듣는 저희 모두가 주님의 은혜를 깊이 체험하는 시간이 되게 하여 주옵소서.

 예배를 돕는 손길들과 이름 없이 빛도 없이 봉사하는 손길들도 기억하시고, 몸을 드려 충성할 때마다 새롭게 하시는 주님의 은혜를 누릴 수 있게 하여 주옵소서. 찬양대의 찬양을 기억하셔서 오늘의 찬양 속에도 저들의 신앙이 묻어 있게 하시고, 기쁨으로 찬양할 수 있도록 도우시옵소서.

 예배의 시종을 주님께 의탁하오며 거룩하신 예수 그리스도의 이름으로 기도합니다.

※ **기도가이드** 주님의 몸 된 교회를 위한 봉사는 성도의 또 다른 기도 행위입니다.

7월 다섯째 주 주일 오후 찬양 예배
〈성숙한 신앙생활에 맞춤〉

하나님이여 주는 하늘 위에 높이 들리시며 주의 영광이 온 세계 위에 높으시기를 원하나이다.(시편 108편 5절)

사랑이 많으신 하나님 아버지,

무더운 날씨에도 불구하고 주님의 전을 힘써서 찾을 수 있도록 인도하심을 감사드립니다. 거룩한 날 거룩한 시간을 주셔서 주님을 만날 수 있게 하여 주시고, 신령한 교제의 시간을 주신 것을 감사드립니다. 육신은 피곤할지라도 주의 성령으로 충만하게 하셔서 영혼의 만족과 기쁨의 찬송이 넘치는 시간이 되게 하여 주옵소서.

주님, 저희는 때때로 죄와 허물과 실수와 잘못으로 인하여 어려움을 겪을 때가 너무나 많습니다. 주님은 아시겠사오니 처지와 형편을 따라서 은혜를 주시고, 위로하심을 베푸셔서 모든 얽매이기 쉬운 것들로부터 자유를 얻을 수 있게 하여 주옵소서.

주님, 저희가 신앙인들과 불신앙인들과의 관계 속에서 살아갈 때 문제를 일으키거나 말썽을 일으키는 신앙인들이 되지 않기를 원합니다. 신앙인의 본분을 잊지 않게 하여 주셔서 의를 심고 사랑을 심을 수 있는 삶이 되게 하여 주옵소서. 주님과의 관계 속에서도 죄만 범하는 인생이 되지 않게 하여 주시고, 성도들과의 교제 속에서도 의를 심고 사랑을 심을 수 있는 복된 교제가 이루어질 수 있게 하여 주옵소서. 순간적으로 잘못 생각하고 잘 못 판단하여 진리의 길을 벗어나 방황하는 일이 없게 하여 주시고, 주님을 아는 진리의 길에서 삶의 목표를 발견하여 그 길만을 좇아갈 수 있는 복된 삶이 되게 하여 주옵소서. 신앙이 성숙하지 못하여 진리를 떠나 미혹에 빠지는 일이 없게 하시고, 행해야 할 일들을 바로 행하지 못하는 어리석음이 없게 하여 주옵소서. 저희의 주변에 방황하는 영혼들이 얼마나 많습니까? 그들을 주님 앞으로 인도할 수 있는 믿음의 삶을 살아갈 수 있게 하여 주옵소서.

주님, 어려운 경제로 인하여 휘청거리는 국민들이 많습니다. 직장을 잃는 사람도 있고, 경영하는 회사가 부도를 맞는 경우도 있습니다. 행복한 가정이 파괴되는 일도 지금 이 사회가 안고 있는 아픔입니다. 주님, 이 민족을 불쌍히 여기셔서 경제의 회복이 있게 하여 주시고, 모든 국민이 평화를 누릴 수 있는 나라가 될 수 있도록 도와주시옵소서.

교육부서에서 여름수련회를 진행 중에 있습니다. 불볕더위에 수련회가 진행되고 있사오니 불미스러운 일이 발생되지 않도록 막아 주시고, 가슴 벅찬 주의 은혜를 경험할 수 있는 축복된 수련회가 되게 하여 주옵소서.

교회에 속한 여러 기관들을 기억하시고, 어렵고 힘든 때일수록 주님을 더욱 의지하는 마음이 넘쳐나게 하여 주시고, 맡겨진 사명도 잘 감당할 수 있도록 도와주시옵소서.

오늘도 주의 말씀을 듣고 단 위에 서시는 목사님을 기억하시고, 송이 꿀보다 더 단 주의 말씀을 전하실 수 있도록 성령의 능력으로 붙드실 것을 믿습니다.

예배의 시종을 주님께 의탁하오며 거룩하신 예수 그리스도의 이름으로 기도합니다. 아멘

> **기도가이드** 아름다운 기도는 혀끝에 있는 것이 아니라 마음속에 있습니다.

7월 다섯째 주 수요 예배(기도회)
〈교육부서 수련회에 맞춤〉

> 여호와께 피함이 사람을 신뢰함보다 나으며 여호와께 피함이 방백들을 신뢰함보다 더 낫도다. (시편 118편 8, 9절)

사랑의 하나님,

그릇된 일들이 난무하는 세대 속에서도 저희를 보호해 주셔서 죄악된 생활에 젖어 있지 않게 하여 주시고, 죄 된 자리를 피하여 은혜의 자리로 달려 나올 수 있도록 이끌어 주시니 감사합니다. 오늘도 저희를 감싸시는 주님의 사랑을 느낍니다. 너르신 품으로 안아 주시고, 주님 안에서 평안을 얻게 하여 주옵소서. 주님이 특별히 임재하시는 곳에서 손을 들고 주님을 송축합니다. 두 손을 높이 들어 주님을 송축하기를 원하는 심령마다 크신 복으로 함께하여 주옵소서.

주님, 삼 일의 짧은 삶이었지만 죄의 흉악함이 저희들에게 묻어 있음을 깨닫습니다. 저희를 구속하신 주님의 은혜를 따라 살지 못하고 자주 죄에 넘어지는 저희 자신을 생각할 때 너무나 속상한 감정을 지울 수 없나이다. 때로는 아무렇지도 않은 듯 죄를 은폐하려고까지 하는 저희들입니다. 악하고 수치스러운 마음을 주님 앞에 고백하며 내려놓사오니 긍휼히 여기사 용서하여 주옵소서.

주님, 여름철을 맞이하여 주일학교 및 기관에서 여름행사를 실시하고 있습니다. 특별히 중, 고등부 수련회와 대학 청년부의 수련회를 기억하옵소서. 수련회를 위하여 정성껏 준비한 지도 교역자님과 교사들에게 함께 하셔서 준비한 것만큼 귀한 열매를 거둘 수 있도록 인도하여 주시고, 성심껏 참석하는 모든 참석자들에게 신앙을 재충전하고, 신앙의 도약을 할 수 있는 수련회가 될 수 있도록 이끌어 주시옵소서.

꿈이 없는 학생들과 미래에 대한 불확실성으로 인하여 고민하고 있는 젊은이들에게 꿈과 비전과 미래에 대한 희망을 심어 줄 수 있는 수련회가 되게 하여 주옵소서. 특별히 안전사고가 발생하지 않기를 원합니다. 수련회를 마치는 날까지 하늘의 천군과 천사를 동원시켜 주셔서 미미한 안전사고도 발생하지 않도록 모든 위험으로부터 보호하여 주옵소서. 또한 진행을 맡아 수고하는 진행위원들과 뒤에서 물질적인 후원을 아끼지 않는 사랑의 손길들과, 직접 수련회의 현장까지 따라가서 궂은일을 도맡아 하는 여전도회 회원들에게 함께하셔서 그 수고함이 우리 주님께 향기가 되게 하시고, 몸을 깨뜨리는 수고 속에 능력을 부어 주시는 주님의 은혜를 경험하게 하옵소서. 날씨도 주관하여 주셔서 프로그램에 지장이 없게 하실 것을 믿습니다.

주님, 저희들 여름이라고 하여 너무 느슨해지지 않게 하시고, 경건에 이르는 연습을 끊임없이 할 수 있는 신앙생활이 되게 하여 주옵소서. 무더운 날씨로 인하여 고통 받는 성도들이 있습니까? 주님께서 찾아가셔서 시원케 하시는 주님의 은혜를 경험하게 하여 주옵소서.

오늘도 주의 말씀을 전하시는 목사님을 기억하시고 한여름의 생수와 같은 시원케 하시는 주님의 말씀을 전하실 수 있도록 붙드실 것을 믿습니다.

이미 예배가 시작되었습니다. 마치는 시간까지 주의 성령께서 저희들 가운데 운행하심을 믿사옵고 예수 그리스도의 이름으로 기도합니다. **아멘**

> ✱ **기도가이드** 우리가 주님께 기도하는 궁극적인 목적은 주님을 알고 주님의 사랑을 느끼는 데 있습니다.

8월 첫째 주 — 주일 예배(1)
〈오순절 후 아홉 번째 주일, 영적인 위기에 맞춤〉

오라 우리가 굽혀 경배하며 우리를 지으신 여호와 앞에 무릎을 꿇자 대저 저는 우리 하나님이시요 우리는 그의 기르시는 백성이며 그 손의 양이라 너희가 오늘날 그 음성 듣기를 원하노라.(시편 95편 6, 7절)

온 세상 만물을 다스리시는 주님,

주님의 피조물인 저희들이 그 높으신 위엄을 찬양합니다. 주님께서 더운 여름을 주시는 것은 그 속에서 생명이 자라고 열매가 익게 하시는 큰 뜻이 있기 때문임을 믿습니다. 이 무더위 아래 저희의 생명도 믿음으로 더욱 성숙하게 하시고 사랑과 희락과 화평의 열매를 맺게 하여 주옵소서. 이 시간 온 마음과 정성을 다하여 주님께 경배를 드립니다. 저희의 예배를 받으시옵소서.

주님, 오직 주님의 긍휼에 의지하며 저희의 죄와 허물을 고백합니다. 아침마다 경건한 기도와 묵상으로 하루를 시작하려 했던 다짐이 더위를 핑계로 중단되고 말았습니다. 작은 자를 도우며 하루에 한 가지라도 남몰래 선행을 베풀고자 했던 다짐도 어느새 사라져 버렸습니다. 성경 한 장, 몇 구절이라도 읽고 진리 안에서 자유를 얻으려 하는 마음마저 없어져 버릴까 두렵습니다. 긍휼을 베풀어 주옵소서.

주님, 국가적으로나 계절적으로 영적인 위기의식을 느껴야 할 때인 줄 믿습니다. 영적인 위기는 도적같이 찾아옴을 깨닫게 하셔서 위기 의식을 느낄 때 빨리 신앙의 자리로 돌이킬 수 있게 하여 주셔서 믿음의 길을 잘 달려갈 수 있게 하여 주옵소서.

휴가철을 맞이하여 빈자리가 너무 많습니다. 세상 재미에 얽매여 주님의 전을 등진 성도들을 기억하시고, 저들의 마음을 성령의 불 방망이로 두들겨 주셔서 다시는 육욕을 좇아 주님의 낯을 피하는 자가 되지 않도록 불쌍히 여겨 주시기를 원합니다. 세상 유혹을 뒤로한 채 끝까지 주님의 전을 지키며 주님께 영광 돌리는 성도들을 기억하시고, 먼저 주님의 나라와 그 의를 구한 그 심령 속에 영영토록 거하실 것을 믿습니다.

주님, 저희 모두가 교회를 위하여 달음질하던 발걸음이 뒤처지지 않기를 원합니다. 어쩔 수 없는 환경을 핑계 삼아 주님을 위하여 품은 열정이 식어지지 않게 하시고, 주님을 따라 달려가는 것이 인생 최대의 즐거움이 되게 하여 주옵소서. 이 세상은 주님을 가까이 하지 못하도록 저희를 묶어놓는 족쇄들이 너무나 많습니다. 성령으로 충만하게 하여 주셔서 믿음으로 승리하는 삶이 되게 하여 주옵소서.

주님, 아직도 여름행사가 진행 중에 있습니다. 수련회를 진행 중인 학생회 및 청년회를 기억하시고 가슴 벅찬 주님의 은혜를 경험할 수 있는 축복의 수련회가 되게 하여 주옵소서.

오늘도 주님의 말씀을 증거하시는 목사님을 기억하시고 성령의 능력으로 붙드셔서, 말씀을 듣는 모든 심령이 말씀으로 부요케 하시고 새롭게 하시는 주님의 은혜를 체험케 하여 주옵소서.

교회에 속한 여러 기관들을 기억하시고, 특별히 예배를 위하여 수종 드는 손길들을 기억하셔서 주님의 전을 섬기는 기쁨을 늘 누리는 삶이 되게 하여 주옵소서.

예배의 시종을 주님께 의탁합니다. 성령께서 저희들 가운데 친히 운행하심을 믿사옵고 예수 그리스도의 이름으로 기도합니다. 아멘

> **기도가이드** 그 어떤 환경에 처할지라도 기도하지 못할 환경은 없습니다. 주님은 어디에서든지 자신의 이름을 불러 주기를 원하십니다.

8월 첫째 주 — 주일 예배(2)
〈삶 속에서의 예배에 맞춤〉

여호와 하나님은 해요 방패시라 여호와께서 은혜와 영화를 주시며 정직히 행하는 자에게 좋은 것을 아끼지 아니하실 것임이니이다 만군의 여호와여 주께 의지하는 자는 복이 있나이다.(시편 84편 11, 12절)

영광과 찬양을 받으시기에 합당하신 하나님,

거룩한 주일 아침 구속받은 주의 백성들이 주님의 전에 모여 찬양하게 하시고 주님을 높일 수 있는 은혜의 시간을 주심을 감사드립니다. 이 시간 저희 모두가 영과 진리 안에서 주님께 예배할 수 있도록 도와주시고 주님이 기쁘게 받으시는 예배로 이끄시옵소서.

긍휼이 풍성하신 주님,

지난 한 주간 주님의 백성으로서 성결의 삶을 살기보다 세상에 이끌려 살았던 저희들입니다. 잘못된 것인 줄 알면서도 육신의 정욕과 이생의 안목만을 위하여 살았고, 유익이 되는 것이라면 죄도 묵인하고 용납했던 저희들입니다. 삶의 모습을 보아서는 천국의 사람이 아니라 지옥의 사람이었습니다. 영의 사람이 아니라 육의 사람이었습니다. 그러면서도 이 시간 아무렇지도 않은 듯 주님을 전을 찾아 예배자로 자리하고 있으니 얼마나 가증스럽고 외식적인 모습입니까? 주님, 이 외식의 삶이 습관이 되어 더 이상 주님의 영광을 가리우는 신앙생활을 하지 않도록 도와주시옵소서.

주님, 참된 예배자가 되려면 참된 삶이 뒷받침되어야 함을 깨닫습니다. 오늘 저희가 주님의 전을 찾아 이 짧은 시간을 주님께 드리는 것으로 예배자의 의무를 다한 것으로 생각지 말게 하여 주시고, 예배의 정신이 묻어 있는 삶을 살아갈 수 있는 저희 모두가 되게 하여 주옵소서. 삶 속에서도 주님께 예배하는 마음으로 살아갈 수 있다면 분명히 죄를 이기고 죄를 멀리하는 삶을 살게 될 것을 믿습니다. 어디에 있든지 무엇을 하든지 항상 삶 속에서의 예배가 주님께 드려질 수 있게 하여 주시고, 주님께 영광 돌리는 은혜의 처소가 되게 하여 주옵소서. 저희의 삶이 예배의 정신이 묻어 있는 삶이 될 수 있다면 장소와 시간을 초월하여 주님의 임재하심을 경험하는 삶을 살게 될 것을 믿습니다. 주님의 음성을 듣는 삶을 살게 될 것을 믿습니다. 주님의 능력을 경험하는 삶을 살게 될 것을 믿습니다. 주님, 저희 모두가 단회적인 예배자가 되지 말게 하시고, 삶 속으로 이어지는 예배가 있게 하여 주옵소서.

주님, 무더운 여름철을 맞아 교회에서 여러 모양으로 여름행사를 준비하여 실시하고 있사오니 준비위원들과 귀한 시간을 쪼개어 성심껏 참석하는 모든 참석자들에게 복된 장마비와 같은 은혜를 부어 주시고, 느슨했던 신앙을 다시 추스를 수 있는 축복의 시간이 되게 하여 주옵소서.

교회의 각 기관들을 주님의 능력의 오른팔로 붙드시기를 원합니다. 비전을 잃은 시대에 세속의 관점을 좇는 불경건한 모습이 없게 하여 주시고, 주님의 영광을 드러내고 성장하는 기관들이 되게 하여 주옵소서.

오늘도 주의 계시된 말씀을 들고 단 위에 서시는 목사님을 붙드시고 준비하신 말씀 속에서 주님의 음성을 담아내기에 부족함이 없도록 이끄시옵소서.

이 자리에 주님 앞에 예배드리기 위하여 겸손히 머리 숙인 저희들, 주님의 뜻을 받들어 섬기기에 부족함이 없도록 역사하여 주실 것을 믿사옵고 예수 그리스도의 이름으로 기도합니다. 아멘

기도가이드 기도는 단지 입술의 고백이 아니라 삶이 묻어 있는 고백이 되어야 합니다.

 **주일 오후 찬양 예배**
〈요동치 않는 신앙생활에 맞춤〉

여호와는 은혜로우시며 자비하시며 노하기를 더디하시며 인자하심이 크시도다 여호와께서는 만유를 선대하시며 그 지으신 모든 것에 긍휼을 베푸시는도다. (시편 145편 8, 9절)

저희를 불러 주신 하나님,
아무 쓸모없는 저희들을 가장 큰 영광의 자녀로 삼으시고 택한 백성으로서의 권리를 허락해 주시니 감사합니다. 각기 모습은 다르고 성품도 다르지만 하나님을 경외하는 믿음 안에서 하나가 되어 주님께 예배하오니 계신 곳 하늘에서 받으시고 은총을 내려 주시기 원합니다.

주님, 더위 속에서 쏟아지는 한줄기 소나기처럼 저희의 해묵은 죄악들이 씻겨 나갈 수 있기를 간절히 소원합니다. 죄 사함의 은총을 부어 주셔서 죄로 물든 저희의 심령이 자유함을 얻게 하여 주옵소서.

주님, 아직도 유혹의 물결이 여기저기서 넘실대며 춤을 추고 있는 계절입니다. 육신의 안일을 위하여 은총 받은 주의 백성으로서 마땅히 행할 바를 행치 않는 죄를 범치 말게 하시고, 늘 말씀 안에서 성령을 좇아 행할 수 있는 저희 모두가 되게 하여 주옵소서. 오늘 이 자리에도 주님이 찾으시는 성도들이 많이 보이지 않고 있습니다. 그들이 힘써서 찾아야 할 자리는 예배의 자리요, 즐겨 들어야 할 음성은 주님의 음성임을 기억하게 하셔서 항상 주님을 가까이 할 수 있는 성도들이 되게 하여 주옵소서.

온전케 하시는 주님,
비록 저희가 경제적으로 어려운 때에 살고 있지만 이런 때일수록 더욱 힘써서 믿음의 삶을 살아갈 수 있기를 원합니다. 생활이 어렵다고 하여 신앙인의 본분과 의무를 게을리하지 않게 하시고, 어렵고 힘들수록 더욱 봉사하고, 더욱 충성할 수 있는 저희 모두가 되게 하여 주옵소서.

주님, 이 저녁(오후)에 주님의 전을 찾은 성도들 가운데 삶에 시달려 지친 성도들도 있을 줄 압니다. 원치 않는 질병으로 고통 중에 신음하는 성도들도 있을 줄 압니다. 힘든 일이나 직장 생활로 힘겨워하는 성도들도 있을 줄 압니다. 여러 모양으로 삶에 지쳐 있는 성도들에게 새 힘을 부어 주시고, 치료의 은총을 내려 주시옵소서.

주님, 아직도 여름행사가 진행 중에 있습니다. 특히 수련회를 진행 중인 교육부서를 기억하셔서 궂은 날씨로 인하여 프로그램을 진행하는 데 어려움이 없도록 좋은 날씨를 허락하여 주시고, 은혜롭게 마칠 수 있도록 인도하여 주옵소서.

오늘도 주님의 말씀 듣기를 사모합니다. 말씀을 전하시는 목사님을 기억하셔서 피곤치 않도록 성령의 능력으로 붙드시고, 주님의 음성을 담아내는 귀한 말씀을 증거하실 수 있도록 입술의 권세를 더하여 주옵소서. 이미 예배가 시작되었습니다. 예배의 시종을 주님께 의탁하오며 예수 그리스도의 이름으로 기도합니다. 아멘

기도가이드 우리가 성령님의 소리를 듣지 못한다 할지라도 성령님은 우리에게 끊임없이 속삭이고 계십니다.

8월 첫째 주

수요 예배(기도회)
〈성도의 위로와 신앙의 회복에 맞춤〉

내가 주의 신을 떠나 어디로 가며 주의 앞에서 어디로 피하리이까 내가 하늘에 올라갈지라도 거기 계시며 음부에 내 자리를 펼지라도 거기 계시니이다. (시편 139편 7, 8절)

넘치는 사랑으로 저희를 감싸시는 하나님,

오늘도 저희를 주님의 사랑을 뼛속 깊숙이 느낄 수 있는 이 복된 자리로 이끄심을 감사드립니다. 이 세상의 고통스런 현실만 생각하면 절망일 수밖에 없지만 저희를 감싸시는 주님의 사랑을 생각할 때 말할 수 없는 기쁨과 평안을 얻습니다. 이 시간도 힘을 다하여 주님께 예배할 때에 저희의 드리는 예배를 받으시고, 사랑으로 찾아오시는 주님을 다시 한번 경험하는 복된 시간이 되게 하여 주옵소서.

주님, 어찌 보면 짧다고 생각되는 삼 일의 시간이었지만 아쉬웠던 일도 많았고, 안타까웠던 일들도 많았었습니다. 상처입고 괴로웠던 시간들도 있었습니다. 이 모든 것들이 이 시간 주님 앞에 기도하며 귀한 말씀을 들을 때에 치유되고 회복되는 역사가 있게 하여 주시옵소서.

주님, 참으로 미련한 저희들이라서 죄를 지을 때가 많았습니다. 주님의 은혜와 축복 속에 거하면서도 죄를 좇아가는 저희들입니다. 주님의 자녀로서 너무나 무자격한 저희를 징계치 아니하시고 오래 참으셔서 주님의 보좌 앞으로 이끄시는 은총을 생각할 때 감사 감격할 뿐이옵니다. 회개하기만 하면 저희의 죄악을 기억치 아니하시는 주님께 회개하오니 긍휼히 여기사 용서하여 주옵소서.

주님, 이제 무덥던 한여름의 날씨도 한풀 꺾인 것 같습니다. 한여름의 더위와 싸워 가며 바른 신앙생활의 길을 달려온 성도들을 기억하시고, 성령의 능력으로 함께하셔서 더욱 열심 있는 신앙생활을 할 수 있게 하여 주옵소서. 또한 자신에게 주어진 소중한 시간을 반납하고 여름 내내 교육부서의 행사를 돕느라 마음을 쏟은 성도들을 기억하시고, 자원하여 주님께 드린 저들의 아름다운 봉사가 주님께 향기가 되게 하시고, 축복의 상급으로 채우실 것을 믿습니다. 그러나 신앙적으로 느슨해진 성도들도 있사오니 어서 속히 믿음의 자리를 찾을 수 있게 하여 주시고, 주님을 가까이 할 수 있는 삶의 자리로 나아가게 하여 주옵소서. 주님의 몸 된 교회를 위하여 손을 놓고 있던 봉사의 자리에도 적극 참여할 수 있게 하여 주시고, 맡은 직분에 충성을 다할 수 있도록 도와주시옵소서. 특히 한여름 내내 여름행사에 생각과 마음을 쏟으며 수고하신 교역자분들을 기억하시고, 지치고 고단한 마음을 주님의 평안과 안식으로 채워 주시옵소서. 영적으로 변화받고 달라진 성도들의 모습을 보며 위로를 얻게 하여 주옵소서.

오늘도 영적인 부담을 안고 주님의 말씀을 듣고 단 위에 서신 목사님을 기억하시고 성령의 능력으로 붙드셔서 갈급한 영혼에게는 생수의 말씀이 되고, 길 잃은 영혼들에게는 등불이 되며, 병들고 지친 영혼들에게는 소망과 능력이 되는 말씀을 전하실 수 있게 하여 주옵소서.

주님, 이미 예배가 시작되었습니다. 빨리 끝나기를 기대하기보다 은혜 받기를 소원할 수 있는 저희 모두가 되게 하여 주옵소서. 예배의 시종을 주님께 의탁하오며 예수 그리스도의 이름으로 기도합니다.

> ✱ **기도가이드** 주님의 위로는 주의 일을 위하여 마음을 쏟은 자에게만 부어 주시는 주님의 선물입니다.

주일 예배(1)
⟨오순절 후 열 번째 주일, 광복절 기념 주일에 맞춤⟩

그가 열방 사이에 판단하시며 많은 백성을 판결하시리니 무리가 그 칼을 쳐서 보습을 만들고 그 창을 쳐서 낫을 만들 것이며 이 나라와 저 나라가 다시는 칼을 들고 서로 치지 아니하며….(이사야 2장 4절)

만왕의 왕이신 하나님, 영광과 존귀를 받으시옵소서. 의와 진리를 사랑하는 온 세상의 성도들과 한국 교회 주의 백성들의 예배를 열납하옵소서. 어둠의 세력들을 물리치고 찬란한 빛이 비치는 새날을 허락하신 하나님의 섭리를 찬송합니다. 이 땅에 자유와 평화를 주시고 예수 그리스도를 구원과 해방의 주님으로 믿게 하신 은총을 감사 드립니다. 오늘은 특별히 이 민족을 억압과 질고로부터 해방을 주시고 광복의 빛을 다시 비춰 주신 하나님께 감사와 영광을 돌리며 광복절 기념 주일로 지키고 있습니다. 이 광복의 축복을 허락하심은 상한 갈대를 꺾지 아니하시며 꺼져 가는 등불을 끄지 아니하시는 하나님의 긍휼하심과 자비하심의 은총임을 깨닫습니다. 한 많은 이 민족의 눈물을 씻겨 주신 주님께 감사와 찬양을 돌리오니 영광을 받으시옵소서.

자비로우신 하나님, 이제 세월이 흐르면서 이 민족이 일제 강점기로부터 해방을 받은 광복절의 의미가 점점 더 화석화되어 가고 있음을 절감합니다. 광복절이 되면 곳곳에서 일제 치하로부터의 해방을 기념하는 행사를 다채롭게 갖고 있지만 과연 젊은이들의 의식 속에는 과거의 이 민족의 광복이 어떻게 인식되고 있는지 걱정하지 않을 수 없나이다. 지금 이 민족이 과거의 아픔을 딛고 나라 발전과 경제 성장을 이룩하였다고 하지만, 이 민족이 자자손손 결코 잊지 말아야 할 것은 나라의 주권을 빼앗겼던 뼈아픈 역사인 줄 압니다. 한 세대가 가고 또 한세대가 온다 할지라도 이 민족이 설움을 당했던 과거의 역사를 결코 잊지 않게 하여 주옵소서. 과거의 치욕을 거울삼아 근신하고 경계함으로써 더욱 나라를 든든히 세워갈 수 있는 이 세대의 사람들이 되게 하여 주옵소서. 이 나라의 독립과 해방을 위하여 목숨 다 바쳐 투쟁하고 숨져 간 많은 영혼들이 있습니다. 그들의 나라 사랑 정신이 이 세대에도 강같이 흐르게 하여 주셔서 아직도 분단된 아픔을 안고 이 나라가 통일의 길로 나아갈 수 있게 하여 주옵소서.

오늘의 교회도 나라 사랑하는 마음이 넘쳐나기를 원합니다. 그 옛날 순교를 각오하고 이 민족의 해방을 위하여 일생을 던졌던 믿음의 선조들이 있기에 오늘의 교회에 주님의 축복이 있음을 깨달아 나라를 위한 저희의 기도가 메마르지 않게 하여 주옵소서. 통일의 그날이 오기까지 주님 앞에 나라를 위한 눈물의 기도를 멈추지 않는 저희 모두가 되게 하여 주옵소서. 아직까지도 국민의 아픔을 뒤로한 채 당리당략만을 생각하고 있는 위정자들을 기억하시기 원합니다. 이권을 확보하는 데만 지혜를 모으고 마음을 쏟는 저들이 되지 말게 하시고 목숨을 초개같이 버리며 나라와 민족을 사랑했던 선조들의 민족 정신이 저들의 정치 철학이 되게 하여 주옵소서.

오늘도 단 위에 서신 목사님을 기억하시고, 말씀을 전하실 때에 입술의 권세를 더하여 주셔서 죄악을 태우고 사르는 불의 말씀, 치료의 말씀, 자유케 하는 진리의 말씀이 되게 하여 주옵소서.

주님의 몸 된 교회를 위하여 한결같은 믿음으로 헌신과 충성을 아끼지 않는 성도들을 기억하시고, 저들의 흘린 땀이 천국에 흐르는 생명의 강물이 되게 하여 주옵소서.

예배의 시종을 주님께 의탁하오며 이 민족에게 해방을 주시고, 죄에서 자유를 주신 예수 그리스도의 이름으로 기도합니다. 아멘

✸ **기도가이드** 우리가 주님께 드리는 기도에 주님은 당신의 의로 판단하심을 잊지 말아야 합니다.

8월 둘째 주 주일 예배(2)
〈광복절 감사 주일에 맞춤〉

우리가 스스로 행위를 조사하고 여호와께로 돌아가자 마음과 손을 아울러 하늘에 계신 하나님께 들자 여호와께서 하늘에서 살피시고 돌아보시기를 기다리는도다. (예레미야애가 3장 40, 41, 51절)

억압과 질고로부터 해방을 주신 하나님,

고난과 시련의 역사만을 거듭해 온 이 민족을 긍휼히 여기셔서 해방의 기쁨을 주셨음을 감사드립니다. 동방의 작은 나라, 아직도 분단된 아픔을 안고 살아가는 서글픈 나라이지만 그래도 이 민족을 사랑하시는 하나님의 손길을 생각하며 광복 감사 주일로 주님께 영광을 돌립니다. 한국의 모든 교회와 믿음의 백성들이 그 옛날 이 민족에게 해방의 감격을 주신 은혜를 생각하며 감사와 찬양을 드리오니 계신 곳 하늘에서 기쁘게 받아 주시옵소서.

주님, 오늘 저희가 이 민족에게 해방을 주신 그날을 기억하며 예배를 드리지만 저희의 지은 죄를 고백하지 않을 수 없나이다. 알고 지은 죄 모르고 지은 죄를 주님 앞에 고백하오니 저희의 영혼을 불쌍히 여기사 용서의 은총을 내려 주시옵소서. 주님의 죄 용서의 선언이 있기를 원합니다.

주님, 이 민족이 아직도 해방의 기쁨을 불일치의 상태로 맞아야 하는 아픔이 있습니다. 남과 북이 갈라진 상태에서는 진정한 해방의 기쁨을 누릴 수 없음을 깨닫습니다. 이제 이 민족이 새로운 일치의 과업을 시작할 수 있게 하여 주옵소서. 더 이상 옛 이스라엘과 유다처럼 한 민족이 남북으로 나뉜 채 서로 미워하고 싸우며 오랜 세월을 보내는 일이 없게 하여 주시고, 민족 전체가 하나가 되어 진정한 해방과 자유의 기쁨을 나눌 수 있도록 은총을 내려 주옵소서. 남과 북이 일치를 이루어서 민족 해방의 기쁨을 노래할 수 있다면 감격이 강과 바다를 이루어 더욱 큰 해방의 기쁨을 노래하게 될 것을 믿습니다. 그날이 오기까지 이 땅의 모든 교회들이 민족의 아픔을 끌어안고 쉼없이 기도할 수 있게 하시고, 아물지 않은 이 민족의 상처를 끌어안을 수 있는 교회들이 되게 하여 주옵소서.

주님, 작금의 모든 교회들은 십자가의 정신은 온데간데없고 무조건 성장하고 보자는 성장 일변도로 나가고 있습니다. 이제는 모든 교회들이 주님의 십자가를 감추는 교회가 아니라 주님의 십자가의 깃발을 높이 들 수 있는 교회들이 되게 하여 주시고, 교인의 숫자를 자랑하기보다 주님께 쓰임 받는 일꾼을 자랑할 수 있는 교회가 되게 하여 주옵소서. 또한 화려하고 웅장한 건물을 내세우기보다는 십자가의 복음을 내세울 수 있는 교회가 되게 하여 주옵소서.

오늘 광복절 감사 주일을 맞이하여 진정한 해방의 의미를 선포하시기 위하여 말씀을 들고 단 위에 서시는 목사님을 기억하시고, 주님의 권세 있는 말씀이 선포되어질 때에, 주님 주시는 진정한 해방이 무엇인지를 깨닫고 그 해방의 기쁨을 누리는 시간이 되게 하여 주옵소서.

어렵고 힘든 가운데서도 한결같은 믿음으로 주님의 몸 된 교회를 위하여 충성하는 일꾼들을 기억하시고 저들이 주님의 교회를 위하여 눈물과 땀을 흘리는 것이 하늘의 보화로 이어지게 하여 주옵소서.

예배의 시종을 주님께 의탁하오며 예수 그리스도의 이름으로 기도합니다. 아멘.

> **기도가이드** 기도는 하나님을 바라보는 것이며, 하나님이 주시기 원하시는 축복을 향해 손을 뻗는 것입니다.

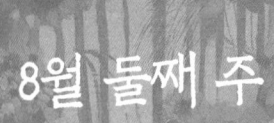

주일 오후 찬양 예배
〈청년부 헌신예배에 맞춤〉

> 너희가 은을 받지 말고 나의 훈계를 받으며 정금보다 지식을 얻으라 대저 지혜는 진주보다 나으므로 무릇 원하는 것을 이에 비교할 수 없음이니라.(잠언 8장 10,11절)

주님을 앙망하고 의지하는 자에게 새 힘을 주시는 능력의 하나님,
오늘 이 저녁(오후)에도 주님의 이끌림을 받아 주님의 전으로 향할 수 있게 하여 주시고, 주님 앞에 찬양하며 예배드릴 수 있게 하심을 감사드립니다.

특별히 이 시간에는 청년회 헌신예배로 주님께 영광을 돌립니다. 자신의 주장과 패기만을 앞세우며 살기 쉬운 청년의 때에 주님을 경외하고, 주님의 일꾼으로 쓰임 받는 삶을 살게 하시니 얼마나 감사한 일이옵니까? 이 아름다운 주의 청년의 모습이 변하지 않도록 주의 성령께서 붙들어 주옵소서.

하지만 젊다는 이유로 지나친 자만심에 사로잡혀 살아온 청년도 있을 줄 압니다. 젊음과 패기만 있으면 무슨 일이든지 해낼 수 있을 것이라는 교만한 마음을 버리지 못하고 있는 청년들도 있을 줄 압니다. 이 시간 젊음이 영원한 것이 아님을 깨닫게 하셔서 모든 죄와 허물을 회개하게 하시고, 인생의 주인 되신 주님께 겸손히 자기를 내어 맡길 수 있는 청년들이 되게 하여 주옵소서.

주님,
요즘 일자리가 없어 방황하고 있는 청년들이 많습니다. 청년 실업이 사회적인 문제로 각인되고 있습니다. 이 땅의 청년들을 불쌍히 여기셔서 일할 수 있을 때에 힘써서 일할 수 있도록 도와주시옵소서. 노동의 축복이야말로 주님이 주신 가장 신성한 축복이 아닙니까? 젊은 청년들이 이 축복을 누릴 수 있도록 길을 열어 주시고, 조국과 사회를 위해서도 젊음을 바칠 수 있는 일꾼들이 되게 하여 주옵소서. 특별히 군 복무 중에 있는 청년들을 기억하시기를 원합니다. 젊음을 나라에 바치고 있사오니 그 마음을 살피셔서 외로움 없게 하여 주시고 건강한 군 복무가 이루어질 수 있도록 이끌어 주옵소서. 안전사고가 발생하고 있습니다. 모든 위험으로부터 보호하여 주시고 막아 주시옵소서.

오늘 이 교회를 통하여 불러 주신 주의 청년들이 주님의 교회를 든든히 세우는 데 한결같이 귀중한 일꾼으로 쓰임받기를 원합니다. 곳곳에서 청년들이 주님께 헌신을 드리고 있사오니, 저들의 충성을 통하여 주님의 몸 된 교회가 더욱 힘 있는 교회가 되게 하시고, 젊은 교회가 되게 하시고, 독수리 날갯짓함같이 강한 믿음으로 비상하는 교회가 되게 하여 주옵소서.

오늘 이 시간 주님께 헌신의 삶을 살고자 또 한 번 다짐하며 마음을 깨뜨리는 청년들의 예배를 향기로운 제물로 받아 주시고 이 청년들 모두가 주님의 역사를 만드는 도구가 되게 하여 주옵소서.

특별히 이 시간 청년들에게 생명의 말씀을 증거하시기 위하여 단 위에 세우신 강사 목사님을 기억하시고, 이 자리에 참석한 모든 청년들이 다시 한번 꿈과 비전을 세울 수 있는 능력의 말씀이 되게 하여 주옵소서. 이미 예배가 시작되었습니다. 예배 순서 맡은 자들에게도 성령의 능력으로 함께하실 것을 믿사옵고 예수 그리스도의 이름으로 기도합니다. 아멘.

기도가이드 젊을 때에 하나님을 찾을 수 있다는 것은 그 어떤 보석보다 귀합니다.

수요 예배(기도회)
〈교회와 수재민에게 맞춤〉

그러나 이 모든 일에 우리를 사랑하시는 이로 말미암아 우리가 넉넉히 이기느니라.(로마서 8장 37절)

사랑이 많으신 하나님 아버지,

연약한 저희들을 더 이상 죄 아래 살지 않게 하시고 그리스도 예수 안에서 충만한 은총 아래 살게 하시니 감사드립니다. 더욱이 완악한 저희 심령 속에 늘 변화를 주셔서 주님의 사랑을 시시각각으로 깨닫도록 이끄심을 감사드립니다. 오늘도 바쁜 일상의 일들을 마감하고 주님의 사랑에 이끌리어 이 전을 찾았습니다. 이 시간 주님 전의 뜰을 밟은 심령마다 넉넉한 여유와 은총으로 찾아오시는 주님을 만나게 하시고, 말씀을 통하여 주님과의 행복한 대화를 나눌 수 있는 예배가 되게 하여 주옵소서.

주님, 지난 시간의 삶을 더듬어 보면 주님 앞에 회개할 것밖에 없습니다. 죄악 된 세상에 살다 보니 저희 자신도 모르게 죄의 종이 되어 죄의 종노릇하는 삶을 산 적이 많았습니다. 늘 주님의 자녀로서 성령에 이끌리는 삶을 사는 것이 마땅하지만 저희는 그렇게 살지를 못했습니다. 이 시간 부끄러움과 수치스러움을 주님께 내려놓으며 회개하오니 긍휼을 베풀어 주셔서 용서하여 주옵소서. 죄악을 기억하지 아니하시겠다는 주님의 약속의 말씀을 의지합니다.

주님, 주님께서 친히 세우신 교회를 위하여 기도합니다. 이 교회에 마음과 뜻과 정성을 다하여 주님께 예배하는 성도들이 넘쳐나게 하시고, 주님께 대한 헌신과 봉사가 살아 있는 교회가 되게 하여 주옵소서. 무엇보다도 죄 많은 세상을 향하여 십자가의 복음을 담대하게 증거할 수 있는 교회가 되게 하시고, 그 어떤 영혼이라도 주님의 능력으로 새로워지고 변화 받는 축복의 동산이 되게 하여 주옵소서.

주님, 이제 더위가 한풀 꺾였습니다. 그러나 때늦은 집중호우로 인하여 수해를 입은 자들이 있습니다. 많은 사람들이 생명을 잃기도 하였고, 재산의 피해를 가져오기도 하였습니다. 해마다 반복되는 이 아픔을 기억하시고 절망에 빠진 자들을 찾아가 주셔서 위로와 용기를 주시기를 원합니다. 하늘을 원망하는 저들이 되지 말게 하시고, 하나님이 주신 아름다운 자연을 잘못 관리한 인간의 교만과 완악함 때문임을 깨달을 수 있게 하여 주옵소서. 수해를 당한 수재민들을 위하여 온정의 손길을 보내고 있는 따뜻한 손길들을 기억하시고, 헤아리는 일들을 통하여 보람과 만족을 한껏 느낄 수 있게 하여 주옵소서. 또한 이럴 때 서로가 이웃의 소중함과 필요성을 가슴 절절히 느낄 수 있게 하시고, 퍼 주고 나누는 삶이 얼마나 행복한 것인가를 재확인하는 계기가 되게 하옵소서. 주님의 몸 된 교회도 아픔을 당한 수재민들을 위하여 선한 사마리아인이 될 수 있게 하여 주시고, 수재민의 아픔을 위하여 기도할 수 있게 하여 주옵소서.

오늘도 생명의 말씀을 들고 단 위에 서시는 목사님을 기억하시고, 말씀을 듣는 저희 모두가 새 힘을 얻는 시간이 되게 하여 주옵소서.

이미 예배가 시작되었습니다. 마치는 시간까지 사단 마귀 일절 틈타지 못하도록 주의 성령께서 함께하실 것을 믿사옵고 예수 그리스도의 이름으로 기도합니다. **아멘**

> **기도가이드** 아픔을 당한 자를 위하여 기도하는 것이야말로 주님의 십자가의 사랑을 깨닫고 있는 것입니다.

8월 셋째 주 주일 예배(1)
〈오순절 후 열한 번째 주일, 신앙의 열매에 맞춤〉

좁은 문으로 들어가라 멸망으로 인도하는 문은 크고 그 길이 넓어 그리로 들어가는 자가 많고 생명으로 인도하는 문은 좁고 길이 협착하여 찾는 이가 적음이니라.(마태복음 7장 13,14절)

주님을 앙망하는 자에게 새 힘을 주시는 하나님,
자칫 지치기 쉬운 계절에 새 힘을 주셔서 주님의 전을 찾을 수 있도록 이끄심을 감사드립니다. 육신이 원하는 대로 끌려가지 아니하고 성령에 이끌리어 주님의 전을 찾았사오니 심령에 단비를 내리셔서 메마른 영혼들이 생기를 얻게 하여 주옵소서. 오늘도 주님의 부르심을 받들어 거룩한 성전에서 찬송과 기도와 봉헌을 드릴 때에 계신 곳 하늘에서 영광중에 받으실 것을 믿습니다.

주님, 한 주간의 삶을 돌이켜 보건대 빛의 자녀로서 살지 못하고 어둠에 휩싸인 경우가 많았음을 고백합니다. 불의 앞에서 비굴함을 보일 때도 있었고, 거짓으로 성령의 전인 마음을 더럽힐 때도 있었습니다. 죄를 은근슬쩍 용납할 때도 있었고, 주님의 뜻과는 전혀 상관없는 것임에도 이익이 되는 것이라면 주님의 뜻을 무시해 버렸습니다. 주님 앞에 참으로 부끄러운 죄인들입니다. 주님의 긍휼을 구하오니 용서하여 주옵소서.

주님, 이제 오곡백과가 무르익는 계절이 다가오고 있습니다. 오곡백과가 탐스럽게 익는 자연 앞에서 신앙의 아무런 열매를 맺지 못한 부끄러운 모습이 되지 않기를 원합니다. 이제 무더운 계절로 말미암아 다소 느슨해졌던 신앙을 다시 추슬러서 열매 맺는 믿음의 길을 달려갈 수 있는 저희 모두가 될 수 있게 하여 주옵소서. 수확의 시기가 되어도 수확할 것이 없어 빈둥대기만 하는 저희 모습이 되지 않기를

원합니다. 주님이 허락하신 귀한 시간들을 허비하기만 한 인생이 되지 않기를 원합니다. 이유만 무성하고, 핑계만 무성한 게으른 신앙인이 되지 않기를 원합니다. 심지 않은 데서 열매를 바랐던 악한 종이 되지 않기를 원합니다. 오곡백과가 탐스럽게 익어 가는 것을 보면서 저희들도 주님 나라를 풍요롭게 하는 영적인 열매를 맺어 갈 수 있는 주의 자녀들이 되게 하여 주옵소서.

주님, 때 늦은 홍수로 인하여 아픔을 겪고 있는 국민들이 있습니다. 비통함에 잠겨 있는 수재민들을 불쌍히 여겨 주시고, 힘을 낼 수 있도록 도와주시옵소서. 슬픔에 잠긴 이웃을 위하여 음으로 양으로 온정의 손길을 보내고 있는 국민들을 기억하시고 고통을 함께 나누고 베푸는 삶이 얼마나 아름답고 기쁘고 즐거운 것인지를 가슴 가득히 느낄 수 있는 계기가 되게 하여 주옵소서. 주님의 교회들도 길 잃은 영혼들에게 등불이 될 수 있는 교회가 되게 하시고, 서글픔에 마음 아파하는 영혼들에게 진정한 위로를 줄 수 있는 교회들이 되게 하여 주옵소서.

주님 아직도 나라의 경제가 회복이 되지 않고 있습니다. 날로 빈부격차는 심해지고 있고, 최저의 생계비마저 보장 받지 못하여 아픔을 겪는 가정들이 늘어나고 있습니다. 이 나라를 불쌍히 여기시고 회복이 있게 하여 주옵소서.

오늘도 주님의 말씀을 듣고 단 위에 서신 목사님을 기억하시고, 영적인 부담을 안고 주님의 말씀을 준비하셨사오니 나태해진 저희 심령에 불을 지피는 말씀이 되게 하옵소서. 예배를 돕는 손길들을 기억하시고, 수고가 많아질 때마다 커지는 것은 기쁨이 되게 하여 주옵소서. 찬양대의 찬양을 받으시고, 예배의 시종을 주님께 의탁하오며 예수 그리스도의 이름으로 기도합니다. **아멘**

> 🌟 **기도가이드** 기도는 사탄의 거짓으로부터 우리를 지키는 방패입니다.

8월 셋째 주 주일 예배(2)
〈여문 결실을 맺는 신앙에 맞춤〉

하나님을 가까이 하라 그리하면 너희를 가까이 하시리라 죄인들아 손을 깨끗이 하라 두 마음을 품은 자들아 마음을 성결케 하라.(야고보서 4장 8절)

언제 어디서나 저희들과 함께 계시는 주님,
슬플 때나 기쁠 때나 쉴 때에도 함께하시고, 주님의 선하신 뜻대로 이끌어 주심을 감사합니다. 또한 시대와 환경이 변하여 황금만능과 과학만능의 세상에서도 변치 않는 주님의 진리 안에서 승리하게 하여 주시니 감사합니다. 오늘 주님의 사랑을 입은 자로 이 자리에 나와 예배를 드리오니 저희의 드리는 예배를 받아 주시옵소서.

긍휼을 베푸시는 주님, 주님 안에 행복과 영원한 가치가 있음을 알면서도 다른 것을 사모하며 탐심의 우상을 섬기느라 이 자리에 참석하지 못한 성도들도 있습니다. 세속에 속한 것들이 아무리 아름답고 좋다 한들 그것으로 어찌 영원한 가치를 찾을 수 있겠습니까? 저들의 눈을 밝게 하여 주셔서 영원한 가치를 좇아갈 수 있게 하여 주옵소서.

주님, 오늘도 저희들이 이 자리에 와 있지만 죄로 얼룩진 저희 자신의 모습을 감출 수 없음을 깨닫습니다. 천국에 소망을 두고 주님을 위해 일해야 할 저희들이오나 오히려 세속의 분주함 때문에 주님의 일을 소홀히 했던 저희들입니다. 주님께 건성으로 예배하기를 즐겨 했고 마음은 늘 세상에 두고 살았던 저희들입니다. 양심을 속이는 일이 습관화되어 있었고, 위선된 행동에 익숙해져 있는 저희들입니다. 이 시간 주님 앞에 저희의 사악함을 고백하며 긍휼을 구하오니 용서하여 주옵소서. 주님의 임재하심을 경험하는 이 귀한 시간, 세상의 온갖 잡동사니로 꽉 찬 마음을 비우게 하시고 주님의 진리로 채울 수 있게 하여 주옵소서.

주님, 그렇게 저희를 지치게 만들고 땀 흘리게 만들던 여름이 가을의 서늘함에 저만치 꼬리를 빼고 있습니다. 한여름에 땀 흘려 수고한 농부가 가을을 기다림이 얼마나 희망찬 일입니까? 저희의 인생도 가을의 열매처럼 여문 결실을 맺어야 하는 것이 이치인데 주께서 오셔서 열매를 내놓으라 하실 때 미처 준비되지 못한 가을을 내놓을까 두렵습니다. 오는 가을에 부끄럽지 않은 열매를 보이기 위해 주님의 일로 더욱 분주해지는 저희들이 되게 하시고 더욱 충성할 수 있는 일꾼들이 되게 하여 주옵소서.

주님, 어려운 경제난으로 인하여 신앙적으로 넘어지는 성도들이 많습니다. 고통에도 하나님의 선하신 뜻이 계신 줄 믿고 더욱 더 믿음으로 달려갈 수 있는 성도들이 되게 하시고 믿음에서 떠나지 않는 승리의 생활이 될 수 있도록 붙들어 주옵소서.

오늘도 주님의 귀한 말씀을 듣고 단 위에 서시는 목사님을 기억하시고 생명의 말씀, 진리의 말씀을 증거하실 수 있도록 성령의 능력으로 붙드시옵소서.

예배를 돕는 손길들을 기억하시고, 수고한 대로 천국의 상급으로 채우실 것을 믿습니다. 예배의 시종을 주님께 의탁하오며 예수 그리스도의 이름으로 기도합니다. **아멘**

> **기도가이드** 기도의 결론은 하나님의 응답이요, 기도의 결과는 성도의 열매로 나타나야 합니다.

8월 셋째 주

주일 오후 찬양 예배
〈전도에 맞춤〉

오직 성령이 너희에게 임하시면 너희가 권능을 받고 온 유대와 사마리아와 땅 끝까지 이르러 내 증인이 되리라 하시니라.(사도행전 1장 8절)

찬양과 경배를 받으시기에 합당하신 하나님,

오늘도 저희들이 주님의 전을 찾아 주님을 찬양하며 예배할 수 있게 하여 주시니 감사드립니다. 저희의 입술에서 울려 퍼지는 찬양이 이 성전을 가득 메울 때, 계신 곳 하늘에서 영광을 받으시고 크신 은총을 내려 주시옵소서.

주님, 우리 주님은 저희의 모든 것을 아시오니 언제 어디서 무엇을 하였는지도 잘 아실 줄 믿습니다. 마음을 어둡게 한 잘못, 신앙인답지 못했던 말과 행동이 있었다면 용서하여 주옵소서. 또한 진리를 안다고 하는 지식의 교만, 오래 믿었다고 하는 연조의 자랑, 감당하지 못한 직분의 태만이 있었다면 긍휼의 풍성하심을 따라 용서하여 주시옵소서.

주님, 온 누리를 덮으며 거칠게 숨 쉬던 여름이 이제는 헐떡이며 지리를 양보하고 있습니다. 아침 저녁으로 불어오는 선선한 바람이 가을이 조심스럽게 다가오고 있음을 깨닫습니다. 어제의 땀과 수고가 결실을 맺을 수 있는 가을이 다가오고 있사오니 저희의 믿음도 여문 황금 들녘 같은 가을을 맞이할 수 있게 하여 주옵소서. 무엇보다도 전도의 사명을 잘 감당 할 수 있기를 원합니다. 믿음의 선배들의 뒤를 이어 복음을 전파하는 일에 게으르지 않게 하시고, 전도의 미련한 것으로 믿는 자들을 구원하시기를 기뻐하시는 주님의 마음을 살필 줄 아는 저희 모두가 되게 하여 주옵소서. 나에게는 전도의 달란트가 없다는 이유를 내세워 전도하는 일에 게으르지 않게 하시고, 열매를 거두시는 이는 하나님이라는 사실을 깨달아 복음을 전하기에 힘쓸 수 있는 저희 모두가 되게 하여 주옵소서. 산고의 고통이 따른다 할지라도 영혼이 주님 앞에 돌아올 수만 있다면 그 수고를 감당할 수 있게 하여 주시고, 고난이 주어진다 할지라도 주님의 위로와 상급을 바라보며 능히 인내할 수 있는 저희 모두가 되게 하여 주옵소서. 저희가 움직여야 교회가 부흥되고, 하늘나라의 지경이 확장되며, 지옥 갈 백성이 천국 백성으로 바뀌어지는 역사가 있게 될 것을 믿습니다. 전도인의 직무를 잘 수행할 수 있는 저희 모두가 되게 하셔서 땅 끝까지의 전도 주인공이 될 수 있게 하여 주옵소서.

오늘도 이 복된 자리에 미참한 성도들이 있습니다. 한 번의 때우기식의 예배가 저들의 신앙 습관이 되지 말게 하시고, 이 땅을 살아가는 동안 하나님의 거룩한 예배자로 살아갈 수 있는 믿음이 있게 하여 주옵소서.

오늘도 주님의 말씀을 들고 단 위에 서시는 목사님을 기억하시고 성령의 능력으로 강하게 붙드셔서 식어진 가슴에 불을 붙이는 능력의 말씀이 되게 하여 주옵소서.

이미 예배가 시작되었습니다. 마치는 시간까지 주의 성령께서 저희의 연약함을 도우실 것을 믿사옵고 예수 그리스도의 이름으로 기도합니다.

> ✱ **기도가이드** 기도란 단지 복을 받는 것뿐만이 아니라 복을 주는 것입니다.

8월 셋째 주

수요 예배(기도회)
〈타협하지 않는 신앙에 맞춤〉

> 내가 네 행위를 아노니 네가 차지도 아니하고 덥지도 아니하도다 네가 차든지 덥든지 하기를 원하노라. (계시록 3장 15절)

살아 계신 하나님,

그렇게도 지루하게 더위로 위세를 떨던 여름도 이제는 한풀 꺾이고 가을의 눈치를 보고 있는 것 같습니다. 계절의 신비를 통하여 역사하시는 주님의 손길을 다시금 확인하며 감사를 드립니다. 이 시간, 저희들이 삼일 예배를 드리기 위해 주님의 전으로 발걸음을 옮겼습니다. 쉼 없이 사랑을 베푸시는 주님의 손길을 다시 느끼며 감사의 예배를 드릴 수 있는 저희 모두가 되게 하여 주옵소서.

주님, 저희가 주님을 잊은 순간에도 우리 주님께서는 한 번도, 한순간도 잊지 않고 섭리하셨다는 것을 깨닫습니다. 그 사랑 앞에 다시 한 번 감사를 드립니다. 하지만 저희들은 주님의 섭리하심 속에서도 육체에 이끌려 살았음을 고백하지 않을 수 없나이다. 곧은 길을 걷기보다는 굽은 길을 걸었던 저희들입니다. 주님의 음성 듣기를 사모하기보다는 사단의 달콤한 음성에 귀 기울였던 저희들입니다. 목이 곧은 이스라엘 백성을 품에 안으셨던 그 사랑이 주님의 사랑이기에 저희들도 용기를 내어 주님 품에 안기기를 원하오니 죄 많은 저희들을 넓으신 품으로 품어 주시고 용서하여 주옵소서.

주님, 가치관이 많이 흔들리는 때입니다. 신앙의 가치관도 많이 흔들리는 시대임을 절감합니다. 최선책으로서의 신앙이 아니라 차선책으로서의 신앙으로 변질되어 가고 있는 것 같습니다. 상황과 조건에 따라 신앙의 색깔을 얼마든지 바꿀 수 있는 시대가 되어 버렸습니다.

이제 백절불굴의 신앙은 시대에 어울리지 않는 골동품 같은 신앙이 되어 버렸습니다. 오히려 올곧은 신앙을 가진 자가 미련하게 보이고 바보처럼 보이는 시대가 되어 버렸사오니 우리 주님의 마음이 얼마나 아프시겠습니까?

주님, 저희들이 아무리 혼돈의 시대에 살고 있다 할지라도 푯대 없는 신앙이 되지 않게 하옵소서. 환경에 맞추어진 신앙이 아니라 하나님께 맞추어진 신앙이 되게 하여 주옵소서. 경건의 모양만 있는 신앙인이 아니라 경건의 능력을 갖춘 신앙인이 되게 하옵소서. 세상적인 경험보다는 영적 경험을 풍성하게 누릴 수 있는 신앙인이 되게 하옵소서. 타협하는 신앙인이 아니라 믿음을 위해서라면 희생도 감수할 수 있는 신앙인이 되게 하여 주옵소서. 진리를 사수할 수 있게 하여 주시고, 타락한 이 시대에 주님의 거룩함을 보여줄 수 있는 신앙인이 되게 하여 주옵소서.

오늘도 주님의 거룩한 말씀을 듣고 단 위에 서시는 목사님을 기억하시고, 저희의 비유를 맞추는 설교가 아니라 저희의 미지근한 신앙을 갈아 업고 기경하는 말씀을 전하실 수 있게 하여 주옵소서.

이미 예배가 시작되었습니다. 마치는 시간까지 성령께서 친히 저희들 가운데 운행하셔서 연약함을 도우실 것을 믿사옵고 예수 그리스도의 이름으로 기도합니다. **아멘**

> **기도가이드** 우리의 일상생활에 있어서 기도보다 더 큰 축복은 없습니다.

8월 넷째 주 주일 예배(1)
〈오순절 후 열두 번째 주일, 주님을 높이는 삶에 맞춤〉

주의 집에 거하는 자가 복이 있나이다 저희가 항상 주를 찬송하리이다(셀라) 주께 힘을 얻고 그 마음에 시온의 대로가 있는 자는 복이 있나이다 저희는 눈물 골짜기로 통행할 때에…. (시편 84편 4 - 6절)

우리의 힘이시며, 우리의 노래시며, 우리의 구원이신 하나님 아버지,

지난 한 주간도 저희들을 주님의 은혜로 지켜 보호하여 주시고 오늘 이렇게 주님의 백성들이 한자리에 모여 주님 앞에 찬양하며 예배할 수 있도록 이끄심을 감사드립니다. 이 시간 새 힘을 얻어 기쁨의 노래를 힘껏 부를 수 있게 하시고, 주님의 영광을 찬송할 때 이 전에 그 귀하신 이름이 선포되게 하여 주옵소서.

주님, 오늘 저희들이 주님의 십자가의 공로를 힘입어 이 전에 나왔지만 저희들의 모습은 심히 아름답지 못한 것들로 가득 차 있음을 깨닫습니다. 늘 마음에 죄와 욕심을 담고 제 주장만 앞세워 삶을 꾸려 나가는 저희들입니다. 주님을 대하기에 너무나 부끄럽사오니 저희를 긍휼히 여기사 용서하여 주시기를 원합니다. 다시금 저희를 성령으로 강하게 붙들어 주셔서 소망 가운데 주님이 인도하시는 길을 걷게 하시고, 주님의 영광을 드러내고 주님의 뜻을 좇아 살 수 있는 저희들이 되게 하여 주옵소서.

주님, 이제 8월의 마지막 주일입니다. 그 덥던 여름의 더위도 가을의 선선한 바람 앞에 고개를 숙이고 있습니다. 자연은 계절을 바꾸며 또 다른 모습으로 창조주이신 주님을 높이려 하는데 저희의 삶은 왜 이다지도 밋밋한지 모르겠습니다. 주님, 이제는 주님의 자녀로 주님을 높이는 삶이 되게 하여 주옵소서. 주어진 환경 속에서 섭리하시는

주님의 손길을 의심치 않으며 주님을 높이는 삶을 살 수 있게 하여 주시고, 무엇을 하든지 주님의 뜻을 담아내야 한다는 철학을 가지고 움직일 수 있는 저희 모두가 되게 하여 주옵소서. 저희들을 통하여 주님이 영광 받으시는 일이 넘쳐 나기를 원합니다. 주님이 기뻐하시는 일들이 넘쳐 나기를 원합니다.

주님, 추수의 계절인 가을이 오고 있는데, 과연 어떻게 하는 것이 새로운 계절을 허락하신 주님을 높이는 것인지를 고민할 수 있기를 원합니다. 계절에 맞는 기쁨을 드릴 수 있는 저희 모두가 되게 하시고, 주님의 마음을 담아낼 수 있는 일들을 넘치도록 할 수 있는 저희 모두가 되게 하여 주옵소서. 특별히 주님의 몸 된 교회가 가을이 와도 추수할 것이 없는 교회가 되지 않기를 원합니다. 믿음의 열매를 맺어 갈 수 있는 교회가 되게 하시고, 영적인 풍성한 수확을 거둘 수 있는 교회가 되게 하여 주옵소서.

오늘도 주님의 말씀을 듣고 단 위에 서시는 목사님을 기억하시고, 주의 크신 능력으로 붙드셔서 진리의 말씀을 전하시기에 조금도 부족함이 없게 하시고, 말씀을 듣는 모든 이의 귀가 울리고, 마음의 찔림을 받는 시간이 되게 하여 주옵소서.

주님의 몸 된 교회를 위하여 마음을 쏟아 충성하는 손길들이 있습니다. 언제나 동일한 은혜로 함께하여 주셔서 세상에서 가장 즐거운 일이 되게 하시고, 가장 행복을 느낄 수 있는 일이 될 수 있도록 함께 하실 것을 믿습니다.

예배의 시종을 주님께 의탁하오며 만유의 주재이신 예수 그리스도의 이름으로 기도합니다. 아멘.

> **기도가이드** 기도하지 않는 그리스도인이 받은 복은 화병에 꽂아 놓은 뿌리 없는 가지에 활짝 핀 꽃과 같습니다.

8월 넷째 주 | 주일 예배(2)
〈열심을 내는 신앙생활에 맞춤〉

여호와여 아침에 주께서 나의 소리를 들으시리니 아침에 내가 주께 기도하고 바라리이다.〈시편 5편 3절〉

만물을 창조하시고 섭리하시는 하나님 아버지,

오늘도 저희의 공허한 심령을 말씀으로 채우시고 새 힘을 주시기 위하여 주님의 전으로 불러 주심을 감사드립니다. 오늘 저희들이 흩어진 마음을 모아서 주님께 예배드리기 원합니다. 주님께 향기가 되고 영광을 받으시는 예배가 될 수 있도록 도와주시옵소서.

사랑의 주님, 철마다 역사하시는 주님의 예정된 손길이 늘 저희에게 함께하심을 믿습니다. 저희는 작은 일에서 큰일에 이르기까지 그 모두를 주님이 아심에도 스스로의 방법과 지혜를 의지하고 다른 방법으로 해결하려고 했음을 고백합니다. 저희의 불신앙적인 생각을 고쳐 주시고 은혜를 더하여 주옵소서.

주님, 가을이 오는 길목에서 가을의 계절을 주신 주님의 교훈을 듣길 원합니다. 시절이 바뀌는 것을 바라만 보는 저희들이 아니라 계절을 통해 말씀하시는 주님의 음성을 들을 수 있는 저희들이 되게 하옵소서. 이 가을이 가져다주는 풍요와 결실이 저희들과 무관하지 않기를 원합니다. 주님이 주신 가을의 풍요가 저희들의 마음에도 넘실대게 하시고, 저희들의 영혼에도 넘치게 하여 주옵소서.

주님, 흐르는 물과 같은 게 시간이 아닙니까? 멀찌감치 도망간 푸른 하늘을 보며 주님의 한량없는 섭리를 찬양합니다. 한순간도 쉬지 않으시고 삼라만상을 주관하시며 인류의 숨결을 보듬으시는 주님의 사랑과 일하심을 보며 열정 없이 살아온 지난 시간이 부끄럽습니다. 이제라도 열심을 낼 수 있는 저희 모두가 되게 하여 주셔서 풍요와 결실의 자리로 나아갈 수 있게 하여 주옵소서. '맡은 자에게 구할 것은 충성'이라고 하셨사오니 주님의 직분을 멋으로 감당하지 않게 하시고 마음을 쏟아 열심히 뛸 수 있는 저희 모두가 되게 하여 주옵소서. 매년 돌아오는 가을이라고 하여 열매 맺을 수 있는 가을이 또 주어질 것으로 생각지 말게 하시고, 이번 가을이 마지막인 것처럼 주님께 충성할 수 있는 저희 모두가 되게 하여 주옵소서.

주님, 오늘 이 자리를 찾은 성도들 중에 연약해진 심령들이 있습니까? 고통에 시달리는 심령들이 있습니까? 주님의 도우심이 절대적으로 필요한 영혼들이 있습니까? 이 시간을 통하여 신앙의 힘을 얻게 하여 주시고, 소망을 얻게 하여 주옵소서. 외로운 마음들이 위로를 받게 하시며, 답답해하는 심령들이 참 평안을 얻을 수 있게 하옵소서.

오늘도 단 위에 세우신 목사님을 기억하시고 성령의 능력으로 붙드시기를 원합니다. 교회와 양들을 위하여 온몸을 불사르고 계시오니 사역하심에 힘겨움이 없게 하여 주옵소서. 말씀을 전하실 때에 목사님의 마음을 읽을 수 있는 양들이 되게 하시고, 주님의 뜻을 깨달을 수 있는 저희 모두가 되게 하옵소서.

예배를 위하여 돕는 손길들을 기억하시고 넘치는 봉사와 헌신 위에 풍성한 하늘의 상급으로 채우실 것을 믿습니다.

예배의 시종을 주님께 의탁하오며 사랑이 많으신 예수 그리스도의 이름으로 기도합니다. **아멘**

> **기도가이드** 천국의 귀한 복 중의 하나는 천국의 왕이신 하나님과 교제하는 기도입니다.

주일 오후 찬양 예배
〈교회의 각 기관과 부서에 맞춤〉

우리가 다 하나님의 아들을 믿는 것과 아는 일에 하나가 되어 온전한 사람을 이루어 그리스도의 장성한 분량이 충만한 데까지 이르리니(에베소서 4장 13절)

살아 계신 하나님,

진정 사모하는 마음으로 주님의 이름을 높이 부릅니다. 고달픈 인생길을 늘 주님이 붙잡아 주셔서 절망과 낙심 가운데 방황하지 않도록 인도하여 주심을 감사드립니다. 이 시간에 소리 높여 찬양하며 경배하오니 영광을 받으시옵소서.

긍휼히 여기시는 하나님, 지난날 저희의 불의함을 용서하여 주옵소서. 죄 많고 속된 세상에서 마음과 영혼이 시달리고 더러움에 눌려 가슴이 터질 것만 같았나이다. 그러나 지치고 상한 영혼을 그대로 버려두지 아니하시고 죄 씻음 받고 안식과 평안을 얻을 수 있는 주님의 동산으로 불러 주시니 주님의 은혜가 한량없으심을 다시 한번 깨닫습니다. 일평생 주님만을 사모하는 저희 영혼이 되게 하여 주옵소서.

주님, 이 시간은 특별히 주님의 몸 된 교회가 더욱 부흥하는 교회가 되기를 간절히 소망하여 각 기관과 부서를 위하여 기도하기를 원합니다. 먼저 주일학교를 기억하시옵소서. 어릴 때부터 교회 생활을 열심히 함으로 키가 자라듯 믿음도 쑥쑥 자랄 수 있도록 붙들어 주시고, 주님 안에서 아름다운 꿈을 키워 갈 수 있도록 생각을 지켜 주옵소서. 중, 고등부를 위하여 기도합니다. 아직 가치관이 미성숙한 때입니다. 길과 진리가 되시고 생명이 되신 우리 주님께서 여리고 연약한 학생들의 마음을 강하게 붙들어 주셔서 주의 법도를 익혀 가며 불의에 흔들리지 않고 주님께 영광 돌리는 믿음의 사람으로 성장할 수 있도록 도와주시옵소서. 대학, 청년부를 위하여 기도합니다. 젊을 때에 주님을 위하여 더욱 헌신할 수 있는 청년들이 되게 하시고 모든 일에 성실한 자세를 잃지 아니함으로 존귀한 사람으로 불려지기에 합당한 청년들이 되게 하여 주옵소서. 남,여 전도(선교)회를 위하여 기도합니다. 주님의 영광을 위하여 선한 청지기의 삶을 살 수 있도록 인도하여 주시고, 주님의 몸 된 교회를 위하여 교우를 섬기고 위로하는 봉사와 헌신에 몸을 드릴 수 있는 남녀종들이 되게 하여 주옵소서. 또한 주님이 분부하신 지상 명령을 잘 받들어 전도에 힘쓸 수 있게 하시고, 영혼이 구원되는 믿음의 열매를 풍성히 맺는 남녀 전도회가 되게 하여 주옵소서. 찬양대를 위하여 기도합니다. 찬양 대원들이 다 성령 충만하여 인간의 자랑이나 즐거움이 아니라 성령으로 말미암아 지극히 높으신 하나님을 높이고 경배하며 하나님을 영화롭게 하는 찬양을 드릴 수 있게 하여 주옵소서.

 오늘도 주님의 말씀을 전하시는 목사님을 기억하시고, 준비하신 말씀을 전하실 때에 주님의 능력이 나타나게 하시고, 성령의 역사가 강하게 나타나는 시간이 되게 하여 주옵소서. 이 시간도 미참한 발걸음을 기억하시고 세상에서의 천 날보다 주님의 전에서의 한 날을 더욱 소중하게 여길 수 있는 심령들이 되게 하여 주옵소서.

 예배의 시종을 주님께 의탁하오며 예수 그리스도의 이름으로 기도합니다. **아멘**

기도가이드 기도는 하나님 아버지의 사랑과 능력과 축복을 끌어내는 방법입니다.

8월 넷째 주

수요 예배(기도회)
〈열심의 회복에 맞춤〉

그가 우리를 대신하여 자신을 주심은 모든 불법에서 우리를 구속하시고 우리를 깨끗하게 하사 선한 일에 열심하는 친백성이 되게 하려 하심이니라.(디도서 2장 14절)

저희들에게 믿음을 주신 하나님,
 이 세상의 모든 것이 속절없고 허무할 뿐이건만 홀로 영원히 계시는 하나님을 믿음의 눈으로 바라보게 하시니 감사드립니다. 이 시간 믿음을 가진 자들을 부르셔서 자녀로 삼으시고 예배할 수 있는 특권을 주신 하나님, 믿음이 없이는 하나님을 기쁘시게 할 수 없다고 말씀해 주셨사오니, 예배드리는 저희들이 무엇보다도 신실한 믿음으로 하나님께 나아가도록 하옵소서.
 사랑의 주님, 이제 온 누리를 덮으며 거칠게 숨 쉬던 여름이 조심스럽게 다가선 가을의 산들바람 앞에 고개를 숙이고 있습니다. 도저히 식을 것 같지 않던 더위가 이리 식어 가는 것을 보며 자연을 주관하시는 주님의 섭리에 다시 한번 영광을 돌립니다.
 주님, 삼 일 간의 짧은 삶이었지만 저희는 주님이 주신 생명의 감사함을 잊은 채 숨 쉬며 생각하고 행동하였음을 고백하지 않을 수 없습니다. 저희 속에는 생명의 기쁨보다 죽음 냄새가, 날로 새로워져야 할 영혼보다 시들고 죽어 가고 있는 것들로 가득 차 있었습니다. 생명은 죄와 죽음과 함께 할 수 없음을 깨닫사오니 긍휼히 여기사 용서하여 주옵소서. 이제 주님의 영원한 기운을 저희에게 허락하사 저희로 죽어 가는 것들로부터 결별하게 하옵소서.
 주님, 가을의 문턱에서 주의 사랑을 입은 자녀들이 어떤 신앙의 옷을 입고 있어야 하는지를 돌아보게 하옵소서. 자연은 주님의 섭리에 따라 계절에 맞는 옷을 갈아입기 위하여 준비하고 있건만 저희들은 지금 무엇을 하고 있는지요? 이제 식어져 있던 열심을 다시 추슬러서 믿음의 옷으로 단장하기 위하여 분발할 수 있는 저희 모두가 되게 하여 주옵소서. 그동안 계절을 탓하며 사명의 자리를 고의적으로 피한 적도 많았었고, 개인 생활에 우선권을 두고 교회 생활을 등한히 했던 적도 많았었습니다. 저희 자신도 모르게 신앙이 식어진 상태에 있었음을 부인할 수 없나이다. 주님, 이제 다시 열심을 내어 주님께서 인정하시는 믿음의 사람으로 살아갈 수 있게 하옵소서. 열매 맺는 가을 앞에 아무런 열매를 거두지 못하여, 떨어져 있는 이삭만 찾아 헤매는 모습이 없게 하시고, 믿음의 결실을 풍성히 맺을 수 있는 축복의 계절을 만들 수 있게 하옵소서. 기도와 전도의 생활이 온전히 드려질 수 있게 하여 주시고, 봉사의 생활이 온전히 드려질 수 있게 하여 주옵소서. 저희들의 신앙생활 전 영역에서 풍성함이 드러날 수 있는 축복의 삶이 되게 하옵소서.

주님, 주님의 몸 된 교회도 주님의 축복하심으로 더욱 성령으로 뜨거워지는 교회가 되게 하셔서 영적인 결실을 풍성히 맺을 수 있게 하옵소서.

오늘도 말씀을 전하시는 목사님을 기억하시고, 성령의 능력으로 붙드셔서 생명의 말씀을 전하시기에 피곤치 않게 하여 주옵소서.

이미 예배가 시작되었습니다. 마치는 시간까지 주님만이 영광을 받으실 것을 믿사옵고 예수 그리스도의 이름으로 기도합니다. 아멘

> ❋ **기도가이드** 우리가 어떤 자세를 가지고 부르짖느냐에 따라서 주님의 응답하심이 더딜 수도 있고 빠를 수도 있습니다.

9월 첫째 주

주일 예배(1)
〈오순절 후 열세 번째 주일, 열매 맺는 가을에 맞춤〉

할렐루야 여호와의 종들아 찬양하라 여호와의 이름을 찬양하라 이제부터 영원까지 여호와의 이름을 찬송할지로다 해 돋는 데부터 해 지는 데까지 여호와의 이름이 찬양을 받으시리로다…(시편 113편 1 ~ 4절)

때를 따라 아름답게 하시는 하나님,

하늘이 높아진 것을 보며 가을이 성큼 왔음을 깨닫습니다. 풍요의 계절 가을을 맞이하여 주님께 예배드릴 수 있는 이 복된 시간을 허락하심을 감사드립니다. 이 시간 주님께 예배하는 저희의 심령마다 주님의 은혜로 풍성하게 채우셔서 예배의 기쁨을 한껏 누릴 수 있게 하여 주시고, 주님의 영광을 나타내는 예배자가 되게 하여 주옵소서.

긍휼이 풍성하신 하나님, 오늘도 주님께 예배하면서 저희들의 죄과를 기억하지 않을 수 없습니다. 저희의 지은 죄가 너무 많아서 무엇부터 고백해야 할지 모르겠습니다. 주님의 자녀이면서도 의를 좇지 아니하고 불의를 좇아 살았던 저희들입니다. 세상의 헛된 욕심에 이끌려 살았던 저희들입니다. 죄악을 기억지 아니하시겠다는 약속의 말씀을 붙들고 회개하오니 크신 긍휼을 베푸사 용서하여 주옵소서.

사랑의 하나님, 저희에게 풍성한 결실의 계절인 가을을 허락하여 주셨사오니 이 가을에 풍성한 열매를 맺기 위하여 마음을 쏟을 수 있는 저희 모두가 되게 하여 주옵소서. 저희를 잠잠히 사랑하시고 조건 없이 사랑하시며 끝이 없는 사랑으로 대하시는 그 깊은 주님의 사랑을 생각하며 사랑의 열매를 더욱 많이 맺을 수 있는 이 가을이 되게 하여 주옵소서.

또한 감사의 열매도 많이 맺기를 원합니다. 기쁘고 좋을 때만 감사하는 것이 아니라 환난을 당했을 때도 감사할 수 있게 하여 주옵소서.

형통할 때만 감사하는 것이 아니라 험한 가시밭길을 가면서도 감사할 수 있게 하여 주옵소서. 재물이 많음을 인하여 감사의 조건을 삼는 것이 아니라 가진 것이 없어도 감사할 수 있게 하여 주옵소서. 또한 이 가을에 성령의 열매가 있기를 원합니다. 성령의 열매를 맺음으로 영적인 창고에 영적인 열매를 가득 채울 수 있는 저희 모두가 되게 하여 주옵소서. 또한 저희 모두가 신령한 복을 늘 구하는 삶이되기를 원합니다. 진주의 가치를 알지 못하는 미련한 짐승처럼 하늘의 신령한 복을 소홀히 하는 어리석은 자들이 되지 말게 하시고, 하늘의 복을 소중히 여김으로 신령한 복을 늘 구하는 삶이 되게 하여 주옵소서.

이 시간 단위에 세워주신 목사님을 능력의 오른팔로 붙들어 주셔서 주님의 권세 있는 말씀을 선포하게 하여 주시고, 저희 심령마다 성령의 역사를 뜨겁게 체험할 수 있게 하여 주옵소서.

주님의 몸 된 교회를 위하여 물질과 몸을 아끼지 아니하고 충성하는 주님의 백성들이 있습니다. 저들의 수고가 더해질 때마다 주님의 향기가 만발하게 하시고, 모든 사람들에게 기쁨을 주는 축복의 사람들이 되게 하여 주옵소서.

예배의 시종을 주님께 맡깁니다. 저희들의 부족함을 주의 성령께서 도우실 것을 믿사옵고 예수 그리스도의 이름으로 기도합니다. **아멘**

> **기도가이드** 우리들이 하나님께 기도할 수 있는 유일한 길은 예수님 안에 있습니다.

9월 첫째 주

주일 예배(2)
〈영적 열매의 풍성함에 맞춤〉

> 길가에서 한 무화과나무를 보시고 그리로 가사 잎사귀밖에 아무것도 얻지 못하시고 나무에게 이르시되 이제부터 영원토록 네게 열매가 맺지 못하리라 하시니 무화과나무가 곧 마른지라.(마태복음 21장 19절)

이 좋은 풍요의 계절을 허락하신 하나님,

그 어떤 화가가 최선을 다하여 그림을 그린들 주님의 솜씨를 흉내 나 낼 수 있겠습니까? 풍요를 경험할 수 있는 이 좋은 계절에 저희 모두가 주님의 전을 찾아 나와 예배할 수 있게 하여 주시니 감사를 드립니다. 저희들은 언제나 풍성하심이 넘치는 주님의 은혜 가운데 있음을 깨닫습니다. 오늘도 마음을 다하여 주님께 예배드리기 원하오니 저희의 마음을 주장하셔서 예배의 행위 속에 인색함이 없게 하여 주옵소서.

궁휼을 베푸시는 하나님, 저희는 주님의 백성이면서도 사탄이 환영하는 죄를 얼마나 많이 짓고 있는지 헤아릴 수 없습니다. 늘 자신의 육욕과 세속의 관점을 벗어나지 못하는 저희들을 불쌍히 여겨 주셔서 용서하여 주시고, 거룩한 삶을 살아갈 수 있도록 인도하여 주옵소서. 오늘 주님의 전에 엎드렸으나 저희의 모습은 주님의 진노와 심판을 받기에 합당합니다. 하오나 주님의 십자가의 피의 공로를 의지하오니 모든 죄를 깨끗이 씻어 주시고 주님께 영광 돌리는 예배를 드릴 수 있게 하여 주옵소서.

은혜의 하나님, 열매 맺는 가을이지만 아직도 저희들은 주님께 드릴 열매가 없음을 솔직히 고백합니다. 헌신과 봉사에 대한 열매도 없었고, 주님의 말씀에 대한 순종의 열매도 없었습니다. 영혼을 불쌍히 여기는 사랑의 열매도 없었고 영혼 구원을 위한 전도의 열매도 없었습니다. 오! 주님, 열매 없는 무화과나무를 저주하시던 주님의 심판을 기억합니다. 삶이 힘들고 고달프다고 하여 주님의 백성으로서 마땅히 해야 할 기본적인 의무를 무시하지 말게 하시고, 사도바울과 같이 주님께 받은 사명을 잘 감당하기 위하여 푯대를 향하여 잘 달려갈 수 있는 삶이 되게 하여 주옵소서. 열심히 전도할 수 있게 하시고, 열심을 다하여 헌신하고 열심을 다하여 충성할 수 있게 하여 주옵소서. 영적인 열매를 풍성하게 맺음으로 주님께 큰 영광 돌릴 수 있게 하여 주시고, 저희의 삶 또한 소망과 기쁨이 넘치게 하여 주옵소서.

위로의 하나님, 풍요로운 수확을 기대하는 가을이지만 자연 재해로 인하여 애써서 가꾼 곡식들을 다 잃은 사람들이 있습니다. 거두고 싶어도 거둘 것이 없어서 상처를 안고 있는 사람들을 기억하시고, 희망을 잃지 않도록 도와주시옵소서.

주님, 이 사회가 어려울수록 일자리를 갖지 못한 사람들이 많습니다. 수고의 떡을 먹을 수 있는 은총을 베풀어 주시고, 힘들 때일수록 사람이 떡으로만 사는 것이 아님을 깨닫게 하여 주옵소서.

오늘도 주님의 말씀을 듣고 단 위에 서신 목사님을 기억하시고, 능력의 장중에 붙들어 주셔서 능력의 말씀을 전하실 수 있도록 이끄실 것을 믿습니다.

주님의 몸 된 교회를 위하여 마음을 쏟고 있는 성도들을 기억하시고, 주님의 몸 된 교회를 위하여 육체의 수고를 채울 때마다 심령 속에서 솟아나는 기쁨이 충만케 하여 주옵소서.

예배의 시종을 주님께 맡깁니다. 저희의 부족함을 성령께서 도우실 것을 믿사옵고 예수 그리스도의 이름으로 기도합니다. 아멘

기도가이드 진정한 기도자는 영적인 열매를 맺는 생활에 익숙함을 보입니다.

9월 첫째 주 — 주일 오후 찬양 예배
〈중, 고등부 헌신예배에 맞춤〉

오직 너 하나님의 사람아 이것들을 피하고 의와 경건과 믿음과 사랑과 인내와 온유를 좇으며 믿음의 선한 싸움을 싸우라 영생을 취하라 일을 위하여 너희가 부르심을 입었고…. (디모데전서 6장 11,12절)

섭리하시는 하나님 아버지,

오늘도 저희를 은혜와 평강으로 인도하심을 감사드립니다. 이 복된 주일 저녁(오후)에 특별히 저희 학생들이 헌신예배를 드릴 수 있게 하심을 감사드립니다. 어린 학생들이 드리는 헌신예배를 기쁨으로 받으시고 주님께 영광이 되게 하옵소서.

주님, 어릴 때부터 주님을 섬기고 주님의 말씀을 가까이 하며 주님을 본받아 살기를 원하는 귀한 학생들을 축복하시고 붙들어 주셔서 늘 주님의 은혜를 체험하고 만나는 삶이 되게 하여 주옵소서. 다윗과 같이 주님만을 섬기고, 주님만을 의지하며 주님만을 따라가는 복된 삶이 되게 하여 주시고, 솔로몬과 같이 지혜롭게 하셔서 늘 진리 안에 거할 수 있도록 이끌어주옵소서. 인격 또한 주님의 성품을 닮아 갈 수 있기를 원합니다. 주님이 쓰시기에 합낭한 인격을 갖춘 학생들로 성장하게 하시고, 주님의 겸손을 본받아 섬김의 도를 실천할 수 있는 학생들이 되게 하여 주옵소서. 또한 이웃을 위해서도 헤아릴 줄 알게 하시고, 주님의 사랑을 심을 수 있는 학생들이 되게 하여 주옵소서.

주님, 요즈음 학생들이 학생으로서의 본분을 망각하고 탈선하는 학생들이 급증하고 있습니다. 건전하지 못한 시대 문화의 영향으로 청소년들의 비행과 탈선이 심각한 사회적인 문제로 대두되고 있습니다.

꿈을 버리고 미래를 생각지 않는 학생들이 많아지고 있고, 무책임한 행동과 충동적인 행동에 이끌려 사는 학생들이 많아지고 있습니다. 주님, 바라옵기는 이 땅의 모든 학생들이 학생이라는 본연의 위치를 충실히 지킬 수 있기를 소원합니다. 배움에 충실할 수 있게 하여 주시고, 기성세대가 남긴 잘못된 풍습을 좇지 않게 하여 주시옵소서. 지나면 후회될 일에 감정을 잘못 다스려서 자신들의 미래를 망치는 일이 없게 하여 주시고, 순간의 만족을 위해서 충동에 이끌리는 학생들이 되지 않게 하여 주옵소서. 냉정한 판단력을 주시고 옳고 그름을 분별할 수 있는 지혜가 있게 하여 주옵소서. 선생님으로부터 가르침을 잘 받게 하여 주시고, 배운 것을 바르게 적용할 수 있는 학생들이 되게 하여 주옵소서. 특히 하나님을 섬기는 믿음의 학생들을 붙드셔서 어두운 이 세상에 빛으로서의 역할을 잘 감당할 수 있는 학생들이 되게 하여 주시고, 죄악 된 이 세상에 주님의 말씀을 파종할 수 있는 학생들이 되게 하여 주옵소서. 하나님을 기쁘시게 하는 데 자신의 모든 것을 잘 깨뜨릴 수 있는 학생들이 되게 하여 주시고, 하나님을 경험하는 삶이 저들의 삶을 지배할 수 있게 하여 주옵소서. 학생들을 신앙으로 지도하고 양육하고 있는 교역자님과 교사들에게 은총을 더하여 주셔서 신앙 인격을 고루 갖춘 사람으로 지도하는 데 최선을 다할 수 있게 하여 주옵소서. 학생회 임원들도 붙들어 주셔서 주님의 말씀과 사랑으로 뭉친 학생회를 가꿀 수 있게 하여 주옵소서.

오늘 중, 고등부 헌신예배로 드리는 이 예배가 하나님께서 기뻐 받으시는 예배가 되게 하시고, 말씀을 전하시는 강사 목사님도 주님이 함께 하셔서 교사들에게 새 힘과 도전을 주는 말씀이 되게 하시고, 학생들의 영을 새롭게 하는 말씀이 되게 하여 주옵소서.

예배의 시종을 주님께 의탁하오며 주의 성령께서 함께하실 것을 믿사옵고 예수 그리스도의 이름으로 기도합니다. 아멘

> **기도가이드** 우리의 기도에도 현실을 위한 기도보다는 미래를 내다볼 줄 아는 기도가 있어야 합니다.

9월 첫째 주

수요 예배(기도회)
〈마귀를 대적함에 맞춤〉

마귀의 궤계를 능히 대적하기 위하여 하나님의 전신갑주를 입으라 우리의 씨름은 혈과 육에 대한 것이 아니요 정사와 권세와 이 어두움의 세상 주관자들과 하늘에 있는 악의 영들에게 대함이라.(에베소서 6장 11, 12절)

사랑의 주님,

질그릇같이 깨지기 쉬운 저희들을 붙드셔서 세상의 바람 앞에 쉬 깨지지 않게 하여 주시고, 주님의 자녀로 살아갈 수 있게 하심을 감사드립니다. 오늘도 수요 예배를 드리기 위하여 주님의 전을 찾았습니다. 주님께 향기 나는 예배를 드릴 수 있게 하여 주시고, 주님께서 기쁘게 받으시는 예배가 되게 하여 주옵소서.

주님, 저희 속에 있는 더러운 허물을 발견합니다. 주님의 자녀이면서도 그 뜻대로 살지 못하고 죄 앞에 휘청거리는 저희였습니다. 이 시간 고백하며 회개하오니 용서하여 주시고, 허물을 가리워 주시옵소서.

주님, 마귀를 대적하는 그리스도의 좋은 군사가 되기를 원합니다. 세상은 날로 악해져만 가고 성도를 유혹하는 사단의 무리는 갈수록 극성을 부리고 있습니다. 수많은 성도들이 사단의 유혹에 넘어가고 있고, 주님을 멀리하고 있습니다. 하나님의 나라와 성도를 대적하는 마귀는 우는 사자와 같이 두루 다니며 삼킬 자를 찾고 있사오니 이러한 마귀를 능히 대적할 수 있는 하나님의 전신갑주를 입는 저희 모두가 되게 하여 주옵소서.

마귀의 존재를 절대로 우습게 보거나 가볍게 보는 실수를 하지 않게 하시고, 마귀에게 영적인 틈을 보이지 않기 위하여 철저하게 말씀으로 무장하게 하시고, 쉬지 않고 기도에 힘쓰며 겸손으로 허리를 동일 수 있는 저희 모두가 되게 하여 주옵소서. 또한 마귀가 좋아하는 정욕이 틈타지 않도록 마음을 잘 다스릴 수 있게 하시고, 철저히 죽어서 저희의 심령마다 십자가만 우뚝 서 있게 하여 주옵소서.

마귀가 좋아하는 것이라면 눈을 가리고 귀를 막게 하여 주시고, 마귀가 싫어하는 것이라면 힘을 다하고 최선을 다하여 마귀의 사기를 땅에 떨어뜨리는 주의 사람이 되게 하여 주옵소서. 주위에서 우리를 넘어뜨리려고 하는 수많은 대적자가 일어난다 할지라도 절대로 마귀의 꾐에 넘어가는 일이 없게 하시고 믿음의 사람 욥과 같이 승리하는 저희 모두가 되게 하여 주옵소서. 마귀에게 철퇴를 가하고 마귀의 진을 파하는 강력한 주의 사람으로 살 수 있는 저희 모두가 되게 하여 주옵소서.

오늘도 강단에서 말씀을 전하시는 목사님을 붙드시기를 원합니다. 선포하시는 말씀을 심령에 잘 새겨서 마귀를 물리치는 능력의 무기로 삼을 수 있게 하시고, 마귀의 진마다 십자가의 깃발을 꽂는 영적 기수가 되게 하여 주옵소서.

이미 예배가 시작되었습니다. 사단 마귀가 이 예배를 방해하지 않도록 주의 성령께서 이 자리에 운행하심을 믿사옵고 예수 그리스도의 이름으로 기도합니다. **아멘**

> **기도가이드** 사단은 우리의 신앙을 무너뜨리고 주님에게서 멀어지게 하기 위해 자기가 할 수 있는 모든 방법을 다 동원할 것입니다.

9월 둘째 주

주일 예배(1)
〈오순절 후 열네 번째 주일, 추계 대심방에 맞춤〉

일어나라 빛을 발하라 이는 네 빛이 이르렀고 여호와의 영광이 네 위에 임하였음이니라 보라 어두움이 땅을 덮을 것이며 캄캄함이 만민을 가리우려니와 오직 여호와께서 네 위에…. (이사야 60장 1 - 3절)

힘이 되시고 능력이 되신 하나님,

거룩한 주일을 맞이하여 주님 앞에 나아와 예배할 수 있는 저희 모두가 되게 하심을 감사합니다. 이 시간 주님께 저희 모두가 기쁨의 노래를 부르며 감사의 찬송을 올리기 원하오니, 저희들이 소리 높여 주님의 영광을 찬송할 때에 계신 곳 하늘에서 받으시고, 주님의 은총을 이슬같이 내려 주실 것을 믿습니다.

주님, 지난 시간들을 돌이켜 보건대 주님께 바쳐야 할 가장 귀한 시간들을 세상에 낭비하며 보낸 적이 많았습니다. 이제는 병약해진 몸에 죄의 짐이 무겁게 어깨를 내리누르고 있음을 깨닫습니다. 갈수록 무거워지는 그 짐은 저희들의 영혼마저 주저앉히려고 하는 것 같습니다. 이 세상 어떤 것도 이 병을 치료할 수 없음을 아오니 저희를 받아 주시고, 회개하는 마음에 용서와 회복의 은혜를 더하여 주옵소서.

주님, 결실의 계절인 가을을 맞이하여 저희들의 신앙도 열매 맺는 신앙이 되기를 원합니다. 어제나 오늘이나 동일한 신앙의 모습을 하고 있는 것을 다행스럽게 여기며 현실에 안주하는 신앙이 되지 말게 하시고, 변화와 성장을 거듭할 수 있는 신앙이 될 수 있게 하여 주옵소서. 믿음의 열매를 맺는 것은 저희들의 사명이요 의무이오니 내 신앙과 상관없는 것마냥 무책임한 모습을 보이지 않게 하시고, 열심을 다하여 주님을 섬길 수 있는 저희 모두가 되게 하여 주옵소서. 주님의 자녀로서 믿음의 열매를 맺기 위하여 주님의 복을 간구할 수 있게 하시고, 능력을 간구할 수 있는 저희 모두가 되게 하여 주옵소서. 열매를 얻기 위하여 최선을 다하는 자연 앞에 부끄러운 신앙이 되지 않게 하시고, 선택받은 주의 자녀로서 성실을 심을 수 있는 저희 모두가 되게 하여 주옵소서.

주님, 이제 추계 대심방이 시작되었습니다. 대심방을 위하여 기도와 말씀으로 준비하신 목사님을 기억하시고, 가정마다 축복의 말씀을 전하시며 기도하실 때에 그 가정에 은혜의 단비가 내려지고, 기도의 응답이 이루어지는 말씀이 되게 하여 주옵소서. 대심방이 다 마쳐질 때까지 피곤치 않도록 목사님을 성령의 능력으로 붙들어 주시고, 함께하는 심방대원들에게도 함께하셔서 심방하시는 목사님을 잘 보필하며 믿음의 덕을 세울 수 있도록 도와주시옵소서.

오늘도 주님의 말씀을 듣고 단 위에 서시는 목사님을 기억하시고, 피곤함을 물리쳐 주셔서 능력 있는 주님의 말씀을 전하실 수 있도록 도와주시옵소서.

예배를 돕는 모든 손길들 위에도 함께하셔서 세상에서 하는 일보다 주의 전에서 봉사함이 더 큰 기쁨이 되게 하시고 즐거움이 되게 하여 주옵소서.

오늘도 예배의 시종을 주님께 맡깁니다. 주의 성령께서 저희들 가운데 운행하실 것을 믿사옵고 예수 그리스도의 이름으로 기도합니다.

> **기도가이드** 하나님께서 우리의 기도에 응답하실 때 최선의 것이 무엇인지를 판단하시고 최선을 것을 주시기 원하십니다.

9월 둘째 주

주일 예배(2)
〈주님의 섭리와 추계 대심방에 맞춤〉

여호와께서 그 성전에 계시니 여호와의 보좌는 하늘에 있음이여 그 눈이 인생을 통촉하시고 그 안목에 저희를 감찰하시도다. (시편 11편 4절)

저희들에게 믿음을 주신 하나님,
이 세상의 모든 것이 속절없고 허무할 뿐이건만 홀로 영원히 계시는 하나님을 믿음의 눈으로 바라보게 하시니 감사드립니다. 이 시간 믿음을 가진 자들을 부르셔서 주님께 예배할 수 있는 귀한 특권을 주시고 주님의 자녀 된 의무를 다할 수 있도록 이끄시니 감사드립니다. 주님을 찬양하고 경배하는 믿음의 자리로 저희를 부르셨사오니 신실한 믿음으로 예배하고 주님께 영광 돌릴 수 있는 저희 모두가 되게 하여 주옵소서.

주님, 지금까지 살아오면서 저희는 이 세상을 악하다고 말하며 스스로 선한 척 깨끗한 척 자기 의에 빠져서 살았던 저희들입니다. 주님이 저희를 어떻게 보실지에는 아랑곳 않고 위선과 가식의 옷을 즐겨 입기를 원했던 저희들입니다. 주여! 주님 앞에 저희의 위선과 가식을 내려놓사오니 무지한 저희를 용서하여 주옵소서.

주님, 저희들에게 이 좋은 계절을 주심을 감사드립니다. 풍요와 결실을 더하는 계절에 저희가 주님의 자녀로서 해야 할 일이 무엇인지 깨닫게 하시고, 그 일을 위하여 마음을 쏟을 수 있는 저희 모두가 되게 하여 주옵소서. 산들과 들녘이 연두 빛 옷들을 서서히 갈아입고 열매의 향기를 더하기 위하여 주님의 섭리를 따라가고 있습니다. 오늘 저희들도 주님의 다스림을 받는 백성으로 주님의 섭리를 따라갈 수 있는 삶이 되기를 원합니다. 저희에게 결실의 계절인 가을을 허락하신 주님의 은혜를 생각하며 열매의 향기를 더하기 위하여 마음을 쏟을 수 있는 저희 모두가 되게 하여 주옵소서. 성경에 이름과 같이 백 배, 육십 배, 삼십 배의 결실을 거둘 수 있는 믿음의 열매가 있게 하시고, 주님이 보시기에 착하고 충성된 종으로 인정받을 수 있게 하여 주옵소서. 또한 신앙의 등불을 꺼뜨리지 않기를 원합니다. 기도로 주님의 전을 강건케 할 수 있는 저희 모두가 되게 하시고, 주님의 몸 된 교회를 위하여 봉사의 아름다움을 더해 갈 수 있는 저희 모두가 되게 하여 주옵소서.

주님, 추계 대심방이 시작되었습니다. 가정마다 심방하시는 목사님을 기억하시고, 피곤하거나 지치지 않도록 힘과 능력을 더하여 주옵소서. 목사님이 기도하며 준비하신 말씀이 가정에 선포될 때에, 그 가정에 꼭 필요한 말씀이 되게 하여 주시고, 아픔과 고통과 어려움이 치유되는 말씀, 축복의 문이 열리는 말씀이 되게 하여 주옵소서. 함께 목사님의 심방을 돕는 대원들을 기억하시고, 늘 새 힘을 공급하여 주셔서 기쁘고 즐거운 마음으로 그 역할을 감당할 수 있게 하여 주옵소서.

오늘도 주님의 말씀을 들고 단 위에 서신 목사님을 기억하시고, 주님의 능력으로 함께하여 주셔서 권세 있는 말씀, 성령의 역사가 강하게 나타나는 말씀을 전하실 수 있도록 도와주시옵소서.

예배를 위하여 돕는 손길들을 기억하시고, 주님을 섬기는 마음으로 예배를 도울 때에 그 심령 속에서 샘솟는 기쁨이 강같이 흘러넘치게 하여 주옵소서.

찬양대의 찬양도 받으시고, 예배의 시종을 주님께 의탁하오며 예수 그리스도의 이름으로 기도합니다. 아멘.

> **기도가이드** 아무리 열심히 하고 말씀을 많이 안다 해도 기도가 없으면 마귀는 조금도 겁내지 않습니다.

9월 둘째 주

주일 오후 찬양 예배
〈심령의 부흥에 맞춤〉

주의 성령이 내게 임하셨으니 이는 가난한 자에게 복음을 전하게 하시려고 내게 기름을 부으시고 나를 보내사 포로 된 자에게 자유를, 눈 먼 자에게 다시 보게 함을 전파하며…. (누가복음 4장 18, 19절)

아름답고 풍요의 계절을 주신 하나님 아버지,

폭염과 무더위를 오래 참고 이기어 비로소 약속의 절기를 얻을 수 있게 되었음을 감사드립니다. 인내의 결실이 이처럼 달고 보람된 것임을 깨닫게 하시고, 인내로 늘 소망을 이룰 수 있는 저희 모두가 되게 하여 주옵소서. 오늘 이 시간 저희들이 찬양 예배로 주님께 영광 돌리기를 원합니다. 저희의 드리는 예배를 받으시고 크신 은총을 더하여 주옵소서.

주님, 저희의 죄와 허물을 기억합니다. 주님을 멀리하고 저희의 뜻대로 살기를 고집했던 어리석음을 기억하며 주님 앞에 고백하오니 긍휼을 베푸셔서 용서하여 주옵소서.

주님, 결실의 계절인 가을을 맞이하여 저희의 심령 부흥을 위하여 기도하기를 원합니다. 교회의 지체인 저희가 심령의 부흥이 있어야 교회의 부흥도 가져올 수 있다는 것을 기억하여 심령의 부흥을 위하여 마음을 쏟을 수 있는 저희 모두가 되게 하여 주옵소서. 그동안 자신의 심령 부흥에 대하여 무관심했다면 감각을 잃어버린 자신의 신앙을 보며 진실한 회개의 기도가 있게 하여 주시고, 심령의 불을 붙이기 위해 마음을 쏟고 영혼을 쏟을 수 있는 저희 모두가 되게 하여 주옵소서. 주님의 은혜에 대한 갈급함이 있기를 원합니다. 말씀을 사모하기를 원합니다. 성령의 충만을 사모하기를 원합니다. 주여! 도와주시옵소서.

주님, 혼돈의 세찬 바람이 불어오는 이때에 주님의 교회를 붙들어 주시기를 원합니다. 폭풍우가 몰아치고 불확실의 늪이 깊어지는 때라 하여도 주님의 교회는 더욱 견고해야 어두운 세상을 비추는 등불이 될 수 있음을 믿습니다. 주님의 몸 된 교회를 기도와 말씀으로 든든히 세워 갈 수 있는 저희 모두가 되게 하여 주시고, 성령이 뜨겁게 역사하는 교회로 세워 갈 수 있는 저희 모두가 되게 하여 주옵소서.

이 시간도 저희의 따뜻한 손길을 기다리며 뜨거운 사랑을 원하고 있는 심령들이 있습니다. 저들의 기다림을 외면하지 않는 교회가 되게 하시며 저들의 고통과 외로움에 동참할 수 있는 저희 모두가 되게 하여 주옵소서.

오늘도 주님의 말씀을 듣고 단 위에 서시는 목사님을 기억하시고 준비하신 말씀을 힘 있게 전하실 때에 주님의 능력이 나타나고 성령의 역사가 강하게 나타나는 은혜의 시간이 되게 하여 주옵소서.

이미 예배가 시작되었습니다. 마치는 시간까지 주님만이 홀로 영광을 받으실 것을 믿사옵고 예수 그리스도의 이름으로 기도합니다. 아멘

✴ **기도가이드** 심령의 부흥은 많이 기도하고 많이 부르짖는 방법밖에는 없습니다.

9월 둘째 주

수요 예배(기도회)
〈합당한 열매를 맺는 것에 맞춤〉

생명의 말씀을 밝혀 나의 달음질도 헛되지 아니하고 수고도 헛되지 아니함으로 그리스도의 날에 나로 자랑할 것이 있게 하려 함이라. (빌립보서 2장 16절)

풍성한 긍휼로 저희를 품어 주시는 하나님,

지난 삼 일도 세상 가운데서 주님의 자녀로 살게 하여 주시다가 이 시간 주님의 전을 찾아 예배할 수 있도록 이끄심을 감사드립니다. 참으로 보잘것없는 저희들인데, 저희를 향하신 주님의 은혜를 생각하면 주님께 감사하지 않을 수 없나이다. 못나고 죄 많은 저희들이지만 저희를 부르셔서 예배자로 삼으셨사오니, 예배할 때에 영광을 홀로 받으시옵소서.

주님, 이 시간도 저희의 불완전함을 돌아봅니다. 죄악 된 습관을 멀리하며 견고한 믿음 위에 서서 주님의 자녀 된 본분을 다하려고 하였지만 또 다시 쉽게 넘어지고 말았습니다. 죄를 이기지 못하고 죄에게 굴복당하는 못난 삶을 사는 저희를 불쌍히 여기시고 용서하여 주옵소서.

주님, 믿음 없는 삶이 반복되지 않기를 원합니다. 든든한 믿음을 가지고 살아갈 수 있는 저희 모두가 되게 하여 주옵소서. 지금도 성부, 성자, 성령으로 역사하시는 하나님을 저희가 깨닫고 진리 위에 서서 승리하는 생활을 할 수 있게 하시며, 믿음의 길을 달려갈 수 있는 저희 모두가 되게 하여 주옵소서. "행여 나의 삶에 창수가 나겠는가?" 하는 안일한 마음이 없게 하시고, 두렵고 떨림으로 구원을 이루어갈 수 있는 저희 모두가 되게 하여 주옵소서.

주님, 풍요와 결실이 있는 축복의 계절입니다. 육적으로나 영적으로 거둘 것이 없는 인생이 되지 않게 하시고, 결실의 계절을 허락하신 하나님의 은총과 섭리를 생각하며 합당한 열매를 맺을 수 있는 저희 모두가 되게 하여 주옵소서. 울며 씨를 뿌리는 자는 기쁨으로 단을 거두리라고 말씀을 하셨사오니, 기쁨의 단을 거두기 위하여 수고의 땀을 흘릴 수 있게 하시고, 주어진 일에 최선을 다할 수 있는 저희 모두가 되게 하여 주옵소서. 이 가을에 교회도 부흥의 열매를 맺기를 원합니다. 교회는 많아지고 성도는 줄어들고 있는 이때에 하나님의 집을 채우기 위하여 뜨거운 열정을 가지고 헌신할 수 있는 저희 모두가 되게 하여 주옵소서.

주님, 사랑하는 목사님을 영육 간에 강건케 하셔서 주님의 몸 된 교회와 양 무리들을 위하여 맡은 바 직임을 감당하시는 데 조금도 피곤치 않게 붙들어 주시고, 목양하는 데 사람을 의식하지 않게 하시며, 오직 주님의 영광만을 위하여 달려가실 수 있도록 도와주시옵소서. 어렵고 힘들 때 주님이 새 힘을 주시고, 고달파 쉬고 싶으실 때 마음의 평안과 안식을 허락하여 주옵소서. 사모님께도 더욱 큰 능력으로 함께하셔서 목사님을 내조하시는 데 조금도 부족함이 없게 하여 주시고 마음 아프고 괴로운 일이 발생할 때 주님의 피묻은 십자가를 바라보며 위로를 얻게 하여 주옵소서. 자녀들도 기억하셔서 주님께 귀하게 쓰임 받는 그릇이 되게 하여 주옵소서.

오늘도 생명의 말씀을 들고 단 위에 서십니다. 전하시는 말씀을 권세 있게 하셔서 저희의 굳은 심령을 기경하는 능력의 말씀이 되게 하여 주옵소서. 이 시간 미참한 발걸음을 기억하시고, 주님을 사랑하는 마음이 예배로 나타날 수 있도록 이끌어 주옵소서. 예배의 시정을 주님께 의탁하오며 예수 그리스도의 이름으로 기도합니다. 아멘

> **기도가이드** 하나님은 입술의 기도가 아닌 마음의 기도에 응답하십니다.

9월 셋째 주

주일 예배(1)
〈오순절 후 열다섯 번째 주일, 교회의 정체성에 맞춤〉

여호와를 의뢰하는 자는 시온 산이 요동치 아니하고 영원히 있음 같도다 산들이 예루살렘을 두름과 같이 여호와께서 그 백성을 지금부터 영원까지 두르시리로다…. (시편 125편 1 – 3절)

오늘도 죄인의 무리를 불러 주신 하나님,
  그 위대하신 사랑과 구원에 감사를 드립니다. 죄에서 놓임 받은 기쁨을 무엇으로 찬양할 수 있사오리까. 오직 하나님께서 원하시는 공의로움과 인자함을 가지고 겸손히 무릎을 꿇었습니다. 이 예배를 받아 주시옵소서. 참된 구원의 기쁨이 있으면 어찌 형식적인 예물을 드릴 수 있겠나이까. 신령과 진정으로 저희의 온몸과 영혼을 드립니다. 이 예배를 받으시옵소서.
  오! 주님, 9월의 서늘한 바람이 대지에 감돌고 있습니다. 은총으로 가득한 성령님의 바람이 저희 삶의 결실을 도우시려고 저희에게 가까이 임하여 계시는 것을 믿습니다. 주님, 저희 마음에 의의 열매가 익어 가기를 원합니다. 그러나 지금 저희의 심령을 되돌아보니 악하고 거짓된 것들로 가득 차 있습니다. 저희의 포도원에 들 포도만 무성할 뿐입니다. 주님, 이 시간 회개하오니 용서하여 주시고 회개의 열매를 맺을 수 있게 하여 주옵소서.
  주님, 저희 교회를 이 지역에 세워 주시고 주님의 은혜 가운데 든든히 서 가게 하심을 감사드립니다. 또한 온 교우들이 한 마음 한 뜻이 되어 주님의 몸 된 교회를 잘 섬길 수 있도록 이끌어 주심을 감사드립니다. 그리고 온 교우들이 교회에서 가르침을 받은 대로 주님의 말씀을 따라 진리 위에 굳게 서서 살아갈 수 있도록 인도하시니 감사합니다. 주님, 교회를 위하여 다시 한번 간구하오니 항상 말씀이 충만한 교회가 되게 하여 주옵소서. 인생에 지친 심령들이 말씀을 통하여 위로를 얻고 새 힘을 얻을 수 있는 교회가 되게 하여 주시고, 갈한 심령마다 흘러넘치는 주님의 은혜를 체험할 수 있는 교회가 되게 하여 주옵소서. 또한 항상 사랑이 넘치는 교회가 되기를 원합니다. 증오와 미움이 가득한 사람일지라도 교회에 발을 들여놓기만 하면 사랑과 용서의 사람으로 변화를 체험하는 교회가 되게 하여 주옵소서.

또한 항상 모이기에 힘쓰는 교회가 되기를 원합니다. 함께 모여 말씀을 상고하고 떡을 뗌으로 천국의 아름다움을 보여 줄 수 있는 교회가 되게 하여 주옵소서. 또한 항상 깊이 있는 기도가 있는 교회가 되게 하여 주옵소서. 누구나 이곳에서 기도하면 주님의 음성을 듣기도 하며 주님의 능력을 체험할 수 있는 교회가 되게 하여 주옵소서. 또한 항상 찬송과 감사가 넘치는 교회가 되게 하여 주옵소서. 뜨거운 찬송으로 하늘의 문도 열 수 있는 교회가 되게 하여 주시고 온전한 감사로 믿음의 역사를 이룰 수 있는 교회가 되게 하여 주옵소서. 항상 구제하는 교회가 되게 하시고, 선교하는 교회가 되게 하여 주옵소서.

오늘도 주님의 말씀을 들고 단 위에 서시는 목사님을 기억하시고 저희들이 주님의 몸 된 교회를 받들어 섬기기에 큰 도전을 받을 수 있는 말씀이 되게 하여 주옵소서.

예배를 돕는 손길들을 기억하시고 저들의 손길이 항상 축복이 묻어나는 손길이 되게 하여 주옵소서.

예배의 시종을 주님께 의탁합니다. 계신 곳 하늘에서 홀로 영광을 받으실 것을 믿사옵고 예수 그리스도의 이름으로 기도합니다. 아멘

> **기도가이드** 교회 부흥과 영혼 구원의 역사는 계속적이고 간절한 기도 분량에 비례합니다.

9월 셋째 주

주일 예배(2)
〈열매 맺는 직분 감당에 맞춤〉

이제 인내와 안위의 하나님이 너희로 그리스도 예수를 본받아 서로 뜻이 같게 하여 주사 한 마음과 한 입으로 하나님 곧 우리 주 예수 그리스도의 아버지께 영광을 돌리게 하려 하노라.(로마서 15장 5,6절)

은혜롭고 자비로우신 하나님,
구원받은 주님의 백성들이 그 무한하신 사랑과 긍휼을 찬미합니다. 연약한 자들을 일으키시고, 교만한 마음들을 꺾어 주옵소서. 겸허한 심령에 힘을 얻어 주님께 나아갈 수 있게 하옵소서. 오늘 주님의 전에 나온 저희의 마음과 뜻을 하나로 만드셔서 같은 마음을 품게 하시고, 주님 앞에 기쁨이요 면류관이 되게 하여 주옵소서.

주님, 못난 인생들을 왜 이렇게 사랑해 주시는지 저희들은 감복할 뿐이옵니다. 주님의 자비가 아니었으면 이미 멸망의 길로 떨어지고 말았을 저희들이지만 이렇게 주님의 은총을 누리며 살 수 있는 인생이 되게 하셨으니 그 크신 은혜를 무엇으로 표현할 수 있겠습니까? 오직 감격할 뿐이옵니다. 하오나 지난 주간에도 저희들은 은밀하게 지은 죄가 많습니다. 죄로 얼룩진 심령을 주님 앞에 내려놓고 용서를 구하오니 긍휼을 베풀어 주옵소서.

주님, 결실의 계절 가을을 맞이하여 저희의 맡은 바 직분을 다시 돌아보기를 원합니다. 저희들에게 열매 맺으라고 귀한 직분을 맡겨 주셨는데 과연 저희들은 열매 맺기에 합당한 직분을 감당하고 있는지요? 주님이 맡기신 영광 된 직분에 열매 맺기 위하여 열과 성을 다하여 충성하고 헌신할 수 있는 저희들이 되게 하여 주옵소서. "인자가 온 것은 섬김을 받으려 함이 아니라 도리어 섬기려 하고 자기 목숨을 많은 사람의 대속물로 주려 함이니라"(마 20:28)고 하셨사오니 언제나 겸손한 마음으로 주님의 교회를 든든히 세워 갈 수 있는 저희들이 되게 하여 주옵소서. 교회 곳곳에 기도의 열매, 사랑의 열매가 주렁주렁 열릴 수 있도록 저희 자신을 주님께 온전히 드릴 수 있게 하시고, 주님이 기뻐하시는 극상품 포도 같은 열매를 맺기 위하여 저희 자신을 온전히 깨뜨릴 수 있는 희생이 있게 하여 주옵소서. 주님의 몸 된 교회는 직분자들의 희생이 없으면 결코 영적인 열매를 기대할 수 없음을 깨닫습니다. 이 땅의 하늘나라의 창고인 교회를 빈 곳간으로 만들어 놓는 저희들이 되지 말게 하시고, 주님의 교회를 영적인 열매가 가득한 풍요의 곳간으로 만들 수 있는 저희 모두가 되게 하여 주옵소서.

주님, 믿음이 연약한 자 있습니까? 사랑으로 이끌어 줄 수 있는 저희 모두가 되게 하여 주옵소서. 고난 중에 있는 교우가 있습니까? 위하여 기도하고 용기를 줄 수 있는 저희 모두가 되게 하여 주옵소서.

오늘도 주님의 말씀을 듣고 단 위에 서시는 목사님을 기억하시고 주의 오른손으로 붙드셔서 무디어진 저희 심령에 불을 붙이는 말씀이 되게 하시고, 상한 심령을 치유하는 말씀이 되게 하여 주옵소서.

주님의 몸 된 교회에 숨은 봉사자들이 있습니다. 주님을 섬기는 마음으로 주님의 몸 된 교회를 위하여 충성을 다하는 그 모습을 기억하시고, 하늘의 신령한 은혜로 채워 주시옵소서. 찬양대를 기억하시고, 주님께 올리기 위하여 준비한 찬양이오니 기쁘게 받으시옵소서.

예배의 시종을 주님께 의탁합니다. 언제나 은혜 베푸시기를 즐거워하시는 예수 그리스도의 이름으로 기도합니다. 아멘

> ✱ **기도가이드** 열매는 주님이 몹시 원하는 것이고 우리는 열매 맺는 신앙이 되기 위하여 기도해야 합니다.

9월 셋째 주

주일 오후 찬양 예배
〈교회 봉사와 경제 회복에 맞춤〉

여호와를 경외하는 도는 정결하여 영원까지 이르고 여호와의 규례는 확실하여 다 의로우니 금 곧 정금보다 더 사모할 것이며 꿀과 송이꿀보다 더 달도다. (시편 19편 9, 10절)

교회의 머리가 되시는 주님,
　복되고 거룩한 주일을 맞이하여 주님께 영광 돌릴 수 있게 하여 주시고, 이 시간 또다시 주님께 나아와 찬양 예배로 영광을 돌릴 수 있도록 축복하심을 감사합니다. 저희에게 향하신 주님의 섭리와 사랑을 생각할 때 감사와 감격뿐입니다. 예배에 파묻힌 삶으로 인도되는 것이 너무나 큰 주님의 축복임을 깨닫습니다. 이 축복을 늘 누릴 수 있는 저희들이 되게 하시고, 언제나 감격이 넘치는 예배를 드릴 수 있는 저희 모두가 되게 하여 주옵소서.
　주님, 죄인들을 위하여 낮고 천한 자리를 찾아오신 주님이신데 저희들은 스스로를 높이고 섬김을 받는 일을 더욱 좋아했습니다. 주님의 겸손을 본받아 섬기는 자로서의 삶을 살아갈 수 있는 저희 모두가 되게 하여 주옵소서. 저희로 주님의 몸 된 교회의 지체가 되게 하셨사오니 늘 하나님의 선하시고 온전하신 뜻이 무엇인지 분별할 수 있게 하여 주시고, 믿음의 분량에 따라 지혜롭게 봉사할 수 있는 저희 모두가 되게 하여 주옵소서. 봉사자의 중요한 자세는 자기 직분에 따라 그 역할을 잘 감당해야만 될 줄로 압니다. 손은 손으로서, 발은 발로서, 머리는 머리로서의 기능을 잘 감당하는 것이 중요한 줄 압니다. 각자 하나님이 주신 은사로 맡은 바 직분을 잘 감당하여 이 좋은 추수의 계절에 교회를 섬기는 귀한 모습이 넘쳐나게 하시고, 열매 맺는 신앙이 되게 하여 주옵소서.

주님, 주님께 기도할 때마다 항상 마음에 부담으로 남는 것이 있습니다. 올해도 황금 들녘에서는 대풍의 소식이 들려오고 있지만 아직도 이 나라의 경제는 많은 고통을 겪고 있습니다. 시간이 흐를수록 빈부의 격차가 심해지고 있고, 양극화 현상이 두드러지게 나타나고 있사오니 이 나라를 불쌍히 여기시고 나라의 경제가 회복될 수 있도록 도와주시옵소서. 잘살고 못사는 사람이 명확히 구분되는 나라가 아니라, 모두가 잘사는 나라가 될 수 있도록 이 민족을 불쌍히 여겨 주옵소서.

주님, 주님의 몸 된 교회에 속한 당회와 각 기관을 붙드시기를 원합니다. 하나님의 의를 드러낼 수 있는 당회가 되게 하시고, 교회의 질서를 바로 세우며, 바른 치리가 이루어질 수 있는 당회가 되게 하여 주옵소서. 각 기관들도 주님의 영광을 위하여 세움을 받았다는 것을 잊지 않게 하셔서 주님의 영광을 나타내는 일에 마음을 쏟을 수 있는 기관들이 되게 하여 주옵소서.

오늘도 사랑하는 목사님을 단 위에 세우셨사오니 진리의 말씀을 전하실 수 있도록 붙드시고, 저희 모두가 송이꿀보다 더 단 주의 말씀을 경험하는 시간이 되게 하여 주옵소서.

이미 예배가 시작되었습니다. 마치는 시간까지 예배의 시종을 주님께 의탁하오며 예수 그리스도의 이름으로 기도합니다. **아멘**

기도가이드 기도를 하는 사람은 인생의 주인이 하나님임을 깨달은 자입니다.

9월 셋째 주 — 수요 예배(기도회)
〈별세 신앙에 맞춤〉

너희는 저를 죽은 자 가운데서 살리시고 영광을 주신 하나님을 그리스도로 말미암아 믿는 자니 너희 믿음과 소망이 하나님께 있게 하셨느니라. (베드로전서 1장 21절)

저희를 사랑하시는 하나님 아버지,

오늘 이 저녁에도 저희를 부르셔서 주님께 예배할 수 있는 복된 종으로 삼으심을 감사드립니다. 저희의 드리는 예배를 받으시고, 예배 드리는 저희의 심령마다 세상 시름이 물러가고 주님이 채우시는 기쁨으로 충만케 하여 주옵소서. 주님께 예배함으로 세상에서는 느낄 수 없는 행복을 누릴 수 있기를 원합니다.

주님, 늘 저희들의 모습은 기우뚱거리는 모습입니다. 주님의 자녀이면서도 온전한 모습이라고는 찾아봐야 찾아볼 수 없는 저희들입니다. 그토록 굳은 결심을 하고, 다짐을 하면서도 죄 앞에서 왜 그렇게 쉽게 무너지는지요. 참으로 허망하게 무너지는 저희의 모습을 보면서 성령님의 도우심이 없이는 살 수 없음을 깨닫습니다. 우둔하고 미련한 저희를 용서하여 주시고, 성령님의 인도함을 받는 삶이 될 수 있도록 은총을 베풀어 주옵소서. 이 시간 저희의 모습은 부끄러운 것 많을지라도 그 크신 사랑으로 덮으시고 긍휼의 옷으로 입혀 주실 것을 믿습니다.

주님, 저희가 이 땅에서 천년만년 살 수 있는 것이 아님을 깨닫고 있을진대, 이 땅의 것이 전부인 것마냥 살지 말게 하시고, 별세를 준비하는 신앙생활을 할 수 있게 하여 주옵소서. 주님이 언제 부르시면 저희는 주님의 부르심에 끌려갈 수밖에 없는 인생임을 깨닫습니다. 주님이 수명을 정하시고 때가 되면 부르실 것을 생각하며 언제라도 부름을 받아도 주님을 영접할 수 있는 영육간의 준비가 잘 돼 있는 삶을 살게 하옵소서. 살아 있으나 실상은 영적으로 죽어 있는 사람이 허다한 것처럼 저희 육신의 장막이 갈수록 낡아져도 영적으로는 독수리가 날개치듯 힘차게 솟아오르는 믿음이 되게 하여 주옵소서. 빈손으로 왔다가 빈손으로 돌아갈 인생이오니 재물을 모으는 일에 마음을 쏟지 않게 하시고, 가진 재물을 주님 뜻대로 활용할 수 있는 믿음의 삶을 살게 하옵소서. 주님 앞에 섰을 때에 책망대신 면류관을 씌워 주시는 주님의 환영을 받는 저희의 삶이 되게 하여 주옵소서.

주님, 한국의 농어촌 교회들 중에 물질 때문에 어려움을 겪는 교회들이 많습니다. 가난한 자의 어려움을 살필 줄 아는 저희 모두가 되게 하셔서 교회마저 빈부격차에 시달리는 일이 없게 하여 주옵소서. 농어촌 교회의 활성화를 위하여 적극 도울 수 있는 저희들이 되게 하시고, 어려운 환경 가운데서도 목양에 마음을 쏟고 계신 교역자분들을 위하여 간절한 기도를 쉬지 않는 저희들이 되게 하여 주옵소서.

오늘도 주님의 말씀을 듣고 단 위에 서신 목사님을 기억하시고, 피곤치 않도록 주님의 강하신 팔로 붙드실 것을 믿습니다. 말씀을 전하실 때 실수하지 않도록 입술을 지키시고, 주님의 음성을 토해 낼 수 있도록 그 마음에 불붙은 말씀이 있게 하여 주옵소서.

이미 예배가 시작되었습니다. 마치는 시간까지 주님만이 홀로 영광 받으실 것을 믿사옵고 예수 그리스도의 이름으로 기도합니다. 아멘

✻ **기도가이드** 우리는 이 땅 위에 사는 동안 별세 신앙을 소유하기 위하여 기도해야만 합니다.

9월 넷째 주 — 주일 예배(1)
⟨오순절 후 열여섯 번째 주일, 성품의 변화에 맞춤⟩

너희 권능 있는 자들아 영광과 능력을 여호와께 돌리고 돌릴지어다 여호와의 이름에 합당한 영광을 돌리며 거룩한 옷을 입고 여호와께 경배할지어다. (시편 29편 1, 2절)

아름다운 계절과 수확의 절기를 주신 하나님 아버지,
　자연의 섭리를 보며 이 땅을 주관하시는 주님의 섭리하심을 생각지 않을 수 없습니다. 죄 짐을 지고 가는 저희 인생들을 긍휼히 여기셔서 구원의 자녀가 되게 하심을 감사드립니다. 날이 갈수록 성숙된 믿음을 보여줄 수 있는 저희들이 되게 하시고, 아름다운 영적 열매를 알차게 맺을 수 있는 저희 모두가 되게 하여 주옵소서.
　주님, 오늘 저희들이 주님께 예배를 드리기 위하여 주님의 전을 찾았지만 세상에 나가서 살 때에 주님의 사랑을 저버리지 않고 살았는지 자신을 살피지 않을 수 없습니다. 세상에서 살 때에 거의 한 번도 주님을 생각한 적이 없었던 것은 아닌지요. 갖가지 염려와 탐욕 때문에 주님 모실 마음의 자리를 마련하지 못했던 것은 아닌지요. 영혼은 황폐해지고 육신은 고달픔으로 피로해져 갔던 것은 아닌지요. 이 시간 저희 자신을 돌아보며 저희의 죄과와 어리석음을 고백하기를 원하오니 긍휼히 여기시고 용서하여 주옵소서.
　주님, 날마다 그리스도의 성품으로 변화 받기 위해 마음을 쏟을 수 있는 저희 모두가 되게 하여 주옵소서. 주님의 영원한 생명을 받은 자로서 날마다 새로워지고 성숙되게 하옵소서. 그리스도를 아는 지식과 총명으로 자라가며 주님의 성품이 나타나는 주의 사람으로 살아갈 수 있게 하옵소서. "빛의 열매는 모든 착함과 의로움과 진실함에 있느니라"(엡 5:9)고 하신 대로 주님의 빛 된 자녀로서 의롭고 거룩하고 진실한 삶의 열매를 맺는 저희 모두가 되게 하옵소서. 주님의 사랑과 겸손과 온유의 성품을 닮을 수 있게 하시고, 항상 진실하고 정직하고 충성되게 주님을 섬길 수 있는 저희 모두가 되게 하여 주옵소서. 살든지 죽든지 흥하든지 망하든지 저희 안에서 주님만이 존귀하게 되고 영광을 받으시는 삶이 있게 하여 주옵소서. 저희 자신의 유익보다는 주님의 영광과 형제의 유익을 위해 희생과 헌신의 삶을 살 수 있는 저희 모두가 되게 하여 주옵소서.

주님, 오늘도 사람이 떡으로만 사는 것이 아니라 주님의 말씀으로 사는 것인 줄 알기에 그 말씀을 붙들기 위하여 주님의 전을 찾은 저희들을 기억하시고, 말씀을 통하여 주님의 신령한 은혜를 맛보게 하시며, 세상에서 얻을 수 없는 기쁨을 얻을 수 있는 이 시간이 되게 하여 주옵소서.

오늘도 말씀을 들고 단 위에 서시는 목사님을 기억하시고, 성령의 두루마기를 입혀 주셔서 생명의 말씀, 능력의 말씀을 전하시기에 부족함이 없게 하여 주옵소서.

주님의 전을 위하여 수종 드는 손길들을 기억하시고, 교회의 지체들을 위하여 수종 들다가 현현하신 주님을 수종 드는 축복을 누리게 하여 주옵소서. 찬양대의 찬양을 기억하시고, 찬양 속에서 주님의 음성을 들을 수 있는 말씀이 되게 하여 주옵소서.

예배의 시종을 주님께 맡깁니다. 하늘의 천군 천사를 동원하여 주셔서 사람의 냄새가 나는 예배가 아닌 주님께서 영광 받으시는 예배로 이끄실 것을 믿사옵고 예수 그리스도의 이름으로 기도합니다. **아멘**

❋ **기도가이드** 성품의 변화는 우리가 끝없이 무릎 꿇어야 할 기도 제목입니다.

9월 넷째 주 — 주일 예배(2)
〈깨끗한 신앙생활에 맞춤〉

그러므로 형제들아 내가 하나님의 모든 자비하심으로 너희를 권하노니 너희 몸을 하나님이 기뻐하시는 거룩한 산제사로 드리라 이는 너희의 드릴 영적 예배니라. (로마서 12장 1절)

언제나 함께하시는 하나님,

저희의 생명이 시작되기 전부터 택함 받은 자녀로 삼아 주시고 인생의 거칠고 험한 고비마다 잠시도 멀리하지 않으시고 동행하신 은혜를 진심으로 감사드립니다. 오늘도 혼탁한 세상으로 향하려는 마음을 굳게 붙드셔서 가장 고귀한 주님의 은혜를 사모하게 하심을 감사드립니다. 저희의 생명이 다하는 그날까지 주님을 경배하는 복된 길로 이끄셔서 예배하는 즐거움으로 인생의 낙을 삼을 수 있는 저희 모두가 되게 하여 주옵소서.

주님, 저희에게 그 귀한 한 주간의 삶을 허락하여 주셨지만 주님의 뜻을 좇는 삶을 살기보다는 저희 맘대로 살았음을 고백합니다. 주님의 자녀이면서도 늘 죄 앞에 넘어지는 저희들을 긍휼히 여기시고 용서하여 주옵소서. 죄에 대한 탄식이 없으면 은혜도 없음을 깨달아 영혼의 뉘우침으로 주님께 고백할 수 있는 저희 모두가 되게 하여 주옵소서.

주님, 높고 맑은 하늘이 온 세상을 덮고 있는 가을입니다. 이 자연의 깨끗함 앞에서 오늘 저희가 추구해야 할 신앙의 색깔이 무엇인지를 깨닫게 하셔서 이 땅에서 주님이 허락하신 연수를 다하기까지 깨끗한 신앙생활을 유지할 수 있는 저희 모두가 되게 하여 주옵소서. 저희들은 저희의 신앙생활이 너무나 혼탁하다는 것을 깨닫습니다. 깨끗한 모습을 찾아봐야 찾아볼 수 없는 지저분함 그 자체임을 깨닫습니다.

더러운 곳에는 더러운 벌레들이 득실거리듯이 저희의 신앙도 죄악으로 썩어가고 있는 것은 아닌지 모르겠습니다. 주여, 신앙생활을 위하여 마음을 쏟을 수 있게 하여 주시고, 깨끗한 신앙생활을 추구하는 것이 저희가 이 땅에서 복 있는 사람으로 잘 사는 것임을 깨닫게 하여 주옵소서. 오늘 저희 모두가 목을 걸어야 하는 것은 적당주의 신앙생활이 아니라 깨끗한 신앙생활임을 절감하게 하옵소서.

주님, 시련의 밤이 깊고 환난의 모진 바람이 멈추지 않는 성도들이 있습니다. 어렵고 힘들 때일수록 붙들어야 할 것은 주님의 십자가밖에 없음을 깨닫게 하셔서 주님의 십자가를 바라봄으로 당한 아픔을 넉넉히 이겨 갈 수 있는 성도들이 되게 하여 주옵소서.

주님, 오늘도 육신의 일에 마음이 빼앗겨 은혜의 자리를 잃어버린 성도들이 있습니다. 주님의 택한 백성들은 은혜를 먹고 살아야 살 수 있음을 깨닫게 하셔서 은혜의 자리를 사단에게 내주지 않도록 정신을 차리게 하여 주옵소서.

오늘도 주님이 귀히 쓰시는 목사님, 말씀을 들고 단 위에 서십니다. 피곤치 않도록 성령의 능력으로 붙드시고, 전하는 말씀마다 마른 뼈가 살아나는 생명의 말씀이 되게 하여 주옵소서.

이미 예배가 시작되었습니다. 마치는 시간까지 주님께서 홀로 영광 받으실 것을 믿사옵고 예수 그리스도의 이름으로 기도합니다. **아멘**

> **기도가이드** 마음이 청결한 자가 하나님을 볼 수 있습니다. 그러므로 우리의 신앙생활이 깨끗함을 유지할 수 있도록 기도하며 힘써야 합니다.

9월 넷째 주 주일 오후 찬양 예배
〈탐스러운 영적 열매를 맺음에 맞춤〉

볼지어다 내가 문 밖에 서서 두드리노니 누구든지 내 음성을 듣고 문을 열면 내가 그에게로 들어가 그로 더불어 먹고 그는 나로 더불어 먹으리라.(계시록 3장 20절)

풍요의 계절과 수확의 절기를 주신 하나님,
자연 속에 섭리하시는 주님의 은총을 보며 저희 인생들을 이끄시는 주님의 섭리하심을 생각하며 감사드립니다. 죄 짐을 지고 가는 저희 인생들을 긍휼히 여기셔서 구원의 자녀가 되게 하여 주시고 주님의 은혜를 먹고 사는 주의 백성들이 되게 하심을 감사드립니다. 이 시간에 다시금 주님의 전을 찾아 주님의 은혜에 감사하며 찬양하기를 원합니다. 연약한 인생을 도우셔서 마음을 다하여 주님을 찬양하게 하시고, 주님께 영광 돌릴 수 있는 저희 모두가 되게 하여 주옵소서.

주님, 주님은 십자가에서 돌아가심으로 저희를 위하여 자신을 몽땅 불살라 주셨지만 저희는 너무도 열정을 잃은 채 살아왔음을 고백합니다. 이 안일함을 용서하여 주시고 터질 듯한 사랑으로 주님을 사랑하게 하시고 주님의 십자가를 붙드는 저희 모두가 되게 하여 주옵소서. 마음과 정성을 다하여 주님의 사랑을 증거할 수 있게 하시고, 십자가를 자랑할 수 있는 저희 모두가 되게 하여 주옵소서.

주님, 시대가 악하여질수록 주님을 더욱 경외하는 신앙생활이 되기를 원합니다. 기도 생활과 말씀으로 무장하는 생활에 더욱 마음을 쏟을 수 있는 저희 모두가 되게 하시고, 영혼을 구원하는 일에도 최선을 다할 수 있는 저희 모두가 되게 하여 주옵소서. 아름다운 열매가 탐스럽게 영그는 이 계절에 저희의 신앙생활도 영적인 열매가 탐스럽게 영그는 모습이 있게 하시고, 주변을 풍요롭게 하고 살찌우는 신앙의 행위가 넘쳐나게 하여 주옵소서. 이 가을에 더욱 부지런하고 활동적일 수 있게 하셔서 희망을 심고 기쁨을 심을 수 있는 신앙의 사람이 되게 하여 주시고, 사랑을 심고 용기를 심을 수 있는 신앙의 사람이 되게 하여 주옵소서.

주님, 가정마다 평안을 주시기 원합니다. 가족들에게 건강을 주시고, 질병으로 고생하며 희망을 잃고 사는 가족들에게는 긍휼을 베푸셔서 치료하시는 주님의 손길을 체험하게 하여 주옵소서. 일자리를 잃은 가족들에겐 어서 속히 힘써서 일할 수 있는 생업의 터전이 준비되게 하시고, 상처입고 마음 아파하는 가족들에겐 위로와 평안을 주시옵소서.

주님, 오늘도 이 복된 자리에 참석하지 못한 성도들이 있습니다. 우리 주님이 그들 한 심령 한 심령을 찾아가셔서 어디든지 찾아오시는 주님의 사랑을 뼛속 깊숙이 체험케 하시고, 주님을 경외하는 자리로 힘써서 나올 수 있는 성도들이 되게 하여 주옵소서.

오늘도 계시된 주님의 말씀을 강론하시기 위하여 단 위에 서시는 목사님을 기억하시고, 권세 있는 말씀, 능력의 말씀을 전하시기에 조금도 부족함이 없게 하여 주옵소서.

이미 예배가 시작되었습니다. 마치는 시간까지 주님만이 홀로 영광 받으실 것을 믿사옵고 예수 그리스도의 이름으로 기도합니다. **아멘**

> ✷ **기도가이드** 하나님께서 우리에게 오셔서 일상적인 삶 속에서 우리에게 복을 주신다고 믿는 것이 바로 기도의 재료입니다.

9월 넷째 주

수요 예배(기도회)
〈교회의 사명과 용서에 맞춤〉

오직 저만 나의 반석이시요 나의 구원이시요 나의 산성이시니 내가 요동치 아니하리로다 나의 구원과 영광이 하나님께 있음이여 내 힘의 반석과 피난처도 하나님께 있도다. (시편 62편 6, 7절)

다함이 없는 사랑의 하나님,

주님의 가없는 사랑으로 인하여 침침하고 시끄러운 세상에서도 힘과 희망을 잃지 않고 살아왔음을 감사드립니다. 삶의 여정에서 패이고 낡아진 모습으로 오늘도 주님의 은총이 그리워 주님의 전으로 발걸음을 옮겼습니다. 저희를 넓으신 가슴으로 품어 주시고 주님의 품 안에서 안식과 평안을 찾을 수 있게 하여 주옵소서. 고인 삶의 찌꺼기들을 거르고 모나고 후미진 삶에의 조각들을 닦으며 주님의 말씀 속으로 들어가기를 원합니다. 저희들의 닫힌 귀가 열리고 마음을 잠근 자물쇠가 풀려 주님의 사랑으로 한껏 호흡할 수 있게 하시고, 주님의 사랑을 한껏 안을 수 있는 이 시간이 되게 하옵소서.

주님, 혼돈의 세찬 바람이 불어오는 이때에 주님의 교회를 붙들어 주시기 원합니다. 폭풍우가 몰아치고 불확실의 늪이 깊어지는 때라 하여도 주님의 교회는 더욱 견고하며, 십자가의 탑은 더욱 빛나게 하시고, 신앙의 등불이 꺼지지 않게 하여 주옵소서. 어떤 시련 속에서라도 주님의 사랑과 친절과 자비와 평화를 선포하며 외칠 수 있는 교회가 되게 하시고, 고난 받고 상처 입은 영혼들이 나음을 얻으며 강건해지는 역사가 있게 하여 주옵소서. 어떠한 처지와 형편 속에서도 교회가 맡은 사명을 잘 감당할 수 있게 하시고, 저희들 또한 주님의 몸 된 교회에서 귀한 직분을 맡았사오니 성실과 정직으로 최선을 다하는 신실한 일꾼들이 되게 하옵소서.

주님, 인생의 풍랑이 험해질수록 용서가 필요한 때인 줄 압니다. 용서는 인간이 할 수 있는 가장 큰 사랑의 표현임을 깨닫습니다. 용서를 보여 줄 수 있는 저희의 삶이 되게 하시고, 용서로 십자가의 사랑을 확증하는 삶이 되게 하여 주옵소서. 정치권에도 용서가 있기를 원합니다. 정죄의 칼을 들고 상대방을 흠집 내는 일에 소중한 시간을 허비하지 말게 하시고, 이해와 용서로 상대방의 허물까지 품을 수 있는 정치인들이 되게 하여 주옵소서. 기업과 단체도 그리고 가정도 서로 용서하는 미덕이 필요한 때인 줄 압니다. 용서의 대상을 한정하는 것이 아니라 무조건적이고 무제한적인 용서를 베푸는 기업과 단체 가정들이 되게 하여 주옵소서. 저마다 주어진 인간의 한계를 용서로 극복할 수 있는 지혜가 있게 하여 주옵소서.

오늘도 주님의 말씀을 듣고 서시는 목사님을 기억하시고 생명의 말씀, 약속의 말씀을 선포하실 때에 저희 모두가 말씀의 능력을 체험하는 시간이 되게 하여 주옵소서.

오늘도 믿음이 약하여, 또는 어쩔 수 없는 형편 때문에 이 자리를 찾지 못한 성도들을 기억하시고 언제나 주님을 가까이 할 수 있는 복 있는 삶을 살 수 있도록 도와주시옵소서.

이미 예배가 시작되었습니다. 마치는 시간까지 주님만이 영광 받으실 것을 믿사옵고 예수 그리스도의 이름으로 기도합니다. 아멘.

> **기도가이드** 성도의 생활은 기도 생활이어야 하며 우리에게 기도 생활보다 더 큰 축복은 없습니다.

10월 첫째 주

주일 예배(1)
〈오순절 후 열일곱 번째 주일, 국군의 날에 맞춤〉

또 네가 많은 증인 앞에서 내게 들은 바를 충성된 사람들에게 부탁하라 저희가 또 다른 사람들을 가르칠 수 있으리라.(디모데후서 2장 2절)

높고 크신 하나님,

주를 사랑하고 주의 계명을 지키는 자에게 언약을 지키시며 긍휼을 베푸신다는 약속에 힘입어 살았습니다. 하나님을 뵙기 전에는 아무것도 보이지 않게 하시고, 주님과 말씀을 나누기 전에는 저희의 입술을 열지 않게 하여 주옵소서. 이 시간 저희는 하나님을 만나고 싶은 열망으로 가득 차 있습니다. 겸손한 심령으로 드리는 저희의 경배를 받으시옵소서.

주님, 이 시간 저희가 주님께 엎드렸지만 저희 자신만의 만족을 위해 살아가고 있음을 발견합니다. 참되게 살고 온유하게 살도록 가르치신 주님의 진리를 외면한 저희들입니다. 그 결과로 저희의 영혼은 날로 그 빛을 잃어가고 방황하며 갈팡질팡하는 삶을 살았나이다. 주님의 보혈로 저희 죄를 씻어 주시고 그 귀한 말씀 속에서 새 힘을 얻게 하여 주옵소서.

주님, 지난 주간에는 이 나라에 국군이 창설된 것을 기념하는 국군의 날 행사가 있었습니다. 이 나라에 젊고 씩씩한 젊은이들을 주셔서 이 땅의 안보를 지켜 나갈 수 있도록 도와주시니 감사합니다. 사랑하는 조국과, 가족과, 친척과, 동료들을 위하여 많은 날들을 봉사하는 젊은 장병들에게 은혜를 베풀어 주옵소서. 분단된 아픔이 있는 나라, 전쟁의 위협이 항상 존재하는 이 나라 이 조국을 수호하고자 어렵고 힘든 많은 날들을 인내하며 봉사하는 국군 장병들에게 위로와 용기를 주옵소서. 장병도 사병도 모두 나라를 지켜야 한다는 사명감을 가지고 주어진 복무 기간 동안 충성된 마음으로 본분을 다할 수 있도록 붙들어 주시고, 젊을 때에 나라를 위하여 봉사하는 것이 인생에 있어서 영광된 일임을 기억하게 하셔서 기쁨과 즐거움으로 군 복무에 임할 수 있게 하여 주옵소서.

주님, 특별히 간구하옵기는 군 복무에 임하고 있는 장병들의 건강을 지켜 주시기를 원합니다. 무더운 더위와 혹독한 추위에도 잘 견디어 낼 수 있도록 힘을 더하여 주시고, 어렵고 힘들 때마다 조국을 수호하기 위해서 목숨을 바친 수많은 영령들을 기억하게 하셔서 조국을 사랑하는 마음이 넘쳐나게 하여 주옵소서. 혈기 왕성한 때입니다. 젊은 혈기로 인하여 충동적인 유혹에 빠지기 쉽사오니 감정을 잘 다스릴 수 있게 하여 주시고, 그 어떤 불미스러운 일에도 걸려 넘어지지 않게 하여 주옵소서.

교회도 인생의 황금기를 나라에 바치는 젊은이들을 위하여 늘 힘써서 기도할 수 있게 하시고, 특히 주님을 모르는 젊은이들이 군 복무 기간 동안 주님을 만날 수 있도록 구원의 은총을 베풀어 주옵소서.

오늘도 말씀을 전하시는 목사님을 성령의 능력으로 붙드시고 주님이 주시는 자유와 평화의 메시지를 선포하실 수 있도록 함께하여 주옵소서.

예배를 돕는 예배 위원들과 찬양대 위에도 성령께서 함께하여 주실 것을 믿사옵고 예배의 시종을 주님께 맡기오며 예수 그리스도의 이름으로 기도합니다. 아멘

> **기도가이드** 그리스도인이 영적인 능력을 공급받을 수 있는 길은 기도밖에는 없습니다.

10월 첫째 주

주일 예배(2)
〈군 선교에 맞춤〉

내가 그리스도 예수의 좋은 군사로 나와 함께 고난을 받을지니 군사로 다니는 자는 자기 생활에 얽매이는 자가 하나도 없나니 이는 군사로 모집한 자를 기쁘게 하려 함이라.(디모데후서 2장 3, 4절)

사랑의 하나님,

저희에게 베풀어 주신 큰 사랑에 감사하며 주님의 전을 찾았습니다. 언제나 주님의 백성으로 주님을 가까이 할 수 있는 은혜를 허락하여 주시니 감사합니다. 이 시간 저희가 마음과 뜻과 정성을 다하여 주님께 예배할 수 있도록 도와주시고, 우리 주님께서 베푸신 구원의 잔치 자리에 나아가는 저희 모두가 되게 하여 주옵소서. 성 삼위 하나님께서 저희의 드리는 예배를 받으실 것을 믿습니다.

주님, 입술로는 주님을 사랑한다고 말하면서도 오히려 세상과 저희 자신을 더욱 사랑했던 허물을 고백합니다. 주님마저도 저희의 이기적인 사랑의 도구로 만들려 했던 저희들의 죄를 용서하옵소서. 주님만을 사랑할 수 있도록 저희의 심령에 성령의 충만을 허락하여 주옵소서.

주님, 지난 주간에는 이 나라에 국군이 창설된 것을 기념하는 국군의 날 행사가 있었습니다. 이 나라에 젊고 씩씩한 젊은이들을 주셔서 이 땅의 안보를 지켜 나갈 수 있도록 이끌어 주시니 감사합니다. 젊을 때에 나라를 위하여 봉사하는 것이 축복임을 기억하게 하시고 기쁨과 즐거움으로 군복무에 임할 수 있도록 함께하여 주옵소서. 군에 입대한 자녀를 둔 부모를 기억하시고 자녀에 대한 지나친 염려와 걱정이 앞서지 않게 하여 주시고 군 생활에 잘 적응하여 훌륭한 군인으로 쓰임 받을 수 있도록 기도로 뒷받침할 수 있는 부모가 되게 하여 주옵소서. 특별히 군 복음화를 위하여 기도합니다. 총, 칼을 의지하는 것보다 하나님을 의지할 수 있는 군인들이 되게 하시고, 주님을 모르는 군인들에게 믿음을 허락하셔서 전쟁이 하나님께 있음을 깨닫게 하시고, 살인 무기로 단련된 군인보다 주님의 사랑을 깨닫고 주님만을 경외하는 십자가 군병들이 되어서 주님이 쓰시는 귀한 일꾼들이 되게 하여 주옵소서. 군부대에 아직도 우상을 섬기는 일들이 많이 있나이다. 부대에 교회를 없애는 일까지 발생되고 있사오니 군 당국이 신앙의 자유를 빼앗는 일이 없게 하시고, 젊은 장병들이 허탄한 우상을 좇지 않도록 생각을 지켜 주옵소서. 군부대마다 찬송 소리가 아침의 기상 나팔이 되게 하시고 저들이 부르는 군가도 하나님을 찬양하는 찬송 소리로 바뀌어질 수 있게 하시며 십자가의 깃발이 높이 세워질 수 있는 군부대들이 되게 하여 주옵소서. 교회도 군 복음화에 관심을 가질 수 있게 하시고, 그 일을 위하여 기도하며 적극 후원할 수 있는 교회가 되게 하여 주옵소서.

오늘도 주님의 말씀을 들고 단 위에 서시는 목사님을 기억하시고 성령의 능력으로 붙드시기를 원합니다. 전하시는 말씀 속에 주님의 능력이 나타나게 하시고, 주님의 음성이 들려지는 말씀이 되게 하여 주옵소서.

오늘도 주님의 몸 된 교회를 위하여 봉사하는 손길들을 기억하시고 수고가 더하여질 때마다 주님의 크신 은혜로 채워 주시옵소서. 주님께 찬양으로 영광 돌리는 찬양대도 기억하시고, 하나님 앞에서 찬양함을 잊지 않게 하셔서 주님이 기쁘게 받으시는 찬양을 주님의 보좌 앞으로 올릴 수 있게 하여 주옵소서. 예배의 시종을 주님께 의탁합니다. 주의 성령께서 이 자리에 운행하심을 믿사옵고 거룩하신 예수 그리스도의 이름으로 기도합니다. 아멘

기도가이드 젊은이들에게 총칼을 의지하는 것보다 하나님을 의지하는 법을 가르칠 수 있도록 기도해야 합니다.

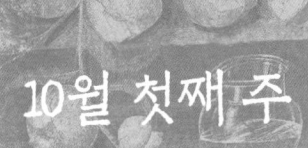

주일 오후 찬양 예배
〈노인의 날과 노인 공경에 맞춤〉

백발은 영화의 면류관이라 의로운 길에서 얻으리라.(잠언 16장 31절)

자비하시고 사랑이 많으신 하나님 아버지,

오늘도 저희를 진리의 빛으로 비추셔서 주님의 전에 나와 예배할 수 있게 하시니 감사합니다. 세상에 매여 사는 것이 아니라 주님의 은혜에 매여 살아갈 수 있게 하시니 얼마나 감사한지요. 이 땅을 살아가는 동안 주님의 은총을 받은 자로 주님의 은혜를 놓치지 않는 삶이 되게 하여 주시고, 항상 주님을 높이고 그 영광을 드러낼 수 있는 삶이 되게 하여 주옵소서. 이 시간 저희들이 주님을 찾은 것은 오직 주님을 찬양하고 예배하기 위함입니다. 저희의 마음을 주장하여 주셔서 주님께 온전한 예배가 드려질 수 있도록 인도하여 주옵소서.

주님, 저희의 삶을 돌이켜 보건대 저희의 빗나간 발자국과 모진 입술이 심히 부끄러움을 깨닫습니다. 주님께서 주신 자유를 때로는 육체를 방종케 하는 기회로 삼았고, 육신의 즐거움을 더하는 일에 사용하였습니다. 주님의 뜻을 담아내기 위하여 자신을 이기는 삶을 살기보다는 육체의 즐거움을 얻고자 주님의 뜻을 포기했던 못난 모습을 고백하오니 주님의 은혜를 저버린 잘못을 용서하여 주옵소서.

주님, 저희 모두가 주님의 자녀로 은혜를 놓치지 않는 삶이 되게 하여 주옵소서. 저희의 삶의 기초를 주님 위에, 말씀 위에 세울 수 있도록 이끌어 주시고, 매일의 삶 속에서 주님의 뜻을 드러낼 수 있는 삶이 되게 하여 주옵소서.

주님, 이 땅의 노인들을 불쌍히 여겨 주시기를 원합니다. 고령 인구가 늘어나면서 이 땅의 노인들 중에는 아픔을 겪는 노인들이 그 수를 더해 가고 있습니다. 자녀들에게 버림을 받은 노인들도 있고, 홀로 험한 세상과 싸워 가며 말년을 쓸쓸히 보내야만 하는 노인들도 있습니다. 주님, 이 시대의 악함을 불쌍히 여겨 주옵소서. 늙은 부모를 업신여기지 않는 이 세대가 되게 하여 주시고, 노인을 공경할 수 있는 이 사회가 되게 하여 주옵소서. 국가적으로 노인의 날을 정하여 노인 공경에 대한 경각심을 심어 주고 있으나 아직은 너무 미약함을 절감합니다. 힘없는 노인들이 존경받으며 말년을 보낼 수 있는 이 사회가 될 수 있도록 이 사회를 기경하여 주옵소서. 저희들도 언젠가는 노인이 될 수밖에 없을 터인데 노인을 무시하거나 홀대하는 일이 없게 하시고, 노인 되었을 때의 저희의 모습을 생각하며 노인을 공경할 수 있는 저희 모두가 되게 하여 주옵소서. 정부 차원에서 노인을 위한 복지 정책이 잘 정착될 수 있게 하여 주시고, 늙어서도 일할 수 있는 기회가 항상 주어질 수 있게 하여 주옵소서. 특히 주님을 모르는 노인들을 기억하시고, 죽음으로써 모든 것이 끝나는 것이 아니라 죽음 이후에 또 다른 세계가 있음을 깨달아 내세를 바라보며 주님을 섬길 수 있는 삶으로 인도받을 수 있게 하여 주옵소서.

  오늘도 주님의 말씀을 들고 서신 목사님을 기억하시고 피곤치 않도록 붙드셔서 기도하시며 준비하신 말씀을 능력 있게 선포하실 수 있게 하여 주옵소서.

  이미 예배가 시작되었습니다. 예배의 시종을 주님께 의탁하오며 저희를 끝까지 사랑하시는 예수 그리스도의 이름으로 기도합니다. **아멘**

> **기도가이드** 하루 동안 하나님께 얼마나 손을 드는가에 따라서 간섭하시는 하나님의 손길을 경험할 수 있습니다.

10월 첫째 주 — 수요 예배(기도회)
〈열매 맺는 구역(속회) 모임에 맞춤〉

여호와께서 그 성전에 계시니 여호와의 보좌는 하늘에 있음이여 그 눈이 인생을 통촉하시고 그 안목에 저희를 감찰하시도다.(시편 11편 4절)

기쁨의 절기를 허락하신 하나님,

이 땅에 오곡백과가 영글게 하셔서 창조의 은총을 다시금 깨닫게 하심을 감사드립니다. 찬란하고 밝은 이 은혜의 계절에 저희의 눈은 주님의 창조 솜씨를 바라보게 하시고, 저희의 혀는 지금도 살아 계셔서 역사하시는 주님의 진리의 말씀만을 말하게 하여 주옵소서. 주님, 이 시간 저희의 마음을 주님께 엽니다. 주님께서 내리시는 은총으로 심령이 풍요로워지게 하시고, 말할 수 없는 주님의 은총을 마음을 다하여 찬양할 수 있는 저희들이 되게 하여 주옵소서. 이리 저리 쫓기던 바쁜 하루의 일과를 멈추고 주님의 전을 찾았사오니 세상은 간곳없고 오직 주님과의 친밀한 교제와 만남이 이루어지는 축복의 시간이 되게 하여 주옵소서.

주님, 허물 많은 저희들입니다. 죄짓지 않으려고 수없이 다짐을 하건만 늘 저희의 마음은 죄짓는 곳으로 끌려갈 때가 많습니다. 원치 않는 죄만 좇아가는 저희의 삶을 부끄럽게 여기며 주님께 고백하오니 연약한 저희를 불쌍히 여기시고 주님의 긍휼로 덮어 주시옵소서.

주님, 하늘이 높아 가고 오곡이 무르익어 가는 계절입니다. 저희 인생의 삶도 믿음의 아름다운 열매로 무르익을 수 있게 하시고, 그 은혜를 감사하여 찬양할 수 있게 하여 주옵소서. 주님의 은혜와 축복에 한없이 감격하는 삶이 되게 하시고, 더욱 주님의 뒤를 좇아 믿음으로 달려갈 수 있는 저희 모두가 되게 하여 주옵소서.

주님, 날마다 모여 기도하고 전도하며 교제에 힘쓰는 구역(속회)을 위하여 기도하기를 원합니다. 이 가을에 구역(속회)마다 주님이 기뻐하시는 열매를 풍성하게 맺을 수 있게 하여 주옵소서. 기도의 열매, 전도의 열매, 봉사의 열매, 헌신의 열매를 풍성히 맺을 수 있는 구역(속회)이 되게 하여 주옵소서. 또한 구역(속회) 모임을 가질 때마다 주님의 사랑과 은혜가 넘쳐나게 하시고, 주님의 몸 된 교회를 세우고 가정을 세우는 구역(속회) 모임이 되게 하여 주옵소서. 구역(속회)원들마다 성령의 능력과 은사를 충만하게 부어 주셔서 주님의 일에 적극적으로 헌신하며 봉사할 수 있는 일꾼들이 되게 하시고 주님을 닮아 가는 구역(속회)원들이 되게 하여 주옵소서. 교회에서나 가정에서나 모임을 가질 때 모든 구역(속회)원들이 모임의 열매를 맺기에 인색함이 없게 하시고, 적극적으로 모일 수 있게 하여 주셔서 주님의 열심을 닮아 갈 수 있게 하여 주옵소서. 구역(속회)에 속한 가정들도 주님의 영으로 충만한 가정이 되게 하셔서 가정 같은 교회, 교회 같은 가정의 아름다운 모습을 보여 줄 수 있게 하옵소서.

오늘도 생명의 말씀을 듣고 단 위에 서시는 목사님을 기억하시고, 시원케 하시는 은혜의 물줄기가 강단을 통해서 흘러내리는 것을 경험하는 저희 모두가 될 수 있게 하옵소서.

오늘 이 자리에 참석한 성도들을 기억하시고, 주님의 위로와 평안과 새 힘을 주시는 은총을 경험할 수 있게 하옵소서. 이미 예배가 시작되었습니다. 저희들로 하여금 언제나 이 복된 자리를 사모하게 하실 것을 믿사옵고 예수 그리스도의 이름으로 기도합니다. 아멘

기도가이드 주님을 닮아 가야 한다는 것은 기도하는 자만이 품게 되는 깨달음입니다.

주일 예배(1)
〈오순절 후 열여덟 번째 주일, 추석 명절에 맞춤〉

명절 곧 큰 날에 예수께서 서서 외쳐 가라사대 누구든지 목마르거든 내게로 와서 마시라 나를 믿는 자는 성경에 이름과 같이 그 배에서 생수의 강이 흘러나리라 하시니,(요한복음 7장 37, 38절)

사랑의 하나님,

저희에게 베풀어 주신 큰 사랑에 감사하며 주님의 전에 나왔습니다. 이 시간 저희의 예배를 받으시고 영광을 받으시옵소서. 무르익어 가는 가을 들판을 바라보며 이 땅을 주관하시는 하나님의 섭리를 생각합니다. 오늘도 저희를 죄악의 들판에 버려 두지 아니하시고 축복받고 열매 맺는 구원의 자녀로 살게 하시려고 불러 주신 주님의 은혜를 감사드립니다. 날이 갈수록 주님의 은혜와 사랑을 더 깊이 깨달아 알게 하시고 주님이 기뻐하시는 믿음의 길을 달려갈 수 있는 저희 모두가 되게 하여 주옵소서.

주님, 풍성한 가을, 결실의 좋은 계절을 저희에게 주셨지만 이 좋은 계절에 주님 앞에 드릴 것이 없는 저희의 삶을 용서하여 주옵소서. 이제 다 지나가는 시점에 서 있습니다. 금년도 3개월이 채 남지 않았는데 얼마 남지 않은 기간 동안 주님의 뜻이 이 땅 위에 이루어질 수 있도록 땀 흘리고, 더욱 사랑하며, 서로 격려하고 용기를 더하는 저희의 삶이 되게 하여 주옵소서.

주님, 이 주간에는 민족 고유의 명절인 추석이 있습니다. 추석을 맞아 저희의 마음이 더욱 풍요로움을 느낍니다. 그러나 명절의 기쁨을 누리지 못하는 사람들, 가난한 이들, 갇혀 있는 이들, 멀리 떠난 이들, 극도의 절망에 허덕이는 이들도 있습니다. 명절의 화려함 속에 감추어진 이들의 아픔을 놓치지 않는 저희 모두가 되게 하시고, 명절의 들뜬 기분 속에 가리워진 이들의 슬픔을 헤아릴 줄 아는 저희 모두가 되게 하여 주옵소서.

주님, 저희들은 오직 유일신이신 하나님을 섬기는 주의 백성들입니다. 풍요한 식탁과 연휴의 즐거움만 생각하다가 복의 근원이신 주님을 까맣게 잊어버리지 않게 하시고, 주님께 죄만 쌓아 가는 명절이 되지 않게 하옵소서. 추석 명절을 맞이하여 고향을 찾아 발걸음을 옮긴 성도들도 있습니다. 이처럼 자기가 태어나 자란 곳을 잊지 못하고 다시 찾는 귀소본능을 보며 저희는 결코 주님 곁을 떠날 수 없는 존재라는 것을 깨닫게 하시고, 고향을 찾는 그 설레임의 감정으로 주님을 찾을 수 있는 저희 모두가 되게 하여 주옵소서. 고향을 찾은 성도들, 우상숭배 문제로 인하여 갈등을 겪는 일이 없게 하시고, 주님의 마음을 아프게 하는 일이 없게 하여 주옵소서. 함께 모인 가족들의 마음도 아프게 하지 않도록 지혜를 주시고, 풍성한 결실의 계절을 주신 창조주 하나님께 영광 돌릴 수 있는 감사의 자리가 되게 하여 주옵소서. 오고 가는 길에 안전사고가 발생하지 않도록 불꽃 같은 눈동자로 지키실 것을 믿습니다.

오늘도 주님의 말씀을 들고 단 위에 서신 목사님을 기억하시고, 언제나 저희들에게 생명의 말씀을 들려주시기 위하여 마음을 쏟고 계시오니 피곤치 않도록 늘 새 힘을 더하여 주시고, 이 시간에도 능력 있는 주님의 말씀을 증거하실 수 있도록 성령의 능력으로 붙드시옵소서.

예배의 시종을 주님께 맡깁니다. 마치는 시간까지 성령께서 저희 가운데 운행하심을 믿사옵고 예수 그리스도의 이름으로 기도합니다.

> **기도가이드** 우리가 주님께 받아 누리는 귀한 복 중의 하나는 주님과의 친밀한 교제입니다.

10월 둘째 주

주일 예배(2)
〈추석 명절과 귀성길에 오른 성도에 맞춤〉

> 종말로 형제들아 무엇에든지 참되며 무엇에든지 경건하며 무엇에든지 옳으며 무엇에든지 정결하며 무엇에든지 사랑할 만하며 무엇에든지 칭찬할 만하며…. (빌립보서 4장 8절)

좋은 계절과 맑은 기후를 저희들에게 주셔서 풍성한 결실이 있게 하시는 하나님,

주님의 그 크신 은혜와 사랑을 찬양하면서 주님의 전으로 달려 나올 수 있도록 인도하심을 감사합니다. 오늘 이 시간에도 주님의 손길을 느끼면서 주님을 경배할 수 있게 하시고, 맑은 공기를 마시듯이 주님의 은혜로 기뻐할 수 있는 시간이 되게 하여 주옵소서. 지금까지 지내오는 동안 걸음걸음을 인도해 주신 주님의 손길을 기억하면서 신령과 진정으로 예배할 수 있는 시간이 되게 하여 주옵소서.

주님, 오늘 이 시간도 탕자와 같은 저희들이 주님 앞에 나왔습니다. 주님의 자녀이면서도 세상의 쾌락 속에 사는 저희들의 추한 모습을 불쌍히 여기시고 주님의 품이 그리워 다시금 이 전을 찾은 저희들에게 용서와 자비의 은총을 베풀어 주옵소서. 늘 주님 품에 거할 수 있는 저희들이 되게 하시고 영원히 주님의 즐거움에 동참하는 은혜가 있게 하여 주옵소서.

주님, 이번 주에는 이 민족의 고유 명절인 추석이 있습니다. 많은 사람들이 고향을 찾아 떠납니다. 고향을 향해 귀성길에 오르는 사랑하는 성도들을 기억하시고 오고 가는 길을 주님의 불꽃 같은 눈동자로 지키시고 보살펴 주시옵소서. 마음이 들떠 있으면 마음을 다스리기가 참으로 어려운 줄 압니다. 작고 큰 것을 떠나서 주님의 계명을 거스르는 일이 없게 하시고 조상에게 절하거나 귀신을 공경하는 일이 없게

하여 주옵소서. 부지중에라도 죄를 범하는 일이 없게 하시고 명절의 기분에 휩싸여서 주님의 자녀 된 본분을 망각하는 일이 없게 하여 주옵소서. 혹 주님을 믿지 않는 가족과 자리를 같이할 때 주님의 백성으로서의 아름다움을 보여 줄 수 있게 하시고, 신앙인의 본분을 이탈하지 않도록 지혜를 더하여 주옵소서. 세상 법과 주님의 법이 틀리기 때문에 마찰이 생길 수 있는 성도의 가정이 있을 줄 압니다. 주님께서 은혜를 더하여 주셔서 어려운 자리가 변하여 기쁨을 나눌 수 있는 자리가 되게 하여 주옵소서. 온 가족이 한자리에 모입니다. 때를 따라 돕는 주님의 손길을 기억하며 복음을 증거할 수 있는 복된 시간을 만들 수 있게 하시고, 주님의 사랑과 은혜에 대한 맛을 전달할 수 있는 자리가 되게 하여 주옵소서. 주님을 섬기는 가족들과는 주님이 베푸신 은혜와 사랑을 서로 고백하며 주님께 영광 돌릴 수 있는 축복의 자리가 되게 하여 주옵소서. 오늘 이 시간 명절의 들뜬 분위기에 휩싸이지 아니하고 마음을 정하여 주님을 가까이 한 저희들에게 주님의 크신 위로와 축복으로 함께하실 것을 믿습니다.

오늘도 주님의 복된 말씀을 들고 단 위에 서시는 목사님을 기억하시고 성령의 능력으로 붙드셔서 주님의 음성을 담아낼 수 있는 말씀이 되게 하여 주옵소서. 말씀을 듣는 저희들에게는 한없이 쏟아 부어 주시는 주님의 은혜를 경험하는 시간이 되게 하여 주옵소서.

오늘도 예배를 위하여 돕는 손길들을 기억하시고, 그들의 수고의 손길이 복 있는 손길이 되게 하여 주옵소서. 예배의 시종을 주님께 의탁합니다. 주님만이 받으시는 영광의 예배가 되게 하실 것을 믿사옵고 예수 그리스도의 이름으로 기도합니다. 아멘.

> **기도가이드** 바른 예배를 위하여 기도하는 것은 우리 그리스도인들의 당연한 의무입니다.

주일 오후 찬양 예배
〈시름에 잠겨 있는 이웃에 맞춤〉

너는 여호와를 바랄지어다 강하고 담대하며 여호와를 바랄지어다.(시편 27편 14절)

전능하신 하나님,

　오순절이 지난 지 열여덟 번째 되는 주일에 주님께로 나아왔습니다. 계절이 몇 번 바뀌는 시간 속에서도 저희를 평안케 하시고 믿음의 길로 인도하여 주시니 감사합니다. 수없이 닥쳐온 어려움도 하나님의 능력의 손으로 극복할 수 있게 해 주셨음을 믿습니다. 영원히 저희와 함께하실 주님께 이 시간 신령과 진정으로 예배드리기 원합니다. 저희의 드리는 예배를 받으시고, 이곳에 임재하시옵소서.

　주님, 정녕 저희가 세상에 사는 날이 손 넓이만큼 되는 것 같습니다. 주님 앞에서 이 적은 인생이 무엇을 할 수 있겠사오리까. 주님의 의를 실현하기에도 부족한 시간이온데, 불의한 재물을 쌓는 일에 저희의 삶을 낭비해 버리고 말았습니다. 이 우매한 죄를 용서하여 주옵소서. 다시는 헛된 일에 요동하며 그림자를 잡는 것 같은 어리석음에 빠지지 않게 하여 주옵소서.

　주님, 추석 명절로 인하여 지금 이 자리가 많이 비었습니다. 너무나 쉽게 영적인 자리와 세상의 즐거움을 바꿔 버리는 저희의 못난 모습을 용서하여 주시고, 세상 풍속에 마음을 두는 인생이기보다는 주님만을 더욱 가까이 할 수 있는 인생이 될 수 있도록 도와주시옵소서.

　주님, 이 아름다운 계절을 맞이하면서 더욱 열매 맺는 저희의 모습이 있기를 원합니다. 성령의 열매를 맺음으로 저희의 삶에 소망이 넘치게 하시고 기쁨이 충만케 하셔서 주님께 영광 돌릴 수 있게 하여 주옵소서. 주님, 더 큰 믿음의 용기를 갖고 살아야 할 때인 줄로 압니다. 세상의 시련이 엄습해 올 때 두려워하거나 허약한 모습을 보이는 저희의 모습이 없게 하시고, 더욱 믿는 자의 사명을 잘 감당하여서 주님의 백성다운 모습으로 살아가기에 부족함이 없게 하여 주옵소서.

풍요로운 가을이지만, 그리고 추석 명절을 맞이했지만 자연 재해로 인하여 애써 가꾼 곡식들을 다 잃고 깊은 시름에 잠겨 있는 농촌들을 기억하시고, 상처만 남겨진 그 심령에 주님의 위로를 더하여 주옵소서. 또한 천하보다 귀한 생명을 잃지 않음을 감사할 수 있게 하시고, 산해진미가 빠진 식탁일지라도 가족들이 마주하여 따뜻한 대화를 나눌 수 있다는 것을 더 큰 기쁨과 행복으로 여길 수 있게 하여 주옵소서. 이 어렵고 힘든 때에 교회는 주님의 향기를 잃지 않게 하여 주시고, 더욱 힘써서 그리스도의 향기를 나타낼 수 있는 교회가 되게 하여 주옵소서.

오늘도 명절의 들뜬 분위기를 멀리하고 주님께 예배함을 더 큰 인생의 즐거움으로 삼고자 주님의 전을 찾은 성도들을 기억하시고, 하늘의 신령한 맛나로 채움을 받는 시간이 되게 하여 주옵소서.

오늘도 주님의 말씀을 들고 단 위에 서시는 목사님을 기억하시고 기쁨과 소망이 넘치는 말씀이 되게 하시고, 삶에 기적을 일으키는 말씀을 전하실 수 있도록 성령의 능력으로 붙드시옵소서.

이미 예배가 시작되었습니다. 마치는 시간까지 주님 홀로 영광 받으실 것을 믿사옵고 예수 그리스도의 이름으로 기도합니다. **아멘**

> ✱ **기도가이드** 상대방의 아픔을 살필 수 있는 신앙적인 자세가 되어 있다면 그가 부르짖는 기도에는 반드시 하나님의 능력이 깃들게 되어 있습니다.

10월 둘째 주

수요 예배(기도회)
〈신앙의 초신자에 맞춤〉

내가 여호와를 항상 송축함이여 그를 송축함이 내 입에 계속하리로다 내 영혼이 여호와로 자랑하리니 곧 곤고한 자가 이를 듣고 기뻐하리로다. (시편 34편 1, 2절)

함께하시는 하나님,
저희의 생명이 시작되기 전부터 택함 받은 자녀로 삼아 주시고 인생의 거칠고 험한 고비마다 잠시도 멀리하지 않으시고 동행해 주신 은혜를 감사드립니다. 오늘도 세상의 혼탁한 것으로 향하려는 마음을 성령님께서 붙들어 주셔서 이 세상에서 가장 복된 자리인 주님의 전으로 달려 나와 하늘의 은혜를 사모할 수 있게 하시니 감사합니다. 저희의 생명이 다하는 그 날까지 저희를 주님을 가까이 할 수 있는 길로 이끄셔서 주님 나라에 합당한 백성이 되게 하여 주시고, 이 땅 위에서 천국을 경험하는 삶이 되게 하여 주옵소서.

주님, 예배를 통하여 주님의 약속의 말씀을 받기 전, 먼저 저희의 지은 죄를 회개합니다. 주님 없이는 살 수 있으되, 죄 없이는 살 수 없을 만치 늘 죄를 멀리하지 못했던 저희들입니다. 언제나 죄 앞에서 연약한 믿음을 후회하며 믿음의 자리를 비켜 주던 이 못난 죄인들을 긍휼히 여기시고 용서하여 주옵소서. 영혼의 뉘우침으로 주님을 바라보지 않으면 저희의 탄식도 헛된 것임을 깨달아 영혼을 쏟고 마음을 쏟는 회개와 죄 자백이 있게 하여 주옵소서.

주님, 신앙의 초신자가 되지 않기를 원합니다. 아무리 신앙생활을 오래 했어도 주님께 맡기지 못하고 주님의 도우심을 구하지 않는다면 신앙의 초신자나 다름없음을 깨닫습니다. 무슨 일을 만나든지 주님께 맡길 수 있는 저희의 신앙이 되게 하여 주시고, 주님의 도우심을 간구할 수 있는 신앙이 되게 하여 주옵소서. 그리하여 언제나 응답하시는 주님을 만나는 삶이 되게 하시고, 주님의 선하심을 맛보아 아는 삶이 되게 하여 주옵소서. 언제나 기도를 쉬지 않게 하여 주시고, 기도를 통하여 영적인 즐거움을 얻을 수 있는 저희 모두가 되게 하여 주옵소서. 또한 진정한 복은 주님께로부터 옴을 깨닫게 하셔서 늘 신령한 복을 주님께 간구할 수 있는 저희 모두가 되게 하여 주옵소서. 진주의 가치를 알지 못하는 미련한 짐승처럼 신령한 하늘의 복을 소홀히 하는 어리석은 자들이 되지 말게 하시고, 하늘의 복을 소중히 여기고 열심히 구하는 가운데 시편기자의 고백처럼 여호와를 송축함이 항상 내 입에 계속하리라(시 34:1)고 고백할 수 있는 저희 모두가 되게 하여 주옵소서.

오늘 질그릇 같은 인생들이 주님 앞에 엎드렸습니다. 주님을 힘써 찾음으로 인하여 하나님 사랑의 참맛을 경험할 수 있게 하시고, 주님을 의지하는 즐거움을 날마다 누릴 수 있는 저희의 삶이 되게 하여 주옵소서.

오늘도 주님의 말씀을 들고 단 위에 서시는 목사님을 기억하시고 느슨했던 저희의 신앙에 믿음의 경종을 울리는 말씀이 되게 하여 주옵소서.

이 자리에 참석하지 못한 성도들도 기억하시고, 예배 생활이 힘을 잃고 있음을 안타까워하며 예배의 회복을 위하여 마음을 쏟을 수 있는 성도들이 되게 하여 주옵소서.

이미 예배가 시작되었습니다. 마치는 시간까지 사단 마귀 일절 틈 타지 못하도록 성령께서 이 자리에 함께하실 것을 믿사옵고 예수 그리스도의 이름으로 기도합니다. 아멘

> **기도가이드** 기도하지 않으면 신앙의 초신자가 될 수밖에 없고 앉은뱅이 신앙생활에서 벗어나지를 못합니다.

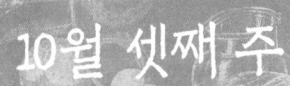

주일 예배(1)
〈오순절 후 열아홉 번째 주일, 사회 문제에 맞춤〉

수고하고 무거운 짐 진 자들아 다 내게로 오라 내가 너희를 쉬게 하리라 나는 마음이 온유하고 겸손하니 나의 멍에를 메고 내게 배우라 그리하면 너희 마음이 쉼을 얻으리니…. (마태복음 11장 28 – 30절)

저희를 부르시는 하나님,

무거운 짐을 지고 가는 인생들이 주님의 부르심을 듣고 이곳에 왔습니다. 주님의 따뜻한 손길이 지친 인생을 어루만지시며 쉴 만한 물 가로 인도하여 주실 줄 믿습니다. 여기 모인 무리 위에 임하셔서 참된 안식과 평안을 내려 주옵소서. 세상 어디에서도 얻을 수 없는 이 평안 속에서 하나님 나라의 영원한 안식을 얻게 하여 주옵소서.

주님, 노하지 마옵소서. 지난날 노예의 상태에서 쇠사슬을 풀어 주셨고, 앞길 막막한 죽음의 바다를 친히 가르셔서 구원하신 주님을 배반한 저희들입니다. 마땅히 진노를 받아야 할 저희들입니다. 주님, 노하지 마옵소서. 아무 죄도 없이 저희를 위해 오신 주님을 십자가에 못 박으라고 소리 지른 저희들입니다. 사랑을 배신으로 갚았던 반역자들에게 어찌 진노가 임하지 않겠나이까. 용서하여 주옵소서. 구원의 주님, 저희의 죄를 용서하여 주옵소서.

주님, 약하고 소외된 이들을 위하여 기도합니다. 사회의 약한 자들, 즉 무의탁 노인과 소년 소녀 가장들, 장애인들, 그리고 어둠 속에서 외로워하는 그들에게 다가서는 이웃이 되게 하여 주옵소서. 이 땅에 지역 때문에, 계층 때문에, 수입이 적기 때문에, 또 다른 이유로 차별받는 이들이 없게 하시고, 선한 사마리아인처럼 그들의 편에 설 수 있는 교회와 성도들이 되게 하시고, 실직 당하고 해직된 자들, 고향을 잃은 사람들, 그들의 고통을 함께 아파하고 나눌 수 있는 저희들이 되게 하옵

소서.

주님, 생활이 힘들고 어려울수록 잘못된 문화, 잘못된 가치관들이 급속도로 번지고 있습니다. 황금 물결이 온 들판을 뒤덮는 10월을 맞이했지만 이 사회는 선한 열매를 맺을 수 있는 그 무엇도 찾아보기 어렵습니다. 오염된 문화 속에서 청소년들이 허덕이고 있고, 가출 청소년들이 날로 증가하고 있습니다. 청소년 범죄가 급증하고 있습니다. 이 나라의 미래가 회색빛처럼 흐려지고 있음을 절감합니다. 주님, 세상의 잘못된 문화를 고쳐 주시고 이 나라의 청소년이 바른 가치관을 가지고 건전한 사회 풍토 속에서 살아갈 수 있도록 건져 주시기를 원합니다. 더욱 강렬한 영성을 갖춘 그리스도인들이 푯대 잃은 이 사회에 고루 배치되게 하시고, 그들로 하여금 이 민족 이 사회가 건강하게 성장할 수 있도록 도와주시옵소서.

소망 없는 이 시대에 선지자적 소명을 가지고 말씀을 외치시는 목사님을 기억하시고, 오늘도 새롭게 하시는 성령의 역사를 증거하시기 위하여 단 위에 서셨사오니 한 말씀 한 말씀 외치고 증거하실 때마다 이 자리에 모인 저희 모두가 성령의 강력한 역사를 체험케 하여 주옵소서.

예배를 위하여 아낌없이 봉사하는 손길들이 있습니다. 힘을 다하여 수고하는 저들의 수고 위에 주님의 위로가 넘쳐나게 하시고 샘솟는 기쁨이 더하여지게 하여 주옵소서.

예배의 시종을 주님께 의탁하오며 사랑이 많으신 예수 그리스도의 이름으로 기도합니다. **아멘**

> **기도가이드** 열리고 또 열리는 길은 오직 주님 앞에 우리 자신을 내던지는 길밖에는 없습니다.

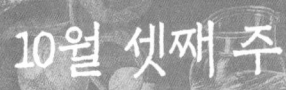

10월 셋째 주

주일 예배(2)
〈겸손의 열매를 맺는 신앙생활에 맞춤〉

젊은 자들아 이와 같이 장로들에게 순복하고 다 서로 겸손으로 허리를 동이라 하나님이 교만한 자를 대적하시되 겸손한 자들에게는 은혜를 주시느니라.(베드로전서 5장 5절)

저희를 찾으시는 여호와 하나님,

비록 약하고 추해도 주 앞으로 나오라 부르시고 힘을 더하시며 씻어 주시는 주님, 저희가 이 부르심을 받들어 지금 주님 앞에 나왔습니다. 서서히 한 해가 가고 있건만 부르심의 은혜에 응답하지 못한 인생이 얼마나 많은지 모릅니다. 단지 주님 앞에 나온 것으로만 만족하지 말게 하시고, 이웃과 함께 주님을 부르며 씻김의 은혜를 사모하는 백성들이 되게 하여 주옵소서.

주님, 메마른 인생의 삶을 한 주간 동안 보내고 주님의 전에 나왔습니다. 그 동안 묻은 때와 세상적인 것들로 물든 생각, 생활 자세, 말씀에 대한 소외 등 모든 것들을 씻어 낼 수 있게 하시고 새로워지는 은총을 내려 주시기를 원합니다. 기도할 때에 회개케 하셔서 심령도, 그 입술도 정결케 하시고, 말씀을 들을 때 깨달음이 있게 하셔서 돌이켜 말씀을 의지하게 하여 주옵소서.

주님, 이제 온 땅에 주님의 섭리로 흠뻑 젖은 열매들이 풍요롭습니다. 울긋불긋한 새 옷으로 몸치장을 하는 나무들, 허리가 휘도록 겸손을 떠는 벼 이삭들, 온 대지를 뒤덮은 풍요가 살아 계신 주님의 활동하심을 더욱 피부로 느끼게 합니다.

오를 수 없지만 닿는 곳에 계신 주님,

오늘 저희들도 고개 숙일 줄 아는 겸손의 신앙을 갖게 하여 주옵소서. 주님의 몸 된 교회는 귀족같이 대접받는 곳이 아니라 그리스도께서 보여주신 겸손으로 더욱 더 낮아짐을 체험하는 곳이 교회임을 깨닫습니다. 주님의 겸손과 희생 위에 세워진 교회를 저희의 교만으로 덧칠함이 없게 하여 주시고, 언제나 겸손이 살아있는 교회로 세워 갈 수 있는 저희 모두가 되게 하여 주옵소서. 교회에 속한 모든 직분자들이 겸손으로 허리를 동이게 하시고, 겸손으로 주님 앞에 무릎 꿇게 하시며, 겸손으로 두 손을 높이 들어 주님을 찬양하게 하여 주옵소서. 겸손으로 주님의 말씀을 받을 수 있게 하시고, 겸손으로 서로를 섬길 수 있는 저희 모두가 되게 하여 주옵소서. 겸손으로 서로를 사랑할 수 있게 하시고, 겸손으로 품을 수 없는 사람까지도 품을 수 있는 저희 모두가 되게 하여 주옵소서. 겸손으로 이웃을 섬길 수 있게 하시고, 겸손으로 길 잃은 영혼을 끌어안을 수 있는 저희 모두가 되게 하여 주옵소서. 저희의 신앙의 색깔이 겸손이기를 원합니다. 겸손으로 주님의 나라를 받을 수 있는 저희 모두가 되기를 원합니다. 이 땅 위에서 믿음의 길을 달려가는 동안 주님처럼 겸손으로 승리할 수 있게 하여 주시고 주님의 뜻을 이룰 수 있게 하여 주옵소서.

 오늘도 주님의 말씀을 들고 단 위에 서시는 목사님을 기억하시고, 언제나 도우시는 하나님께서 능력의 오른손으로 붙드시기를 원합니다. 계시된 주님의 말씀을 전하실 때에 저희의 메마른 심령에 단비가 내려지는 말씀이 되게 하시고, 이 가을에 풍성한 결실을 맺는 자리로 나아갈 수 있는 말씀이 되게 하옵소서.

 오늘도 예배를 위하여 돕는 손길들을 기억하시고, 저들의 수고의 흔적을 하늘의 신령한 은혜로 채워 주실 것을 믿습니다. 예배의 시종을 주님께 의탁하오며 저희를 죄에서 구원하여 주신 예수 그리스도의 이름으로 기도합니다. 아멘

기도가이드 겸손히 주님의 은혜를 바라는 자에게 새벽이슬 같은 주의 은혜가 임합니다.

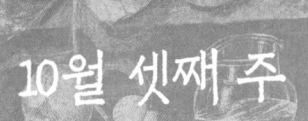

주일 오후 찬양 예배
〈신앙의 빛을 밝게 비추는 신앙생활에 맞춤〉

일어나라 빛을 발하라 이는 네 빛이 이르렀고 여호와의 영광이 네 위에 임하였음이니라 열방은 네 빛으로 열왕은 비취는 네 광명으로 나아오리라. (이사야 60장 1, 3절)

인간을 사랑하시는 하나님,

죄로 인하여 멸망 받아 마땅한 인간들을 이토록 사랑하사 독생자를 통한 대속의 은총을 베푸시고, 희망 없던 인간들이 이 은혜를 인하여 소망의 삶을 누리게 하신 하나님께 감사를 드립니다. 이 시간 마음을 다하여 경배 드리오니 계신 곳 하늘에서 영광을 받으시옵소서.

주님, 저희의 지은 죄를 돌아봅니다. 형제와 이웃들에게 무례하게 행한 적도 많았습니다. 혼자만 선한 척 잘난 척 행동했고, 잘못된 것을 알면서도 자존심 때문에 고집을 피우며 뜻을 굽히지 않은 적도 많았습니다. 주님의 전에 엎드리니 저희가 하나님과 여러 이웃에게 얼마나 많은 허물을 범하였으며 생채기 내는 삶을 살았는지 고백하지 않을 수 없나이다. 회개하오니 용서하여 주옵소서. 형제와 이웃을 인정하고 세워 주는 삶을 살아가는 저희 모두가 되게 하여 주옵소서.

주님, 시대가 어렵고 힘들다고 하여 때우기 식의 신앙생활이나 형식주의적인 신앙생활을 하지 않기를 원합니다. 어둠이 깊을수록 빛은 더욱 선명하게 비출 수 있다는 사실을 기억하여 신앙의 빛을 밝게 비출 수 있는 신앙생활을 할 수 있게 하여 주옵소서. 세상이 원하는 방법대로 끌려가지 않게 하시고, 세상을 주님이 원하시는 대로 끌고 갈 수 있는 신앙생활을 할 수 있게 하시고, 어두운 곳마다 주님의 강한 빛으로 환하게 비출 수 있는 신앙생활을 할 수 있게 하여 주옵소서. 어렵고 힘들다고 하여 불의를 용납하는 일이 없게 하시고, 고난이 따른다고 하여 진리를 버리는 일이 없게 하여 주옵소서. 주님께 부름 받은 십자가의 군병답게 담대함을 가지고 힘 있게 전진할 수 있는 신앙생활이 되게 하여 주옵소서.

주님의 몸 된 교회도 어두운 세상을 밝게 비출 수 있는 구원의 등대가 되기를 원합니다. 세상에 황토 먼지 흩날리는 메마름이 계속 된다 하더라도 주님의 교회만큼은 은혜의 단비가 충만하게 내릴 수 있게 하시고, 빛을 잃어 버린 이 시대에 구원의 빛 소망의 빛을 비출 수 있는 교회가 되게 하여 주옵소서.

오늘도 주님의 몸 된 교회와 저희를 위하여 불철주야 기도하시며 마음을 쏟고 계시는 목사님을 기억하시고, 그 마음을 주님께서 아시오니 언제나 큰 위로를 허락하여 주시고 목양하시는 일에 어려움이 없도록 큰 능력으로 채워 주시옵소서. 오늘도 말씀을 듣고 서시오니 성령의 단비 같은 말씀을 받을 수 있는 저희 모두가 되게 하여 주옵소서.

이미 예배가 시작되었습니다. 참석하지 못한 성도들도 기억하시고, 언제나 예배의 자리를 가장 귀하게 여길 줄 아는 성도들이 되게 하여 주옵소서. 찬양과 영광을 홀로 받으시기에 합당하신 예수 그리스도의 이름으로 기도합니다. 아멘.

> **기도가이드** 믿음이 기도에 힘을 불어넣어 주는 것과 달리, 불신앙은 그 힘을 파괴한다는 것을 기억해야 합니다.

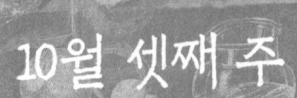

10월 셋째 주 　수요 예배(기도회)
〈믿음의 언어, 천국의 소망에 맞춤〉

할렐루야 여호와의 종들아 여호와의 이름을 찬양하라 이제부터 영원까지 여호와의 이름을 찬송할 지로다.(시편 113편 1, 2절)

빛과 진리로 충만하신 하나님,
　오늘도 저희를 향하여 은혜와 평강의 빛을 비추셔서 주님의 전을 향하여 복된 발걸음을 옮길 수 있도록 인도하심을 감사드립니다. 저희의 삶을 꼼꼼히 살펴보면 모든 것이 주님의 사랑이요 섭리임을 깨닫습니다. 항상 주님의 은총 속에서 기쁨을 찾고 행복을 얻을 수 있는 저희 모두가 되게 하여 주옵소서. 이 시간 주님께 예배하기 위하여 저희들이 모였사오니 저희의 마음을 받으시고 저희를 찾아오시는 주님을 경험하는 시간이 되게 하여 주옵소서.
　주님, 참으로 못난 저희들입니다. 주님의 은혜를 먹고사는 주님의 백성이면서도 저희들이 하는 행동을 보면 세상 사람들보다도 못할 때가 더 많음을 깨닫습니다. 주님의 뜻이 이 땅 위에 이루어질 수 있도록 힘써야 할 저희들이 오히려 주님의 나라가 임하는 것을 가로막는 역할을 하고 있사오니 얼마나 답답한 일이옵니까? 저희가 주님의 전에 나와서 기도할 때마다 '이렇게 해서 하나님 나라의 상속자가 될 수 있을까?' 하는 염려를 지워버릴 수 있나이다. 너무나 미련한 저희들을 용서하여 주시고, 주님 나라를 위하여 복되게 쓰임 받는 주님의 백성으로 살게 하여 주옵소서.
　주님, 이 시간 저희 자신을 위하여 기도합니다. 주님께 괴로움을 안겨 드리는 저희들이 아니라 주님 나라에 합당한 삶을 살아갈 수 있는 저희들이 되게 하여 주옵소서. 불신자들 앞에서나 신앙인들 사이에서 믿음의 언어 천국의 언어를 사용할 수 있는 저희 모두가 되게 하시고, 말로써 은혜를 끼치며, 말로써 주님의 영광을 나타내기에 조금도 부족함이 없는 삶을 살아가는 저희 모두가 되게 하여 주옵소서. 이 땅을 살아가는 동안 인생에 그 어떤 시련이 닥쳐온다 할지라도 결코 비 신앙적인 말들이 쏟아지지 않게 하시고, 망령된 행실이 나타나지 않도록 저희의 행동에 성령의 기름을 부어 주시옵소서.

주님, 저희 모두가 주님이 쓰시기에 가장 편한 일꾼들이 되기를 원합니다. 주님의 의로운 오른손에 붙들린 도구가 되게 하시고, 헌신이 묻어 있는 삶을 살아갈 수 있게 하여 주옵소서. 저희에게는 천국의 소망이 있나이다. 기독교는 이 땅에서 하늘로 맞닿아 있는 종교임을 잊지 않게 하시고, 이 땅에 살지만 하늘의 진리를 붙들고 살아가는 저희 모두가 되게 하여 주옵소서. 이 땅의 쓰레기 같은 육신의 자랑에 얽매이지 않게 하시고, 장차 주님 나라에서 누릴 영광을 바라보며 오늘을 힘 있게 살아갈 수 있는 저희 모두가 되게 하여 주옵소서.

오늘도 주님의 말씀에 새 힘을 얻고자 합니다. 말씀을 전하시기 위하여 단 위에 서신 목사님을 기억하시고 계시된 주님의 말씀을 힘 있게 전하실 수 있도록 성령의 능력으로 붙들어 주옵소서.

이미 예배가 시작되었습니다. 성령의 음성을 들을 수 있는 예배가 되게 하실 것을 믿사옵고 예수 그리스도의 이름으로 기도합니다. **아멘**

> **기도가이드** 기도는 우리가 이 땅에서 천국의 언어를 담아내기 위한 하나님 앞에서의 훈련입니다.

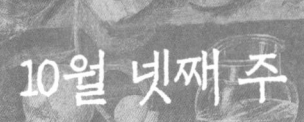

주일 예배(1)
〈오순절 후 스무 번째 주일, 영적 권세에 맞춤〉

여호와여 주의 하신 일이 어찌 그리 많은지요 주께서 지혜로 저희를 다 지으셨으니 주의 부요가 땅에 가득하니이다. 내 영혼아 여호와를 송축하라 할렐루야.(시편 104편 24, 34절하)

성부 하나님,

가을이 깊어 가게 하시고 낙엽이 지는 계절을 주셨습니다. 온 땅에 결실을 맺게 하시는 성부님의 은총을 찬송합니다. 성자 예수님, 구원의 은혜가 인생들에게 더 큰 감사로 다가오는 시절을 주셨습니다. 머지않아 주님 앞에 서야 할 인생들임을 깨달아 알게 하여 주옵소서. 은혜의 성령님, 이 예배에 임하셔서 저희의 심령을 주관하옵소서. 복음을 듣고 온 세상에 성 삼위 하나님을 전파하는 저희들이 되게 하여 주옵소서.

주님, 올해도 많은 날들을 흘려 보냈습니다. 돌아보면 주님의 사랑 속에 거하며 기쁨을 누린 시간이 매우 짧고 부족하였음을 고백합니다. 세상과 어울려 보내면서 근심에 싸였던 때가 오히려 많았음을 부끄럽게 여깁니다. 이름은 주님의 사람이지만 실제로는 세상에 속한 사람과 전혀 다를 바 없었습니다. 가을이 깊어지는 자리에 서서 지난 날의 허물을 들추어 보며 회개의 시간을 갖습니다. 긍휼을 베푸셔서 용서하여 주옵소서.

주님, 늘 주님만을 바라보는 삶이 되기를 원합니다. 시대가 어두워질수록 악한 마귀는 때를 만난 듯 저희를 넘어뜨리려고 온갖 수단과 방법을 동원하고 있음을 깨닫습니다. 사단 마귀의 최종적인 목표가 주님의 교회를 무너뜨리고, 성도들의 심령을 무너뜨려서 자기의 왕국을 우뚝 세우려고 하는 것임을 저희는 알고 있습니다. 이 같은 사단의 궤계에 넘어지지 않기 위하여 주님의 능력을 구할 수 있는 저희 모두가 되게 하시고, 사단의 궤계를 능히 물리치기 위하여 주님의 언약의 말씀을 굳게 붙들고 믿음으로 달려갈 수 있는 저희 모두가 되게 하여 주옵소서. 오늘날 교회가 문을 닫고 성도의 수가 줄고 있다는 소식을 들을 때 가슴 저미는 아픔을 느낍니다.

주님, 이것은 저희가 이미 사단에게 천국의 지경을 빼앗기고 있다는 증거이오니 영적인 경각심을 갖게 하여 주셔서 주님 나라의 지경을 확장하기 위하여 땅 끝까지 복음을 전할 수 있는 저희 모두가 되게 하여 주옵소서. 결단코 주님이 선물로 주신 은혜를 값없이 취급해 버리는 일이 없게 하시고, 두렵고 떨림으로 구원을 이루어가는 저희 모두가 되게 하여 주옵소서. 추수할 것은 많되 일꾼이 적은 이때입니다. 때를 놓치는 저희들이 되지 말게 하시고, 힘써서 복음을 전함으로써 구원의 열매를 맺는 저희 모두가 되게 하여 주옵소서. 주님의 교회를 부요케 하고 천국을 부요케 하는 주님의 사람이 되게 하여 주옵소서.

오늘도 말씀을 들고 단 위에 서시는 목사님을 기억하시고, 피곤치 않도록 성령의 능력으로 붙드셔서 마귀의 진을 파하는 권세 있는 말씀이 되게 하시고, 사람이 떡으로만 사는 것이 아니라 주님의 말씀으로 사는 것임을 다시 한번 깨닫는 시간이 되게 하여 주옵소서.

예배를 돕는 손길들을 기억하시고 봉사의 수고가 더하여질 때마다 은혜로 갚으시는 주님의 손길을 체험케 하여 주옵소서. 예배의 시종을 주님께 맡깁니다. 이 예배에 사단 마귀가 일절 틈타지 못하도록 성령의 화염검으로 보호하실 것을 믿사옵고 예수 그리스도의 이름으로 기도합니다. 아멘

> **기도가이드** 사단은 우리가 기도하는 것을 가장 두려워합니다. 우리가 기도할 때 주의 능력을 힘입게 된다는 것을 너무나 잘 알고 있기 때문입니다.

10월 넷째 주 주일 예배(2)
〈뜨거운 신앙에 맞춤〉

여호와는 광대하시니 우리 하나님의 성 거룩한 산에서 극진히 찬송하리로다 터가 높고 아름다워 온 세계가 즐거워함이여 큰 왕의 성 곧 북방에 있는 시온산이 그러하도다. (시편 48편 1, 2절)

섭리하시는 하나님,
이 민족에게 사계절을 주셔서 씨를 뿌리고 가꾸며 결실을 거둘 수 있는 축복을 주시니 감사합니다. 결실의 계절인 가을을 맞이하여 영광과 찬송, 존귀와 감사를 모두 주님께 돌립니다. 저희의 마음을 받으시옵소서. 이 시간 저희가 드리는 예배가 주님께 영광이 되고 저희에게는 주님의 은혜와 축복을 다시 한번 경험하는 시간이 되기를 원합니다. 저희가 드리는 예배에 강림하시옵소서.

주님, 온갖 열매를 맺는 이 계절임에도 불구하고 저희는 열매 맺는 삶을 살지 못했습니다. 저희 자신의 욕심만을 채우기에 급급했고, 육욕을 채우는 일에만 많은 시간을 할애하였던 저희들입니다. 언제나 자신을 이기지 못하고 정욕에 이끌려 사는 저희를 용서하여 주옵소서. 이 아름다운 계절을 맞이하면서 주님의 백성으로서의 열매 맺는 삶이 되게 하시고, 주님이 기뻐하시는 열매를 풍성하게 맺을 수 있는 저희 모두가 되게 하여 주옵소서. 전도의 열매, 봉사의 열매, 헌신의 열매, 순종의 열매를 맺음으로 한광주리 가득 담을 수 있는 이 가을이 되게 하여 주옵소서. 삶이 힘들고 고달프다고 하여 주님의 백성으로서 마땅히 해야 할 일들과 사명을 외면하거나 피하지 말게 하시고, 사명 앞에서 담대하기를 원했던 믿음의 선진들처럼 믿음으로 잘 감당할 수 있는 저희 모두가 되게 하여 주옵소서.

주님, 이제 가을을 맞이하여 주님의 섭리를 좇아 아름다운 붉은 빛으로 옷을 갈아입는 자연의 성실함을 보며 저희의 교회도 뜨거움이 넘치는 교회가 되기를 원합니다. 붉게 물든 대자연의 아름다움을 보며 탄성을 자아내듯이 저희들의 뜨거운 신앙으로 인하여 불신자들도 감동을 받는 일이 있게 하시고, 성령으로 뜨겁게 역사하는 교회와 신앙을 세워 나갈 수 있는 저희 모두가 되게 하여 주옵소서. 저희를 만나는 영혼들마다 주님을 믿고자 하는 믿음의 불이 붙게 하시고, 이 교회의 뜰을 밟는 자마다 말씀으로 그 심령이 뜨거워지는 역사가 있게 하여 주옵소서. 성령의 이끌림을 받는 믿음의 사람, 성령이 강하게 역사하시는 능력의 교회가 되게 하여 주옵소서.

주님, 경제는 조금 회복되고 있다고는 하지만 아직도 일자리를 찾지 못하여 삶에 지친 영혼들이 있습니다. 불쌍히 여기셔서 수고의 열매를 먹을 수 있도록 은총을 베풀어 주옵소서. 아직도 청년 실업의 문제가 사회적인 아픔으로 자리잡고 있습니다. 젊을 때에 불확실한 미래로 침체의 늪에 빠지는 일이 없도록 이 땅의 젊은이들을 불쌍히 여겨 주옵소서. 청년의 때에 창조주 하나님을 기억하라고 하셨사오니 인생을 도우시는 하나님을 찾는 청년들이 많아지게 하시고, 주님을 의뢰함으로 새 힘을 얻게 하여 주옵소서.

오늘도 말씀을 들고 서시는 목사님을 기억하시고 능력의 말씀을 선포하실 수 있도록 붙드실 것을 믿습니다. 교회를 위하여 봉사하는 손길들과 예배를 위하여 돕는 손길들을 기억하시고, 주님의 몸 된 교회를 섬기는 것이 인생 최대의 행복이 되게 하옵소서.

예배의 시종을 주님께 맡기오며 거룩하신 예수 그리스도의 이름으로 기도합니다. **아멘**

> ✻ **기도가이드** 자신이 불이 붙어야 다른 사람도 불을 붙일 수 있습니다. 불을 붙이는 방법은 기도밖에는 없습니다.

10월 넷째 주 주일 오후 찬양 예배
〈경제 회복과 회개 운동에 맞춤〉

너희가 전에는 어두움이더니 이제는 주 안에서 빛이라 빛의 자녀들처럼 행하라 빛의 열매는 모든 착함과 의로움과 진실함에 있느니라.(에베소서 5장 8, 9절)

높고 크신 하나님,

주를 사랑하고 주의 계명을 지키는 자에게는 그 언약을 천대까지 지키시고 긍휼을 베푸신다는 약속에 힘입어 주님의 전을 찾았습니다. 주님을 뵙기 전에는 아무것도 보이지 않게 하시고, 주님과 말씀을 나누기 전에는 저희의 입술을 열지 않게 하여 주옵소서. 이 시간 저희는 주님을 만나고 싶은 열망으로 가득 차 있습니다. 겸손한 심령으로 드리는 저희의 찬양과 경배를 받으시옵소서.

주님, 저희의 지은 죄가 너무 많습니다. 그 동안 세상적인 것들로 물든 생각, 생활 자세, 말씀에 대한 소외 등 모든 것들을 씻어 내기를 원합니다. 이 시간 긍휼을 베푸셔서 회개하는 심령 위에 용서의 은총을 내려 주옵소서.

주님, 저희의 마음을 주님을 향해 엽니다. 메마르고 빈약한 정성이오나 주님께서 기쁘시게 받으실 줄 믿습니다. 저 위험하고 무서운 흑암의 길에서 비척거리며 걸어온 인생을 주님 앞에 맡깁니다. 받아 주옵소서. 오직 주님만이 방패시요 힘이십니다. 영원토록 저희와 함께 계시옵소서.

주님, 하늘이 높아지고 오곡이 무르익어 추수를 서두르는 계절입니다. 저희의 신앙도 무르익어서 결실을 할 수 있는 신앙이 되게 하시고, 그 은혜를 감사하여 찬양할 수 있는 저희 모두가 되게 하여 주옵소서.

주님, 이 나라와 백성들을 불쌍히 여기시기를 원합니다. 하루 속히 이 사회가 안정될 수 있도록 도와주시고 좀처럼 회복되지 않는 실물 경제가 하루속히 회복될 수 있도록 도와주시옵소서. 이 나라에 걱정이 많은 것은 교회가 바로서지 못하고 사명을 망각한 까닭인 줄 압니다. 이 사회가 잘못된 것을 비난하고 판단하기에 앞서 이 사회의 아픔을 끌어안고 눈물로 기도할 수 있는 저희 모두가 되게 하여 주옵소서. 미스바 회개 운동과 같은 회개 운동이 전국 방방곡곡에서 일어나게 하시고, 기도하는 자를 통하여 회복을 주시는 주님의 은총을 경험할 수 있게 하여 주옵소서. 하루 속히 이 나라가 복음화되기를 원합니다. 이 땅 곳곳에서 독버섯처럼 자라나고 있는 모든 우상들이 물러가고 주님의 영의 지배를 받고 말씀의 지배를 받는 민족이 되게 하여 주옵소서.

주님, 교회가 세운 목표가 있습니다. 결실의 계절을 맞이하여 목표한 모든 일들이 아름다운 열매로 결실을 맺게 하시고, 주님의 영광을 나타낼 수 있도록 축복하여 주옵소서.

오늘도 생명의 말씀을 들고 단 위에 서시는 목사님을 기억하시고 저희들에게 준비하신 말씀을 전하실 때에, 말씀을 통하여 주님의 음성을 가까이서 듣는 복된 시간이 되게 하여 주옵소서.

예배가 이미 시작 되었습니다. 예배를 돕는 모든 손길들 위에도 넘치는 사랑으로 함께하실 것을 믿사옵고 예수 그리스도의 이름으로 기도합니다. **아멘**

> **기도가이드** 우리가 기도할 때 주님의 사랑이 우리를 통해 기도 대상자에게로 흘러들어갑니다.

10월 넷째 주

수요 예배(기도회)
〈강한 영성에 맞춤〉

너희 염려를 다 주께 맡겨 버리라 이는 저가 너희를 권고하심이니라 근신하라 깨어라 너희 대적 마귀가 우는 사자같이 두루 다니며 삼킬 자를 찾나니, (베드로전서 5장 7, 8절)

빛과 진리로 충만하신 주님,

한없이 약해질 수밖에 없는 저희들을 항상 주님의 전으로 이끌어 주셔서 새 힘을 주심을 감사드립니다. 주님의 전을 찾는 것이 때로는 귀찮은 생각이 들 때도 있지만 저희를 사랑하시는 주님이 은혜 주시기 위하여 이끄신 것이라는 것을 생각할 때 저희를 향하신 주님의 사랑에 감복할 뿐이옵니다. 오늘도 한없는 미련함 그 자체로, 한없는 우둔함 그 자체로 성전의 뜰을 밟았습니다. 이 시간만큼이라도 모든 육신의 생각을 접을 수 있게 하시고 주님과의 친밀한 교제가 이루어질 수 있도록 도와주시옵소서.

주님, 저희들은 지금 한없이 약해질 수밖에 없는 세상 속에서 살고 있습니다. 죄지을 곳도 너무나 많고, 죄짓는 속도도 너무나 빨라지고 있습니다. 강한 영성을 갖추지 않으면 언제 어느 순간에라도 현행범과 현장범이 될 수밖에 없는 어두운 세상입니다. 오늘 저희의 모습도 죄로부터 결코 무관한 모습이 아님을 깨닫습니다. 삼 일간의 짧은 시간도 죄에 동화되어 살았던 저희의 모습이 너무나 뚜렷함을 깨닫습니다. 주님께 용서를 구하오니 긍휼을 베풀어 주옵소서.

주님, 시대가 악하고 어두울수록 승리할 수 있는 비결은 강한 영성을 소유하는 방법밖에는 없는 줄 압니다. 현실의 벽에 부딪혀 영적인 자리를 사단에게 자꾸만 내주는 일이 없게 하시고, 어렵고 힘들더라도 십자가의 승리를 보여 줄 수 있는 저희 모두가 되게 하여 주옵소서.

바쁘다는 핑계로 주님의 전을 멀리하는 일들이 얼마나 많습니까? 피곤을 핑계 삼아 영적인 모임을 피하는 경우가 얼마나 많습니까? 서서히 영적으로 죽어 가고 있음에도 그것을 깨닫지 못하고 영적인 자리를 육신의 안일로 대치하려고 하는 저희들입니다. 주님, 이제는 저희들이 잡다한 핑계로 주님의 전을 멀리하지 말게 하는 것이 아니라 모이기에 힘쓸 수 있도록 도와주시옵소서. 성전과 멀어지면 멀어질수록, 찾는 횟수가 줄어들면 줄어들수록 형식적인 신앙인으로 기울어질 수 있음을 깨달아 환경을 초월하여 주님의 전을 힘써서 찾을 수 있는 저희 모두가 되게 하여 주옵소서. 그리하여 강단에서 흘러나오는 주님의 말씀을 통하여 새 힘을 얻을 수 있게 하시고, 부르짖는 기도를 통하여 새 능력을 공급받을 수 있게 하옵소서. 그리하여 강한 영성을 가지고 영적으로 어두워 가는 이 세상을 밝은 빛으로 이끌 수 있는 주의 사람이 되게 하여 주옵소서.

　주님, 현실의 벽에 부딪혀 마음 아파하고 괴로워하는 성도들이 있습니까? 이 시간 주님의 말씀을 통하여 위로를 받게 하시고, 약해질 때 강하게 될 수 있는 지혜를 얻을 수 있게 하여 주옵소서. 질병으로 고통당하는 성도도 기억하셔서 말씀을 통하여 치료하시는 주님의 손길을 느끼게 하옵소서.

　이 시간 주님의 말씀을 듣고 단 위에 서시는 목사님을 기억하시고, 주님 하신 말씀을 온전히 전하실 수 있도록 성령의 능력으로 붙들어 주옵소서. 이미 예배가 시작되었습니다. 마치는 시간까지 저희의 약함을 도와주실 것을 믿사옵고 예수 그리스도의 이름으로 기도합니다.

> ✽ **기도가이드** 어두운 세상에서 넘어지지 않는 방법은 주님 앞에 무릎 꿇는 것밖에는 없습니다.

10월 다섯째 주 주일 예배(1)
〈오순절 후 스물한 번째 주일, 종교개혁주일에 맞춤〉

너희가 내 말에 거하면 참 내 제자가 되고 진리를 알지니 진리가 너희를 자유케 하리라.(요한복음 8장 31, 33절)

피난처시요 힘이신 하나님,
저희의 도움이 되어 주신 그 사랑에 감사와 찬송을 드리옵니다. 주님의 몸 된 성전에 저희를 불러 주시고 은혜의 날개 아래 편히 쉬게 하심을 생각할 때, 만입이 있어도 그 은혜를 다 찬미할 길이 없습니다. 세상의 모든 것에서 벗어나 오직 주님만을 경배하고 진리의 말씀을 준행하는 저희가 되게 하여 주옵소서. 오늘도 저희에게 쉼을 주시고 저희의 예배를 기뻐 받으심을 감사합니다.

주님, 이제껏 저희를 버리지 않으시고 다시 용서를 베푸시는 주님께 조용히 무릎을 꿇습니다. 시월이 다 가기까지 주님의 사랑은 한시도 저희의 곁을 떠나지 않으셨습니다. 저희의 인생의 마지막까지 지켜 주실 약속인 줄 확신합니다. 저희는 가을 한철에도, 시월 한 달에도, 지난 한 주간에도 주님 곁을 떠난 때가 얼마나 많았었는지 모릅니다. 주님의 품과 죄의 길을 수없이 드나들었던 저희를 용서하여 주옵소서.

주님, 오늘은 특별히 종교개혁주일로 지킵니다. 주님의 교회가 썩어져 가는 것을 그냥 버려 두실 수가 없으셔서 몸의 일부를 도려내는 수술을 친히 주관하신 주님의 놀라운 은혜를 묵상하면서 종교개혁주일로 지키게 됨을 감사드립니다. "오직 은총, 오직 믿음, 오직 성령으로"라는 진리의 기치를 높이 들었던 개혁자들의 신앙을 되새기며 저희들의 변화되지 못하고 형식화된 신앙을 과감히 척결하는 시간이 되게 하시고, 새 사람, 새 신앙으로 새롭게 다짐하는 시간이 되게 하여 주옵

소서.

오늘의 교회도 주님의 진리의 깃발을 높이 들고 천국을 향하여 행진하기보다는 인본주의 기복주의 신앙으로 깊게 물들어 있나이다. 신앙의 등불이 꺼져 가고 있고, 대신 혼합 문화의 등불이 교회 곳곳을 밝히고 있나이다. 부패되고, 타락하여 잘못된 신앙으로 얼룩진 교회를 성령의 능력으로 새롭게 변화시켜 주시고, 인간의 수단과 방법으로 움직여지는 교회가 아니라 하나님의 주권적인 통치가 역사할 수 있는 교회가 될 수 있게 하여 주옵소서. 심판은 교회로부터 시작된다(벧전 4:17)는 것을 깨달아 이 땅의 마지막 진리의 전진 기지인 교회를 세속의 물결로부터 사수할 수 있는 저희 모두가 되게 하여 주옵소서. 항상 말씀의 감격이 충만한 교회가 되게 하셔서 영적인 충만이 인간적인 방법으로 대치되는 일이 없게 하여 주옵소서. 사단 마귀를 무력화시키는 진리가 샘솟듯 솟아나는 교회가 되게 하시고, 성령의 화염검이 교회 곳곳을 지키고 보호하는 교회가 되게 하여 주옵소서. 저희 또한 불의와 타협하는 일이 없게 하시고, 오직 말씀 외에는 다른 것에 마음을 빼앗기는 일이 없게 하여 주옵소서.

오늘도 계시된 주님의 말씀을 증거하시기 위하여 단 위에 서시는 목사님을 기억하시고, 진리의 말씀만 선포하실 수 있도록 성령의 능력으로 붙드시고, 듣는 자 모두가 살아있는 주님의 말씀에 강한 지배를 받는 시간이 되게 하여 주옵소서.

예배를 돕는 손길들을 기억하시고 저들이 주어진 역할에 따라 최선을 다할 때 주님께 기쁨과 영광이 되게 하여 주옵소서. 예배의 시종을 주님께 의탁하오며 예수 그리스도의 이름으로 기도합니다. **아멘**

> **기도가이드** 하나님께 기도하면서 하나님의 약속을 부여잡을 수 있는 말씀이 있어야 합니다.

10월 다섯째 주 주일 예배(2)
〈종교개혁주일과 개혁신앙에 맞춤〉

주의 빛과 진리를 보내어 나를 인도하사 주의 성산과 장막에 이르게 하소서.(시편 43편 3절)

자연도 변하고 역사도 변하나 영원히 변치 않으시고 살아계신 하나님,

하나님의 형상대로 지으심을 받은 피조물들이 이곳에 모여 창조의 위대하심과 섭리를 찬송합니다. 하나님의 선하심과 사랑과 공의로 그 어떤 생명보다도 고귀하게 된 저희들이 살아갈 길은, 창조주 하나님을 더욱 높이고 의지하며 그 뜻대로 행하는 것임을 기억합니다. 이 신앙을 고백하며 저희들이 주님의 전에 나왔습니다. 저희를 받아 주시고 저희가 드리는 예배를 통하여 영광을 받으시옵소서.

주님, 알고도 행치 못하고 감격하면서도 은혜대로 살지 못한 저희들입니다. 육신의 욕망을 위해서만 사용되었던 입술이 영원한 가치를 위해서 사용 되게 하시옵소서. 보이는 세상의 것들이 저희의 마음에 위로와 평안을 주는 것이 아님을 알면서도 주님을 기쁘시게 해 드리기보다는 세상에 종노릇하며 사단을 도왔던 삶이었음을 고백합니다. 저희의 완악한 심령을 불쌍히 여기시고 저희의 죄과를 도말하여 주옵소서.

주님, 오늘은 종교개혁주일로 지킵니다. 오늘의 교회 모습을 보면 근심할 수밖에 없사오나 매년 종교개혁을 기억하고 그 옛날 교회가 개혁의 횃불을 높이 쳐들어 가톨릭의 천년 묵은 먼지를 털어 버린 개혁자들의 신앙 정신을 본받게 하심을 감사드립니다. 그러나 오늘의 교회가 말로는 개혁되어야 한다고 하지만 인간들의 게으름과 자기 만족 때문에 오히려 인간의 어떤 틀에 고정시키고 그것이 교회의 본연

의 자세인 것처럼 생각하는 오만한 마음으로 가득 차 있나이다. 또한 권력과 지배욕에 사로잡혀 귀족같이 대접받기만을 바라고 있나이다. 오늘의 교회도 현재의 모습에 안주하지 말게 하시고 주님의 뜻에 위배된 것이 있으면 즉시 개혁해 나갈 수 있는 교회가 되게 하여 주옵소서.

주님, 저희의 신앙도 개혁이 필요한 줄 믿습니다. 이제껏 고인 웅덩이에 생명 없는 물같이 죽은 신앙은 아니었는지 돌이켜봅니다. 흐르지 않는 물은 이내 썩어 악취를 풍기는 물이 될 수밖에 없듯이 저희 신앙도 썩어서 물컹거리고 악취를 풍기지 말게 하시고, 끊임없이 주님의 말씀과 계명으로 연단시키고 씻겨 주셔서 잘못된 것을 바로 잡고 그릇된 것을 고쳐 나갈 수 있는 개혁 신앙인이 되게 하여 주옵소서. 또한 열심히 주님을 섬기고 있는 성도들에게는 그 믿음에 믿음을 더하여 주셔서 "오직 은총, 오직 믿음, 오직 성경"으로 살기에 조금도 부족함이 없게 하여 주옵소서.

오늘도 말씀을 전하시기 위하여 단 위에 세우신 목사님을 기억하시기를 원합니다. 능력의 말씀을 전하시기에 조금도 부족함이 없도록 붙들어 주시고, 이 교회에 속한 양무리들을 돌보시기에 조금도 피곤함이 없도록 늘 새 힘을 공급하여 주옵소서.

예배를 돕는 손길들을 기억하시고, 주님께 드리는 거룩한 예배를 위하여 수고하는 것이 더없는 기쁨이 되게 하여 주옵소서.

예배의 시종을 주님께 의탁하오며 거룩하신 예수 그리스도의 이름으로 기도합니다. 아멘

✱ **기도가이드** 하나님께 무릎 꿇는 자만이 진리의 말씀을 옳게 분변할 수 있습니다.

10월 다섯째 주 주일 오후 찬양 예배
〈자기 십자가를 지는 신앙에 맞춤〉

그러므로 형제들아 우리가 예수의 피를 힘입어 성소에 들어갈 담력을 얻었나니, 그 길은 우리를 위하여 휘장 가운데로 열어 놓으신 새롭고 산 길이요 휘장은 곧 저의 육체니라…(히브리서 10장 19, 20절)

거룩하신 하나님 아버지,

주님에 대한 사랑 때문에 주님을 섬기며, 그 사랑 때문에 주님께 예배를 드리며, 그 사랑 때문에 말씀에 순종하기를 원합니다. 그러나 주님을 닮지 못하고 경건의 모습만 흉내 내는 연약한 저희들을 긍휼히 여겨 주옵소서. 그리스도의 생명으로 저희 속에 채워 주시기를 원하여 저희의 마음을 빈 그릇으로 드립니다. 주님의 진리의 말씀으로 저희들을 충만케 채워 주시옵소서.

주님, 저희를 사랑하시기 때문에 징계도 내리시고 어려움도 주시는 것을 알면서도 때때로 견디기 힘든 시험을 만났을 때 견디지 못하고 괴로워하며 아우성쳤던 저희들입니다. 사특한 죄를 저지르고도 뻔뻔하게 주님 앞에 나와 은혜를 내려 주십사 하고 소리 질렀던 저희들이 아닙니까? 그러나 곧 은혜를 잊어버린 채 주님께 방자하게 행동했던 저희 모습이 너무도 부끄럽습니다. 주님, 저희를 징계하여 주옵소서. 연단하여 주옵소서. 또한 거짓되고 사악한 모습을 용서하여 주옵소서. 주님과의 온전한 관계를 회복함으로써 영생의 기쁨과 평강이 넘치게 하여 주옵소서.

주님, 주님이 이 땅에 오셔서 사랑으로 사시며 죽기까지 자신을 희생하신 그 모습을 본받을 수 있는 교회가 되기를 원합니다. 가난하고, 헐벗고, 굶주린 자의 친구가 되어 주신 주님의 사랑을 본받아 소외되고 외로운 자들을 대접하고 섬기는 교회가 되게 하여 주옵소서. 특별히 오늘은 종교개혁주일로 지켰사오니 오늘을 기점으로 말씀에 대한 감격이 없고 죽어 있는 저희의 마음에 감격과 찬양과 감사가 살아 있는 믿음을 소유하게 하시고, 게으르고 나태한 자리에서 열심과 헌신의 자세로 새롭게 변화되는 믿음을 주옵소서. 주님께서 "너희 자신을 부인하고 십자가를 지고 나를 따르라"고 말씀하였사오니 저희 자신에게 주어진 십자가를 지고 주님을 따를 수 있는 저희 모두가 되게 하여 주옵소서. 자신의 욕망과 계획 때문에 주님이 짊어지라고 주신 십자가를 등지는 일이 없게 하시고, 주님의 뜻을 높이고 주님의 몸 된 교회를 세워 가는 데 마음을 쏟을 수 있는 저희 모두가 되게 하여 주옵소서. 맡은 바 사명을 잘 감당하여 십자가의 사람으로 조금도 부끄럽지 않게 하여 주옵소서.

오늘도 말씀을 들고 서시는 목사님을 기억하시고 하루 종일 예배 인도하시느라 매우 피곤하신 줄 아오니 새 힘과 새 능력을 공급하여 주옵소서. 그리하여 이 시간에도 주님의 말씀을 강론하실 때에 육신의 지배를 받지 않게 하시고, 능력 있는 말씀을 선포하실 수 있게 하여 주옵소서.

이미 예배가 시작되었습니다. 마치는 시간까지 주의 성령께서 함께 하시고, 찬양대의 정성을 다한 아름다운 찬양도 기쁘게 받으실 것을 믿습니다. 저희를 구원하여 주신 예수 그리스도의 이름으로 기도합니다. **아멘**

> **기도가이드** 기도의 응답은 우리의 감정에서가 아니라 약속하신 하나님의 진실에 걸려 있습니다.

10월 다섯째 주 수요 예배(기도회)
〈뚜렷한 믿음의 열매에 맞춤〉

눈물을 흘리며 씨를 뿌리는 자는 기쁨으로 거두리로다 울며 씨를 뿌리러 나가는 자는 정녕 기쁨으로 그 단을 가지고 돌아오리로다.(시편 126편 5, 6절)

소망의 하나님,

험한 세상 속에서도 세상의 물결에 휩쓸리지 아니하고 주님을 믿는 믿음으로 살아갈 수 있도록 인도하심을 감사드립니다. 세상을 보며 환경을 보면 절망이지만 저희를 구원해 주신 주님을 생각하면 감격이요 소망임을 깨닫습니다. 오늘도 주님이 저희를 붙드시기에 성전을 찾게 된 줄 믿습니다. 주님이 사랑하시기에 주님의 말씀을 들을 수 있는 축복의 자리로 부름을 받은 줄 믿습니다. 한없이 부족한 저희들이지만 주님의 그 크신 은총을 기억하며 예배드리기를 원하오니 부족한 정성이라 할지라도 기쁘게 여기시고 영광을 받으옵소서.

주님, 죄가 많습니다. 주님의 백성이면서도 세상을 이기지 못하여 사탄이 환영하는 죄를 얼마나 많이 저지르며 살았는지 셀 수조차 없나이다. 늘 자신의 육욕과 세속적 관점을 벗어나지 못하는 저희를 불쌍히 여겨 주시고, 보혈의 피로 씻어 정결하고 거룩한 삶을 살아갈 수 있도록 은총을 내려 주옵소서.

주님, 풍성한 계절인 가을을 저희에게 허락하셔서 결실의 풍요를 느낄 수 있도록 은혜를 베푸심을 감사합니다. 또한 이 좋은 계절에 건강한 육체와 정신을 주시오니 감사드립니다. 지금까지 지내온 모든 것이 주님의 은혜임을 다시 한번 고백합니다. 앞으로의 삶도 주님의 선하신 뜻대로 인도하실 것을 믿습니다. 그 주님의 섭리를 생각하며 믿음의 행진을 쉬지 않는 저희 모두가 되게 하여 주옵소서.

주님, 가을이지만 저희들은 아직도 뚜렷한 열매를 맺지 못하고 있음을 깨닫습니다. 이 해도 얼마 남지 않았는데 악하고 게으른 종의 모습으로 주님 앞에 서게 되는 것은 아닐까 두려운 마음이 앞섭니다. 주님, 열매 없는 무화과 나무를 저주하시던 주님의 심판을 생각하며 경각심을 가지고 최선을 다할 수 있게 하여 주옵소서. 아직 전도의 열매가 없었습니까? 영혼을 구원하는 일에 최선을 다하게 하여 주옵소서. 봉사와 헌신의 열매가 없었습니까? 주님의 몸 된 교회를 위하여 몸을 깨뜨리는 데 최선을 다할 수 있게 하여 주옵소서. 순종의 열매가 없었습니까? 한 말씀이라도 주님의 말씀에 순종할 수 있는 삶이 되게 하여 주옵소서. 이 가을에 믿음의 열매를 풍성하게 맺을 수 있기를 원합니다.

주님의 전을 가까이 하지 못한 성도들이 있습니다. 저들의 형편은 일일이 알 수 없사오나 공평하신 하나님이 판단하실 것을 믿습니다.

오늘도 말씀을 들고 단 위에 서신 목사님을 기억하시고 붙드시기를 원합니다. 교회와 양들을 위하여 온몸을 불사르고 계시오니 그 수고와 헌신이 헛되지 않도록 이끄실 것을 믿습니다. 전하시는 말씀에 성령의 기름을 부으셔서 인간의 말은 감추어 주시고, 계시된 주님의 말씀만 증거 되게 하옵소서.

이미 예배가 시작되었습니다. 마치는 시간까지 주님 홀로 영광 받으실 것을 믿사옵고 예수 그리스도의 이름으로 기도합니다. **아멘**

> **기도가이드** 우리가 주님께 구하는 것은 그분과 일치되어야 하며 주님이 기뻐하시지 않는 것은 응답될 수 없습니다.

11월 첫째 주 — 주일 예배(1)
〈오순절 후 스물두 번째 주일, 감사의 열매를 맺음에 맞춤〉

> 주께서 심지가 견고한 자를 평강에 평강으로 지키시리니 이는 그가 주를 의뢰함이니이다 너희는 여호와를 영원히 의뢰하라 주 여호와는 영원한 반석이로다. (이사야 26장 3, 4절)

반석이신 하나님,

요동하던 인생이 주님께 와서 쉴 곳을 얻었나이다. 구원의 반석에 서서 주님을 찬송하는 저희의 예배를 받으시옵소서. 이제 십일월입니다. 올해의 추수 때가 닥치며 주님의 강림이 멀지 않은 이때, 주님을 맞이할 준비를 갖추게 하여 주옵소서. 주님께 드릴 기도가 많아질 때입니다. 근심으로 편치 못하여 탄식하는 우리의 기도에 귀를 기울이시고 응답해 주실 것을 믿습니다. 오늘의 예배도 주님만이 영광을 받으시옵소서.

주님, 십일월 첫 주일을 저희에게 주셨는데 무엇을 주님께 고백할 시간인지 생각해 볼 수 있게 하옵소서. 혹시 저희의 모든 날이 주님의 분노 중에 지나가지 않았습니까? 그러면 그 시간이 수고와 슬픔뿐이었음을 깨닫습니다. 주님, 긍휼히 여기시고 남은 날에 주님께서 주신 지혜의 마음을 얻어 살아가게 하옵소서. 저희는 주님을 떠나 살 수 없는 존재들임을 고백합니다. 자비를 베풀어 주옵소서.

주님, 이 가을에 감사의 열매를 더욱 많이 맺는 저희 모두가 되게 하여 주옵소서. 환난으로 인하여 감사할 수 있게 하여 주옵소서. 환난이 저희들을 주님께로 나아갈 수 있도록 떠밀어 주시니 얼마나 감사한 일이옵니까? 험한 가시밭길을 가면서도 감사할 수 있게 하옵소서. 모든 시련을 인하여 한 걸음 한 걸음 저희들을 세밀히 인도하시는 주님의 손길을 가까이서 느낄 수 있으니 얼마나 감사한 일이옵니까? 지극히 궁핍하고 가진 것이 없어도 감사하게 하옵소서. 부족한 가운데서도 주님을 더욱 힘써서 섬길 수 있으니 얼마나 감사한 일이옵니까? 주님, 이 가을에 감사의 열매를 더욱 풍성히 맺게 하여 주셔서 모든 것이 주님의 은혜였음을 믿음으로 고백하는 저희들이 되게 하여 주옵소서. 또한 이 가을에 성령의 열매가 있기를 원합니다. 성령의 열매를 맺음으로 영적인 풍성함을 귀중한 재산으로 삼을 수 있는 저희 모두가 되게 하여 주옵소서. 주님의 몸 된 교회도 병든 이 세상을 치료함으로 영적인 수확물을 가득 채울 수 있는 교회가 되게 하여 주옵소서. 세상살이에 상하고 찢겨진 영혼들을 진정으로 싸매 주고 소망을 주는 교회가 되게 하여 주옵소서.

오늘도 추수하는 가을을 맞이하여 주님의 귀한 말씀을 듣고 단 위에 서시는 목사님을 기억하시고 성령의 능력으로 붙들어 주셔서 권세 있는 주님의 말씀을 선포하실 수 있게 하여 주옵소서. 감사를 잃어버리기 쉬운 이때에 다시 한번 감사의 필요성을 일깨워 주는 말씀이 되게 하여 주옵소서.

예배를 돕는 손길들을 기억하시고, 주님의 몸 된 교회를 위하여 봉사하며 예배를 수종 드는 삶이, 이 땅 위에서 주의 백성이 누릴 수 있는 가장 행복한 삶임을 기억하게 하옵소서. 찬양으로 주님께 영광을 돌리는 찬양대를 기억하시고, 입술의 찬양이 아닌 영혼의 찬양을 주님께 올릴 수 있는 찬양대원들이 되게 하여 주옵소서.

예배의 시종을 주님께 의탁하오며 예수 그리스도의 이름으로 기도합니다. **아멘**

> **기도가이드** 감사가 묻어 있는 기도의 내용이야말로 주님이 가장 듣고 싶어 하시는 기도의 내용입니다.

11월 첫째 주 — 주일 예배(2)
〈사랑의 열매에 맞춤〉

우리가 형제를 사랑함으로 사망에서 옮겨 생명으로 들어간 줄을 알거니와 사랑치 아니하는 자는 사망에 거하느니라. (요한1서 3장 14절)

품이 따스하신 하나님,

오늘 저희가 여기 있음은 주님의 은혜임을 깨닫습니다. 따스한 사랑의 품으로 안으시고 끝까지 참으시는 자비로 이끄심을 감사드립니다. 가을이 물드는 길목에서 어디 한 곳 주님의 손길이 안 닿은 곳이 있겠습니까. 계절의 변화를 보면서도 좀처럼 변하지 않는 저희의 생각과 아집, 불신과 의심을 이 가을의 낙엽처럼 미련 없이 떨어 버리고 주님께 예배드리기 원합니다. 저희를 주님의 넓으신 품으로 안으시고 주님께 올리는 감사의 찬양과 경배를 받으시옵소서.

주님, 이 세상에는 유혹하는 것들이 너무 많아 주님을 바라보기보다는 그 많은 죄악의 모양들을 보기에 급급했던 저희들입니다. 죄악을 토성같이 쌓을지라도 주님께로 나아오기만 하면 사하시고 용서하시는 주님이심을 깨닫습니다. 아무런 영적인 능력도 갖추지 못한 채 죄악에 끌려 다녔던 저희를 불쌍히 여기시고 크신 은총으로 용서하여 주옵소서. 이제 현란한 것들에 너무 쉽게 마음을 내주는 죄악의 종이 되지 않기를 원합니다. 주님의 강하신 손으로 저희를 붙드셔서 은혜의 종노릇하며 살아갈 수 있는 삶이 되게 하여 주옵소서.

주님, 이 가을에 사랑의 열매를 더욱 많이 맺어 추수할 수 있는 저희 모두가 되기를 원합니다. 저희를 잠잠히 사랑하시고 조건 없이 사랑하시며, 끝이 없는 사랑으로 대하시는 그 깊은 사랑을 생각하며 주님께서 관심 가지신 모든 것을 사랑할 수 있는 저희 모두가 되게 하여 주옵소서. 한 영혼을 더욱 사랑하시는 주님의 사랑을 생각하며 영혼의 열매를 추수할 수 있는 이 가을이 되게 하여 주옵소서. 저희가 있음으로 인하여 이 세상이 사랑으로 바뀌어져 가는 놀라운 역사가 있게 하여 주옵소서. 주님을 사랑하는 마음으로 주님이 친히 세우신 교회도 마음을 다하여 사랑할 수 있는 저희 모두가 되게 하시고, 주님이 친히 세우신 교회가 사랑의 공동체라는 것을 잊지 않고 사랑의 수고를 아끼지 않는 저희 모두가 되게 하여 주옵소서.

오늘도 저희들이 주님께 예배드리기 위하여 이 전에 나왔지만 사랑이 결여된 상태에서 예배드리지 않게 하시고, 사랑의 욕구를 충족시키려는 사모함으로 예배드릴 수 있게 하여 주옵소서.

오늘도 주님의 말씀을 들고 단 위에 서신 목사님을 기억하시고, 저희를 위하여 사랑의 수고를 아끼지 않고 계시오니 언제나 주님의 위로하심이 목사님의 마음속에 넘치게 하옵소서. 전하시는 말씀 속에서 주님의 사랑의 음성을 들을 수 있게 하시고, 높이와 깊이와 넓이를 측정할 수 없는 주님의 사랑을 경험하는 시간이 되게 하여 주옵소서.

예배를 돕는 손길들이 있습니다. 이들의 사랑의 수고를 기억하시고, 주님을 위하여 사랑의 욕구를 충족시킬 때마다 사랑으로 이끄시는 주님의 은혜를 누릴 수 있게 하여 주옵소서.

예배의 시종을 주님께 의탁합니다. 사랑의 종소리가 울려 퍼지는 예배가 되게 하실 것을 믿사옵고 예수 그리스도의 이름으로 기도합니다. 아멘.

※ **기도가이드** 기도는 사랑으로부터 나오는 우리의 사역이요 상대방을 향한 제일 좋은 선물입니다.

11월 첫째 주

주일 오후 찬양 예배
〈수험생들에게 맞춤〉

주의 말씀은 내 발에 등이요 내 길에 빛이니이다 주의 의로운 규례를 지키기로 맹세하고 굳게 정하였나이다. 나의 고난이 막심하오니 여호와여 주의 말씀대로 나를 소성케 하소서.(시편 119편 105 - 107절)

좋으신 하나님,
  어렵고 지난한 삶이었지만 주님의 따스한 손길이 있었기에 또 한 주간을 은혜 중에 살았습니다. 그 세심한 돌보심에 진심으로 감사를 드립니다. 주님께서 핏 값으로 사신 주님의 백성들이 여기에 모였습니다. 마음으로 주님을 사랑하며 고백하는 찬양을 기억하시고 영광을 받으시옵소서. 오늘 이 시간에도 주님의 살아 계심을 뼈가 에도록 깨닫게 하시고, 주님의 섭리하심을 피부로 맞닥뜨리는 시간이 되게 하옵소서. 상심했던 일들을 희망으로 바꾸시고, 낙망했던 일들을 주님과의 만남으로 해결하는 시간이 되게 하여 주옵소서.
  주님, 저희의 마음을 드립니다. 저희의 몸을 드립니다. 하오나 풀리고 나태해진 심령으로 주님의 전을 찾았사오니 주님의 한량없는 은혜로 감싸시고 온유한 주님의 음성을 들려주옵소서. 지은 죄가 너무 많습니다. 잿물로 씻을지라도 씻겨지지 않는 죄임을 깨닫습니다. 오직 주님의 보혈로만 죄 씻음을 받을 수 있사오니 긍휼을 베푸셔서 용서하여 주옵소서.
  주님, 환경과 지식의 한계를 뛰어넘지 못하고 항상 발버둥치는 저희들입니다. 이 시간 주님의 말씀으로 변화된 힘을 얻게 하여 주옵소서. 주님의 입김으로 따뜻하게 하시고, 주님의 호흡으로 살아 있게 하옵소서. 주님의 향내로 가득하게 하옵소서. 그리하여 저희들을 통하여 항상 주님만 나타나게 하옵소서. 주님만 드러나게 하옵소서.

주님, 수능시험을 준비하는 학생들을 위하여 기도합니다. 그동안 인내하며 꾸준히 학업에 전념하며 힘써 온 시험 준비가 헛되지 않게 하시고, 기쁨의 열매를 맺을 수 있도록 도와주시옵소서. 성실하게 최선을 다하여 준비해 온 학생들에게 평안과 담대함을 주시고, 마지막까지 최선을 다할 수 있도록 도와주시옵소서. 또한 수험생을 둔 학부모들도 기억하시고, 자녀를 위하여 주님께 무릎 꿇는 일을 잊지 않게 하여 주옵소서. 수험을 앞둔 자녀를 위한 기도회를 시작했습니다. 부모와 학생들이 주님의 은혜를 놓치는 일이 없게 하시고, 실력을 쌓는 일보다 중요한 것은 주님을 의지하는 것임을 잊지 않게 하옵소서. 자기의 지식과 명철을 의지하지 아니하고 하나님을 의지하는 학생들을 분명히 책임져 주실 것을 믿습니다.

오늘도 말씀을 전하시는 목사님을 능력의 오른손으로 붙드시고 많은 사람들이 위로가 필요한 이때에 주님의 위로의 음성을 들을 수 있는 말씀이 되게 하옵소서.

기도가 절박한 이때에 참석하지 못한 성도들을 기억하시고, 주님의 전을 찾지 못한 것을 후회하며 주님을 찾는 일에 열심을 다할 수 있는 성도들이 되게 하여 주옵소서.

이미 예배가 시작되었습니다. 마치는 시간까지 주의 성령께서 함께 하실 것을 믿사옵고 예수 그리스도의 이름으로 기도합니다. **아멘**

> ✱ **기도가이드** 충분한 기도라는 것은 없습니다. 주님이 부르시는 그 날까지 기도는 우리의 사역입니다.

11월 첫째 주   수요 예배(기도회)
〈힘든 가정과 넘치는 감사에 맞춤〉

주께서 심지가 견고한 자를 평강에 평강으로 지키시리니 이는 그가 주를 의뢰함이니이다. 너희는 여호와를 영원히 의뢰하라 주 여호와는 영원한 반석이심이로다. (이사야 26장 3, 4절)

높고 맑은 하늘을 볼 수 있게 해 주신 하나님,

붉게 물들어 가는 자연의 아름다움을 보며 주님의 성실하심을 만날 수 있게 하시니 감사합니다. 산하를 통해 아름다움을 보듯 주님의 전을 통하여 저희에게 향하신 한없으신 주님의 사랑의 깊이를 다시 한 번 깨닫습니다. 저희를 믿음의 사람으로 만드시기 위한 주님의 열심을 생각할 때 아직도 성실하지 못한 저희의 모습이 심히 부끄럽습니다. 선한 목자 되신 우리 주님을 항상 기쁨과 즐거움과 소망 가운데 따라갈 수 있게 하옵소서.

주님, 저희가 말할 수 없는 주님의 은총을 받고 살면서도 저희의 욕심을 앞세우며 아직도 진흙으로 돌아갈 육체만을 위하여 열심을 내고 있는 저희들입니다. 궁휼히 여기사 사랑과 용서를 베풀어 주옵소서. 주님만을 본받고 살아갈 수 있도록 인도하여 주시고, 주님의 사랑을 드러낼 수 있는 저희의 삶이 되게 하여 주옵소서.

세상에 휩쓸리다 보니 주님이 피로 값 주고 사신 성도의 가정도 마음의 고뇌들이 깊어지고 있습니다. "여호와를 만날 만한 때에 찾으라. 가까이 계실 때에 그를 부르라." 약속하셨사오니 이 약속의 말씀을 굳게 믿고 주님을 간절히 찾는 가정마다 시원케 하시는 주님을 만날 수 있게 하여 주옵소서. 힘든 일을 겪으면서도 믿음으로 직분을 감당하는 성도들을 기억하시고 성령의 크신 위로와 능력으로 채워 주시옵소서. 교우 중에 슬픔을 당한 가정이 있습니다. 주님의 크신 위로를 채워 주시고 주님을 의지하는 믿음과 천국을 향한 소망이 넘쳐나게 하여 주옵소서.

　주님, 감사의 계절입니다. 지나온 날을 더듬어 보면 모든 것이 주님의 은총임을 깨닫습니다. 지금까지 인도하신 주님의 은혜를 생각하며, 그리고 앞으로도 인도하실 주님의 은혜를 생각하며 감사할 수 있는 저희 모두가 되게 하여 주옵소서. 이 한 달만큼이라도 주님께 깊은 감사를 드릴 수 있는 저희의 모습이 되게 하시고, 주님께 대한 감사로 주님을 높일 수 있는 저희 모두가 되게 하여 주옵소서. 감사의 언어에 축복의 열매가 있게 하실 것을 믿습니다. 감사의 마음에 감사의 결실을 맺게 하실 것을 믿습니다.

　주님, 오늘 저희 모두가 주님께 산 제물로 드려지는 예배가 되기를 원합니다. 저희의 심령을 감찰하시고 주님이 영광 받으시는 예배를 드릴 수 있게 하여 주옵소서. 수요 예배라고 하여 가볍게 여기는 일이 없게 하시고, 하나님께 드리는 예배는 차별이 없음을 기억하게 하옵소서.

　오늘도 주님께 더 큰 영광을 돌리기 위하여 계시된 주님의 말씀을 들고 단 위에 서신 목사님을 기억하시고 성령의 능력으로 붙들어 주셔서 선포하시는 말씀이 성령의 권능을 세상에 쏟아 놓는 말씀이 되게 하여 주옵소서.

　예배가 이미 시작되었습니다. 순종하는 마음으로 드리는 예배를 받으실 것을 믿사옵고 예수 그리스도의 이름으로 기도합니다. **아멘**

> **기도가이드** 사랑이 없는 기도는 하나님의 응답을 막아 버리는 기도가 될 수밖에 없습니다.

11월 둘째 주 — 주일 예배(1)
〈오순절 후 스물세 번째 주일, 감사 생활의 회복에 맞춤〉

> 네가 만일 네 입으로 예수를 주로 시인하며 또 하나님께서 그를 죽은 자 가운데서 살리신 것을 네 마음에 믿으면 구원을 얻으리니 사람이 마음으로 믿어 의에 이르고…(로마서 10장 9, 10절)

찬송 받으실 하나님 아버지,

높은 영광 속에서 인생을 돌보시는 위엄을 찬양합니다. 이 예배에 나온 저희들도 그 영광을 찬미하게 하옵소서. 우리의 길이 되신 그리스도 예수님, 간절히 구하며 주님을 찾는 저희들의 앞길을 빛으로 인도하옵소서. 은혜의 성령님, 예배드리는 저희 영혼의 소원을 만족하게 하시고 충만하게 하여 주옵소서. 성삼위 하나님께 영광을 돌리는 예배가 되게 하여 주옵소서.

주님, 망령된 길을 걸으면서 세상 재미에 빠져 버렸던 저희들입니다. 악한 권세가 저희 영혼을 붙들고 놓아 주지 않습니다. 경건에 이르기를 연습하려던 저희 의지는 이미 꺾인 지 오래 되고 말았습니다. 더 이상 이런 생활을 할 수 없음을 깨닫게 해 주신 주님, 감사합니다. 너무 늦은 것은 아닐까 심히 근심이 됩니다. 마지막 순간에도 죄인의 회개를 받으신 주님을 믿고 늦은 고백을 드립니다. 용서하여 주옵소서.

주님, 추수의 계절인 가을을 주심을 감사합니다. 저희들에게 추수의 계절을 주신 것은 이 계절을 통하여 주님께 대한 감사를 회복할 수 있도록 이끄시는 주님의 섭리임을 깨닫습니다. 그동안 감사 생활을 해야 함에도 불구하고 오히려 불평 불만으로 살아왔던 저희들 아닙니까. 오늘 이 시간 지나온 일 년을 돌이켜 보면서 감사 생활을 하지 못했던 것을 회개하며 참으로 감사해야 될 일이 무엇인지를 기억하게 하시고, 주님께 깊은 감사를 드릴 수 있는 저희 모두가 되게 하여 주옵소서. 조건적인 감사를 찾지 말게 하여 주시고, 절대적인 감사 생활을 할 수 있는 저희 모두가 되게 하여 주옵소서. 사람이 무엇으로 심든지 그대로 거둔다(고후 9:6)고 하셨사오니 추수의 계절 가을을 맞이하여 저희가 거두는 것은 감사의 열매가 될 수 있게 하여 주옵소서.

주님, 그동안 저희가 복음의 씨앗을 얼마나 뿌렸는지를 돌이켜 봅니다. 주님은 저희들에게 영적인 결실을 기대하시는데 저희들은 아무 것도 하지 않으려고 했고, 아무데도 가지 않으려고 했던 것은 아닌지요. 지금부터라도 영적인 결실을 맺기 위하여 사랑의 수고를 아끼지 않는 저희 모두가 되게 하시고, 영적인 추수기 때에 빈손 들고 주님 앞에 서는 인생이 되지 않게 하여 주옵소서.

오늘도 주님의 말씀을 들고 단 위에 서시는 목사님을 기억하시고, 주님의 이름으로 말씀을 증거하실 때마다 답답해진 심령이 시원케 되며 메말랐던 심령이 은혜의 단비를 경험하는 시간이 되게 하옵소서.

주님의 몸 된 교회를 위하여 몸을 아끼지 아니하고 충성하는 손길들을 기억하시고, 저들의 수고를 통하여 주님의 교회가 더더욱 든든히 서 가는 역사가 있게 하여 주옵소서.

예배를 돕는 손길들을 기억하시고, 저들의 수고가 하늘나라의 상급으로 이어지게 하여 주옵소서.

예배의 시종을 주님께 의탁합니다. 주님의 음성이 들리며 성령이 충만한 시간이 되게 하실 것을 믿사옵고 예수 그리스도의 이름으로 기도합니다. 아멘.

> **기도가이드** 어떤 기도이든지 한번 간구했으면 응답이 올 때까지 포기하지 않는 것이 응답받는 비결입니다.

11월 둘째 주 — 주일 예배(2)
〈감사의 생활로 마지막 때를 준비하는 삶에 맞춤〉

내가 주의 성전을 향하여 경배하며 주의 인자하심과 성실하심을 인하여 주의 이름에 감사하오리니 이는 주께서 주의 말씀을 주의 모든 이름 위에 높게 하셨음이라. (시편 138편 2절)

사랑과 은혜의 하나님,

주님이 정하신 거룩한 날, 주님의 전으로 나와 은혜의 자리에 참여할 수 있게 하시니 감사합니다. 늘 주님의 은혜에 감사할 수 있는 믿음이 되게 하여 주시고, 주님께 대한 예배의 행위가 끊어지지 않는 삶이 되게 하여 주옵소서. 주님께 마음과 영혼을 다하여 예배하기를 원합니다. 성령께서 저희의 마음을 온전히 주장하여 주셔서 감사함으로 주님의 이름을 높일 수 있는 시간이 되게 하여 주옵소서.

주님, 오늘도 저희들이 주님께 드릴 수 있는 것은 죄에 대한 열매밖에 없습니다. 정욕을 이기지 못하여 죄의 열매만 맺었던 저희의 추한 모습을 회개하오니 징계치 마시고 긍휼을 베풀어 주옵소서. 죄가 하수와 같이 넘쳐흐르는 세상에서 죄와 짝하여 살지 않도록 도와주시고, 주님이 기뻐하시는 정결한 생활을 할 수 있도록 이끌어 주옵소서.

주님, 감사의 계절을 맞이하여 주님께 대한 감사를 기억하며 주님의 은혜를 돌아볼 수 있게 하시니 감사합니다. 오늘 이곳만큼이라도 주님께 감사하는 심령이 되게 하셔서 주님께 감사의 제사를 드릴 수 있는 저희 모두가 되게 하옵소서. 세상은 시간이 지날수록 강퍅해져만 가고 있습니다. 경악을 금치 못하는 일들이 매일 일어나고 있고, 충격을 더하는 일들이 매일 뉴스거리가 되고 있습니다. 저희는 이때가 만물의 마지막 때인 줄은 알 수 없사오나 어둠 속에 빠진 세상을 보며 주님의 심판이 가까이 와 있음을 깨닫습니다. 이런 때일수록 세속에 미련을 갖지 말게 하시고, 주님의 선하신 뜻을 분별하여 주님의 은혜를 따라 살아갈 수 있는 저희의 삶이 되게 하옵소서. 주님을 향한 넘치는 소망 속에 항상 찬송하며 살 수 있게 하여 주시고, 감사로 마지막 때를 잘 준비할 수 있는 저희 모두가 되게 하여 주옵소서. 주님께서 저희들에게 공급해 주시는 성령의 능력 안에서, 성령의 도와주시는 지혜 속에서 더욱 충성스러운 청지기의 직분을 감당할 수 있는 저희 모두가 되게 하여 주시고, 선하고 충성되고 지혜로운 청지기의 삶으로 이 마지막 때를 살아갈 수 있는 저희 모두가 되게 하여 주옵소서. 주님의 섭리 가운데 있기에 인생에 그 어떤 일이 발생할지라도 항상 감사할 수 있게 하여 주시고, 주님을 높일 수 있는 삶이 되게 하여 주옵소서. 오늘에 이르기까지 도와주신 에벤에셀의 하나님, 내일도 주님 오시는 그날이 오기까지 범사에 감사함으로 살아갈 수 있도록 도우실 것을 믿습니다.

오늘도 말씀을 증거하시기 위하여 단 위에 서신 목사님을 기억하시고 성령의 능력으로 함께하여 주셔서 감사를 잃어버리기 쉬운 이때에 감사를 회복할 수 있도록 저희의 마음을 기경하는 말씀을 전하실 수 있게 하여 주옵소서.

예배를 돕는 손길들을 기억하시고, 선한 봉사 위에 선하신 주님의 손길로 갚으실 것을 믿습니다. 찬양대를 기억하시고 살아 있는 생명의 찬양을 할 수 있도록 도우실 것을 믿습니다.

예배의 시종을 주님께 의탁하오며 예수 그리스도의 이름으로 기도합니다. 아멘

> **기도가이드** 간구는 그치지 않는 기도를 말하며 응답이 있어도 쉬지 않고 기도하는 것을 말합니다.

11월 둘째 주

주일 오후 찬양 예배
〈넉넉해지는 마음에 맞춤〉

여호와여 사람이 무엇이관대 주께서 저를 알아주시며 인생이 무엇이관대 저를 생각하시나이까 사람은 헛것 같고 그의 날은 지나가는 그림자 같으니이다. (시편 144편 3, 4절)

저희를 창조하시고 저희의 모든 생각과 마음을 아시는 주님,

주님의 은혜 가운데 주님을 알고 삶의 의미를 주님께 두며 살아갈 수 있는 복된 인생이 되게 하시니 감사합니다. 오늘 저희가 저희를 높여 주시고, 주님의 백성으로 살아갈 수 있도록 이끌어 주시는 주님께 찬양과 경배를 드리기 위하여 주님의 전에 모였습니다. 이 시간 주님의 진리를 더욱 깨달아 주님의 참된 자녀로 살아가는 데 새 힘을 얻을 수 있게 하여 주옵소서.

주님, 주님이 저희에게 허락하신 한 주간의 삶을 저희는 지혜롭게 사용하지 못했음을 고백합니다. 의를 위하여 살기보다는 불의와 짝하며 살기를 좋아했고, 거룩한 삶을 살기보다는 마음이 원하는 대로 제멋대로 끌려가며 살았던 저희들입니다. 성령에 취하기보다는 세상에 취해 있기를 좋아했고, 소망의 언어를 쏟아 내기보다는 불평과 탄식의 언어를 쏟아 내기 좋아했던 저희들입니다. 주님, 참으로 못난 죄인들이오니 그 크신 긍휼로 덮으시고 용서의 은총을 베풀어 주옵소서.

주님, 추수와 결실의 계절을 맞이하여 저희의 마음이 넉넉해지기를 원합니다. 사랑과 용서도 넉넉해지게 하시고, 이해와 용납도 넉넉해질 수 있게 하여 주옵소서. 남을 위한 헤아림과 배려도 넉넉해지게 하시고, 기쁨을 채우는 일에도 넉넉해질 수 있게 하여 주옵소서. 겸손의 마음을 가지고 남을 섬기는 일에도 넉넉해지게 하시고, 꿈과 희망을 심어 주는 일에도 넉넉해질 수 있게 하여 주옵소서. 주님의 몸 된 교회

를 위한 봉사와 헌신에도 넉넉해지게 하시고, 마음을 다한 충성에도 넉넉해질 수 있게 하여 주옵소서. 주님, 이 가을에 저희를 통하여 이웃과 사회, 가정과 이웃, 모든 곳들이 넉넉함으로 넘쳐나기를 원합니다. 축복하여 주옵소서. 또한 풍요의 계절인 가을을 맞이하여 신앙의 성숙을 이루어갈 수 있는 저희 모두가 되기를 원합니다. 그동안 주님이 기뻐하시는 일에 관심을 갖지 못했다면 이 가을에 관심과 사랑을 보일 수 있게 하시고, 주님의 뜻을 이루는 일에 힘써서 실행하지 못했다면 이 가을에 주님의 뜻을 이루기에 최선을 다할 수 있는 저희 모두가 되게 하여 주옵소서. 우리 주님이 보시기에 더욱 성숙한 신앙인의 모습으로 거듭날 수 있는 이 가을이 되게 하실 것을 믿습니다.

오늘도 주님의 말씀을 듣고 단 위에 서신 목사님을 기억하시고, 저희들을 푸른 초장으로 이끄시느라 밤낮으로 마음을 쏟고 계시오니 피곤치 않도록 성령의 능력을 더하여 주옵소서. 이 시간도 주님의 말씀을 증거 하실 때 저희를 사랑하시는 주님의 음성을 다시 들을 수 있는 시간이 되게 하시고, 저희를 생명의 꼴로 먹이시기 위하여 애쓰고 계시는 목사님의 마음을 헤아릴 줄 아는 저희 모두가 되게 하여 주옵소서.

주님의 몸 된 교회를 위하여 몸과 물질을 드려 충성하는 손길들을 기억하시고 저들을 통하여 주님이 더욱 높임을 받는 일이 넘쳐나게 하시며 수고한 대로 갚으시는 주님의 손길을 체험하는 봉사자들이 되게 하여 주옵소서.

이미 예배가 시작되었습니다. 마치는 시간까지 주님만이 영광을 받으실 것을 믿사옵고 예수 그리스도의 이름으로 기도합니다. 아멘.

> **기도가이드** 기도할 때도 조급한 마음으로 기도하기보다는 여유를 갖고 기도해 보십시오. 그리하면 주님의 마음을 살필 수 있으며 정직한 기도를 드릴 수 있습니다.

11월 둘째 주

수요 예배(기도회)
〈주님께 최선을 다하는 삶에 맞춤〉

> 여호와께서는 자기에게 간구하는 모든 자 곧 진실하게 간구하는 모든 자에게 가까이 하시는도다 저는 자기를 경외하는 자의 소원을 이루시며 또 저희 부르짖음을 들으사 구원하시리로다.(시편 145편 18, 19절)

　슬픈 날이건 기쁜 날이건 언제나 주님을 섬길 수 있는 기회를 주셔서 오늘도 주님의 전을 찾아 나와 예배드릴 수 있게 하시니 감사합니다. 참으로 못난 인생들이온데 주님의 전에 앉아 있으니, 주님의 사랑을 한 몸에 받는 것 같아 주님께 감사하지 않을 수 없나이다. 주님, 이 땅 위에서의 삶을 마감하는 그 날까지 주님만을 섬기며 주님만을 따를 수 있는 삶이 되게 하여 주시고, 주님의 전을 항상 사모하며 힘써서 찾을 수 있는 저희 모두가 되게 하여 주옵소서.

　주님, 오늘도 여전히 저희들의 못난 모습을 주님 앞에 내려놓습니다. 노하기를 더디 하시고 측량할 수 없는 사랑을 쏟아 부어 주시는 주님이시기에, 그리고 인내하시는 주님이시기에 저희들의 죄 짐을 주님께 내려놓사오니 용서의 은총을 베풀어 주시고 넓으신 품으로 안아 주시옵소서. 주님, 너무나 부족한 것이 많기에 주님 앞에 드릴 것이 없는 저희들입니다. 이 시간 저희들의 영혼의 부족을 채워 주셔서 주님의 길을 따라갈 수 있게 하여 주옵소서.

　주님, 저희들에게 주님을 섬길 수 있는 은혜와 기회를 주셨사오니 주어진 일들로 인하여 마음의 부담을 느끼거나 괴로워하지 않게 하시고, 힘을 다하여 충성을 다할 수 있는 저희 모두가 되게 하여 주옵소서. 작은 일이건 큰일이건 주님께서 맡겨 주신 일이라면 최선을 다하여 마음의 헌신을 보일 수 있는 저희 모두가 되게 하시고, 결과는 주님께 맡길 수 있는 저희 모두가 되게 하여 주옵소서. 인내가 필요할 때는 인내할 수 있게 하여 주시고, 기도가 필요할 때는 기도할 수 있는 저희 모두가 되게 하여 주옵소서. 이제 올해도 서서히 기울어 가고 있음을 느낍니다. 신앙의 결산을 지금부터 준비해야 함을 깨닫습니다. 합당한 열매를 주님께 드리기 위하여 마음을 쏟을 수 있는 저희 모두가 되게 하여 주시고, 열매가 없음으로 악하고 게으른 종이라는 책망을 듣는 일이 없게 하여 주옵소서. 앉고 일어서며, 걷고 뛰고 움직이는 모든 활동 속에서 주님께서 기뻐하실 일에 초점을 맞추어 생활할 수 있게 하시고, 주님을 위한 소망이 더욱 넘치는 생활이 되게 하여 주옵소서.

주님, 오늘도 세상일에 얽매여 이 전을 찾지 못한 성도들을 기억하시고 긍휼히 여겨 주시기를 원합니다. 형편이 어떠한지는 주님이 아실 것이오니 그들의 행위대로 갚으시고 은총을 내려 주옵소서.

오늘도 주님의 말씀을 들고 단 위에 서시는 목사님을 기억하시고, 예배에 모인 숫자가 적음으로 인하여 용기를 잃지 않도록 주의 크신 능력으로 붙들어 주옵소서.

이미 예배가 시작되었습니다. 저희의 입의 모든 말과 마음의 묵상이 주님께 열납되기를 원하오며 예수 그리스도의 이름으로 기도합니다. 아멘.

> **기도가이드** 우리에게 최고의 기도란 없습니다. 단지 최선을 다하는 기도만 있을 뿐입니다.

11월 셋째 주 주일 예배(1)
〈오순절 후 스물네 번째 주일, 추수감사절에 맞춤〉

여호와께서 내게 주신 모든 은혜를 무엇으로 보답할꼬, 내가 주께 감사제를 드리고 여호와의 이름을 부르리이다. (시편 116편 12, 17절)

저희의 드리는 예배를 기뻐하시는 하나님,

하늘 보좌를 높이 펴시고 땅을 발등상 삼으신 하나님께서 저희처럼 보잘것없는 인간들의 예배를 받으시기를 기뻐하시매 감격이 넘치나이다. 저희의 예배가 하늘 보좌를 움직이는 힘이 있음을 깨닫게 해 주셨나이다. 이 예배를 드릴 때에 어찌 감히 사단의 세력이 침노할 수 있사오리까. 예배를 통해 하나님의 온전하신 뜻을 알게 하여 주옵소서.

주님, 많은 죄를 범한 한 주일이었습니다. 주님께 예배드리고 다시 회개의 자리에 서기까지 일백육십팔 시간, 그 사이에 쌓인 허물들이 어찌 그리 많은지요. 형제를 미워했고, 탐욕에 젖었고, 거짓말을 했으며 음욕을 품었습니다. 무엇보다도 주님을 멀리 떠나 있었습니다. 경건의 시간을 소홀히 했고, 형식적인 기도를 드렸을 뿐입니다. 이 육신의 일들을 어찌 용서받을 수 있겠습니까? 원컨대, 영의 사람으로 변화시켜 주옵소서.

주님, 오늘은 특별히 추수감사주일로 주님께 영광을 돌립니다. 오늘의 험난하고 복잡한 이 세상의 삶 가운데서도 그동안 입을 것, 먹을 것을 주시고, 베풀고 나눌 수 있도록 은혜 주신 것을 감사하여, 또한 이토록 풍성한 결실을 얻을 수 있도록 축복하신 것을 감사하여 주님께 감사의 예배를 드리오니 기쁘게 받아 주옵소서. 오늘 저희들이 주님께 드리는 감사의 예물도 기뻐 받으시기를 원합니다. 주님께서 베푸신 은혜에 비하면 지극히 초라한 것이지만 가난한 마음으로 마음을 담아 정성껏 드리는 심령을 외면치 마시옵소서.

주님, 감사주일을 맞이하여 더더욱 감사의 조건이 늘어가는 믿음으로 이끌어 주옵소서. 그리하여 삶 속에서 맺어진 감사의 열매를 주님 앞에 드릴 수 있는, 정성껏 드리는 삶이 되게 하여 주옵소서. 이 시간 주님 앞에 물질로 감사를 표현하고 싶어도 마음만 드린 성도를 기억하시고, 더 이상 주님 앞에 드릴 것 없어 마음 아파하는 손길이 되지 않도록 물질의 은사를 내려 주옵소서.

오늘도 추수감사주일을 맞이하여 축복의 말씀을 듣고 단 위에 서시는 목사님을 기억하시고 성령의 능력으로 붙드시기를 원합니다. 말씀을 전하실 때에 저희 모두가 잃었던 감사를 회복하고 항상 감사가 넘치는 삶을 살기를 다짐하는 시간이 되게 하여 주옵소서.

감사주일에 예배를 돕는 손길들을 기억하시고 늘 주님의 은혜를 기억하여 섬김의 욕구를 충족시키며 살아가는 복된 삶이 되게 하여 주옵소서.

예배의 시종을 주님께 맡깁니다. 주님만이 감사의 예배를 받으시고 은총을 더하실 것을 믿사옵고 예수 그리스도의 이름으로 기도합니다.

 아멘

> **기억해 두세요**
>
> 추수감사절의 기원은 영국의 청교도들이 영국 국교의 박해를 피하여 아메리카 신대륙에 정착하면서 처음 거둔 농작물을 하나님 앞에 드리면서 그 유래가 시작된 것입니다. 한국 교회의 추수감사절은 1904년 장로교 단독으로 지키다가 1914년 각 교파 선교부의 회의를 거쳐 미국인 선교사가 처음으로 조선에 입국한 날을 기념한 11월 셋째 주일 후 수요일을 감사절로 지키다가 변경하여 셋째 주일로 지키게 되었습니다. 성경에 이스라엘 백성들이 받은 제사법전에는 소제 즉 감사의 제사를 드리도록 되어 있습니다.

> **기도가이드** 언제나 감사하십시오. 감사의 고백이야말로 성도의 가장 큰 고백입니다.

11월 셋째 주 — 주일 예배(2)
〈영혼의 추수와 감사를 잃어버린 자들에게 맞춤〉

> 여호와께 감사하라 그는 선하시며 그 인자하심이 영원함이로다 모든 신에 뛰어나신 하나님께 감사하라 그 인자하심이 영원함이로다. (시편 136편 1, 2절)

사랑의 하나님,

헤아릴 수 없는 주님의 도우심으로 이처럼 풍요로운 한 해의 결실을 안고 주님을 생각하게 하시니 감사합니다. 천지에 흐르는 주님의 호흡과 산천을 적시는 주님의 손길, 그 어느 곳에도 주님의 흔적이 닿지 않은 곳이 없음을 깨닫습니다. 이 시간 한 해 동안 지켜 주신 주님의 사랑을 가슴에 품고 마음 깊숙한 곳에서 나오는 감사의 찬양을 드리길 원합니다. 저희의 마음을 주관하셔서 농부들이 한 해의 결실을 가슴에 안고 뿌듯함과 풍만함으로 마음의 풍요를 느끼듯, 그 마음을 가지고 감사의 예배를 드릴 수 있는 저희 모두가 되게 하여 주옵소서.

주님, 지금까지 지내온 모든 것이 주님의 크신 은혜였음을 고백합니다. 그러나 주님의 은혜를 망각한 채 살아왔던 지난날을 생각하면 주님의 마음을 너무나 아프게 해드린 것 같아 부끄러움에 머리를 들지 못하겠나이다. 미련한 저희들을 용서하여 주옵소서. 주님의 은혜를 망각하는 이 몹쓸 질병을 고쳐 주시고 주님의 은혜에 항상 감사하며 영광 돌릴 수 있는 삶이 되게 하여 주옵소서.

주님, 추수감사주일을 맞이하여 저희들의 영혼의 추수를 되돌아봅니다. 저희 주변에 추수할 영혼들이 많이 있는데 그동안 영혼의 추수에 너무나 눈멀었던 저희들이었습니다. 저희 주변에 천국 백성이 될 수 있음에도 불구하고 지옥을 가게 되면 그것은 전적으로 주님께서 저희들에게 맡겨 주신 귀한 사명을 제대로 감당하지 못한 까닭인 줄 깨닫습니다. 지금부터라도 영혼의 추수에 태만했던 저희 자신들을 되돌아보며 참회하는 심정으로 영혼의 추수에 마음을 쏟을 수 있는 저희 모두가 되게 하여 주옵소서. 한 영혼이라도 더 주님께 돌아올 수 있도록 영혼의 추수를 힘써서 할 수 있는 저희 모두가 되게 하여 주옵소서. 주님, 이 풍성한 추수의 계절에 감사를 잃어버린 사람들을 기억하시옵소서. 풍요로운 수확을 기대하며 결실의 가을을 누려야 할 저들이지만 자연재해로 인하여 애써서 가꾼 곡식들을 다 잃어버리고 말았습니다. 거두고 싶어도 거둘 것이 없고, 한 해의 결실을 가슴에 안을 것이 없는 저들의 마음을 만져 주시고 용기를 잃지 않도록 도와주시옵소서. 어서 속히 아픔을 딛고 일어설 수 있게 하여 주시고, 자연의 정직함 앞에 다시 수고와 성실의 땀을 흘릴 수 있는 저들이 되게 하여 주옵소서.

오늘 특별히 감사의 예물을 드리는 손길을 축복하시고 정성을 모아 드리는 이 감사가 하늘나라 창고에 차곡차곡 쌓여지는 알곡의 제물이 되게 하여 주옵소서. 또한 이 씨앗과 같은 예물을 통하여 하나님의 거룩한 사업이 힘차게 번창할 수 있게 하시고 풍성한 열매를 맺게 하여 주옵소서.

오늘도 축복의 말씀을 전하시기 위하여 단 위에 서시는 목사님을 기억하시고 능력있게 하셔서 말씀을 전하실 때에 주님의 크신 복을 다시 한번 헤아려 보며 주님께 깊은 감사를 드릴 수 있는 저희 모두가 되게 하여 주옵소서. 예배의 시종을 주님께 의탁합니다. 감사의 자리로 이끄신 주님만이 홀로 영광을 받으실 것을 믿사옵고 예수 그리스도의 이름으로 기도합니다. **아멘**

> **기도가이드** 부르짖는 것은 입술의 고백이지만 감사는 마음의 고백입니다.

11월 셋째 주

주일 오후 찬양 예배
〈감사의 사람으로 쓰임 받는 것에 맞춤〉

여호와께서 이같이 말씀하시되 하늘은 나의 보좌요 땅은 나의 발등상이니 너희가 나를 위하여 무슨 집을 지을꼬 나의 안식할 처소가 어디랴 나 여호와가 말하노라 …(이사야 66장 1,2절상)

은혜의 주님,

쌀쌀한 바람이 옷깃을 스치지만 주님의 사랑과 은혜가 있기에 마음이 따뜻함을 감사드립니다. 해어진 마음과 상한 심령으로 주님의 전을 찾았을지라도 주님의 말씀으로 인하여 주님의 은혜로 인하여 행복하고 신령한 예배를 드릴 수 있게 하여 주옵소서. 비교할 것 없이 좋으신 우리 주님, 수많은 사람들 중에 저희들을 특별히 택하여 주셔서 주님의 자녀를 삼으신 이유가 있음을 깨닫게 하시고, 마음을 다하여 주님을 찬양하고 경배하며 영광 돌릴 수 있는 이 시간이 되게 하여 주옵소서.

주님, 저희들의 완악함을 아시지요? 오늘도 온전한 감사를 드리지 못한 것을 용서하여 주시고, 주님께 더 큰 감사를 드릴 수 있도록 세워 주시옵소서. 오늘 저희들이 추수감사주일로 하나님께 영광을 돌렸는데, 오늘만 주님의 은혜를 기억하며 감사하는 것이 아니라 범사에 주님께 감사할 수 있는 믿음이 되게 하여 주옵소서. 이유 있는 감사이기보다는 이유 없는 무조건적인 감사를 주님께 드릴 수 있게 하시고, 잃어버린 것이 많을지라도 주님의 함께하심을 인하여 감사할 수 있는 저희 모두가 되게 하여 주옵소서. 감사가 없는 까닭에 세상이 점점 흉흉해지고 있습니다. 불평과 원망의 소리들이, 뽀얀 먼지가 되어 곳곳을 덮은 이 세상을 감사로 청소해 낼 수 있는 저희 모두가 되게 하여 주옵소서. 저희가 가는 곳에 불평이 변하여 감사의 꽃이 피게 하여 주시고, 원망이 변하여 감사의 향기가 진동할 수 있게 하여 주옵소서. 어디를 가든지 무엇을 하든지 감사의 사람으로 쓰임 받을 수 있는 저희 모두가 되게 하실 것을 믿습니다.

주님, 이제 한 해도 얼마 남지 않았습니다. 주님께서 몸 된 교회를 섬기라고 맡겨 주신 귀한 직분, 감사로 잘 감당하여 주님께 영광 돌릴 수 있는 저희 모두가 되게 하여 주시고, 직분을 다시는 맡기고 싶지 않은 악하고 게으른 종이 되지 않게 하여 주옵소서.

오늘도 이 자리에 나오지 못한 성도들이 있습니다. 저마다의 사정이 있어서 이 자리에 못 나온 줄 아오나 주님께 예배하기 위하여 늘 앉던 그 자리를 사단에게 빼앗기지 않도록 붙들어 주옵소서.

지금 이 시간까지 한 영혼이라도 주님 앞에 인도하려고 마음을 쏟은 성도들을 기억하시고, 열매가 없을지라도 주님의 섭리하심을 바라보며 실망치 않게 하여 주옵소서. 은밀한 가운데 주님의 몸 된 교회를 위하여 봉사하는 손길들을 기억하시고, 주님 보시기에 언제나 착하고 충성된 종이라는 칭찬을 받을 수 있게 하여 주옵소서.

오늘도 주님의 귀한 말씀을 듣고 단 위에 서신 목사님을 기억하시고, 주님의 말씀을 사모하는 자에게 꼭 필요한 주님의 음성이 되게 하여 주옵소서.

이미 예배가 시작되었습니다. 마치는 시간까지 주님의 영광을 보며 예배할 수 있도록 이끄실 것을 믿사옵고 예수 그리스도의 이름으로 기도합니다. 아멘.

기도가이드 당신의 마음을 풍요롭게 하고 살찌우는 것은 감사의 기도밖에는 없습니다.

11월 셋째 주 수요 예배(기도회)
〈겨울 준비와 기관총회에 맞춤〉

하나님이여 나를 보호하소서 내가 주께 피하나이다 내가 여호와께 아뢰되 주는 나의 주시오니 주 밖에는 나의 복이 없다 하였나이다 땅에 있는 성도는 존귀한 자니…. (시편 16편 1 - 3절)

참 좋으신 하나님 아버지,

삼 일 동안도 우리 주님께서 이끄심으로 무사히 지내고 수요 기도회를 맞이하여 주님의 전을 찾았습니다. 할 일이 너무 많고 어려움에 너무 힘겨워 내동댕이치고 싶은 유혹이 하루에도 몇 번씩이었지만 주님께서 곁에 계시기에 또 다짐하며 무너지지 않았습니다. 너그러움으로 저희를 감싸시고 죽기까지 사랑하심으로 구원을 주시니 진심으로 감사드립니다. 오늘 이 저녁에도 주님이 함께하심으로 생명의 강가에서 뛰놀게 하시고 은혜의 바다에 눕게 하옵소서.

주님, 오늘도 탄식하는 세상을 봅니다. 도움을 구할 수 있는 대상을 몰라 더욱 방황하는 저들을 불쌍히 여기시고 긍휼히 여기사 주님을 바라볼 수 있는 눈을 열어 주옵소서. 이 어렵고 힘든 때에 지친 삶을 도우실 분은 주님밖에 없음을 깨닫게 하옵소서.

주님, 이제 겨울을 준비해야만 할 때가 되었습니다. 한 번 얼어붙은 것은 쉬 녹지 않음을 깨닫습니다. 신앙의 겨울을 만나지 않도록 겨울을 잘 준비하는 믿음이 되게 하여 주옵소서. 겨울을 제대로 준비하지 못하여 믿음과 소망과 사랑이 꽁꽁 얼어붙은 겨울을 맞지 않게 하시고, 겨울일지라도 영적인 열매를 풍성히 맺는 계절이 될 수 있도록 믿음으로 겨울을 잘 준비할 수 있게 하여 주옵소서.

주님, 환절기입니다.

건강에 적신호가 켜지기 쉬운 때입니다. 몸을 잘못 관리하여 주님이 맡겨 주신 사명을 제대로 감당하지 못하는 일이 없게 하시고, 주님이 주신 몸을 잘 관리할 수 있는 저희 모두가 되게 하여 주옵소서.

주님, 이제 교회의 각 기관마다 새 일꾼을 선출하는 기관총회를 하고 있습니다. 사람이 제비를 뽑으나 그 걸음을 인도하시는 분은 여호와시라고 하셨사오니 인간의 생각이나 판단대로 하지 않게 하시고 마음과 생각을 주관하시는 주님의 뜻이 나타나는 총회가 되게 하여 주옵소서. 교회도 1년의 결산을 마감할 때가 되었습니다. 결산을 준비하는 자들을 기억하셔서 결산을 준비하면서 올해에 함께하신 주님의 행적을 느낄 수 있게 하여 주시고. 사람의 생각이 아닌 하나님의 생각을 담아낼 수 있는 결산으로 마무리할 수 있도록 도와주시옵소서.

오늘도 생명의 말씀을 듣고 단 위에 서시는 목사님을 기억하시고, 성령의 능력으로 붙들어 주셔서 능력 있는 말씀을 선포할 수 있게 하시고, 말씀을 듣는 저희 모두가 능력의 주님을 만나는 시간이 되게 하옵소서.

예배가 이미 시작되었습니다. 마치는 시간까지 주의 성령께서 붙드시고 인도하실 것을 믿사옵고 예수 그리스도의 이름으로 기도합니다.

> ✸ **기도가이드** 기도는 하나님의 마음을 읽는 데 눈을 뜨게 해 주며 주님의 뜻을 담아내는 도구입니다.

11월 넷째 주

주일 예배(1)
〈대림절, 다시 오실 주님을 대망함에 맞춤〉

> 사람에게는 버린 바가 되었으나 하나님께는 택하심을 입은 보배로운 산 돌이신 예수에게 나아와 너희도 산 돌같이 신령한 집으로 세워지고 예수 그리스도로 말미암아⋯ (베드로전서 2장 4, 5절)

저희의 예배를 받으시는 주님,

온 땅에 대림의 계절을 주신 주님의 섭리하심을 찬송합니다. 한 해가 저물어 가는 자리에 서 있는 저희 마음의 형상이 주님을 기다리는 간곡한 모습이 되게 하옵소서. 산 돌같이 신령한 주님의 집에서 예수 그리스도의 강림을 예비하며, 거룩한 제사장처럼 하나님께서 기쁘게 받으실 예배를 드리길 원합니다. 저희에게 임하실 주님을 맞이하는 지금, 저희 심령의 문이 요동치며 활짝 열리게 하옵소서.

주님, 저희가 지난날 무엇을 바라보고 살아왔는지 돌아보게 하옵소서. 무성했던 나뭇잎이 지고 만 이 절기에 저희들이 진정 바라볼 것은 다시 푸른 싹이 움틀 그날의 소망인 것을 깨닫게 되었나이다. 이제 주님께서 오셔서 심판하시고 저희를 빛으로 이끄실 줄 확신하오며 죄와 허물의 옷들을 벗어 버리려 하나이다. 다시 오실 주님, 용서하시고 저희의 허물을 거두시옵소서. 주님의 의만 바라보고 사는 자녀가 되게 하옵소서.

주님, 저희가 이 땅에서 절망을 이겨 내는 비결은 다시 오시는 주님을 기다리는 것 밖에는 없는 줄 깨닫습니다. 주님이 다시 오신다 약속하셨사오니 다시 그 주님을 소망하며 오늘의 절망을 이길 수 있는 저희 모두가 되게 하여 주옵소서. 절망만 안겨 주는 이 땅의 것에 너무 목매는 생활이 없게 하여 주시고, 신령한 것을 좇아 푯대를 향하여 달음질할 수 있는 저희 모두가 되게 하옵소서. 주님이 다시 오시는 날은 심판의 날이 됨을 믿습니다. 심판은 교회로부터 시작된다는 것을 저희가 아오니 구원을 대망하는 저희들이라면 심판받을 일이 없도록 늘 깨어 있는 신앙생활을 할 수 있게 하여 주옵소서.

주님께서 맡겨 주신 사명에 한 점 부끄러움 없이 최선을 다할 수 있는 저희 모두가 되게 하시고, 죽도록 충성할 수 있는 믿음의 종들이 되게 하여 주옵소서. 주님께서 싫어하시는 것에는 아예 마음을 두지 않게 하시고, 주님이 기뻐하시는 일만을 좇아 마음을 쏟을 수 있는 저희 모두가 되게 하여 주옵소서. 그날이 되면 열매로 저희를 평가하실 것을 믿습니다. 주님께 칭찬받고 상 받는 종들이 되기 위하여 믿음의 열매를 맺는 일에 열심을 다할 수 있는 저희 모두가 되게 하옵소서. 사랑이 필요한 곳에 사랑의 씨를 뿌릴 수 있게 하시고, 섬김이 필요한 곳에 섬김의 씨를 힘써서 뿌릴 수 있는 저희 모두가 되게 하여 주옵소서. 봉사와 헌신이 익숙한 종들이 되게 하시고, 자신을 깨뜨리는 일이 습관이 되게 하여 주옵소서.

오늘도 주님의 말씀을 들고 서시는 목사님을 기억하시고, 절망의 시대에 희망을 심어 줄 수 있는 메시지를 전하실 수 있도록 성령의 능력으로 붙드실 것을 믿습니다. 예배를 위하여 수종 드는 손길들을 기억하시고, 다시 오실 신랑 되신 주님을 기다리는 마음으로 주님의 전을 위하여 봉사할 수 있게 하옵소서. 예배의 시종을 주님께 맡깁니다. 우리 주님이 받으시는 복된 예배가 되게 하실 것을 믿사옵고 예수 그리스도의 이름으로 기도합니다. 아멘

기억해 두세요

대림절(강림절)은 보통 11월 30일에 가장 가까운 주일에 시작하여 성탄절 전까지 4주간의 기간을 말하는데 예수 그리스도의 오심을 기쁨으로 기억하며 재림을 소망하는 절기입니다.

기도가이드 우리의 기도에는 다시 오실 주님을 소망하는 재림 신앙이 묻어 있어야 합니다.

11월 넷째 주 — 주일 예배(2)
〈주님의 통치하심에 맞춤〉

보라 내가 속히 오리니 내가 줄 상이 내게 있어 각 사람에게 그의 일한 대로 갚아 주리라 나는 알파와 오메가요 처음과 나중이요 시작과 끝이라. (계시록 22장 12, 13절)

영광의 하나님,
　왕이신 그리스도의 주일에 성삼위 하나님의 영광을 높이 찬양합니다. 온 세상의 평화가 그리스도께로부터 나오고, 세계의 통치자들이 그리스도의 섭리 아래 일하고 있음을 저희는 확실히 믿습니다. 인류의 앞날을 주관하시고, 온 나라 백성들에게 자비를 베푸시옵소서. 오늘 주님의 전에 모여 예배드리는 세상 모든 믿음의 자녀들에게 복을 내리시고 간절한 간구에 응답하옵소서.
　주님, 지금까지 지내온 날들을 돌아보니 어느 한순간도 주님의 은혜가 아닌 것이 없습니다. 온 세상의 평화와 공존으로부터 저희 삶의 작은 부분에 이르기까지 주님께서 친히 돌보아 주셨음을 깨닫게 되었습니다. 백성의 도리를 다하지 못한 저희의 부족함을 용서하시고 천국 시민으로서 거듭나게 하여 주시기를 원합니다. 다가오는 대림절 기간에 더욱 굳건한 믿음으로써 다시 오실 왕을 맞이할 준비를 갖추게 하옵소서.
　주님, 영원한 주님의 통치를 찬양할 수 있는 저희 모두가 되게 하여 주옵소서. 주님의 다스림을 받고 싶어도 받지 못하는 숱한 사람들 가운데서 주님의 다스리심을 받는다는 것이 얼마나 영광된 일이옵니까? 주님의 도우심을 받고 싶어도 받지 못하는 숱한 사람들 가운데서 주님의 도우심을 받을 수 있다는 것이 얼마나 축복된 일이옵니까? 시편 기자의 고백처럼 여호와 한 분만을 인하여 즐거워하고 그 구원을 인하여 기뻐할 수 있는 저희 모두가 되게 하여 주옵소서.(시 35:9) 삶이 고달프고 힘들지라도 그 삶까지도 주관하시는 주님의 선하신 손길을 굳게 믿으며 기뻐하고 즐거워할 수 있는 저희 모두가 되게 하시고, 위엣 것을 바라보고 힘 있게 달려갈 수 있는 저희 모두가 되게 하여 주옵소서. 주님이 저희를 통치하시기에 거꾸러지지 않을 것을 믿습니다. 주님이 저희를 다스리시기에 그 어떤 한계도 뛰어넘을 수 있음을 믿습니다. 주님이 저희를 기르시기에 그 어떤 위험 속에서도 안전할 수 있음을 믿습니다. 주님의 통치하심에 만분지일이라도 보답하는 삶을 살기 위하여 주님을 섬기며 기쁨으로 노래하면서 사는 삶이 되게 하여 주옵소서.

주님, 날씨는 추위를 더해 가는데 가정과 일터를 잃은 노숙자들이 많습니다. 교회가 이 사회의 아픔을 어루만질 수 있는 따뜻한 손길이 되게 하시고, 이 사회의 슬픈 노래에 귀를 기울일 줄 아는 교회가 되게 하여 주옵소서. 건물을 높이 세우고 확장하는 것만이 주님의 뜻이 아니라 소망이 없는 곳에 소망의 등불을 밝히는 것이 교회의 사명임을 잊지 않게 하여 주옵소서.

오늘도 주님의 약속의 말씀을 듣고 단 위에 서시는 목사님을 기억하시고, 주님의 능력의 오른손으로 붙들어 주셔서 다스리심을 다시 한번 느끼며 겸손으로 주님의 은혜를 찬양할 수 있는 저희 모두가 되게 하여 주옵소서.

예배를 돕는 손길들을 기억하시고 변치 않는 섬김에 상을 베푸시는 주님의 은혜를 경험하게 하옵소서. 예배의 시종을 주님께 의탁하오며 예수 그리스도의 이름으로 기도합니다. 아멘

> **기도가이드** 기도는 자아가 죽고 겸손과 온유를 배우는 내적 투쟁입니다.

11월 넷째 주 주일 오후 찬양 예배
〈지체의 하나 됨과 주님의 은총에 맞춤〉

우리가 그의 성막에 들어가서 그 발등상 앞에서 경배하리로다 여호와여 일어나사 주의 권능의 궤와 함께 평안한 곳으로 들어가소서. (시편 132편 7, 8절)

저희를 사랑하시되 독생자를 아끼지 아니하시고 죄의 희생물이 되신 사랑의 하나님, 저희에게 모든 사랑을 능가하는 하늘의 사랑과 하늘의 기쁨을 주시니 감사합니다. 오늘도 그 사랑에 이끌려 주님의 전을 찾았습니다. 주님의 사랑을 받고 있는 종들이 주님의 이름을 높이며 찬양과 경배를 드릴 때에 계신 곳 하늘에서 받으시고, 저희들 가운데 임재하시옵소서. 주님께 영광이 되는 예배를 드리기를 원합니다. 저희의 마음을 온전히 주장하여 주셔서 신령과 진정으로 예배할 수 있게 하여 주옵소서.

주님, 저희에게는 때때로 게으른 생각과 부주의한 말들이 있었습니다. 저희에겐 또 이기적인 욕망들과 탐욕적인 행위도 있었습니다. 그렇게 저희는 한 주간을 보내며 주님이 주신 귀한 날들을 허비하였습니다. 이 시간 부끄러운 마음으로 회개하오니 용서하여 주옵소서.

주님, 저희가 늘 하나 될 수 있게 하옵소서. 저희가 하나 됨으로 인해, 또 서로 사랑함으로 인해 저희가 주의 백성이 된 것을 증거하게 하여 주옵소서. 분열하고, 깨어지고 찢어지는 것은 그 어떤 것이라도 모습이 추할 수밖에 없음을 깨닫습니다. 저희에게서 그런 모습이 전혀 없게 하시고, 오직 화평하고, 강건하게 하옵소서. 그래서 믿음의 아름다움이 이런 것이라고 증거하며 더욱 주님께 영광 돌릴 수 있는 삶이 되게 하옵소서.

주님, 인생의 삶을 꼭 무슨 전쟁 마당에서 전투하듯 살아온 심령들이 있습니다. 저들을 위로하여 주시고, 질병 같은 육체의 괴로움으로 인하여 고통 받고 있는 심령들에게 은총을 베푸시고 치료하여 주옵소서. 염려와 근심 속에서 자신들이 해야 할 일들을 들뜬 마음으로 인해 감당하지 못하는 심령들에게 평안과 안정을 허락하시고 위로하심으로 격려하여 주옵소서. 주님을 향한 귀한 믿음을 가지고 있었으나 세상 유혹에 휩쓸려서 그 믿음을 깨뜨려 버리고 죄악에 빠진 심령들을 용서하여 주시고 다시금 주님의 자녀로서의 축복을 받아 누릴 수 있게 하여 주옵소서.

주님, 이 시간 주님을 체험함으로 지금까지 저희 자신의 눈에 부정적인 것으로 보였던 것들이 확신될 수 있게 하여 주옵소서. 불가능한 것으로만 알았던 사실들이 새롭게 가능한 것이라는 사실로 받아들일 수 있게 하시고, 절망적인 상황이라고 판단되어졌던 상황이 오히려 거기에 소망이 있다는 새로운 희망과 용기를 가질 수 있게 하여 주옵소서.

오늘도 말씀을 준비하여 단 위에 서신 목사님을 기억하시고 권세 있는 주님의 손으로 붙드셔서 능력의 말씀을 전하실 수 있도록 도와 주시옵소서. 말씀을 듣는 자의 입술마다 아멘이 터지게 하시고, 주님을 향한 그 믿음이 더욱 불일 듯 일어나게 하여 주옵소서.

예배의 시종을 주님께 의탁합니다. 주의 성령께서 저희들 가운데 친히 운행하심을 믿사옵고 예수 그리스도의 이름으로 기도합니다.

아멘

> ✱ **기도가이드** 서로 하나가 되어 합심하여 기도하는 것이야말로 주님의 가장 큰 은혜를 경험하는 길이 될 수 있습니다.

11월 넷째 주

수요 예배(기도회)
〈주님께 더욱 가까이 함에 맞춤〉

만군의 여호와여 주의 장막이 어찌 그리 사랑스러운지요 내 영혼이 여호와의 궁정을 사모하여 쇠약함이여, 내 마음과 내 육체가 생존하시는 하나님께 부르짖나이다.(시편 84편 1, 2절)

사랑의 하나님,

이제 금년도 다 저물어 갑니다. 지금까지 변치 않는 사랑을 베풀어 주신 주님의 은혜를 감사드립니다. 항상 부족하여 주님의 뜻을 만족하게 이루어드리지 못하고 연약한 가운데 있는 저희들이지만 주님이 도우시고 축복하셔서 이 복된 자리로 이끄심을 감사드립니다. 먼지와 같고 안개와 같은 이 땅의 것에 애착을 갖지 않게 하여 주시고, 영원한 것을 향하여 소망을 갖게 하여 주심을 감사드립니다. 이 땅을 살아가는 동안 영원한 진리의 원천이신 주님께 소망을 두고 영원한 주님의 나라를 소망하며 살아갈 수 있는 저희의 삶이 되게 하여 주옵소서.

주님, 주님 보시기에 저희의 모습이 참으로 추하지요? 저희의 몸과 마음 곳곳에 죄로 얼룩져 있는 모습이 너무나 많지요? 주님의 자녀로 믿음 생활을 온전하게 하지 못한 저희들임을 깨닫습니다. 염치없는 저희들이오나 더럽고 추한 죄를 주님께 내어놓사오니 꾸짖지 마시고 용서하여 주옵소서.

주님, 어떻게 하는 것이 주님께 더욱 가까이 가는 생활이고, 어떤 것이 주님의 은혜에 보답하는 길인가를 깨달을 수 있게 하여 주옵소서. 더욱 주님을 찬양하고 감사할 수 있는 생활이 되게 하여 주옵소서. 저희가 낙망하며 불안해질 때 주님을 바라보며 앙망하게 하여 주시고, 주님께서 나를 도와주실 것이라고 하는 확신을 가지고 주님을 향하여 얼굴을 돌릴 수 있게 하여 주옵소서. 그리하여 주님을 체험케 할 수 있게 하여 주시고, 주저앉은 자리에서 일으켜 세워 주신 주님을 찬양할 수 있게 하여 주옵소서. 언제나 주님의 말씀에는 능력이 있음을 확신하게 하시고, 그 말씀을 묵상함으로 진리의 말씀 가운데로 행할 수 있는 저희의 믿음이 되게 하여 주옵소서. 주님, 저희에게 뜨거운 마음을 주시기를 원합니다. 그리하여 주님과 생명의 말씀을 온 세상에 증거할 수 있는 믿음이 되게 하여 주옵소서. 입으로만 증거하는 것이 아니라 모든 진리의 말씀을 몸소 실행으로 옮김으로 빛으로 증거할 수 있는 저희의 믿음이 되게 하여 주옵소서. 때때로 쓰러지고 넘어지는 일이 있다 할지라도 더욱 주님의 섭리와 뜻에 매달려 살아갈 수 있는 저희의 믿음이 되게 하시고, 찬송과 감사와 주님을 위한 영광만을 가슴에 품을 수 있는 저희의 믿음이 되게 하여 주옵소서.

주님, 슬픈 날이건 기쁜 날이건 매일 매일 주님을 섬길 기회를 주셨사오니 주어진 일들로 인하여 불평치 않게 하시고 힘을 다하여 주님을 섬길 수 있게 하옵소서. 작은 일이건 큰일이건 주님께 충성하는 모습이 동일하게 하시고 항상 주님께 성실함을 보일 수 있는 저희의 믿음이 되게 하여 주옵소서.

오늘도 주님의 말씀을 들고 단 위에 서신 목사님을 기억하시고 성령의 능력을 덧입혀 주셔서 갈급한 심령에 단비 같은 말씀을 전하실 수 있게 하여 주옵소서. 이미 예배가 시작되었습니다. 주님이 내리시는 은혜의 만나가 풍성한 시간이 되게 하실 것을 믿사옵고 예수 그리스도의 이름으로 기도합니다. **아멘**

> **기도가이드** 우리 기도의 최종 목적지는 천국이다. 그 천국의 계단을 한 계단씩 오르는 것이 기도이다.

12월 첫째 주
주일 예배(1)
〈대림절 두 번째 주일, 재림신앙에 맞춤〉

여호와께서 그 성전에 계시니 여호와의 보좌는 하늘에 있음이여 그 눈이 인생을 통촉하시고 그 안목이 저희를 감찰하시도다 여호와는 의로우사 의로운 일을 좋아하시나니….(시편 11편 4, 7절)

인생을 돌보시는 하나님,

오늘도 인간을 위하여 펼쳐 주신 놀라운 역사를 바라보며 감사와 찬미를 드립니다. 높은 하늘에 보좌를 두신 하나님께서 저희를 살피시려 아들을 세상에 보내시고, 인간의 깊은 데까지 친히 통찰하시오니 감격에 넘치나이다. 이제 성전에 임하여 계시는 하나님을 뵙고자 하오니 이 예배를 받으시고 저희들을 자녀로 삼아 주시기를 원합니다. 주님의 전에서 다시 오실 주님을 모시는 영광을 누리게 하여 주옵소서.

주님, 많은 죄로 인하여 일일이 고백할 수도 없는 죄인들이 여기 섰습니다. 하나님의 영광을 가린 채 살아온 일 년이었습니다. 한 달도 남지 못한 이 짧은 시간에 무거운 죄악들을 어찌 다 용서받을 수 있사오리까. 엎드려 뉘우치며 눈물로 회개합니다. 주님, 죄인인 저희들이 한 가지 확신하는 것은 예수님의 이름으로 속함을 얻는다는 위대한 약속입니다. 강림하시는 주님의 이름으로 한순간에 죄 사함을 얻을 줄 믿사오며 주님을 바라보오니 긍휼을 베푸사 용서하여 주옵소서.

주님, 주님의 오심을 기억하며 재림을 소망하는 절기인 대림절입니다. 주님의 재림을 소망하며 종말신앙으로 살았던 믿음의 위인들처럼, 저희들도 언제 다시 오실지 모르는 주님을 간절히 소망하며 오늘을 살아가는 종말신앙이 되게 하여 주옵소서. 그날이 도적같이 임한다 하였사오니 영적인 잠을 자지 않도록 늘 깨어 있게 하시고, 영적으로 벌거벗은 상태에 놓여 부끄러움을 당하지 아니하도록 영적인 무장을 게을리 하지 않는 저희의 믿음이 되게 하여 주옵소서. 미련한 다섯 처녀들처럼 기름을 준비하지 못하여 문 밖에서 슬피 울며 후회하지 않도록 항상 기름을 잘 준비할 수 있는 믿음이 되게 하시고, 뜻밖에 그 날이 덫과 같이 임할 때 세상의 염려 때문에 심판을 받는 일이 없도록 항상 기도하며 믿음의 훈련을 게을리 하지 않는 저희 모두가 되게 하옵소서.

주님, 이제 이번 달에는 주님께서 누더기 같은 인간의 몸을 입으시고 죄악이 관영한 이 땅을 치료하시고 건지시기 위하여 성육신 하신 성탄절이 있습니다. 죄악에 죽을 수밖에 없는 저희들을 찾아오신 하나님의 사랑, 십자가 위에서 희생 제물이 되어 주신 주님의 그 은혜를 기억하면서 성탄절을 준비할 수 있게 하시고 헛된 감회에 젖어 있는 저희의 모습이 되지 않게 하옵소서.

이 시간 주님의 그 넓으신 은혜와 사랑을 전하시기 위하여 단 위에 서신 목사님을 기억하시고 성령의 능력으로 붙들어 주셔서 권세 있는 말씀을 증거하시게 하여 주옵소서. 예배를 돕는 손길들과 찬양으로 영광을 돌리는 찬양대 위에도 함께하셔서 저들의 수고가 주님께 귀한 열매로 드려지게 하옵소서.

예배가 이미 시작되었습니다. 마치는 시간까지 주님만이 영광을 받으실 것을 믿사옵고 예수 그리스도의 이름으로 기도합니다. **아멘**

> **기도가이드** 기도를 해야만 하나님의 참사랑이 피부로 느껴집니다.

12월 첫째 주 — 주일 예배(2)
〈마지막 달, 감사의 결실에 맞춤〉

모든 사람이 죄를 범하였으매 하나님의 영광에 이르지 못하더니 그리스도 예수 안에 있는 구속으로 말미암아 하나님의 은혜로 값없이 의롭다 하심을 얻은 자 되었느니라. (로마서 3장 23, 24절)

영원토록 영광을 받으실 하나님,

어둠의 이 땅에 주님이 친히 오심을 감사합니다. 주님의 지극한 사랑이 온 땅에 알려지는 날이 되기를 원합니다. 주님의 오심이 병든 자와 외롭고 쓸쓸한 이들에게 기쁨의 소식이 되게 하시며, 새 소망 가운데 살아가는 계기가 되게 하옵소서. 오늘 저희가 주님께 한 마음으로 예배하기를 원합니다. 이 시간 주님의 전을 찾은 저희들을 기억하셔서 저희의 드리는 예배를 받으시고 영광이 되시옵소서.

주님, 이제 이해의 마지막 달인 12월입니다. 여러 가지 어려운 여건 속에서도 정신없이 달려온 한 해였습니다. 새해를 맞이하면서 다짐하고 결심한 것들이 세월의 흐름 속에서 희석되어 버리고, 지금은 아련한 기억 속에서조차 떠오르지 않는 장밋빛 같은 것들이 되어 버렸습니다. 결심과 결단력이 약하여 감사드릴 결실을 마련하지 못한 저희들의 모습을 볼 때 주님 앞에 심히 부끄럽기만 합니다. 더욱이 이런 저희들을 꾸짖으시거나 책망치 않으시고, 늘 덮어 주시고, 용납하여 주신 주님의 은혜와 사랑을 생각할 때 주님 앞에서 고개를 들지 못하겠나이다. 앞으로 남은 기간만큼이라도 감사의 결실을 맺기 위하여 몸부림칠 수 있는 저희들이 되게 하여 주옵소서.

주님, 이제 주님이 인간의 몸을 입으시고 성육신하신 성탄절을 눈앞에 두고 있습니다. 세상 사람들과 같이 이상한 흥분감에 사로잡혀 죄를 더하는 모습이 없게 하시고, 죄 많은 저희들을 찾아오신 주님의 사랑, 저희를 대신하여 죄 값을 지불하신 그리스도의 피 묻은 십자가를 기억하는 저희들이 되게 하여 주옵소서. 연말을 보내며 몸과 마음이 흐트러질까 염려스럽습니다. 언제나 동일한 마음으로 주님을 위하여 일할 수 있는 저희 모두가 되게 하시고, 이 순간도 저희들이 해야만 할 사명이 무엇인지를 새롭게 느낄 수 있게 하옵소서.

연말이 되면 교회 안팎으로 여러 가지 행사들이 많습니다. 죄짓는 자리는 피할 수 있는 지혜를 주시고, 어느 자리에서든지 주님의 자녀 된 본분을 잊지 않게 하여 주옵소서. 또한 겨울이 오면 추위 때문에 걱정하는 사람들이 많습니다. 그들의 고통을 함께 나눌 수 있는 교회가 되게 하시고, 따뜻하고 훈훈한 이웃이 곁에 있음을 보여 줄 수 있는 저희 모두가 되게 하여 주옵소서.

오늘도 주님의 귀한 말씀을 전하시기 위하여 단 위에 서신 목사님을 기억하시고, 능력의 오른팔로 붙들어 주셔서 저희의 식어진 마음에 불을 붙일 수 있는 말씀을 전하실 수 있게 하여 주옵소서.

예배를 위하여 수종 드는 손길들을 기억하시고, 어렵고 힘든 삶 가운데서도 주님의 몸 된 교회를 섬기는 일을 기쁨으로 감당하고 있사오니 저들의 수고가 결코 헛되지 않게 하실 것을 믿습니다.

예배의 시종을 주님께 의탁하오며 예수 그리스도의 이름으로 기도합니다. 아멘

> **기도가이드** 하나님께 기도하지 않는 것은 피조물이 창조주이신 하나님을 무시하는 행위입니다.

12월 첫째 주 주일 오후 찬양 예배
〈성탄의 계절에 맞춤〉

하나님은 우리의 피난처시요 힘이시니 환난 중에 만날 큰 도움이시라 그러므로 땅이 변하든지 산이 흔들려 바다 가운데 빠지든지 바닷물이 흉용하고 뛰놀든지…. (시편 46편 1 - 3절)

살아 계신 하나님,
　차가운 바람이 옷깃을 여미게 하는 때이지만 주님의 전을 향하는 마음은 움츠러들지 않게 하셔서 이 시간 주님을 찾아 나올 수 있게 하심을 감사드립니다. 주님께 영광을 돌릴 목적으로 이 전을 찾았사오니 저희의 찬양과 경배를 받으시고 따스한 손길로 찾아오시는 주님의 사랑을 느낄 수 있게 하옵소서. 저희의 드리는 찬양에 기쁨이 샘솟게 하시고, 저희의 드리는 기도에 간절함이 묻어 있게 하옵소서.
　주님, 멀지 않아 이 땅에 다시 오실 주님을 바라보며 대림절을 보낼 수 있게 하시니 감사합니다. 이 땅을 살아가는 동안 다시 오실 주님을 소망하는 마음이 흔들리지 않게 하시고, 저희에게 맡겨진 사명을 잘 감당할 수 있는 저희 모두가 되게 하옵소서. 이제 이 해가 얼마 남지 않았음을 깨닫습니다. 지나온 날들을 돌아보면 믿음 위에 굳게 서지 못했던 일들이 너무도 많았음을 발견하게 됩니다. 언행일치의 생활을 하지 못했고 거룩한 삶도 살지를 못했습니다. 위선과 교만에 차 있을 때도 많았습니다. 이 시간 양털같이 희게 해 주시는 주님의 보혈을 의지하오니 넓으신 품으로 품어 주시고 용서하여 주옵소서.
　주님, 죄악으로 얼룩진 이 세상을 구원하시기 위하여 말씀이 육신이 되어 친히 이 땅에 강림하신 성탄의 계절을 맞이합니다. 죄로 어두워진 저희의 영혼에 밝은 빛을 비추는 주님의 말씀이 없었더라면 저희가 어떻게 주님을 알며 주님의 은혜를 깨달아, 구원받은 백성으로 주님을 섬길 수 있었겠사오리까? 모든 것이 전적인 주님의 은혜임을 깨닫습니다. 이제 이해도 한 달 남짓 남았는데 그동안 주님께 성실하지 못했던 것을 부끄러워하며 맡은 일에 최선을 다할 수 있는 저희 모두가 되게 하여 주옵소서. 자신이 관제로 드려지기를 간절히 소원하며 주님의 심장을 가지고 죽도록 충성한 사도바울과 같이 주님께 충성을 다할 수 있는 저희 모두가 되게 하여 주옵소서. 주님이 열매를 찾으실 때 궁색한 변명만 늘어놓는 안타까움이 없게 하시고, 주님의 책망 앞에서 후회의 눈물을 흘리는 일이 없게 하여 주옵소서. 져야 할 십자가가 있다면 마땅히 질 수 있게 하여 주시고, 몸을 깨뜨려 희생해야 할 일이 있다면 마땅히 희생할 수 있는 저희의 믿음이 되게 하여 주옵소서. 죄악에 죽을 수밖에 없는 저희들을 찾아오신 주님의 사랑, 예수 그리스도의 십자가 위에서 희생 제물이 되어 주신 그 은혜를 기억하면서 성탄의 계절을 보낼 수 있게 하시고, 주님의 사랑과 희생을 닮기 위하여 마음을 쏟을 수 있는 저희 모두가 되게 하여 주옵소서.

오늘도 주님의 말씀을 듣고 단 위에 서신 목사님을 기억하시고 주님의 권세와 성령의 능력을 더하여 주셔서 귀로만 듣는 말씀이 아닌 마음으로 받는 말씀이 선포되게 하여 주옵소서.

예배의 시종을 주님께 의탁합니다. 이 시간 주님이 친히 저희들 가운데 임재하심을 믿사옵고 예수 그리스도의 이름으로 기도합니다.

❋ **기도가이드** 하나님이 원하시는 기도는 끈기 있는 기도, 끝까지의 기도입니다.

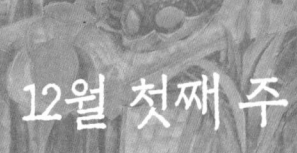

수요 예배(기도회)
〈주님을 위한 적극적인 신앙생활에 맞춤〉

> 좋은 소식을 가져오며 평화를 공포하며 복된 좋은 소식을 가져오며 구원을 공포하며 시온을 향하여 이르기를 네 하나님이 통치하신다 하는 자의 산을 넘는 발이 어찌 그리 아름다운고 (이사야 52장 7절)

쓰러질 때마다 일으켜 세우시고, 지칠 때마다 새 힘을 주시는 하나님 아버지, 오늘도 주님 앞에 나올 수 있게 하심을 감사드립니다. 주님의 도우심과 보살핌과 인도하심이 있기에 이 은총의 자리에 나오게 된 줄 믿사오니 더욱 은총으로 충만하게 하셔서 언제나 주님 앞에 성실한 예배자가 되게 하여 주옵소서. 이 시간도 주님께 드리는 예배를 기쁘게 받으실 것을 믿습니다.

주님, 저희는 항상 주님의 부르심에 응답하지 못하고, 주님이 원하시는 일을 외면한 채 다른 곳에서 방황할 때가 많았습니다. 주님 안에 거한다고 하면서도 스스로의 생각을 앞세웠으며, 주님의 뜻을 구하여 알기 전에 제 뜻대로 행동한 어리석은 저희들이었습니다. 주님의 긍휼하심에 기대오니 용서의 은총을 내려 주옵소서.

주님, 이 시간 주님을 위해서 살기에 부족함이 없게 하시고 언제나 능력 있는 삶을 살아가게 하여 주옵소서. 저희들 가운데 빈 마음으로 이 자리를 찾은 성도들도 있을 줄 아오니 그 빈 마음을 말씀으로 채우시고, 능력으로 채우시고, 은총으로 채우시고 성령의 도우심으로 채워 주시옵소서. 그래서 어떤 시험이나 유혹이 있더라도 승리하게 하시고, 크고 작은 시련에 부딪칠 때에도 결코 굴하지 아니하고 이겨 나가는 신앙생활을 할 수 있게 하여 주옵소서. 수많은 시련이 부딪쳐 오고 시험하는 무리들이 많사오니 지키시고 보호하여 주옵소서. 실족하여 넘어지지 않게 하시고, 실수하여 아픔을 겪지 않게 하여 주옵소서.

주님, 이제 금년도 마지막 달인 12월이 시작되고 있습니다. 지금까지 어떤 모습으로 살아왔던지 연연해하지 말게 하시고, 이 한 달 동안을 잘 선용함으로 유종의 미를 잘 거둘 수 있는 저희 모두가 되게 하여 주옵소서. 주님이 맡겨 주신 청지기 직을 잘 마무리할 수 있게 하여 주시고, 신앙의 열매를 맺어 주님께 영광 돌릴 수 있게 하여 주옵소서. 특별히 수능 시험을 치른 수험생들을 기억하셔서 어떤 결과가 주어지든 실족하거나 넘어지지 않도록 붙들어 주옵소서. 수험생의 가정도 더욱 큰 은총을 내려 주셔서 주님의 위로하심을 경험할 수 있게 하여 주옵소서.

주님, 주님을 맞이하기 원하는 이 대림절 기간에 주님의 구원의 말씀으로 충만하게 하여 주시고, 생명의 말씀을 들을 때 듣는 것으로 그치는 것이 아니라 듣는 대로 전파할 수 있는 믿음이 되게 하여 주옵소서.

오늘도 생명의 말씀을 전하시는 목사님을 기억하시고, 주님 권세로 붙드시고 이끌어 주셔서 말씀을 듣는 자 모두가 말씀을 통하여 찾아오시는 주님의 손길을 체험하는 시간이 되게 하여 주옵소서.

이미 예배가 시작되었습니다. 마치는 시간까지 성삼위 하나님께서 함께하실 것을 믿사옵고 예수 그리스도의 이름으로 기도합니다.

기도가이드 우리의 기도에 날개를 달아 주는 것은 겸손의 마음입니다.

12월 둘째 주

주일 예배(1)
〈대림절 세 번째 주일, 성서주일에 맞춤〉

주의 말씀의 맛이 내게 어찌 그리 단지요 내 입에 꿀보다 더하니이다 주의 법도로 인하여 내가 명철케 되었으므로 모든 거짓 행위를 미워하나이다 주의 말씀은 내 발에 등이요 내 길에 빛이니이다.(시편 119편 103 – 105절)

영광을 받으실 하나님,

그리스도의 몸인 교회를 사랑하오며, 이 교회에서 아버지 하나님께 영광을 돌려보내옵니다. 오늘도 거룩한 하나님의 전에서 진리로 예배를 드리게 하심을 감사합니다. 주님께서 영광 가운데 하늘로 올리우신 것처럼, 다시 이 땅에 오시는 그 권능을 교회를 통해 보게 하여 주옵소서. 주님을 맞이하기 위하여 가장 성결한 마음으로 대림절의 예배를 드리게 하옵소서.

주님, 저희의 지은 죄들이 바닷물처럼 저희의 몸을 삼키려 합니다. 세상에 속한 눈으로 앞을 바라보았을 때 그것이 내 앞길을 막았었고, 바람이 일어 물결이 뛰놀 때는 두려움에 싸여 어찌할 바를 몰랐습니다. 금방이라도 죄의 풍랑에 휩쓸릴 것 같은 날들을 보냈습니다. 위태한 중에서도 완전히 실족하지 않았던 것은 오직 주님께서 강한 손길로 붙들어 주신 은혜였습니다. 뒤늦은 참회를 받으시고 용서하여 주옵소서.

주님, 오늘은 대림절 기간에 특별히 성서주일로 지킵니다. 저희 삶 속에 가장 중요한 것이 말씀이기에 주님께서는 저희가 말씀을 가슴에 담고 늘 그 말씀을 따라 살 것을 염원하고 계심을 믿습니다. 생명과 복이 되는 주님을 말씀을 가장 중요하고 좋아하는 것으로 삼을 수 있는 저희 모두가 되게 하여 주시고, 그 말씀대로 살아갈 수 있는 저희 모두가 되게 하여 주옵소서. 주님의 말씀을 단지 지식적으로 아는 데 그치지 않게 하시고, 늘 저희의 마음을 새롭게 하고 행동의 기준으로 삼을 수 있는 저희 모두가 되게 하여 주옵소서. 인간이 물 없이 살 수 없듯이 저희는 성경 없이는 살 수 없음을 깨닫게 하시고, 성경이 생명의 샘임을 잊지 않게 하여 주옵소서. 말씀에 근거한 기도가 힘이 있음을 깨닫게 하셔서 말씀을 붙들고 간구의 자리로 나아갈 수 있게 하시고, 말씀을 통하여 말씀하시는 주님의 음성을 들을 수 있게 하옵소서. 말씀에 순종함이 있게 하시고, 말씀을 통하여 주님의 약속을 받아 누릴 수 있는 저희 모두가 되게 하여 주옵소서. 주님의 교회도 말씀 위에 든든히 서 가기를 원합니다. 주님의 말씀보다 앞서가는 교회가 되지 말게 하시고, 말씀을 심는 교회가 되게 하여 주옵소서. 말씀으로 날마다 새롭게 되는 교회가 되게 하시고, 말씀을 통한 성령의 역사가 매일 일어나는 교회가 되게 하여 주옵소서. 교회의 생명은 말씀에 있음을 깨닫게 하셔서 말씀 중심의 교회를 세우는 일에 마음을 쏟을 수 있는 저희 모두가 되게 하여 주옵소서.

오늘도 주님의 말씀을 들고 단 위에 서신 목사님을 기억하시고 성령의 두루마기를 입혀 주셔서 말씀을 들으려고 하는 자에게 놀라운 말씀의 능력을 체험할 수 있는 시간이 되게 하여 주옵소서.

주님의 말씀을 따라 순종의 욕구를 충족시키며 주님의 전을 위하여 봉사하는 성도들을 기억하시고, 수고가 더하여질 때마다 말씀으로 찾아오시고 위로하시는 주님을 경험할 수 있게 하옵소서.

예배의 시종을 주님께 의탁합니다. 이 시간도 저희들 가운데 말씀으로 찾아오시는 주님이 함께하심을 믿사옵고 예수 그리스도의 이름으로 기도합니다. **아멘**

> **기도가이드** 말씀이 없이는 참된 기도가 있을 수 없고 바른 기도는 말씀이 없이는 알 수 없습니다.

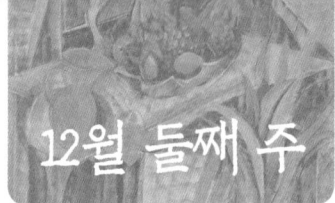

12월 둘째 주 주일 예배(2)
〈말씀이 기준이 되는 삶에 맞춤〉

모든 성경은 하나님의 감동으로 된 것으로 교훈과 책망과 바르게 함과 의로 교육하기에 유익하니 이는 하나님의 사람으로 온전케 하며 모든 선한 일을 행하기에 온전케 하려 함이니라.(디모데후서 3장 16, 17절)

언제나 찾아오시는 주님,

오늘도 저희의 심령을 찾아오셔서 이 거룩하고 복된 날에 주님의 전에서 주님을 경배할 수 있게 하여 주시니 감사합니다. 택함을 받은 주의 백성들은 떡으로 사는 것이 아니라 하나님의 입에서 나오는 말씀으로 사는 것임을 깨닫게 하시기 위하여 주님의 임재의 장소인 성전으로 불러 주신 것을 믿습니다. 이 시간 주님의 약속의 말씀을 받으며 예배할 수 있는 저희 모두가 되게 하시고, 말씀에 힘입어 주님을 더욱 찬양하며 경배할 수 있는 저희 모두가 되게 하여 주옵소서.

주님, 때때로 저희는 저희가 얼마나 행복하고 얼마나 많은 복을 받고 있는지를 잊어버리고 저희 생활에 대해서 트집을 잡고, 불평을 하고, 투정을 부리고 감사하지 못할 때가 많았습니다. 이 시간 말씀으로 저희를 찾아오시는 주님 앞에 회개하오니 용서하여 주시고, 참된 감사를 가지고 말씀위에 서서 살아갈 수 있는 저희의 삶이 되게 하여 주옵소서.

주님, 오늘은 성서주일입니다. 계시된 주님의 말씀과 약속의 말씀을 항상 대할 수 있다는 것이 얼마나 큰 축복입니까? 주님의 말씀을 늘 가까이 할 수 있는 저희 모두가 되게 하시고, 주야로 묵상하기에 힘쓸 수 있는 저희 모두가 되게 하여 주시옵소서. 저희가 구원받은 주님의 백성으로서 이 땅에 사는 동안 말씀대로 살아야 복 있는 삶을 살게 됨을 믿습니다. 이 땅의 것으로 삶의 기준을 삼지 말게 하시고, 주님의 말씀을 삶의 기준으로 삼을 수 있는 저희 모두가 되게 하여 주옵소서. 주님의 말씀을 저희의 심령에 채우기에 항상 힘쓸 수 있게 하시고, 말씀을 통하여 들려주시는 주님의 음성에 귀를 기울일 수 있는 삶이 되게 하여 주옵소서. 신문보다 성경을 먼저 볼 수 있게 하시고, 음식보다 성경을 먼저 볼 수 있게 하옵소서. 대화보다 성경을 먼저 대할 수 있게 하시고, 일과를 시작하기에 앞서 먼저 성경의 말씀을 묵상할 수 있는 저희 모두가 되게 하여 주옵소서. 하루 일과를 마쳤을 때에도 성경을 볼 수 있게 하여 주시고, 하나님의 말씀을 가슴의 한가운데 두기를 힘쓰는 저희 모두가 되게 하여 주옵소서. 주님, 인생의 위기를 만났을 때 기억나는 말씀이 없다면 얼마나 안타까운 일이겠습니까? 주님의 말씀을 암송하기에도 힘쓸 수 있는 저희 모두가 되게 하여 주셔서 위기의 때에도 말씀의 지배를 받을 수 있는 저희 모두가 되게 하여 주옵소서. 말씀이 우리의 축복이 되고, 말씀이 승리가 되고, 말씀이 성공이 되고, 말씀이 기쁨이 되고, 말씀이 평화가 됨을 믿습니다. 말씀을 생명처럼 사랑할 수 있는 저희 모두가 되게 하여 주옵소서.

  오늘도 주님의 말씀을 들고 단 위에 서시는 목사님을 기억하시고, 생명의 말씀을 전하실 때에 저희 모두가 주님의 음성을 듣는 복된 시간이 되게 하여 주옵소서. 예배를 위하여 봉사하는 손길들을 기억하시고, 수고가 더하여질 때마다 격려하시고 칭찬하시는 주님의 음성을 들을 수 있게 하옵소서.

  예배의 시종을 주님께 의탁합니다. 말씀으로 찾아오시는 주님이 이 시간도 함께하심을 믿사옵고 예수 그리스도의 이름으로 기도합니다.

> 🌟 **기도가이드** 하나님의 말씀은 우리의 가장 강력한 기도의 무기입니다.

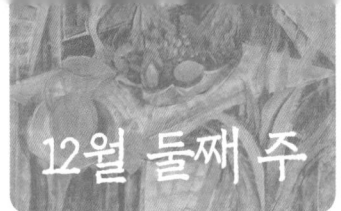

12월 둘째 주 주일 오후 찬양 예배
〈말씀의 삶과 연말 준비에 맞춤〉

그에게 노래하며 그를 찬양하며 그의 모든 기사를 말할지어다 그 성호를 자랑하라 무릇 여호와를 구하는 자는 마음이 즐거울지로다. (시편 105편 2, 3절)

저희와 항상 함께하시기를 기뻐하시는 주님,

어둠의 이 땅에 주님이 친히 오심을 감사드립니다. 주님의 지극한 사랑이 온 땅에 알려지는 날이 되기를 원합니다. 주님의 오심이 병든 자와 외롭고 쓸쓸한 이들에게 기쁨의 소식이 되며, 새 소망 가운데 살아가는 계기가 되게 하옵소서.

주님, 오늘도 저희들의 죄악과 허물을 주님 앞에 겸손히 내려놓습니다. 탐욕과 거짓, 교만과 욕심을 부끄럽게 내놓습니다. 저희를 견책하지 마시고 긍휼을 베푸사 용서하여 주옵소서. 주님의 인자하심을 인하여 새로운 날들을 살아가게 하여 주시고, 깨끗해진 몸과 마음으로 다시 오실 주님을 기다릴 수 있는 저희의 믿음이 되게 하여 주옵소서.

주님, 오늘은 성서주일로 지키고 있습니다. 어느 믿음의 사람은 '말씀이 가는 곳까지 가고, 말씀이 서는 곳에 선다'는 말을 남겼는데 오늘 저희의 삶도 그와 같은 삶이 되기를 원합니다. 말씀 안에 사는 삶이 되게 하시고, 말씀의 지배를 받으며 살아갈 수 있는 삶이 되게 하여 주옵소서. 말씀을 가까이 함으로 주님의 뜻을 깨달을 수 있게 하시고, 말씀을 묵상함으로 주님의 음성을 듣는 삶이 되게 하여 주옵소서. 성경을 읽을 때마다 역동적으로 다가오는 주님의 말씀을 느낄 수 있게 하시고, 저희의 영혼을 살찌우는 주님의 손길을 느끼게 하옵소서. 또한 말씀에 대한 순종이 있기를 원합니다. 믿음은 말씀을 많이 아는 것이 아니라 한 말씀이라도 주님의 말씀에 순종하는 것임을 깨달아 주님의 말씀 앞에 늘 순종의 욕구를 충족시킬 수 있는 저희의 믿음이 되게 하여 주옵소서.

주님, 이제 연말연시가 다가오고 있습니다. 주신 달란트를 계산하는 믿음의 결산이 있는 연말을 맞이할 수 있게 하시고, 소외된 영혼들을 바라볼 수 있는 은혜를 주옵소서. 저희들의 믿음이 누군가에게 덕을 끼치는 믿음이 되기를 원합니다. 사랑을 나눌 수 있게 하시고, 믿음을 세워 줄 수 있는 주의 사람이 되게 하여 주옵소서. 또한 주님의 몸 된 교회를 기억하셔서 신년의 계획과 목회를 준비하는 일에 간섭하시기를 원합니다. 주님의 뜻 안에서 주님의 소원을 이룰 수 있는 더 크고 아름다운 비전을 갖게 하시고, 과거의 경험으로 미래를 설계할 수 있게 하여 주옵소서. 한 해 동안도 사랑하는 목사님께서 목회 사역을 감당하실 수 있도록 건강과 영성으로 함께하심을 감사드립니다. 사랑하는 목사님을 끝까지 붙들어 주셔서 목회에 승리하는 길을 달려가실 수 있게 하옵소서.

오늘도 주님의 말씀을 들고 단 위에 서십니다. 언제나 함께하신 하나님께서 오늘도 성령의 능력으로 붙드실 것을 믿습니다.

이미 예배가 시작되었습니다. 예배의 모든 순서도 지켜 주실 것을 믿사옵고 예수 그리스도의 이름으로 기도합니다. 아멘.

기도가이드 우리를 강하게 할 수 있는 것은 기도와 말씀밖에는 없습니다.

12월 둘째 주

수요 예배(기도회)
〈말씀 사역의 동참에 맞춤〉

나의 영혼이 주의 구원을 사모하기에 피곤하오나 나는 오히려 주의 말씀을 바라나이다.(시편 119편 81절)

은혜의 때를 주시고 구원의 날을 주신 하나님,
오늘 수요 기도회를 맞이하여 예수 그리스도의 강림을 소망하는 주의 백성들이 주님의 전에 모였습니다. 다시 오실 주님을 기다리며 믿음의 길을 달려가는 저희들을 기억하셔서 언제나 주님이 주시는 새 힘을 얻어 소망 가운데 살아가는 저희의 삶이 되게 하여 주옵소서. 오늘도 저희를 향하신 주님의 그 사랑을 기억하며 마음을 다하여 중심을 깨뜨리는 예배를 드리길 원합니다. 연약한 저희를 도우셔서 오직 주님이 기쁘게 받으시는 예배를 드릴 수 있게 하옵소서.
주님, 항상 죄로 얼룩져 있는 저희들입니다. 죄된 생활을 청산하지 못하고 사는 저희의 연약함을 불쌍히 여겨 주시고, 죄를 이기는 삶이 될 수 있도록 도와주시옵소서. 주님께 지은 죄만 고백하는 믿음이 아니라 믿음의 승리를 보고드릴 수 있는 삶이 되게 하여 주옵소서. 특히 말씀에 매인 자들로 살기를 원합니다. 주님의 말씀이 저희의 심령 가운데 충만하게 하여 주셔서 언제나 말씀이 모본이 되는 생활이 되게 하시고, 말씀의 사역에 동참하여 수고를 아끼지 않는 삶이 될 수 있게 하여 주옵소서. 우리 주님께서 친히 말씀하신 모든 말씀을 생명의 양식으로 깨달아서 생활 속에서 실천할 수 있게 하여 주시고, 언제나 주님의 말씀이 심령 속에서 성육신이 되어 나타날 수 있게 하여 주옵소서. 그리하여 믿음으로 말미암아 구원에 이르는 지혜가 늘 충만하게 하시고, 주님의 말씀으로 되어지는 책망과 교훈에 순종할 수 있는 삶이 되게 하여 주옵소서.

저희에게 말씀을 듣고, 연구하며, 배우고 확신하는 일에 거하게 하시고 더욱 말씀의 능력을 의지하게 하여 주옵소서. 말씀이 육신이 되신 주님을 영접하되, 저희의 죄를 용서하시고 구원하신 구세주로 영접하게 하여 주옵소서. 말씀의 능력이 늘 저희와 함께하여 주셔서 그 말씀의 능력을 의지하여 지쳐 있을 때라도 다시 일어설 수 있게 하여 주시고, 저희가 이루고자 하는 꿈을 말씀의 약속을 받아 이룰 수 있게 하옵소서.

주님, 이제 성탄절이 얼마 남지 않았습니다. 믿음의 가정들을 기억하셔서 바쁘고 힘든 생활이지만 베들레헴의 아기 예수를 경배할 수 있는 화평이 있게 하여 주옵소서. 자유와 평화와 영광인 그리스도가 저희의 상한 마음속에 새롭게 탄생하사 저희로 주님을 찬송하며 감사하게 하옵소서. 아기 예수님의 탄생이 모든 인류의 희망이 되었듯이 어둡고 답답한 영혼들에게 더욱 큰 희망이 되게 하옵소서.

오늘도 말씀을 듣고 단 위에 서시는 목사님을 기억하시고 능력을 더하여 주셔서 삶에 지친 자들에게는 용기를, 질병으로 고통당하는 자들에게는 치유를, 믿음의 성장을 원하는 자들에게는 더욱 큰 믿음으로 나아갈 수 있는 말씀이 되게 하여 주옵소서.

이미 예배가 시작되었습니다. 예배의 모든 순서를 주님께 맡기오며 은혜 베푸시기를 즐겨하시는 예수 그리스도의 이름으로 기도합니다.

> **기도가이드** 우리가 성경을 덮어놓은 채 살아간다면 그것은 하늘 문을 닫아 놓은 채로 살아가는 것과 마찬가지입니다.

12월 셋째 주 주일 예배(1)
〈대림절 네 번째 주일, 성탄 준비에 맞춤〉

내가 여호와를 항상 내 앞에 모심이여 그가 내 우편에 계시므로 내가 요동치 아니하리로다 주께서 생명의 길로 내게 보이시리니 주의 앞에는 기쁨이 충만하고 주의 우편에는 영원한 즐거움이 있나이다. (시편 16편 8, 11절)

소망의 하나님,

오직 하나님께만 소망을 둔 무리들이 오늘 여기에 모였습니다. 세상의 유혹에 요동치 않게 하시고 기쁨이 가득하도록 인도해 주신 주님의 은총에 감사하며 머리를 숙입니다. 대림절을 보내는 이 기간에 생명의 길을 보여 주신 그리스도 예수님, 찬미와 영광을 받으시옵소서. 오늘의 예배를 통하여 성삼위 하나님을 영원히 모시고 주님의 나라에 이르는 기회를 얻게 하옵소서. 대림절 네 번째 주일 예배를 허락하신 하나님께 감사합니다.

주님, 그 많던 날들이 다 가고 성탄과 송년이 다가올 때 고통이 심하여지는 것을 고백합니다. 세월이 흐를수록 곤고해지는 저희 인생은 죄와 사망의 몸에서 건짐을 받기 어렵다는 절망감에 몸부림을 칩니다. 지금도 참담한 마음으로 참회의 기도를 드리고 있습니다. 저희는 주님을 따라 살아가려고 애쓰고 있지만, 어찌하여 그 뜻과는 상관없이 죄의 길을 걷게 되고 마는 것인지, 절망 속에 헤매며 용서를 구합니다. 긍휼히 여겨 주옵소서.

주님, 대림절의 기간을 맞이하여 저희 교회 위에 은혜와 사랑을 베풀어 주시기를 원합니다. 우리 주님께서 이 땅 위에 기쁨과 평화와 은혜의 소식을 전하시고 영광 가운데 거하신 것과 같이 사랑하시는 주님의 뜻이 저희 교회 위에 나타나게 하옵소서. 그리하여 아름다운 열매로 인하여 기쁨이 충만케 하옵소서. 농부가 땅에서 나는 귀한 열매를 바라고 길이 참아서 이른 비와 늦은 비를 기다린다고 하셨사오니 저희 모두와 저희 교회 위에 은혜의 단비를 흡족히 내려 주셔서 은혜의 단비를 흠뻑 머금은 심령들이 되게 하여 주옵소서.

주님, 성탄절이 얼마 남지 않은 가운데 있습니다. 믿는 사람이나 믿지 않는 사람이나 할 것 없이 모두가 기쁨의 성탄절이 되기 위하여 많은 계획을 세우며 준비 중에 있습니다. 저희가 이런 시기에 "여호와의 길을 예비하라, 하나님의 대로를 평탄케 하라, 골짜기마다 돋우어지며, 작은 산마다 낮아지며, 고르지 않은 곳이 평탄케 되며, 험한 곳이 평지가 되게 하라" 하신 하나님의 음성을 듣게 하옵소서. 그리하여 저희의 내면에서의 의심과, 회의와 분노와 괴로움과, 비뚤어진 성격과 거친 감정들, 이런 모든 것들을 성령의 은총으로 이 성탄절의 절기에 주님의 재림을 기다리는 믿음으로 평탄케 할 수 있도록 도와주시옵소서. 주님의 저희를 향하신 변함없는 사랑을 찬양합니다.

오늘도 주님의 말씀을 들고 단 위에 서시는 목사님을 기억하시고, 성령의 능력으로 함께하시기를 원합니다. 주님의 몸 된 교회를 섬기시며 양떼들을 돌보시느라 피곤하신 가운데서도 단 위에 서셨사오니 피곤치 않도록 주님의 오른손으로 붙드시옵소서.

오늘도 교회를 위하여, 예배를 위하여 여러모로 수고를 아끼지 않는 손길들을 기억하시고, 마음을 쏟는 수고 위에 부어 주시는 주님의 은혜가 항상 있게 하여 주옵소서.

예배의 시종을 주님께 의탁합니다. 주의 성령께서 온전히 주장하시는 예배가 되게 하실 것을 믿사옵고 예수 그리스도의 이름으로 기도합니다. 아멘.

기도가이드 우리가 기도하다가 지치지 않게 되는 비결은 강력한 사모함에 있습니다.

12월 셋째 주 — 주일 예배(2)
〈지난날의 회개와 성탄 준비에 맞춤〉

나의 성실함과 인자함이 저와 함께하리니 내 이름을 인하여 그 뿔이 높아지리로다.(시편 89편 24절)

왕의 왕 되신 주님을 찬양합니다.

오늘도 예배를 받으시기에 합당하신 주님께 영광을 돌리오니 계신 곳 하늘에서 받으시고, 영광중에 저희들 가운데 임재하시옵소서. 마음과 뜻과 정성을 모았습니다. 심령을 감찰하시는 주님께서 이 시간 정성을 다하여 드리는 예배를 기억하실 것을 믿습니다. 언제나 저희들을 통하여 주님이 높임을 받게 하시고, 주님의 성호가 온 세계 위에 충만해지게 하옵소서.

주님, 이제 금년도 얼마 남지 않았습니다. 금년 한 해를 살아오면서 때때로 최선을 다하며 살아온 경우도 있었으나 그보다는 옳지 않게 살아온 경우도 많았음을 고백합니다. 사실 주님 앞에 내어 놓기가 부끄러운 일들이 더 많사오니 저희를 긍휼히 여기시고 주의 사랑으로 덮어 주시옵소서. 주님께 모든 것을 내어 맡겨야 함에도 불구하고 내어 맡기지 못하고 내 고집과 내 주관대로만 살아온 순간들이 너무 많사오니 주님의 용서를 구합니다. 저희의 일평생의 소원은 오직 주님께 영광을 돌리는 것뿐이옵니다. 주님의 영광을 가리는 삶이 아니라 주님 보시기에 칭찬을 받고 사랑을 받는 주의 백성들로 살게 하옵소서.

주님, 저희들이 대림절 기간을 보내고 있습니다. 그리스도를 맞이하기 원하는 대림절 기간에 예수님의 구원의 말씀으로 충만하게 하여 주시기를 원합니다. 생명의 말씀을 들을 때에 듣는 것으로 그치지 아니하고 듣는 대로 전파할 수 있게 하옵소서. 그 말씀에 응답하는 제자의 삶이 되게 하여 주옵소서. 주님을 맞을 준비에 정성을 다하는 저희 모두가 되게 하여 주옵소서.

주님, 성탄절을 눈앞에 두고서 구세주를 보내 주신 사랑을 깨닫게 하시는 것을 감사합니다. 하나님께서 태초부터 감추어 오셨던 구속의 비결과 은총을 예수 그리스도를 통해서 밝히 보여 주시니 그 귀한 사랑과 사역을 찬양합니다. 저희가 이제 성탄절에 아기 예수를 만나기 전에 먼저 순결한 마음이 될 수 있게 하시고 세상의 죄악으로 인해 더럽혀지고 흉측한 모습들을 깨끗이 떠날 수 있게 하여 주옵소서. 저희로 하여금 형식적인 것으로만이 아닌, 또는 물질적인 것으로만이 아닌 마음을 다하여 오신 예수님을 영접할 수 있게 하시고, 구속의 자녀로서 주님을 증거할 수 있는 증거자가 되게 하옵소서.

주님, 그 어느 때보다도 사랑이 필요한 계절입니다. 저희에게 주님의 사랑을 전할 수 있는 손길이 있게 하시고, 어둡고 그늘진 곳에 구원의 기쁜 소식을 알릴 수 있는 성령 충만이 있게 하옵소서.

오늘도 말씀을 들고 서시는 목사님을 위해서 기도합니다. 저희 양떼들을 양육하시기 위해 헌신하시는 목사님을 주님께서 친히 붙들어 주셔서 솔로몬에게 주신 지혜를 더하여 주시고, 목사님의 입술을 통하여 나오는 말씀이 능력의 말씀이 되게 하시고 저희의 심령이 그 앞에 엎드려지는 말씀을 전하 실 수 있게 하여 주옵소서.

오늘도 예배를 돕는 손길들을 기억하시고, 저들의 수고를 주님의 크신 은혜로 갚아 주실 것을 믿습니다.

예배의 시종을 주님께 의탁하오며 예수 그리스도의 이름으로 기도합니다. 아멘

✻ **기도가이** 기도는 우리의 영혼을 맑게 하는 은혜의 도구입니다.

주일 오후 찬양 예배
〈성탄의 의미와 새해 준비에 맞춤〉

여호와는 말의 힘을 즐거워 아니하시며 사람의 다리도 기뻐 아니하시고 자기를 경외하는 자와 그 인자하심을 바라는 자들을 기뻐하시는도다. (시편 147편 10, 11절)

언제나 저희들에게 좋은 것으로 채워 주시기를 기뻐하시는 하나님, 오늘도 주님의 사랑이 저희를 향하고 있기에 저희가 주님의 전을 찾게 된 것을 믿습니다. 이 전에 앉은 저희들, 주님의 그 깊으신 사랑을 다시 한번 체험할 수 있게 하여 주시고, 찬양과 감사의 예배를 주님께 올릴 수 있게 하여 주옵소서.

주님, 지난 한 주간도 저희들이 그려 놓은 삶의 발자국들이 혹시 상처와 불신으로 멍들지는 않았는지요? 행여나 주님을 욕되게 하지는 않았는지요? 알지 못하는 사이에 저지른 잘못은 없는지요? 이 시간 주님께 은총을 구하며 회개하오니 용서하여 주시고 주님의 한없는 사랑에 잠기게 하옵소서.

주님, 교회 밖에는 주님의 나심을 알리기 위하여 곳곳마다 휘황한 불빛을 비추고 있고 캐럴을 크게 틀어 놓고 있습니다. 그러나 과연 주님을 모르는 자들이 얼마나 주님의 오심을 축하하며 기뻐할 수 있겠습니까? 저들 중에는 성탄의 진정한 의미도 모르고 단지 산타클로스가 성탄절의 주인공인 것으로 생각하고 있는 사람들도 허다합니다. 주님, 주님께서 온전한 영광을 받으시기 위하여 교회를 세우시고 구원의 진리를 깨달은 자들을 이곳에 두신 줄 믿습니다. 주님께서 왜 죄악 된 이 세상에 육신의 몸을 입고 오셔야 했는지를 아는 저희들이오니 단지 기뻐하고 즐거워할 것만이 아니라, 주님의 희생하심에 뜨거운 감사와 감격의 찬양을 드릴 수 있는 저희 모두가 되게 하여 주옵소서. 이 땅의 곳곳에 진정한 성탄의 의미가 뿌리내려지기를 원합니다. 누구나 죄로 죽을 수밖에 없는 인간을 찾아오신 주님의 사랑을 깨닫고 그 앞에 엎드리기를 원합니다. 이 땅을 고쳐 주옵소서.

주님, 이제 이 해도 얼마 남지 않았습니다. 그동안 주님을 멀리하고 방만한 삶을 살아왔었다면 주님께 진정한 회개를 드릴 수 있게 하시고, 주님이 맡겨 주신 직분을 소홀히 했다면 불의한 청지기였음을 고백하며 주님의 용서를 구할 수 있는 저희 모두가 되게 하여 주옵소서. 잘못된 버릇과 잘못된 신앙 습관을 새해까지 갖고 가지 말게 하시고, 이 해가 끝나는 시간까지 믿음으로 정리할 수 있는 지혜가 있게 하여 주옵소서. 묵은 해를 보내고 새해를 맞게 되는 날, 두려움에 떠는 모습이 아니라 용기에 가득 찬 모습으로 맞이할 수 있게 하여 주옵소서.

오늘도 주님의 말씀을 듣고 단 위에 서신 목사님을 기억하시고 성령의 권능으로 붙드시기를 원합니다. 오늘 저희들에게 꼭 필요한 말씀을 전하실 수 있도록 도우시고, 심령의 새로운 변화를 경험하는 복된 시간이 되게 하여 주옵소서.

이제 새로운 계획을 준비하고 있는 교회 부서와 기관들을 기억하시고 사람의 생각을 반영한 것이 아닌 하나님의 뜻이 온전히 담겨 있는 계획을 세우고 준비할 수 있게 하여 주옵소서. 개인을 위한 계획도 주님께 맡길 수 있게 하시고 먼저 주님의 도우심을 의뢰할 수 있는 성도들이 되게 하여 주옵소서.

예배의 시종을 주님께 맡깁니다. 주님의 은총 속에 드려지는 예배가 되게 하실 것을 믿사옵고 예수 그리스도의 이름으로 기도합니다.

> **기도가이드** 주님을 진정으로 신뢰한다면 주님을 늘 찬양하고 늘 기도할 것입니다.

12월 셋째 주 수요 예배(기도회)
〈성탄의 정신과 한 해의 마무리에 맞춤〉

하늘의 하늘도 찬양하며 하늘 위에 있는 물들도 찬양할지어다 그것들이 여호와의 이름을 찬양할 것은 저가 명하시매 지음을 받았음이로다. (시편 148편 4, 5절)

찬양과 경배를 받으시기에 합당하신 주님,

매서운 겨울 바람이 코끝을 시리게 하지만 주님의 따뜻한 돌보심이 있어 지난 삼 일간도 은혜 중에 살았습니다. 주님의 그 사랑의 넉넉하심에 감사를 드립니다. 오늘도 주님께 찬양과 영광을 돌리고자 이 전을 찾았사오니 저희의 드리는 예배를 받으시고 홀로 영광을 받으시옵소서.

주님, 주님의 은혜와 사랑을 기억하는 삶을 산다고 하지만 잊고 또 잊는 저희의 삶이었음을 고백합니다. 이 시간 고개 숙인 저희들에게 주님의 한없는 은총을 허락하여 주시고 주님의 은혜와 사랑을 잊지 않는 삶이 될 수 있도록 저희의 심령을 늘 두드려 주옵소서.

주님, 성탄절을 앞두고 온 누리에 저마다 즐거운 때라고 아우성칩니다. 그러나 과연 성탄절의 진정한 의미를 알고 즐거워하는 자가 얼마나 되겠습니까? 안타깝게도 성탄절이 단지 인간의 쾌락과 재미를 더하는 절기로 변질되어 가는 것을 보며 타락한 인간이 얼마나 악한 것인지를 다시 한번 깨닫습니다. 주님, 저희들만큼이라도 주님이 하늘 보좌를 버리시고 이 땅에 강림하신 성탄절을 바로 세우고 바로 지킬 수 있는 종들이 되게 하여 주옵소서. 이 땅에 오셔서 가난한 자와 소외된 자를 먼저 찾으셨던 주님의 마음을 생각하며 오늘 저희도 주님의 마음을 가지고 그 같은 형편에 놓여 있는 이웃을 찾아갈 수 있게 하시고, 그들에게 평화의 왕으로 오신 주님을 기쁜 소식으로 전할 수 있는 저희 모두가 되게 하여 주시옵소서. 또한 저희도 첫 성탄절에 예수님을 만났던 사람들처럼 그 같은 감격과 기쁨으로 이번 성탄절을 맞이할 수 있게 하시고, 경배와 찬양을 드릴 수 있는 저희 모두가 되게 하여 주옵소서. 주님, 이제 이 해도 얼마 남지 않았습니다. 주님께 이 해를 결산하여 드릴 날도 얼마 남지 않았음을 깨닫습니다. 주님 주신 달란트를 잘못 관리하여 책망을 받은 악하고 게으른 종의 모습이 저희들에게는 없기를 원합니다. 공의로우신 하나님께서 분명히 행한 대로 갚으실 것이오니 영적인 결산을 잘 할 수 있는 저희모두가 되게 하여 주옵소서. 주님 앞에서 아무것도 결산할 것이 없는 신앙생활을 했다면 마음을 쏟고 영혼을 쏟는 철저한 회개의 기도가 있게 하시고, 주님의 용서의 선언을 받을 수 있는 긍휼을 덧입혀 주옵소서.

주님, 판단치 않으려고 하나 오늘 이 자리를 둘러보건대 빈자리가 너무 많습니다. 연말을 맞이하여 허탄한 데 마음을 빼앗겨 이 자리를 찾지 못한 성도들이 있다면 불쌍히 여겨 주시고, 그 어느 자리보다 주님과의 영적인 교제가 이루어지는 성전의 자리를 귀하게 여길 줄 아는 성도들이 되게 하여 주옵소서. 세상일에 쫓겨 사는 성도들이 있습니까? 저들의 서글픔과 아픔을 헤아려 주셔서 주님을 찾지 못하는 안타까움만큼은 생기지 않도록 은총을 베풀어 주옵소서.

이 시간도 주님의 말씀을 증거하시는 목사님을 기억하시고 성령의 능력으로 붙드셔서, 전하시는 말씀을 통하여 저희들을 끝없이 찾아오시는 주님의 사랑을 체험할 수 있게 하여 주옵소서.

예배의 시종을 주님께 의탁하오며 예수 그리스도의 이름으로 기도합니다. 아멘.

> **기도가이드** 주님을 신뢰한다면 항상 그분의 도움을 구하는 기도를 쉬지 말아야 합니다.

12월 넷째 주 주일 예배(1)
〈성탄절 주일에 맞춤〉

아들을 낳으리니 이름을 예수라 하라 이는 그가 자기 백성을 저희 죄에서 구원할 자이심이라. (마태복음 1장 21절)

임마누엘의 하나님,

이 세상의 가엾은 인생들을 사랑하셔서 구원의 주님을 이 땅에 보내 주신 은혜를 찬양합니다. 주님께서 저희와 함께 계셔서 죄로 인해 죽을 저희를 속량해 주셨습니다. 찬미와 감사로 이 땅에 오신 아기 예수님을 경배합니다. 성탄의 그 밤에 목자들이 불렀던 찬송을 저희도 드리기 원하오며 동방에서 온 박사들이 바쳤던 예물을 저희도 경건히 드리고 싶습니다. 온 세상 사람들 모두 주님의 탄생을 기뻐하며 성전으로 나오게 하여 주옵소서.

주님, 주님께서는 성령님으로 잉태되시어 인류의 구원을 위해 탄생하셨음을 믿습니다. 신비한 탄생을 의심하는 마음이 지난날 저희에게 있었음을 고백합니다. 성탄의 이 날에 용서하시고 믿음에 굳게 서게 하여 주시기를 원합니다. 주님의 탄생은 세상의 모든 백성을 죄에서 구하시기 위한 예언의 성취임을 믿습니다. 바로 저희 자신의 대속을 위해 오신 주님을 지금까지 멀리하고 살아온 잘못을 용서하여 주옵소서.

주님, 이 시간 아기 예수님의 탄생을 축하하기 위하여 저희들이 한 자리에 모였나이다. 황금과 유향과 몰약처럼 진실하고 값진 정성으로 예배드리기를 원합니다. 주님께서 받아 주시고 주님이 주시는 기쁨과 평화가 충만하여 감사가 강물같이 흘러넘치는 시간이 되게 하여 주옵소서. 주님이 오신 이 날, 구원의 날이요 생명의 날인 이날, 이 기쁜 소식이 특별히 가난한 자와 병든 자 그리고 믿지 아니하는 수많은 이웃들에게 전파되기를 원합니다. 저들에게 구원의 소식, 영원한 소망의 소식이 되게 하옵소서. 어두운 이 민족 위에도 구원하시는 주님의 은혜가 넘쳐나게 하옵소서. 이제 이 민족이 주님이 베풀어 주신 은혜를 기억하고 사신과 우상을 숭배하는 못된 버릇을 버리게 하시고, 만유의 주재이신 주님께 소망을 두게 하옵소서. 또한 주님을 의지하지 않는 번영과 평화는 진정한 번영과 평화가 아님을 깨닫게 하시고, 주님이 허락하신 진정한 번영과 부요를 누릴 수 있는 이 민족이 되게 하시고 평화의 왕이신 주님만을 의지할 수 있게 하옵소서. 주님의 몸 된 교회도 인간을 찾아오신 이 위대한 복음을 증거할 수 있는 교회가 되게 하시고, 천사의 음성을 듣고 주님의 음성에 겸손히 무릎 꿇고 순종했던 마리아의 신앙처럼, 주님의 말씀에 적극 순종하고 주님의 뜻을 신실하게 행할 수 있는 교회가 되게 하여 주옵소서.

　오늘도 구원의 복된 소식을 전하여 주실 목사님을 성령의 능력으로 붙드시고, 찬양으로 영광 돌릴 찬양대와 예배를 위하여 수고하는 위원들에게도 동일한 은혜로 함께하여 주옵소서.

　예배의 시종을 주님께 의탁하오며 예수 그리스도의 이름으로 기도합니다. **아멘**

> **기억해 두세요**
>
> 성탄절(Christmas)은 그리스도(Christ)와 마스(Mass)의 두 낱말이 합하여 된 것입니다. '그리스도'란 구약의 히브리어 메시아(Messiah)에 해당하는 헬라어로서 '하나님께로부터 기름부음을 받은 자'라는 뜻이고 '마스'란 가톨릭의 '미사' 혹은 '예배'를 뜻하는 말입니다. 따라서 크리스마스란 그리스도의 탄생을 축하하고 예배한다는 뜻이 됩니다. 성탄절은 12월 25일이고 예수 그리스도의 탄생과 성육신을 축하하는 절기입니다.

> ✱ **기도가이드** 변함없는 기도 생활이 있는 사람이 변함없는 사랑을 실천할 줄 압니다.

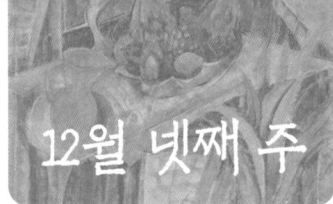

12월 넷째 주 주일 예배(2)
〈성탄절에 맞춤〉

그러므로 주께서 친히 징조로 너희에게 주실 것이라 보라 처녀가 잉태하여 아들을 낳을 것이요 그 이름을 임마누엘이라 하리라. (이사야 7장 14절)

평화의 왕이신 주님,
 하나님의 본체로서 인간에게 오신 우리 주 예수님께 찬양과 경배, 영광과 존귀를 돌립니다. 멸망에서 영생으로 인도하시고, 고통과 어두움을 물리치신 주님을 맞이하는 이 거룩한 주일에 저희를 불러 주시오니 얼마나 감사한지요. 주님을 영접하는 저희 모두에게 평화와 승리를 주옵소서.
 주님, 죄와 악의 소용돌이 속에서 숨 돌릴 사이 없이 숨찬 삶을 사는 인간들에게 독생자를 허락하심을 감사합니다. 아기 예수의 탄생으로 인한 구원의 신비와 하나님 사랑의 오묘함을 깨달아 알아서 저희의 영혼 중심에 예수 그리스도를 영접하게 하여 주옵소서. 지혜자가 되신 아기예수의 영이 저희에게 충만케 하셔서 높고 높은 진리가 이 자리에 앉은 저희들에게 차고도 넘치게 하시고, 저희로 하여금 삶의 용기가 백 배나 더하게 하옵소서.
 십자가 고난의 자리까지 사랑이 변함없으신 주님,
 저희로 진정으로 주님이 이 땅 위에 오심을 축하하게 하시고, 감사하게 하오며, 기쁨으로 주님께 경배하게 하옵소서.
 인간의 형상을 입으신 주님,
 오늘 탄생하신 구주 예수님을 통해 하나님의 참 모습을 보게 하여 주옵소서. 참 하나님의 모습을 알게 하여 주옵소서.
 주님, 주님은 하늘 보좌를 버리셨습니다. 저희도 저희의 가장 소중한 것을 버릴 수 있는 삶이 되게 하여 주옵소서. 주님은 인간의 몸을 입기까지 낮아지셨습니다. 저희도 이 땅 위에서 사는 동안 낮아질 수 있는 삶이 되게 하여 주옵소서. 주님은 보잘것없는 저희를 섬기셨습니다. 저희도 어느 누구나 차별을 두지 않고 섬길 수 있는 삶이 되게 하여 주옵소서. 주님은 십자가를 지시기까지 겸손을 보이셨습니다. 저희도 겸손의 삶을 살아갈 수 있게 하여 주옵소서. 주님은 죽기까지 복종하셨습니다. 저희도 주님의 뜻에 죽기까지 복종할 수 있는 삶을 살게 하여 주옵소서. 이것이 성탄절에 저희가 주님께 드릴 기도의 제목인 줄 믿습니다. 이렇게 주님을 닮아 갈 수 있도록 저희를 붙들어 주시고 죄인들을 찾아오신 주님을 증거하는 삶이 되게 하여 주옵소서. 평화의 왕으로 오신 주님을 전파하는 삶이 되게 하여 주옵소서. 그러므로 온 땅 위에 구원이 빛이 충만해지는 역사가 있게 하여 주옵소서. 온 누리에 평화의 빛이 강하게 비추이는 역사가 있게 하여 주옵소서.

오늘도 주님의 말씀을 들고 서시는 목사님을 기억하시고 성령의 능력으로 붙드셔서, 오늘 저희가 주님이 왜 하늘 보좌를 버리시고 이 땅에 오셔야 했는지 그 의미와 본질을 다시 한번 깨닫는 시간이 되게 하여 주옵소서. 그리고 평화의 왕으로 오신 주님을 기쁨으로 노래하며 주님의 보좌 앞으로 나아갈 수 있게 하여 주옵소서.

오늘도 예배를 돕는 손길들을 기억하시고 언제나 주님을 영접하는 마음을 가지고 성도들을 수종들 수 있게 하시고, 그 마음에 하늘의 평화만이 넘치게 하옵소서.

예배의 시종을 주님께 의탁합니다. 찬양대의 주님의 나심을 축하하는 찬양을 기쁘게 받으실 것을 믿사옵고 예수 그리스도의 이름으로 기도합니다. 아멘

> **기도가이드** 우리의 인생을 성공으로 이끄는 열쇠는 주님께 무릎 꿇는 기도입니다.

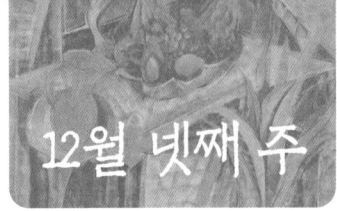

12월 넷째 주 — 주일 오후 찬양 예배
〈한 해의 정리에 맞춤〉

우리가 알거니와 하나님을 사랑하는 자 곧 그 뜻대로 부르심을 입은 자들에게는 모든 것이 합력하여 선을 이루느니라. (로마서 8장 28절)

지치지 않는 힘의 근원이 되시는 하나님,

한 해를 시작하게 하시고 이제 일 년을 마무리하게 하심을 감사합니다. 한 해의 복잡다난했던 삶의 막이 서서히 내려지는 연말입니다. 그리고 주님의 탄생하심을 축하하는 분위기 속에서 저희 모두가 충성을 다하다가 주님 앞에 나와 한 해를 마무리하오니 유종의 미를 거둘 수 있도록 축복하여 주옵소서.

주님, 지난 한 해를 돌아보건대 희망은 있었지만 열매는 없었고, 외침은 있었지만 결과는 없었고, 계획은 많았지만 성과는 너무 작았던 한 해였음을 고백합니다. 열매 없는 무화과라고 베지 마시고, 울리는 꽹과리라고 내어 던지지 마시고 게으른 종이라고 내치지 마옵소서. 부족한 결실로 인하여 회개하오니 용서하여 주옵소서.

한 해가 저무는 이때에 더욱 주님만 의지하게 하여 주옵소서. 오직 주님만 미쁘시고 신실하시기에 오늘도 주님의 전에 부복하였사오니 저희의 감사의 기도와 찬양을 받아 주시옵소서. 주님께서 저희의 모든 죄를 용서하신 것과 같이 저희가 저희의 잘못과 실수를 잊어버리게 하여 주옵소서. 정죄함이 없으신 주님 앞에서 증오했던 자들을 용서할 수 있게 하시고, 한 해 동안 등졌던 인간관계도 주님의 사랑으로 회복할 수 있게 하여 주옵소서.

주님, 한 해 동안 교회에서 다스리는 자로, 봉사하는 자로, 섬기는 자로, 권하는 자로, 책임과 충성을 다하려고 땀 흘렸던 목사님과 교역자님, 그리고 모든 지체들에게 우리 주님의 크신 격려와 위로가 있기를 원합니다. 이제 돌아오는 새해에도 우리 주님의 인도하심을 따라 무슨 일을 하든지 항상 기도로 준비하며 주님을 기쁘시게 하는 삶을 살 수 있게 하시고, 맡은 일에 최선을 다할 수 있는 충성된 자들이 되게 하여 주옵소서.

주님, 새해에는 하나님이 허락하시는 시간들을 세상의 죄악 가운데 허비하지 않게 하시고 지혜로운 자들이 되어 세월을 아끼는 삶이 되게 하여 주옵소서. 주님께 더욱 가까이 나아갈 수 있게 하시고, 말씀을 더욱 마음 판에 새기며 부지런히 순종할 수 있는 삶이 되게 하여 주옵소서. 성도의 가정들도 붙들어 주셔서 하나님의 선하시고 기뻐하시고 온전하신 뜻이 무엇인지를 분별하여 그 뜻을 좇아 살아갈 수 있는 가정들이 되게 하여 주옵소서.

주님, 특별히 노년에 신앙생활을 하는 성도들을 기억하시고, 무릎의 힘을 잃어버리지 않도록 도와주시고 성전을 지키는 기도 소리가 모든 교우들의 본이 될 수 있도록 은총을 베풀어 주옵소서.

주님, 따뜻한 사랑의 손길이 더욱 그리워지는 계절입니다. 주님의 사랑을 전하는 귀한 사명을 잘 감당할 수 있게 하여 주시고, 이 추운 겨울을 훈훈하게 만들어 가는 축복의 종들이 되게 하여 주옵소서.

오늘도 주님의 말씀을 증거하시기 위하여 단 위에 서신 목사님을 기억하시고, 능력과 권능으로 붙드셔서 말씀을 전하시기에 조금도 피곤치 않게 하여 주옵소서. 예배의 시종을 주님께 맡기오며 예수 그리스도의 이름으로 기도합니다. 아멘

기도가이드 기도 안 해도 될 것 같은 문제일수록 더욱 기도해야만 합니다.

수요 예배(기도회)
〈송구영신예배에 맞춤〉

그런즉 누구든지 그리스도 안에 있으면 새로운 피조물이라 이전 것은 지나갔으니 보라 새것이 되었도다.(고린도후서 5장 17절)

어제도 오늘도 변함없으신 하나님,

또 한 겹 두꺼운 외투를 입듯 나이를 집어 삼키며 한 해를 엽니다. 그렇게도 여물기를 원하시는 주님의 바람에도 여물기는커녕 쭉정이로만 남아 주님 앞에 서기가 죄스러웠던 한 해를 값없이, 또 접습니다.

한량없는 자비로 돌보시는 하나님, 새해에도 주님 없이 살 수 없기에, 주님을 떠나서는 평안할 수 없기에 한밤의 추위를 가슴으로 안으며 주님의 전을 찾았습니다. 주님을 만나러 나왔습니다. 마다하지 마시고 만나 주시옵소서.

한 해를 보내고 새해를 맞이하는 자리에 서서 고백할 것은 오직 부족한 것뿐이옵니다. 주님의 영광을 드러내며 살겠노라 다짐했었던 지난 한 해였지만 주님의 영광을 진토에 떨어뜨리게 한 일들이 얼마나 많았었는지 모릅니다. 그렇게 허망하게 보내지 않아도 될 일이었는데, 이렇게 망가지고야 맞지 않아도 될 새해였었는데 모든 것이 저희의 이기적인 욕심 때문임을 깨닫습니다. 자비로우신 주님께서 용서하여 주시고, 새해에는 지난해와 같은 어리석음이 반복되지 않도록 도와주시옵소서.

주님, 저희들에게 새해를 허락하심을 감사드립니다. 주님께서 새해를 저희에게 주신 것은 또 한 번의 기회를 허락하신 것임을 깨닫습니다. 주님께 선물로 받은 새해를 맞으면서 주님의 자녀로서 가장 먼저 무엇을 기억하고 다짐해야만 하는지 깨닫게 하시고, 그 마음의 소원을 주님께 고백할 수 있는 저희 모두가 되게 하옵소서. 썩어지면 없어질 것에 미련을 버리지 못하여 세속의 것들을 마음의 화랑에 그리며 소원의 간구를 쏟아 내는 저희의 모습이 없게 하시고, 주님의 뜻을 나타내고, 자녀 된 본분을 다할 수 있는 일에 마음의 소원을 품을 수 있는 저희 모두가 되게 하여 주옵소서.

주님, 지금까지 저희 교회를 든든히 세워 주심을 감사합니다. 금년에도 주님의 섭리를 따라 든든히 세움을 받을 수 있는 교회가 되게 하시고, 주님이 분부하신 명령을 잘 준행할 수 있는 교회가 되게 하여 주옵소서. 영혼을 추수하기에 마음을 쏟을 수 있게 하시고, 이웃을 부요케 하고, 구제와 선교에 힘쓰는 교회가 되게 하여 주옵소서. 건물에 치중하는 교회가 아니라 복음의 길을 닦을 수 있는 교회가 되게 하여 주옵소서.

성도들의 가정마다 주님의 크신 은혜로 함께하여 주셔서 경제적인 문제로 어려움 당하는 가정이 없게 하시고, 부부간의 갈등이 일어나지 않게 하시며 자녀들도 주님을 멀리하는 일이 없게 하여 주옵소서. 모든 위험과 질병으로부터 지키시고 보호하여 주시옵소서.

이 시간 새해를 맞아 축복의 말씀을 준비하신 목사님을 기억하셔서 새해를 출발하는 저희들에게 주님이 주시는 지혜와 소망을 얻는 귀한 말씀이 되게 하여 주옵소서. 올 한 해, 주님의 뜻 안에서 세운 저희들의 계획이 하나도 땅에 떨어지지 아니하고 주님이 허락하시는 대로 열매 맺을 수 있도록 인도하실 것을 믿습니다. 주님의 뜻 안에서 서원한 모든 일들이 일 년 내내 불변하게 하여 주시고, 주님께 영광을 돌릴 수 있게 하여 주옵소서. 이 송구영신예배의 시종을 주님께 의탁하오며 예수 그리스도의 이름으로 기도합니다. 아멘

> **기도가이드** 새해를 출발하면서 모든 날들의 주인이신 주님을 의뢰하고 그분의 도움을 요청하는 것은 지극히 당연한 것입니다.

3

주제별에 맞춘
대표기도문

새 노래로 여호와께 노래하라 온 땅이여 여호와께 노래할지어다
여호와께 노래하며 그 이름을 송축하며 그 구원을 날마다 선포할지어다
그 영광을 열방중에 그 기이한 행적을 만민 중에 선포할지어다
(시편 96:1~3)

특별행사에 맞춘 대표기도문

아무 죄도 없으신 주님께서 저희들을 대신하여 고난을 당하시고 십자가에서 몸을 찢으시고 물과 피를 흘리신 것을 생각하면 가슴이 미어질 뿐입니다. 주님의 피 묻은 십자가를 생각할 때마다 저희의 추악함과 사특함을 고백하지 않을 수 없사오니 회개하는 저희의 심령에 용서의 은총을 베풀어 주옵소서…

교회 설립(창립) 기념주일

전능하시고 거룩하신 하나님 아버지,

주님의 크신 뜻이 계셔서 이 곳에 주님의 몸 된 교회를 세워 주시고 구원의 역사를 감당하게 하시며 복음의 빛과 진리의 등불을 밝히게 하여 주시니 감사합니다. 오늘 이 뜻 깊은 설립(창립) 기념주일을 맞이하여 온 교우들이 한마음 한뜻이 되어 주님께 영광 돌리기를 원하오니 이 예배를 기쁘게 받아 주시옵소서.

주님, 저희들의 온전한 헌신이 없었음에도 불구하고 이 교회와 저희를 사랑하셔서 일취월장 성장하게 하셨사오니, 이 같은 주님의 은혜를 깨달아 교회 성장을 위하여 더욱 힘쓰는 저희 모두가 되게 하시고, 생산적인 교회로, 복음을 전파하는 교회로, 이 시대를 구원하는 교회로 더욱 든든히 서 갈 수 있도록 축복하여 주옵소서.

이제껏 이 교회를 위하여 눈물과 기도로 밤을 지새우며 주님의 뜻을 이루고자 온갖 고초를 겪으시며 애쓰고 계신 목사님을 기억하시고, 이 땅에서 사명의 길을 다 가고 주님 앞에 섰을 때에 주님의 몸 된 교회와 성도들을 위하여 흘린 목사님의 눈물을 우리 주님께서 친히 닦아 주실 것을 믿습니다. 하늘나라의 영원한 상급으로 보답하여 주실 것을 믿습니다. 저희들 또한 목사님의 목회 방침에 적극 순종하여 주님의 몸 된 교회를 더욱 아름답게 세워 가는 데 합당한 도구로 사용되어지게 하여 주옵소서.

모든 제직들에게도 함께하셔서 주님의 몸 된 교회를 위하여 수고한 모든 것들이 아름다운 열매로 나타나게 하시고, 늘 주님께 인정받는 착하고 충성된 종들이 되게 하여 주옵소서.

오늘도 말씀을 들고 서시는 목사님을 기억하시고, 성령의 능력으로 붙드셔서 생명의 말씀을 전하시기에 조금도 부족함이 없게 하여 주옵소서.

예배의 시종을 주님께 의탁하오며 예수 그리스도의 이름으로 기도합니다. 아멘

총동원전도주일

모든 권세와 힘의 주인이 되시며 모든 피조물의 주관자가 되시는 하나님 아버지, 저희가 그 능력의 은혜를 입어 지금까지 살아왔음을 고백하며 감사드립니다. 오늘 복되고 귀한 이날, 저희를 주님의 전으로 불러 주시고 은혜의 자리로 초청하여 주셔서 주님의 은총을 덧입을 수 있게 하시니 감사 감격할 뿐이옵니다. 저희의 드리는 예배를 받으시고 계신 곳 하늘에서 영광을 받으시옵소서.

내 집을 채우라 말씀하신 주님,

특별히 오늘을 총동원전도주일로 지키게 하시니 감사드립니다. 주님이 분부하신 복음 전도의 명령을 조금이라도 더 힘써서 감당하고자 총동원전도주일로 지키게 되었사오니 저희의 마음을 받으시고 영혼 구원의 열매를 맺기 위하여 마음을 쏟은 저희들에게 한없는 은혜를 부어주시옵소서. 오늘뿐만이 아니라 매일 영혼 구원을 위하여 마음을

쏟을 수 있는 저희들이 되게 하시고, 기도하며 전도에 힘쓸 때에 영혼 구원의 결실을 맺는 귀한 축복이 있게 하여 주옵소서. 몸과 마음과 시간을 바쳐 한 생명이라도 주님께 인도해 보려고 힘썼지만 결실을 거두지 못한 성도들의 마음을 기억하시고, 낙심과 실망에 사로잡히지 않도록 위로와 용기를 더하여 주옵소서. 때가 되면 주님께서 반드시 거두실 것이라는 믿음을 갖고 계속해서 영혼을 구원하는 일에 마음을 쏟을 수 있게 하옵소서.

오늘 이 교회의 문턱을 처음 밟은 자들을 기억하시고, 어색하거나 불편한 자리가 되지 않도록 그 마음에 평안의 복을 허락하여 주시옵소서. 오늘 한 번의 참석으로 끝나지 않게 하시고, 목사님이 전하시는 말씀을 통하여 구원의 진리를 깨달아 주님을 영접할 수 있게 하여 주옵소서. 그리하여 천국을 향하여 달려갈 수 있는 발걸음들이 되게 하여 주옵소서. 총동원전도주일을 위하여 여러모로 준비한 손길들을 기억하시고 주님의 위로를 더하여 주옵소서.

예배의 시종을 주님께 의탁하오며 예수 그리스도의 이름으로 기도합니다. 아멘

특별새벽기도회

은혜가 풍성하신 하나님 아버지,

지난 밤 동안에도 저희들을 주님의 품 안에 지키시며, 편히 쉬게 하여 주시고 새벽을 깨우며 하루를 맞이하게 하여 주시니 감사합니다. 새벽을 깨워 주님을 대면할 수 있도록 이끄신 것은 전적인 주님의 간섭이심을 믿습니다. 이 새벽에 주님께 이끌림을 받아 주님의 거룩한 집에서 예배를 드림으로 하루를 시작하오니 저희의 드리는 예배를 받으시고 새벽이슬 같은 주님의 은혜를 내려 주시옵소서.

주님, 오늘부터 특별새벽기도회가 시작됩니다. 그동안 영적인 잠에 취하여 영혼이 병들어 가는 것조차 모르고 살았던 저희들의 신앙을 안타깝게 여기셔서 새벽의 하나님을 만날 수 있는 이 복된 자리로 이끄신 것을 믿습니다. 이 시간 저희들의 영육이 변화되어 소성케 되는 역사가 있게 하여 주옵소서. 이번 특별새벽기도회를 통하여 아무리 바빠도 기도를 쉬어서는 안 된다는 것을 뼛속 깊숙이 깨닫게 하시고, 새벽잠을 희생하고서라도 주님과의 교제는 이루어져야 한다는 영적인 부담이 심령을 파고드는 역사가 있게 하여 주옵소서. 이번 한 번의 일회성으로 끝나는 새벽기도가 되지 말게 하시고, 주님 앞에 가는 그날까지 새벽 무릎의 사람으로 살아갈 수 있는 저희 모두가 되게 하여 주옵소서.

주님, 성경에 기록되어 있는 하나님의 놀라우신 역사는 새벽에 이루어졌음을 저희가 만나 봅니다. 이번 특별새벽기도회를 통하여 새벽에 역사하셨던 주님의 은혜를 다시 한번 경험할 수 있게 하여 주시고, 새벽 시간이 주의 자녀들에게는 축복의 시간임을 알게 하여 주옵소서.

새벽 말씀을 전하시는 목사님을 피곤함이 짓누르지 않도록 성령의 능력으로 붙드셔서 심령마다 기도의 불을 붙이는 말씀을 전하실 수 있게 하여 주옵소서. 예배의 시종을 주님께 의탁하오며 예수 그리스도의 이름으로 기도합니다. 아멘

부흥회

어제나 오늘이나 영원토록 살아 계신 전능하신 하나님 아버지,
오늘 저희의 심령에 성령의 충만을 허락하시기 위하여 심령부흥회를 갖게 하시고, 성령 충만한 강사 목사님도 보내 주심을 진심으로 감사드립니다. 그동안 부흥회를 앞두고 기도로 준비하였사오니 성령의

충만을 받기 위하여 영적으로 목말라하며 준비한 심령들에게 주님께서 약속하신 신령한 은혜를 충만하게 맛보게 하여 주옵소서.

오늘부터 시작되는 이 부흥집회에 성령님이 바람같이, 불같이, 생수같이 임하시기를 원합니다. 초대교회 때와 같이 죽은 자가 살아나며, 병든 자가 치료되며, 약한 자가 강건케 되며, 잠자는 자가 일어나며, 넘어진 자가 새 힘을 얻는 축복의 시간이 되게 하여 주옵소서. 상하고, 애통하고, 갈급한 심령들이 소성케 되며, 온갖 육신의 문제가 속시원히 풀어지는 축복의 시간이 되게 하여 주옵소서. 가정과 사업과 생활에 뒤엉켜져 있는 모든 문제들도 근본적으로 해결되는 축복의 시간이 되게 하실 것을 믿습니다.

일신상의 문제로 인하여 주님이 베풀어 주신 은혜의 자리를 외면하는 성도들이 없게 하여 주시고, 육신적인 문제에 얽매여 영적인 일을 소홀히 하는 성도들이 없게 하여 주옵소서. 부득불 참석하지 못하는 성도들도 있습니까? 어디서 무엇을 하든지 이곳에 임하신 성령님이 저들에게도 찾아가셔서 동일한 은혜를 체험할 수 있게 하여 주옵소서.

부흥집회의 기간에 사탄마귀가 일절 틈타지 못하도록 성령의 화염검으로 지켜 주시고, 저희가 받을 은혜를 도적질 당하지 않도록 영적으로 깨어 있는 저희 모두가 되게 하여 주옵소서.

이 시간 단 위에 세우신 강사 목사님을 성령의 능력으로 붙드셔서 피곤치 않도록 도와주시고, 은혜를 사모하는 저희에게 불을 던지는 말씀을 전하실 수 있게 하여 주옵소서.

예배의 시종을 주님께 의탁하오며 예수 그리스도의 이름으로 기도합니다. 아멘

전교인 수련회

은혜의 주님,

저희 교회를 축복하셔서 이 아름다운 자연 속에서 수련회를 갖게 하심을 감사드립니다. 금번 수련회를 갖게 하신 것은 전적인 주님의 은혜임을 깨닫습니다. 전 교우가 다 참석하지는 못했을지라도 은혜롭고 유익한 수련회가 되게 하실 것을 믿습니다. 금번 수련회를 위하여 오래전부터 준비한 기관과 손길이 있습니다. 그들의 노고를 기억하셔서 뜻 깊은 수련회가 될 수 있도록 인도하시옵소서. 이번 계기를 통하여 저희의 신앙을 다시 한번 점검할 수 있게 하시고, 소홀히 했던 믿음의 교제를 회복할 수 있는 시간이 되게 하여 주옵소서. 짧은 기간이라 할지라도 소중한 기간이 되게 하여 주시고, 오래도록 기억에 남는 수련회가 될 수 있도록 인도하실 것을 믿습니다. 여러 가지 프로그램을 준비한 진행위원들에게도 함께하셔서 준비한 모든 프로그램들이 빠지거나 흐트러짐 없이 잘 진행될 수 있도록 도와주시옵소서.

수련회 기간 동안 주 강사로 말씀을 증거하시는 목사님을 기억하시고 피곤치 않도록 성령의 능력으로 붙들어 주옵소서.

수련회 기간의 날씨도 주관하여 주셔서 날씨 때문에 정성 들여 준비한 프로그램들이 빛을 보지 못하는 안타까움이 없게 하여 주옵소서.

그 어떤 불미스러운 일이 발생되지 않도록 모든 위험으로부터 저희를 지키실 것을 믿습니다.

모든 일을 주관하시고 이끄시는 예수 그리스도의 이름으로 기도합니다. 아멘

전교인 체육대회

사랑의 하나님,

좋은 환경과 맑은 날씨를 허락하여 주셔서 온 교우들이 한자리에 모여 체력을 단련하고, 친밀한 성도의 교제를 가지며 주님께 영광 돌릴 수 있는 자리를 허락하여 주심을 감사드립니다. 오늘 교육부서에서부터 장년에 이르기까지 온 교우들이 한자리에 모였습니다. 우리 주님께서 이 시간을 통하여 영광을 받으시고, 저희 모두가 주님의 은혜 아래서 뛰놀 수 있는 복된 시간이 되게 하여 주옵소서.

특별히 진행위원들을 붙드셔서 이 대회를 진행하는 데 힘들지 않도록 도와주셔서 모든 교우들에게 은혜를 끼치고 주님께 영광을 돌려야 한다는 그 마음 하나로 모든 프로그램을 맡아서 수고할 수 있도록 붙들어 주옵소서. 저들의 수고가 온 교우들에게 펼쳐질 때에 기쁨과 즐거움이 넘치는 시간이 되게 하옵소서.

특별히 바라옵기는 성도 서로간에 친화력을 다지기 위하여 체육대회를 갖는 것인 만큼 지나친 승부욕에 사로잡히는 일이 없게 하시고, 서로 용납하는 마음으로 아름다운 경기를 만들어 갈 수 있는 저희 모두가 되게 하여 주옵소서.

오늘 이 자리에 연로하신 성도님들도 많이 참석하셨습니다. 젊은 성도들만 독점하는 체육대회가 아니라, 노인분들을 배려할 수 있는 체육대회가 되게 하여 주옵소서. 오늘 참석한 모든 교우들에게 안전사고가 발생하지 않도록 성령님께서 도와주시고, 서로의 소중함을 다시 한번 느낄 수 있는 시간이 되게 하실 것을 믿습니다.

경기에 임하기 전에 목사님을 통하여 귀한 말씀을 듣습니다. 말씀 속에서 교훈하시는 주님의 음성을 들을 수 있게 하시고, 예배의 정신을 가지고 체육대회를 가질 수 있는 저희 모두가 되게 하여 주옵소서.

모든 순서를 주님께 맡기오며 예수 그리스도의 이름으로 기도합니다.

전교인 야외예배

할렐루야!

주님의 성호를 찬양합니다. 화창한 날씨와 좋은 장소를 허락하여 주셔서 온 교우들이 한자리에 모여 야외예배를 가질 수 있도록 축복하심을 감사드립니다. 성도의 교제를 뜨겁게 나누기 위하여 마련된 자리오니, 대자연 속에서 저희에게 향하신 주님의 사랑을 피부로 느끼며 친밀한 교제를 나눌 수 있는 복된 자리가 되게 하여 주옵소서.

이 복되고 아름다운 자리에 참석하지 못한 성도들도 있습니다. 저마다의 안타까운 사정으로 인하여 부득불 참석하지 못한 성도들의 마음을 기억하시고, 그 마음을 주님의 위로로 채워 주시옵소서.

오늘 우리가 즐겁게 노는 데만 정신을 빼앗기지 않게 하시고, 이 아름다운 자연을 보며 저희에게 쏟고 계시는 주님의 사랑과 은혜를 온몸으로 느끼며 찬양과 감사를 드릴 수 있는 시간이 되게 하여 주옵소서. 또한 자연을 훼손시키는 일이 없도록 저희의 마음을 붙드시고, 뒷정리도 깨끗하게 함으로 믿는 자의 아름다움을 보여 줄 수 있는 저희 모두가 되게 하여 주옵소서.

특별히 이번 야외 예배를 준비하기 위하여 마음을 쏟은 손길들을 기억하시고, 주님께서 더 큰 복으로 함께하시고 위로하여 주옵소서. 말씀을 전하여 주실 목사님도 함께하셔서 주님께서 창조하신 자연과 더불어 전하시는 말씀이, 송이 꿀보다 더 단 말씀이 되게 하여 주옵소서.

진행을 맡아 수고하는 교우에게도 함께하시고 피곤하거나 지치지 않도록 붙드실 것을 믿습니다.

오늘의 모든 순서를 다 마치고 돌아가는 발걸음까지도 인도하실 것을 믿사옵고 예수 그리스도의 이름으로 기도합니다. 아멘

성찬예배

사랑이 많으신 주님,

미천한 저희들을 용서하시고, 저희의 죄를 사하시기 위해 험한 십자가를 지신 주님을 생각할 때마다 주님의 한없는 사랑과 놀라운 은혜에 감사와 찬송을 드립니다. 아무 죄도 없으신 주님께서 저희들을 대신하여 고난을 당하시고 십자가에서 몸을 찢으시고 물과 피를 흘리신 것을 생각하면 가슴이 미어질 뿐입니다. 주님의 피 묻은 십자가를 생각할 때마다 저희의 추악함과 사특함을 고백하지 않을 수 없사오니 회개하는 저희의 심령에 용서의 은총을 베풀어 주옵소서.

오늘은 주님께서 친히 '나를 기념하라' 말씀하신 뜻을 받들어 성찬예식을 가지며 주님께 영광을 돌립니다. 저희들을 위하여 살을 찢으시고 피를 흘리신 주님을 기념하여 갖는 예식이니만큼, 이 거룩한 예식에 참예할 때에 저희의 죄악이 묻어나지 않도록 도와주시옵소서. 또한 주님이 이 땅에 계시는 동안 마지막 피 한 방울까지도 아낌없이 쏟으셨던 주님의 사랑을 본받아 오늘 저희들도 저희 자신을 내주는 희생의 욕구를 충족시키는 삶이 되게 하여 주옵소서. 또한 수치와 모욕을 당하시면서도 끝까지 분노를 쏟지 않으셨던 주님의 그 인자하심을 본받아 저희도 겸손의 삶을 실천할 수 있는 삶을 살 수 있게 하여 주옵소서.

오늘 저희가 성찬에 참여할 때에 눈물로 주님의 살과 피를 받을 수 있게 하시고, 회개하는 마음으로 주님의 고난 받으심에 동참할 수 있는 저희 모두가 되게 하여 주옵소서. 혹여 건성으로 떡과 잔을 받음으

로써 주님의 은혜를 값없이 취급하는 죄를 범치 않게 하여 주옵소서.

이 시간 성찬예식을 집례하시는 목사님을 붙드셔서 피곤치 않도록 도우실 것을 믿습니다.

예식의 모든 순서를 주님이 친히 주장하실 것을 믿사옵고 예수 그리스도의 이름으로 기도합니다. 아멘

입당예배

교회의 머리가 되신 주님,

주님께서 친히 이곳에 교회를 세우시고 예배당을 건축하게 하신 것은 전적으로 주님이 친히 주관하신 것임을 믿습니다. 부족한 저희의 손길을 통하여 하나님께 신령과 진정으로 예배드릴 예배당을 건축할 수 있게 하시니 감사드립니다. 이 교회를 통하여 영광을 받으시고 이 교회가 구원의 방주로서의 역할을 잘 감당할 수 있게 하여 주옵소서.

그동안 예배당이 건축되기까지 성도들의 정성 어린 헌금이 있었습니다. 어려운 형편 가운데서도 자신의 소유물을 전부 바친 성도들도 있습니다. 그 헌신을 주님께서 기쁘게 받으신 줄 믿습니다. 또한 예배당이 완성되기까지 수고한 건축업자들과 인부들이 있습니다. 이들의 생각과 가진 재능을 주님께서 활용하셔서 이 전을 건축케 하신 것을 믿습니다. 그들의 수고도 기억하셔서 주님의 거룩한 일에 쓰임 받는 기회가 많아지게 하여 주옵소서. 또한 은밀한 봉사로 참여했던 교우들 있습니다. 주님이 그들의 마음을 받으신 줄 믿습니다. 저들의 가정과 일터 위에 은밀히 채우시는 주님의 축복이 있게 하여 주옵소서. 이제 저희들에게 새로운 성전을 허락하여 주셨사오니 힘을 다하고 성품을 다하여 더욱 봉사할 수 있게 하시고, 이 전에 나올 때마다 고민과 질병과 삶에 대한 궁핍함이 해결되고 새로운 평안과 기쁨과 소망으로

넘쳐나게 하여 주옵소서. 또한 교회로서의 역할도 잘 감당할 수 있도록 권고하여 주옵소서.

이 전이 세워지기까지 무릎 기도와 헌신을 쉬지 않으셨던 목사님을 기억하시기를 원합니다. 저희의 봉사와 헌신이 어찌 목사님의 희생에 비교될 수 있겠사오리까? 그 중심을 아시는 주님께서 목사님을 위로하여 주시고, 이 새로운 성전에서 주님의 사역을 맡아 수고하실 때에 큰 능력으로 함께하여 주옵소서. 저희들을 사랑하사 이곳에 새로운 성전을 허락하신 예수 그리스도의 이름으로 기도합니다. 아멘

헌당예배

지극히 영화로우신 주님,

옛날 솔로몬 왕이 하나님께서 거하실 처소를 위하여 성전을 건축할 때와 같은 마음으로 건축하게 하시고 건축이 완공될 때까지 아무런 사고 없이 순조롭게 진행되게 하여 주셔서 하나님께 드릴 수 있게 하여 주시니 감사합니다. 이 예배를 통하여 이 성전을 받으시옵소서. 그리고 이제부터 이곳에서 행하는 모든 예배가 항상 하나님께 영광이 되게 하시고 저희 모두에게는 큰 영광이 되게 하여 주옵소서.

"내 눈과 내 마음이 항상 여기 있으리라"(대하 7:16)고 하셨사오니 주의 백성들이 이 전을 통하여 주님의 임재하심을 늘 경험할 수 있게 하여 주시고, "내 집은 만민이 기도하는 집이라"(막 11:17)고 하셨사오니 주의 백성들이 이 전에 나와 주야로 기도하며 하나님의 뜻을 이루게 하옵소서. 심령에 고통이 있는 자가 자유함을 얻고 질병에 매인 자가 풀려나며 절망한 자들마다 새로운 소망으로 넘쳐나는 성전이 되게 하여 주옵소서. 이 전에서 주님의 말씀을 듣는 자로 하여금 구원의 진리를 깨달아 알게 하시고, 구원에 이르는 영적인 성숙함이 더하여 지

게 하여 주옵소서. 주의 백성들이 이 전을 통하여 믿음의 교제를 나눌 때에 사랑이 더하여 지게 하시며 믿음의 덕을 세워 갈 수 있게 하여 주옵소서. 또한 이 전을 통하여 전도함을 받는 자마다 주님께로 돌아오는 역사가 있게 하여 주시고, 거룩한 세례로 주께 바치는 자마다 영원히 주의 진실한 자녀 가운데 거하게 하여 주옵소서. 주의 성신이 충만한 교회가 되게 하시고 생명의 역사가 일어나는 교회가 되게 하여 주옵소서. 이 전에 속한 모든 주의 백성들이 다 주의 성전이 되게 하시고, 나중에 하늘에 있는 주의 성전에까지 이를 수 있게 하여 주옵소서.

저희를 사랑하사 성전을 봉헌하도록 은혜를 베푸신 예수 그리스도의 이름으로 기도합니다. 아멘

회의와 모임에 맞춘 대표기도문

오늘 저희들이 순종하는 마음으로 주님의 영광을 위하여 봉사할 수 있는 마음을 주시니 감사합니다. 한 알의 밀이 땅에 떨어져 죽을 때에 많은 열매를 거두게 된다는 진리의 말씀을 기억합니다. 저희의 봉사가 아름다운 열매로 맺혀질 수 있게 하여 주시고, 넘치는 봉사로 주님의 모습을 닮아 가며 주님의 흔적을 보여 줄 수 있는 저희 모두가 되게 하여 주옵소서…

공동의회(예, 결산)

은혜로우신 하나님 아버지,

저희들에게 새로운 해를 주셔서 기쁨 가운데 감사의 예배를 드리게 하시고 이 시간 공동의회로 모일 수 있게 하심을 감사드립니다. 지난해의 교회 재정을 결산하고 새 예산 편성을 위한 공동의회이오니 세례교인들은 교회 살림에 대하여 관심을 갖고 임할 수 있게 하여 주시고 은혜로운 공동의회가 될 수 있도록 인도하여 주옵소서. 회무를 진행하는 제직들에게도 함께하시고 결산과 예산 편성이 순조롭게 진행될 수 있도록 이끌어 주옵소서. 언성이 높아지는 일이 없게 하시고, 불만이 싹트는 일도 없게 하시며, 자기의 고집만 앞세우는 일도 없게 하여 주옵소서. 모두가 주님의 교회를 사랑하는 마음으로 회무와 안건을 매듭지을 수 있게 하여 주시고, 책임을 맡은 자들에게 격려와 칭찬을 아끼지 않는 아름다운 모습이 있게 하여 주옵소서.

회장석에 서신 목사님께도 함께하여 주셔서 이 회의를 잘 이끌어 나갈 수 있도록 지혜와 능력을 더하여 주시옵소서.

올해도 저희 교회가 한 해의 예산을 잘 세워서 교회로서의 사명을 잘 감당하는 데 부족함이 없게 하실 것을 믿사옵고 교회의 머리가 되시는 예수 그리스도의 이름으로 기도합니다. 아멘

공동의회(직원선출)

하나님 아버지,

은혜로운 예배를 드릴 수 있게 하시고 이 시간 공동의회로 모일 수 있게 하시니 감사합니다. 오늘은 특별히 직원 선출을 위한 공동의회로 모였습니다. 주님의 몸 된 교회를 위하여 충성하고 봉사할 항존 직원을 뽑기 위한 공동의회입니다. 주님의 거룩한 피 흘림이 있었기에 오늘 저희가 여기 있게 되었고 주님의 희생 사역이 있었기에 오늘 저희들이 주님이 쓰시는 영광의 일꾼으로 부름 받게 된 것을 믿습니다. 이 시간 저희 모두에게 주님의 교회에 합당한 일꾼을 선출할 수 있는 지혜를 주시고, 은혜를 더하여 주시옵소서. 기분에 의한 것이나 사사로운 감정이 개입되지 않게 하여 주시고, 오직 주님의 몸 된 교회를 위하여 어떤 일꾼이 필요한지를 분별할 수 있게 하여 주셔서 기도하는 마음으로 투표에 임하게 하여 주옵소서. 사람을 통하여 교회의 일꾼을 세우는 것이지만 주님께서 세우시는 것임을 기억하게 하여 주시고, 단지 저희는 도구로 쓰임 받는 것에 지나지 않는다는 것을 잊지 않게 하여 주옵소서.

거룩한 공회를 통하여 선출되는 직원들, 직분을 가볍게 우습게 여김으로 주님이 세우신 공동체를 욕되게 하는 일이 없게 하여 주시고, 두렵고 떨리는 마음으로 직분을 받게 하여 주옵소서. 주님이 세우시는 영광된 직분에 아멘만 있게 하여 주시고, 회개하는 마음으로 열과 성을 다하여 충성하고 헌신할 수 있는 일꾼들이 되게 하여 주옵소서. 주께서 세우셨사오니 어렵고 힘든 일일수록 앞장설 수 있게 하여 주

시고, 믿음이 약한 자들을 사랑으로 이끌어 주며, 주님을 위한 일이라면 불속에라도 들어갈 수 있는 일꾼들이 되게 하여 주옵소서.

이 시간에 오직 주님만이 함께하시고, 저희의 심령을 붙드셔서 거룩한 한 표를 행사하며, 주님의 일꾼을 세우게 하실 것을 믿사옵고 예수 그리스도의 이름으로 기도합니다. 아멘

제직회

거룩하신 하나님,

주님의 인도하심 가운데 예배를 마치고 이 시간 제직회로 모였습니다. 제직의 직분을 저희들에게 주셔서 주님의 몸 된 교회를 위하여 죽도록 충성할 수 있는 기회를 주시니 감사합니다. 바라옵기는 아말렉과의 전투에서 모세의 기도를 도왔던 아론과 훌같이(출 17:12) 모든 제직들이 합심하여 목사님을 보좌함으로 주의 일에 승리만 있게 하여 주옵소서. 교회의 모든 제직들이 목사님의 동역자가 될지언정 걸림돌이 되지 않게 하시고 어린아이와 같은 신앙으로 인하여 목사님께 염려를 끼치는 일이 없게 하여 주옵소서. 제직회를 통하여 의논되어지는 일들이 하나님의 영광을 위한 것이 되게 하시며, 주님의 몸 된 교회를 위한 것이 되게 하시고, 이 교회의 권속들을 위한 것이 되게 하여 주옵소서. 인간적인 아집과 고집을 앞세우지 않게 하여 주시고, 모든 안건들이 주님의 뜻대로 되어지기를 소원하며 기도하는 마음으로 참석하게 하여 주옵소서.

또한 간구하옵기는 하나님 앞에서 제직회원으로서 부끄러울 것이 없는 제직들로 삼아 주시고 모든 성도들에게 본이 되는 신앙생활을 할 수 있게 하여 주옵소서. 물질적으로나 시간적으로 또한 주님께 받은 은사대로 하나님의 일을 위해 죽도록 충성할 수 있는 제직들이 되

게 하여 주옵소서. 교회의 중책을 감당하고 있는 자로서 주님을 위해 할 일이 무엇인지를 민감하게 느낄 수 있는 제직들이 되게 하여 주옵소서.

이 회의가 끝날 때까지 성령께서 친히 저희들 가운데 운행하심을 믿사옵고 예수 그리스도의 이름으로 기도합니다. 아멘

월례회

사랑의 주님,

거룩한 주일을 맞이하여 저희들이 한자리에 모여 하나님께 찬양과 경배를 드릴 수 있게 하시고 영광을 돌리게 하심을 감사드립니다. 또한 목사님을 통해서 주님의 약속하신 귀한 말씀을 듣게 하여 주셔서 새 힘을 얻게 하여 주심을 감사드립니다.

주님, 이 시간은 저희들이 정기 월례회로 한자리에 모였습니다. 참석하지 못하고 집으로 향한 회원들도 있지만 이 교회와 이 회를 사랑하는 그들의 마음만큼은 변함이 없는 줄 믿습니다. 오늘 저희들이 월례회로 모였사오니 모든 회무가 은혜롭게 마무리될 수 있도록 인도하여 주옵소서. 의논하고자 하는 모든 일들이 주님께 영광이 되고, 주님의 교회를 위한 일이 되고, 이 회를 위한 일이 된다면 기쁨으로 용납할 수 있게 하여 주시고, 부족한 일들이 발견될 시에는 사랑으로 감싸 주고 격려해 줄 수 있는 회원들이 되게 하여 주옵소서.

특별히 회장님을 기억하셔서 이 회를 이끌고 나가시기에 조금도 부족함이 없도록 능력으로 붙들어 주시고 지혜와 명철을 더하여 주옵소서. 임원들에게도 놀라운 은혜를 더하여 주셔서 저희 회가 주님께 인정받고 사랑받는 기관이 되게 하여 주옵소서. 모든 회원들의 가정을 붙드셔서 육신의 일에 얽매여서 회원으로서의 의무를 감당치 못하는

일이 없도록 도와주시옵소서.

지금은 회의를 시작하는 시간입니다. 마치는 시간까지 성령님께서 저희 각 사람을 친히 주장하실 것을 믿사옵고 예수 그리스도의 이름으로 기도합니다. 아멘

기관총회

섭리하시는 하나님,

한 해 동안 저희 회를 붙드셔서 주님의 몸 된 교회를 섬기며 믿음의 길을 달려올 수 있도록 인도하심을 감사드립니다. 한 해를 돌아보니 참으로 부끄러운 기억밖에는 떠오르는 것이 없습니다. 봉사할 때 제대로 봉사하지 못하고, 충성할 때 제대로 충성하지 못했던 저희들입니다. 용서하여 주옵소서.

오늘 이렇게 새 일꾼을 선출하는 총회를 하게 되었습니다. 사람이 제비를 뽑으나 그 걸음을 인도하시는 분은 여호와시라고 하셨사오니 인간의 생각이나 판단대로 하지 않게 하시고, 마음과 생각을 주관하시는 주님의 뜻을 담아낼 수 있는 총회가 되게 하여 주옵소서. 총회로 인하여 상처 받는 심령들이 없게 하시고, 아울러 교만해지는 심령들도 없게 하여 주옵소서. 임원으로 선출되면 더욱 충성하고 봉사하라는 주님의 채찍인 줄 깨닫게 하시고, 임원이 못 되면 주님처럼 낮아짐을 배우라는 주님의 은혜인 줄 깨달아 더욱 섬김의 본을 보일 수 있는 저희들이 되게 하여 주옵소서. 그리하여 합력하여 선을 이루시는 하나님이심을 더욱 깨닫는 저희 모두가 되게 하여 주옵소서. 이제껏 수고한 임원들에게도 함께하시고, 주님의 크신 위로와 평안을 허락하여 주시기를 원합니다. 주님께서 각 사람이 수고한 대로 상급으로 갚아 주실 것을 믿습니다.

총회를 주님께 맡기오며 예수 그리스도의 이름으로 기도합니다.
아멘

구역(속회) 모임

하나님 아버지,

교회의 지체로서 여러 구역들이 조직되어 주님의 교회를 든든히 세워갈 수 있게 하시니 감사합니다. 구역이 건강해야 교회도 건강해짐을 기억합니다. 건강한 구역을 만들기에 마음을 쏟을 수 있는 저희 모두가 되게 하여 주시고, 더욱 힘써서 모일 수 있는 저희 모두가 되게 하여 주옵소서. 요즘 생업에 종사하고 있는 구역원들이 많아서 구역 모임이 활성화 되지 못하고 있는 것이 사실입니다. 그러나 현실의 안타까움만 보고 주저앉아 있을 것이 아니라 어떻게든 구역을 활성화시키기 위하여 마음을 쏟을 수 있는 저희 모두가 되게 하여 주옵소서. 구역이 활성화되어 복음의 전진기지로서의 역할을 잘 감당할 수 있게 하시고, 가정마다 축복해줄 수 있는 축복의 공동체가 될 수 있게 하여 주옵소서. 구역원들이 함께 모여서 기도할 때에 가정마다 천국이 임하는 것을 경험할 수 있게 하시고, 매였던 모든 문제들이 풀어지는 역사가 있게 하여 주옵소서.

무엇보다도 구역장님을 붙들어 주셔서 사명감에 불타게 도와주시기를 원합니다. 맡겨진 구역원들의 심령과 가정을 위해 기도할 때에 구역이 부흥하는 역사가 있게 하시고, 구역원들을 사랑으로 돌볼 때에 능력을 더하여 주시는 주님의 은혜를 체험케 하여 주옵소서. 저희 구역뿐만이 아니라 교회에 속한 모든 구역이 양적 질적으로 성장할 수 있도록 도와주시옵소서. 구역의 활성화를 위하여 불철주야 기도하며 마음을 쏟고 계시는 목사님을 기억하시고, 목사님의 목회 사역에 힘을 더하여 드릴 수 있는 저희 구역원들이 되게 하여 주옵소서.

오늘 예배를 인도하는 구역장님이 말문이 막히지 않도록 도우시고, 이 모임을 은혜롭게 이끌 수 있도록 도우실 것을 믿사옵고 예수 그리스도의 이름으로 기도합니다. 아멘

교사 모임

사랑의 주님,

저희들에게 교사로서의 사명을 잘 감당할 수 있도록 능력을 더하심을 감사드립니다. 어린 학생들을 신앙으로 지도할 때에 부족함이 없도록 저희를 늘 도와주시고 게으른 교사가 되지 않도록 늘 채찍질하여 주옵소서. 어린 심령들에게 천국을 건설하고, 하나님의 자녀로 양육하는 일입니다. 자신의 영적 성숙을 위하여 늘 기도에 힘쓰게 하시고, 말씀을 가까이 할 수 있게 하여 주옵소서.

저희가 맡은 교사의 직분을 기쁨으로 감당하기를 원합니다. 마지못해 억지로 감당하는 모습이 없게 하여 주시고, 천국의 씨앗을 키우는 영적인 농부의 마음으로 성실히 감당할 수 있는 저희들이 되게 하여 주옵소서.

지혜도 충만케 하시고, 주님의 성품을 닮아 갈 수 있도록 도와주시옵소서. 주님의 향기를 풍길 수 있게 하시고, 주님의 심정을 가질 수 있게 하여 주옵소서. 이 시간 교사 모임을 갖습니다. 주일학교의 부흥과 아이들의 영적 유익을 위하여 갖고 있는 생각을 모으고자 합니다. 저희에게 지혜를 더하여 주셔서 갖고 있었던 좋은 생각들을 함께 나눌 수 있게 하시고, 어린 심령들에게 꼭 필요한 계획들을 세울 수 있도록 도와주시옵소서.

부장님을 늘 능력으로 붙드셔서 힘들거나 피곤에 지치지 않게 하시

고, 교사들도 영성으로 잘 이끌 수 있도록 도와주시옵소서.

예수님의 이름으로 기도합니다. 아멘

성가대(찬양대) 모임

사랑의 주님,

주님을 찬양할 수 있게 하시니 감사합니다. 오늘도 찬양 연습을 하고자 이 자리에 모였습니다. 저희 모든 대원들에게 함께하셔서 피곤할지라도 마음과 정성을 다하여 찬양 연습에 참여할 수 있게 하여 주옵소서. 단지 곡조만 익히는 자리가 되지 않게 하시고, 자신의 믿음을 고백하는 마음으로 곡조를 연습하게 하여 주옵소서. 실력도 중요하지만 영성도 중요함을 깨닫습니다. 입술만의 찬양이 아니라 영혼을 담은 찬양이 될 수 있도록 영성 훈련을 게을리 하지 않는 저희 대원들이 되게 하여 주옵소서.

지휘자님을 붙드셔서 주님께 받은 달란트를 잘 감당할 수 있게 하시고, 저희들을 잘 지도하고 가르칠 수 있도록 도와주시옵소서. 반주자에게도 함께하여 주셔서 힘들지 않도록 도와주시고, 지휘자님과 마음이 하나가 되어 사역을 감당하는 데 어려움이 없게 하여 주옵소서. 대장님에게도 함께하셔서 저희 대원들을 사랑으로 이끌기에 조금도 부족함이 없게 하여 주옵소서.

연습에 임하는 저희 대원들 한 사람 한 사람에게 주의 영으로 충만케 하시고, 도우실 것을 믿사옵고 예수 그리스도의 이름으로 기도합니다. 아멘

남전도(선교)회 모임

은혜로우신 하나님 아버지,

저희 남전도회를 사랑하셔서서 주님의 몸 된 교회를 세워 가는 데 귀하게 쓰임 받을 수 있도록 인도하심을 감사합니다. 또한 이 시간에 남전도회 모임을 가질 수 있도록 이끄심을 감사드립니다. 늘 모임에 힘쓸 수 있는 남전도회가 되게 하시고, 주님께 영광을 돌리고 주님을 높이는 일에 앞장설 수 있는 남전도회가 되게 하여 주옵소서. 주님의 몸 된 교회와 주님을 위하여 봉사하는 일에 늘 앞장설 수 있게 하여 주시고, 헌신과 충성을 다할 수 있는 남전도회가 되게 하여 주옵소서. 목사님의 말씀에 잘 순종함으로 목회 사역을 잘 도울 수 있는 남전도회가 되게 하여 주시고, 모든 기관에 본이 되는 남전도회가 되게 하여 주옵소서.

오늘 주의 사업을 위하여 의견을 모으고 계획을 세우고자 모임을 가졌습니다. 성령님께서 저희들 가운데 함께하여 주셔서 사사로운 의견이기 보다는 주님이 쓰시는 생각을 나눌 수 있도록 도와주시옵소서.

이 모임을 이끌고 계신 회장님께도 함께하여 주셔서 힘들지 않도록 늘 새 힘을 부어 주시고, 우리 남전도회를 주님이 바라시는 대로 잘 이끌고 나갈 수 있도록 도와주시옵소서. 저희들 또한 회장님을 잘 보필하여 건강한 남전도회를 세우는 데 부족함이 없게 하여 주옵소서.

예배를 드리며 기도로 시작하였사오니 저희의 생각을 도와주실 것을 믿사옵고 예수 그리스도의 이름으로 기도합니다. 아멘.

여전도(선교)회 모임

하나님 아버지,

믿음의 여인들을 통하여 주님의 몸 된 교회를 세우게 하시고, 주님의 사역을 감당할 수 있도록 은총을 베푸심을 감사합니다. 언제나 주님의 영광을 위하여 아름답게 쓰임 받을 수 있는 여전도회가 되게 하여 주옵소서. 주님의 몸 된 교회를 위하여 봉사할 때는 말없이 봉사할 수 있게 하시고, 주님의 영광을 위하여 충성할 때는 힘을 다하여 충성할 수 있는 여전도회가 될 수 있게 하여 주옵소서. 교회와 가정을 위하여 늘 기도에 힘쓸 수 있게 하시고, 영혼을 구원하는 일에도 마음을 쏟을 수 있는 여전도회가 될 수 있게 하여 주옵소서.

주님, 여전도회에서 계획한 일들이 있습니다. 주님의 몸 된 교회가 더욱 부흥하는 데 꼭 필요한 계획들이 되게 하시고, 목사님의 목회 사역에 도움을 드릴 수 있는 계획들이 되게 하여 주옵소서. 교회에 궂은 일이 많습니까? 여전도회가 기쁨으로 감당할 수 있게 하시고, 앞장서야만 할 일이 있습니까? 주님과 교회를 위한 일이라면 최선을 다할 수 있는 여전도회가 될 수 있게 하여 주옵소서.

선을 행하다가 낙심하는 여전도회 회원들이 하나도 없게 하시고, 합력하여 선을 이루시는 주님의 섭리를 바라보며 맡겨진 일에 최선을 다하게 하여 주옵소서.

주님, 이 시간에 여전도회의 발전과 사업을 위하여 생각을 모으고자 모임을 갖습니다. 저희의 마음과 생각을 지켜 주셔서 여전도회를 든든히 세울 수 있는 유익한 대화들이 오고가게 하시고, 감정이 상하거나 서로 헐뜯는 일이 발생하지 않도록 성령께서 지켜 주시옵소서. 회장님과 임,역원들에게도 함께하셔서 영육 간에 강건함을 주시고 맡은 직분을 잘 감당할 수 있도록 능력을 더하여 주옵소서. 이 모임의 모

든 대화를 듣고 계시는 예수 그리스도의 이름으로 기도합니다. 아멘

성경공부 모임

사랑의 주님,

저희들에게 구원의 은혜를 베풀어 주시고, 주님의 진리의 말씀을 탐구해 갈 수 있는 특권을 주심을 감사합니다. 이 시간 달고 오묘한 주님의 말씀을 공부할 때에 세상 지식을 습득하듯이 단지 주님의 말씀에 대한 지식을 습득하기 위해서 성경공부에 임하는 저희들이 되지 말게 하시고, 진리의 말씀을 깨달아 한 말씀이라도 그 말씀에 순종하는 삶을 살기 위하여 성경을 공부한다는 자세를 잃지 않게 하여 주옵소서.

주님, 성경공부를 지도하시는 목사님께도 함께하셔서 피곤치 않게 도와주시고, 늘 건강함을 지켜 주시옵소서. 가르치시는 목사님을 통하여 깊은 영성을 만날 수 있게 하여 주시고, 영감 있는 주님의 말씀을 대할 수 있게 하여 주옵소서.

이 복된 자리에 보이지 않는 성도들이 있습니다. 하나님을 힘써 아는데 시간을 투자할 수 있는 성도들이 되게 하시고, 세상의 가치보다 말씀의 가치를 가볍게 여기지 않는 성도들이 되게 하여 주옵소서. 주님, 더 많은 성도들이 하나님을 힘써 아는 데 참여하기를 원합니다. 말씀이 없으면 신앙의 성장도 없고, 영혼이 피폐해질 수밖에 없음을 깨달아 주님의 말씀을 공부하는 데 시간을 투자할 수 있게 하옵소서.

오늘 저희들이 주님의 말씀을 배운다고 하지만 지혜가 부족합니다. 놀라운 지혜를 더하여 주셔서 주님의 귀한 말씀을 놓치지 않게 하여 주옵소서. 이 시간에 성령님이 도와주실 것을 믿사옵고 예수 그리스도의 이름으로 기도합니다. 아멘

기도 모임

은혜로우신 하나님 아버지,

저희들을 사랑하셔서 주님을 가까이 할 수 있는 기도회로 모이게 하심을 감사드립니다. 기도야말로 주님께 가까이 나아가는 거룩한 은혜의 통로임을 깨닫습니다. 항상 기도하게 하여 주시고, 언제나 주님과 교제하는 삶이 되게 하여 주옵소서.

주님, 먼저 그동안 기도하지 못함을 인하여 회개할 수 있기를 원합니다. 기도를 쉬는 것도 죄라고 말씀하셨사오니 다시는 기도를 쉬는 죄를 범치 않는 저희 모두가 되게 하여 주옵소서. 오늘 이 시간 기도할 때에 기도에 대한 목마름이 영혼 속으로 밀려들게 하옵소서. 기도하는 한 사람이 기도 없는 한 민족보다 강하다는 말과 같이 저희 모두가 기도의 전사로 거듭나는 이 시간이 되게 하여 주옵소서. 주님, 저희 모두가 기도에 취할 수 있게 하시고, 기도의 시간이 짧게만 느껴지는 이 시간이 되게 하여 주옵소서. 말만 많이 쏟아 놓는 기도가 되지 말게 하시고, 주님의 음성을 들을 수 있는 이 시간이 되게 하여 주옵소서. 기도의 줄기를 타고 주님의 능력이 깃드는 것을 체험 할 수 있는 저희 모두가 되게 하여 주옵소서. 주님, 이 시간 저희가 기도의 제목들을 하나 하나 나누며 부르짖을 때에 깊은 기도를 경험하게 하실 것을 믿습니다.

오늘 기도회 모임을 인도하는 인도자에게도 함께하셔서 모인 숫자에 힘을 잃지 말게 하시고, 두세 사람이 모인 곳에서도 주님의 이름으로 모인 곳에는 함께하신다고 하셨사오니 그 약속의 말씀을 붙들고 능력 있게 기도회를 인도할 수 있게 하옵소서. 이 시간 참석하지 못한 성도들에게도 함께하여 주셔서 지금은 주님께 부르짖어야 할 때임을 깨닫게 하옵소서. 부득불 사정이 있어서 못 나온 성도들도 기억하시고 육신의 일에 매여 영적인 자리가 녹슬지 않도록 그 삶을 이끌어 주옵소서. 이 기도회가 하나님의 능력이 임하고 마귀의 공격에 철퇴를 가할 수 있는 기도회가 되게 하실 것을 믿사옵고 예수 그리스도의 이름으로 기도합니다. 아멘

전도 모임

잃은 양을 찾으시는 목자 장 되시는 주님,

저희들을 죄에서 구원하여 주시고 주님의 몸 된 교회를 위하여 구원의 역사를 감당하게 하시며 복음의 빛과 진리의 등불을 밝히게 하시니 감사합니다.

오늘도 저희들이 전도하기 위하여 이 자리에 모였습니다. 저희들을 구원하신 주님의 심정을 가지고 전도에 임할 수 있게 하여 주시고, 주님의 사랑에 빚진 자로 구원의 복음을 힘써서 전할 수 있는 저희들이 되게 하여 주옵소서. 주님, 전도하는 것은 사단과의 영적 전쟁임을 깨닫습니다. 그러하기에 전도에 나가기에 앞서서 먼저 합심하여 기도합니다. 저희들에게 성령 충만을 허락하여 주셔서 사단과의 영적 전쟁에서 승리할 수 있게 하여 주옵소서. 복음의 씨를 뿌립니다. 거두시는 이는 주님이시오니 당장 열매가 주어지지 않는다 할지라도 낙심치 말게 하여 주시고, 힘을 다하여 복음의 씨를 뿌릴 수 있는 저희 모두가 되게 하여 주옵소서. 사람을 만나고 사람을 접촉하는 일입니다. 저희들에게 지혜를 허락하여 주셔서 말과 행동 속에서 주님의 형체를 드러낼 수 있게 하여 주시고, 비난의 말을 듣거나 핍박을 받는다 할지라도 주님의 피 묻은 십자가를 바라보며 참고 인내할 수 있게 하여 주옵소서. 오늘 저희가 나가서 전도하는 것으로만 영혼 구원을 위한 의무를 다한 것으로 생각하지 말게 하시고, 접촉한 영혼의 구원을 위하여 기도의 자리로 나아갈 수 있는 저희 모두가 되게 하여 주옵소서. 주님,

사도바울과 같이 받을 상급을 바라보며 생명 있는 그 날까지 몸과 시간과 물질을 깨뜨려 복음을 전할 수 있기를 원합니다. 생명의 복음을 외치지 아니하고는 견딜 수 없는 저희의 마음이 되게 하여 주옵소서. 주님, 저희들뿐만이 아니라 많은 사람들이 영혼에 대한 타는 목마름이 있게 하여 주시고, 주님의 복음을 힘써서 전할 수 있는 전도의 도구가 되게 하여 주옵소서. 전도할 때에 저희와 동행하실 것을 믿사옵고 예수 그리스도의 이름으로 기도합니다. 아멘

봉사 모임

순종이 제사보다 낫고 듣는 것이 수양의 기름보다 낫다고 하신 주님, 오늘 저희들이 순종하는 마음으로 주님의 영광을 위하여 봉사할 수 있는 마음을 주시니 감사합니다. 한 알의 밀이 땅에 떨어져 죽을 때에 많은 열매를 거두게 된다는 진리의 말씀을 기억합니다. 저희의 봉사가 아름다운 열매로 맺혀질 수 있게 하여 주시고, 넘치는 봉사로 주님의 모습을 닮아 가며 주님의 흔적을 보여 줄 수 있는 저희 모두가 되게 하여 주옵소서. 주님의 영광을 위하여 몸을 깨뜨려 봉사할 수 있다는 것이 얼마나 영광 된 일이옵니까? 이것 저것 가리지 않고 봉사할 수 있게 하여 주시고, 부지런함으로 은혜 받은 자의 모습을 보여 줄 수 있는 저희 모두가 되게 하여 주옵소서. 혹 앞선 봉사가 남을 판단하는 기준이 되지 말게 하시고, 언제나 겸손함으로, 언제나 낮아짐으로, 언제나 성실함으로, 언제나 진실함으로 섬김의 의무를 다 할 수 있는 저희 모두가 되게 하여 주옵소서. 봉사하다가 오해를 받는 일이 발생한다 할지라도 낙심치 말게 하여 주시고, 합력하여 선을 이루시는 주님을 끝까지 바라보며 충성을 다할 수 있게 하여 주옵소서. 천국은 침노하는 자의 것이라고 하셨사오니 하늘나라의 상급을 받겠다는 믿음으로

열심히 봉사할 수 있게 하여 주옵소서. 신앙의 연조가 깊어질수록 주님께 몸을 깨뜨리는 봉사의 연조 또한 깊어지게 하실 것을 믿습니다. 저희의 몸과 마음을 주님께 영광을 돌리는 일에 사용하심을 감사하오며, 저희를 봉사의 자리로 나아가게 하신 예수 그리스도의 이름으로 기도합니다. 아멘

입시생을 위한 기도 모임

사랑의 하나님,

오늘 저희가 수능시험을 앞둔 자녀들을 위하여 기도 모임을 갖게 하여 주심을 감사드립니다. 저희들이 시험을 앞둔 자녀들을 위하여 기도하는 것은 점수를 올리기 위한 수단으로서가 아니라 시험 준비 때문에 자녀들의 신앙에 위기가 오지는 않을까 염려스러워서입니다. 사람이 계획할지라도 그 걸음을 인도하시는 분은 주님이신 것을 믿사오니 시험을 앞둔 자녀들이 먼저 주님의 의뢰할 수 있는 마음을 주시고, 시험을 핑계 삼아 주님을 멀리하는 일이 없게 하여 주옵소서. 정직한 자의 걸음을 인도하시는 주님이심을 믿습니다. 점수를 얻기 위한 수단과 방법을 찾기보다는 어떻게 하면 정직하게 준비하여 주님께 영광 돌릴 수 있을까를 먼저 고민할 수 있는 자녀들이 되게 하여 주옵소서. 심지 않은 데서 열매를 바라는 일이 없기를 원합니다. 노력한 대가만큼 결과를 얻을 수 있게 하여 주시고, 악인의 형통함을 인하여 실족하지 않게 하여 주옵소서.

자녀들이 밤잠을 자지 못하며 시험 준비를 하고 있습니다. 건강을 해치는 일이 없게 하여 주시고, 시험 준비를 하기에 앞서 모든 지식과 지혜의 근본이신 주님께 기도하는 것이 먼저이게 하옵소서.

주님을 의뢰하는 자녀들을 우리 주님께서 반드시 책임지실 것을 믿

습니다. 반드시 좋은 결과를 얻게 하여 주실 것을 믿습니다. 특별히 시험을 앞둔 자녀를 수발해 오고 있는 부모님을 기억하시고, 그 수고가 헛되거나 부끄럽게 되지 않도록 함께하여 주옵소서.

이 시간 저희들이 부르짖는 기도에도 귀 기울이시고, 기도회를 가질 때마다 기도할 이유를 점점 더 깨달아 알 수 있는 복된 시간이 되게 하여 주옵소서. 합심하여, 또는 은밀히 부르짖는 기도에 주님이 찾아오실 것을 믿사옵고 예수 그리스도의 이름으로 기도합니다. 아멘

식사 모임

공중에 나는 새를 먹이시며 들에 핀 백합화를 입히시는 하나님,

저희에게 일용할 양식을 허락하시고 건강을 주시니 감사합니다. 특별히 이 시간 식탁 교제를 나눌 수 있게 하시니 감사합니다. 먹든지 마시든지 무엇을 하든지 주님의 영광을 위해서 하라고 말씀하신 대로 언제나 주님의 영광을 의식하며 떡을 뗄 수 있는 저희 모두가 되게 하여 주옵소서. 나의 양식은 나를 보내신 이의 뜻을 행하는 것이라고 말씀하셨사오니 이 음식을 먹고 저의 지체를 불의의 병기로 사용치 않게 하여 주시고, 의의 병기로 사용하는 삶이 되게 하여 주옵소서. 저희들 모두가 이 땅에 사는 동안 먹고 마시는 일 때문에 지나친 염려함이 없게 하여 주시고, 하나님이 주신 식물을 감사함으로 받는 자가 되게 하여 주옵소서. 주님께서 굶주린 자들을 긍휼히 여기시고 먹이셨던 것처럼 제 자신만을 위해 호위호식하지 않게 하시고 의식주 때문에 고통당하고 있는 자들을 구제하는 일에 소홀히 하지 않게 하여 주옵소서. 또한 기도하옵기는 이 음식이 식탁에 오르기까지 땀 흘리며 수고한 여러 사람들에게 복을 내려 주시고, 여호와를 경외하는 자에게 합당한 열매를 맺게 하시는 주님의 은총을 경험하게 하옵소서.

오늘 저희들이 식탁 교제를 나누며 주고받는 대화 속에도 함께하셔서 모든 대화에 말없이 듣고 계신 주님을 의식하며 대화를 나눌 수 있게 하옵소서.
예수님의 이름으로 기도합니다. 아멘.

심방에 맞춘 대표기도문

전에는 세상만을 사랑하고 육신의 정욕과 이생의 안목을 위해서 살았으나 이제는 주님만을 사랑하게 하시고, 주님께 영광 돌리는 삶을 살아갈 수 있게 하여 주옵소서. 영육 간에 주님이 채워 주시는 신령한 복과 은혜를 받아 누릴 수 있게 하시고, 천국 백성의 기쁨을 누릴 수 있는 삶이 되게 하여 주옵소서….

새신자(초신자)

만백성 가운데서 택한 자를 부르시고 생명을 주신 하나님,

오늘 이 가정에 구원을 주신 주님의 은혜를 진심으로 감사드립니다. 새로 믿기로 작정한 사랑하는 ○○○성도님에게 성령 충만을 허락하여 주셔서 예수님을 믿는 기쁨이 날마다 더하여지게 하시고, 구원의 진리를 깨달아 가는 가운데 그 영혼이 날마다 새로워지게 하여 주옵소서.

이전에는 세상만을 사랑하고 육신의 정욕과 이생의 안목을 위해서 살았으나 이제는 주님만을 사랑하게 하시고, 주님께 영광 돌리는 삶을 살아갈 수 있게 하여 주옵소서. 영육 간에 주님이 채워 주시는 신령한 복과 은혜를 받아 누릴 수 있게 하시고, 천국 백성의 기쁨을 누릴 수 있는 삶이 되게 하여 주옵소서. 주님, 주님을 모르는 가족들이 있습니까? 이 가정에 구원의 은총을 허락하여 주셔서 모든 가족이 구원을 받을 수 있게 하여 주시고, 천국을 소유한 축복의 가정이 되게 하여 주옵소서. 수고의 열매도 더욱 풍성히 맺을 수 있게 하셔서 주님이 붙드시는 손길은 이 땅에서도 차고도 넘치는 복을 받아 누린다는 사실을 체험하게 하여 주옵소서. 고통의 문제가 있습니까? 주님을 의지함으

로 고통의 문제를 다루시는 주님의 손길을 체험할 수 있게 하여 주시고, 원치 않는 질병에 시달리고 있습니까? 만병의 의원이신 주님을 의지함으로 치료하시는 주님의 손길을 체험할 수 있게 하여 주옵소서. 주님의 몸 된 교회를 위해서도 귀하게 쓰임 받을 수 있는 그릇이 되게 하시고, 기도의 열매, 전도의 열매도 많이 맺을 수 있는 하늘나라의 일꾼이 되게 하여 주옵소서. 이 시간 이 가정에 축복의 말씀을 전하시는 목사님을 기억하시고, 들려주시는 말씀이 이 가정에 꼭 필요한 축복의 말씀이 되게 하옵소서. 주님의 크신 경륜을 찬양하오며 예수 그리스도의 이름으로 기도합니다. 아멘

새신자(기신자)

은혜로우신 하나님 아버지,

사랑하는 ○○○ 성도님을 저희 교회로 보내 주셔서 저희들과 함께 주님의 몸 된 교회를 섬기며 믿음의 교제를 나눌 수 있게 하심을 감사드립니다. 이 지역에 많은 교회들이 있지만 ○○○ 성도님이 저희 교회에 등록하게 된 것은 이 교회에 꼭 필요한 일꾼으로 쓰시려고 성령님이 그 마음을 주장하시고 이끄신 것을 믿습니다. 이제 저희들과 함께 ○○○ 성도님이 주님의 몸 된 교회를 섬기며 믿음 생활을 할 때에 하나님을 경험하는 삶이 되게 하시고, 시냇가에 심은 나무가 시절을 좇아 과실을 맺듯이 영육 간에 풍성한 열매를 맺을 수 있는 복된 삶이 되게 하여 주옵소서. 기도할 때마다 하나님의 능력이 깃드는 것을 경험할 수 있게 하시고, 봉사할 때마다 새 힘을 주시는 주님의 은혜를 체험케 하여 주옵소서. 주님, 이 가정에 주님을 믿지 않는 가족들이 있습니까? 구원을 문을 열어 주셔서 속히 주님을 영접할 수 있게 하여 주시고, 그리스도의 장성한 분량에까지 이를 수 있도록 축복하여 주옵소

서. 고통의 문제가 있다면 그 고통에 함께 참여하고 계신 주님의 손길을 느낄 수 있게 하시고, 질병의 아픔이 있습니까? 치료하시는 주님의 능력을 체험할 수 있게 하여 주옵소서. 생업이나 경영하는 사업도 기억하셔서 날마다 주님의 영광을 드러낼 수 있게 하여 주시고, 날마다 채우시는 주님의 은총을 경험할 수 있게 하여 주옵소서. ○○○ 성도님의 손길을 통하여 영혼이 구원되는 역사도 있기를 원합니다. 많은 사람을 주님께로 인도할 수 있는 축복의 손길이 되게 하시고, 천국의 지경을 확장시켜 나가는 믿음의 사람으로 쓰시옵소서. 오늘 이 가정에 축복의 말씀을 전하시는 목사님을 기억하시고 성령의 능력으로 함께 하여 주셔서 이 가정에 꼭 필요한 생명의 말씀이 되게 하여 주옵소서.

주님의 섭리하심을 찬양하오며 예수 그리스도의 이름으로 기도합니다. 아멘.

이사(장막을 줄인 이사)

자비로우신 하나님 아버지,

언제나 이 가정과 함께하여 주셔서 어렵고 힘든 가운데서도 믿음으로 달려갈 수 있도록 인도하여 주시니 감사합니다. 열악한 환경이지만 환경을 바라보지 아니하고 주님을 바라볼 수 있도록 하시니 얼마나 감사한 일이옵니까? 잃어버린 것이 많을지라도 주님만큼은 잃어버리지 않은 것을 인하여 기뻐할 수 있게 하여 주시고, 생채기 난 마음을 어루만지시는 주님의 따뜻한 손길을 인하여 위로를 얻게 하여 주옵소서. 주님, 환경은 결코 넘어짐의 대상이 아님을 믿습니다. 환경은 극복하라고 저희에게 허락하신 것임을 믿습니다. 지금의 상황이 육신의 눈으로 보기에 최악이라 할지라도 머리 둘 곳 없이 사셨던 주님을 생각하며 용기를 얻게 하여 주시고, 더 낮은 곳으로 찾아오시는 주님의 손길을 체험할 수 있게 하여 주옵소서. 사도바울의 고백과 같이 예수님만 모시고 있으면 근심하는 자 같으나 항상 기뻐하고 가난한 자 같으나 많은 사람을 부요하게 하고 아무 것도 없는 자 같으나 모든 것을 가진 자임을 믿습니다.(고후 6:10) 어렵고 힘든 상황과 한계를 뛰어넘는 신앙으로 승리하게 하실 것을 믿습니다. 또한 회복의 은혜를 더하여 주셔서 때를 따라 회복케 하시는 주님의 은총을 경험하게 하옵소서. 오늘 목사님이 들려주시는 말씀을 통하여 심령의 큰 위로를 얻게 하시고, 말씀에 힘을 얻어 변함없이 주님을 섬길 수 있게 하여 주옵소서. 심령이 가난한 자를 복 있게 하시는 예수 그리스도의 이름으로 기도합니다. 아멘

이사(장막을 넓힌 이사)

은혜가 풍성하신 하나님 아버지,

오늘 ○○○ 성도님이 장막을 넓혀 새로운 곳으로 이사하게 하심을 감사합니다. 그동안 주님의 뜻대로 살기를 소망하며 주님의 몸 된 교회를 위하여 봉사한 중심을 보시고 주님 베푸신 축복임을 믿습니다. 이제 이 가정에 이전보다 더 나은 장막을 주셨사오니 주님의 베푸신 은혜와 축복을 기억하여 더욱 진실되게 마음을 다하여 주님을 섬길 수 있는 손길이 되게 하여 주옵소서. 또한 이 새로운 장막을, 육신을 위한 장막으로만 삼을 것이 아니라 주님의 장막을 넓히는 데 도구로 사용할 수 있게 하시고, 이 장막 안에 주님의 교회를 세울 수 있는 장막이 되게 하여 주옵소서. 항상 주님을 향한 찬송이 끊이지 않는 장막이 되게 하시고, 감사가 멈추지 않는 장막이 되게 하여 주옵소서. 이곳을 통하여 더욱 가정 천국을 만들어 갈 수 있게 하시고, 하나님의 임재하심을 경험할 수 있는 처소가 되게 하여 주옵소서. 모든 가족들의 믿

음이 더욱 반석 위에 세워질 수 있게 하시고, 시절을 따라 맺는 열매도 풍성하게 하여 주옵소서. 주님이 이 가정에 목자가 되시기를 원합니다. 앞으로도 주님이 이끄시는 대로만 따라갈 수 있는 가정이 되게 하여 주옵소서. 오늘 목사님을 통하여 주시는 축복의 말씀 듣고 하나님의 은혜와 사랑을 또 한 번 느낄 수 있게 하시고, 많은 사람을 부요케 할 수 있는 복 있는 손길로 살게 하여 주옵소서. 이 집을 출입하는 자마다 주님의 다스리심을 경험하게 하시고 주님의 영광을 보게 하실 것을 믿사옵고 예수 그리스도의 이름으로 기도합니다. 아멘

입주

은혜로우신 하나님 아버지,

이 가정을 지켜 주셔서 부족함 없이 살아가게 하시니 감사합니다. 또한 아름답고 사랑이 넘치는 가정이 되게 하여 주심도 감사합니다. 특별히 감사하옵는 것은 이 가정이 주님이 주신 새로운 장막으로 입주하여 먼저 주님께 감사 예배를 드리게 하시고 영광을 돌릴 수 있게 하시니 감사합니다.

이제껏 붙드시고, 인도하시고, 축복하신 하나님께서 앞으로도 이 가정과 함께하실 것을 믿습니다. 이제 새로운 집에 입주하였사오니 주님을 더 잘 섬길 수 있는 복된 가정이 되게 하여 주시고, 주님을 더욱 사랑하고 주님의 말씀을 더욱 가까이 할 수 있는 가정으로 이끌어 주옵소서. 그리하여 입주하기 전보다 더욱 성숙된 신앙생활이 되게 하여 주시고, 주님을 기쁘시게 하는 자로 쓰임 받게 하여 주옵소서.

주님, 이 가정에 계획하고 있는 일들이 있습니까? 우리 주님이 그 계획을 만져 주셔서 주님의 영광을 나타낼 수 있게 하시고, 선한 열매를 맺게 하여 주옵소서. 또한 이 가정에 예배와 찬송이 늘 가득하고 주

안에서 형제자매들을 즐거이 대접하는 복된 처소가 되게 하여 주옵소서. 이 집이 육신의 장막뿐 아니라 신앙의 집으로도 아름답게 세워지고 쓰임 받게 하여 주옵소서. 새집 증후군이 있습니다. 면역력을 강화시켜 주셔서 잘 적응할 수 있게 하여 주옵소서. 이웃과 좋은 사귐이 있게 하여 주시고, 전도할 수 있는 문도 열어 주옵소서. 목사님이 오늘 이 가정을 위하여 준비하신 말씀이 이 가정에 기쁨이 되게 하시고, 축복이 되게 하여 주옵소서.

이 가정의 호주가 되시는 예수 그리스도의 이름으로 기도합니다.

사업(출발)

복의 근원이신 하나님 아버지,

이 가정에 새로운 사업을 시작하게 하심을 감사드립니다. 이 사업을 시작하게 하신 이는 주님이심을 굳게 믿기에 먼저 주님께 감사의 예배를 드립니다. 이 예배를 받으시고 이 새로운 사업을 반석 위에 든든히 세워 주시옵소서. 사람의 계획이 제아무리 완벽한들 어찌 하나님의 지혜에 견줄 수 있겠사오리까. 이제 이 사업을 경영하는 동안 세상의 방법과 자신의 경험과 실력보다 주님의 지혜를 더 의지하게 하시고, 항상 이 사업을 이끌고 계시는 주님의 능력을 체험하는 경영이 되게 하여 주옵소서.

"너희 행사를 여호와께 맡기라. 그리하면 너의 경영하는 것이 이루리라."(잠 16:3) 말씀하셨사오니 하나님께 모든 것을 맡길 수 있게 하여 주시고, 하나님의 말씀을 잘 지킬 수 있게 하여 주옵소서. 사업을 할 때에 물질관이 철저해야 주님께서 복을 내려 주심을 믿습니다. 물질의 범죄함이 없게 하여 주시고, 주님께 드릴 물질을 잘 구분하여 드릴 수 있는 손길이 되게 하여 주옵소서.

이 사업도 주님이 주신 성직인 줄 믿습니다. 육신의 이득보다 주님의 영광을 먼저 생각할 수 있게 하셔서 주님께 영광 돌릴 수 있는 사업이 되게 하여 주시옵소서. 이 사업장에 예배가 끊어지지 않기를 원합니다. 하루의 사업을 시작할 때나 마무리할 때 주님을 향한 예배가 있게 하시고, 사업체의 주인이 주님이심을 나타낼 수 있는 복 있는 경영이 되게 하여 주옵소서.

사업을 하다 보면 뜻하지 않은 어려움도 발생할 것인데 그때마다 무릎 꿇어 기도할 수 있게 하시고, 합력하여 선을 이루시는 주님을 바라보며 담대히 나아갈 수 있게 하여 주옵소서. 세상 사람들은 사업을 지식과 경험과 인맥으로 하겠지만 그리스도인들은 주님을 의지하는 무릎으로 하는 것임을 보여 줄 수 있게 하옵소서. 목사님이 전하시는 말씀 속에서도 주님의 음성을 듣게 하실 것을 믿사옵고 예수 그리스도의 이름으로 기도합니다. 아멘

사업(경영)

광야에서 물이 솟게 하시고 사막에서 시내가 흐르게 하시는 하나님 (사 35:6,7).

이 가정의 사업을 이끌어 주셔서 주님께 영광을 돌릴 수 있게 하여 주시니 감사합니다. 이 사업을 경영하면서 오직 하나님께 맡기고자 하는 그 중심을 기억하고 계신 줄 믿습니다. 주님이 이 사업을 붙드셔서 악한 권세가 틈타지 않게 하여 주시고, 언제나 형통의 길로 인도하시는 주님의 은총을 덧입게 하여 주옵소서. 오늘보다 내일이, 내일보다 모레가 더 나은 결과를 얻게 하시고, 매 순간마다 사업을 이끌고 계시는 주님의 손길을 체험할 수 있게 하여 주옵소서. 이 사업장에 속한

근로자들도 기억하시고, 주인의식을 가지고 내 일처럼 열심히 하게 하여 주시고, 경영자와 근로자들 간에 불협화음이 없도록 모든 불의를 막아 주시기를 원합니다. 근로자 간에도 서로 화목할 수 있게 하여 주시고, 서로의 애로사항을 살피며 가족 이상의 친밀감을 갖게 하여 주옵소서. "너의 행사를 여호와께 맡기라"(잠16:3)고 하셨사오니 항상 하나님께 맡기는 겸손의 모습이 이 경영하는 사업에서 떠나지 않게 하여 주옵소서.

사업의 이윤을 선한 사업에 투자할 수 있게 하셔서 주님의 마음을 보여 줄 수 있는 사업이 되게 하시고, 이 세상에 빛과 소금의 역할을 감당할 수 있는 사업이 되게 하여 주옵소서. 목사님을 통하여 축복의 말씀을 듣게 되었사오니 겸손한 마음으로 받게 하시고, 사업에 적용할 수 있는 말씀이 되게 하옵소서. 이 사업을 경영하시고 이루시는 예수 그리스도의 이름으로 기도합니다. 아멘

사업(실패)

소망의 하나님,

우리의 힘이 되시는 분은 주님밖에 안 계시기에 주님을 의지합니다. 어려운 가운데서도 주님의 섭리하심을 바라보며 예배를 드릴 수 있게 하시니 감사합니다. 상한 마음을 위로하시고 상처 난 심령을 싸매 주시옵소서. 이 순간 세상 사람들은 실족하여 넘어졌을 것이오나 하나님의 자녀이기에 마음을 추스렸습니다. 위기의 때에 주님을 바라보고 의지하는 심령을 놓치지 마시고 크신 긍휼을 베풀어 주옵소서. 잘될 때보다 안 될 때 더욱 가까이 계신 주님을 느낄 수 있게 하시고, 평안할 때보다 어려울 때 주님의 세미한 음성을 들을 수 있게 하여 주옵소서. 마음이 한없이 힘들겠지만 소망의 끈을 놓지 않게 하여 주시

고, 실패를 통하여 하나님께서 깨달음을 주시는 것이 무엇인지 살필 줄 아는 분별력이 있게 하여 주옵소서. 욥과 같은 신앙이 필요한 줄 압니다. "주신 자도 여호와시요 취하신 자도 여호와시오니 여호와의 이름이 찬송을 받으실지니이다."(욥 1:22) 찬송할 수 있게 하시고, 실패의 뒤에 서 계신 주님을 바라보게 하여 주옵소서. 이런 때일수록 가족들이 사랑과 믿음으로 하나가 되는 것이 중요함을 깨닫습니다. 주님을 믿고 섬기는 자, 시련은 있을지라도 실패는 없음을 깨달아서 이 어려움의 때를 잘 이기고 나갈 수 있도록 새 힘을 더하여 주옵소서. 오늘 목사님이 들려주시는 말씀이 이 가정에 주시는 소망의 말씀이 되게 하시고, 회복과 치유의 말씀이 되게 하여 주시옵소서. 우리를 체휼하시는 예수 그리스도의 이름으로 기도합니다. 아멘

개업

사랑이 많으신 하나님 아버지,

오늘 이 가정이 새로운 사업을 준비하여 개업을 하게 되었습니다. 가게의 문을 열기 전에 먼저 개업 예배를 드릴 수 있도록 함께하심을 감사드립니다. 그동안 이 사업의 터전을 마련하기 위하여 힘든 과정이 있었지만 믿음으로 잘 이겨 낼 수 있게 하시고, 믿음의 결과를 보게 하시니 감사드립니다. 오늘부터 개업하는 이 가게를 우리 주님이 붙드실 것을 믿습니다. 수고에 합당한 열매가 주어질 수 있게 하시고, 아름다운 소문이 잘 나게 하여 주셔서 손님의 발걸음이 끊어지지 않는 생업이 되게 하여 주옵소서.

이 가게의 주인은 주님이심을 잊지 않기를 원합니다. 정직과 진실함으로 이 가게를 운영해 나갈 수 있도록 지혜를 더하여 주시고, 주님을 섬기는 주님의 백성임을 늘 의식하며 사업을 하게 하여 주옵소서.

이 일도 하나님이 주신 귀한 성직임을 깨닫게 하셔서 이 곳을 통하여 영적인 열매도 풍성히 맺을 수 있도록 도와주시옵소서. 수고의 열매 가운데 주님의 것은 정직히 떼어서 주님께 드릴 수 있게 하여 주시고, 범사에 하나님의 주권을 인정하는 믿음이 이 가게의 큰 자산이 되게 하여 주옵소서. 가게를 운영하다 보면 어려움도 만나게 될 것입니다. 그때마다 좌절하지 않고 주님께 더 가까이 나아가 부르짖을 수 있는 믿음이 되게 하여 주옵소서. 가게 때문에 주일을 범하는 일이 없게 하여 주시고, 주님의 날은 주님께 정직하게 돌릴 수 있도록 이끌어 주옵소서.

이제 시작하오니 우리 주님이 형통케 하실 것을 믿습니다. 큰 복으로 채워 주실 것을 믿습니다. 주님의 영광을 드러내게 하실 것을 믿습니다. 오늘 축복의 말씀을 준비하신 목사님을 기억하시고, 그 말씀이 이 사업을 하는 동안 이 가게를 운영하는 중심이 되게 하여 주옵소서. 좋은 것으로 채워 주시는 예수 그리스도의 이름으로 기도합니다.

잉태

생명의 하나님,

이 가정을 축복하여 주셔서 새 생명을 잉태하게 하심을 감사드립니다. 하나님께서 이 가정에 이 좋은 기쁨을 주셨사오니 새 생명을 허락하신 하나님께 감사할 수 있게 하시고, 주님께 나아갈 때도 기쁨으로 나아갈 수 있게 하여 주옵소서. 이제 열 달 동안 품고 있을 때에 태아에게 하나님의 말씀을 많이 들려줄 수 있게 하여 주시고, 찬송과 기도도 많이 들려줄 수 있게 하여 주옵소서. 믿음도 유전된다는 것을 기억하여서 태아 때부터 신앙의 교육을 놓치지 않게 하여 주시고, 아이를 믿음으로 품을 수 있게 하여 주옵소서. 특별히 태아를 품고 있는 ○○○ 성도에게 건강을 허락하여 주셔서 품고 있는 새 생명이 건강하게 자랄 수 있게 하여 주옵소서. 태아를 위하여 말하는 것이나 행동하는 것이나 조심할 수 있게 하여 주시고, 태아를 출산하기까지 주님의 은혜와 사랑만 품을 수 있게 하여 주옵소서. 남편과 가족들에게도 함께하여 주셔서 태아를 품은 산모를 위하여 기도할 수 있게 하여 주시고, 태아에게 안 좋은 영향이 미치는 것을 하지 않도록 도와주시옵소서. 새 생명을 출산하기까지 주의 성령께서 함께하셔서 산모와 태아를 지키실 것을 믿사옵고 예수 그리스도의 이름으로 기도합니다. 아멘

힘든 잉태

하나님 아버지,

참으로 하나님의 은혜를 감사합니다. 이 가정에 그토록 기다려 왔던 태의 열매를 주셔서 얼마나 감사한지요. 그동안 산모가 마음고생을 했던 것을 생각하면 눈물밖에 나지 않을 것입니다. 참으로 오랫동안 아이가 잉태되지 않아 죄인 아닌 죄인이 되어 하루하루를 숨죽이며 살아왔는데 연약한 여인의 서글픈 기도를 외면치 아니하시고 웃음과 기쁨을 주시니 감사합니다. 이 넘치는 마음의 기쁨을 무엇으로 표현할 수 있겠습니까? 그저 눈물만 하염없이 흐를 뿐입니다. 이제 아픔이 변하여 기쁨이 되게 하셨사오니 앞으로 이 가정에 모든 시름을 잊을 수 있는 기쁨의 일들만 넘치게 하옵소서. 웃게 하신 하나님, 계속 웃음이 떠나지 않는 가정이 되게 하실 것을 믿습니다. 오랜 기다림 끝에 얻게 된 새 생명이오니, 태중의 아이를 감사함으로 품을 수 있게 하시고, 신앙적으로 태교를 잘 할 수 있도록 지혜를 더하여 주옵소서. 태중의 아이도 부모의 말을 듣고 있다는 것을 기억하여 거친 언어나 불

필요한 말을 삼가게 하시고, 주님의 말씀을 태반에 심을 수 있게 하여 주옵소서. 아이를 출산하기까지 산모의 건강을 지켜 주시기를 원합니다. 걱정 근심이 없게 하여 주시기를 원합니다. 평안한 길로 이끄셔서 탄생의 신비를 경험할 수 있게 하여 주시고 주님께 넘치는 감사를 드릴 수 있게 하여 주옵소서. 이제 이 태아뿐만 아니라 이 가정에 태의 복을 더 허락하실 것을 믿습니다. 한나에게 허락하셨던 태의 복을 이 가정에도 허락하여 주셔서 주의 기업을 잇는 가정이 되게 하여 주옵소서. 오늘 축복의 말씀을 전하시는 목사님을 기억하시고, 큰 위로와 용기가 되는 말씀이 되게 하여 주옵소서. 예수 그리스도의 이름으로 기도합니다. 아멘

출산

자식은 여호와의 주신 기업이요, 태의 열매는 그의 상급이라고 하신 하나님,

이 가정에 귀한 생명을 선물로 주시고 주님의 은혜로 순산할 수 있게 하여 주시니 감사합니다. 새 생명의 탄생을 어찌 이 세상의 그 무엇과 감히 비교할 수 있겠사오리까? 산모는 물론 이 가정과 저희 모두에게 생명의 축복을 주신 하나님께 다시 한번 감사의 기도를 올립니다.

주님, 산모와 이 어린 생명 위에 건강의 복을 내려 주시옵소서. 예수님과도 같이 그 지혜와 그 키가 자라가며 하나님과 사람에게 더 사랑스러워 가게 하옵소서(눅 2:52). 이 아이로 말미암아 이 가정에 기쁨과 화목이 넘치게 하시되 하나님 앞에서 우상과 같은 존재가 되지 않게 하옵소서. 탄생의 신비와 생명의 신비스러움을 통하여 창조주 하나님을 찬양하는 가정이 되게 하여 주옵소서. 이 어린 심령이 부모의 신앙으로 인하여 날 때부터 주님께 맡긴 바 되었사오니, 주님께서 이 아이

의 평생 동안 동행하여 주시고 그 삶을 인도하여 주옵소서.

해산의 고통을 겪은 산모에게도 함께하셔서 그동안 주님이 주신 귀한 생명을 태 속에서 정성껏 키우느라 심신이 피곤한 줄 압니다. 빠른 시일 내에 회복할 수 있도록 은총을 더하여 주시고, 강건함이 넘치게 하옵소서.

아이를 양육하되 자녀를 위한 눈물의 기도를 잊지 않게 하여 주시고, 자녀에게 말씀을 먹이는 일을 쉬지 않게 하여 주옵소서.

이 가정에 기업의 축복을 허락하신 예수 그리스도의 이름으로 기도합니다. 아멘

신혼가정

창세로부터 가정의 제도를 세워 주신 하나님 아버지,

이제 ○○○ 성도에게 새로운 가정의 보금자리를 마련해 주시니 감사합니다. 주님의 섭리하심 가운데 이루어진 가정입니다. 젊은 이 부부에게 가정의 소중함을 깨닫게 해 주셔서 언제나 하나님이 원하시는 가정을 만들 수 있게 하시고, 주님께 영광 돌리는 가정을 세울 수 있게 하여 주옵소서. 믿음으로 출발한 가정입니다. 이 가정을 더욱 굳건한 믿음 위에 세워 주셔서 젊을 때에 주님을 위하여 아름답게 쓰임 받을 수 있게 하시고, 미래에 계획하는 모든 일들 속에서 주님의 뜻을 담아낼 수 있는 삶을 살 수 있게 하여 주옵소서. 주님의 몸 된 교회를 위해서도 아름다운 충성자가 되게 하여 주시고, 믿음의 덕을 세워 갈 수 있는 복된 가정이 되게 하여 주옵소서. 어떠한 사단의 세력도 이 신혼 가정의 평화와 질서를 깨뜨리지 못하게 하시며 하나님께서 이 가정의 호주가 되셔서 주의 날개 아래 안전하게 거할 수 있게 하여 주옵소서. 20년이 넘는 세월을 서로 다른 환경 속에서 성장해 왔습니다. 의견의

불일치와 사소한 다툼이 있을지라도 서로가 이해하며 양보하는 가운데 행복한 가정생활을 이루어 나갈 수 있도록 하여 주옵소서.

특별히 간구하옵기는 이 가정에 거룩한 자손의 복을 허락하시고 자녀문제로 인하여 염려하는 일이 없게 하시며, 위로는 하나님을 경외하며 또한 부모님께 효도하는 자손을 허락하여 주옵소서. 두 부부가 브리스길라와 아굴라 부부처럼 주의 일에 충성을 다할 수 있게 하시고, 주의 거룩한 길을 걸어갈 수 있게 하옵소서. 주님만 모시는 아름다운 가정을 가꾸게 하실 것을 믿사옵고 예수 그리스도의 이름으로 기도합니다. 아멘

면회(교도소)

온유하신 주님,

저희가 지금 사랑하는 ○○○ 형제를 면회하고 위하여 기도합니다. 주님이 택하신 귀한 아들이며 저희와 주 안에서 한 몸을 이룬 ○○○ 군을 기억하시옵소서. 나라 법에 따라 죄 값을 치루기 위하여 선고된 기간 동안 이곳에 있게 되었사오니 먼저 건강을 주시고 마음의 평안을 허락하여 주옵소서. 그가 부지중에 저지른 일로 인하여 잠시 영어(囹圄)의 몸이 되었으나 그의 중심에는 주님 뜻대로 살려고 했던 믿음이 있었음을 기억합니다. 일생을 걸어가는 동안 인생의 항로에 이번과 같은 경험은 불행이 아니라 훌륭한 교훈을 얻을 수 있는 기회가 되게 하시고, 주어진 역경을 선용할 수 있는 지혜를 갖추는 계기가 되게 하여 주옵소서. 마음대로 할 수 없는 이때에 다시금 주님의 사람으로 거듭나기 위하여 말씀을 묵상할 수 있게 하시고, 고독과 외로움이 밀려올 때마다 주님과의 교통을 위하여 겸손히 무릎 꿇을 수 있는 신앙적 자세가 있게 하여 주옵소서. 결코 좁은 마음이나 원망스러운 생각이

나 자포자기의 마음이 들지 않게 하시고, 마음을 잘 정돈하여 여유 있는 품성을 이루는 기회로 삼게 하옵소서.

우리 주님은 의인을 위해 오신 것이 아니라 죄인을 위해 오셨다고 말씀하셨나이다. 저와 형제는 다 같이 하나님 앞에서 죄인임을 깨닫습니다. 저희들을 불쌍히 여기시고 예수 그리스도로 인하여 새 사람이 되게 하여 주옵소서. 아무쪼록 이 형제와 함께하시고, 속히 여기서 나와 훌륭한 사회인과 신앙인으로 일할 수 있도록 도와주시옵소서. 죄인을 사랑하시고 용서하시기를 기뻐하시는 예수 그리스도의 이름으로 기도합니다. 아멘

면회(군)

사랑의 하나님,

사랑하는 ○○○ 군이 군에 입대하여 군 생활을 잘 할 수 있도록 이끄심을 감사드립니다. 젊을 때에 나라를 위하여 봉사할 수 있다는 것이 얼마나 큰 축복이요 소중한 특권입니까? 기쁘고 즐거운 마음으로 군복무에 최선을 다할 수 있게 하시고, 동료 사병들에게도 귀감이 될 수 있는 군 생활이 되게 하여 주옵소서. 교육과 훈련에도 적극적으로 임할 수 있게 하시고, 맡겨진 의무와 책임에 대해서는 성실히 감당할 수 있도록 도와주시옵소서. 권세자에게 복종하라 하셨사오니 상관의 명령에는 복종할 수 있는 마음을 주시고, 속상한 일이 발생할 때에는 주님의 말씀으로 마음을 잘 다스릴 수 있도록 도와주시옵소서. 군 생활에서 가장 필요한 것은 건강인 줄 압니다. 우리 주님이 ○○○ 군의 건강을 지켜 주셔서 주어진 복무 기간 동안 훌륭한 군인으로서의 의무를 다할 수 있도록 도와주시옵소서. 또한 그동안 잊고 있었던 조국에 대한 사랑도 넘쳐나게 하시고, 서로를 아끼고 용납하고 품어 주는

이해력도 넓히는 계기가 되게 하여 주옵소서. 주님을 섬기는 ○○○ 군입니다. 한시도 주님을 잊는 일이 없게 하시고, 주님을 알지 못하는 동료들에게도 복음을 전할 수 있는 전도자가 되게 하여 주옵소서. 혈기 왕성함을 인하여 충동에 빠지는 일이 없게 하시고, 강한 인내력과 절제력을 주셔서 그 어떤 불미스러운 일에도 걸려 넘어지지 않게 하옵소서. 사랑하는 ○○○ 군을 위하여 뒤에서 기도하고 있는 부모를 기억하시고, 지나친 염려와 걱정에 사로잡히지 않도록 평안의 복을 더하여 주옵소서. ○○○ 군이 성공적인 군복무를 하게 될 때에, 그 뒤에 부모의 기도가 있다는 것을 잊지 말게 하여 주시고, 부모의 기도가 자신의 군복무를 이끌고 있음을 잊지 않게 하여 주옵소서. 하나님을 경외하는 마음으로, 주님을 사랑하는 마음으로 군 생활을 잘 마칠 수 있게 하여 주옵소서. ○○○ 군의 영원한 보호자가 되시는 예수 그리스도의 이름으로 기도합니다. 아멘

병원

자비하시고 전능하신 하나님 아버지,

우리 하나님은 저희의 형편과 처지를 아시고 저희의 기도를 들으시며, 축복하여 주시기를 기뻐하시는 아버지이신 줄 믿나이다. 지금 사랑하는 ○○○ 성도의 병상에 둘러서서 ○○○ 성도의 건강을 위해 기도합니다. 전능하신 손을 펴셔서 ○○○ 성도를 만져 주시고 그 마음에 위로를 더하여 주옵소서. 고통에도 하나님의 뜻이 있음을 깨닫게 하셔서 모든 낙심되는 것과 고독함과 슬픈 생각을 멀리하여 주옵소서. 하나님의 크신 사랑과 전능하신 능력을 믿게 하시며, 합력하여 선을 이루시는 주님을 의지함으로 소망과 용기를 갖게 하옵소서. 우리 주님은 주를 의뢰하는 자의 마음을 아시며, 또 육체를 아시나이다. 주님

께서 손수 사람을 지으셨기에 사람의 병든 부분과 그 정황을 잘 아시오며, 또 낫게 하실 권능도 소유하고 계시오니 치료의 광선을 발하여 주셔서 아픈 곳이 깨끗이 치료되는 은총을 더하여 주옵소서. ○○○ 성도가 할 일이 많습니다. 병상을 오래 의지하는 일이 없게 하시고, 속히 병상에서 일어나 주님께 충성하고 주님의 몸 된 교회를 위하여 봉사할 수 있도록 인도하여 주옵소서.

믿음의 교우들도 ○○○ 성도를 위하여 기도하고 있사오니 그 기도가 헛되지 않도록 이끄실 것을 믿습니다. 이 병원에서 수고하고 있는 의사와 간호원들에게도 복을 더하여 주셔서 기술로 병인을 대하는 것이 아니라 사랑으로 병인을 대할 수 있게 하시고, 사랑의 손길로 병인의 마음을 살피고 헤아릴 수 있는 손길들이 되게 하여 주옵소서. 오늘 목사님이 들려주시는 말씀에 큰 위로와 용기를 얻게 하시고, 말씀을 통하여 치료하시는 주님의 능력을 체험하게 하여 주옵소서. 예수 그리스도의 이름으로 기도합니다. 아멘

일반적인 수술

언제나 함께하시는 하나님,

병마에게 빼앗겼던 육체를 다시 회복하기 위하여 수술을 받으려고 합니다. 수술을 앞두고 두려운 마음을 감출 길 없사옵니다. 그러나 성령께서 우리와 함께 계시오니 평안의 매는 줄로 굳게 잡아 주실 것을 믿습니다. 수술의 모든 과정을 주님께 맡깁니다. 수술이 성공적으로 이루어질 수 있도록 성령께서 친히 주장하여 주옵소서. 주님, 생명을 다루는 일입니다. 수술을 집도하는 의사와 그 곁에서 돕는 간호사들에게도 함께하여 주셔서 환자의 생명이 자신들의 손끝에 달려 있다는 것을 인식하고 진지한 마음으로 수술을 집도하게 하여 주옵소서. 수

술하는 매 순간마다 생명을 살려야 한다는 절박한 심정을 가지고 최선을 다할 수 있게 하시고, 조금의 실수도 결코 용납해서는 안 된다는 정신으로 사람의 육체를 다룰 수 있게 하여 주옵소서.

가족들 위에도 불안한 마음을 없애 주시고, 평안의 복을 더하여 주시기를 원합니다. 이제껏 사랑하는 ○○○ 성도를 위하여 눈물로 기도하고, 정성껏 간호한 것이 하나님 앞에서 결코 헛되지 않음을 깨닫게 하시고, 기적을 베푸시는 하나님의 손길이 어떤 것인지를 확실히 체험하는 계기가 되게 하여 주옵소서. 혹 받아들이기 어려운 결과가 있을지라도 실족하지 않게 하시고, 하나님을 경외하는 자에게 복을 주시되 넘치도록 얻게 하신다는 것을 믿고 끝까지 주님을 바라보게 하옵소서.

생명을 주신 분이 하나님이신 것을 믿기에 생명을 살리시는 분도 주님이심을 믿습니다. 원하옵기는 수술이 빠르게 진행될 수 있게 하시고, 성공적인 수술이 될 수 있도록 도와주시옵소서. 생명의 주인이신 주님께 맡깁니다. 수술대 위에 오르는 ○○○ 성도를 주님의 강한 손으로 꼭 붙드실 것을 믿사옵고 생명의 주인이 되시는 예수 그리스도의 이름으로 기도합니다. 아멘.

갑작스런 수술

천지만물과 인간의 영혼과 육신을 창조하신 하나님 아버지,

놀란 가슴이 아직도 진정되지 않습니다. 그러나 합력하여 선을 이루시는 주님의 섭리하심을 바라보며 받은 충격을 애써 지워 봅니다. 주님의 선하신 손길을 멈추지 마옵소서. 주님의 큰 뜻을 알아갈 수 있도록 깨닫는 마음을 주옵소서. 감사할 수 있도록 도와주시옵소서.

이제 주께서 사랑하시는 ○○○ 성도가 갑작스런 사고로 말미암아

수술을 하게 되었습니다. 생명의 위협을 받지 않도록 지켜 주신 하나님께 감사와 영광을 돌립니다. 이제 수술에 들어갈 터인데 생명을 지키신 하나님께서 수술의 과정도 지키실 것을 믿습니다. 수술을 집도하는 것은 의사이지만 저들의 손을 친히 주장하고 움직이는 것은 주님이심을 믿습니다. 수술이 성공리에 마칠 수 있도록 우리 주님께서 매 순간마다 간섭하여 주옵소서.

갑작스럽게 닥친 고통으로 인하여 가족들이 적잖은 충격을 받았사오니 놀란 가슴을 어루만져 주시고 평안의 복을 더하여 주옵소서. 슬픔이 변하여 기쁨이 되게 하시고, 충격이 변하여 소망이 되게 하여 주옵소서. 이 일로 인하여 언제나 간섭하시는 주님의 사랑을 느낄 수 있게 하여 주시고, 생명을 붙들고 계시는 주님의 은총을 경험할 수 있게 하옵소서.

수술을 한 후에 건강이 빠른 속도로 회복될 수 있게 하시고, 수술의 후유증으로 어려움 당하지 않도록 도와주시옵소서. 재수술해야만 하는 일이 없도록 막아 주시고, 건강한 몸으로 다시 주님께 충성할 수 있도록 도와주시옵소서. 수술은 의사가 하지만 환부를 아물게 하시며 낫게 해 주시는 분은 주님이신 줄 믿사오니 믿음대로 응답하여 주옵소서. ○○○ 성도를 주님의 능력의 손에 의탁하오며 예수 그리스도의 이름으로 기도합니다. 아멘

장기 입원

사랑이 많으시고 거룩하신 하나님 아버지,
예수 그리스도 안에 있는 사람은 누구든지 영혼이 잘됨같이 범사가 잘되고 강건하며 생명을 얻되 넘치도록 풍성히 얻는 삶을 살게 하여 주신다는 사실을 조금도 의심치 않나이다.

간구하옵기는 오래도록 병상에서 병마와 씨름하고 있는 ㅇㅇㅇ 성도를 긍휼히 여기셔서 치료와 회복의 은총을 더하여 주시기를 원합니다. 너무나 많은 세월을 병마에 시달리고 있습니다. 쉽게 치료되지 않는 질병을 놓고 주님을 얼마나 많이 찾았겠습니까? 주님의 이름을 얼마나 많이 불렀겠습니까? 그 연약한 육신으로 흘린 눈물이 얼마나 많았겠습니까? 병마에 시달려 초라해진 영혼을 불쌍히 여기시고 어서 속히 이 병상에서 일으켜 주시옵소서. 주님의 뜻이 어디에 있는지 무지한 저희는 알 수가 없사오나 믿음의 기도는 병든 자를 구원한다는 주님의 말씀을 붙들고 오늘도 기도합니다. 전과 같이 건강함을 되찾아 주님을 위하여 건강하게 쓰임 받다가 주님 품에 안길 수 있게 하여 주옵소서. 주님이 아시다시피 아직은 젊습니다. 주님을 위해서나 사회를 위해서 아직도 할 일이 많은 사람이고 얼마든지 주님을 높이는 삶을 살 수 있는 사람입니다. 때가 아닌 줄 아오니 이 병상에서 일으켜 주옵소서.

ㅇㅇㅇ 성도의 빈자리가 너무 커서 온 교우가 합심하여 기도하고 있습니다. 온 교우가 살아 계신 하나님을 만날 수 있도록 은총을 더하여 주시고, 못하실 일이 전혀 없으신 주님의 권세를 인하여 생명 되신 주님을 찬양할 수 있도록 역사하여 주옵소서. 특별히 간호에 마음을 쏟고 있는 가족들을 기억하시고, 오랜 간호로 인하여 마음이 지쳐 있는 줄 아오나 끝까지 치료의 주님을 바라보게 하시고, 소망의 하나님을 붙들 수 있게 하여 주옵소서. 경제적으로도 매우 어렵습니다. 돕는 손길을 붙여 주셔서 이 고통의 때에 그 고통 속에 함께 참여하고 계신 주님의 사랑을 느낄 수 있게 하여 주옵소서. 만병의 의원이신 예수 그리스도의 이름으로 기도합니다. 아멘

불치병

전능하신 하나님 아버지,
하나님의 하시는 일은 가장 놀랍고 지으신 모든 것을 사랑하시는 줄을 아옵고 감사드립니다. 주님, 질병으로 인하여 고통당하고 있는 ○○○ 성도를 위하여 기도합니다. 아픔과 괴로움 속에서 신음하고 있사오니 불쌍히 여겨 주셔서 치료의 은혜를 베풀어 주옵소서. 이제껏 흔들리지 아니하고 믿음의 길을 잘 달려왔는데 질병 앞에 맥없이 쓰러져 신음하고 있나이다. 그러나 신음 중에도 주님의 이름만 부르고 있고, 고통 중에도 주님만 찾고 있사오니, 주님께로만 마음이 향하고 있는 ○○○ 성도를 병상에서 일으켜 주옵소서. 그동안 주님의 몸 된 교회를 위하여 얼마나 열심히 봉사했는지 모릅니다. 그 바쁜 일 가운데서도 그 피곤함 가운데서도 주님을 위한 일이라면 기꺼이 몸을 깨뜨려 헌신하고자 했던 ○○○ 성도입니다.

"나는 너희를 치료하는 여호와임이니라"(출 15:26) 말씀하셨사오니 이제껏 주님을 위하여 살기를 힘써 온 ○○○ 성도를 고쳐 주옵소서. 전과 같이 건강함을 되찾아 주님의 일에 더욱 정진할 수 있도록 은총을 베풀어 주옵소서. 모든 주권이 주님께 속해 있사오니 치료와 복으로 함께하여 주옵소서. 하나님의 살아 계심을 다시 한번 체험하게 하시고, 주님만을 위하여 살아온 자의 말로가 초라하게 끝나지 않게 하여 주옵소서. 사랑이 많으신 우리 주님께서 ○○○ 성도를 반드시 일으켜 주실 것을 믿습니다. 다시 한번 구원의 주님을 찬양하고 주님을 자랑할 수 있도록 인도하실 것을 믿습니다. 오늘 목사님이 들려주시는 말씀을 통하여 구원의 하나님을 만날 수 있게 하시고, 치료의 하나님을 만날 수 있게 하여 주옵소서. 만병의 의원이신 예수 그리스도의 이름으로 기도합니다. 아멘.

죽음(사고)

자비와 긍휼이 풍성하신 하나님,

사랑하는 사람의 갑작스런 죽음 앞에 놀란 가슴을 추스르지 못하는 이 가정을 불쌍히 여겨 주옵소서. 사랑하는 사람을 졸지에 잃어버린 이 가정의 아픔을 무엇으로 위로할 수 있겠습니까? 저희들도 도무지 믿어지지 않는 현실 앞에 어안이 벙벙할 따름입니다. 아직 믿음이 온전치 못하여 주님의 섭리를 깨달을 수 없기에 밀려오는 충격과 절망을 감출 길 없나이다. 주님, 이별을 준비할 시간도 없이 왜 이렇게 모진 고통을 이 가정에 허락하셨는지요. 이렇게 빨리 데려가시지 않아도 될 것을 남은 자가 이 고통을 어떻게 추스르라고 이 험한 일을 당하게 하셨습니까? 주여 참으로 참기 어려운 슬픔이 가슴속으로 밀려옵니다. 주여, 저희는 물론 가족들이 주님을 향하여 원망의 소리만 높이지 않도록 주님의 깊은 뜻이 무엇인지 깨닫게 하여 주옵소서. 주님의 무한한 섭리를 헤아릴 수 없어 한없이 슬픔에 잠긴 저희들에게 주님의 말씀을 주시기를 원합니다. 상한 심령을 위로하여 주시고, 이 괴로움의 현장을 헤아려 주시옵소서. 충격을 받은 가족들이 흔들리지 않도록 붙들어 주옵소서. 주님의 밝은 빛으로 함께하시고, 주님의 뜻을 분별할 수 있는 지혜를 주옵소서.

오늘 ○○○ 성도의 갑작스런 죽음에 황급히 달려오신 목사님을 기억하시고, 한 성도를 잃은 슬픔이 가족 못지않게 가슴으로 밀려올 것입니다. 평안의 복을 허락하셔서 가족들을 주의 말씀으로 추스를 수 있도록 도와주시고, 이 절망의 상황을 소망의 나라로 연결 짓는 말씀이 되게 하여 주옵소서. 예수 그리스도의 이름으로 기도합니다. 아멘

불화

화평케 하는 자는 복이 있다고 하신 주님,

이 시간 ○○○ 성도의 가정의 평화와 화목을 위해서 기도합니다. 평강의 하나님께서 이 가정을 주장하여 주시고, ○○○ 성도로 하여금 화목케 하는 자로서의 사명을 잘 감당케 하여 주옵소서. 가정 불화의 원인이 무엇 때문인지 알게 하시고 만약 그 이유가 부부 각자에게 있다면 회개할 수 있는 심령들로 삼아 주시옵소서. 사랑받기만을 원하기 이전에 사랑하게 하시며, 이해해 주기만을 요구하기 이전에 이해할 줄 알며, 노하기를 더디하면서 인내하는 가운데 서로의 허물을 덮어 주고 용서하는 부부가 되게 하옵소서.

자정 불화로 인하여 자녀 교육에 있어서 어려움을 당하지 않게 하시고, 가정의 평화를 위해 지나치게 자신만이 옳다고 주장하는 일이 없게 하옵소서. 하나님과 인간 사이를 화평케 하기 위하여 화목제물이 되신 주님, 남편과 아내 각자가 날마다 죽는 자로서의 삶을 살게 하시며 가정의 평화를 위해 희생적인 삶을 살게 하옵소서.

믿는 자로서의 본을 보이고 주님의 몸 된 교회를 위해서 더욱 충성해야만 할 터인데 세월을 잃어버리는 것 같아 몹시 안타깝습니다. 어서 속히 서로가 하나가 되어 가정 천국을 이룰 수 있게 하시고, 아름다운 부부의 모습으로 주님께 쓰임 받을 수 있게 하여 주옵소서. 오늘 이 가정에 주시는 말씀을 통하여 분쟁의 현장으로 찾아오시는 십자가의 주님을 만나게 하시고, 이해와 용서가 넘치는 이 시간이 되게 하여 주옵소서. 평강의 왕이신 예수 그리스도의 이름으로 기도합니다. 아멘

결별

자비로우신 하나님 아버지,

주님은 자비하셔서 상하고 통회하는 심령을 멸시치 아니하시며 죄악을 사유하시는 하나님이심을 믿습니다. 회개하는 자에게 긍휼을 베푸시는 분이심을 믿습니다. 하나님의 은총을 입어 많은 사람들의 축복을 받으며 출발한 가정입니다. 그러나 지금은 서로가 결별하여 가정에 금이 가고 말았습니다. 서로가 결별할 만치 이해하지 못할 문제가 무엇이었는지, 서로가 넘지 못할 산이 무엇이었는지 이 부족한 종은 자세히는 알지 못하오나 서로에게 상처가 생긴 것은 분명하오니 불쌍히 여겨 주옵소서. 그동안 나름대로 얼마나 많이 고민을 했겠습니까? 얼마나 많이 노력을 했겠습니까? 또한 이 아픔을 놓고 얼마나 많이 기도했겠습니까? 울기도 많이 했을 것입니다. 주님이 기뻐하시는 온전한 가정을 세우지 못한 것을 용서하여 주시고, 상처 난 심령을 불쌍히 여겨 주옵소서. 마음의 강퍅함이 있습니까? 성령의 불로 태워 주셔서 온유한 마음이 되게 하여 주옵소서. 언제까지 서로가 떨어져 있을지 모르오나 그 떨어짐이 오래가지 않도록 서로에 대한 그리움이 사무치게 하여 주시고, 떨어져 있는 동안 서로에 대한 갈등과 분노심이 눈 녹듯이 녹아지게 하여 주옵소서. 상한 감정과 격한 마음이 사랑의 마음으로 바뀌어질 수 있게 하시고, 실망과 낙심이 위로와 격려의 마음으로 바뀌어지게 하여 주옵소서. 서로의 마음을 헤아리기에 인색했던 마음이 서로를 용납할 수 있는 마음으로 바뀌어지게 하여 주옵소서. 젊을 때에 주님을 위하여 아름답게 쓰임 받을 수 있기를 원합니다. 젊을 때에 주님 나라를 세울 수 있는 일꾼으로 쓰임 받기를 원합니다. 이 가정에 회복의 은총을 더하여 주옵소서. 온전케 하시는 예수 그리스도의 이름으로 기도합니다. 아멘.

이혼

긍휼이 풍성하신 하나님 아버지,
이 가정에 우리 주님도 원치 않는 헤어짐의 아픔이 주어졌습니다. 그동안 서로의 갈등을 풀어 보기 위하여 수없이 노력해 보았지만 모든 것이 허사가 되어 버렸고, 가정에 금이 가는 아픔이 생기고 말았습니다. 주님이 세우신 가정을 온전히 관리하지 못한 것은 분명히 주님 앞에 큰 죄를 지었음을 부인할 수 없나이다. 용서하여 주옵소서. 말할 수 없는 큰 죄를 지었을지라도 긍휼을 구하는 자를 외면치 아니하시고 품어 주시는 주님이심을 믿습니다. 죄는 지었을지라도 상처받은 심령입니다. 긍휼히 여기셔서 넓으신 품으로 품어 주시고, 이 아픔을 회복할 수 있도록 은총을 더하여 주옵소서. 이 일로 말미암아 주님의 교회와 멀어지지 않게 하시고, 주님을 가까이 하는 생활에 틈이 벌어지지 않도록 도와주시옵소서. 아픔이 있을 때 더욱 기도할 수 있게 하시고, 배반하지 않는 주님을 더욱 의지할 수 있는 삶이 되게 하여 주옵소서. 성경을 읽음으로 마음의 평안을 찾게 하시고, 찬송을 부름으로 어두운 과거를 잊어버리게 하여 주옵소서. 앞으로 살아가야 할 길도 주님께서 이끌어 주셔서 온 세상 날 버려도 주님만은 버리시지 않음을 피부 깊숙이 느끼게 하옵소서.

주님, 아이들을 기억하시기를 원합니다. 부모에게 사랑받으며 맑고 티 없이 자라야 할 아이들인데 아이들 마음에 생채기가 나고 말았습니다. 어린 심령들을 불쌍히 여기시고 부모의 허물과 아픔이 자녀들에게 영향이 미치지 않도록 막아 주시옵소서. 따가운 시선과 비난의 말이 있을지라도 눈멀게 하시고, 귀를 막게 하여 주옵소서. 주님이 가장 연약한 상태에 있는 ○○○ 성도를 다시 일으켜 세워 주시고, 주님을 꼭 붙드는 삶이 되게 하실 것을 믿습니다. 죄인의 친구가 되시는 예

수 그리스도의 이름으로 기도합니다. 아멘

나태

능력의 주님,

오늘 신앙의 적신호가 켜지고 있는 ○○○ 성도님의 집을 찾아왔습니다. 그의 사정은 알 수 없사오나 신앙이 식어지고 있는 것 같아 염려가 되오니 ○○○ 성도를 일으켜 세워 주시기를 원합니다. 주님을 위해서 열심히 충성했던 과거의 열심을 되찾게 하여 주시고, 새벽마다 주님의 전에서 부르짖던 그 뜨거움의 기도 생활을 회복시켜 주시옵소서. 부지런하여 게으르지 말고 열심을 품고 주를 섬기라고 하신 주님, 주일 성수하며 봉사 충성하는 데 변명하지 않게 하시고 어떠한 상황 속에서도 신앙생활을 삶의 최우선 순위로 삼을 수 있게 하여 주옵소서.

섬김의 수고를 잊지 아니하시는 하나님, 주님을 향한 성도들의 수고가 결단코 헛되지 않다는 사실을 의심치 않고 믿으며 더욱더 주의 일에 힘쓰는 성도가 되게 하여 주옵소서. 여호와 하나님을 위하여 열심히 특심했던 엘리야 선지자와 같이 사랑하는 ○○○ 성도에게도 그와 같은 믿음을 주시옵소서. 오해가 있었습니까? 주님이 풀어 주시고, 다툼이 있었습니까? 관용의 마음을 주시옵소서. 상처를 받았습니까? 주님의 말씀으로 치료하여 주시고, 낙심한 상태에 있습니까? 주님이 두 손 잡아 일으켜 주옵소서. 이제 다시 옛 신앙을 회복하여 주님의 아름다운 사람으로 쓰임 받게 하여 주옵소서. 우리 주님이 그 열심과 그 열정을 다시 회복시키시고 주님을 위하여 닳아서 없어지는 삶을 살게 하실 것을 믿습니다. 오늘 목사님의 말씀에 용기를 얻게 하시고 믿음의 새 힘을 얻게 하여 주옵소서. 예수 그리스도의 이름으로 기도합니다. 아멘

재난

인생의 생사화복을 주장하시는 하나님 아버지,

갑작스런 재난으로 인하여 고통을 받고 있는 이 가정을 긍휼히 여겨 주옵소서. 금번 일로 하나님을 원망하는 자리에 이르지 않게 하시고, 합력하여 선을 이루시는 주님의 섭리하심을 바라보며 믿음으로 극복할 수 있도록 도와주시기를 원합니다. 잃은 것이 많은 이때에 잃은 것을 인하여 애달아 하지 말게 하시고, 남아 있는 것을 인하여 감사할 수 있도록 은총을 더하여 주옵소서. 어렵고 힘든 상황이지만 소망을 가지고 재기 할 수 있는 은혜를 더하여 주시고, 이 위기의 상황을 지혜롭게 극복하여 하나님께 영광을 돌릴 수 있는 축복의 기회로 삼을 수 있게 하여 주옵소서.

부자 욥이 하루아침에 거지같이 가난한 자가 되고 육체의 질병으로 고통을 당하면서도 하나님을 원망하지 않았던 믿음을 이 가정에도 주시고, 이 가정에 향하신 하나님의 사랑을 조금도 의심치 않게 하여 주옵소서, 주신 자도 여호와시오니 여호와의 이름은 찬송을 받을 것이라고 한 것처럼 재난 가운데서도 더욱 감사할 수 있는 믿음을 더하여 주옵소서. 특별히 바라옵기는 이 가정이 사방으로 우겨쌈을 당하여도 싸이지 아니하며 답답한 일을 당하여도 낙심하지 아니하며 거꾸러뜨림을 당하여도 망하지 않도록 지켜 주옵소서.(고후 4:8,9) 이제 목사님의 말씀을 듣고 심령의 위로를 얻게 하여 주시고, 화가 변하여 복이 되게 하시는 주님의 사랑을 다시 한번 만날 수 있게 하여 주옵소서. 끝까지 신앙적으로 흔들림 없게 하셔서 믿음의 재난만큼은 당하지 않도록 이끄시고 크신 긍휼을 베푸실 것을 믿사옵고 예수 그리스도의 이름으로 기도합니다. 아멘

고난

재앙을 내리시기도 하시고 거두기도 하시는 주님,

이 가정을 사랑하셔서 고난에 동참할 수 있는 은혜를 내려 주시니 감사합니다. 고난 받을 때에 고난의 이유를 깨닫지 못하여 원망과 불평의 자리로 나아가기 쉽사오니 긍휼을 베푸사 고난을 깨닫는 지혜를 주시고 능히 극복해 낼 수 있는 새 힘을 허락하여 주시기를 원합니다. 고난당할 때 더욱 기도할 것을 권면하신 주님, 고난을 받을수록 더욱 더 주님을 의지하는 가운데 기도할 수 있게 하시고, 고난 가운데서도 낙심치 아니하고 주님의 능력과 사랑을 체험하는 기회가 되게 하옵소서. 고난 중에 더욱 겸손하여지는 법을 배울 수 있게 하시고, 인내하는 인격이 더욱 성숙되게 하여 주옵소서. 주님의 백성들에게는 모든 것이 합력하여 선을 이루시는 하나님이신 것을 믿습니다. ○○○ 성도에게 불필요한 고난을 주신 것이 아니라 유익을 더하는 고난을 허락하신 것을 믿습니다. 이 고난이 오래 지속된다 할지라도 합력하여 선을 이루시는 주님을 굳게 믿고 담대하게 나아가게 하여 주시고, 고난이 크면 클수록 주님과 더불어 받게 될 영광도 크다는 것을 생각하며 감사가 넘치는 믿음이 되게 하여 주옵소서.

다윗이 사망의 음침한 골짜기로 다닐지라도 결코 두려워하지 않았던 것은 주님이 함께하셨기 때문입니다. ○○○ 성도에게도 동행하셔서 당면한 고난 앞에서 능히 이기게 하실 것을 믿습니다. 오늘 목사님을 통하여 듣게 되는 말씀에 상한 심령이 위로받게 하시고, 피할 길도 열어 주시는 피난처이신 주님이심을 다시 한번 체험케 하옵소서. 지친 영혼을 일으켜 주시사 언제나 능력을 더하여 주시는 예수 그리스도의 이름으로 기도합니다. 아멘

시험

자비하시고 거룩하신 하나님 아버지,

주님께서는 하늘 위에 높이 계시지만 몸소 고난을 받으심으로 저희의 연약을 아시고 체휼하심을 감사드립니다. 이 가정에 원치 않는 시험이 찾아왔으나 이 가정에 향하신 주님의 사랑을 조금도 의심치 않게 하실 것을 믿습니다. 주님을 의지하는 자에게 유익을 더하시는 하나님이신 것을 믿습니다. 이럴 때일수록 마음을 어지럽히는 모든 부정적이고 파괴적인 생각들이 찾아들기 쉽사오니 믿음의 주요 온전케 하시는 이인 예수님만을 온전히 바라볼 수 있도록 붙들어 주옵소서. 주님이 작정하신 시험이라면 감사함으로 받게 하시고, 끝까지 인내할 수 있는 강하고 담대한 믿음을 주시기를 원합니다. 믿음 위에 굳게 서서 조금도 흔들리지 않게 하여 주옵소서. 눈에는 아무 증거 안 보이고 귀에는 아무 소리 안 들려도, 손에는 아무것도 잡히는 것이 없어도, "시험을 참는 자가 복이 있도다 이것에 옳다 인정하심을 받은 후에 주께서 자기를 사랑하는 자들에게 약속하신 생명의 면류관을 얻을 것임이니라"(약 1:12)고 약속하신 주님의 말씀을 붙들고 이 어렵고 힘든 시기를 잘 인내하며 승리할 수 있도록 도와주시옵소서. 주님이 사랑하시는 자에게 허락하신 시험은 전적으로 시험 당하는 자에게 엄청난 주님의 은혜를 체험케 하시기 위한 것임을 믿습니다. 욥이 엄청난 시험을 통과한 후에 비로소 귀로만 듣던 하나님을 눈으로 볼 수 있는 주님의 은총이 내려졌듯이(욥 42:5) ○○○ 성도에게도 그와 같은 주님의 은총이 있게 하여 주옵소서. 오늘 목사님께서 전하시는 말씀을 통하여 큰 위로를 얻게 하시고 담대함을 얻게 하여 주옵소서. 시험 당하는 자들을 능히 도우시고 보호하고 계시는 예수 그리스도의 이름으로 기도합니다. 아멘.

핍박

사랑이 많으신 하나님 아버지,

무릇 그리스도 안에서 경건하게 살고자 하는 자는 핍박을 받으리라(딤후 3:12)고 하신 말씀을 기억합니다. 지금 ○○○ 성도가 주님을 믿는 것 때문에 가족들로부터 많은 핍박을 받고 있습니다. 주님을 위하여 핍박을 받는 것이오니 초대교회 성도들처럼 기쁘게 여길 수 있도록 은총을 더하여 주옵소서. 그 어떤 핍박이 가해진다 할지라도 믿음의 자리를 지킬 수 있도록 인도하여 주시고, 끝까지 변절하지 않는 믿음이 되게 하여 주시옵소서. 신앙의 핍박을 통하여 정금같이 단련되게 하여 주시며, 핍박하는 영혼들을 위해서도 불쌍히 여기는 마음으로 기도할 수 있게 하옵소서.

끝까지 견디는 자는 구원을 얻으리라고 하신 주님,

온전한 인내로 구원을 이룰 수 있게 하시고, 주님을 위하여 받는 능욕을 기뻐할 수 있는 ○○○ 성도가 되게 하여 주옵소서.

핍박의 순간마다 이유 없이 핍박을 받으셨던 주님의 모습이 가슴으로 스며들게 하시고, 골고다의 주님의 피 묻은 십자가가 ○○○ 성도의 심령 속에 우뚝 세워지게 하여 주옵소서. 핍박을 인하여 주님 앞에 엎드릴 때마다 그 기도를 들으시고 그 마음의 안타까움과 괴롬을 살피시고 만지실 것을 믿습니다. 더 나은 신앙을 위하여, 더 굳센 믿음을 위하여 오늘의 풀무와 같은 아픔이 있음을 위로로 삼게 하시고, 큰 믿음으로 주님께 쓰임 받는 그릇이 되게 하여 주옵소서.

핍박자였던 바울을 변화시키셔서 놀라운 주님의 일꾼으로 삼으셨던 주님, 하실 수 있거든 ○○○ 성도를 핍박하는 가족들의 마음이 일순간 녹아져서 주님을 믿고 따르는 사람으로 변화되게 하여 주옵소서. 오늘 위로의 말씀으로 ○○○ 성도를 찾은 목사님을 기억하시고,

권면하는 그 말씀 속에서 하늘의 위로와 신앙의 용기를 얻을 수 있게 하옵소서. 예수 그리스도의 이름으로 기도합니다. 아멘

가정기도문

저희 가정의 주인이 되시고, 영원한 사랑으로 저희를 지켜 주시는 하나님 아버지, 주님이 다스리시는 가정이 되기 위하여 매일 아침 예배를 쉬지 않고 있사오니 저희 가정을 주님의 뜻대로 인도하여 주옵소서. 주님의 뜻을 저희의 삶에 담아내며 주님의 영광을 나타내는 가정이 되기를 원합니다….

가정예배

저희 가정의 주인이 되시고, 영원한 사랑으로 저희를 지켜 주시는 하나님 아버지,

오늘도 저희들에게 새 날을 주시고, 새로운 한 날을 시작할 수 있도록 은혜를 베푸심을 감사합니다. 주님이 허락하신 새로운 한 날을 시작하기 전에 먼저 하나님께 예배를 드립니다. 주님이 다스리시는 가정이 되기 위하여 매일 아침 예배를 쉬지 않고 있사오니 저희 가정을 주님의 뜻대로 인도하여 주옵소서. 오늘 하루도 저희 가족 모두가 주님의 뜻 안에서 승리하는 한 날이 되기를 원합니다. 내 뜻과 내 의지대로 사는 한 날이 아니라 주님의 뜻을 저희의 삶에 담아내는 한 날이 되게 하여 주옵소서. 또한 주님의 영광을 나타내는 한 날이 되기를 원합니다. 저희들이 몸담고 있는 곳에서 행실로 주님을 보여 주고 주님을 나타낼 수 있는 한 날이 되게 하여 주옵소서. 또한 게으른 모습이 없기를 원합니다. 주님이 주신 귀한 하루를 방종하며 헛되이 보내지 않게 하시고, 각자 주어진 일에 성실한 마음으로 최선을 다할 수 있는 저희들이 되게 하여 주옵소서.

주님의 교회에 속한 모든 믿음의 식구와 이웃의 뭇 백성들에게도 주님의 은총을 더하여 주옵소서.

말씀을 묵상합니다. 오늘 하루 저희의 영혼의 양식이 되는 말씀이 되게 하시고, 모든 위험에서 지키시고 건지시는 말씀이 되게 하옵소서. 힘들고 어려울 때에 묵상한 주님의 말씀을 통하여 새 힘을 얻게 하옵소서. 복된 하루를 허락하신 예수 그리스도의 이름으로 기도합니다. 아멘

하루를 시작하기 전에

선한 목자이신 하나님 아버지,

이 아침에 주님의 자비하심과 인자하심을 찬양 드리고 감사를 드립니다. 오늘도 저희 가족의 생각을 주장하시고 발걸음을 인도하여 주셔서 이 하루의 삶을 통하여 주님의 자비와 인자하심을 체험케 하옵소서. 가는 곳마다 주님을 나타내고 주님께 영광 돌리는 삶이 되게 하시고, 만나는 사람마다 주님의 은혜를 끼칠 수 있게 하옵소서. 주님의 사랑으로 최선을 다하는 하루가 되게 하여 주옵소서. 또한 믿음의 선한 싸움에서 승리하는 하루가 되기를 원합니다. 세상의 그 어떤 유혹에도 미혹됨이 없게 하시고, 믿음의 도리를 굳게 지키며 승리하는 하루가 되게 하여 주옵소서. 한치 앞을 예측할 수 없는 위험이 도사리고 있습니다. 방패 되시는 주님이 모든 위험에서 막아 주시고 주님의 날개 아래 안전하게 품어 주시옵소서. 오늘 저희 가족의 모든 삶의 현장에서 그곳이 가정이든지 직장이든지 임마누엘의 하나님께서 동행하여 주실 것을 믿사오며 예수 그리스도의 이름으로 기도합니다. 아멘

식사기도

공중에 나는 새를 먹이시며 들에 핀 백합화를 입히시는 하나님 아버지,

오늘도 저희 가족에게 일용할 양식을 허락하여 주셔서 감사함으로 식탁 교제를 나눌 수 있게 하시니 감사합니다. 오늘 식탁에 어떤 음식이 차려져 있든지 주님이 베푸신 양식임을 깨달아 감사함으로 먹을 수 있게 하시고, 이 양식으로 인하여 육체에 필요한 영양을 공급받을 수 있게 하옵소서. 음식을 정성스럽게 준비한 손길 위에도 함께하여 주셔서 언제나 복 있는 손길이 되기를 원합니다. 기쁨을 더하는 손길, 풍요를 더하는 손길이 되게 하여 주옵소서. 가족들의 건강이 그 손끝에 달려 있다는 것을 항상 기억하여 음식을 준비할 때마다 기도하는 마음을 잊지 않게 하옵소서.

오늘 하루도 주님이 베푸신 양식에 부끄럼 없는 삶이 되기를 원합니다. 먹든지 마시든지 무엇을 하든지 주님의 영광을 위하여 하라고 하셨사오니 그 말씀대로 사는 한 날이 되게 하여 주옵소서. 식사 때마다 보이지 않는 손님이시요, 모든 대화에 말없이 듣고 계시는 예수 그리스도의 이름으로 기도합니다. 아멘

가정의 화목을 위하여

화평이신 주님,

저희 가정의 화목을 위하여 간구합니다. 주님의 사랑 안에서 언제나 가족들이 서로 사랑하고 우애하며 화목을 이루어 갈 수 있도록 이끌어 주옵소서. 부부간에 서로 돕고 사랑함이 넘치게 하시고, 상대방의 아픔까지 내 아픔으로 느낄 수 있는 하나됨이 있게 하여 주옵소서.

부모님을 성실과 정성을 다하여 공경하게 하시고, 때로는 늙으신 부모님이 엉뚱한 일을 하신다 할지라도 낳으시고 기르신 부모님을 멸시하거나 무시하지 않게 하여 주옵소서. 자녀들을 주님 앞에 바로 설 수 있는 자녀로 키우기를 원합니다. 말씀으로 잘 양육하고 훈계할 수 있도록 지혜를 주시고, 아이들에게 부모로서의 위치를 상실하지 않도록 믿음의 본을 보일 수 있는 부모가 되게 하여 주옵소서.

주님, 저희 가정이 하나님 앞에서 바로 서고, 말씀 안에서 거룩하게 되어 모든 믿는 가정의 본이 되기를 원합니다. 주님의 사랑으로 하나되어 화목하고 경건하며 하나님을 섬기는 일을 최고로 삼는 가정이 되게 하여 주옵소서. 세상의 그 어떤 일보다 하나님을 경외하는 일이 최고로 가치 있고 중요한 일임을 알게 하여 주옵소서.

저희 가정의 호주가 되시는 예수 그리스도의 이름으로 기도합니다.

부모님을 위하여

자비하시고 사랑이 많으신 하나님,

연로하신 부모님의 건강을 위하여 간구합니다. 육체의 강건함을 더하여 주시고, 정신을 맑게 하여 주옵소서. 질병도 막아 주셔서 병상을 의지하는 일이 없게 하여 주옵소서. 일평생 자식을 위하여 모든 것을 다 바치셨는데 자녀의 효를 다 받으실 수 있도록 장수의 복을 더하여 주옵소서. 아직도 못난 자식들을 위하여 노구의 몸을 이끌고 새벽마다 주님의 전으로 향하고 계십니다. 새벽마다 부르짖고 계시는 그 기도에 긍휼을 더하여 주시고, 날마다 영적으로 새로움을 경험할 수 있게 하여 주옵소서. 부모님의 여생에 평강과 기쁨을 더하여 주시고 즐거운 나날이 될 수 있도록 복을 더하여 주옵소서. 저희 자식들은 부모님이 걸어오신 믿음의 길을 그대로 본받기를 원합니다. 주님의 피로 사신 교회를 위하여 헌신과 희생을 아끼지 않으셨던 그 신앙의 모습이 자식 된 저희들에게도 그대로 이어지게 하셔서 부모님이 물려주신 믿음의 유산이 헛되지 않게 하여 주옵소서. 이제껏 부모님과 동행하여 주신 예수 그리스도의 이름으로 기도합니다. 아멘.

고부간의 갈등 해결을 위하여

사랑이 많으신 하나님 아버지,
　지금까지 저희 가정을 지켜 주시고 평강의 길로 인도하심을 감사드립니다. 저희 가정에 향하신 주님의 인자하심이 크고 놀라움을 깨닫습니다. 하오나 저희 가정에는 전혀 없을 것만 같았던 고부간의 갈등이 심화되고 있습니다. 시어머니와 너무나 친밀했기에 아무런 문제가 없을 것이라고 생각했는데 지극히 사소한 일로 인하여 틈이 생기기 시작하더니 이제는 그 감정의 골이 점점 더 깊어져 가고 있습니다. 주님, 먼저 시어머니를 잘 모시지 못한 이 죄인을 용서하여 주시고, 저희 가정에 드리워진 갈등의 씨앗을 소멸시켜 주옵소서. 진정으로 부모님을 잘 모시고 싶습니다. 화목과 사랑이 넘쳐나는 가정을 가꾸고 싶습니다. 속 좁은 이 죄인의 마음을 성령님이 다스려 주셔서 무엇이든 용납하고 포용할 수 있는 마음을 주옵소서. 주님을 섬기듯 부모님을 잘 공경할 수 있는 자식이 되게 하여 주시고, 부모님께 근심과 불편함보다 기쁨과 웃음을 안겨 드릴 수 있는 자식이 되게 하여 주옵소서. 화평을 이루신 우리 주님이 저희 가정에 비집고 들어온 불신을 제거하여 주시고, 회복케 하여 주실 것을 믿사옵고 예수 그리스도의 이름으로 기도합니다. 아멘.

편찮으신 부모님을 위하여

생명의 주인이신 하나님,
이제껏 저희 부모님의 생명을 지켜 주시고, 건강으로 인도하여 주심을 감사드립니다. 연약한 이에게는 힘이 되시고, 고통 받는 이에게는 위로가 되시는 주님이심을 믿습니다. 질병으로 고통을 당하고 계신 부모님을 기억하시옵소서. 이제껏 저희들과 주님의 몸 된 교회를 위하여 모든 것을 쏟으신 부모님입니다. 끝까지 믿음의 길을 달려가실 수 있도록 그 몸속에 찾아온 질병을 끄집어내 주시고, 주님의 피로 깨끗이 씻어 주시옵소서. 부모님이 말년에 질병으로 인하여 초라한 황혼이 되지 않기를 원합니다. 주님이 부르실 그 날까지 육체의 고통이 따르지 않게 하여 주시고, 더욱 깊은 신앙으로 주님의 나라를 바라볼 수 있게 도와주시옵소서. 지금 부모님의 육체가 쇠약해질 대로 쇠약해져 있습니다. 온몸의 뼈와 힘줄이 새 힘을 얻게 하여 주시고, 여느 때와 같이 매일반으로 주님의 전을 가까이 하며 주님을 만날 수 있게 하여 주옵소서. 기도의 자리를 비우고 계신 것을 심히 안타까워하고 계십니다. 노종의 마음을 헤아려 주셔서 주님께 기도하는 즐거움을 누릴 수 있게 하여 주옵소서. 주님의 자비하심과 은총을 바라봅니다. 어서 속히 병마를 물리쳐 주시고 노종을 붙들고 계신 주님을 만날 수 있게 하여 주옵소서. 치료자이신 주님을 의지하오며 예수 그리스도의 이름으로 기도합니다. 아멘

홀로계신 부모님을 위하여

부모 공경을 계명으로 주신 하나님 아버지,
부모님을 모시고 효를 다해야만 하는데 삶의 무게가 너무 무거워

부모님을 모시지 못하고 있습니다. 불효막심한 죄인임을 깨닫습니다. 이 죄인을 용서하여 주옵소서. 주님, 홀로 계신 부모님께 은혜를 더하여 주시기를 원합니다. 질병으로 고통당하지 않도록 육체의 강건함을 더하여 주시고, 외롭지 않도록 우리 주님이 늘 친한 벗이 되어 주시옵소서. 지금도 못난 자식을 위하여 매일 새벽 성전에 나가셔서 무릎 꿇고 기도하시는 부모님께 은혜를 더하여 주셔서 변함없이 노종의 마음을 살피시고 어루만지시는 주님의 손길을 느낄 수 있게 하옵소서. 육신은 쇠하여질지라도 영혼은 날로 새로움을 경험하실 수 있도록 도와 주시고, 끝까지 손 놓지 않으시고 붙들고 계신 주님의 사랑을 경험하는 삶이 되게 하여 주옵소서. 어서 속히 부모님을 모시고 싶습니다. 형편과 여건을 핑계로 부모님께 무심하게 대하지 않도록 제 자신을 늘 깨우쳐 주시고, 어서 속히 부모님을 모시고 살 수 있도록 크신 은총을 더하여 주옵소서. 죽기까지 하나님께 효를 다하신 예수 그리스도의 이름으로 기도합니다. 아멘

일하는 남편을 위하여

사랑과 긍휼이 풍성하신 하나님 아버지,

한 남편의 아내로서 남편을 존경하며 내조할 수 있게 하심을 감사드립니다. 하루 종일 일과 씨름하는 남편을 위하여 기도합니다. 언제나 일에 지쳐 있는 남편을 볼 때마다 너무나 안쓰럽고 측은하여 눈물이 솟구칠 때가 많습니다. 한 가정의 가장으로서 가족을 부양해야 한다는 책임감을 가지고 쉴 틈 없이 열심히 일하는 남편을 긍휼히 여겨 주옵소서. 일에 치여서 건강을 잃을까 염려되오니 남편의 건강을 붙들어 주옵소서. 마음의 평안을 잃지 않도록 도와주시고, 심한 스트레스를 받지 않도록 그 생각을 항상 맑게 하여 주옵소서. 식욕도 왕성하

게 하여 주셔서 식사 때마다 식사하는 것을 거르지 않게 하여 주시고, 조금이라도 건강할 때에 자신의 건강을 돌볼 수 있는 삶을 살게 하옵소서. 주님이 주신 귀한 날을 너무 세상적인 일에만 마음을 쏟지 않게 하여 주시고, 영혼의 잘됨을 위하여 영적인 일에 마음을 쏟을 수 있는 남편이 되게 하여 주옵소서. 주님을 의지하는 삶의 중심이 흔들리지 않게 하여 주시고, 주님을 의뢰하는 마음이 언제나 그 중심에 넘치게 하옵소서. 주님의 말씀을 떠나는 일이 없게 하여 주시고, 주님의 계명을 어기는 일이 없게 하여 주옵소서. 유혹 앞에서도 담대하게 하여 주시고, 하나님의 정직을 담아낼 수 있는 삶이 되게 하여 주옵소서. 남편의 중심에 언제나 주님이 계심을 믿사옵고 예수 그리스도의 이름으로 기도합니다. 아멘

살림하는 아내를 위하여

사랑의 하나님 아버지,

하나님의 은총을 입어 현숙한 아내를 얻게 하시고, 하나님을 경외하도록 은혜 주심을 감사합니다. 또한 저의 부족함과 지혜 없음을 아내를 통하여 가르쳐 주시고, 돕게 하심을 감사드립니다. 주님, 사랑하는 아내를 위하여 기도합니다. 넉넉지 않은 생활비로 가정 살림을 알뜰하게 꾸려 나가는 아내가 정말 대견하고 자랑스럽습니다. 넉넉한 형편은 아니지만 늘 감사하며 가정의 살림을 꾸려 나가는 아내에게 위로와 은총을 베풀어 주옵소서. 부족한 저를 위하여 그리고 아이들을 위하여 늘 눈물로 기도하고 있습니다. 자신의 몸보다 가족들에게 마음을 쏟고 있는 그 마음을 헤아려 주셔서 그 수고에 항상 합당한 열매가 있게 하여 주옵소서. 어려운 살림에 보탬이 되고 싶어 틈틈이 소일도 하고 있습니다. 건강을 잃지 않도록 도와주시고, 피곤할 때마다

새 힘을 공급하여 주옵소서. 교회를 섬기는 봉사의 직분도 힘을 다하여 감당하고 있사오니 성령님이 능력을 더하여 주시고, 주님께 큰 영광을 돌리는 아내가 되게 하여 주옵소서. 아내의 모든 수고를 기억하고 계시는 예수 그리스도의 이름으로 기도합니다. 아멘

자녀를 위하여

저희 가정에 귀한 자녀를 선물로 주신 하나님,

어린 자식을 위하여 기도합니다. 하나님을 진실로 경외할 줄 아는 자녀가 되게 하시고, 그 입에서 주님의 말씀이 떠나지 않게 하여 주옵소서. 부모의 훈계를 들을 줄 아는 아이가 되게 하시고, 근심을 더하는 아이가 되지 않게 하옵소서. 무슨 일을 하든지 자기 소견에 옳은 대로 하지 않게 하시고, 부모의 의견을 물을 수 있는 아이가 되게 하여 주옵소서. 부모가 훈계할 때 마음 판에 새길 수 있는 아이가 되게 하시고, 잔소리로 듣는 아이가 되지 않게 하옵소서. 주님, 지혜로운 아이가 되기를 원합니다. 옳은 것과 잘못된 것을 판단할 수 있는 지혜가 있게 하시고, 악한 것과 선한 것을 구분할 줄 아는 아이가 되게 하여 주옵소서. 형제간에 우애가 있게 하시고, 서로 이해하고 용납하며 양보할 줄 아는 아이가 되게 하여 주옵소서. 자신만을 위하는 고집스런 아이가 아니라 남을 헤아릴 줄 아는 속 깊은 아이가 되게 하여 주옵소서. 무엇보다도 주님을 닮아 가기를 원합니다. 키만 성장하는 것이 아니라 주님의 성품을 닮아 갈 수 있는 아이가 되게 하여 주옵소서. 주님의 말씀에 순종을 드릴 줄 아는 아이가 되게 하시고, 믿음에 덕을 덕에 지식을 더하는 아이가 되게 하여 주옵소서. 아이의 앞길을 지도하시는 예수 그리스도의 이름으로 기도합니다. 아멘

아픈 자녀를 위하여

여호와를 섬기는 자에게 질병을 제하여 주신다고 말씀하신 하나님, 사랑하는 아이가 원치 않는 질병으로 고통을 당하고 있습니다. 부모로서 아이의 아픔을 대신하고 싶은 마음 간절하고, 고통에 힘들어하는 아이를 볼 때마다 안쓰러워 견딜 수가 없습니다. 이 죄인 때문에 아이가 고통당하는 것이 아닌가 싶어 심히 마음이 괴롭사오니 이 죄인에게 숨겨진 죄악이 있으면 깨닫고 회개할 수 있는 은혜를 더하여 주시고 용서의 은총을 더하여 주옵소서. 아픔에 괴로워하는 아이의 모습을 보며 독생자 예수 그리스도를 십자가에 내어 주실 때 하나님의 마음은 얼마나 아프셨을까를 생각하니 하나님의 마음을 조금이나마 헤아릴 수 있는 것 같아 감사와 위로를 얻습니다. 아이의 고통을 아시는 주님, 이제 아이의 신음이 변하여 치료의 은혜를 더하시는 주님께 기도하게 하실 것을 믿습니다. 건강한 음성으로 주님을 찬양하게 하실 것을 믿습니다. 맑은 정신에 주님의 말씀을 담을 수 있도록 축복하실 것을 믿습니다. 주님만 의지합니다, 주님만 바라봅니다. 이 안타까움의 현장이 변하여 주님의 긍휼을 체험하는 축복의 현장이 되게 하여 주옵소서. 근심이 아닌 감격과 기쁨으로 주님께 나아갈 수 있도록 이끄실 것을 믿습니다. 약한 자의 간구를 외면치 아니하시는 예수 그리스도의 이름으로 기도합니다. 아멘

방황하는 자녀를 위하여

잃은 양을 찾으시는 주님,
아이가 방황하고 있습니다. 제 곁을 떠나 방황하는 아이를 생각할 때마다 억장이 무너짐을 경험합니다. 정말 속상합니다. 제 마음이 너

무나 아파 옵니다. 주님, 방황하는 제 아이를 불쌍히 여겨 주옵소서. 언제부터 어떤 이유로 인하여 아이가 방황의 길로 접어들었는지는 모르겠지만 이제는 그 방황을 종식시켜 주시고, 가정으로 돌아오게 하여 주옵소서. 주님 앞으로 돌아오게 하여 주옵소서. 전적으로 주님의 손에 맡깁니다. 그 마음에 깨달음을 주시고, 그 발걸음을 돌이키게 하실 분은 주님밖에 없음을 깨닫습니다. 그 어두운 마음에 주님의 밝은 빛을 비춰주셔서 현재의 자신의 모습을 바로 볼 수 있게 하시고, 자신이 하고 있는 행동이 잘못된 것임을 깨닫게 하옵소서. 그 아이를 버리지 않으실 것을 믿습니다. 품어 주실 것을 믿습니다. 주님의 음성을 들려주실 것을 믿습니다. 멸망의 길로 가지 않게 하실 것을 믿습니다. 그 심령을 찾아가 주시옵소서. 어서 속히 그 깊은 수렁에서 건져 주시옵소서. 주님의 도우심만 바라봅니다. 한 영혼을 잊지 아니하시는 주님의 사랑을 의지합니다. 긍휼을 베풀어 주옵소서. 예수 그리스도의 이름으로 기도합니다. 아멘.

수술하는 자녀를 위하여

연약한 자의 힘이 되시고 고통 받는 자에게는 위로가 되시는 하나님 아버지,

아이의 몸에 칼을 댑니다. 생명을 천하보다도 귀하게 보시는 주님이시기에 주님이 지키실 것을 믿습니다. 주님의 능력의 팔에 맡기오니 아이의 생명을 붙드시옵소서. 어려운 수술입니다. 아이의 체력이 감당해 낼 수 있을까 심히 걱정되오니 주님이 수술대에 오른 아이의 힘이 되어 주시옵소서. 공포심도 잠재워 주시고, 어린 손을 꼭 붙들고 계신 주님의 사랑을 체험케 하여 주옵소서. 울고 있는 애비 애미를 위로하고 안심시키던 아이입니다. 속 깊은 아이의 마음을 기억하셔서

수술의 모든 과정을 지키실 것을 믿습니다. 특히 수술을 집도하는 의사들의 손길을 붙드셔서 먼지만큼의 실수도 없게 하여 주시고 병의 뿌리를 말끔히 제거할 수 있게 하여 주시옵소서. 이번 수술이 잘 이루어져서 모든 가족들이 생명을 지키시는 주님을 더 크게 찬양할 수 있게 하여 주시고, 더 큰 감사와 더 큰 감격의 마음으로 주님의 전을 향할 수 있게 하옵소서. 어린 자식의 수술을 주님의 손에 맡깁니다. 생명의 주인이신 예수 그리스도의 이름으로 기도합니다. 아멘

시험을 준비 중인 자녀를 위하여

지혜와 근본이 되시는 하나님 아버지,

이제껏 아이가 믿음 안에서 올곧게 성장하게 하여 주심을 감사드립니다. 아이가 귀중한 시험을 앞두고 있습니다. 시험을 위해서 노력한 결과가 좋은 열매로 나타날 수 있도록 도와주시옵소서. 공부도, 진학도 하나님의 영광을 위해서 하는 일임을 잊지 않고 살아온 아이입니다. 승리와 형통함이 주님께 있음을 믿고 기도하며 성실하게 학업에 힘써 온 아이에게 담대함을 더하여 주시고, 기쁨의 열매를 맺을 수 있게 하여 주옵소서. 늘 그랬듯이 남은 기간 동안 항상 기도하는 마음으로 시험을 준비할 수 있도록 도우시고, 자기의 지식을 신뢰하기보다 지혜의 근본이 되신 주님을 더욱 신뢰하면서 시험을 준비할 수 있게 하옵소서. 시험을 준비하면서 지루함에 빠지지 않게 하여 주시고, 아는 것도 다시 살필 수 있는 꼼꼼함이 있게 하여 주시옵소서. 주님, 밤잠을 줄여 가면서 시험 준비를 하고 있습니다. 건강에 적신호가 오지 않도록 지켜 주시옵소서. 정직과 성실을 심은 대로 좋은 결과를 얻도록 인도하실 것을 믿습니다. 주님의 뜻대로 사는 백성을 축복하시기를 즐겨하시는 예수 그리스도의 이름으로 기도합니다. 아멘

졸업한 자녀를 위하여

진리와 지혜의 근원이신 하나님 아버지,

이제껏 아이의 학업을 잘 마칠 수 있도록 인도하심을 감사드립니다. 아이가 학업을 잘 마치게 된 것은 전적으로 주님의 은혜임을 깨닫습니다. 이제 모든 과정을 다 마치고 사회에 첫발을 내딛게 되었사오니 배운 학문과 실력을 신뢰하기에 앞서 언제나 주님의 지혜를 먼저 구할 수 있는 아이가 되게 하여 주시고, 주님을 의지하며 주님의 말씀과 뜻을 먼저 깨닫는 아이가 되게 하여 주옵소서.

사회생활을 하면서 출세지향적인 가치관에 빠지지 않게 하여 주시고, 먼저 올바른 인간, 올바른 그리스도인이 되어야 한다는 생각을 갖도록 하여 주옵소서. 무엇보다도 주님이 원하시는 일꾼이 되는데 마음을 쏟을 수 있는 자식이 되게 하시고, 주님을 높이고 증거 하는 일에 앞장설 수 있는 아이가 되게 하여 주시옵소서. 또한 올바른 판단력을 주셔서 그리스도인으로서 해야 할 것과 하지 말아야 할 것을 잘 구분할 수 있게 하여 주시고, 세상 풍조에 좌로나 우로나 치우치지 않도록 그 생각을 지켜 주옵소서. 모든 사람들에게 유익함을 주며, 신앙의 능력을 보여 줄 수 있는 아이가 되게 하여 주실 것을 믿사옵고 예수 그리스도의 이름으로 기도합니다. 아멘

믿음이 약한 자녀를 위하여

주님,

이제까지 아이를 큰 어려움 없이 성장할 수 있도록 인도하심을 감사합니다. 모든 것이 주님의 은혜임을 깨닫습니다. 하오나 성장하면서 교회를 멀리하려고 합니다. 교회를 안 가려고 엉뚱한 핑계를 대기

도 하고, 의도적으로 가기 싫다는 표현을 하기도 합니다. 그동안 아이의 신앙만을 믿고 아이를 위하여 무릎 한번 제대로 꿇지 않았던 이 죄인의 죄가 더 큼을 깨닫습니다. 회개하오니 용서하여 주시고, 아이의 식어 가는 믿음을 다시 회복시켜 주옵소서. 세상 재미에 맛을 들이기보다는 교회 다니는 즐거움에 길들여질 수 있는 아이가 되게 하시고, 주님의 은혜를 사모할 줄 아는 아이가 되게 하여 주옵소서. 지금 무엇을 심든지 그 마음에 그대로 뿌려지는 때인데, 그 심령에 하나님이 미워하시는 것이 심겨지지 않도록 보호하여 주옵소서. 진심으로 하나님을 경외하는 아이가 되게 하시고, 주님의 인도함을 받을 수 있는 길을 걷게 하시며, 주님을 위하여 귀하게 쓰임 받을 수 있는 그릇이 될 수 있도록 은총을 더하여 주옵소서.

예배의 진지함과 감격이 되살아나게 하시고, 찬양의 즐거움이 그 마음을 지배하게 하시며, 말씀에 매여 사는 것을 평생의 기쁨으로 삼을 수 있게 하옵소서. 믿음의 좋은 친구들과도 사귐이 있게 하시고, 건강한 믿음으로 주님을 높일 수 있도록 아이의 삶을 지도하시옵소서. 저보다 더 아이를 사랑하시는 예수 그리스도의 이름으로 기도합니다.

장애를 갖고 있는 자녀를 위하여

사랑이 많으신 주님,

제 아이가 장애를 갖고 있는 것 아시지요? 이제껏 주님의 은총과 은혜가운데 잘 자라고 있지만, 앞으로 자신이 갖고 있는 신체적인 장애로 인하여 마음의 상처를 받는 일이 발생되지는 않을까 염려가 앞섭니다. 또한 점점 철이 들면서 자신의 신체적 장애로 인하여 괴로워할 것을 생각하니 부모인 저의 죄가 너무나 큼을 깨닫습니다. 다 이 못난 부모 때문에 아이가 장애를 갖게 되었습니다. 제 탓이요 제 잘못입니다. 하오나 사랑받게 하시기 위해서 주님이 주신 자식이오니 아이의 미래를 붙들어 주옵소서. 지금껏 살아온 날보다 앞으로 살아가야만 할 날이 더 많은 아이의 앞길을 주님이 꼭 붙들어 주셔야 합니다. 저는 주님의 보좌 앞으로 나아갈 때마다 한 번도 건성으로 나가본 적이 없었고, 기도하기를 힘들어해본 적이 없었습니다. 아이를 생각하면 그저 눈물이요, 불쌍함입니다. 장애를 갖고 있는 아이일지라도 주님이 저희 가정에 주셨사오니 정상적인 아이에 못지않게 주님께 쓰임 받을 수 있도록 이끌어 주옵소서. 주님도 더 많은 관심과 사랑을 쏟고 계신 줄 믿습니다. 장애의 불편함을 딛고 일어서서 정상인도 해낼 수 없는 큰일을 해낼 수 있도록 도우실 것을 믿습니다. 주님의 성품을 닮아 갈 수 있도록 도와주시고, 건강한 정신을 소유할 수 있도록 아이의 생각을 날마다 지켜 주시옵소서. 주님께 온전히 맡깁니다. 예수 그리스도의 이름으로 기도합니다. 아멘.

해외에 나간 자녀를 위하여

은혜가 충만하신 하나님,
언제나 아이의 앞길을 지도하시고 이끄심을 감사합니다. 또한 저희 가족이 한 집에 모여 있지는 못해도 언제나 믿음 안에서 하나 된 모습으로 살아갈 수 있도록 은총을 베푸심을 감사드립니다.
주님, 아이가 외국에 나가 있습니다. 홀로 외국 땅에서 낯선 환경과 문화에 적응하며 외롭게 생활하고 있사오니 주님이 늘 도와주시옵소서. 부모의 품이 그리워 눈물 흘리는 일이 없게 하시고, 고국이 그리워 세운 목표를 접는 일이 없게 하여 주옵소서. 강하고 담대함을 주시고, 힘들고 어려울 때마다 주님을 의지함으로 새 힘을 얻게 하여 주옵소서. 대인관계가 고립되지 않도록 도와주시고, 언어의 장벽도 빨리 극복할 수 있도록 도와주시옵소서. 챙겨 주는 이가 없다고 하여 규칙적인 생활을 잃지 않게 하여 주시고, 신앙 생활도 예전보다 더 잘할 수 있도록 도와주시옵소서. 주일 성수 잘하게 하시고, 봉사도 잘 할 수 있게 하여 주옵소서. 목표한 학업을 완성하는 그 날까지 언제나 아침 저녁으로 기도하기를 쉬지 않게 하여 주시고, 주님의 말씀을 주야로 묵상할 수 있는 아이가 되게 하여 주옵소서. 주님을 영화롭게 하고 만백성에게 유익함을 줄 수 있는 아이로 빛으실 것을 믿사옵고 예수 그리스도의 이름으로 기도합니다. 아멘

군 생활 중인 자녀를 위하여

인간의 생사화복을 주관하시는 하나님 아버지,

제 아이를 건강하게 키워 주셔서 맡은 바 의무와 사명을 잘 감당할 수 있게 하심을 감사드립니다.

주님, 나라의 부름을 받고 국방의 의무를 다하기 위하여 군에 간 자녀를 위하여 기도합니다. 사명 의식과 긍지를 가지고 군복무에 충실할 수 있도록 도와주시고, 상관의 명령에 잘 복종할 수 있도록 충성심을 더하여 주옵소서. 위험한 무기를 다루고 있습니다. 실수함이 없게 하여 주시고, 늘 긴장할 수 있도록 그 마음과 생각을 지키시옵소서. 동료 전우들과도 우애가 넘치게 하시고, 다른 병사들보다 솔선수범하여 희생적인 내무생활을 할 수 있도록 이끌어 주옵소서. 통제된 집단체 속에서 신앙을 지킨다는 것이 어려운 줄 아오나 주님을 의지하는 마음이 변함 없게 하시고, 주일이면 꼭 교회당을 찾아 예배할 수 있는 아이가 되게 하여 주옵소서. 예배드리기가 어려운 상황에 놓여 있다면 그 있는 자리에서 주님께 영광 돌릴 수 있는 신앙적 행위가 있게 하여

주옵소서. 육체적으로, 정신적으로 힘들고 고통스러울 때 더욱 주님을 사모하는 마음이 있게 하여 주시고, 졸지도 아니하시고 주무시지도 아니하시는 하나님이 항상 지키고 계심을 잊지 않게 하옵소서. 속한 부대원들에게 전도할 수 있는 길도 열어 주셔서 주님을 증거할 수 있는 증인의 의무도 잘 감당할 수 있게 하옵소서. 하나님께 영광 돌리는 군 생활이 되게 하실 것을 믿사옵고 예수 그리스도의 이름으로 기도합니다. 아멘

취직을 원하는 자녀를 위하여

땅을 정복하고 모든 생물을 다스리라고 하신 하나님,

아이가 졸업을 하고 일터를 구하고 있지만 아직도 새로운 직장을 구하지 못한 상태에 있습니다. 더디기는 하지만 합력하여 선을 이루시는 하나님을 의지합니다. 반드시 아이에게 좋은 직장을 허락하실 것을 믿습니다. 그곳에서 자기의 능력을 마음껏 발휘하고 주님을 높일 수 있는 직장을 허락하실 것을 믿습니다. 당장 취직이 되지 않는다고 하여 낙담하거나 실족치 않게 하여 주시고, 더 좋은 것을 예비하시는 주님의 선하신 손길을 끝까지 바라보며 감사함으로 기다릴 수 있게 하여 주옵소서. 취직이 늦게 되는 것은 영적인 훈련을 더 시키고자 하시는 주님의 은총과 사랑인 줄 깨달아 영성을 키우는 일에 마음을 쏟을 수 있게 하옵소서. 주님을 의지하는 백성에게는 모든 것이 유익이 되게 하시는 하나님이신 것을 믿습니다. 끝내 웃게 하시고, 기쁨을 더하시는 하나님이신 것을 믿습니다. 감사의 기도를 드리게 하시는 하나님이신 것을 믿습니다. 주님이 정하신 합당한 때에 좋은 직장을 주실 것을 믿습니다. 주님의 선하신 손길을 의지하오며 예수 그리스도의 이름으로 기도합니다. 아멘

결혼한 자녀를 위하여

참으로 좋으신 하나님 아버지,
아이가 장성하여 부모 곁을 떠나 한 가정을 이루게 하심을 감사드립니다. 믿음의 반려자를 만나 새로운 인생을 시작하였사오니 평강과 형통의 길로 인도하여 주옵소서. 한 가정을 이루게 하신 주님의 크신 뜻을 먼저 깨달아 인간의 욕심과 정욕대로 살지 않게 하시고, 하나님을 경외하고 섬기는 믿음의 가정이 되게 하여 주옵소서. 서로 다른 가정환경 속에서 성장하였으므로 성격도 다르고 기호도 다르겠지만 가정은 일치를 이루는 곳임을 깨닫게 하셔서 모든 차이를 극복하고 하나님이 주신 아름다운 가정을 가꿀 수 있게 하옵소서. 주님의 뜻하심 가운데서 한 가정을 이루었사오니 일평생 주님의 은혜를 떠나지 아니하고 주님께 쓰임 받을 수 있는 신실한 믿음의 가정이 되게 하옵소서. 더 많은 이해, 더 많은 양보, 더 많은 자기 희생이 있게 하시고, 상대방을 충분히 배려할 줄 아는 아름다움이 있게 하여 주옵소서. 또한 주님이 주신 복으로 충만한 가정이 되게 하시고, 주님의 선하신 뜻을 이루는 가정이 되게 하여 주옵소서. 이제 태의 열매도 주셔서 주님이 허락하신 산업과 기업을 이을 수 있게 하시고, 생명의 주인이신 주님을 찬양할 수 있는 가정이 되게 하여 주옵소서. 주님의 몸 된 교회를 위해서도 귀하게 쓰임 받는 부부가 되게 하시고, 사랑과 봉사와 헌신과 충성을 보일 수 있는 일꾼이 되게 하옵소서. 더 많은 은혜와 사랑을 쏟아 부어 주시기를 원하시는 예수 그리스도의 이름으로 기도합니다. 아멘.

해산한 자녀를 위하여

생명의 창조자이신 하나님 아버지,

주께서 세우신 가정에 새 생명을 선물로 주심을 감사드립니다. 새 생명의 탄생을 어찌 천하의 모든 것과 비교할 수 있겠사오리까? 주님이 주신 귀한 생명으로 인하여 저희에게 기쁨이 넘치게 하시니 감사합니다. 생명의 축복을 허락하신 하나님께 다시 한번 감사와 영광을 돌립니다.

주님, 해산의 고통을 겪은 산모를 기억하셔서 빠른 회복을 주시기를 원합니다. 아기가 먹고 싶은 때에 언제나 젖을 물릴 수 있도록 젖샘이 풍부하게 하여 주옵소서. 이제 주님이 주신 귀한 아이, 잘 먹고 잘 자고, 잘 자라게 하여 주시고, 질병 없이 성장할 수 있도록 늘 지켜 주옵소서. 그 키가 자라감에 따라 사랑스러움이 더하여지게 하시고, 지혜와 명철도 더하여 주옵소서. 부모가 된 자녀들도 선물로 주신 새 생명을 사랑과 믿음으로 잘 양육할 수 있도록 은총을 더하여 주시고, 하나님을 경외하는 믿음의 가정을 가꾸기에 조금도 부족함이 없도록 이끌어 주옵소서.

이제껏 산모와 아기가 아무 탈 없이 안전하고 건강하게 순산할 수 있도록 지켜 주신 주님의 은혜를 감사하오며, 기업을 이을 수 있는 큰 은총을 허락하신 예수 그리스도의 이름으로 기도합니다. 아멘

시험이 찾아왔을 때

거룩하신 하나님 아버지,

주님께서는 하늘 위에 높이 계시지만 몸소 고난을 받으심으로 저희의 연약을 아시고 저희를 도우심을 감사드립니다. 제게 원치 않는 시

험이 찾아왔으나 주님의 사랑의 손길인 것은 조금도 의심치 않습니다. 주님을 의지하는 자에게 유익을 더하시는 하나님이신 것을 확신합니다. 마음을 어지럽히는 모든 부정적인 생각들을 물리치고 믿음의 주요 온전케 하시는 이인 주님만을 온전히 바라보게 하옵소서. 이 연단의 기간이 짧은 것은 저의 간절한 바람이오나 주님이 작정하신 것이라면 길어져도 상관없사오니 끝까지 인내할 수 있도록 도와주시옵소서. 눈에는 아무 증거 안 보이고 귀에는 아무 소리 안 들려도, 손에는 아무것도 잡히는 것이 없어도 약속하신 주님의 말씀을 붙들고 이 어려운 상황을 잘 인내하며 승리할 수 있도록 도와주시옵소서. 주님이 사랑하시는 자에게 허락하신 시험은 전적으로 시험당하는 자에게 엄청난 주님의 은혜를 체험케 하시기 위한 것임을 믿습니다. 부족한 저에게도 그와 같은 은혜를 베푸시기 위하여 이 귀한 시험을 주셨사오니 감사함으로 주님께 더 가까이 나아가게 하옵소서. 계신 곳 하늘에서 시험당하는 자들을 능히 도우시고 그 고통에 함께 참여하고 계시는 예수 그리스도의 이름으로 기도합니다. 아멘

억울한 일을 당했을 때

사랑의 주님,

힘들고 어려울 때에 기도를 잃지 않게 하시니 감사합니다. 주님만이 저의 반석이심을 믿습니다. 억울함을 신원하시며 위로와 평안을 주시는 주님이심을 믿습니다.

주님, 저는 지금 말할 수 없는 억울한 일을 당했습니다. 분노심에 이성을 잃기도 하였지만 주님의 말씀으로 분노심을 잠재웠습니다. 그러나 생각할 때마다 피가 역류하는 것 같은 고통을 겪습니다. 공평하시고 자비로우신 주님께 맡기오니 주님의 선하신 뜻대로 인도하여 주옵

소서.

 주님, 이 죄인의 마음에도 주님의 마음을 품을 수 있는 은혜를 주시옵소서. 억울한 일을 당하고 보니 아직도 성화되지 못한 죄인임을 깨닫습니다. 주님의 성품을 닮은 것이 전혀 없음을 깨닫습니다. 너무도 이기적이고, 인간적임을 깨닫습니다.

 주님, 이번 일로 인하여 이 죄인이 주님의 사람으로 온전히 거듭나게 하시고, 주님의 용서를 배울 수 있게 하옵소서. 무엇을 하든지 사람을 지나치게 믿지 않게 하여 주시고, 언제나 성실하시고 신실하신 주님만을 의지하며 바라볼 수 있게 하여 주옵소서. 제 마음을 살피시고 헤아리시는 예수 그리스도의 이름으로 기도합니다. 아멘

물질의 손해가 발생했을 때

 부하게도 하시고 가난하게도 하시는 하나님,
 언제나 구하는 자에게 좋은 것으로 주시며, 또한 주시되 넘치도록 풍성히 주시는 하나님께 감사와 영광을 돌립니다.

 주님, 저는 지금 경제적으로 너무 큰 타격을 받았습니다. 물질의 큰 손해를 본 것은 육신의 일에만 매달렸던 주님의 사랑의 징계라고 믿고 있습니다. 재물에 현혹되어 영적인 일을 소홀히 했던 지난날의 어리석은 삶을 진심으로 회개하오니 용서하여 주옵소서. 이제 오직 영원하신 주님만을 바라보며 신령한 것을 사모할 수 있는 삶이 되게 하옵소서.

 주님, 물질을 잃은 것 보다 더욱 안타까운 것은 사람을 잃은 것입니다. 물질의 어려움을 준 사람을 용서하고 용납할 수 있는 은혜를 주시고, 주님의 사랑으로 품을 수 있게 하여 주옵소서. 이번 일로 인하여 "많은 재물보다 명예를 택할 것이요 은이나 금보다 은총을 더욱 택할

것이니라"(잠 22:1)는 말씀을 깊이 깨달았습니다. 다시는 재물에 우선권을 두는 일이 없게 하여 주시고, 늘 주님께 우선권을 두고 사는 삶이 되게 하여 주옵소서.

주님, 저로 인하여 가족도 어려움을 겪고 있습니다. 합력하여 선을 이루시는 주님을 의지하는 믿음을 주시고, 큰 위기를 큰 축복으로 바꾸시는 주님의 은총을 조금도 의심치 않게 하여 주옵소서. 이제는 오직 주님께만 소망을 두고 하나님의 선한 청지기로 살 것을 다짐합니다. 이 결심이 흔들리지 않도록 은총을 더하여 주옵소서. 예수 그리스도의 이름으로 기도합니다. **아멘**

안 좋은 일이 반복될 때

나의 힘이 되시는 여호와 하나님,

주님은 저의 영원한 힘이 되심을 믿습니다. 주님을 믿는 믿음이 세상을 이기는 힘이요 능력이 됨을 믿습니다.

주님, 믿음의 길을 달려가고 있는 제게 왜 자꾸만 안 좋은 일이 일어나는지 모르겠습니다. 겨우 한 가지를 해결하고 나면 숨 돌릴 틈도 없이 또 다른 문제가 발생하고, 이것이 계속 반복되다 보니 제 생활이 너무 처참하게 바뀌어 가고 있습니다. 육신도 마음도 만신창이가 되었습니다.

주님, 왜 그렇지요? 왜 저에게는 마치 주님의 재앙 같은 일들이 끊이지를 않는 것일까요? 이제는 주님을 믿어야 하는 구원의 감격도 의욕 있는 신앙생활도 사라져 버리고 없습니다. 주님을 향하여 부르짖는 것도 힘겹게 느껴집니다.

주님, 고달픔에 지쳐서 흐느적거리고 있는 이 영혼을 불쌍히 여겨 주옵소서. 모든 것을 체념한 듯이 넋을 놓고 있는 이 영혼을 주님의 넓으신 품으로 품어 주시옵소서. 이 불쌍한 죄인에게 구원의 빛, 생명의 빛을 비추시옵소서. 주님의 뜻이 무엇인지 깨닫는 은혜를 더하여 주옵소서.

 주님, 일어서고 싶습니다. 주님을 잘 섬기고 싶습니다. 교회에 열심을 다하여 봉사하고 싶습니다. 제 삶의 문제 속에서만 허덕이며 살지 않도록 도와주시옵소서. 이제는 지긋지긋하게 느껴지는 안 좋은 일들이 제 앞에서 소멸되게 하여 주시고, 주님의 축복이라 느껴지는 기쁨을 안고 주님의 보좌 앞을 향할 수 있게 하옵소서. 빈약한 자를 권고하시는 주님이심을 믿습니다. 예수 그리스도의 이름으로 기도합니다. 아멘.

이사했을 때

 새로운 장막을 허락하신 하나님께 감사와 영광을 돌립니다.

 주님의 섭리가운데 새로운 장막으로 이사하게 된 것을 믿습니다. 늘 저희 가정과 함께하신 하나님, 이곳에서도 주님이 늘 함께하심을 경험하는 삶이 되게 하실 것을 믿습니다. 새로운 환경에 적응하기가 다소 힘들고 어려울지라도 주님의 자녀답게 잘 인내할 수 있게 하여 주시고, 이곳에서도 하나님이 임재하시는 가정 천국을 가꾸기에 힘쓸 수 있도록 도와주시옵소서. 주님, 주님이 옮겨 주신 장막이기에 이곳에도 함께 교제하며 믿음의 떡을 뗄 수 있는 이웃을 준비해 놓으신 줄 믿습니다. 누구를 붙여 주시든지 주님이 붙여 주신 이웃임을 믿고 주님의 일을 감당하게 하옵소서. 혹여 기대에 어긋난 환경으로 이끌림을 받는다고 하여 불평하는 일이 없게 하시고, 주님의 선하신 뜻을 굳게 믿고 흔들림 없이 믿음의 길을 걸어갈 수 있게 하옵소서. 주님, 아이들을 붙드시기를 원합니다. 새로운 환경에도 적응해야 하고 새로운 학교에서 새로운 선생님의 가르침을 받으며 친구들도 사귀어야만 합니다. 어린 심령에 마음의 부담이 큰 줄 아오니 담대함을 주셔서 새로운 곳에서 잘 적응할 수 있게 하여 주옵소서. 주님, 이곳에서도 하나님이 함께하시는 좋은 교회로 이끌림을 받아 건강한 믿음, 건강한 교회 생활이 이어질 수 있게 하시고, 성숙된 신앙의 길로 나아갈 수 있도록 도와주시옵소서. 평안한 교회, 화려한 교회를 찾기보다 일할 수 있는 교회를 찾게 하시고, 그곳에서 헌신을 드릴 수 있는 교회 생활을 할 수 있도록 이끌어 주옵소서. 생업 위에도 은혜를 더하여 주실 것을 믿사옵고 새로운 장막을 주신 예수 그리스도의 이름으로 기도합니다. **아멘**

영적 성장을 위한 기도문

주여! 이 죄인에게 주님의 말씀을 날마다 가까이 할 수 있도록 말씀에 대한 사모함이 넘쳐나게 하여 주옵소서. 말씀 속에서 제게 말씀하시고자 하시는 주님의 음성을 들을 수 있게 하시고, 말씀 속에서 주님의 사랑을 만나고, 인생에게 향하신 주님의 크고 놀라운 비밀을 깨달아 알게 하옵소서….

열심이 식어졌을 때

은혜로우신 하나님 아버지,

　주님을 위한 열심이 식어지고 있음을 깨닫습니다. 이제라도 깨닫고 기도할 수 있게 하시니 감사합니다. 무가치하고 무자격한 이 죄인에게 귀한 사명을 맡기셨사오니 열심을 다할 수 있도록 이끌어 주옵소서. 더 이상 사명의 자리를 고의적으로 피하는 일이 없게 하여 주시고, 제 자신을 위해서만 분주히 움직이는 일이 없게 하여 주옵소서. 제게 있는 물질과 시간을 주님을 위하여 드릴 수 있게 하여 주시고, 진실한 마음으로 주님을 섬길 수 있게 하옵소서. 예배와 기도와 전도의 생활이 온전히 드려질 수 있게 하시고, 주님이 기뻐하시는 열매를 풍성히 맺을 수 있는 삶이 되게 하여 주옵소서. 주님의 몸 된 교회와 권속들을 위하여 수고의 땀을 흘리는 자리라면 적극 참여할 수 있는 열심이 있게 하시고, 아름다운 믿음의 본을 보일 수 있는 신앙생활이 되게 하여 주옵소서. 누구나 본받고 싶은 열심이 저에게 있게 하여 주시고, 누구에게나 믿음의 좋은 영향을 끼칠 수 있는 주님의 사람이 되게 하여 주옵소서. 오늘 이후로 다시는 육신적인 일에 우선권을 두는 일이 없게 하시고, 주님의 영광을 위하여 모든 것을 쏟을 수 있는 삶이 되게 하여 주옵소서. 녹슬어 없어지는 인생이기 보다는 주님을 위하여 닳아서 없어지는 삶을 회복하기를 소망합니다. 예수 그리스도의 이름으로 기도합니다. 아멘

기도가 힘들어질 때

은혜 베푸시기를 즐겨하시는 하나님 아버지,

이 죄인이 어느 순간부터인가 주님과 교제하는 그 영광 된 자리를 등지고 있습니다. 기도하는 자리로 나아가야만 하는데 늘 마음뿐이지 행동으로 옮기지 못하고 있습니다. 정말 기도해야만 하는데, 기도해야 할 문제들이 산을 이루고 있는데 이 죄인이 무엇에 붙들려 있는지 기도의 자리로 나아가지를 못하고 있습니다. 주님, 제 자신이 참으로 부끄럽습니다. 주님께 얼굴을 들지 못하겠나이다. 이 죄인이 왜 이리 교만해졌는지 모르겠습니다. 주님을 대면하는 자리로 나아가지 못하는 것은 힘들어서가 아니라 이 죄인의 교만 때문인 것을 깨닫습니다. 주여! 이 죄인의 교만함을 용서하여 주시고, 굳은 무릎을 꺾어 주시옵소서. 이 죄인의 입술을 성령의 인두로 지져 주셔서 병든 제 영혼을 안타까워하며 마음을 쏟을 수 있는 통곡의 기도가 주님의 보좌 앞을 적실 수 있게 하옵소서. 이제는 주님과의 깊은 영적인 교제가 부활되어서 깊은 교제가 이어지게 하시고, 주님의 음성을 듣고 주님의 마음을 살필 줄 아는 삶이 되게 하옵소서. 그동안 기도하기에 힘들어 했던 제 자신을 채찍질하며 기도에 대한 목마름으로 주님을 갈망합니다. 기도를 쉬는 죄를 다시는 범치 않게 하옵소서. 기도의 본을 보이신 예수 그리스도의 이름으로 기도합니다. 아멘

말씀 묵상을 하고 싶을 때

온 우주만물을 말씀으로 창조하신 하나님,
이 죄인에게 주님의 사랑을 깨닫고 하늘의 진리를 알아갈 수 있는 은혜를 주심을 감사합니다. 사람은 떡으로만 사는 것이 아니라 하나님의 입에서 나오는 말씀으로 사는 것임을 깨닫습니다. 주님의 말씀에 하늘과 땅의 모든 진리가 숨겨져 있음을 깨닫습니다. 그럼에도 불구하고 이 죄인은 주님의 말씀을 가까이 하지 못하고 있습니다. 주님의 말씀을 가까이 해야만 믿음이 성장하고 주님의 뜻을 깨달아 알 수 있는데 말씀을 가까이 하지 못하는 이 죄인이 참으로 한심하기만 합니다. 주여! 이 죄인에게 주님의 말씀을 날마다 가까이 할 수 있도록 말씀에 대한 사모함이 넘쳐나게 하여 주옵소서. 말씀 속에서 제게 말씀하시고자 하시는 주님의 음성을 들을 수 있게 하시고, 말씀 속에서 주님의 사랑을 만나고, 인생에게 향하신 주님의 크고 놀라운 비밀을 깨달아 알게 하옵소서. 말씀으로 무장하여 마귀의 궤계를 능히 이길 수 있게 하시고, 말씀으로 마귀를 제압하는 능력의 삶이 되게 하옵소서. 말씀으로 하루를 열어 갈 수 있게 하시고, 말씀으로 하루를 닫을 수 있게 하옵소서. 무엇을 하든지 주님의 말씀이 기준이 되게 하옵소서. 또한 말씀을 대할 때에 제멋대로 해석하는 일이 없게 하시고, 진리의 말씀을 옳게 분변할 수 있는 지혜가 있게 하옵소서. 주님의 말씀은 내 발의 등이요, 내 길에 빛임을 믿습니다. 이 어두운 시대를 밝힐 수 있는 것은 주님의 말씀밖에 없음을 깨닫습니다. 주여! 말씀을 묵상하는 즐거움이 넘치게 하옵소서. 예수 그리스도의 이름으로 기도합니다. 아멘.

성령 충만을 원할 때

능력의 주님,

언제나 부족함 없이 채워 주시는 주님이심을 믿습니다. 이 시간 은혜 감당하는 삶을 살기 위하여 성령 충만을 간구합니다. 아직도 제 몸 속에서 꿈틀거리고 있는 모든 정욕과 탐심을 깨끗이 태워 주시고, 주님의 말씀이 제 안에 충만히 거하는 삶이 되게 하옵소서. 저의 속사람을 날마다 새롭게 변화시켜 주셔서 하나님의 선하시고 기뻐하시고 온전하신 뜻을 분별하는 삶이 되게 하여 주옵소서. 주님, 제 자신을 주님께 온전히 드리기를 원합니다. 성령의 충만함을 주셔서 주님께 순종하는 자리에 항상 있게 하여 주시고, 헌신할 수 있는 자리에 항상 있게 하시며, 충성할 수 있는 자리에 항상 있을 수 있게 하여 주옵소서. 주님을 사랑하듯 이웃을 사랑할 수 있게 하여 주시고, 주님을 섬기듯이 겸손과 온유로 형제를 섬길 수 있는 종이 되게 하여 주옵소서. 또한 성령의 아홉 가지 열매도 맺게 하여 주셔서 거룩하고 아름다운 삶이 되게 하여 주옵소서. 갈 길 몰라 방황하는 영혼들을 위해서도 주님께 인도할 수 있는 전도자가 될 수 있게 하여 주시고, 물질과 몸을 드려 섬김의 도를 실천할 수 있는 삶이 되게 하여 주옵소서. 더욱 성령 충만하게 하셔서 주님의 은혜와 사랑에 대하여 닳아서 없어지는 삶으로 보답하게 하옵소서. 온갖 좋은 것으로 충만케 하시는 예수 그리스도의 이름으로 기도합니다. 아멘.

직분 감당을 잘하고 싶을 때

자비로우신 하나님 아버지,

주님의 백성으로서 주님의 영광을 위하여 사는 것도 너무나 감사한 일이온데 티끌과도 같은 저를 충성된 자로 여기셔서 귀한 직분까지 맡겨주심을 감사드립니다. 하오나 한없이 부족함을 깨닫습니다. 그러나 "내게 능력 주시는 자 안에서 내가 모든 것을 할 수 있느니라"고 하셨사오니 주님의 거룩한 직분을 감당하는 데 부족함 없는 믿음을 주시고 오직 능력의 주님을 의지하고 바라볼 수 있게 하옵소서. 행여 인간의 지식, 경험, 기술, 잔재주, 테크닉 같은 것을 앞세우는 일이 없게 하시고, 진심으로 주님만을 의뢰하는 마음만 있게 하여 주옵소서. 이 직분을 통하여 주님의 몸 된 교회를 섬기고 주님을 영화롭게 하는 데 모든 것을 깨뜨릴 수 있게 하여 주시고, 목사님의 말씀에 온전히 복종하며 주님의 선한 사업에 열심을 품고 주님을 섬길 수 있게 하여 주시고, 믿음의 형제들에게도 항상 믿음의 유익을 끼칠 수 있는 삶이 되게 하옵소서. 열심이 지나친 나머지 교만함에 이르지 않게 하시고 다른 교우를 실족하게 하거나 마음을 아프게 하는 일이 없도록 제 생각과 마음을 온전히 주장하여 주옵소서. 언제나 겸손함으로, 언제나 낮아짐으로, 언제나 성실함으로, 언제나 진실함으로, 언제나 인내함으로 주님의 선하신 뜻을 분별하며 주님의 거룩한 직분을 감당할 수 있게 하옵소서. 교회의 머리가 되시는 예수 그리스도의 이름으로 기도합니다. 아멘

깊은 기도를 하고 싶을 때

주님,
기도야말로 주님께 가까이 나아가는 거룩한 은혜의 통로임을 깨닫게 하시니 감사합니다. 더 깊은 기도를 위하여 주님께 간구합니다. 기도에 취할 수 있는 은혜를 허락하여 주옵소서. 밤새도록 기도하여도 기도의 시간이 짧게만 느껴지는 깊은 기도가 있게 하여 주옵소서. 이

죄인이 부르짖는 기도가 하늘 보좌에 이르는 것을 느낄 수 있게 하옵소서. 말만 많이 쏟아 내는 기도가 되지 말게 하시고 주님의 음성을 들을 수 있는 기도를 할 수 있게 하옵소서. 제 요구만 늘어놓는 기도가 되지 말게 하여 주시고 주님의 뜻을 담아낼 수 있는 기도가 되게 하여 주옵소서. 기도하다가 성령 충만을 경험하게 하여 주시고, 기도의 줄기를 타고 능력을 부어주시는 주님의 은혜를 체험할 수 있게 하옵소서. 야곱과 같은 기도의 사람이 되기를 원합니다. 모세와 같은 기도의 사람이 되기를 원합니다. 여호수아와 같은 기도의 사람이 되기를 원합니다. 한나와 같은 기도의 사람이 되기를 원합니다. 더 나아가 주님의 기도를 닮는 기도가 되기를 원합니다. 이 못난 죄인에게 깊은 기도를 할 수 있는 은총을 부어 주시옵소서. 일평생 기도에 헌신을 드릴 수 있는 기도의 종으로 사용하여 주실 것을 믿사옵고 예수 그리스도의 이름으로 기도합니다. 아멘

새벽기도를 하고 싶을 때

새벽에 한적한 곳에서 습관을 좇아 기도하신 주님,
새벽기도가 얼마나 중요한 것인지를 알면서도 육체의 나약함 때문에 새벽을 깨우지 못하고 있습니다. 매일 밤 새벽에 일어나기를 기도하고 다짐하며 잠자리에 들지만 잠에 취하여 번번이 주님과의 그 귀한 교제의 시간을 놓치고 맙니다. 주님, 이 미련하고 부족한 종을 불쌍히 여기시고 새벽을 깨울 수 있도록 도와주시옵소서. 새벽기도로 하루를 시작하고 하루를 마칠 수 있게 하여 주옵소서. 아침 이슬을 먹는 풀과 같이 새벽길을 걷는 성도의 발걸음에 새벽별 같은 주님의 은혜를 더하실 것을 생각하니 새벽잠을 이기지 못한 이 죄인의 모습이 한없이 원망스럽기만 합니다. 주님, 졸지도 아니하시고 주무시지도 아

니하시는 주님의 은총에 조금이라도 보답하는 삶을 살 수 있도록 이끌어 주옵소서. 가장 신선하고 가장 좋은 시간을 주님께 드릴 수 있도록 제 심령을 두들겨 주시고 깨워 주시옵소서. 하루의 첫 시간을 성전에 오르며 일과를 시작할 수 있도록 이끌어 주시고 새벽을 거룩히 구별하여 주님께 드릴 수 있도록 도와주시옵소서. 새벽잠을 희생할 수 있는 의지를 주옵소서. 이 연약한 종에게 새벽을 축복하여 주옵소서. 더욱 큰 영적인 부담이 밀려와 새벽잠을 이루지 못하게 하옵소서. 새벽에 주님을 만날 수 있도록 이끌어 주실 것을 믿사옵고 예수 그리스도의 이름으로 기도합니다. 아멘

헌신하고 싶을 때

주님, 주님의 은혜를 먹고사는 주의 백성으로서 조금이라도 주님의 은혜에 보답하는 삶을 살기를 원합니다. 주님을 위하여 모든 것을 깨뜨려 더욱 헌신할 수 있는 길을 열어 주옵소서. 주님께 받은 모든 달란트를 그 양의 크고 작음에 관계없이 주님을 위하여 드리기를 원하오니 주님을 위하여 모든 것을 드릴 수 있는 헌신의 사람이 되게 하옵소서.

주님, 한 알의 밀이 땅에 떨어져 죽을 때에 많은 열매를 거두게 된다는 진리의 말씀을 심비에 새기기를 원합니다. 이 말씀대로 이 죄인에게 희생적인 삶의 모습이 넘쳐나게 하시고, 주님을 본받아 희생의 욕구를 충족시켜 나갈 수 있는 주의 사람이 되게 하여 주옵소서. 수많은 신앙의 사람들처럼 그 어떤 삶의 위기가 찾아온다 할지라도 주님을 위한 헌신의 자리는 비우지 않게 하여 주시고 주님을 위하여 죽도록 충성할 수 있는 주의 사람이 되게 하여 주옵소서. 행여나 주님께 헌신하는 일이 어떤 의무감 때문에 하는 것이 되지 않게 하여 주시고, 주님

께서 저를 구원해 주신 구속의 은총에 감격하여 드릴 수 있는 헌신의 생활이 되게 하여 주옵소서. 주님께 헌신하기를 원하는 저의 심령을 강하게 붙들어 주실 것을 믿사옵고 예수 그리스도의 이름으로 기도합니다. 아멘

유혹이 밀려올 때

악한 자가 너를 꾈지라도 좇지 말라고 하신 주님,
이 연약한 종에게 유혹의 손길이 다가오고 있습니다. 이 유혹을 물리칠 수 있는 능력을 더하여 주옵소서. 예수님께서 사탄의 유혹과 시험을 말씀으로 물리치셨듯이 이 부족한 죄인도 말씀으로 무장하여 그 어떤 유혹도 능히 물리치게 하여 주시고, 사도바울같이 자족할 줄 아는 마음을 허락하여 주옵소서. 마음의 충동을 억제할 수 있는 강력한 의지력과 성령의 충만을 허락하여 주시고, 자만하거나 교만하지 않도록 마음을 잘 다스릴 수 있는 지혜를 허락하여 주옵소서. 육신의 정욕과 이생의 안목에 휩싸이지 않도록 복음의 전신갑주를 입혀 주시고, 주님보다 더 사랑하는 것이 없게 하여 주옵소서. 유혹이 변하여 핍박이 된다 할지라도 그리스도를 위하여 받는 능욕을 애굽의 모든 보화보다 더 큰 재물로 여겼던 모세처럼 잘 이기게 하셔서 정금 같은 믿음으로 거듭나며 주님께 기쁨을 더할 수 있는 신앙의 사람이 되게 하여 주옵소서. 마귀가 쳐놓은 덫에 늘 걸려 넘어지는 인생이 아니라 마귀의 궤계를 능히 물리칠 수 있는 능력의 사람으로 살 수 있도록 함께하실 것을 믿습니다. 말씀으로 유혹을 물리치셔서 하나님의 뜻을 이루신 예수 그리스도의 이름으로 기도합니다. 아멘

전도하기를 원할 때

천하보다 한 영혼을 귀하게 보시는 하나님,

주님은 영혼 구원의 결실을 맺기를 원하시는데 이제껏 복음을 담대히 외쳐 보지도 못했고 복음을 위하여 헌신을 드리지 못했음을 솔직히 고백합니다. 복음을 전하기에 태만했던 이 죄인을 용서하여 주옵소서.

주님, 지금부터라도 영혼 구원을 위한 열정이 타오를 수 있도록 심령의 불을 붙여 주옵소서. 주님처럼 한 영혼을 사랑하고 불쌍히 여기는 마음이 제 심령 속에 깊숙이 젖어들게 하시고, 주님의 사랑에 빚진 자임을 늘 깨달아 구원의 복음을 힘써서 전할 수 있는 전도자의 사명을 감당케 하여 주옵소서.

주님, 복음 전도의 도구로 합당하게 쓰임받기 위하여 저의 인격과 삶도 늘 변화되기를 원합니다. 주님을 믿는 자에게나 불신자들에게 늘 주님의 형상을 나타낼 수 있는 변화된 삶의 모습이 있게 하시고, 말과 행동 속에서도 주님의 형체를 드러낼 수 있는 전도자가 되게 하여 주옵소서. 복음을 전하다가 그 어떤 핍박이 다가온다 할지라도 하늘의 상급을 바라보며 끝까지 전도의 사명을 감당케 하여 주옵소서.

주님, 영혼 구원에 대한 부담이 심령 속으로 밀려올 때에 한 영혼이라도 사랑할 수 있사오니 영혼 구원을 위하여 영혼을 쏟고 마음을 쏟을 수 있는 기도의 사람이 되게 하여 주옵소서. 때를 얻든지 못 얻든지 힘써서 전도할 수 있도록 이끌어 주실 것을 믿습니다. 예수 그리스도의 이름으로 기도합니다. 아멘.

축복을 원할 때

복의 근원이 되시는 하나님 아버지,

　복 받기를 사모하는 저희 가정에 넘치는 크신 은총과 은혜를 베풀어 주시기를 원합니다. 영혼이 잘되고 강건한 복을 허락하여 주시기를 원합니다. 만군의 하나님이 함께 계시매 점점 강성해 갔던 다윗과도 같이 임마누엘의 하나님이 이 가정 위에 동행하시므로 날로 복이 있게 하시옵소서. 또한 건강의 복도 허락하여 주시기를 원합니다. 모든 질병을 이 가정에서 물리쳐 주시고, 영혼의 강건함은 물론이요 육신의 건강도 있게 하여 주시어서 주님을 잘 섬기게 하여 주시옵소서. 건강한 육신을 죄의 병기로 사용하지 않기를 원합니다. 주님을 위한 의의 병기로 사용하게 하시고, 주님께 죽도록 충성할 수 있는 가정이 되게 하여 주시옵소서.

　주님, 주님의 몸 된 교회도 힘을 다하여 섬기기를 원합니다. 녹슬어 없어지는 인생이 되기보다는 주님을 위하여 닳아서 없어지는 삶을 살 수 있도록 저희 가정에 하늘의 신령한 것과 땅의 기름진 것으로 채워 주시옵소서. 악인의 길에 서지 않기를 원합니다. 죄인의 자리에도 가지 않기를 원합니다. 오직 주님만을 위하여 살 수 있는 복 있는 가정이 되게 하여 주시옵소서.

　예수 그리스도의 이름으로 기도합니다. 아멘

헌금 생활을 바로 하고 싶을 때

모든 것의 주인이신 하나님 아버지,

　때를 따라 은혜와 복을 내려 주시고 물질로 인하여 고통당하는 일이 없게 하심을 감사드립니다. 주님! 간구하옵는 것은 주님 앞에 물질을 잘 깨뜨리는 종이 되게 하셔서 주님이 모든 것의 주인 됨을 인정하는 삶이 되게 하시옵소서. 언제나 주님 앞에 나올 때에 인색한 마음으로 나오지 않게 하시며, 제 손이 주님의 은혜에 대하여 감사의 손길로 이어지게 하시며 회개하는 마음으로 힘써서 드릴 수 있게 하시옵소서. 오직 너희 보물을 하늘에 쌓아 두라고 하셨사오니 헌금을 인하여 부담을 갖는 일이 없게 하시고, 주님 앞에 향기로운 예물로 힘써서 드릴 수 있는 종이 되게 하시옵소서. 때를 얻든지 못 얻든지 주님 앞에 힘써서 드리기에 인색함이 없게 하시고, 구차한 중에서 모든 소유를 드렸던 과부와도 같이, 어려울 때에도 더욱 힘써 드림으로 온전한 감사가 넘치는 삶이 되게 하여 주시옵소서. 언제나 제 손이 주님 앞에 부끄럽지 않게 하시며, 정직한 수고의 대가를 얻게 하셔서 깨끗한 물질로 주님을 기쁘시게 해 드리는 데 최선을 다하게 하시옵소서.

행여 헌금 생활로 인하여 제 마음이 교만해지지 않게 하시며, 물질이 없어 연보하지 못하는 사람을 정죄하거나 판단하는 일이 없게 하시옵소서. 소득이 있을 때마다 먼저 주님을 생각하는 마음이 항상 있기를 원합니다. 예수 그리스도의 이름으로 기도합니다. 아멘.

충성하고 싶을 때

죽도록 충성하라고 말씀하신 주님,

주님께 충성을 다해야 하는데 자꾸만 나태해지려고 하는 저의 신앙생활인 것 같아 너무나 부끄럽습니다. 좀 더 뜨거운 열심을 가지고 주님을 섬기게 하시옵소서.

주님, 차지도 않고 덥지도 않은 신앙생활이 되지 않기를 원합니다. 얍복 강가의 야곱과도 같이 전심을 다해서 주님을 의뢰하게 하시고, 주님을 위하여 충성을 다했던 엘리야 선지자와 같이 주님을 위하여 불붙는 열심이 있기를 원합니다. 이웃을 사랑하며 전도하는 일에 최선을 다할 수 있게 하여 주시고, 모든 예배와 봉사 활동에 빠지지 않고 최선을 다해 충성하게 하여 주옵소서.

　주님, 행여나 잘못된 열심으로 주님의 영광을 가리우는 일이 없기를 원합니다. 또한 제 자신을 드러내는 일에 열심을 내는 일이 없기를 원합니다. 지혜를 더하여 주시고, 성령님께서 친히 지도하여 주옵소서. 비록 주님께 받은 은사가 적다고 할지라도 불평하지 않게 하시고, 시기심이나 질투심이 없게 하시며, 열심을 다하여 주님을 섬기게 하시옵소서. 주님께 충성을 다하다가 혹 비난받는 일이 발생한다 할지라도 합력하여 선을 이루시는 주님을 끝까지 의지하며 승리하게 하시옵소서. 이 죄인을 충성의 자리로 나아가게 하시는 예수 그리스도의 이름으로 기도합니다. 아멘

타인을 위한 기도문

말씀을 준비하실 때 지혜와 능력을 더하여 주셔서 양 무리들에게 신령한 꿀을 먹이기에 조금도 부족함이 없게 하여 주시고, 주님의 구원의 은총과 천국의 능력을 나타내기에 조금도 부족함이 없게 하여 주옵소서…

목사님을 위하여

사랑이 풍성하신 하나님 아버지,

사랑하는 목사님을 통하여 하늘나라의 진리를 배우고 양육받게 하여 주심을 감사드립니다. 목사님을 영육 간에 강건케 하셔서 주님의 몸 된 교회를 위하여 맡은 바 직임을 감당하시는 데 조금도 피곤치 않게 하여 주시고, 오직 주님의 나라와 그 의를 위하여 귀하게 쓰임 받는 목사님이 되게 하여 주옵소서. 말씀을 준비하실 때 지혜와 능력을 더하여 주셔서 양 무리들에게 신령한 꿀을 먹이기에 조금도 부족함이 없게 하여 주시고, 주님의 구원의 은총과 천국의 능력을 나타내기에 조금도 부족함이 없게 하여 주옵소서. 목사님이 외롭고 힘드실 때 따뜻한 벗이 되어 주시고, 힘들고 지치셨을 때 위로와 용기를 더하여 주옵소서. 목사님의 가정도 큰 은혜를 더하여 주셔서 사모님이 목사님을 내조하시는 데 조금도 부족함이 없게 하시고, 마음 괴롭고 아픈 일이 찾아올 때 영광의 주님을 바라보며 평안과 위로를 얻게 하옵소서. 자녀들도 주님이 직접 돌보아 주시고 키워 주셔서 주님께 귀하게 쓰임 받는 그릇들이 되게 하여 주옵소서. 목사님이 주님의 나라와 주님의 몸 된 교회를 위하여 충성과 성실로, 겸손과 온유로, 사역을 감당하실 때 더욱 큰 능력으로 함께하실 것을 믿사옵고 예수 그리스도의 이름으로 기도합니다. 아멘

어려운 교우를 위하여

만복의 근원이 되시는 하나님 아버지,

물질의 어려움을 당하고 있는 교우를 위하여 기도합니다. ○○○ 교우를 생각할 때 그 가정을 묶고 있는 가난이 너무도 안타깝기만 합니다. 가난함 가운데서도 주님께 영광 돌릴 수 있는 삶을 살 수만 있다면 그 영광이 부자가 돌리는 영광에 조금도 부족함이 없다는 것을 깨닫습니다. 하오나 물질로 인하여 그 고통이 너무 오래 지속되다 보니 실족하여 넘어지지는 않을까 염려가 앞섭니다.

모든 것을 다 하실 수 있는 주님,

하실 수 있거든 ○○○ 교우의 가정을 불쌍히 여기셔서 물질의 은사를 더하여 주시옵소서. ○○○ 교우가 매일 새벽마다 눈물로 기도하고 있고, 사랑하시는 자에게 좋은 것을 아낌없이 주시는 좋으신 주님의 은총을 바라보고 있습니다. 혹여 ○○○ 교우가 가난함으로 인하여 시험 드는 일이 없게 하시고, 차별 없으신 주님의 사랑을 의심하는 자리까지 나아가지 않도록 필요한 물질을 더하여 주시옵소서. 그 가정에 걱정과 염려가 다 떠나고 평안과 믿음이 꽉 들어차게 하셔서 주님을 위하여 사는 즐거움이 더없는 행복이 되게 하여 주시옵소서. 주님께 죽도록 충성할 수 있는 가정이 되게 하시고, 교회에서 봉사하는 일에도 적극 참여할 수 있도록 도와주시옵소서. 어려움 가운데서도 성실하게 일하며 주님을 소망하며 소박한 꿈을 가지고 있는 그 가정을 주님이 넘치는 복으로 함께하여 주실 것을 믿사옵고 예수 그리스도의

이름으로 기도합니다. **아멘**

낙심한 교우를 위하여

긍휼이 많으신 주님,
실망하고 낙심 가운데 놓여 있는 교우를 위하여 간구합니다. ○○○ 교우를 불쌍히 여기시고, 긍휼히 여기셔서 상처 난 마음을 치료하여 주시옵소서. 이번 일로 인하여 마음이 몹시 상하여 있고, 그토록 주님을 잘 믿었는데 왜 자신에게 이런 시련과 아픔이 찾아왔는지를 이해할 수 없다고 괴로워하고 있습니다. 우리 주님이 그 마음을 밝혀 주셔서 하늘이 땅보다 높음 같이 하나님의 생각은 인간의 생각보다 높으시다는 것을 깨달을 수 있게 하시고, 하나님의 선하심과 인자하심을 깨달아 합력하여 선을 이루시는 하나님의 손길을 느낄 수 있게 하시옵소서. 이번 일로 인하여 실족하여 넘어진 상태에 있는 것이 아니라 더욱 주님을 힘써 찾음으로 이전에 만나지 못했던 주님을 만나게 하시고, 이전에 듣지 못했던 주님의 음성을 들을 수 있는 은혜가 있게 하여 주시옵소서. 이번의 아픔과 괴로움이 오래도록 머무는 것이 아니라 더욱 성숙된 믿음을 갖도록 하시기 위하여 주님이 보내신 천사의 손길임을 알게 하시옵소서. 그의 아픔이 변하여 치료가 되게 하여 주실 것을 믿습니다. 그의 슬픔이 변하여 기쁨이 되게 하여 주실 것을 믿습니다. 그의 절망이 변하여 소망이 되게 하여 주실 것을 믿습니다. 성령님이 그 마음을 밝혀 주셔서 하나님의 영광을 보게 하여 주실 것을 믿습니다. 믿음의 용기를 주셔서 담대한 믿음으로 이기게 하시고 승리하게 하여 주시옵소서. 의롭고 선한 길로 인도하시는 예수 그리스도의 이름으로 기도합니다. **아멘**

흔들리는 교우를 위하여

은혜로우신 주님,

믿음이 흔들리고 있는 ○○○ 교우를 위하여 간구합니다. 주일도 잘 지키지 않고 있고, 예배 시간도 지키지 않고 있습니다. 구역 모임도 자주 빠지고 있고, 다른 모임에도 참석하지 않고 있습니다. 핑계 대기 일쑤이고, 변명하기 일쑤입니다. 믿음의 권면을 불쾌하고 귀찮다는 듯이 생각하고 있고, 충고도 전혀 받아들이지 않고 있습니다.

주님, ○○○ 교우를 불쌍히 여겨 주셔서 강하게 붙들어 주시기를 원합니다. 주님이 피로 값 주고 사신 천하보다 귀한 생명이 아닙니까? 무슨 이유인지는 저로서는 잘 알 수 없사오나 주님을 멀리하는 ○○○ 교우를 불쌍히 여겨 주셔서 그 심령에 흘러넘치는 은혜가 있게 하여 주시옵소서. ○○○ 교우를 생각하면 제 마음이 이토록 아프고 안타깝기만 한데 주님의 마음은 얼마나 안타까우시겠습니까? 주여! 깨닫게 하시옵소서. 어서 속히 자신의 죄를 깨닫게 하셔서 죄인의 자리에 있었던 것을 후회하며 참회할 수 있게 하시옵소서. 더 이상 악인의 꾀를 좇지 않게 하여 주시고 하나님을 가까이 할 수 있는 ○○○ 교우가 되게 하여 주시옵소서. 마귀의 달콤한 유혹을 이길 수 있게 하시고, 더 이상 마귀의 미혹에 걸려 넘어져서 주님을 배반하며 사는 ○○○ 교우가 되지 말게 하여 주시옵소서. 믿음의 주요 온전케 하시는 예수님을 바라보게 하시고, 주님께 기쁨을 드릴 수 있는 ○○○ 교우가 되게 하여 주시옵소서. 회복케 하시는 주님이심을 믿습니다. 예수 그리스도의 이름으로 기도합니다. 아멘.

교회를 떠난 교우를 위하여

잃은 양을 찾되 끝까지 찾으시는 주님,

목자 되신 주님의 그 큰 사랑을 잊어버리고 주님 곁을 떠난 교우를 위하여 기도합니다. 다짐이라도 한 것처럼 다시는 교회에 나오지 않겠다고 말하고 있습니다. 주님을 믿어 보았자 자신에게 달라진 것이 아무것도 없고, 교회에 다녀 보았자 아까운 시간만 낭비할 뿐이라고 말하고 있습니다.

주여! ○○○ 교우의 영혼을 불쌍히 여겨 주시옵소서. 너무도 안타깝습니다. 태연스럽게 주님의 존재하심을 부인하며 주님을 능욕하는 그를 보고 있노라면 그 영혼이 너무도 불쌍하여 견딜 수가 없습니다. 그도 만세 전부터 주님이 작정하시고 택하신 주님의 백성이 아닙니까? 이미 하늘나라의 생명책에 기록된 천국 백성이 아닙니까? 주님을 믿지 못하는 그 강퍅한 마음을 성령의 불로 녹여 주셔서 진정으로 예수 그리스도를 영접할 수 있게 하여주시고, 그 어두운 마음에 강한 빛을 비추어 주셔서 빛이신 주님을 보게 하여 주시옵소서. 그 완악한 마음에 회개의 문을 열어주셔서 자신의 죄를 깨달을 수 있게 하여 주시고, 주님을 불신하는 죄악의 길에서 돌이키게 하여 주시옵소서. ○○○ 교우가 믿음을 배반하였을지라도 우리 주님은 끝까지 찾아가셔서 강권하시는 주님이심을 믿습니다. 돌이킬 수 있도록 참고 또 참으시며 은혜 베푸시는 주님이심을 믿습니다. 그 심령이 주님의 사랑을 깨닫고 돌아올 때까지 끝까지 기다리시는 주님이심을 믿습니다. 그 심령을 긍휼히 여겨 주시고, 불쌍히 여겨 주시옵소서. 선한 목자이신 예수 그리스도의 이름으로 기도합니다. 아멘.

홀로 된 아이들을 위하여

고아를 신원하시는 하나님 아버지,

부모 없이도 꿋꿋하게 살고 있는 아이들을 위하여 기도합니다. 부모의 사랑 속에서 보살핌을 받으며 성장해야 할 미래의 꿈나무들이 부모 없이 살고 있는 것을 볼 때 참으로 안타깝고 가슴이 저며 옴을 감출 길 없나이다. 너무나 측은하고 너무나 불쌍합니다. 부모에게 응석과 투정을 부리며 천진난만하게 뛰어 놀 어린 나이에 성숙한 어른도 감당하기 힘든 어렵고 힘든 삶을 살아야만 합니다. 아무 생각 없이 모든 것을 부모에게 의존하며 살아야 하는 시기인데 저 아이들은 험한 삶과 싸워 나가야만 하고 초조함으로 불안한 미래를 걱정해야만 합니다. 또한 어떻게 먹고 살아야 하는지 하루의 양식을 걱정해야만 하는 무거운 짐을 안고 있습니다.

주여! 부모 없이 홀로 살아야만 하는 아이들을 불쌍히 여겨 주시옵소서. 불꽃 같은 눈동자로 지키시고 보호하여 주시옵소서. 따뜻한 부모의 품이 얼마나 그립겠으며, 부모 없이 잠자리에 드는 것이 얼마나 두렵겠습니까? 부모 없는 식탁이 얼마나 쓸쓸하겠으며, 학교 갔다 와도 반겨 주는 부모가 없으니 얼마나 서럽겠습니까? 주님! 모든 것이 서럽게 느껴지고 불안한 이 아이들을 꼭 붙들어 주시옵소서. 더욱 큰 사랑을 베풀어 주시옵소서. 행여 곁길로 나가지 않도록 그 생각을 붙들어 주시고, 험한 길을 잘 헤쳐 나갈 수 있도록 지혜를 칠 배나 더하여 주시옵소서. 어렵고 힘든 삶이라고 하여 생명을 경히 여기는 일이 없게 하시고, 꿈을 포기한 채 되는 대로 막 살지 않도록 그 마음을 지켜 주시옵소서. 사랑이 많으신 예수 그리스도의 이름으로 기도합니다. 아멘.

불신 이웃을 위하여

천하보다 한 생명을 귀하게 여기시는 주님!

제 이웃사촌 중에 주님을 모르는 형제(자매)를 위하여 기도합니다. 그 영혼과 가족들의 영혼을 불쌍히 여기사 주님께로 돌아올 수 있도록 구원의 은혜를 베풀어 주시옵소서. 그 영혼들이 반드시 지옥 가서는 안 될 영혼들임을 믿습니다. 반드시 천국 가야만 할 영혼들임을 믿습니다. 만세 전부터 택하시고 부르시기로 작정하신 영혼들임을 믿습니다. 어서 속히 믿음의 눈을 열어 주시어서 구원의 주님을 만나게 하여 주시고, 하나님의 자녀의 권세를 누릴 수 있는 은혜를 베풀어 주시옵소서. 예수 그리스도 외에는 천하 인간에 구원을 얻을 만한 다른 이름을 우리에게 주신 일이 없음을 깨닫게 하셔서 더 이상 마귀의 권세 아래서 죄에게 종노릇하며 사는 영혼들이 되지 않도록 건져 주시옵소서. 성령님이 그들의 마음을 깨닫게 하셔서 주님 앞으로 돌아오게 하여 주실 것을 믿습니다. 회개할 수 있는 기회와 은총을 베풀어 주실 것을 믿습니다. 예수 그리스도 안에서 생명을 얻되 넘치도록 얻는 삶을 살게 하여 주실 것을 믿습니다. 주님의 십자가의 사랑을 체험케 하여 주실 것을 믿습니다. 천국 백성이 되게 하여 주실 것을 믿습니다. 저와 함께 한 믿음 안에서 한 교회를 섬기고, 함께 예배드리며, 교제하며, 하나님께 영광 돌리는 복된 자녀가 되게 하여 주실 것을 믿습니다. 예수 그리스도의 이름으로 기도합니다. 아멘

근로자들을 위하여

사랑이 많으신 하나님 아버지,
이 땅의 근로자들을 위하여 기도합니다. 아직도 근로자들 중에 가난을 면키 어려운 수많은 형제 자매들이 있습니다. 주님, 그들을 위하여 기도하기를 원합니다. 가난하게 자랐기 때문에 근로자가 되었고, 근로자가 되었기 때문에 가난을 면키 어려운 저들을 기억하시옵소서. 남달리 노력을 해도 불공정한 분배를 비롯한 사회의 구조적 문제들 때문에 최소한의 인간다운 삶조차도 보장받지 못하고 사는 저임금의 근로자들이 아직도 이 땅에 많음을 기억하시기를 원합니다. 힘 있는 사람들과 가진 자들이 먼저 근로자들을 소중히 여기고 고마움을 느끼게 도와주시옵소서. 기술자와 전문가들, 그리고 사용자와 경영인만으로는 이 사회가 지탱될 수 없음을 깨닫고 근로자들의 존재를 재인식하도록 도와주시옵소서. 저임금 근로자들의 피땀 흘린 노동의 대가를 착취하는 기업인들이 없게 하시고, 자신들만 생각하는 탐욕과 이기주의도 없게 하여 주시옵소서. 정부의 근로 정책도 저임금의 근로자들을 위한 복지 정책이 확실하게 수립될 수 있게 하여 주셔서 근로자들이 자신이 맡은 일에 마음 놓고 최선을 다하여 떳떳하게 종사할 수 있게 하여 주시옵소서. 이 땅의 근로자들을 긍휼히 여기시기를 원하오며 예수 그리스도의 이름으로 기도합니다. 아멘

초신자를 위하여

사랑이 많으시고 거룩하신 하나님 아버지,
이제 신앙의 걸음마를 시작하고 있는 초신자를 위하여 기도하기를 원합니다. 신앙이 성장하려면 말씀을 듣는 기회가 많아야 되는 줄 압

니다. 주일예배나 주중 예배에 빠지지 않도록 성령님이 그 마음을 주장하여 주시고, 말씀을 사모함으로 성경을 읽을 수 있도록 그 생각을 열어 주시옵소서. 교회에서 초신자들의 신앙 성숙을 위하여 성경을 공부할 수 있는 프로그램도 실시하고 있습니다. 그 마음에 진리의 말씀을 배우고자 하는 의욕을 허락하여 주셔서 체계적인 양육을 받을 수 있도록 은혜 내려 주시옵소서. 말씀을 대하는 기회가 많아짐에 따라 삶의 놀라운 변화가 있게 하시고, 어린아이와 같은 믿음이 점차 성숙하여 장성한 신앙을 갖출 수 있게 하옵소서. 그리하여 주님을 모를 때처럼 세상일에 우선권을 두고 사는 모습이 아니라, 주님을 우선권에 두고 사는 삶이 되게 하시고, 세상일로 인해서 기쁨을 구하기보다는 주님이 채우시는 평강으로 하늘의 기쁨을 맛보며 사는 삶이 되게 하옵소서. 사탄의 유혹에 걸려 넘어지지 않도록 늘 하나님 중심적이며, 말씀 중심적인 삶을 살 수 있도록 성령님이 이끌어 주시옵소서. 영혼 구원에 대한 소중함도 알게 하여 주셔서 가족은 물론 이웃의 불신자들도 주님께로 인도할 수 있는 전도의 사명을 감당할 수 있게 하옵소서. 교회 봉사에도 관심을 갖게 하셔서 주님이 귀히 쓰시는 훌륭한 일꾼으로 성장하기에 부족함이 없게 하여 주시옵소서. 예수 그리스도의 이름으로 기도합니다. 아멘

몸이 아픈 교우를 위하여

사랑의 하나님,

질병으로 고통당하고 있는 ○○○ 교우를 위하여 기도합니다. 저희들은 ○○○ 교우에게 향하신 주님의 뜻이 무엇인지 전혀 알지를 못하오나 ○○○ 교우가 뜻하지 않은 질병으로 고통당할 때 세상의 기준으로 자기를 판단하여 낙심하지 말게 하시고, 오히려 고통 속에 숨겨진

하나님의 뜻을 찾는데 힘쓸 수 있는 ○○○ 교우가 되게 하옵소서. 질병 중에 있을 때 인생의 모든 것과 바꿀 수 있는 영원한 보물을 찾고 기뻐하며 믿음 위에 더욱 굳게 설 수 있는 ○○○ 교우가 되게 하여 주옵소서. 언제까지일지는 모르오나 질병으로 인하여 비록 몸은 고통스럽고 불편한 가운데 있을지라도 주님의 강한 빛을 늘 받게 하시고, 성도의 기쁨을 누리게 하시옵소서. 또한 육신이 건강한 사람과 비교함으로 낙심 가운데 처하지 않게 하시고, 고통 가운데서 하나님이 바라시는 것이 무엇인지 그 뜻을 영혼 깊숙이 깨닫게 되는 은혜가 있게 하옵소서. 몸의 불편함을 불평하는 대신 ○○○ 교우가 가지고 있는 능력으로 주님의 뜻을 나타낼 수 있는 은사를 찾게 되기를 원합니다. 질병도 그 가운데서 주님의 영광을 나타낼 수 있다면 불행이 아니라 복이요, 재앙이 아니라 주님이 주신 은사임을 깨닫습니다. 이제 이 질병을 통하여 ○○○ 교우를 더 깊은 은혜의 자리로 나아가게 하실 것을 믿사옵고, 또한 치료의 은총을 더하실 것을 믿사옵고 예수 그리스도의 이름으로 기도합니다. **아멘**

가정예식 대표기도문

이 가정에 기업을 잇게 하신 귀한 생명, 주님의 사랑과 은총 속에서 건강하게 자라게 하시고, 선한 인격과 아름다운 마음을 가지게 하옵소서. 장성해서도 늘 주님의 마음을 좇는 삶을 살게 하시고, 주님의 뜻을 높이는 일을 하게 하시고, 하나님의 영광을 생의 최고 가치로 여기며 살 수 있는 삶이 되게 하옵소서….

생일(돐)

사랑과 자비가 풍성하신 하나님,

오늘 이 가정에 선물로 주신 새 생명이 주님의 은총 안에서 무럭무럭 자라게 하심을 감사합니다. 어린 생명의 생일을 맞이하여 감사하는 마음을 모아 주님께 예배하오니 계신 곳 하늘에서 기쁘게 받아 주시옵소서.

이 가정에 기업을 잇게 하신 귀한 생명, 주님의 사랑과 은총 속에서 건강하게 자라게 하시고, 선한 인격과 아름다운 마음을 가지게 하옵소서. 장성해서도 늘 주님의 마음을 좇는 삶을 살게 하시고, 주님의 뜻을 높이는 일을 하게 하시고, 하나님의 영광을 생의 최고 가치로 여기며 살 수 있는 삶이 되게 하옵소서.

이 가정에 이 아이를 위하여 여러 가지 미래의 계획을 세우고 있는 줄 압니다. 무엇보다도 하나님을 경외하는 신실한 자녀로 양육하기에 정성을 쏟을 수 있게 하시고, 주님의 몸 된 교회를 가까이 하면서 자랄 수 있도록 양육하게 하옵소서. 주님께 찬양을 잊지 않는 아이, 기도를 잊지 않는 아이, 주님께 영광 돌리는 것을 잊지 않는 아이로 성장할 수 있게 하여 주옵소서. 장성하여서도 주님을 떠나는 일이 없게 하여 주시고, 주의 교양과 훈계를 멀리하지 않는 아이가 되게 하여 주옵소서. 우리 주님이 보시기에 '마음에 합한 자'로 인정되게 하옵소서. 아이는 부모의 말보다는 부모의 뒷모습을 보고 닮아 간다고 하였사오니 아이에게 아이의 인성과 신앙에 도움이 되는 모범된 행동을 보이는 부모가 되게 하여 주옵소서. 어린 자녀 앞에서 부부싸움을 하는 일이 없게 하시고, 남을 비방하는 일이 없게 하여 주옵소서.

오늘 첫 생일을 맞은 아이와 가정에 축복의 말씀을 들려주실 목사님을 기억하시고, 아이와 이 가정에 꼭 필요한 말씀을 증거하실 수 있게 하여 주옵소서. 첫 생일을 맞은 아이를 다시 한번 축하하오며 예수 그리스도의 이름으로 기도합니다. 아멘

생일(어른)

인생을 주관하시는 하나님 아버지,

오늘 ○○○ 성도의 생일을 맞이하여 지금까지 지켜 주신 하나님의 은혜를 찬양하면서, 예배드리게 된 것을 감사합니다. 하루 동안에도 무슨 일이 일어날지 모르는 현실 속에서 지나간 ○○년의 세월을 불꽃과 같은 눈동자로 지켜 주신 것을 생각할 때 하나님께 감사를 드립니다.

앞으로의 남은 여생도 "여호와께서 내게 주신 은혜를 무엇으로 보답할꼬"(시 116:12)라고 했던 시편기자와도 같이 그동안 하나님께서 주신 은혜와 복을 생각하면서 항상 감사와 찬양의 생활이 넘치는 ○○○ 성도가 되게 하여 주옵소서. 하늘과 땅의 권세를 가지신 주님의 권세를 받아 누릴 수 있는 삶이 되게 하시고, 주님의 교회와 믿음의 권속들을 위하여도 더 많이 충성하고 봉사할 수 있는 삶이 되게 하여 주옵소서. 주님이 특별히 사랑하시는 이 가정도 성도님을 통하여 더욱 큰 복

을 받게 하시고, 온 가족이 영육 간에 윤택하여지는 은혜를 입게 하시며, 기타 모든 일에도 축복이 넘쳐나게 하여 주옵소서. 먼 훗날 주님 앞에 가서도 귀한 상급과 칭찬을 받는 종이 되게 하시고, 이 영광된 일을 위하여 이 땅에서 살아가는 동안 주님이 기뻐하시는 열매를 풍성히 맺을 수 있게 하옵소서. 주님의 전에 나와서 겸손히 주님을 의뢰할 때마다 그 영혼을 만지시는 주님의 손길을 체험할 수 있게 하시고, 정직한 자의 기도를 들으시는 주님의 사랑을 피부 깊숙이 경험하는 삶이 되게 하여 주옵소서. 사랑하는 자녀들을 기억하시고, 부모의 신앙을 이어받아 하나님을 기쁘시게 하는 신앙생활을 할 수 있게 하시고, 먹든지 마시든지 무엇을 하든지 하나님의 영광을 위해서 살 수 있게 하여 주옵소서.(고전 10:31) 오늘 목사님이 전하시는 말씀 속에서 이제껏 동행하신 주님의 사랑을 다시 한번 깨닫게 하시고, 험악한 삶을 살아왔다면 말씀의 위로가 있게 하여 주옵소서. 예수 그리스도의 이름으로 기도합니다. 아멘

수연(회갑)

만복의 근원이 되시며 인간의 생사화복을 주장하시는 하나님,
　오늘 사랑하는 ○○○ 성도의 수연을 당하여 감사와 영광을 돌립니다. 거룩하신 하나님의 뜻 가운데서 사랑하는 아들(딸)을 이 땅에 보내시고, 은총을 베푸사 예수 그리스도를 믿어 구원을 얻게 하시고, 영원한 소망과 주님의 사랑 안에서 복된 삶을 누리게 하셨사오니 감사합니다. 특별히 질고와 죽음이 많은 이 땅에서 하나님의 보호와 축복으로 60년 동안 영육 간에 건강하게 지냈음을 감사하옵니다. 그리고 주 안에서 결혼하여 행복한 성도의 가정을 이루게 하시고, 기업의 복을 주셔서 그들의 신앙과 지극한 효행으로 오늘 수연 축하 예배를 드리

게 됨을 감사합니다. 간구하옵기는 사랑하는 ○○○ 성도를 더욱 축복하사 영육간에 건강하게 하시고, 앞으로의 생애가 더욱 행복하고 하나님께 큰 영광을 돌리며 소망 중에 승리하는 생활이 되게 하여 주옵소서. 기도의 영역을 칠 배로 더하사 가정과 자녀와 교회와 국가를 위하여 기도하게 하시고, 바라는 소원이 생전에 모두 성취되는 복을 누릴 수 있게 하옵소서.

특히 자녀들에게 믿음의 유산을 남겨 줄 수 있는 영적인 부모가 되게 하시고, 교회에서도 모두가 본받고 싶은 신앙의 사람이 되게 하여 주옵소서.

오늘 ○○○ 성도의 회갑을 맞이하여 목사님이 축복의 말씀을 준비하셨습니다. 그 말씀을 듣는 가운데 주님의 사랑이 가슴속으로 스며들게 하시고, 남은 생애 주님을 위하여 더욱 충성할 수 있는 위로의 말씀이 되게 하옵소서. ○○○ 성도로 하여금 많은 믿음의 간증을 남기는 삶이 되게 하실 것을 믿사옵고 예수 그리스도의 이름으로 기도합니다. 아멘

고희(칠순)

백발은 영화의 면류관이라고 하신 하나님,

특별히 하나님께서 ○○○ 성도에게 장수의 복을 주시고, 자손의 자손을 볼 수 있는 은혜를 주시니 감사합니다. 오늘 고희를 맞아 이제껏 인도하여 주신 하나님의 은혜와 사랑을 감사하며 영광을 돌리는 것이 얼마나 큰 축복입니까? 그동안 인생의 여러 굴곡 가운데서도 하나님을 경외하는 중심이 흔들리지 않게 하시고, 모든 역경과 시련을 믿음으로 잘 이겨낼 수 있도록 함께하심을 감사드립니다.

앞으로의 남은 여생도 험난한 세상에서 어떠한 일을 만나든지 늘

주님을 의지하고 바라보며 믿음의 길을 걸어가는 복된 삶이 되게 하여 주옵소서. 또한 주님의 사랑과 크신 지혜와 측량할 길이 없는 은혜를 늘 체험하는 삶이 되게 하시고, 하늘과 땅의 권세를 가지신 주님의 권세를 늘 받아 누리는 삶이 되게 하옵소서. 지금까지도 주님의 뜻을 따라 주님의 몸 된 교회에 충성하며 헌신하는 삶을 살아오셨겠지만 육체의 남은 때를 끝까지 주님의 말씀에 순종할 수 있게 하여 주옵소서. 현재의 신앙생활에서 만족하지 말게 하시고, 갈렙과 같이 청년의 기상을 가지고 부름의 상을 위하여 좇아가는 여생이 되게 하옵소서. 특별히 디모데의 모친과도 같이 물질보다는 믿음의 유산을 물려줄 수 있는 영적인 부모가 되게 하여 주옵소서. 의인은 종려나무같이 번성하며 레바논의 백향목같이 발육한다고 했는데(시 92:12) 자손의 복은 물론이요, 물질의 복과 영적인 복까지 항상 넘쳐나는 가정이 되게 하시고, 주님께 늘 감사와 찬양을 드릴 수 있게 하여 주옵소서.

○○○ 성도의 고희를 축하하기 위하여 이 자리에 함께한 가족과 성도들에게도 함께하셔서 주님만을 의지하는 삶을 사는 가운데 주님이 주시는 장수의 복을 누릴 수 있게 하여 주옵소서. 목사님이 축복의 말씀을 드려주실 때에 위로가 넘치게 하시고 평안의 복을 얻게 하옵소서. 예수 그리스도의 이름으로 기도합니다. 아멘

임종의 자리에서(1)

인간의 생사화복을 주관하시는 하나님 아버지,

이 시간 저희들은 ○○○ 성도의 임종예배로 함께하고 있습니다.

주님, 저희는 너무도 유한한 인생임을 고백합니다. 그럼에도 영원히 살 것처럼 행동합니다. 고인이 이렇게 쉽게 저희 곁을 떠날 줄은 몰랐습니다. 저희로 하여금 인생이 안개와 같은 것임을 깨닫게 하옵소

서. 이 시간 성령님께서 오셔서 저희에게 새 힘을 주시고, 고인을 잃은 슬픔 가운데 있는 유족들을 위로하옵소서. ○○○ 성도를 잃은 슬픔도 크지만 하나님 품에 안기셨음을 믿고 가족들이 위로받게 하시고, 고인의 신앙을 본받아 믿는 자로서 동일한 소망을 품고 사는 저들이 되도록 은혜를 내려 주옵소서. 뿐만 아니라 천국에 대한 확실한 소망을 가지고 믿음 안에서 그리스도의 사랑을 실천할 수 있도록 다짐하는 기회가 되게 하시고, 고인의 교훈을 따라 살면서 실천하도록 다짐하는 기회가 되게 하옵소서. 저희 모두가 이 땅에서의 삶을 허송세월하지 않게 하사 주님을 모시고 섬기며 살아갈 수 있는 지혜로운 자녀가 되도록 인도하여 주옵소서. 오늘 목사님의 전하시는 말씀에서 큰 위로를 받고 천국의 소망을 갖기를 원합니다. 예수님의 이름으로 기도합니다. 아멘

임종의 자리에서(2)

선악을 따라 심판주가 되시는 하나님 아버지,

유한한 인생을 살아가던 고인이 주님의 부름을 받고 이 세상을 떠났습니다. 이제 저희도 인생의 무상함과 유한성을 깨닫고 영원을 준비하는 삶을 살아갈 수 있도록 은혜를 베풀어 주옵소서. 죄 많은 이 세상을 살아갈 때 세상의 죄악을 따라 살지 아니하고, 나를 위해 십자가를 지신 예수 그리스도의 사랑을 다시 한번 깨닫고 주님의 십자가를 붙들고 남은 생을 살아가며 영생을 준비할 수 있게 하옵소서.

긍휼이 풍성하신 주님,

고인을 떠나보낸 사랑하는 유족들의 슬픔을 기억하시기를 원합니다. 결코 쉽지 않은 이별이었기에 아픔도 클 것임을 기억합니다. 주님의 넓으신 품으로 감싸 안아 주시고 하늘의 넘치는 위로로 채워 주시

옵소서. 저희들도 비록 이 땅에 살더라도 영원한 하늘나라의 소망을 가지고 믿음으로 살아가게 하여 주옵소서. 저희에게 있는 살고자 하는 욕망, 붙잡아두고자 하는 욕망보다는 그리스도 안에 감추어진 비밀을 발견할 수 있게 하여 주옵소서. ○○○ 성도의 믿음을 본받아 저희에게 남겨진 이 시간을 성도로서 믿음 안에서 살게 인도하여 주옵소서. 남은 모든 장례 절차 위에도 주님께서 함께하셔서 홀로 주관하시며 홀로 영광 받아 주시옵소서. 위로와 소망의 말씀을 전하시는 목사님을 기억하시고, 피곤치 않도록 붙들어 주옵소서. 예수 그리스도의 이름으로 기도합니다. 아멘

장례식장에서(어린이)

긍휼이 풍성하신 하나님,

저희는 지금 참으로 힘들고 어려운 자리에서 주님께 예배드립니다. 사랑하는 ○○○ 군이 그 생을 다하지 못하고 주님 품에 안겼습니다. ○○○ 군이 장래에 주님을 위하여 좋은 일꾼이 되리라 확신했는데 갑작스런 죽음 앞에 놀란 가슴이 진정되지 않나이다.

주님, 저희는 주님의 그 크신 뜻을 다 알 수 없사오니 깨닫는 은혜를 허락하여 주옵소서. 참으로 사랑을 듬뿍 받던 아이입니다. 주님 품에 안긴 ○○○ 군을 우리 주님이 큰 사랑으로 품어 주실 것을 믿습니다. 충격을 받은 부모를 기억하시고 넘치는 위로로 함께하시기를 원합니다. 이 일로 말미암아 실족하거나 주님을 원망하는 자리에 이르지 않게 하시고, 믿음으로 잘 극복할 수 있도록 도와주시옵소서. 이보다 더한 슬픔은 영혼을 잃어버리는 것임을 깨닫습니다. 믿음을 잃지 않도록 강하신 팔로 붙들어 주시옵소서. 화가 변하여 복이 되게 하시고, 슬픔이 변하여 기쁨이 되게 하실 것을 믿습니다. 오늘 무거운 마음으로

말씀을 전하시는 목사님을 기억하시고 아이를 잃은 부모에게 용기와 소망이 되는 말씀이 되게 하옵소서.

 이 슬픔의 현장을 결코 외면치 아니하시고 함께 참여하고 계시는 예수 그리스도의 이름으로 기도합니다. 아멘

장례식장에서(어른)

 생명을 주관하시는 하나님 아버지,
 이 땅 위에서 주님이 주신 연수를 다 마치고 주님 품에 안기신 고 ○○○ 성도를 기억하옵소서. 우리 주님이 부활하셨기에 저희들은 침울함 대신 소망이 넘칩니다. 약속의 새 나라를 바라보고 광명을 경험합니다. 고 ○○○ 성도는 이 땅의 삶을 마감하였지만 주님과 함께 영화된 몸으로 부활의 은총에 참여한 것을 믿고 감사드립니다. 그러나 육정을 가진 사람은 육으로 떠난 섭섭함이 없을 수 없나이다.
 사랑의 하나님,
 하나님 보좌 앞에서 다시 만날 것을 믿고 용기를 얻게 하옵소서. 상주가 되시는 ○○○ 성도를 비롯해서 유족들과 친족들 위에 부활의 주님의 위로가 함께하시고 남은 모든 일들도 주님의 축복으로 마치게 하옵소서. 오늘 말씀을 전하실 목사님을 성령의 능력으로 붙드셔서 슬픔에 잠긴 이 자리에 위로와 소망이 넘치는 말씀을 전하실 수 있게 하여 주옵소서. 장례의 모든 절차를 주님께 맡기오며 부활이요 생명이신 예수 그리스도의 이름으로 기도합니다. 아멘

입관식

영원하신 하나님 아버지,
 그 귀중한 생명이 떠났기에 저희는 애태우며 슬픔 마음으로 입관예배를 드립니다. 그 생명은 이미 부름을 받아 주님 품에 안기우고 여기에는 그 몸만이 남아 있습니다. 고인의 몸을 관 속에 고이 모시며 슬퍼하는 유족들과 저희들에게도 위로하여 주옵소서. 육신의 장막 집을 쓰고 사는 동안 갖가지의 고통을 당했으나 지금은 주님과 함께 편히 살게 된 것을 믿고 위로를 받습니다. 저희는 죄의 용서와 부활과 영원한 삶을 믿으면서 형제의 몸을 고이 모십니다.
 영원히 인도하시는 하나님 아버지,
 다시 간구하옵기는 고 ○○○ 성도의 모든 죄를 사하시고 슬픔이 없고 눈물이 없는 영원한 하늘나라에 들어가게 하옵소서. 영원한 하늘나라에서 주님이 주시는 위로와 안식을 얻게 하시고, 영생복락을 누리며 면류관을 씌워 주시옵소서. 특별히 유족들에게 큰 위로를 주시고 마음의 흔들림이 없도록 성령께서 붙드시옵소서. 천국의 소망을 가지고 부활하여 다시 만나는 그날을 사모하며 믿음의 생활을 잘할 수 있도록 도와주시옵소서. 오늘 고인의 장례식을 집례하시는 목사님을 기억하시고 피곤치 않도록 성령의 능력으로 붙드시옵소서. 생명의 주가 되시는 예수 그리스도의 이름으로 기도합니다. 아멘

발인식

인간의 생명은 안개와 같은 것이라고 하신 하나님,
 오늘 고 ○○○ 성도의 발인식에 함께하셔서 슬퍼하는 자리를 위로하시고, 고인의 죽음을 보고 인생의 허무를 느끼는 자들에게는 삶의

의미를 깨닫는 시간이 되게 하옵소서. 고인의 죽음을 애도하기 위하여 모인 저희 모두의 인생도 종말이 언제인지 알지 못하오니 매일의 생활에 충실할 수 있는 심령들이 되게 하여 주옵소서.

인생은 그 날이 풀과 같으며 그 영화가 들의 꽃과 같다고 하신 주님, 사람이 한번 죽는 것은 주님이 정하신 것이요 그 후에는 심판이 있다는 사실도 확실히 믿는 저희들이 되게 하여 주옵소서.

주님, 오늘 저희는 고 ○○○ 성도를 환송합니다. 고 ○○○ 성도를 천국에서 다시 만나는 날까지 이 땅 위에서 믿음 생활을 잘할 수 있게 하여 주시고, 주님의 심판을 철저히 준비하는 삶이 되게 하여 주옵소서. 고인의 장례예식을 집례하시는 목사님을 성령의 능력으로 붙드셔서 피곤치 않도록 이끄시고 은혜의 말씀을 증거하시므로 예식에 참예하는 자 모두가 산자에게 들려주시는 주님의 음성을 듣게 하옵소서. 남은 모든 순서 위에도 주님이 주장하실 것을 믿사옵고 예수 그리스도의 이름으로 기도합니다. 아멘

하관식

전능하신 하나님 아버지,

저희는 지금 고 ○○○ 성도를 안장하려고 모였나이다. 흙으로 된 인생, 땅에서 왔으니 땅으로 돌아가고 호흡은 하나님께로부터 받은 것이기에 이미 하나님께 들어갔나이다. 이제 이곳에 썩을 몸이 묻히지만 썩지 않을 몸으로 다시 살아날 것을 믿습니다. 천한 몸이 묻히지만 영광스러운 것으로 다시 살아날 것을 믿습니다. 약한 자가 묻히지만 강한 자로 다시 살아나며 육체적 몸이 묻히지만 영적인 몸으로 부활할 것을 믿고 여기에 안장하나이다. 세상의 모든 짐을 벗겨 주신 주께서 고인에게 영원한 안식을 허락하여 주시옵소서. 주님께서 호령과

천사장의 나팔 소리로 강림하실 때에 다시 살아 영화로운 몸으로 다시 살 것을 믿습니다. 눈물짓는 유족들과 저희 모두의 눈에서 눈물을 씻어 주시며 부활의 소망을 가지고 주님이 계신 저 천국을 바라보게 하옵소서. 고인을 다시 만날 소망 가운데 남은 생을 서로 믿고, 서로 위로하며, 믿음의 격려를 하게 하시고, 항상 주님의 일에 더욱 힘쓰는 자들이 되게 하여 주옵소서. 장례 예식을 집례하시는 목사님에게도 피곤치 않도록 성령의 능력으로 붙드실 것을 믿습니다. 부활이요 생명이신 예수 그리스도의 이름으로 기도합니다. 아멘

화장

성도의 죽은 것을 귀중히 보시는 하나님 아버지,

고 〇〇〇 성도의 시신을 화장하기 전에 모든 유가족들과 성도들이 한자리에 모여 하나님께 예배를 드립니다. 이제 고 〇〇〇 성도는 그 육신은 한줌의 재로 돌아가오나 영혼은 능히 불사르지 못하기에 영광의 나라로 옮기신 것을 믿습니다. 저희가 불에 던져지는 것을 두려워할 것이 아니라 불 같은 믿음이 없음을 두려워할 줄 알게 하시고, 부끄러운 구원을 받지 않기 위하여 이 땅 위에 사는 동안 믿음의 길을 잘 달려갈 수 있게 하옵소서. 남은 유족들, 서로가 헤어져야 하는 아픔이 있지만 고인은 이미 주 안에서 행복한 삶을 누리고 있다는 확신을 주시고 이제 장차 주님의 나라에서 다시 만날 것을 기대하면서 소망 중에 살게 하옵소서. 그리고 고인이 뿌려 놓은 신앙의 유산을 잘 이어받아 더욱 풍성한 열매를 맺는 유족들이 되게 하시고, 고인이 섬기던 교회를 잘 받들어 섬길 수 있는 유족들이 되게 하옵소서. 주 안에서의 죽음은 죽음이 아닌 것을 깨닫습니다. 주님이 영광중에 다시 오시는 그 날, 한줌의 재로 돌아가는 고인을 다시 일으키셔서 믿는 자의 부활에

참예케 하실 것을 믿습니다. 말씀을 전하시는 목사님을 기억하시고 이 자리에 있는 모든 자에게 큰 위로와 소망을 품는 말씀이 되게 하여 주옵소서. 예수 그리스도의 이름으로 기도합니다. 아멘

추도식

주 안에서 죽은 자는 복되다고 하신 하나님,

오늘 이 시간 ○년 전에 주님의 품으로 불려갔던 고 ○○○ 성도의 추모일을 맞이하여 주님께 예배를 드립니다. 하나님께서 고인을 눈물과 슬픔뿐인 이 세상에서 기쁨의 나라로, 흑암의 세상에서 영광의 나라로 옮기신 것으로 믿고 감사를 드립니다. 또한 지금까지 고인의 유족과, 고인과 정들었던 모든 분들을 믿음 안에서 붙들어 주시고 인도해 주신 것을 감사드립니다.

소망의 주님,

여기에 있는 저희들, 산 자와 죽은 자 모두에게 하늘의 영원한 은총을 베풀어 주셔서 주님의 영광을 찬양하게 하옵소서. 주님이 저희의 곁에 계심을 믿음으로 확인하고 새 소망으로 넘치게 하시며 실의에 빠진 이에게는 눈을 들어 새 하늘과 새 땅을 바라보게 하옵소서. 땅 위의 것을 보고 실망하지 않게 하시고 바로 지금 눈을 들어 부활의 주를 바라보게 하옵소서.

말씀을 전하시는 목사님을 기억하시고 저희 모두가 다시 한번 주님의 심판과 부활을 확신하며 소망을 굳게 할 수 있는 말씀이 되게 하여 주옵소서. 이 예배를 받으실 것을 믿사옵고 예수님의 이름으로 기도합니다. 아멘

헌금 대표기도문

저희로 하여금 육신의 것, 세상의 것만을 생각지 않게 하시고 신령한 것, 영원한 것을 추구하며 저희의 마음을 항상 영원한 가치를 가진 것들 위에 두게 하시옵소서. 또한 영원히 썩지 않는 양식을 위해서 일하게 도와주시고, 이 땅 위의 소유를 영원한 보물로 바꾸는 지혜로운 삶을 살게 하옵소서….

헌금기도⑴
〈일반적인 헌금기도〉

천지만물의 주가 되시고 저희에게 일용할 양식을 끊임없이 공급해 주시는 하나님 아버지, 오늘 저희가 주님께 드리는 봉헌을 받으시옵소서.

주님, 이 헌금, 이 예물은 주님의 것이요, 저희가 받은 것을 드리는 것뿐임을 깨닫습니다. 심히 적고 부족할지라도 주님께 드리기를 원하오니 긍휼히 여기셔서 기쁘게 받아 주시옵소서.

이후로는 좀 더 준비되고 정성스러운 예물을 풍성히 드릴 수 있기를 원합니다. 저희의 마음을 온전히 주장하여 주셔서 정성이 담긴 예물을 주님께 드릴 수 있게 하옵소서. 그리고 저희는 평생 주님의 제단을 기쁘게 섬길 수 있기를 원합니다. 주님의 전을 섬김으로 하늘의 신령한 복과 땅의 기름진 복을 받아 누리는 자 되게 하옵소서.

이 시간 마음을 다하여 정성껏 드린 손길마다 만 배로 갚으시고 축복하실 것을 믿습니다. 드리지 못한 심령도 긍휼히 여겨 주옵소서. 이 땅을 살아가는 동안 물질 때문에 어려움 당하는 일이 없도록 은총을 더하여 주시고, 주님 앞에 즐거운 마음으로 드릴 수 있도록 물질의 복을 더하여 주옵소서. 예수 그리스도의 이름으로 기도합니다.

헌금기도(2)
〈헌금을 드리기 전의 헌금기도〉

하나님 아버지,
이 시간 저희들이 수고하여 얻은 물질 가운데서 정성껏 떼어서 주님께 드리려고 합니다. 저희의 드리는 예물을 받아 주시옵소서. 예물을 드릴 때에 인색함이나 억지로 드리지 않게 하시고, 즐거운 마음으로 드릴 수 있도록 도와주시옵소서. 정성껏 마음을 담아 드린 예물만 기쁘게 받으시는 하나님이심을 생각할 때 마음과 뜻과 정성이 동반된 예물이 될 수 있도록 마음을 쏟을 수 있게 하옵소서. 주님이 주신 귀한 물질로 범죄하는 저희들이 되지 않도록 물질의 깨끗함을 더하여 주옵소서. 주님께 드려진 이 귀한 물질이 사용되는 곳에 하나님의 영광이 나타나게 하시고, 주님의 사업에 귀하게 사용되어질 수 있는 예물이 되게 하여 주옵소서. 이 시간 저희들이 드리는 예물을 향기로운 제물로 열납하여 주실 것을 믿사옵고 예수 그리스도의 이름으로 기도합니다. 아멘

헌금기도(3)
〈헌금을 드린 후의 헌금기도〉

은혜의 주님,
이 시간 순서에 따라 주님이 베풀어 주신 은혜가 너무나 놀랍고 감사하여 주님 앞에 물질로 저희들의 마음을 표현했습니다. 부족할지라

도 기쁘게 받아 주시고 흠향하여 주옵소서. 십의 일조는 주님의 것인 줄 알아 주님께 드렸습니다. 주님의 명령 따라 살기를 힘쓰는 주의 백성들의 마음을 기억하시고 형통케 하시는 주의 은혜를 날마다 경험하는 삶이 되게 하옵소서. 여러 가지 감사의 조건을 가지고 예물을 드린 손길도 있습니다. 일평생 사는 동안 감사가 떠나지 않는 삶이 되게 하여 주시고, 더욱 큰 감사를 주님께 드릴 수 있도록 축복하여 주옵소서. 모양대로 드려진 모든 예물을 받으시고 드린 심령마다 더욱 복 있게 하여 주시옵소서. 그러나 준비할 물질이 없어서 마음만을 드린 손길도 있습니다. 과부의 두렙돈을 기쁘게 보신 하나님께서 그 마음을 어루만져 주시고 주님이 채우신 위로가 가득 넘치게 하옵소서. 이 시간 드려진 헌금이 주님의 영광을 나타내는 데 사용되어지게 하시고, 주님의 몸 된 교회가 든든히 서 가는 일에 사용되어지게 하옵소서. 물질의 주인이 되시는 예수 그리스도의 이름으로 기도합니다. 아멘

헌금기도(4)
〈일반적인 헌금기도〉

날마다 저희에게 일용할 양식을 주시는 하나님 아버지,
오늘도 베푸신 은혜를 감사합니다. 저희로 하여금 육신의 것, 세상의 것만을 생각지 않게 하시고 신령한 것, 영원한 것을 추구하며 저희의 마음을 항상 영원한 가치를 가진 것들 위에 두게 하시옵소서. 또한 영원히 썩지 않는 양식을 위해서 일하게 도와주시고, 이 땅 위의 소유를 영원한 보물로 바꾸는 지혜로운 삶을 살게 하옵소서. 오늘 예배의 순서에 따라 주님께 예물을 드렸사오니 이 드린 예물을 신령한 제물로 받으시고 정성을 다하여 드린 손길 위에 주님의 은혜가 더욱 넘쳐나게 하옵소서. 일정한 헌금을 소득이 없어 드리지 못한 손길도 기억

하시고 주님 앞에 힘써서 드릴 수 있도록 물질을 회복시켜 주시기를 원합니다.

저희들이 주님께 드리는 예물이 더욱 풍성할 수 있도록 은혜를 베푸실 것을 믿사옵고 저희의 드리는 예물을 기쁘게 받아 주시는 예수 그리스도의 이름으로 기도합니다. 아멘

헌금기도(5)
〈헌금을 드린 후의 헌금기도〉

은혜의 주님,

이 시간 순서에 따라 주님이 베풀어 주신 은혜가 너무나 놀랍고 감사하여 주님 앞에 물질로 저희들의 마음을 표현했습니다. 부족할지라도 기쁘게 받아 주시고 흠향하여 주옵소서. 십의 일조는 주님의 것인 줄 알아 주님께 드렸습니다. 주님의 명령 따라 살기를 힘쓰는 주의 백성들의 마음을 기억하시고 형통케 하시는 주의 은혜를 날마다 경험하는 삶이 되게 하옵소서. 여러 가지 감사의 조건을 가지고 예물을 드린 손길도 있습니다. 일평생 사는 동안 감사가 떠나지 않는 삶이 되게 하여 주시고, 더욱 큰 감사를 주님께 드릴 수 있도록 축복하여 주옵소서. 모양대로 드려진 모든 예물을 받으시고 드린 심령마다 더욱 복 있게 하여 주시옵소서. 그러나 준비할 물질이 없어서 마음만을 드린 손길도 있습니다. 과부의 두렙돈을 기쁘게 보신 하나님께서 그 마음을 어루만져 주시고 주님이 채우신 위로가 가득 넘치게 하옵소서. 이 시간 드려진 헌금이 주님의 영광을 나타내는 데 사용되어지게 하시고, 주님의 몸 된 교회가 든든히 서 가는 일에 사용되어지게 하옵소서. 물질의 주인이 되시는 예수 그리스도의 이름으로 기도합니다. 아멘